ŒUVRES
COMPLÈTES
DE BOSSUET

PUBLIÉES

D'APRÈS LES IMPRIMÉS ET LES MANUSCRITS ORIGINAUX

PURGÉES DES INTERPOLATIONS ET RENDUES A LEUR INTÉGRITÉ

PAR F. LACHAT

ÉDITION
RENFERMANT TOUS LES OUVRAGES ÉDITÉS ET PLUSIEURS INÉDITS

VOLUME IV

PARIS
LIBRAIRIE DE LOUIS VIVÈS, ÉDITEUR
RUE DELAMBRE, 5
1862

… ŒUVRES COMPLÈTES
DE BOSSUET.

Besançon. Imprimerie d'Outhenin-Chalandre fils.

ŒUVRES

COMPLÈTES

DE BOSSUET

PUBLIÉES

D'APRÈS LES IMPRIMÉS ET LES MANUSCRITS ORIGINAUX

PURGÉES DES INTERPOLATIONS ET RENDUES A LEUR INTÉGRITÉ

PAR F. LACHAT

ÉDITION

RENFERMANT TOUS LES OUVRAGES ÉDITÉS ET PLUSIEURS INÉDITS

VOLUME IV

PARIS

LIBRAIRIE DE LOUIS VIVÈS, ÉDITEUR

RUE DELAMBRE, 5

1862

DÉFENSE
DE LA TRADITION
ET DES SAINTS PÈRES.

REMARQUES HISTORIQUES.

I.

Bossuet composa la *Défense de la tradition et des saints Pères*, pour démêler les artifices et confondre les erreurs de Richard Simon : homme souple et dissimulé, plein de fiel et d'envie ; écrivain pareillement fécond, téméraire et présomptueux, plus ami des nouveautés que de la saine doctrine, plus épris de la vaine gloire que de la vérité.

Né à Dieppe en 1638, Richard Simon entra dans la congrégation de l'Oratoire à l'âge de vingt ans ; il en sortit bientôt après pour se livrer à l'étude des langues orientales ; puis il y revint quatre ans plus tard avec un certain bagage de mots antiques, aussi mal compris que mal digérés. Dans un écrit qu'il fit paroître en 1671 sous le titre de *Fides Ecclesiæ orientalis,* il attaqua un des plus solides monumens de la science chrétienne, la *Perpétuité de la foi* : personne avant lui, sans doute, n'avoit pénétré dans toute sa profondeur le sens des documens primitifs ; les savans de Port-Royal s'étoient trompés dans des points fondamentaux, comme nous verrons que les saints Pères et particulièrement saint Augustin se sont trompés ! Après d'autres écrits pleins d'assertions bizarres et d'étranges nouveautés, ses confrères voulurent l'arrêter dans la voie qui le conduisoit au précipice ; il aima mieux quitter la congrégation que de renoncer à ses erreurs ; et le premier usage qu'il fit de ce qu'il appeloit sa *liberté,* fut de publier contre l'Oratoire une satire violente, contraire à tous les devoirs de la reconnoissance et de l'amitié [1]. Il se retira dans le pays de Caux, à Belleville, où il exerça les fonctions pastorales pendant deux ans. N'y trouvant pas le contentement, parce qu'il s'y trouvoit lui-même, il vint à Paris reprendre le cours de ses travaux littéraires. La publicité de ses opinions téméraires le fit rechercher des protestans. Comme le consistoire de Charenton désiroit une nouvelle traduction de la Bible pour remplacer celle de Genève qui vieillissoit, il lui proposa l'exécution de ce travail en échange de douze mille livres ; l'ancien oratorien se mit à l'œuvre,

---

[1] Dans l'ouvrage intitulé : *Antiquitates Ecclesiæ orientalis.*

s'efforçant de ménager et de concilier toutes les croyances; mais le projet qu'il traça longuement resta pour cela même à l'état de projet, car les protestans l'attaquèrent aussi bien que les catholiques.

Après ces tristes antécédens, Simon produisit l'ouvrage qui commença d'affermir sa triste renommée; il fit imprimer en attendant le permis de publication, l'*Histoire critique du Vieux Testament*. Dans ce livre il soutenoit, au milieu de mille erreurs non moins déplorables, que le *Pentateuque* doit le jour, non pas à Moïse, mais à plusieurs scribes qui le composèrent du temps d'Esdras, sous la direction de la Synagogue. Effrayé d'une si grande hardiesse, le docteur Pirot, censeur de l'ouvrage, prescrivit des corrections nombreuses, et remit la préface et la table à Bossuet. Le pontife écarta sans peine le voile qui cachoit la fraude et le danger; il vit au premier coup d'œil que le nouveau système ébranloit la certitude et l'authenticité du plus ancien monument de la révélation; et bien que l'adroit réformateur de la croyance commune eût mis son livre sous le patronage du roi par une dédicace, il obtint un ordre qui en arrêtoit la circulation jusqu'à plus ample examen. Bossuet l'examina donc avec trois docteurs, Pirot, Boust et Grandin, dans de longues séances qui durèrent plus d'un mois; l'avis unanime de la commission fut que le livre, mauvais par le fond, ne pouvoit être purgé de toute erreur, que des cartons n'enlèveroient pas le poison qu'il recéloit. En conséquence il fut supprimé par ordre du conseil, et mis au pilon. Cependant le subtil abbé trouva le moyen d'en sauver un exemplaire, et l'ouvrage reparut à Rotterdam en 1685. L'instigateur de la publication clandestine crioit bien haut contre la fraude qui abusoit de ses écrits, mais il ne fit pas taire la réprobation générale; les protestans l'accusoient d'élever la tradition pour abaisser l'Ecriture, les catholiques d'exalter l'Ecriture pour ravaler la tradition, tous de renverser dans la tradition ou dans l'Ecriture le christianisme. Et Simon répondoit à tout, faisoit face à tout.

Il étoit encore sur la brèche de ce côté-là, quand on vit paroître un nouvel écrit de sa façon, l'*Histoire critique du Nouveau Testament*, Paris 1689. Comme cet ouvrage renfermoit, à côté de nombreuses erreurs, des vérités utiles, on proposa de le réimprimer régulièrement, après correction. Les amis de l'auteur favorisoient ce projet de leur influence; Bossuet l'acceptoit de grand cœur, parce qu'il ne cherchoit que le bien de l'Eglise. Il eut avec Simon de longues conférences, pour lui montrer et le danger de ses erreurs et la nécessité des corrections; il alla jusqu'à lui proposer, avec une pension annuelle, la traduction de plusieurs traités grecs. Peines perdues : le rusé critique admettoit pour un moment les corrections, mais il refusoit de les exécuter; la pension lui souriait, mais le bruit lui plaisoit davantage; rien ne put vaincre son obstination.

Il y a plus encore : les prévenances exaltoient son orgueil, les obstacles aigrissoient son ressentiment. C'est alors, c'est dans le paroxisme des passions les plus aveugles, qu'il composa comme le complément de l'ouvrage précédent, l'*Histoire critique des principaux commentateurs du Nouveau Testament,* Rotterdam, 1693. Cette fois, non content de reproduire ses premières erreurs, il renchérit sur lui-même : partout dans sa nouvelle production l'autorité méconnue, les Pères et particulièrement saint Augustin méprisés, les oracles divins soumis à des commentaires perfides; partout le christianisme ébranlé dans ses fondemens. Malgré ces emportemens, Bossuet tenta pour la centième fois les voies de la douceur et de la persuasion : tout fut inutile. Alors il fallut prémunir les fidèles contre la contagion de l'erreur, il fallut parler hautement : une ordonnance épiscopale défendit, dans le diocèse de Meaux, les écrits de Richard Simon.

II.

Déjà Bossuet avoit pris la plume pour déjouer ses stratagèmes, dissiper ses sophismes et renverser tout son système; mais des erreurs plus dangereuses encore, parce qu'elles tranquillisoient la conscience dans la torpeur, vinrent imposer d'autres luttes au tenant de la vraie doctrine; mais une question de la plus grande importance, puisqu'elle devoit rendre à l'Eglise des nations entières, vinrent occuper d'autres soins l'apôtre qui fit tant de conquêtes sur le terrain de l'hérésie. Déjà les amis de Bossuet, par exemple l'évêque de Mirepoix, avoient lu la plus grande partie de son ouvrage contre Simon, lorsque le quiétisme et la réunion des protestans lui ravirent le temps d'y mettre la dernière main et de le publier. Comme on lui demandoit cet ouvrage, il répondit en 1701 : « Si je ne le donne pas, c'est faute de loisir, et que je n'en ai pas pu trouver le temps depuis l'affaire de M. de Cambrai.... Avant toute chose, il ne se faut pas mettre la tête en quatre; j'ai en main un ouvrage plus pressant, c'est la conciliation » des protestans [1]. Il termina plus tard la *Défense de la tradition et des saints Pères ;* mais il ne l'avoit pas encore publiée, lorsqu'il alla contempler dans le ciel les profonds mystères qu'il y défend avec tant de science et tant d'autorité.

Son légataire universel en reçut le manuscrit avec tous les papiers du grand écrivain. On sait que le célèbre évêque de Troyes fut constamment agité dans le monde de mille soins divers; sans parler de ses courses à la recherche de l'épiscopat, les promenades, les visites, les festins, les querelles et les procès consumèrent une grande partie de sa vie. Toujours sollicité par l'impatience du public, après

---

[1] *Journal* de l'abbé Ledieu, 19 octobre 1701.

mille projets conçus, abandonnés, repris, le petit neveu publia quelques œuvres posthumes du grand oncle, les *Elévations sur les mystères*, les *Méditations sur l'Evangile*, le *Traité sur l'amour de Dieu;* mais il n'eut pas le temps de toucher à la *Défense de la tradition et des saints Pères*, non plus qu'à d'autres ouvrages.

En 1743, l'année de sa mort, se sentant menacé d'une fin prochaine, « il mit en des mains sûres ce qui lui restoit des manuscrits de l'évêque de Meaux. Le dépositaire en fit faire des copies exactes, afin que les originaux fussent des témoins non récusables de sa fidélité à donner sans altération les écrits du grand auteur. Il est inutile d'entrer dans le détail des soins que nous nous sommes donnés pour rendre exacte cette édition [1]. » L'écrivain qu'on vient d'entendre, c'est Charles-François Leroi, ancien oratorien, d'Orléans; le dépositaire dont il parle, c'est le président de Chasot, du parlement de Metz, neveu de l'évêque de Troyes; enfin l'édition qu'il annonce porte ce titre : *Œuvres posthumes de Messire J.-B. Bossuet*, etc., Amsterdam, 1743, 3 vol. in-4°. La rubrique *Amsterdam* est fausse : il faut lire Paris, chez Thomas Hérissant et les frères Etienne ; puis la date de 1743 montre que le cardinal de Bausset a tort de fixer à l'année 1753 la première apparition de la *Défense de la tradition et des saints Pères* [2]. »

L'édition de Leroi, comme toutes celles qu'on a données jusqu'à ce jour, finissent la *Défense* à la fin du XII° livre. Cependant l'auteur en a composé un XIII°, non moins important que les précédens : nous allons le voir tout de suite. En 1701, comme M. d'Aguesseau lui manifestoit dans une conversation à Germigny le désir de voir paroître un ouvrage qui expliquât nettement les matières de la grace : « Il est tout fait, répondit l'évêque de Meaux, en parlant de son grand ouvrage contre M. Simon; il ne manque qu'une occasion, que je ne laisserai pas échapper dès qu'elle se présentera, pour donner cet écrit au public [3]. » A ces paroles, il faut joindre celles-ci : « A son retour de Germigny, parlant de la réfutation de M. Simon, il dit qu'il falloit y mettre la dernière main, et finir quelque livre qui restoit à y ajouter. En effet, poursuit son biographe, ce qui est au net, fini, a un sens incomplet; mais la composition du reste est toute faite [4]. » D'après ces deux indications, la principale partie de la *Défense étoit toute faite*, mais elle présentoit *un sens incomplet; il falloit y ajouter* un complément. Bossuet le remarquoit encore deux ans plus tard, dans un ouvrage rendu public : après avoir écrit qu'il n'attendoit qu'un moment de liberté pour mettre la dernière main à la *Défense* : « Ceux qui pourroient croire,

---

[1] *Œuvres posthumes*, édit. de Leroi, préface, p. VI. — [2] *Histoire de Bossuet*, IV, 438. L'erreur de l'historien se retrouve dans la *Biographie universelle*, article *Leroi*. — [3] *Journal* de l'abbé Ledieu, 27 septembre 1701. — [4] *Ibid.*, 20 octobre 1701.

continue-t-il, que cette entreprise ne convient point à mon âge ni à mes forces présentes, seront peut-être consolés d'apprendre que la chose est déjà toute exécutée, et que le peu de travail qu'il me reste à y donner ne surpassera pas, s'il plaît à Dieu, la diligence d'un homme qui aussi bien est résolu, avec la grace de Dieu, de consacrer ses efforts tels quels à continuer, jusqu'au dernier soupir, dans la défense des vérités utiles aux besoins présens de l'Eglise [1]. » *Ce peu de travail* qui devoit compléter son ouvrage, Bossuet l'a fait : le XIIIe livre de la *Défense* existe, écrit tout entier de sa main. Il semble l'annoncer dans les dernières lignes du XIIe, quand il dit : « Sur le fondement des prières ecclésiastiques, *sans entamer encore les autres preuves,* la doctrine de saint Augustin.... est incontestable. » Au reste qu'on jette un coup d'œil sur l'ensemble de tout l'ouvrage; on verra que la connexité logique des matières exigeoit la déduction de ces *autres preuves,* par cela même une nouvelle discussion.

Mais si Bossuet a donné un dernier complément à son ouvrage contre Simon, puisque l'abbé Leroi a consulté les manuscrits de l'auteur, pourquoi n'a-t-il pas publié dans son édition le XIIIe livre de la *Défense?* Rien ne nous oblige de répondre à cette question; voici toutefois nos conjectures. L'évêque de Troyes, « faisant sa cour de toute breloque [2], » étoit plus jaloux d'étaler aux yeux que de donner au public les manuscrits de son oncle; il les bouleversoit chaque jour dans des manutentions continuelles et s'en alloit les prêtant partout sans discrétion, si bien qu'il les avoit mêlés comme un jeu de cartes et qu'il en a perdu plusieurs. Lors donc que l'abbé Leroi les consulta, le XIIIe livre de la *Défense* put échapper à ses regards ou se trouver dans des mains étrangères.

Le cardinal de Bausset l'a connu, lui, parce qu'il avoit reçu les manuscrits ou plutôt quelques manuscrits de Bossuet dans un autre état. Revenons un peu en arrière. Après en avoir fait publier plusieurs, M. de Chasot les remit, lui ou sa veuve, aux bénédictins des Blancs-Manteaux, à Paris, au Marais. Ces religieux les dépouillèrent, les mirent en ordre et les transcrivirent par de longs efforts, avec un courage digne d'éloge, que ne puis-je ajouter avec exactitude et fidélité! Ils commencèrent une édition dont le premier volume parut en 1772, mais qui fut entravée dans la suite par diverses causes et définitivement suspendue par la révolution de 93. Le libraire qui s'étoit chargé de cette édition, Boudet remit, avec son établissement, les précieux autographes à son successeur Lami. Après la pacification de l'Eglise, Lami, voulant continuer l'édition bénédictine, confia à son tour les manuscrits de Bossuet, en y joignant ceux de

---

[1] Préface de la *Deuxième instruction contre la version de Trévoux.* — [2] *Journ.,* 17 mars 1708.

l'abbé Ledieu, à M. de Bausset, ancien évêque d'Alais, qui prit l'engagement d'exécuter les travaux préparatoires et d'écrire l'histoire du grand homme. Cet ouvrage fait sur les documens de l'abbé Ledieu, l'auteur le remit à Lebel, ainsi que les manuscrits de Bossuet, pour l'édition de Versailles. Lami, seul légitime propriétaire, l'accusa devant les tribunaux d'abus de confiance et d'infidélité à ses engagemens. Craignant l'issue du procès, pour arrêter les poursuites, M. de Bausset donna de justes dédommagemens et fit restituer les manuscrits, qui ne purent servir à l'édition de Lebel. De ce moment il déprécia le dernier livre de la *Défense* [1] : on sait pourquoi.

L'Eglise de Meaux s'est toujours montrée justement jalouse de la gloire de Bossuet. Un des derniers évêques de ce diocèse, M. Gallard, acquit du libraire Lami les manuscrits qui restoient de l'immortel écrivain, et l'évêque actuel a bien voulu nous céder par une transaction le droit de les publier dans notre édition. Voilà pourquoi le XIIIe livre de la *Défense* est resté si longtemps dans l'obscurité ; voilà aussi comment nous pouvons le donner au public.

III.

En signalant la marche qu'a suivie dans ses attaques le fauteur des nouveautés, nous avons pour ainsi dire tracé le plan que s'est proposé dans sa défense l'athlète de la croyance universelle. Simon fait deux choses : il s'efforce d'établir à côté du catholicisme un socinianisme mitigé, mais il s'enveloppe de ténèbres et de fraudes pour ne paroitre ni socinien aux catholiques, ni catholique aux sociniens ; puis il professe la plus grande vénération pour l'Ecriture sainte, mais il accuse saint Augustin de s'être éloigné des anciens auteurs, d'avoir inventé des explications nouvelles et dénaturé la doctrine primitive sur les dogmes du péché originel, de la grace et de la prédestination. En conséquence Bossuet a divisé son ouvrage en deux parties. Dans la première, il démonte toutes les batteries du rusé tacticien, il déjoue toutes ses feintes, il découvre toutes ses mines souterraines ; en un mot, il arrache à ce protée ses milles figures pour le montrer lui, Simon, prêtre catholique, entaché profondément de rationalisme protestant. Dans la deuxième partie, qui est beaucoup plus longue que la première, il prouve que, dès l'origine de l'Eglise, l'Orient et l'Occident, les Grecs et les Latins ont enseigné le péché originel, la grace efficace et la prédestination gratuite ; d'où résulte contre le novateur cette conséquence, que saint Augustin n'a pas changé la doctrine des premiers Pères, bien qu'il l'ait exposée dans un plus grand jour, avec plus de force et plus de clarté.

[1] *Hist. de Bossuet*, IV, 440.

Lorsqu'il attaqua Simon, Bossuet voulut combattre tous ceux qu'il désigne sous le nom de *nouveaux critiques*; ces hommes qui, éblouis par une vaine science, prennent pour guide, non le phare lumineux de la foi, mais les sombres lueurs de leur raison; ces hommes qui s'écartent de la vraie doctrine, « faute d'en prendre le fil par une théologie qui ne soit ni curieuse, ni contentieuse, mais sobre, droite, modeste, plutôt précise et exacte que subtile et raffinée. » Brûlant comme un fer rouge, sa plume a marqué d'une flétrissure impérissable tous ces prétendus savans dans la personne de Simon: « Qu'il fasse valoir sa critique tant qu'il lui plaira, dit-il, il ne s'excusera jamais, je ne dis pas d'avoir ignoré avec tout son grec et son hébreu les élémens de la théologie, mais d'avoir renversé les fondemens de la foi... Je me réjouis, aussi bien que M. Simon, de la politesse que l'étude des belles lettres et des langues ont ramenée dans le monde, et je souhaite que notre siècle ait soin de la cultiver; mais il y a trop de vanité et trop d'ignorance à faire dépendre de là le fond de la science, et surtout de la science des choses sacrées [1]. » La sentinelle vigilante qui gardoit sur la brèche la cité sainte, a retardé d'un siècle et demi l'invasion de l'exégèse rationaliste qui commence à désoler l'Eglise de France.

Cependant, qui pourroit le croire? du milieu d'Israël des voix se sont élevées, qui ont pris la défense de l'ennemi contre le défenseur du peuple de Dieu; des catholiques se sont rencontrés, qui ont accusé Bossuet de violence et de dureté vis-à-vis de Simon; Bossuet, qui a épuisé toutes les ressources de la science et du génie pour éclairer l'ignorance obstinée; Bossuet, qui n'a reculé devant aucun sacrifice dans l'espoir de calmer une vanité chagrine et de fixer un amour-propre vulgaire! Critiques pleins de charité, faites de même! Après plusieurs années de bonté paternelle, de longanimité, Bossuet a terrassé l'orgueil et le mensonge; encore une fois, chrétiens modérés, faites de même; car voilà devant vous plus que des Simons dans les Renans du jour! Ah! nous qui sommes foibles, laissons les forts combattre pour le triomphe de notre foi; nous qui tenons à notre repos, à notre bien-être, à notre position, laissons le dévouement se sacrifier pour la défense de notre Dieu.

Encore un mot. Nous avons collationné les douze premiers livres de la *Défense* sur l'édition de Leroi, et publié le treizième d'après le manuscrit original, qui se trouve à la bibliothèque du séminaire de Meaux. Bossuet n'avoit ni marqué les divisions ni écrit les titres des chapitres; c'est l'abbé Leroi qui a fait ce travail dans les premiers livres, et nous dans le dernier.

[1] *Défense de la trad.*, part. I, liv. III.

PRÉFACE

OU EST EXPOSÉ LE DESSEIN ET LA DIVISION DE CET OUVRAGE.

Il ne faut pas abandonner plus longtemps aux nouveaux critiques la doctrine des Pères et la tradition des églises. S'il n'y avoit que les hérétiques qui s'élevassent contre une autorité si sainte, comme on connoît leur erreur, la séduction seroit moins à craindre : mais lorsque des catholiques et des prêtres, des prêtres, dis-je, ce que je répète avec douleur, entrent dans leur sentiment et lèvent dans l'Eglise même l'étendard de la rébellion contre les Pères; lorsqu'ils prennent contre eux et contre l'Eglise, sous une belle apparence, le parti des novateurs, il faut craindre que les fidèles séduits ne disent comme quelques Juifs, lorsque le trompeur Alcime s'insinua parmi eux [1] : « Un prêtre du sang d'Aaron, » de cette ancienne succession, de cette ordination apostolique à laquelle Jésus-Christ a promis qu'elle durera toujours, « est venu à nous, il ne nous trompera pas; » et si ceux qui sont en sentinelle sur la maison d'Israël ne sonnent point de la trompette, Dieu demandera de leur main le sang de leurs frères, qui seront déçus faute d'avoir été avertis.

Il nous est venu depuis peu d'Hollande un livre intitulé : *Histoire critique des principaux commentateurs du Nouveau Testament, depuis le commencement du christianisme jusqu'à notre temps, etc., par M. Simon, prêtre.* C'est un de ces livres,

---
[1] I *Machab.*, VII, 14.

PRÉFACE.

qui ne pouvant trouver d'approbateurs dans l'Eglise catholique, ni par conséquent de permission pour être imprimés parmi nous, ne peuvent paroître que dans un pays où tout est permis, et parmi les ennemis de la foi.

Cependant malgré la vigilance et la sagesse du magistrat, ces livres pénètrent peu à peu, ils se répandent, on se les donne les uns aux autres : c'est un attrait pour les faire lire, qu'ils soient recherchés, qu'ils soient rares, qu'ils soient curieux : en un mot, qu'ils soient défendus, et qu'ils contiennent une doctrine que personne ne veut approuver ; c'est un air de capacité et de science que de s'écarter des sentimens communs : et ceux qui ne songent pas qu'il y a une mauvaise liberté, louent les auteurs de ces livres comme gens libres et désabusés des préjugés communs.

A toutes ces qualités, l'auteur du livre dont nous parlons, ajoute celle d'être critique, c'est-à-dire de peser les mots par les règles de la grammaire, et il croit pouvoir imposer au monde, et décider sur la foi et sur la théologie par le grec ou par l'hébreu dont il se vante.

Sans ici lui disputer l'avantage qu'il veut tirer de ces langues et sans embrasser le parti de ceux qui y excellent le plus, et qui n'avouent pas que M. Simon y ait fait autant de progrès qu'il se l'imagine, je me contenterai de lui faire voir dans la suite de cet ouvrage, qu'il est tout à fait novice en théologie, et non-seulement qu'il prononce trop hardiment, mais encore qu'il prononce mal, pour ne rien dire de plus, sur des matières qui le passent.

Avant que d'entrer dans cette discussion, il faudroit donner en général une idée de son ouvrage; mais personne ne le sauroit faire bien précisément. S'il s'en falloit rapporter au titre, on croiroit qu'en promettant de donner l'histoire des principaux commentateurs du Nouveau Testament, il voudroit nous faire connoître seulement leur génie et leur savoir, leur genre d'écrire, leur manière d'interpréter, le temps et l'occasion de leur composition et les autres choses semblables, sans entrer dans les questions, ou décider sur le fond, qui seroit un ouvrage immense et auquel plusieurs grands volumes ne suffiroient pas. Mais ce n'est pas le dessein de notre auteur. Sous prétexte d'une analyse telle quelle, qu'il fait semblant de vouloir donner de certains endroits, il veut dire son sentiment sur le fond des explications, louer, corriger, reprendre qui il lui plaira, et les Pères comme les autres, décider des questions, non pas à la vérité de toutes, car ce seroit une entreprise infinie, mais de celles qu'il a voulu choisir, et en particulier de celles où il a occasion d'insinuer les sentimens des sociniens, tant contre la Divinité de Jésus-Christ que sur la matière de la grace, ou en commettant les Grecs avec les Latins, et les Pères les plus anciens avec ceux qui les ont suivis, il interpose son jugement avec une autorité qui assurément ne lui convient pas.

On ne voit donc pas pourquoi il lui plaît d'entrer dans ces questions, puisqu'assurément il n'est pas possible qu'il les éclaircisse autant qu'il faut dans un volume comme le sien : ce qui est cause qu'en remuant une infinité de difficultés, qu'il ne peut ni ne veut résoudre, il n'est propre qu'à faire naître des doutes sur la religion ; et c'est un nouveau charme pour les libertins, qui aiment toujours à douter de ce qui les condamne. On ne peut rendre non plus aucune raison du choix qu'il a fait des auteurs dont il a voulu composer sa compilation telle quelle. S'il se vouloit réduire selon son titre à traiter des commentateurs du Nouveau Testament, on ne voit pas ce qui l'obligeoit à parler de saint Athanase, de saint Grégoire de Nazianze et des autres qui n'ont point fait de commentaires, ni des écrits polémiques de ces Pères, ou de ceux de saint Augustin. Si sous le nom de commentateurs, il veut comprendre tous les auteurs qui ont traité du Nouveau Testament, c'est-à-dire tous les auteurs ecclésiastiques, on ne voit pas pourquoi il oublie un *saint Anselme*, un *Hugues de Saint-Victor*, un *saint Bernard* et surtout un *saint Grégoire le Grand*; d'autant plus que les deux derniers, outre qu'ils ont traité comme les autres la doctrine de l'Evangile, et en particulier les matières sur lesquelles M. Simon a entrepris de nous régler, ils ont encore expressément composé des homélies sur les évangiles, et que d'ailleurs ils méritoient sans doute autant d'être nommés que *Servet* et que *Bernardin Ochin*, dont M. Simon nous a donné une si soigneuse analyse, encore qu'il n'en rapporte aucun commentaire ; c'est-à-dire que sous le nom des commentateurs, il a parlé de qui il lui a plu : que sous le titre de leur histoire il traite les questions qu'il a en tête : en un mot, qu'il dit ce qu'il veut, sans que son livre se puisse réduire à aucun dessein régulier ; et si je voulois exprimer naturellement ce qui en résulte, je dirois qu'on y apprend parfaitement les expositions des sociniens, les livres où l'on peut s'instruire de leur doctrine, le bon sens et l'habileté de ces curieux commentateurs, ainsi que de Pélage, chef de la secte des pélagiens, et de tous les autres auteurs, ou hérétiques ou suspects; et qu'on y apprend plus que tout cela comment il faut affoiblir la foi des plus hauts mystères, avec les fautes des Pères (c'est-à-dire celles que M. Simon leur impute), et en particulier celles de saint Augustin, principalement sur les matières de la grace, dont notre auteur découvre le véritable système, et fait bien voir à saint Augustin ce qu'il devoit dire pour confondre les pélagiens; en sorte, si Dieu le permet, que ce ne sera plus ce docte Père, mais M. Simon qui en sera le vainqueur. En un mot, ce qu'il apprend parfaitement bien, c'est à estimer les hérétiques et à blâmer les saints Pères, sans en excepter aucun, pas même ceux qu'il fait semblant de vouloir louer. Et voilà, après avoir lu et relu son livre, ce qui en reste dans l'esprit, et le fruit qu'on peut recueillir de son travail.

Si cela paroît incroyable à cause qu'il est insensé, je proteste néanmoins devant Dieu que je n'exagère rien. Tout paroîtra dans la suite; et pour procéder plus nettement dans cet examen, je me propose de faire deux choses : la première, de découvrir les erreurs expresses de notre auteur sur les matières de la tradition et de l'Eglise, et ce qui tend à la même fin, le mépris qu'il a pour les Pères, avec les moyens indirects par lesquels, en affoiblissant la foi de la Trinité et de l'Incarnation, il met en honneur les ennemis de ces mystères : la seconde, d'expliquer en particulier les erreurs qui regardent le péché originel et la grace, parce que c'est à ces mystères qu'il s'est particulièrement attaché.

DÉFENSE
DE LA TRADITION
ET DES SAINTS PÈRES.

PREMIÈRE PARTIE,

Où l'on découvre les erreurs expresses sur la tradition et sur l'Eglise, le mépris des Pères avec l'affoiblissement de la foi, de la Trinité et de l'Incarnation, et la pente vers les ennemis de ces mystères.

LIVRE PREMIER.

ERREURS SUR LA TRADITION ET L'INFAILLIBILITÉ DE L'ÉGLISE.

CHAPITRE PREMIER.

La tradition attaquée ouvertement en la personne de saint Augustin.

Pour commencer par où il commence lui-même, c'est-à-dire par saint Augustin, il l'attaque sans déguisement, comme sans mesure, dès les premiers mots de sa *Préface*; et il l'attaque sur la matière où il a le plus excellé, qui est celle de la grace : ce que je remarque ici, non dans le dessein d'entamer ce sujet, que je viens de réserver pour la fin de cet ouvrage, mais seulement pour montrer dans le procédé de l'auteur un mépris manifeste de la tradition, qu'il fait semblant de vouloir défendre. Je dis donc avant toutes choses que M. Simon ne craint point d'accuser saint Augustin sur cette matière, « d'être l'auteur d'un nouveau système, de s'être éloigné des anciens commentateurs, et d'avoir inventé des explications dont on n'avoit point entendu parler auparavant [1]. »

[1] *Préface* de M. Simon.

Voilà comme il traite celui qu'il appelle en même temps le docteur de l'Occident, et il semble qu'il ne le relève que pour avoir plus de gloire à l'atterrer. Son ignorance est extrême, aussi bien que sa témérité. S'il avoit lu seulement avec une médiocre attention les livres de ce saint docteur, il l'auroit toujours vu attaché à la doctrine qu'il avoit trouvée, comme il dit lui-même, très-fondée et très-établie dans toute l'Eglise. Il n'y a aucune partie de son système, puisqu'il plaît à notre auteur de parler ainsi, que ce grand homme n'ait appuyée par le témoignage des Pères ses prédécesseurs, et des Grecs comme des Latins, où il ne les suive pour ainsi dire pas à pas, et qu'il ne trouve très-solidement et très-invinciblement établie dans les sacremens de l'Eglise et dans toutes les prières de son sacrifice.

M. Simon cependant l'accuse d'être un novateur : c'est ce qu'il avance dans sa *Préface :* c'est ce qu'il soutient dans tout son livre où, à vrai dire, il n'a en butte que saint Augustin. Il en revient à toutes les pages « aux nouveautés » de ce Père, « à ses opinions particulières » auxquelles « il accommode le texte sacré. » Il ne songe qu'à le rendre auteur des sentimens les plus odieux, comme de ceux de Luther et de Calvin. Il affecte de dire partout que ces impies qui font Dieu cause du péché, et Wiclef qui est l'auteur de ce blasphème, regardoient saint Augustin comme leur guide, sans avoir pris aucun soin de leur montrer qu'ils se trompent, et même sans l'avoir dit une seule fois, en sorte que nous pouvons dire que tout son ouvrage est écrit directement contre ce saint.

CHAPITRE II.

Que M. Simon se condamne lui-même en avouant que saint Augustin, qu'il accuse d'être novateur, a été suivi de tout l'Occident.

Il ne sera pas malaisé de le réfuter ; mais en attendant que j'entreprenne une si facile et si nécessaire réfutation, il est bon de faire voir, en un mot, que ce téméraire censeur se réfute lui-même le premier. Car en attaquant si hardiment ce saint docteur, il est forcé d'avouer en même temps « qu'il est le docteur de l'Occident, et que c'est à sa doctrine que les théologiens latins se sont principalement attachés; » ce qui s'entend de son aveu propre, de ce qu'il a enseigné sur la matière de la grace, plus encore sans comparaison que de tout le reste; car c'est à l'occasion de cette matière que notre auteur demeure d'accord, « que saint Augustin étoit devenu l'oracle de l'Occident [1]. » Voici donc le prodige qu'il enseigne, qu'une nouveauté, « une opinion particulière, » une explication de l'Ecriture « dont on n'avoit jamais entendu parler, » et encore « une explication dure et rigoureuse, » comme l'appelle M. Simon à toutes les pages, a gagné d'abord tout l'Occident.

Je n'en veux pas davantage; et sans ici disputer pour saint Augustin contre son accusateur, j'appelle son accusateur insensé devant l'Eglise d'Occident, à qui il fait suivre la doctrine d'un novateur, sans songer qu'avec l'Eglise d'Occident, il accuse d'innovation toute l'Eglise catholique, qu'elle a maintenant comme renfermée dans son sein. Mais afin qu'on pénètre mieux l'attentat de ce critique, non pas contre saint Augustin, mais contre l'Eglise, il faut tirer de son livre une espèce d'histoire abrégée des approbations de la doctrine de ce Père.

CHAPITRE III.

Histoire de l'approbation de la doctrine de saint Augustin, de siècle en siècle, de l'aveu de M. Simon : en passant, pourquoi cet auteur ne parle point de saint Grégoire.

Premièrement il lui donne en général pour approbateur tout l'Occident : et il est certain que ses livres contre Pélage, et en particulier ceux *de la Prédestination et de la Persévérance*, n'eurent pas plus tôt paru qu'on y reconnut une doctrine céleste. Tout fléchit, à la réserve de quelques prêtres d'un petit canton de nos Gaules. On sait que le pape saint Célestin leur imposa silence. Fauste de Riez s'éleva un peu après contre la doctrine de saint Augustin : son savoir, son éloquence et la réputation de sainteté où il étoit, n'empêchèrent pas que ses livres ne fussent flétris par le concile des saints Confesseurs relégués d'Afrique en Sardaigne, et

[1] P. 337.

même par le pape saint Gélase et par le pape saint Hormisdas, avec une déclaration authentique de ce dernier pape, « que ceux qui voudroient savoir la foi de l'Eglise romaine sur la grace et le libre arbitre, n'avoient qu'à consulter les livres de saint Augustin, et particulièrement ceux qu'il avoit adressés à Prosper et à Hilaire[1]; » c'est-à-dire ceux contre lesquels les ennemis de ce Père s'étoient le plus élevés. Ainsi l'on ne peut nier que la doctrine de saint Augustin, et en particulier celle qu'il avoit expliquée dans les *Livres de la Prédestination et de la Persévérance,* ne fût tout au moins, et pour ne rien dire de plus, sous la protection particulière de l'Eglise romaine. On ne niera pas non plus que le pape saint Grégoire, le plus savant de tous les papes, ne l'ait suivi de point en point, et avec autant de zèle que saint Prosper et saint Hilaire. J'ai remarqué que M. Simon a évité de parler de ce saint pape, quoiqu'il dût avoir un rang honorable parmi les commentateurs du Nouveau Testament; et il ne peut y en avoir d'autre raison, si ce n'est que d'un côté, ne pouvant nier qu'il n'eût été le défenseur perpétuel de la doctrine de saint Augustin, d'autre côté il n'a osé faire paroître que cette doctrine, qu'il vouloit combattre, eût eu un tel défenseur dans la chaire de saint Pierre. Après donc avoir passé par-dessus un si grand homme, il nomme au siècle suivant le vénérable Bède, qui selon lui « s'est rendu recommandable, non-seulement dans la Grande-Bretagne, mais encore dans toutes les Eglises d'Occident;[2] » et qui non-seulement faisoit profession de suivre saint Augustin, mais encore ne faisoit pour ainsi dire que le copier et que l'extraire. Pierre de Tripoli, plus ancien que Bède et plus estimé que lui par notre auteur[3], a publié un commentaire sur les *Epîtres* de saint Paul, dans lequel il se glorifie « de n'avoir fait que transcrire par ordre ce qu'il a trouvé dans les OEuvres de saint Augustin : » ce qui est vrai principalement de ce qu'il a dit sur la matière de la prédestination et de la grace, comme tout le monde sait. Alcuin, le plus savant homme de son siècle et le maître de Charlemagne, de l'aveu de M. Simon[4] suit saint Augustin et Bède « sur l'Evangile de saint Jean, » où la matière de la grace revient si souvent; et si notre

---

[1] *Epist. ad Poss.* — [2] P. 339. — [3] P. 344. — [4] P. 348.

auteur ajoute « qu'en s'attachant au sens littéral, » il ne fait pas toujours le choix des meilleures interprétations, c'est à cause, poursuit-il, qu'il '« est prévenu de saint Augustin [1]. » On l'étoit donc dès ce temps, et ceux qui l'étoient le plus étoient les maîtres des autres, et les plus grands hommes. Quand notre auteur fait dire à Claude de Turin que saint Augustin étoit le « prédicateur de la grace [2], » il auroit pu remarquer que ce n'est pas seulement ce fameux chef des iconoclastes d'Occident qui a donné ce titre à saint Augustin, mais encore tous les docteurs qui ont écrit depuis l'hérésie de Pélage. En un mot, dit M. Simon, « saint Augustin étoit le grand auteur de la plupart des moines de ce temps-là [3]. » Il pouvoit dire de tous à la réserve de ceux qui, en s'éloignant de saint Augustin sur cette matière, s'éloignoient en même temps des vrais sentimens de la foi, comme nous verrons. Au reste qui dit les moines, ne dit pas des gens méprisables, comme notre auteur l'insinue en beaucoup d'endroits, mais les plus savans et les plus saints de leur temps, et comme il les appelle lui-même, « les maîtres de la science en Occident [4]. »

Les auteurs qu'on vient de nommer, étoient du septième et du huitième siècle. Au neuvième s'éleva la contestation sur le sujet de Gotescalc; et encore que le crime dont on accusoit ce moine fût d'avoir outré la doctrine de la prédestination et de la grace, les deux partis convenoient, non-seulement de l'autorité, mais encore de tous les principes de saint Augustin; et sa doctrine ne parut jamais plus inviolable, puisqu'elle étoit la règle commune des deux partis.

Pour venir au siècle onzième (puisque dans le dixième on ne nomme point de commentateurs), M. Simon fait mention d'un commentaire publié sous le nom de saint Anselme, quoiqu'il ne soit point de ce grand auteur; et dit-il [5] : « Tout ce commentaire est rempli des principes de la théologie de saint Augustin, qui a été le maître des moines d'Occident, comme saint Chrysostome l'a été des commentateurs de l'Eglise orientale. » On peut donc tenir pour certain que les autres auteurs célèbres étoient attachés à ce Père, et il seroit inutile d'en marquer les noms; mais on ne peut taire saint Anselme et saint Bernard, deux docteurs si célèbres,

[1] P. 348. — [2] P. 359. — [3] P. 360. — [4] P. 353. — [5] P. 367.

encore que M. Simon n'en ait point parlé. Or il est constant qu'ils étoient tous deux grands disciples de saint Augustin, et que saint Bernard a transmis le plus pur suc de sa doctrine sur la grace et le libre arbitre dans le livre qu'il a composé sur cette matière.

Quand M. Simon vient à saint Thomas, il avoue que saint Augustin a été le maître de ce maître des scholastiques, ce qui aussi est incontestable et avoué de tout le monde. « Nicolas de Lyra, dit-il, suit ordinairement saint Augustin et saint Thomas, qui étoient les deux grands maîtres des théologiens de son temps[1]. » Il y a longtemps que cela dure, puisqu'après avoir vu ce respect profond pour la doctrine de saint Augustin commencer depuis le temps de ce Père, nous en sommes au siècle où vivoit Nicolas de Lyra, ce docte *religieux franciscain;* c'est-à-dire, comme le remarque notre auteur, « au commencement du quatorzième siècle[2]. » Encore du temps d'Erasme, « on ne pouvoit lui pardonner le mépris qu'il avoit pour saint Augustin[3]. Il n'y avoit presque que saint Augustin qui fût entre les mains des théologiens, et il est même encore à présent leur oracle[4], » sans que les censures de M. Simon lui puissent faire perdre ce titre.

CHAPITRE IV.

Autorité de l'Eglise d'Occident : s'il est permis à M. Simon d'en appeler à l'Eglise orientale : Julien le pélagien convaincu par saint Augustin dans un semblable procédé.

Contre une si grande autorité de tout l'Occident, M. Simon nous appelle à l'Eglise orientale, comme plus éclairée et plus savante. C'est de quoi je ne conviens pas; mais sans commettre ici les deux Eglises et sans vouloir contredire nos critiques, qui s'imaginent qu'ils paroissent plus savans en louant les Grecs, je répondrai à M. Simon ce que saint Augustin répondit à Julien qui, comme lui, rabaissoit l'autorité de l'Eglise occidentale : « Je crois que cette partie du monde vous doit suffire, où Dieu a voulu couronner d'un très-glorieux martyre le premier de ses apôtres[5], » par où il a établi dans l'Occident la principauté de la chaire apos-

---
[1] P. 477. — [2] *Ibid.* — [3] P. 530. — [4] P. 531. — [5] *Cont. Jul.*, lib. I, cap. IV, n. 13.

tolique, comme lui-même il l'explique ailleurs en tant d'endroits. Que répondra M. Simon à une aussi grande autorité que celle de l'Eglise occidentale, qui a l'Eglise romaine à sa tête, la mère et la maîtresse de toutes les églises? Peut-on nier que cette partie du monde doive suffire à M. Simon aussi bien qu'à Julien, et d'autant plus à M. Simon qu'à Julien, que toute l'Eglise catholique s'est enfin depuis renfermée dans l'Occident? Ainsi l'autorité de l'Occident, selon lui si favorable à saint Augustin et à sa doctrine, suffiroit pour réprimer ses censures; et lorsqu'il nous menace de l'Orient à l'exemple des pélagiens, après que tout l'Occident se fut déclaré contre eux, nous continuerons à lui dire ce que le même saint Augustin dit encore à Julien dans le même endroit : « C'est en vain que vous en appelez aux évêques d'Orient, puisqu'ils sont sans doute chrétiens et que leur foi est la nôtre, parce qu'il n'y a dans l'Eglise qu'une même foi. » C'est donc en vain que vous alléguez la doctrine des anciens Pères d'Orient, comme si elle étoit contraire à celle de saint Augustin, que l'Occident approuvoit : vous commettez les deux églises; vous faites voir de la partialité dans le corps de Jésus-Christ contre la doctrine de l'Apôtre, qui au contraire y fait voir un parfait consentement de tous les membres; et sans encore entrer dans la discussion des sentiments des Pères grecs, il vous doit suffire « que vous êtes né en Occident : que c'est en Occident que vous avez été régénéré par le baptême : » ne méprisez donc pas l'Eglise où vous avez été baptisé. C'est ce que saint Augustin disoit à Julien, et nous en disons autant à M. Simon.

CHAPITRE V.

Idée de M. Simon sur saint Augustin, à qui il fait le procès comme à un novateur dans la foi, par les règles de Vincent de Lérins : tout l'Occident est intéressé dans cette censure.

Il ne nous écoute pas, et il importe de bien remarquer l'idée qu'il donne partout de saint Augustin, et qu'il donne par conséquent de tout l'Occident qui l'a suivi. Pour trouver cette belle idée de M. Simon, il n'y a qu'à ouvrir son livre en quelqu'endroit qu'on voudra ; et dès le commencement on trouvera qu'en rapportant un passage de la *Philocalie* d'Origène, il déclare que « ceux qui ont d'autres sentimens de la prédestination favorisent l'hérésie des gnostiques, et détruisent avec eux le libre arbitre[1] ; » et pour ne point laisser en doute qui sont ceux à qui il en veut, il ajoute ces paroles : « Cette doctrine étoit non-seulement d'Origène, de saint Grégoire de Nazianze et de saint Basile, qui ont publié la *Philocalie,* mais généralement de toute l'Eglise grecque, ou *plutôt de toutes les Eglises du monde* avant saint Augustin, qui auroit peut-être préféré à ses sentimens *une tradition si constante,* s'il avoit lu avec soin les ouvrages des écrivains ecclésiastiques qui l'ont précédé. »

Voilà saint Augustin un insigne novateur, qui a changé la doctrine de *toutes les Eglises du monde,* qui s'est opposé *à une tradition constante,* et qui, pour n'avoir pas *lu avec assez d'attention les ouvrages des écrivains ecclésiastiques qui l'ont précédé,* leur a préféré ses opinions nouvelles et particulières ; et cela sur une matière capitale, puisqu'il ne s'agit de rien moins que de *favoriser l'hérésie des gnostiques, et de détruire avec eux le libre arbitre.* Saint Augustin est donc novateur dans une matière aussi essentielle au christianisme que celle-là, M. Simon ne s'en cache pas, et c'est pourquoi il entreprend de lui faire son procès selon les règles de Vincent de Lérins ; c'est-à-dire selon les règles par lesquelles on discerne les novateurs d'avec les défenseurs de l'ancienne foi, et en un mot les catholiques d'avec les hérétiques. Il se déclare d'abord dans sa *Préface,* où après avoir accusé saint Augustin « de s'être éloigné des anciens commentateurs, et d'avoir inventé des explications dont on n'avoit point entendu parler auparavant, » il ajoute aussitôt après que « Vincent de Lérins rejette ceux qui forgent de nouveaux sens, et qui ne suivent point pour leur règle les interprétations reçues dans l'Eglise depuis les apôtres : » d'où il conclut que « sur ce pied-là on préférera le commun sentiment des anciens docteurs aux opinions particulières de saint Augustin. Il oppose donc à saint Augustin ces règles sévères de Vincent de Lérins, qui en effet sont les

[1] P. 77.

règles de toute l'Eglise catholique : il oppose, dis-je, ces règles à la doctrine de saint Augustin, sans se mettre en peine de tout l'Occident¹, dont il avoue que ce Père a été l'oracle. Il parle toujours sur le même ton ; et non content d'avoir dit que ce furent en partie les nouveautés de saint Augustin, « qui donnèrent occasion au sage Vincent de Lérins de composer son Traité, où il indique ce docte Père comme un novateur qui avoit des opinions particulières¹, » il continue en un autre endroit à lui faire son procès, même sur la matière de la grace dont il a été le docteur. Car en rapportant un passage de Jansénius, évêque d'Ypres, où il dit avec un excès insoutenable, que « saint Augustin est le premier qui a fait entendre aux fidèles le mystère de la grace ², » c'est-à-dire le fondement de la religion, et avec la doctrine de la grace chrétienne, le vrai esprit du Nouveau Testament, « cela, poursuit-il, ne nous doit pas empêcher d'examiner la doctrine de saint Augustin (sur la grace, car c'est celle-là dont il s'agissoit) selon les règles de Vincent de Lérins, qui veut avec toute l'antiquité, qu'en matière de doctrine elle soit premièrement appuyée sur l'autorité de l'Ecriture, et en second lieu sur la tradition de l'Eglise catholique : » d'où il conclut que « l'évêque d'Ypres, en publiant que ce docte Père a eu des sentimens opposés à tous ceux qui l'ont précédé, et même à tous les théologiens depuis plus de cinq cents ans, il le rendoit suspect³. »

Mais laissons Jansénius avec ses excès, dont il ne s'agit pas en cet endroit : laissons ces théologiens dont, au dire de M. Simon, la doctrine depuis cinq cents ans étoit opposée à celle de saint Augustin, ce que je crois faux et erroné, et disons à ce critique : Si Jansénius rend saint Augustin « suspect, en publiant que ce docte Père a eu des sentimens opposés à tous ceux qui l'ont précédé ; » s'il lui fait combattre les règles de Vincent de Lérins contre les novateurs, vous qui dites la même chose que Jansénius, vous qui accusez partout saint Augustin d'avoir introduit des explications dont on n'avoit jamais entendu parler et d'avoir suivi des sentimens opposés, non-seulement aux Pères grecs, mais encore à tous les auteurs ecclésiastiques qui avoient écrit

¹ P. 269. — ² P. 291. — ³ *Ibid.*

devant lui, vous travaillez à le mettre, et avec lui tous les Latins qui l'ont suivi selon vous durant tant de siècles, au rang des « auteurs suspects » et des novateurs rejetés par les règles inviolables de Vincent de Lérins; en un mot, au rang des hérétiques ou des fauteurs des hérétiques, puisque vous lui faites favoriser l'hérésie des gnostiques et détruire avec eux le libre arbitre.

CHAPITRE VI.

Que cette accusation de M. Simon contre saint Augustin retombe sur le Saint-Siége, sur tout l'Occident, sur toute l'Eglise, et détruit l'uniformité de ses sentimens et de sa tradition sur la foi : que ce critique renouvelle les questions précisément décidées par les Pères, avec le consentement de toute l'Eglise catholique : témoignage du cardinal Bellarmin.

Si l'on souffre de tels excès, on voit où la religion est réduite. L'idée que nous en donne M. Simon est, non-seulement que l'Orient et l'Occident ne sont pas d'accord dans la foi, mais encore qu'un novateur a entraîné tout l'Ocident après lui : que l'ancienne foi a été changée : qu'il n'y a plus par conséquent de tradition constante, puisque celle qui l'étoit jusqu'à saint Augustin a cessé de l'être depuis, et que les seuls Grecs ayant persisté dans la doctrine de leurs Pères, il ne faut plus chercher la foi et l'orthodoxie que dans l'Orient.

On voit donc bien qu'il ne s'agit pas de saint Augustin seulement ou de sa doctrine, mais encore de l'autorité et de la doctrine de l'Eglise, puisque s'il a été permis à saint Augustin de la changer dans une matière capitale, et que pendant qu'il la changeoit les papes et tout l'Occident lui aient applaudi, il n'y a plus d'autorité, il n'y a plus de doctrine fixe; il faut tolérer tous les errans, et ouvrir la porte de l'Eglise à tous les novateurs.

Car il faut bien observer que les questions où M. Simon veut commettre saint Augustin avec les anciens, ne sont pas des questions légères ou indifférentes, mais des questions de la foi, où il s'agissoit du libre arbitre : savoir s'il le falloit soutenir avec Origène contre « les hérésies des gnostiques; » s'il étoit « contraint ou forcé, » ou seulement « tiré par persuasion : » si Dieu permet seulement le mal, ou s'il en est l'auteur; ou en d'autres termes, si lorsqu'il livre les hommes à leurs désirs, « il est cause en quelque manière de leur abandonnement ou de l'aveuglement de leur cœur : » s'il y avoit de la faute de Judas dans sa trahison, ou s'il « n'a fait qu'accomplir ce qui avoit été déterminé [1]. » C'est, dis-je, dans toutes ces choses que notre auteur met partout cette différence entre la doctrine des anciens et celle de saint Augustin ; comme si les anciens étoient les seuls qui eussent évité tous ces inconvéniens, et qu'au contraire en suivant saint Augustin, il ne fût pas possible de n'y pas tomber. Car il prétend qu'ils étoient la suite de la doctrine nouvelle et particulière qu'il a enseignée sur la prédestination ; et c'est ce que prétendoient, aussi bien que lui, les anciens semi-pélagiens. Cependant saint Augustin n'en a pas moins insisté sur cette doctrine ; et quel a été l'événement de cette dispute, si ce n'est que le pape saint Célestin, devant qui elle fut portée, imposa silence aux adversaires de saint Augustin, et qu'après que cette querelle eut été souvent renouvelée, le pape saint Hormisdas en vint enfin à cette solennelle déclaration, que « qui voudroit savoir les sentimens de l'Eglise romaine sur la grace et le libre arbitre, n'avoit qu'à consulter les ouvrages de saint Augustin, et en particulier ceux qu'il a adressés à saint Prosper et à saint Hilaire [2] ; » c'est-à-dire ceux de la prédestination et du don de la persévérance, qui sont ceux que les adversaires de saint Augustin trouvoient les plus excessifs, et où l'on voit encore aujourd'hui ce que M. Simon ose accuser de nouveauté et d'erreur.

Ainsi ce que remue ce vain critique, est précisément la même question qui a déjà été vidée par plusieurs décisions de l'Eglise et des papes. M. Simon accuse saint Augustin d'être novateur dans la matière de la prédestination et de la grace ; c'étoit aussi la prétention des anciens adversaires de saint Augustin, qui « se défendoient, dit saint Prosper, par l'antiquité, et soutenoient que les passages de *l'Epître aux Romains*, » dont ce Père appuyoit sa doctrine, « n'avoient jamais été entendus, comme il faisoit, par aucun auteur ecclésiastique [3]. » Saint Augustin persiste dans ses

---

[1] P. 77, 170, 306, 380, 419, 420, 421. — [2] *Epist. ad Poss.* — [3] *Epist. Prosp. ad August.*, n. 3.

sentimens ; et non-seulement il persiste dans ses sentimens, mais encore il n'hésite point à soutenir que la prédestination, de la manière dont il l'enseignoit, appartenoit à la foi, à cause de la liaison qu'elle avoit avec les prières de l'Eglise et avec la grace qui fait les élus. Le cardinal Bellarmin a rapporté les passages où ce Père parle en ces termes : « Ce que je sais, dit-il, c'est que personne n'a pu disputer, sinon en errant, contre cette prédestination que je défends par les Ecritures; » et encore : « l'Eglise n'a jamais été sans cette foi de prédestination, laquelle nous défendons avec un nouveau soin contre les nouveaux hérétiques. » Ce qui fait dire à ce grand cardinal, que « si le sentiment de saint Augustin sur la prédestination étoit faux, on ne pourroit excuser ce Père d'une insigne témérité, puisque non-seulement il auroit combattu avec tant d'ardeur pour une fausseté, mais encore qu'il auroit osé la mettre au rang des vérités catholiques. » D'où ce cardinal conclut que la doctrine enseignée par saint Augustin, « n'est pas la doctrine de quelques docteurs particuliers, mais la foi de l'Eglise catholique [1]. »

M. Simon n'a pu ignorer ces passages ni les sentimens de Bellarmin, puisqu'il l'a expressément nommé sur cette matière en parlant de Catharin. Il n'a pas pu ignorer non plus, que saint Augustin n'ait prétendu enseigner une doctrine de foi dans les livres que ce critique reprend. Je ne dispute point encore quelle est cette doctrine : je demande seulement à M. Simon si, nonobstant cette doctrine qu'il ose faire passer pour nouvelle et excessive, le pape saint Célestin, devant lequel on porta les accusations qu'on faisoit contre, au lieu de la reprendre comme excessive et nouvelle, n'a pas fermé la bouche aux contradicteurs en les appelant des téméraires, *imposito improbis silentio :* s'il n'a pas mis saint Augustin au rang des maîtres les plus excellens, *inter magistros optimos* ; au rang de ceux que les papes ont toujours aimés et révérés, *utpote qui omnibus et amori fuerit et honori;* enfin au rang des docteurs les plus irréprehensibles, *nec eum sinistrœ suspicionis saltem rumor adspersit* [2]; s'il n'a pas permis à saint Prosper, ou à l'auteur des Capitules attachés à sa décrétale, quel

---

[1] Lib. *De Don. persev.*, cap. xix. — [2] *Cœlest. epist. ad Episc. Gall.*, cap. ii.

qu'il soit, de blâmer ceux qui accusent nos maîtres, c'est-à-dire saint Augustin et ceux qui l'ont suivi, d'avoir excédé, ce sont les mots dont il se sert : *Magistris etiam nostris, tanquam necessarium modum excesserint, obloquuntur;* enfin s'il n'est pas vrai que cette doctrine est celle où le pape saint Hormisdas renvoie ceux qui veulent savoir ce que croit l'Eglise romaine sur la grace et le libre arbitre. Que si tout cela est incontestable, comme il l'est, et que personne ne l'ait jamais pu ni osé révoquer en doute, on ne peut nier que M. Simon, qui fait profession d'être catholique, ne renouvelle aujourd'hui contre saint Augustin la même accusation que les papes ont réprimée; et il ne peut éviter d'être condamné, puisque non-seulement il regarde saint Augustin comme un novateur, et sa doctrine comme pleine d'excès, mais qu'il ose encore la proscrire comme contraire au sentiment unanime de toute l'Eglise, comme tendante à renouveler et à favoriser l'hérésie des gnostiques, et à détruire le libre arbitre.

CHAPITRE VII.

Vaine réponse de M. Simon, que saint Augustin n'est pas la règle de notre foi : malgré cette cavillation, ce critique ne laisse pas d'être convaincu d'avoir condamné les papes et toute l'Eglise qui les a suivis.

Il n'est donc pas ici question de savoir si les sentimens de saint Augustin sont la règle de notre créance, qui est le tour odieux que M. Simon veut donner à la doctrine de ceux qui défendent l'autorité de ce Père. Non, sans doute, saint Augustin n'est pas la règle de notre foi, et aucun docteur particulier ne le peut être : il n'est pas même encore question en quel degré d'autorité les papes ont mis ses ouvrages en les approuvant; car nous réservons cet examen à la suite de ce traité. Il s'agit ici de savoir si, après que saint Augustin « est devenu l'oracle de l'Occident, » on peut le traiter de novateur, sans accuser les papes et toute l'Eglise d'avoir du moins appuyé et favorisé des nouveautés, d'avoir changé la doctrine qu'une tradition constante avoit apportée, et si cela même n'est pas renverser les fondemens de l'Eglise.

Il ne faut pas que M. Simon s'imagine qu'on lui souffre ces

excès, ni que sous prétexte que quelques-uns auront abusé dans ces derniers siècles du nom et de la doctrine de saint Augustin, il lui soit permis d'en mépriser l'autorité. C'est déjà une insupportable témérité de s'ériger en censeur d'un si grand homme, que tout le monde regarde comme une lumière de l'Eglise, et d'écrire directement contre lui; c'en est une encore plus grande et qui tient de l'impiété et du blasphème, de le traiter de novateur et de fauteur des hérétiques; mais le blâmer d'une manière qui retomberoit sur toute l'Eglise et la convaincroit d'avoir changé de croyance, c'est le comble de l'aveuglement : de sorte que dorénavant je n'ai pas besoin d'appeler à mon secours ceux qui respectent, comme ils doivent, un Père si éclairé; ses ennemis, s'il en a, sont obligés de condamner M. Simon, à moins de vouloir condamner l'Eglise même, la faire varier dans la foi et imiter les hérétiques, qui par toutes sortes de moyens tâchent d'y trouver de la contradiction et de l'erreur.

CHAPITRE VIII.

Autre cavillation de M. Simon dans la déclaration qu'il a faite de ne vouloir pas condamner saint Augustin : que sa doctrine en ce point établit la tolérance et l'indifférence des religions.

Il ne sert de rien à M. Simon de dire qu'il ne prétend point condamner saint Augustin, ni empêcher que ses sentimens n'aient un libre cours, mais seulement d'empêcher que sous prétexte de défendre ce docte Père, on ne condamne les Pères grecs et toute l'antiquité. J'avoue qu'il parle souvent en ce sens; mais ceux qui se paieront de cette excuse, n'auront guère compris ses adresses. Il veut débiter ses sentimens hardis; mais il se prépare des subterfuges, quand il sera trop pressé. Il a de secrètes complaisances pour une secte subtile, qui veut laisser la liberté de tout dire et de tout penser. Je ne parle pas en vain, et la suite fera mieux paroître cette vérité; mais il voudroit bien nous envelopper ce dessein. Qu'y a-t-il de plus raisonnable que de tolérer saint Augustin? Mais accordez-lui cette tolérance, avec les principes qu'il pose et avec les propositions qu'il avance, il vous forcera de tolérer une doctrine opposée à toute l'Eglise ancienne, proscrite par conséquent selon les règles de Vincent de Lérins, c'est-à-dire selon les règles qui sont les marques certaines de la catholicité. Il vous fera voir que la foi peut être changée : que les papes et tout l'Occident peuvent approuver ce qui étoit inouï auparavant : qu'on peut tolérer une doctrine qui renverse le libre arbitre, qui fait Dieu auteur de l'aveuglement et de l'endurcissement des hommes, qui introduit des questions « qui mettent les bonnes ames au désespoir [1]; » c'est-à-dire celle de la prédestination, sans laquelle on ne sauroit expliquer à fond ni les prières de l'Eglise, ni la grace chrétienne. Passez cette tolérance et accordez une fois qu'on a varié dans la foi, il n'y a plus de tradition ni d'autorité, et il en faudra venir à la tolérance. Voilà ce qui résulte clairement du livre de notre auteur.

Qu'il étale tant qu'il lui plaira sa vaine science et qu'il fasse valoir sa critique, il ne s'excusera jamais, je ne dirai pas d'avoir ignoré avec tout son grec et son hébreu, les élémens de la théologie (car il ne peut pas avoir ignoré des vérités si connues qu'on apprend dans le catéchisme); mais je dirai d'avoir renversé le fondement de la foi, et avec le caractère de prêtre d'avoir fait le personnage d'un ennemi de l'Eglise.

CHAPITRE IX.

La tradition combattue par M. Simon, sous prétexte de la défendre.

Quoi donc! nous répondra-t-il, vous m'attaquez sur la tradition que je vante dans tout mon livre. Il la vante, je l'avoue, et il semble en vouloir faire tout son appui; mais je sais il y a longtemps, comment il vante les meilleures choses. Quand par sa critique de l'Ancien Testament il renversoit l'authenticité de tous les livres dont il est composé, et même de ceux de Moïse, il faisoit semblant de vouloir par là établir la tradition et réduire les hérétiques à la reconnoître, pendant qu'il en renversoit la principale partie et le fondement avec l'authenticité des Livres saints. C'est ainsi qu'il défendoit la tradition et qu'il imposoit à ceux qui n'é-

[1] P. 155.

toient pas assez instruits dans ces matières, ou qui ne se donnoient pas le loisir de s'y appliquer : mais c'est une querelle à part. Tenons-nous-en au troisième tome sur le Nouveau Testament, et voyons comment la tradition y est défendue. Déjà on voit qu'elle est sans force, puisque toute constante et universelle qu'elle étoit dès l'origine du christianisme jusqu'au temps de saint Augustin, sur des matières aussi importantes que celles de la grace et du libre arbitre, ce Père a eu le pouvoir de la changer, et d'entraîner dans ses sentimens les papes et l'Occident. Vantez-nous après cela la tradition que vous venez de détruire! Mais venons à d'autres endroits.

CHAPITRE X.

Manière méprisante dont les nouveaux critiques traitent les Pères et méprisent la tradition : premier exemple de leur procédé dans la question de la nécessité de l'Eucharistie : M. Simon avec les hérétiques accuse l'Eglise ancienne d'erreur, et soutient un des argumens par lesquels ils ont attaqué la tradition.

Il faut apprendre à connoître les décisions de nos critiques, et la manière dont ils tranchent sur les Pères. C'est foiblesse de s'étudier à les défendre et à les expliquer en un bon sens, il en faut parler librement, c'est quelque chose de plus savant et de plus fin que de prendre soin de les réduire au chemin battu. Au reste on n'a pas besoin de rendre raison de ce qu'on prononce contre eux. Le jugement d'un critique, formé sur un goût exquis, doit s'autoriser de lui-même, et il sembleroit qu'on doutât si l'on s'amusoit à prouver. On va voir un exemple de ce procédé et tout ensemble une preuve de ses suites pernicieuses, dans les paroles suivantes de M. Simon.

« La preuve, dit-il, que saint Augustin tire du baptême et de l'Eucharistie pour prouver le péché originel, comme s'ils étoient également nécessaires, même aux enfans, pour être sauvés, ne paroît pas *concluante;* elle étoit cependant fondée sur la créance *de ce temps-là* qu'il appuie sur ces paroles : Si vous ne mangez la chair du Fils de l'homme, et si vous ne buvez son sang, vous n'aurez pas la vie en vous [1]. » Voilà ce qui s'appelle décider :

[1] P. 287.

autant de paroles, autant d'arrêts. Le reste du passage est du même ton. En un autre endroit il prend la peine d'alléguer le cardinal Tolet, qui explique saint Augustin d'une manière solide et qui est suivie de toute l'Ecole ; mais c'est encore pour prononcer un nouvel arrêt : « Il paroît bien de la subtilité dans cette interprétation, et toute l'antiquité a inféré de ce passage : *Si vous ne mangez la chair*, etc., la nécessité de donner actuellement l'Eucharistie aux enfans, aussi bien que le baptême [1]. » Il ne faut point de raison : M. Simon a parlé. Saint Augustin s'est trompé dans une matière de foi, et comme lui toute l'antiquité étoit dans l'erreur : la créance de ce Père, quoiqu'elle soit celle de son temps, n'en est pas moins fausse. Ainsi en quatre paroles M. Simon conclut deux choses : l'une, que les preuves de saint Augustin, qui sont celles de l'Eglise, ne sont pas concluantes ; l'autre, que la créance de l'Eglise est erronée. Si M. Simon le disoit grossièrement, on s'élèveroit contre lui ; parce qu'il donne à son discours un tour malin et un air d'autorité, on lui applaudit.

Cependant on ne peut pas nier qu'il ne soutienne ici les sentimens des protestans. Le principal objet de leur aversion est l'infaillibilité de l'Eglise, qui entraîne la certitude de ses traditions. Pour attaquer ce fondement de la foi, ils ont cherché de tous côtés des exemples d'erreur dans l'Eglise, et celui qu'ils allèguent le plus souvent est le même où M. Simon leur applaudit. Dumoulin dans son *Bouclier de la Foi*, et tous les autres sans exception, n'ont rien tant à la bouche que cet argument : Saint Augustin et toute l'Eglise de son temps croyoient la nécessité de l'Eucharistie pour le salut des enfans ; la tradition en étoit constante alors : cependant elle étoit fausse : il n'y a donc ni tradition certaine, ni aucun moyen d'établir l'infaillibilité de l'Eglise : la conséquence est certaine. M. Simon établit l'antécédent, qui est que l'Eglise a erré en cette matière. Il n'y a donc plus moyen de sauver la vérité, qu'en condamnant ce critique.

C'est ce qui nous réduit à examiner une fois les jugemens qu'il prononce avec tant d'autorité ; et encore que selon les lois d'une dispute réglée, à qui affirme sans raison il suffise de nier de

[1] P. 610.

même, ce ne sera pas perdre le temps que de montrer l'ignorance, la témérité, ou plutôt la mauvaise foi de ce censeur.

CHAPITRE XI.

Artifice de M. Simon pour ruiner une des preuves fondamentales de l'Eglise sur le péché originel, tirée du baptême des enfans.

Je dis donc premièrement qu'il affoiblit la preuve de l'Eglise. Sa preuve fondamentale pour établir le péché originel, étoit le baptême des petits enfans. Ses autres preuves étoient solides, mais il y falloit de la discussion : le baptême des petits enfans étoit une preuve de fait, pour laquelle il ne falloit que des yeux : le peuple en étoit capable comme les savans ; et c'est pourquoi saint Augustin l'établit dans un sermon en cette sorte : « Il ne faut point, disoit-il, mettre en question s'il faut baptiser les enfans : c'est une doctrine établie il y a longtemps, avec une souveraine autorité dans l'Eglise catholique. Les ennemis de l'Eglise (*les pélagiens*) en demeurent d'accord avec nous, et il n'y a point en cela de question [1]. » Voilà donc une première vérité qui n'étoit pas contestée. Il faut baptiser les enfans : le baptême leur est nécessaire ; mais à quoi leur est-il nécessaire ? Le baptême le montroit ; puisque constamment il étoit donné en rémission des péchés, c'étoit une seconde vérité, qui n'étoit pas moins constante que la première. « L'autorité, dit saint Augustin, de l'Eglise notre mère le montre ainsi ; la règle inviolable de la vérité ne permet pas d'en douter : quiconque veut ébranler cet inébranlable rempart, cette forteresse imprenable, il ne la brise pas, il se brise contre elle [2]. » Et un peu après : « C'est une chose certaine, c'est une chose établie. On peut souffrir les errans dans les autres questions, qui ne sont point encore examinées, qui ne sont point affermies par la pleine autorité de l'Eglise : on peut dans cette occasion supporter l'erreur ; mais il ne faut pas permettre d'en venir jusqu'à renverser le fondement de la foi [3]. »

Ce fondement de la foi étoit la déclaration solennelle que faisoit

---

[1] Serm. CCXCIV, aliàs XIV *De Verb. Apost.*, cap. I, n. 12. — [2] *Ib.d.*, cap. XVII, 17. — [3] *Ibid.*, cap. XXI, n. 20.

l'Eglise, qu'on baptisoit les enfans, qu'on les lavoit de leurs péchés : par où il falloit croire de nécessité qu'ils naissoient pécheurs ; et que n'ayant point de péchés propres à expier, on ne pouvoit laver en eux que ce grand péché que tous avoient commis en Adam. Il ne falloit point argumenter, l'action parloit : le péché originel si difficile à persuader aux incrédules, devenoit sensible dans la forme du baptême, et la preuve de l'Eglise étoit dans son sacrement.

Cet admirable sermon de saint Augustin fut prononcé dans l'église de Carthage, le jour de la nativité de saint Jean-Baptiste, au commencement de l'hérésie de Pélage et avant que ses sectateurs eussent été condamnés ; mais l'Eglise qui les toléroit jusqu'alors et les attendoit à pénitence, leur dénonçoit par ce sermon dans la capitale de l'Afrique qu'elle ne les toléreroit pas longtemps, et jetoit les fondemens de leur prochaine condamnation. En effet quelque temps après, dans la même église de Carthage où ce sermon avoit été prononcé, on tint un concile approuvé de toute l'Eglise où l'on condamna les pélagiens par le baptême des petits enfans. En voici le canon : « Quiconque dit qu'il ne faut point baptiser les petits enfans nouvellement nés, ou qu'il les faut baptiser à la vérité en la rémission des péchés, mais cependant qu'ils ne tirent pas d'Adam un péché originel qu'il faille expier par la régénération, d'où il s'ensuit que la forme du baptême qu'on leur donne en la rémission des péchés n'est pas véritable, mais qu'elle est fausse ; qu'il soit anathème [1]. »

On voit par là que cette preuve du péché originel qu'on tiroit de la nécessité et de la forme du baptême, étoit celle de toute l'Eglise catholique dans les conciles universellement reçus. Les Pères du même concile de Carthage, dans la lettre qu'ils écrivirent au pape saint Innocent pour lui demander la confirmation de leur jugement, insistent sur cette preuve comme sur celle qu'on ne pouvoit « rejeter sans renverser le fondement de la foi [2], » qui étoit précisément ce que saint Augustin avoit prêché, encore qu'il n'assistât point à ce concile ; et le pape la reçut aussi comme incontestable, en disant que c'est vouloir anéantir le baptême que

---

[1] *Conc. Carth.*, can. II. — [2] *Epist. Conc. Carth., ad Inn.* in fine.

de dire « que ses eaux sacrées ne servent de rien aux enfans [1]. »

C'est donc là ce fondement de la foi sur lequel les pélagiens ne pouvoient pas dire que l'Orient ne fût pas d'accord avec l'Occident, puisque les deux églises en convenoient avec un si grand consentement, que « les peuples même, dit saint Augustin dans le sermon déjà cité, auroient couvert de confusion ceux qui auroient osé le renverser [2]. » C'est aussi ce qui fermoit la bouche aux pélagiens, qui ne faisoient que biaiser quand on en venoit à cet argument, et paroissoient évidemment déconcertés, comme les réponses de Julien le pélagien le font connoître [3]. Mais aujourd'hui M. Simon entreprend de les délivrer d'un argument si pressant et si important; et n'osant pas le détruire ouvertement, de peur d'attirer sur lui le cri de tout l'univers, il l'affoiblit indirectement, en joignant la nécessité de l'Eucharistie avec celle du baptême, comme si saint Augustin et toute l'Eglise l'avoit crue égale. Mais on voit ici manifestement le malicieux artifice de cet auteur. La preuve que l'on tiroit du baptême subsistoit par sa propre force, indépendamment de celle qu'on tiroit de l'Eucharistie, comme on le peut voir par le sermon de saint Augustin qu'on a rapporté, et encore par le canon du concile de Carthage où l'argument du baptême, même seul, fait le sujet de l'anathème de l'Eglise, sans qu'il y soit fait mention de celui de l'Eucharistie. Quand donc M. Simon fait marcher ensemble ces deux preuves, c'est qu'il espère d'affoiblir l'une en l'embarrassant avec l'autre : il vouloit faire ce plaisir aux nouveaux pélagiens dont il est le perpétuel défenseur, aussi bien que des anciens partisans de cette hérésie, comme la suite de ce discours le fera paroître. En effet la preuve tirée du baptême n'a aucune difficulté. Si donc il a senti qu'il y en avoit dans celle qu'on tiroit de l'Eucharistie, et qu'il falloit un plus long discours pour la faire entendre, la bonne foi vouloit qu'il les séparât. Il devoit dire, non pas comme il fait, « que la preuve que saint Augustin tire du baptême et de l'Eucharistie ne paroît pas concluante; » mais que la preuve de l'Eucharistie est plus difficile à pénétrer que l'autre, qui va toute

---

[1] *Epist. Inn. ad Conc. Milev.* — [2] Serm. CCXCIV, aliàs XIV, cap. XVII, n. 17. — [3] August., *Cont. Jul.*, lib. III, cap. III.

seule et qui n'a aucun embarras. Mais s'il eût parlé de cette sorte, la victoire de l'Eglise étoit manifeste et sa preuve très-évidente.

Il falloit donc, pour favoriser les pélagiens anciens et modernes, affoiblir ou plutôt détruire la preuve la plus manifeste du péché originel, et avec elle renverser le fondement de l'Eglise, comme les Pères, dont nous avons vu les autorités, l'ont démontré.

CHAPITRE XII.

Passages des Papes et des Pères qui établissent la nécessité de l'Eucharistie en termes aussi forts que saint Augustin : erreur inexcusable de M. Simon qui accuse ce saint de s'être trompé dans un article qui, de son aveu, lui étoit commun avec toute l'Eglise de son temps.

Quant à la preuve de l'Eucharistie, le dessein de l'affoiblir se trouve uni avec celui de montrer que, dans le temps de saint Augustin, et lui et toute l'Eglise étoient dans l'erreur. La raison en est évidente. On fonde cette erreur de saint Augustin sur la manière dont il parle contre les pélagiens de la nécessité de l'Eucharistie, appuyée sur ce passage de saint Jean : « Si vous ne mangez la chair du Fils de l'homme et ne buvez son sang, vous n'aurez point la vie en vous [1]. » Or cette preuve n'est pas seulement de saint Augustin, mais encore du pape saint Innocent [2] dans sa réponse au concile de Milève, que toute l'Eglise a rangé dans ses canons; et elle est encore du pape saint Gélase, dans sa lettre aux évêques de la province qu'on appeloit Picène en Italie [3]. Elle est donc si clairement du Saint-Siége, que saint Augustin ne craint point de dire, dans son *Epître à saint Paulin*, que ceux qui la rejettent malgré la décision du pape saint Innocent, s'élèvent contre l'*autorité du Siége apostolique* [4]; et il montre ailleurs [5] que le décret de ce Siége, par où cette preuve est établie, est si inviolable, que Célestius même, un autre Pélage, a été obligé de s'y soumettre. On ne peut donc pas nier que cette preuve ne soit celle du Saint-Siége et de toute l'Eglise catholique. Elle est encore celle des autres Pères contemporains de saint Augustin; entre au-

[1] *Joan.*, VI, 54. — [2] *Epist. ad Conc. Milev.* — [3] *Ad Episc. per Pic.* — [4] *Epist.* CLXXXVI, aliàs CVI, *ad Paulin.*, cap. VIII, n. 28. — [5] *Lib.* II *ad Bonif.*, cap. IV.

tres de Mercator [1], ce grand adversaire de l'hérésie pélagienne, et d'Eusèbe, évêque de l'Eglise gallicane [2], dont on a publié les *Homélies* sous le nom d'Eusèbe, évêque d'Emèse. Pour joindre les Grecs aux Latins, elle est encore de saint Isidore de Damiette, qui prouve ensemble la nécessité du baptême et de l'Eucharistie par ces deux passages : « Si vous ne mangez, etc., et si vous ne renaissez, etc. [3]. » Et afin qu'on ne pense pas que cette doctrine soit nouvelle, on la trouve dans saint Cyprien aussi clairement que dans les Pères qui l'ont suivi.

Je rapporterois ces autorités, si le fait n'étoit avoué par notre auteur [4], qui reconnoît que, « si saint Augustin a établi la nécessité de l'Eucharistie, égale à celle du baptême, c'étoit en suivant la créance de son temps [5]. » Afin qu'on n'en doute pas, il répète encore, que « toute l'antiquité a inféré de ce passage (de saint Jean, vi) la nécessité de donner actuellement l'Eucharistie, aussi bien que le baptême [6]. » Mais ce n'est pas le langage d'un homme qui veut défendre la tradition de l'Eglise : c'est au contraire le langage d'un homme qui a entrepris de la détruire, et qui veut faire conclure aux protestans que, si l'Eglise s'est trompée dans la créance qu'elle avoit de la nécessité de l'Eucharistie et est aujourd'hui obligée de se dédire, elle peut aussi bien s'être trompée, non-seulement sur la nécessité du baptême, mais encore sur toutes les autres parties de sa doctrine, n'y ayant aucune raison de la rendre plus infaillible dans une partie de la doctrine révélée de Dieu que dans l'autre.

CHAPITRE XIII.

M. Simon, en soutenant que l'Eglise ancienne a cru la nécessité absolue de l'Eucharistie, favorise des hérétiques manifestes, condamnés par deux conciles œcuméniques, premièrement par celui de Bâle et ensuite par celui de Trente.

Voilà donc l'erreur manifeste de M. Simon, d'admettre comme certain un fait qui renverse le fondement et l'infaillibilité de

---

[1] Vide *Mar. Merc.*, edit. Garn., sub. not. inscr. Jul., cap. VIII, n. 4, p. 53. — [2] Euseb., *Epist. Gall.*, hom. v, tom. V, *Bibl. SS. PP.* — [3] Lib. II, *Epist.* LII. — [4] Lib. III, *testim.* xxv. — [5] P. 287. — [6] P. 610.

l'Eglise; mais sa faute n'est pas moins grande en ce que dans un article particulier, il donne gain de cause à des hérétiques qui ont été réprouvés par le concile de Bâle.

On sait avec quelle obstination les Bohémiens soutenoient la nécessité de communier les petits enfans. Ils se fondoient sur ce passage de saint Jean, VI, 54, et ils soutenoient que saint Augustin et toute l'Eglise ancienne l'avoient entendu comme eux [1]. C'est ce que le concile de Bâle ne put souffrir; et dans l'accord qui fut fait avec eux par les légats de ce concile, on les obligea expressément à se départir de la communion des enfans. Ils y revenoient pourtant toujours et ce concile, en ce point approuvé de toute l'Eglise et du pape même, ne cessoit de s'y opposer, parce que l'Eglise n'entendoit point que la communion des enfans fût autorisée comme nécessaire. Mais aujourd'hui M. Simon vient soutenir ces hérétiques et condamner le concile, puisqu'il assure que les hérétiques suivoient l'ancienne doctrine, et que le concile et toute l'Eglise s'y opposoit.

On voit donc déjà un concile œcuménique qui condamne M. Simon : c'est le concile de Bâle dans les actes qu'il a passés avec une pleine autorité, du consentement du pape; car l'accord dont il a été parlé est de l'an 1432, durant les premières sessions qui ont été, comme on sait, autorisées par Eugène IV; et depuis même les contestations, ce pape a toujours maintenu l'accord, qui n'a jamais souffert aucune atteinte.

Mais si M. Simon a ignoré la décision du concile de Bâle, il n'a pas dû ignorer celle du concile de Trente, qui, en parlant de la coutume ancienne de donner la communion aux petits enfans, décide en termes formels « que comme les Pères ont eu de bonnes raisons de faire ce qu'ils ont fait, aussi faut-il croire sans aucun doute qu'ils ne l'ont fait par aucune nécessité de salut [2] : » ce qui se trouvera faux, si la nécessité de salut, égale dans l'Eucharistie et dans le baptême, a été le fondement de leur pratique, ainsi que le soutient M. Simon. Sa critique est donc opposée à celle de deux conciles œcuméniques, et expressément condamnée par celui de Trente; à quoi il n'y a autre réponse à faire pour lui,

[1] Æn. Sylv., *Hist. Bohem.* — [2] Sess. XXI, cap. IV.

sinon que ce n'est pas ici le seul endroit où il méprise l'autorité des plus grands conciles.

CHAPITRE XIV.

Mauvaise foi de M. Simon, qui, en accusant saint Augustin et toute l'antiquité d'avoir erré sur la nécessité de l'Eucharistie, dissimule le sentiment de saint Fulgence, auteur du même siècle que saint Augustin, et qui faisoit profession d'être son disciple, même dans cette question, où il fonde sa résolution sur la doctrine de ce Père.

Il suppose contre ces conciles, comme un fait constant, que saint Augustin et toute l'Eglise enseignoient la nécessité de l'Eucharistie égale à celle du baptême; mais il n'y a nulle bonne foi dans son procédé, puisqu'il dissimule toutes les raisons dont le sentiment contraire est appuyé.

Il est vrai qu'il rapporte la réponse du cardinal Tolet, « que les enfans étoient censés recevoir l'Eucharistie dans le baptême, parce qu'ils devenoient alors membres du corps mystique de Jésus-Christ, et qu'ainsi ils participoient en quelque manière au sacrement de l'Eucharistie[1] : » mais il méprise cette réponse qui est la seule qu'on puisse opposer à l'hérésie des Bohémiens, et il croit la détruire par cette seule parole : « Il y a bien de la subtilité (c'est-à-dire dans son style bien de la chicane et du raffinement) dans cette interprétation, et toute l'antiquité reconnoît la nécessité de donner actuellement l'Eucharistie aux enfans[2]. »

Il dissimule que cette réponse du cardinal Tolet est celle non-seulement des cardinaux Bellarmin et du Péron, de tous ceux qui ont entrepris de soutenir la tradition contre les protestans et de toute l'Ecole, mais encore celle de saint Fulgence, qui, consulté sur la question dont il s'agit, a expliqué saint Augustin comme a fait Tolet et comme fait encore aujourd'hui toute la théologie[3]. Cette autorité de saint Fulgence n'est ignorée de personne. On le consultoit sur le salut d'un Ethiopien, qui, après avoir longtemps demandé le baptême en bonne santé, le reçut enfin fort malade et sans connoissance dans l'église même, et mourut dans l'intervalle

[1] P. 609. — [2] P. 610. — [3] *Epist. Ferrandi diac. ad Fulgent. et Fulg. resp.*, cap. II.

qu'il y avoit entre la cérémonie du baptême et le temps de la communion. Ainsi il ne fut pas communié. Le diacre Ferrand, dont le nom est célèbre dans l'Eglise, consulte saint Fulgence, le plus grand théologien et le plus saint évêque de son temps, sur le salut de l'Ethiopien, et ce grand docteur n'hésite pas à prononcer en faveur du baptisé. Personne ne l'a repris, et au contraire on acquiesce à sa décision.

Le cas n'étoit pourtant pas extraordinaire. Il y avoit assez de distance entre le baptême et la communion, puisque ce temps comprenoit la consécration des mystères avec tout le sacrifice de l'Eucharistie; et saint Fulgence parle de la mort qui arrivoit dans cet intervalle à quelques-uns comme d'une chose assez commune, sans que pourtant on fût en peine de leur salut. Ce n'étoit donc pas alors le sentiment de l'Eglise, que la nécessité de l'Eucharistie fût égale à celle du baptême : mais si ce ne l'étoit pas alors, ce ne l'étoit pas auparavant, ni du temps de saint Augustin. Saint Fulgence en étoit trop proche et trop fidèle disciple de ce grand saint. On voit en effet qu'il résout la question par saint Augustin et sur le même principe dont nous nous servons encore aujourd'hui, que dès qu'on est baptisé, « on est par le baptême même rendu participant du corps et du sang de Jésus-Christ, » d'où saint Fulgence conclut, « qu'on n'est donc pas privé de la participation de ce corps et de ce sang, lorsqu'on a été baptisé, encore qu'on sorte de cette vie avant que de les avoir reçus. »

Voilà ce principe tant méprisé par M. Simon dans sa critique sur Tolet. C'est pourtant le principe de saint Fulgence : c'est le principe de saint Augustin, que saint Fulgence établit par un sermon de ce Père, qu'il récite entier et que tout le monde a reconnu après lui : c'est la doctrine constante de saint Augustin dans tous ses ouvrages. Il y a encore un sermon[1] où il établit expressément que le chrétien est fait membre de Jésus-Christ, premièrement par le baptême et avant la communion actuelle, qui est la même vérité que saint Fulgence avoit établie par le sermon qu'il a rapporté. Le même saint Augustin enseigne la même chose dans le livre du Mérite et de la Rémission des péchés.

---

[1] *Serm. Pasc.*, serm. CCXXIV.

« On ne fait, dit-il, autre chose dans le baptême des petits enfans que de les incorporer à l'Eglise, c'est-à-dire de les unir au corps et aux membres de Jésus-Christ[1]. » Cent passages du même Père justifieroient cette vérité, si elle pouvoit être contestée. On a vu la conséquence que saint Fulgence a tirée de ce beau principe. Il paroît même que saint Augustin l'a tirée lui-même, puisqu'il présuppose qu'un enfant malade « qu'on se presseroit de porter aux eaux baptismales, si on lui prolongeoit tant soit peu la vie, en sorte qu'il mourût incontinent après son baptême, seroit de ceux dont il est écrit qu'ils ont été enlevés de peur que la malice ne les changeât[2]; » c'est-à-dire qu'il seroit sauvé, bien qu'il paroisse par tous les termes de ce Père qu'il présupposoit la mort de cet enfant si proche, qu'on n'auroit pas eu le loisir de le communier.

On voit donc la mauvaise foi de M. Simon, qui dissimule les décisions de Bâle et de Trente, et qui passe si hardiment comme un fait constant, que saint Augustin avec toute l'antiquité étoit dans l'erreur; comme si saint Fulgence, qui florissoit dans le siècle où saint Augustin est mort, ne faisoit pas partie de l'antiquité; ou qu'il eût pu mépriser la doctrine de saint Augustin, dont il faisoit une si haute profession d'être le disciple ; ou qu'il n'eût pas résolu la difficulté dont il s'agit par les principes de ce Père ; ou que la solution que nous y donnons ne fût pas la même que celle de saint Augustin ; ou enfin que saint Augustin n'eût pas lui-même parlé en conformité de ce principe dans le passage qu'on vient de rapporter. Mais sans nous arrêter à un seul passage, toute la théologie de saint Augustin concourt avec celle de saint Fulgence, à nier dans l'Eucharistie une nécessité égale à celle du baptême.

CHAPITRE XV.

Toute la théologie de saint Augustin tend à établir la solution de saint Fulgence, qui est celle de toute l'Eglise.

Le même saint Augustin enseigne partout que les enfans baptisés sont mis au nombre des croyans, lorsque ceux qui les portent au baptême répondent pour eux et que dès lors ils sont du

---

[1] *De pecc. mer. et remiss.,* lib. III, cap. IV. — [2] *De anim. et ejus origin.,* lib. III, cap. X.

nombre de ceux dont il est écrit : « Qui croira et qui sera baptisé sera sauvé ; » mais maintenant il faudra dire qu'il sera damné sans avoir reçu la communion.

Le même Père enseigne encore que Jésus-Christ « est mort une seule fois ; mais qu'il meurt pour chacun de nous, lorsqu'en quelqu'âge que ce soit nous sommes baptisés en sa mort, et que c'est alors que sa mort nous profite[1], » c'est-à-dire qu'elle nous est appliquée : en quoi il ne fait que répéter ce que saint Paul avoit dit deux fois en mêmes paroles, de peur qu'on ne l'oubliât, « que nous sommes ensevelis avec Jésus-Christ dans le baptême, etc.[2] ; » et on veut que ce Père, qui a si bien entendu cette doctrine, damne ceux qui ont été baptisés et à qui la mort de Jésus-Christ est appliquée, s'ils ne communient aussitôt !

Le même saint Augustin enseigne après le prophète, que « rien ne peut mettre de séparation entre Dieu et nous que le péché[3]. » Sur ce principe incontestable, il décide qu'une innocente image de Dieu ne peut être privée de son royaume, selon les règles de justice qu'il a établies. On trouvera dans saint Augustin, sans exagérer, cinq cents passages de cette nature, et cinq cents autres pour dire que la rémission des péchés s'accomplit par le baptême. On demande donc à M. Simon et à ses semblables : Veut-il présupposer qu'après le baptême on demeure encore pécheur, et qu'un si grand sacrement n'ait aucun effet ? Ce seroit en rejeter la vertu : ou bien est-ce qu'après avoir reçu la grace, un enfant la perd s'il n'est communié ? Mais quand, et dans quel moment, et par quel crime ? La grace se retire-t-elle toute seule sans aucune infidélité précédente ? Ou bien admettra-t-on dans un enfant une infidélité précédente, dont son âge n'est point capable ? Dans quelle absurdité veut-on jeter l'ancienne Eglise, en lui faisant égaler le nécessité de l'Eucharistie qui suppose l'enfant en état de grace, à celle du baptême qui le suppose en état de péché ?

Voici encore un autre principe qui n'est pas moins clair. Toute l'Eglise et saint Augustin avec elle croit, sans qu'on en ait jamais douté, que l'Eucharistie étoit pour les saints, c'est-à-dire pour ceux

---

[1] *Cont. Jul.*, lib. VI, cap. V. — [2] *Rom.*, VI, 4 ; *Coloss.*, II, 12. — [3] *De spiritu et litt.*, cap. XXV, n. 42.

qui étoient justifiés. Personne n'ignore ce cri terrible avant la communion : « Les choses saintes pour les saints ! » On étoit donc sanctifié quand on communioit ; et si avant la communion on pouvoit être damné, on pouvoit être tout ensemble damné et saint. Si le baptême n'avoit pas remis pleinement tous les péchés, l'on communioit en péché, lorsque l'on communioit après le baptême ; et la première communion étoit un sacrilége. Qui auroit pu digérer ces absurdités ? Mais cependant on veut supposer que c'étoit la foi de l'Eglise du temps de saint Augustin. Bien plus, on veut supposer que l'Eglise ne savoit pas la différence du baptême et de l'Eucharistie. Sans doute l'Eucharistie, qui est établie pour nourrir le chrétien, le suppose régénéré ; mais s'il est régénéré, il est enfant de Dieu : on appelle aussi l'Eucharistie *le pain des enfans, le pain des saints, le pain des justes;* mais, dit saint Paul, « si l'on est enfant, on est héritier et cohéritier de Jésus-Christ[1] : on est tiré de la puissance des ténèbres pour être transféré au royaume du bien-aimé Fils de Dieu[2]. » On est donc en voie de salut incontinent après le baptême et avant la communion : on n'y est pas avant le baptême, parce que n'ayant encore rien reçu de Dieu on n'a avec son péché que sa propre condamnation. L'état n'est donc pas le même, la nécessité n'est pas égale.

CHAPITRE XVI.

Vaine réponse des nouveaux critiques.

Sont-ce là des subtilités, comme les appelle M. Simon, et des réponses tirées par les cheveux, ou des vérités solides et évangéliques ? On sait les finesses de nos critiques. Je ne raisonne pas, disent-ils, j'avance un fait : ils croient se mettre à couvert par cette défaite, et qu'on n'a plus rien à leur dire ; mais au contraire on leur dit alors : C'est donc un fait que l'Eglise a ignoré les premiers principes de la religion, le langage de saint Paul, la définition du baptême et celle de l'Eucharistie, avec leurs effets primitifs et essentiels. Quiconque admet de tels faits peut, s'il veut, être protestant, mais il ne peut pas être catholique ; et aussi venons-nous de

---

[1] *Rom.,* VIII, 17. — [2] *Coloss.,* I, 13.

lire dans le concile de Trente, après le concile de Bâle, la condamnation expresse de ce sentiment, que notre auteur a dissimulée avec tout le reste.

CHAPITRE XVII.

Pourquoi saint Augustin et les anciens ont dit que l'Eucharistie étoit nécessaire; et qu'elle l'est en effet, mais en son rang et à sa manière.

Mais d'où vient donc que saint Augustin a établi la nécessité de l'Eucharistie ? La question n'est pas difficile. Il en a établi la nécessité, parce qu'en effet elle est nécessaire. Jésus-Christ n'a pas dit en vain : « Si vous ne mangez la chair du Fils de l'homme et ne buvez son sang, vous n'aurez point la vie en vous [1]. » L'Eucharistie est donc nécessaire, mais à sa manière. La chose (*a*) de ce sacrement, qui est l'incorporation au corps mystique de Jésus-Christ, est nécessaire de nécessité de salut, mais saint Augustin nous a fait voir qu'on la trouve dans le baptême ; et le sacrement de l'Eucharistie établi pour signifier plus expressément une chose si nécessaire, est nécessaire aussi, mais toujours, comme on a dit, à sa manière, de nécessité de précepte, et non pas de nécessité de moyen, ainsi que parle l'Ecole ; ou si l'on veut s'expliquer en termes plus simples, l'Eucharistie sera nécessaire comme nourriture dans la suite pour conserver la vie chrétienne ; mais elle suppose auparavant une autre première nécessité, qui est celle de naître en Jésus-Christ par le baptême. On peut être quelques momens sans manger, mais on ne peut être un seul moment sans être né ; car ce seroit être avant que d'être. Ainsi la première nécessité est celle de recevoir la vie avec la naissance ; et la seconde qui en approche, qui est de même ordre, mais toutefois moindre et inférieure, est celle de recevoir des alimens, afin de conserver la vie. Appliquez cette comparaison à l'Eucharistie, vous trouverez la difficulté très-clairement résolue. Il faudra seulement penser que comme les comparaisons des choses naturelles avec les morales ne sont jamais parfaitement justes, la nécessité de recevoir le céleste aliment de l'Eucharistie aura une latitude que la

[1] *Joan.*, VI, 54.
(*a*) L'effet.

nourriture naturelle n'aura pas ; et la connoissance en dépend des principes constitutifs de l'homme spirituel régénéré par le baptême, à qui l'Eglise, qui lui est donnée pour mère et pour nourrice tout ensemble, doit prescrire les temps convenables pour recevoir cette divine nourriture.

CHAPITRE XVIII.
La nécessité de l'Eucharistie est expliquée selon les principes de saint Augustin par la nécessité du baptême.

Ainsi il ne falloit pas abuser des passages où l'Eucharistie est posée comme nécessaire. Saint Augustin a donné lui-même les ouvertures pour les expliquer. Il a dit en cent endroits, et nous disons après lui, que le baptême est nécessaire [1]. En disons-nous moins pour cela, et lui et nous, qu'on est sauvé sans baptême en certains cas ; par exemple, par le martyre et par la seule conversion du cœur ? Que si cela n'empêche pas que le baptême ne soit jugé nécessaire, parce qu'il en faut du moins avoir le vœu, n'en peut-on pas dire autant de l'Eucharistie, dont le vœu est en quelque façon renfermé dans le baptême ? Car quiconque est baptisé en Jésus-Christ reçoit avec le baptême, non-seulement un droit réel sur le corps et sur le sang de Jésus-Christ, mais encore une tendance secrète à cette viande céleste et une intime disposition à la désirer.

Elle est donc dans le baptême par le désir, comme le baptême est par le désir dans la conversion du cœur et dans le martyre ; et ainsi la nécessité de l'Eucharistie est comprise en quelque façon dans celle du baptême même.

Ainsi au lieu de chercher querelle à l'Eglise de propos délibéré, et de la faire errer dans ses plus beaux jours, dès son origine et encore dans le temps de saint Augustin, sur une matière si claire, il n'y avoit qu'à dire en trois mots que le baptême et l'Eucharistie à la vérité sont nécessaires, mais non pas en même degré, ni de la même manière, parce qu'au défaut de l'Eucharistie les petits en-

---

[1] *De pecc. mer. et remis.*, lib. I, cap. xx ; lib. III, cap. xii ; *Contra Jul.*, lib. V, cap. iii ; *De anim et ej. orig.*, lib. I, cap. ix ; lib. II, cap. xii ; *De Civit. Dei*, lib. XIII, cap. vii ; *De Baptis. contra Donat.*, lib. IV, cap. xxii.

fans ont le baptême, qui les incorpore à Jésus-Christ ; au lieu que si le baptême leur manquoit, comme il n'y a point de sacrement précédent qui en supplée le défaut, le baptême sera pour eux d'une première et inévitable nécessité ; ce qui ne peut convenir à l'Eucharistie, qui aura été prévenue par la sanctification du baptême.

CHAPITRE XIX.
Raison pour laquelle saint Augustin et les anciens n'ont pas été obligés de distinguer toujours si précisément la nécessité de l'Eucharistie d'avec celle du baptême.

Après cela on n'a plus besoin de rendre raison du changement qui est arrivé dans l'Eglise sur la communion des enfans. Tout le monde voit de soi même que l'Eglise a pu, et la leur donner dans leur enfance, comme un bien dont le baptême les rendoit capables, et ensuite sans leur rien ôter de nécessaire au salut, la leur différer pour un temps plus propre selon les vues différentes que sa prudence lui peut inspirer. Qu'y avoit-il de plus aisé à M. Simon que de conclure de là que c'étoit ici une affaire, non de créance, comme il dit, mais de discipline, où la dispensation des mystères peut varier ? Il pouvoit voir à la fois et avec la même facilité que, dans le temps où la discipline portoit qu'on donnât ensemble les deux sacremens, il n'étoit pas nécessaire d'en distinguer toujours si précisément la vertu, non plus que la nécessité : il ne falloit qu'un peu de lumière, ou au défaut de la lumière un peu de bonne intention pour concilier par ces moyens les premiers et les derniers temps, l'ancienne église avec la moderne. Mais les critiques à la mode de M. Simon, qui ne sont que des grammairiens, n'ont point de lumière ; et l'esprit de contradiction qui domine en eux contre l'Eglise et les Pères, leur ôte cette bonne intention.

CHAPITRE XX.
Que M. Simon n'a pas dû dire que les preuves de saint Augustin et de l'ancienne église contre les pélagiens ne sont pas concluantes.

Au reste tout ceci fait voir le but qu'il a eu de dire que les preuves de saint Augustin et de l'Eglise sur le péché originel ne sont pas concluantes, puisque celle du baptême prise en elle-même ne souffre aucune réplique, et que celle de l'Eucharistie, qui a sa difficulté particulière, ne laisse pas de conclure ce que vouloit saint Augustin, et avec lui l'ancienne église. Leur dessein étoit de détruire la chimérique distinction que les pélagiens vouloient introduire entre le royaume des cieux, que Jésus-Christ promet par le baptême en saint Jean, chapitre III, verset 5, et la vie éternelle qu'il promet en saint Jean, chapitre VI, par le moyen de l'Eucharistie. Mais étant d'une vérité incontestable que la vie, que l'Eucharistie qui est notre nourriture nous conserve, est la même que celle que le baptême qui est notre renaissance nous avoit donnée, par conséquent ces deux passages que les pélagiens opposoient l'un à l'autre ne tendent visiblement qu'à la même fin, et nous promettent sous différens noms la même vie éternelle : d'autant plus qu'au même endroit de l'évangile où le royaume des cieux nous est promis dans le baptême, il est aussi expliqué quelques versets après [1] que c'est la vie éternelle qui est promise sous ce nom, puisqu'il y est dit que le Fils de Dieu est mort pour la donner à tous ceux qui croient, parmi lesquels il faut compter les petits enfans baptisés, selon la tradition constante de l'Eglise, comme nous l'avons démontré par saint Augustin.

Le passage de saint Jean, au chapitre III, est évident : « Dieu a tant aimé le monde, dit le Sauveur, qu'il a donné son Fils unique, afin que ceux qui croient en lui aient la vie éternelle. » Visiblement la vie éternelle n'est ici que la même chose que Jésus-Christ avoit exprimée par le royaume des cieux quelques versets auparavant. Saint Augustin l'a prouvé par la suite de ces passages dans ce célèbre sermon que nous avons tant allégué, où il a si solidement établi la nécessité du baptême [2]. Il étoit donc de la dernière absurdité de distinguer la vie éternelle d'avec le royaume des cieux; et comme dit le même Père, le recours des pélagiens à cette frivole et imaginaire distinction étoit la marque de leur foiblesse.

J'ai voulu m'étendre un peu sur cette matière, et pour tirer d'embarras ceux que M. Simon y vouloit jeter, et ensemble pour lui montrer qu'il vient mal-à-propos à l'appui d'une doctrine fou-

[1] *Joan.*, III, 16, 18. — [2] Serm. CCXCIV, alias XIV.

droyée par le concile de Bâle et par le concile de Trente, en disant que la doctrine contraire étoit celle de saint Augustin et de toute l'antiquité. Que s'il répond qu'il n'est pas le seul catholique qui ait entendu saint Augustin comme il a fait, nous lui répliquons, ou que ces auteurs ne parlent pas comme lui, ni ne s'élèvent pas aussi clairement contre l'infaillibilité de l'Eglise, ou qu'ils demeurent avec lui frappés de ses anathèmes.

CHAPITRE XXI.

Autre exemple où M. Simon méprise la tradition, en excusant ceux qui contre tous les saints Pères n'entendent pas de l'Eucharistie le chapitre VI de saint Jean.

Il y a encore une autre critique de M. Simon à l'occasion des mêmes paroles du chapitre sixième de saint Jean : « Si vous ne mangez la chair du Fils de l'homme, etc. » Ce critique présuppose avant toutes choses, « que les anciens Pères entendoient de l'Eucharistie le chapitre sixième de l'évangile de saint Jean [1]; » ce qui étoit une suite de ce qu'il venoit de dire, qu'ils avoient inféré de ce passage la nécessité de ce sacrement. Il est vrai que toute l'antiquité entend ce passage de l'Eucharistie, sans qu'on trouve un seul Père qui y soit contraire; et même la plupart s'en servent pour établir dans ce saint mystère la parfaite et substantielle communication et présence du corps et du sang de Jésus-Christ. Le fait est constant et notre auteur qui l'avance, remarque encore que le cordelier Ferus, fameux prédicateur du siècle passé, « suit plutôt les luthériens que les anciens écrivains ecclésiastiques[2], » en entendant ce chapitre sixième de la manducation spirituelle seulement. Ailleurs il observe encore « que Cajetan a pu croire, sans être hérétique, que ces paroles de Jésus-Christ, *nisi manducaveritis*, etc., ne s'entendent point à la rigueur de la lettre de la manducation sacramentale, bien qu'il soit opposé en cela au sentiment commun des anciens et des nouveaux interprètes de l'Ecriture [3]. » Enfin il rapporte ailleurs les raisons de Maldonat, qui ne peuvent pas être plus fortes, « pour condamner du moins d'imprudence et de témérité ceux qui contre le consentement uni-

[1] P. 288. — [2] P. 561. — [3] P. 542.

versel des Pères, approuvé généralement de toute l'Eglise dans le concile de Trente [1], » comme il le fait remarquer à Maldonat, osent suivre l'interprétation qui exclut l'Eucharistie du chapitre sixième de saint Jean.

Maldonat a raison de dire que le concile de Trente suit expressément le sens contraire dans la session XXI, chapitre I. Il y pouvoit ajouter le concile d'Ephèse [2], qui en approuvant les anathématismes de saint Cyrille [3] approuve par conséquent cette explication qui y est contenue.

Après avoir vu ces choses et avoir pris tant de soin à prouver que l'explication des luthériens, de Ferus et de Cajetan répugne au sentiment commun de tous les Pères, il semblera que M. Simon devoit s'en être éloigné, selon la règle qu'il pose comme inviolable, qu'il faut expliquer l'Ecriture d'une manière conforme aux sentimens de l'antiquité. Mais ceux qui le concluroient ainsi, ne connoîtroient guère cet auteur; car il ne lui faut qu'un seul endroit, et un petit mot pour détruire et affoiblir ce qu'il semble dire partout ailleurs avec plus de force. Et en effet, malgré tout ce qu'il avance en faveur de l'explication qui trouve l'Eucharistie dans ce chapitre de saint Jean, le même M. Simon en parlant de Théodore d'Héraclée, qui l'expliquoit de l'incarnation, en a fait ce jugement : « Ce sens paroît assez naturel, quoiqu'il ne soit pas commun; car il semble qu'il s'agisse plutôt en cet endroit du mystère de l'incarnation ou de Jésus-Christ considéré en lui-même, que de l'Eucharistie [4]. » Comme si dans l'Eucharistie Jésus-Christ n'étoit pas aussi considéré en lui-même, ou qu'il n'y fût pas véritablement présent; mais ne le pressons pas là-dessus; demandons-lui seulement si ces expressions : « Il paroît assez naturel, il semble qu'il s'agisse plutôt, » etc., ne sont pas visiblement des manières d'insinuer un sentiment et de lui donner la préférence, « bien qu'il ne soit pas commun. » Ainsi Théodore d'Héraclée, un arien (car M. Simon convient qu'il l'étoit), l'emporte par l'avis de ce critique, sur tous les Pères, sur tous les interprètes anciens et modernes, et sur deux conciles œcuméniques, celui d'Ephèse et celui de Trente. Est-ce là un défenseur

[1] P. 630. — [2] Sess. XXI, cap. I. — [3] Cyrill., *Anath.* II. — [4] P. 439.

de la tradition, ou plutôt n'en est-ce pas l'ennemi et le destructeur secret?

CHAPITRE XXII.
Si c'est assez, pour excuser un sentiment, de dire qu'il n'est pas hérétique.

Le principal avantage que M. Simon veut tirer ici contre l'autorité de la tradition, c'est que « Cajetan a pu croire sans être hérétique, que ces paroles, *nisi manducaveritis*, etc., ne s'entendent point à la lettre de la manducation sacramentale, bien qu'en cela il soit opposé au sentiment commun des anciens et des nouveaux interprètes [1]. » Mais c'est proposer la chose d'une manière peu équitable. Il ne s'agit pas de savoir si Cajetan est hérétique, en s'opposant à une interprétation autorisée par tous les saints. On peut penser mal sans être hérétique, si l'on est soumis et docile. Tout ce qui est mauvais en matière de doctrine n'est pas pour cela formellement hérétique. On ne qualifie pour l'ordinaire d'hérésie formelle que ce qui attaque directement un dogme de foi; mais de là il ne s'ensuit pas qu'on doive souffrir ceux qui l'attaquent indirectement, en affoiblissant les preuves de l'Eglise, et en affectant des opinions particulières sur les passages dont elle se sert pour établir sa doctrine. C'est ce que font ceux qui détournent les paroles de Notre-Seigneur, dont il s'agit : ils privent l'Eglise du secours qu'elle en tire contre l'hérésie : ils accoutument les esprits à donner dans des figures violentes, qui affoiblissent le sens naturel des paroles de l'Evangile : ils inspirent un mépris secret de la doctrine des Pères. Cajetan, qui ne savoit guère la tradition et qui écrivoit devant le concile de Trente, peut être excusé; mais M. Simon qui a tout vu et qui après avoir reconnu le consentement des saints Pères, ne laisse pas d'insinuer avec ses adresses ordinaires le sens opposé au leur, n'en sera pas quitte pour dire que cela n'est pas hérétique. L'amour de la vérité doit donner de l'éloignement pour tout ce qui l'affoiblit; et je dirai avec confiance qu'on est proche d'être hérétique lorsque sans se mettre en peine de ce qui favorise l'hérésie, on n'évite que ce qui est précisément hérétique et condamné par l'Eglise.

[1] P. 512.

LIVRE II.

SUITE D'ERREURS SUR LA TRADITION. L'INFAILLIBILITÉ DE L'ÉGLISE OUVERTEMENT ATTAQUÉE. ERREURS SUR LES ÉCRITURES ET SUR LES PREUVES DE LA TRINITÉ.

CHAPITRE PREMIER.

Que l'esprit de M. Simon est de ne louer la tradition que pour affoiblir l'Ecriture : quel soin il prend de montrer que la Trinité n'y est pas établie.

M. Simon se plaindra qu'on l'accuse à tort d'affoiblir la tradition, puisqu'il en établit la nécessité dans sa *Préface*, et qu'il l'appelle partout au secours de la religion, principalement en deux endroits du chapitre vi de son livre I. J'avoue qu'en ces deux endroits il semble favoriser la tradition; mais je soutiens en même temps qu'il le fait frauduleusement et malignement, et que le but de sa critique en ces endroits et partout, est d'employer la tradition pour faire tomber les preuves qu'on tire de l'Ecriture. Et afin de mieux connoître son erreur, il faut supposer que tous les Pères et tous les théologiens, après Vincent de Lèrins, demeurent d'accord que parmi les lieux théologiques, c'est-à-dire parmi les sources d'où la théologie tire ses argumens pour établir ou pour éclaircir les dogmes de la foi, le premier et le fondement de tous les autres est l'Ecriture canonique, d'où tous les théologiens, aussi bien que tous les Pères, supposent qu'on peut tirer des argumens convaincans contre les hérétiques. La tradition, c'est-à-dire la parole non écrite est un second lieu, d'où on tire des argumens : *Primò divinæ legis auctoritate, tum deinde Ecclesiæ catholicæ traditione*[1], comme parle Vincent de Lèrins. Mais ce second lieu, ce second principe de notre théologie ne doit pas être employé pour affoiblir l'autre, qui est l'Ecriture sainte. C'est pourtant ce qu'a toujours fait notre critique, et le chapitre vi où il semble vouloir établir la tradition, en est une preuve. Il y étale au long la dispute qu'on a supposée entre saint Athanase et Arius sur la sainte Trinité; et voici à quelle fin : « C'est afin, dit-

[1] *Comm. init.*, p. 325.

il, de mieux connoître la méthode des catholiques et des anciens ariens¹. » Cette dispute particulière est donc un modèle du procédé des uns et des autres, et des principes dont ils se servoient en général dans la dispute : c'est pour cela que M. Simon produit celle-ci ; et l'on va voir que le résultat est précisément ce que j'ai dit, que l'Ecriture et ensuite la tradition ne prouvent rien de part et d'autre.

Je pourrois avant toutes choses remarquer que cette dispute n'est point de saint Athanase, M. Simon en convient. Elle n'approche ni de la force ni de la sublimité de ce grand auteur; et c'est d'abord ce qui fait sentir la malignité de notre critique, qui pour nous donner l'idée de la foiblesse des argumens qu'on peut tirer de l'Ecriture contre Arius, choisit, non point saint Athanase, qui ne poussoit point de coup qui ne portât, mais le foible bras d'un athlète incapable de profiter de l'avantage de sa cause. Voilà déjà un premier trait de sa malignité. Voici la suite. Et d'abord il fait dire aux deux combattans qu'ils ne se veulent appuyer que sur l'Ecriture : Moi, dit Arius, je ne dis rien qui n'y soit conforme. Et moi, répond le faux Athanase, « j'ai appris de l'Ecriture divinement inspirée, que le Fils de Dieu est éternel². » Si donc ils ne prouvent rien par l'Ecriture, à laquelle ils se rapportent, on voit qu'ils demeureront tous deux en défaut. C'est précisément ce que M. Simon fait arriver, puisque les faisant entrer en dispute par l'Ecriture, il les fait paroître tous deux également embarrassés; en sorte qu'après avoir dit tout ce « qu'ils savent de mieux, ils passent dans d'autres matières un peu éloignées³, » comme des gens, qui s'étant tâtés, sentent bien qu'ils ne peuvent se faire aucun mal. « Tant il est vrai, conclut notre auteur, qu'il est difficile de tirer des conclusions de l'Ecriture sainte, comme d'un principe clair et évident⁴. »

Tout ce jeu de M. Simon n'aboutit visiblement qu'à faire voir contre toute la théologie, qu'on ne peut rien conclure des livres divins; et que ce lieu qui est le premier d'où l'on tire les argumens théologiques, est le plus foible de tous, puisqu'on n'avance rien par ce moyen. Et quand il dit « qu'il est difficile de tirer des

¹ P. 92 et seq. — ² P. 95. — ³ P. 94. — ⁴ *Ibid.*

conclusions de l'Ecriture, comme d'un principe clair et évident, » ce *difficile* est un terme de ménagement par lequel il se prépare une excuse contre ceux qui l'accuseroient d'affoiblir les preuves qu'on tire de l'Ecriture contre l'hérésie arienne; mais au fond il se déclare lui-même, et malgré ses précautions on voit qu'il n'a raconté cette dispute que pour montrer qu'on ne gagne rien avec l'Ecriture contre ceux qui nient la Trinité.

Ainsi par les soins de M. Simon, les ennemis de ce mystère sont à couvert des preuves de l'Ecriture. Il a voulu faire ce plaisir aux sociniens. J'avoue qu'il ne leur donne pas plus d'avantage sur le catholique que le catholique n'en a sur eux; mais M. Simon n'ignore pas, et même il étale ailleurs [1] le raisonnement de ces hérétiques, qui soutiennent que, pour exclure de notre créance une chose aussi obscure que la Trinité, c'est assez qu'elle ne soit pas prouvée clairement.

Il n'en demeure pas là, il fait encore revenir les deux lutteurs. « Ils retournent, dit-il, à la charge, » mais pour avancer aussi peu qu'auparavant, puisqu'après avoir observé soigneusement que « la dispute n'étoit appuyée de part et d'autre que sur des passages de l'Ecriture [2], » et avoir fait objecter ce qu'elle a de plus fort selon notre auteur, il en conclut que « cela fait voir, que si l'on ne joint une tradition constante à cette méthode, il est difficile de trouver la religion clairement et distinctement dans les livres sacrés, comme l'on en peut juger par tout ce qui vient d'être rapporté [3]. »

De cette sorte la tradition ne paroît ici qu'afin de faire passer la proposition, qu'en matière de dogme de foi, et en particulier sur la foi de la Trinité, on n'avance rien par l'Ecriture; et c'est pourquoi l'auteur ajoute : « Mais après tout, bien que la plupart des raisons d'Athanase prises de l'Ecriture fussent pressantes, Arius n'en demeure point convaincu [4]. » Ce qui n'a d'autre but que de faire voir que l'effet des preuves de l'Ecriture est après tout de laisser chacun dans son opinion, sans qu'il y ait dans ces preuves de quoi convaincre un arien.

[1] P. 863, etc. — [2] P. 94. — [3] P. 97. — [4] P. 98.

CHAPITRE II.

Qu'en affoiblissant les preuves de l'Ecriture sur la Trinité, M. Simon affoiblit également celles de la tradition.

Que M. Simon ne dise pas qu'en ôtant aux catholiques les preuves de l'Ecriture, il leur laisse celles de la tradition ; car s'il les vouloit conserver, il faudroit rendre raison pourquoi l'orthodoxe ne les emploie pas. Pourquoi s'arrête-t-il à l'Ecriture et en fait-il dépendre absolument, aussi bien que l'arien, la décision de la cause, puisqu'il succombe manifestement de ce côté-là? Que ne se sert-il de ses véritables armes, c'est-à-dire de la tradition, qui l'auroient rendu invincible? C'est faire que le catholique ne connoisse pas l'avantage de sa cause; et tout cela pour conclure que si l'on néglige la tradition de part et d'autre, et que d'ailleurs on n'avance rien par l'Ecriture à qui seule on s'en rapporte, il n'y a ni Ecriture ni tradition qui puisse fournir de bons argumens à la doctrine de l'Eglise. Voilà donc le résultat de cette dispute à laquelle M. Simon nous renvoie, pour connoître « la méthode des catholiques et des anciens ariens, dans l'interprétation qu'ils ont donnée aux endroits du Nouveau Testament qui regardent leur doctrine [1]. » Sa critique tend visiblement à rendre les ariens invincibles. C'est pourquoi il conclut, « que comme Arius est persuadé que sa croyance est fondée sur l'Ecriture (à laquelle les deux partis se rapportoient), il prétend n'être point dans l'erreur [2]; » et M. Simon appuie sa pensée, puisque les deux partis étant convenus de décider la question par les preuves de l'Ecriture, dès qu'on avoueroit avec lui qu'elles ne sont pas concluantes, on obligeroit le catholique à quitter la partie, et à laisser son adversaire dans une juste possession de sa croyance.

CHAPITRE III.

Soin extrême de l'auteur pour montrer que les catholiques ne peuvent convaincre les ariens par l'Ecriture.

Et afin qu'on ne doute pas que la chose ne soit ainsi, M. Simon

[1] P. 92. — [2] P. 99.

affecte de louer beaucoup celui qui défend l'Eglise, à qui il donne ces trois éloges : l'un, « qu'il n'a point le défaut de la plupart des Pères grecs, qui sont ordinairement féconds en paroles et en digressions ¹. » C'étoit donc déjà un homme excellent, qui n'avoit point les défauts communs de sa nation. Le second éloge de ce défenseur de l'Eglise, « c'est qu'il va presque toujours à son but sans prendre aucun détour; » de sorte que s'il ne prouve rien, ce sera visiblement par la faute non point de l'homme, mais de la cause. C'est pourquoi M. Simon ajoute encore, que « comme les ariens, outre leur application à l'étude de l'Ecriture, étoient fort exercés dans l'art de la dialectique, celui-ci ne leur cède en rien dans l'art de raisonner ². » Il resteroit encore à soupçonner que cet homme qui ne conclut rien, étant d'ailleurs si habile dans l'art du raisonnement, seroit peut-être demeuré court pour ne pas assez savoir le fond des choses; mais M. Simon le met à couvert de ce reproche, en disant à son occasion et pour achever son éloge : « Il faut avouer qu'il y avoit alors de grands hommes dans l'Eglise orientale, qui lisoient avec beaucoup de soin les livres sacrés pour y apprendre la religion ³. » Qu'y a-t-il donc à répliquer? Rien ne manquoit à cet homme pour pousser à bout un arien : il étoit très-bien instruit de la matière; il ne cédoit rien à son adversaire dans l'art de la dispute, et aucun des Grecs n'alloit plus directement au but. Si donc il n'avance rien, c'est le défaut de la cause : c'est que l'arien est invincible, et c'est ainsi que M. Simon nous le représente.

Il adjuge encore la victoire aux ennemis de la Trinité par une autre voie, lorsqu'après avoir rapporté les preuves du faux Athanase pour la divinité du Saint-Esprit, il donne ce qui suit pour toute preuve que cette dispute n'est point du vrai Athanase : « Il paroît par ce qu'on vient de rapporter de la divinité du Saint-Esprit, que l'auteur qui parle dans cette dispute n'est point véritablement Athanase ⁴ : » ce qui laisse à croire au lecteur que saint Athanase n'admettoit pas la divinité du Saint-Esprit, ou du moins qu'il n'en parloit pas fort clairement, puisqu'on prouve qu'il n'est pas l'auteur d'un discours à cause qu'elle y est soutenue.

¹ P. 99. — ² Ibid. — ³ Ibid. — ⁴ Ibid.

CHAPITRE IV.

Que les moyens de M. Simon contre l'Ecriture portent également contre la tradition, et qu'il détruit l'autorité des Pères par les contradictions qu'il leur attribue. Passages de saint Athanase.

C'est encore dans le même endroit une autre remarque fort essentielle à notre sujet, que par le même moyen par lequel l'auteur affoiblit les preuves de l'Ecriture, il détruit également celles qu'on tire de la tradition. Voici ce qu'il dit sur l'Ecriture : « Cela (la dispute qu'on vient de voir sous le nom de saint Athanase et d'Arius) nous apprend qu'il ne faut pas toujours réfuter les novateurs par l'Ecriture; autrement il n'y auroit jamais de fin aux disputes, chacun prenant la liberté d'y trouver de nouveaux sens [1]. » Mais il sait qu'il en est de même des Pères, et que « chacun prend la liberté de leur donner de nouveaux sens, comme à l'Ecriture. » Il choisit donc un moyen contre les preuves de l'Ecriture, par lequel en sa conscience il sait bien que la tradition tombe en même temps, et il n'y a qu'à suivre cet aveugle pour tomber inévitablement avec lui dans le précipice.

Il ne faut pas dissimuler qu'il remarque dans le même lieu, « qu'encore que saint Athanase n'oppose presque rien aux ariens que l'Ecriture sainte, il n'a pas négligé les preuves qu'on tire de la tradition [2], et même que finalement il nous renvoie à l'Eglise et au concile de Nicée. Mais pour ce qui est de l'Eglise et de ce concile, l'auteur ne tardera pas à nous ôter ce refuge, qu'il semble nous donner ici; et pour la tradition, on peut voir d'abord avec quelle froideur il en parle, puisqu'il se contente de dire que saint Athanase « ne la néglige pas. » Il nous prépare par ce petit mot à ce qu'il en dira ailleurs plus ouvertement, et par avance nous venons de voir le principe qu'il a posé pour la renverser.

J'observe enfin, dans le même lieu, ce qu'il dit de saint Athanase, « qu'il nous découvre lui-même à la fin de son *Traité de l'incarnation du Verbe,* d'où il tiroit les principes de la théologie Car parlant en ce lieu à celui à qui il adresse son ouvrage, il lui dit [3] : *Si après avoir lu ce que je viens de vous écrire, vous vous*

[1] P. 100. — [2] P. 99. — [3] *Ibid.*

appliquez sérieusement à la lecture des livres sacrés, vous y apprendrez bien mieux et bien plus clairement la vérité de tout ce que j'ai avancé[1]. » Un moment auparavant, il ne travailloit qu'à nous faire sentir qu'il n'y avoit rien de convaincant dans les preuves de l'Ecriture : il fait dire ici à saint Athanase qu'il n'y a rien de plus clair. A quoi aboutit cet embarras, si ce n'est à conclure d'un côté que les Pères et saint Athanase lui-même qui est le maître de tous les autres en cette matière, ont prétendu trouver la Trinité clairement et démonstrativement dans l'Ecriture, et de l'autre côté que l'expérience nous a fait voir le contraire, et que les disputes par l'Ecriture n'ont aucun fruit?

CHAPITRE V.

Moyens obliques de l'auteur pour détruire la tradition et affoiblir la foi de la Trinité.

Que le lecteur attentif prenne garde ici aux manières obliques et tortueuses dont M. Simon attaque la foi de la Trinité, et ensemble l'autorité de la tradition. Il attaque la foi de la Trinité, puisqu'après avoir supposé que le catholique, aussi bien que l'arien, met dans l'Ecriture la principale espérance de sa cause, il tourne tout son discours à faire sentir que c'est en vain qu'il s'y confioit; et pour ce qui est de la tradition, on a vu comme il nous prépare à la mépriser, et la suite fera connoître qu'en effet il lui ôte son autorité. En attendant, les ariens anciens et nouveaux ont cet avantage dans les écrits de M. Simon, que les preuves de l'Ecriture, qui sont celles que de part et d'autre on estimoit les plus convaincantes, n'opèrent rien. Voilà un malheureux commencement du livre de cet auteur, et un grand pas pour nous mener à l'indifférence sur un point si fondamental.

CHAPITRE VI.

Vraie idée de la tradition; et que, faute de l'avoir suivie, l'auteur induit son lecteur à l'indifférence des religions.

Ce n'est pas ainsi qu'il faut établir la nécessité de la tradition;

[1] Athan., *De incarnat. Verbi.*

et la méthode de l'appuyer sur les débris des preuves de l'Ecriture est un moyen qui tend plutôt à la détruire. Elle se prouve par deux moyens : l'un, qu'il y a des dogmes qui ne sont point écrits ou ne le sont point clairement; l'autre, que dans les dogmes où l'Ecriture est la plus claire, la tradition est une preuve de cette évidence, n'y ayant rien qui fasse mieux voir l'évidence d'un passage pour établir une vérité que lorsque l'Eglise y a toujours vu cette vérité dont il s'agit.

Pour prendre donc l'idée véritable de l'Ecriture et de la tradition, de la parole écrite et non écrite, il faut dire, comme notre auteur a dit quelquefois, mais non pas aussi clairement qu'il le falloit, que les preuves de l'Ecriture sur certains points principaux, sont convaincantes par elles-mêmes; que celles de la tradition ne le sont pas moins; et qu'encore que chacunes à part puissent subsister par leur propre force, elles se prêtent la main et se donnent un mutuel secours.

Selon cette règle invariable, on fait bien de joindre la tradition aux passages les plus évidens de l'Ecriture, comme une nouvelle preuve de leur évidence. Mais c'est mal fait de n'alléguer la tradition que pour affoiblir sous ce prétexte les preuves de l'Ecriture, encore plus mal d'avoir mis toute la force de l'Eglise dans la tradition, dont en même temps on suppose que l'on ne se servoit pas ; et enfin le comble du mal, c'est l'affectation de faire sortir d'une dispute un catholique et un arien avec un égal avantage, sans que ni l'un ni l'autre prouve rien; en sorte qu'il ne reste plus qu'à tirer cette conséquence, que tout cela est indifférent.

CHAPITRE VII.

Que M. Simon s'est efforcé de détruire l'autorité de la tradition, comme celle de l'Ecriture, dans la dispute de saint Augustin contre Pélage : idée de cet auteur sur la critique, et que la sienne n'est selon lui-même que chicane : fausse doctrine qu'il attribue à saint Augustin sur la tradition, et contraire à celle du concile de Trente.

Notre auteur a voulu trouver le même défaut dans la dispute de saint Augustin contre les pélagiens. Selon lui, saint Augustin a toujours cru la dispute sur le péché originel très-clairement décidée par la seule autorité de l'Ecriture[1]. Il produit lui-même un passage où ce Père dit : que « l'Apôtre ne pouvoit parler plus précisément, plus clairement, plus décisivement » que lorsqu'il a proposé Adam comme celui en qui tous avoient péché[2], *in quo omnes peccaverunt*[3]. Il n'importe que M. Simon, trop favorable à Pélage, soutienne dans tout son livre, non-seulement à saint Augustin, mais encore à trois conciles d'Afrique et au concile de Trente, que ce passage, qu'ils ont employé comme le plus décisif, ne l'est pas (c'est ce que nous verrons ailleurs); il nous suffit maintenant que saint Augustin, comme l'avoue notre auteur, « fût persuadé qu'il avoit prouvé la créance de l'Eglise par des passages de l'Ecriture qui ne peuvent être contestés[4]. » C'est donc l'esprit de l'Eglise de croire que l'on combattoit en certains points la doctrine des hérétiques par des passages si clairs, qu'il ne leur restoit, à vrai dire, aucune réplique. Mais il semble que notre auteur ne nous montre cette vérité que pour la détruire, puisqu'après avoir vainement tâché de répondre par la critique au passage de saint Paul, il conclut enfin ses remarques grammaticales par cette exclamation : « Tant il est difficile de convaincre les hérétiques par des textes si formels de l'Ecriture, qu'on n'y puisse trouver aucune ambiguïté, surtout quand ils sont exercés dans la critique[5]. » C'est donc là le fruit de la critique, d'apprendre aux hérétiques à éluder les passages où les saints Pères et toute l'Eglise ont trouvé le plus d'évidence, et de leur faire trouver au contraire, comme fait M. Simon en cette occasion, « des ambiguïtés, » c'est-à-dire des chicanes et des pointilles de grammaire.

Mais ce qui montre que ce critique ne fait que brouiller, c'est qu'après avoir affaibli les preuves de l'Ecriture par son recours aux traditions, il ôte encore à la tradition ce qu'elle avoit de plus fort dans l'antiquité, c'est-à-dire le témoignage de saint Augustin. On sait que ce saint docteur, qui avoit déjà établi d'une manière invincible l'autorité de la tradition contre les donatistes rebaptisans, atterre encore les pélagiens par la même voie, en leur opposant le consentement des Pères, et des Grecs autant que des Latins, comme une des preuves les plus constantes de la vérité.

[1] P. 286. — [2] August., *De pecc. mer.*, I, 10. — [3] *Rom.*, v. — [4] P. 290. — [5] P. 287.

Que dit cependant M. Simon ? Voici ses paroles : « Saint Augustin fait aussi venir quelquefois à son secours la tradition fondée sur les témoignages des anciens écrivains ecclésiastiques; mais il semble ne la suivre que comme un accessoire pour s'accommoder à la méthode de ses adversaires, qui prétendoient que toute la tradition étoit pour eux[1]. » C'est nous montrer la preuve de la tradition, non comme une preuve naturelle et du propre fond de l'Eglise, mais comme une preuve étrangère et empruntée de ses ennemis; non comme une preuve constante et perpétuelle, mais comme une preuve que l'on appeloit « quelquefois à son secours; » non comme une preuve essentielle et principale, mais comme une preuve accidentelle et accessoire. Voilà l'idée qu'on nous donne de la tradition dans la dispute contre Pélage.

Mais elle est directement opposée à celle du concile de Trente, qui décide que la tradition, c'est-à-dire la parole non écrite, doit être reçue avec un pareil sentiment de piété et une pareille révérence, *pari pietate ac reverentiâ*[2]. Ce n'est donc ni un accessoire, ni rien d'étranger à l'Eglise, mais le fond même de sa doctrine et de sa preuve, aussi bien que l'Ecriture.

CHAPITRE VIII.

Que l'auteur attaque également saint Augustin et la tradition, en disant que ce Père ne l'allègue que quelquefois et par accident, comme un accessoire.

Mais peut-être que saint Augustin aura donné lieu à cette maligne réflexion de notre critique ? Tout au contraire, ce Père, dont il dit qu'il n'appelle la tradition que *quelquefois* au secours de la religion, est celui de tous les Pères qui s'en est servi le plus souvent. Vingt ou trente célèbres passages qu'on cite de ses ouvrages contre les donatistes, et de son *Epître à Janvier* en font foi; et afin de nous renfermer dans la *Dispute contre Pélage*, qui est celle où M. Simon assure que saint Augustin ne fait venir la tradition à son secours « que quelquefois, » on voit au contraire qu'il donne à la tradition deux livres entiers, le premier et le second *contre Julien*. Il revient continuellement à cette preuve dans le livre des

[1] P. 285. — [2] Sess. IV.

Noces et de la Concupiscence, dans le livre de la *Nature et de la Grace*, dans les livres *au pape Boniface contre les lettres des pélagiens*, dans les livres de la *Prédestination des Saints* et de la *Persévérance*, dans le livre *contre Julien* qu'il a laissé imparfait et sur lequel il est mort [1] : dans tous ces livres et partout ailleurs, il ne cesse d'alléguer les Pères, et de faire de leur témoignage une de ses preuves les plus authentiques pour autoriser sa doctrine sur le péché originel. Il n'y a rien qu'il presse plus que la tradition du baptême des petits enfans, et des exorcismes qu'on faisoit sur eux pour les délivrer de la puissance du démon. Pour établir sa doctrine sur la prédestination et sur le don de la persévérance [2], qui sont des matières connexes, il n'allègue rien de plus puissant que les prières de l'Eglise, qu'il ne cesse de rapporter comme l'instrument le plus manifeste de la tradition. Si M. Simon avoit lu ces livres, s'il les avoit pour ainsi parler seulement ouverts, auroit-il dit que saint Augustin ne se sert de la tradition « que quelquefois? » Mais il décide sans lire : il ne fait que jeter les yeux sur quelques passages connus; c'en est assez pour conclure que saint Augustin parle « quelquefois » de la tradition. Pour en dire davantage, il faudroit s'être attaché à tous ses ouvrages; mais il n'y regarde pas, ou il ne fait que passer les yeux légèrement par-dessus.

A-t-on lu et pesé saint Augustin, lorsqu'on assure que la preuve de la tradition n'est pour lui « qu'un accessoire, » où il n'entre que par accident et pour *s'accommoder* aux pélagiens, pendant qu'on voit au contraire qu'il insiste continuellement sur cette preuve, comme sur une preuve tirée de l'intérieur de sa cause? M. Simon produit lui-même ce célèbre passage de saint Augustin, où il montre que les saints Pères, dont il allègue l'autorité contre Pélage, n'ont pu enseigner au peuple que ce qu'ils avoient trouvé déjà établi dans l'Eglise [3]; ni en disant ce qu'ils y avoient trouvé établi, dire autre chose que ce que leurs Pères y avoient laissé, ni en tout cela dire autre chose que ce qui venoit

---

[1] *De nupt.*, lib. II, cap. VIII; *De nat. et grat.*, cap. LXII et seq.; *Ad Bonif.*, lib. IV, cap. VIII, etc.; *De prædest. SS.*, cap. XIV; *Op. imp.*, lib. II. — [2] *De dono persev.*, lib. II, cap. XIX, etc. — [3] P. 298.

des apôtres¹. Est-ce là un argument emprunté et un accessoire de preuve, ou le fond de la cause? Avouons donc que M. Simon, qui le fait parler de la tradition d'une manière si méprisante, ne pèse pas ce qu'il lit et n'y voit que les préjugés dont il s'est laissé prévenir.

CHAPITRE IX.

L'auteur affoiblit encore la tradition par saint Hilaire, et dit indifféremment le bien et le mal.

Notre auteur n'attaque pas moins la tradition en parlant de saint Hilaire, lorsqu'il remarque avec tant de soin « que ce Père ne s'appuie pas même sur les traditions et sur les témoignages des anciens docteurs, mais seulement sur les livres sacrés². » Il est vrai qu'il insinue au même lieu que saint Hilaire en usoit ainsi pour combattre les ariens « par leur propre principe, et même selon leur méthode, à cause que l'Ecriture étoit leur fond principal. »

Il semble donc qu'il ne fait omettre la tradition à saint Hilaire que pour s'accommoder aux ariens; mais le contraire paroît dans les paroles suivantes : « Il suppose (c'est saint Hilaire) que les ariens convenoient de principes avec les catholiques, ayant de part et d'autre la même Ecriture, et que toute leur dispute ne consistoit que dans le sens qu'on lui devoit donner³. » Si le principe des ariens étoit la seule Ecriture et si saint Hilaire en convient avec eux, il convenoit donc avec eux que l'Ecriture étoit suffisante, et qu'on n'avoit besoin de la tradition, ni pour expliquer ce qu'elle dit, ni pour suppléer à ce qu'elle tait : ce n'étoit donc pas pour s'accommoder aux ariens que saint Hilaire ne « s'appuyoit pas sur les traditions; » c'est à cause que le principe commun étoit que l'Ecriture est assez claire, et la tradition inutile. C'est pour cela qu'il fait dire au même Père⁴, que ces paroles de Jésus-Christ : « Allez maintenant instruire toutes les nations, les baptisant au nom du Père, et du Fils, et du Saint-Esprit, » sont simples et claires d'elles-mêmes. Ainsi l'Ecriture est claire selon les Pères : selon M. Simon l'on n'en peut rien conclure de certain,

¹ Lib. II *Contra Jul.*, cap. x, n. 34. — ² P. 132. — ³ *Ibid.* — ⁴ *Ibid.*

il faut avoir recours à la tradition, et néanmoins saint Hilaire ne s'appuie pas dessus. Notre auteur dit tout ce qu'il veut ; il dit le pour et le contre, et fait sortir de la même bouche le bien et le mal, contre le précepte de saint Jacques [1], afin que chacun choisisse ce qui lui convient et que tout soit indifférent.

CHAPITRE X.

Si M. Simon a dû dire que saint Hilaire ne s'appuyoit point sur la tradition.

Au reste, si saint Hilaire ne trouve pas à propos d'apporter les témoignages des Pères dans ses *Livres de la Trinité*, il ne falloit pas dire pour cela « que ce Père ne s'appuie pas sur la tradition. » M. Simon parle sans mesure. C'est s'appuyer sur la tradition, que d'avoir dit ces paroles qui en renferment toute la force : *Hæc ego ita didici, ita credidi :* « C'est ainsi que j'ai été instruit, et c'est ainsi que j'ai cru [2] : » ce qu'il répète en un autre endroit avec des paroles aussi courtes, et en même temps aussi efficaces : *Quod accepi teneo, nec demuto quod Dei est :* « Je conserve ce que j'ai reçu, et je ne change point ce qui vient de Dieu [3]. » Pour s'expliquer davantage il ajoute : « Ces docteurs impies que notre âge a produits sont venus trop tard ; avant que d'en avoir ouï seulement les noms, j'ai cru à vous, ô mon Dieu, en la manière que j'y crois : j'ai été baptisé dans cette foi, et dès ce moment je suis à vous. » Il en appelle à la foi dans laquelle il a été instruit au temps de son baptême, et ne veut point écouter ceux qui le viennent enseigner depuis.

CHAPITRE XI.

Que les Pères ont également soutenu les preuves de l'Écriture et de la tradition : que M. Simon fait le contraire, et affoiblit les unes par les autres : méthode de saint Basile, de saint Grégoire de Nysse et de saint Grégoire de Nazianze, dans la dispute contre Aéce et contre Eunome son disciple.

L'endroit où M. Simon semble le plus appuyer la tradition est celui où il parle de saint Basile, de saint Grégoire de Nysse son

---

[1] *Jacob.*, III, 10. — [2] Lib. VI, n. 10. — Lib. II *ad Const.*, n. 8, et alibi.

frère, et de saint Grégoire de Nazianze son ami; mais il y tombe dans la même faute qu'on a déjà remarquée, qui est une affectation d'affoiblir, principalement sur le mystère de la Trinité, les preuves de l'Ecriture.

Pour découvrir la malignité de ce dangereux auteur, il faut remarquer en peu de mots qu'Eunome, disciple d'Aëce, ayant attaqué ce grand mystère avec de nouvelles subtilités, disons mieux, avec de nouvelles chicanes, toutes les forces de l'Eglise se tournèrent aussitôt contre lui. Saint Basile fut le premier à l'attaquer par cinq livres, auxquels il joignit un peu après celui *du Saint-Esprit*, pour montrer qu'on le pouvoit glorifier avec le Père et le Fils, parce qu'il étoit leur égal et un avec eux.

Eunome fit une réponse à saint Basile, et ce Père étant mort un peu après qu'elle eut paru, saint Grégoire de Nysse entreprit la défense de son frère, qu'il appelle partout *son père et son maître*. Saint Grégoire de Nazianze ne manqua pas à l'Eglise dans cette occasion, et composa ces cinq oraisons ou discours célèbres contre Eunome, qu'on appelle aussi les *Discours sur la théologie*, et qui en effet lui ont acquis plus que tous les autres dans toute l'Eglise le titre de *Théologien* par excellence, à cause qu'il y défend avec une force invincible, dans sa manière précise et serrée, la théologie des chrétiens sur le mystère de la Trinité.

Les preuves dont se servent ces grands hommes sont tirées de l'Ecriture et de la tradition. Les preuves de l'Ecriture ne sont ni en petit nombre ni insuffisantes, selon l'idée qu'on va voir qu'en a voulu donner M. Simon. Au contraire tous leurs discours sont tissus de témoignages de l'Ecriture, que ces grands hommes proposent partout comme invincibles et démonstratifs par eux-mêmes. La tradition ne laissoit pas de leur servir en deux manières : l'une, pour montrer qu'ils exposoient l'Ecriture comme on avoit fait de tout temps; l'autre, à cause qu'y ayant des dogmes non écrits également recevables avec ceux qui se trouvoient dans l'Ecriture, ce n'étoit pas un argument de dire, comme faisoient les hérétiques : Cela n'est pas écrit; donc il n'est pas.

Il ne faut pourtant pas s'imaginer qu'ils aient jamais rangé le dogme de la divinité de Jésus-Christ, ou du Saint-Esprit, parmi les dogmes non écrits. Au contraire ils montrent partout que les preuves de l'Ecriture sont claires et suffisantes. Lorsqu'aux chapitres XXVII et XXVIII du *Traité du Saint-Esprit,* saint Basile vient à établir les dogmes non écrits, c'est pour prouver qu'on se peut servir, pour glorifier le Saint-Esprit avec le Père et le Fils, d'une façon de parler qui n'est point dans l'Ecriture. Les hérétiques vouloient bien qu'on unit les trois Personnes divines par la particule *et,* qui en effet se trouvoit dans les paroles de l'Evangile : « Les baptisant au nom du Père, et du Fils, et du Saint-Esprit; » mais ils ne vouloient pas qu'on pût dire : « Gloire soit au Père et au Fils, avec le Saint-Esprit, » à cause que ce terme *avec* ne se trouvoit pas dans l'Ecriture; comme s'il y avoit de la différence entre la conjonction *et* qu'on lisoit dans l'Evangile, et la préposition *avec* qu'on n'y lisoit pas. Les Pères, qui n'oublioient rien pour détruire jusqu'aux moindres chicanes des hérétiques, démontroient premièrement que le fond de cette expression étoit dans l'Evangile; et secondement que quand même il ne s'y trouveroit pas, il ne faudroit pas moins la recevoir, à cause de la certitude des dogmes non écrits : et ces deux preuves sont le sujet du *Livre du Saint-Esprit,* de saint Basile.

Saint Grégoire de Nysse son frère, qui le défend contre Eunome, agit dans le même esprit et selon les mêmes principes. Saint Grégoire de Nazianze procède en tout et partout selon cette règle; et parce que les hérétiques vouloient qu'on leur lût dans l'Ecriture certains termes précis et formels, d'où ils faisoient dépendre la dispute, il démontroit à ces chicaneurs, premièrement qu'il y en avoit d'équivalens; secondement, qu'il falloit croire même ce qui n'étoit nullement écrit, à plus forte raison ce qui l'étoit équivalemment et dans le fond, encore qu'il ne le fût pas de mot à mot.

On voit par là combien on s'oppose aux avantages de l'Eglise et à l'autorité des Pères, lorsqu'on affoiblit les preuves de l'Ecriture, qu'ils ont toujours regardées comme un principal fondement de leur créance, et qu'il n'y a rien de plus pernicieux que d'abuser de la tradition pour un dessein si malin. Cela posé, voyons maintenant les démarches de M. Simon.

CHAPITRE XII.

Combien de mépris affecte l'auteur pour les écrits et les preuves de saint Basile et de saint Grégoire de Nazianze, principalement pour ceux où ils défendent la Trinité contre Eunome.

Et d'abord on ne peut voir sans douleur qu'il ne trouve que de la foiblesse dans tous les écrits par où ces grands hommes ont établi la Divinité de Jésus-Christ. Un des plus forts, quoique des plus courts sur cette matière, est celui de saint Basile sur ces paroles de saint Jean : « Au commencement étoit le Verbe. » Mais M. Simon le méprise, et commence sa critique sur ce Père par ces paroles : « Il paroît plus d'esprit et plus d'éloquence dans l'homélie que saint Basile nous a laissée sur ces premiers mots de saint Jean : *Au commencement étoit le Verbe*, que d'application à expliquer les paroles de son texte [1]. »

C'étoit pourtant un texte assez important pour mériter qu'on s'y attachât : « Mais saint Basile, poursuit notre auteur, a presque toujours recours aux règles de l'art ; c'est pourquoi il s'arrête plus dans ce petit discours aux lieux communs, selon la coutume des rhéteurs, qu'à sa matière [2]. »

Que veut-il qu'on pense d'un auteur, qui traitant une matière si capitale, et le texte fondamental pour en décider, ne s'applique à rien moins qu'à l'expliquer ; et qui, quoique son discours soit « petit, » se perd encore dans des lieux communs ? C'est un homme qui manque de sens, ce qu'on ne peut penser de saint Basile ; ou qui sentant la foiblesse de sa cause, se jette sur des digressions et des lieux communs. Mais le contraire paroît par la lecture de cette homélie, et il faut être bien prévenu pour ne pas sentir avec quelle force les ariens y sont poussés par saint Basile. Cependant on le traite de simple rhéteur ; et si l'on veut savoir quelle idée notre critique attache à ce mot, il n'y a qu'à lire ce qu'il dit de saint Grégoire de Nazianze, « qu'il raisonne quelquefois plutôt en rhéteur qu'en théologien [3], » lui à qui tout l'Orient a donné le titre de *Théologien* par excellence ; et comme si le critique ne s'étoit pas

---

[1] P. 101. — [2] *Ibid*. — [3] P. 124.

encore expliqué d'une manière assez méprisante : « Les grands orateurs, continue-t-il, se contentent souvent de raisons qui ont quelque foible apparence[1]. » Ce terme, « les grands orateurs, » fait assez sentir le style moqueur de notre critique. On n'est point, à parler juste, un grand orateur, mais un rhéteur impertinent, quand on se contente des apparences de la raison, et non pas de la raison même.

Voilà comme on traite les deux plus sublimes théologiens de leur temps, et en particulier saint Grégoire de Nazianze, quoique l'Orient l'ait tellement révéré qu'il en a fait, comme on a vu, son théologien : il n'est pourtant qu'un *rhéteur,* c'est-à-dire un vain discoureur qui prend l'apparence, c'est-à-dire l'illusion, pour la vérité, aussi bien que son ami saint Basile, dans le discours le plus sérieux qu'il ait jamais prononcé.

Philostorge, l'historien des ariens et l'ennemi de l'Eglise, parle plus honorablement de ces grands hommes, puisqu'il admire en eux la sagesse, l'érudition, la science des Ecritures, jusqu'à dire qu'on les préféroit à saint Athanase ; et pour ce qui est du discours, il attribue en particulier la noblesse et la force aussi bien que la beauté à saint Basile ; et la solidité avec la grandeur à saint Grégoire de Nazianze. Voilà quels ils étoient dans la bouche des ariens leurs ennemis, et on a vu quels ils sont dans celle de M. Simon, qui fait semblant de les révérer.

CHAPITRE XIII.

Suite du mépris de l'auteur pour les écrits et les preuves de saint Basile, et en particulier pour ses livres contre Eunome.

Ce qu'il y a de pire en cette occasion, c'est d'affecter de les faire foibles dans tous les écrits où ils défendent le plus fortement la foi de la Trinité. Nous avons vu comme on a traité la docte homélie de saint Basile sur le commencement de l'évangile de saint Jean. Si nous en croyons M. Simon, les livres contre Eunome, qui sont un trésor des passages les plus concluans pour la foi de la Trinité, n'ont guère de fondement sur l'Ecriture. « Saint Basile, dit notre

[1] P. 124.

auteur, lui oppose (à Eunome) de temps en temps des passages du Nouveau Testament¹. » Ce n'est que de « temps en temps, » et à l'entendre ils y sont bien clair-semés ; mais cela est faux. Il faut une fois que ce critique, qui avance si hardiment des faussetés, en soit démenti à la face du soleil. Les passages du Nouveau Testament sont en si grand nombre et si vivement pressés dans ce livre de saint Basile, que l'hérétique en est visiblement accablé. Outre ceux qu'il étale plus au long, il y en a quelquefois plus de vingt ou trente si fortement ramassés en peu de lignes, qu'on n'en peut assez admirer la liaison, que ce critique n'a pas sentie.

Encore si en ôtant à l'Eglise le nombre des preuves, il lui en avoit laissé la force, la foi demeureroit suffisamment établie, et on pourroit bien en croire un Dieu, quand il n'auroit parlé qu'une fois. Mais ces passages, que saint Basile semoit par-ci par-là dans ses discours, « sont, dit-il, pour la plupart les mêmes qui ont été produits ci-dessus sous le nom d'Athanase². » Souvenons-nous donc quels ils étoient, et ce qu'en a dit notre auteur. C'étoient des passages dont nous avons vu que, selon lui, on ne pouvoit rien conclure de clair. C'est ainsi qu'il jette de loin en loin des paroles, qui rapprochées et unies ensemble, comme un hérétique ou un libertin le saura bien faire, laissent les preuves de l'Eglise, non-seulement en petit nombre, mais encore foibles ; ce qu'il confirme en ajoutant : « Que la plupart de leurs disputes (de saint Basile et d'Eunome) roulent sur les conséquences qu'ils tirent de leurs explications ; en sorte qu'on y trouve plus de raisonnemens que de passages du Nouveau Testament ³. » Nous examinerons ailleurs ce qu'il ajoute encore un peu après : « Que cette méthode n'est pas exacte, à cause que la religion sembleroit dépendre plutôt de notre raison que de la pure parole de Dieu⁴. » Il suffit ici de faire voir que l'esprit de notre critique est de donner un mauvais tour aux preuves des Pères.

C'est encore une autre malice contre les Pères, de prendre plaisir à relever les défauts qu'on croit trouver dans leurs preuves. « Saint Basile, dit notre auteur, se sert aussi de quelques preuves tirées de l'Ancien Testament (on voit toujours en passant l'affecta-

[1] P. 105. — [2] Ibid. — [3] Ibid. — [4] P. 107.

tion d'exténuer le nombre des preuves); mais, poursuit-il, il ne suit pas toujours le sens le plus naturel [1]. » Il en rapporte un exemple dont je ne veux pas disputer ; car il n'est pas nécessaire qu'il n'y ait jamais dans les Pères des preuves plus foibles ou même défectueuses. Ce qu'il falloit remarquer, c'est que, pour une preuve de cette nature, les Pères en ont une infinité de si convaincantes, que les hérétiques n'y pouvoient répondre que par des absurdités manifestes. Tout lecteur équitable en portera ce jugement; et sans cet avis nécessaire, les exemples de pareils défauts, dont l'auteur a rempli son livre, ne servent qu'à insinuer le mépris des Pères, et c'est aussi le dessein qui règne dans tout cet ouvrage.

CHAPITRE XIV.

Mépris de M. Simon pour saint Grégoire de Nysse, et pour les écrits où il établit la foi de la Trinité.

Voilà pour ce qui regarde saint Basile. Saint Grégoire de Nysse son frère et son défenseur contre Eunome, ne vaut pas mieux, « puisqu'encore qu'il soit plus exact et attaché à son sujet dans les douze livres qu'il a écrits contre Eunome pour la défense de saint Basile, il y conserve néanmoins l'esprit de rhéteur [2]. » Le voilà donc déjà rhéteur et vain discoureur comme les autres : « tâchant de persuader ses lecteurs, autant par la beauté de son art que par la force de ses raisons. » Cet *autant* enveloppe un peu la malignité de l'auteur; mais au fond c'est trop clairement s'opposer à la vérité, que de choisir constamment et en tant de lieux des paroles pour l'obscurcir.

Poursuivons : « Etant orateur de profession, il fait entrer dans tous ses discours les règles de son art [3]. » On a vu ce que c'est qu'un orateur dans le style de notre critique ; et de là vient, qu'ayant rangé saint Grégoire de Nysse dans cet ordre, il en tire cette conséquence : « C'est pourquoi, dit-il, il faut lire beaucoup pour y trouver (dans cet ouvrage contre Eunome) un petit nombre de passages du Nouveau Testament expliqués [4]. » Il se trompe : il y en a un très-grand nombre, ou étalés au long, ou pressés en-

[1] P. 105. — [2] P. 114. — [3] P. 111. — [4] P. 114.

semble, comme nous avons dit de saint Basile. Mais l'auteur affecte de parler ainsi, parce qu'il ne nous veut point tirer de l'idée du petit nombre et de la foiblesse des preuves de l'Eglise.

CHAPITRE XV.

Mépris de l'auteur pour les discours et les preuves de saint Grégoire de Nazianze sur la Trinité.

Mais saint Grégoire de Nazianze est celui dont on représente les preuves et la méthode comme la plus foible. C'est dans ses *Oraisons contre Eunome* qui, comme nous avons vu, ont acquis à ce grand docteur le titre de *Théologien,* à cause qu'il y soutient avec tant de solidité la véritable théologie ; c'est, dis-je, dans ces *Oraisons* qu'on le met au nombre de « ceux qui se contentent des apparences et de l'ombre de la raison [1]. »

Il est vrai qu'on tempère, en quelque façon, cette téméraire critique par un « quelquefois » et un « souvent [2]. » Mais ces foibles corrections ne servent qu'à faire voir que le hardi censeur des Pères n'ose dire à pleine bouche ce qu'il en pense. Car si les preuves de saint Grégoire de Nazianze lui avoient paru concluantes en gros, du moins en disant « que souvent » elles sont apparentes plutôt que solides, et que « toutes » ne sont pas fortes, il auroit dû expliquer qu'elles le sont ordinairement, ce qu'il ne fait en aucun endroit. Au contraire, ce grand personnage est partout, dans notre auteur, un homme qui tremble, qui évite la difficulté : « Grégoire évite, dit-il, de rapporter en détail les endroits de l'Ecriture où il est fait mention du Saint-Esprit [3]. » Il se couvre en ajoutant « qu'il laisse cela à d'autres qui les avoient examinés. » Pour exposer la chose comme elle est et à l'avantage de ce grand théologien, il falloit dire qu'à la vérité il se remet du principal de la preuve aux écrivains précédens, et « à saint Basile, qui avoit écrit devant lui sur cette matière [4] ; » mais que dans la suite il ne laisse pas de rapporter toutes leurs preuves et tous leurs passages d'une manière abrégée, et d'autant plus convaincante. Mais il faut dire encore un coup à notre critique qu'il ne sent pas ce qu'il lit.

[1] P. 124. — [2] Ibid. — [3] Ibid. — [4] Orat. 37.

Il croit n'entendre que peu de passages de l'Ecriture dans les discours théologiques de saint Grégoire de Nazianze, parce que ce sublime théologien, qu'il a traité ignoramment de vain rhéteur, fait un précis de cent passages qu'il ne marque pas, parce que la lettre en étoit connue et qu'il falloit seulement en prendre l'esprit. C'est ce que peuvent reconnoître ceux qui liront avec réflexion ses cinq *Discours contre Eunome*, et surtout la fin du cinquième, où il établit en deux pages la divinité du Saint-Esprit d'une manière à ne laisser aucune réplique. Cela n'est pas *éviter* la preuve ni tout le *détail*, comme dit le hardi censeur de saint Grégoire de Nazianze, puisque ce Père n'oublie rien, et n'en fait pas moins valoir le texte sacré, pour n'en avoir pas cité expressément tous les endroits. Un bon critique devoit sentir cette vérité, et un catholique sincère ne la devoit pas taire. Mais il ne faut pas chercher dans notre auteur ces délicatesses de goût et de sentiment, non plus que celles de religion et de bonne foi. Au contraire, comme s'il ne s'étoit pas encore assez expliqué en insinuant que *Grégoire évite* la difficulté, il ajoute, pour ne laisser aucun doute de sa foiblesse : « qu'avant que de produire les passages qu'on lui demandoit (pour prouver qu'il falloit adorer le Saint-Esprit), il se précautionne judicieusement dans la crainte qu'on ne les trouve pas concluans[1]; » d'où il infère « qu'il étoit difficile qu'il convainquît ses adversaires par la seule Ecriture. » Ainsi ce ne sont point les hérétiques, mais les catholiques qui hésitent, quand il s'agit de la preuve par l'Ecriture : leur fuite est aussi honteuse que manifeste, et la victoire de l'Eglise sur les ennemis de la Trinité consiste plutôt dans l'éloquence de ses rhéteurs que dans le témoignage des livres sacrés.

CHAPITRE XVI.

Que l'auteur, en cela semblable aux sociniens, affecte de faire les Pères plus forts en raisonnemens et en éloquence que dans la science des Ecritures.

C'est ce que l'auteur ne nous laisse pas à deviner dans l'endroit où, commençant la critique de saint Grégoire de Nazianze, il en parle en cette manière : « Ce qu'on a remarqué ci-dessus du ca-

---
[1] P. 124.

ractère de saint Basile dans les livres qu'il a écrits contre les hérétiques, se trouve presque entièrement dans les disputes de saint Grégoire de Nazianze, qui ne s'est pas tant appuyé sur des passages de l'Ecriture que sur la force de ses raisons et de ses expressions [1]; » ce qui se termine à dire enfin « qu'il a été un grand maître dans l'art de persuader [2]. »

C'est ce que veulent encore aujourd'hui les sociniens. Les discours des anciens Pères, selon eux, sont des discours d'éloquence, pour mieux dire des discours de déclamateurs; ou comme M. Simon aime mieux les appeler, de rhéteurs qui n'ont rien de convaincant. Saint Grégoire de Nazianze, avec son titre de *Théologien*, n'a eu, non plus que les autres, qu'une éloquence parleuse, destituée de force et de preuves. Ce qu'il ajoute de ce même Père, comme pour l'excuser de ne s'être pas beaucoup appuyé sur l'Ecriture, « qu'il suppose que ceux qui l'ont précédé avoient épuisé cette matière, et qu'il étoit inutile de répéter ce qu'ils avoient dit [3], » n'est après tout qu'une foible couverture de sa malignité. Car outre que nous avons vu qu'il entre en preuve quand il faut et comme il faut, il ne sert de rien de nous dire qu'il se repose sur les écrivains précédens, après qu'on a travaillé à nous faire voir que les anciens écrivains, saint Basile et saint Athanase, ou celui qu'on fait disputer si foiblement sous son nom, après tout ne concluent rien par l'Ecriture; en sorte que les hérétiques paroissent toujours invincibles de ce côté-là, ce qui dans l'esprit de tous les Pères et de l'aveu de M. Simon, est le principal.

CHAPITRE XVII.

Que la doctrine de M. Simon est contradictoire: qu'en détruisant les preuves de l'Ecriture, il détruit en même temps la tradition, et mène à l'indifférence des religions.

Il allègue ici la tradition; et c'est par où je confirme ce que j'ai déjà remarqué, qu'il ne l'allègue que pour affoiblir l'Ecriture sainte. Ce n'est pas là l'esprit de l'Eglise ni des Pères; et au contraire je vais démontrer par les principes de M. Simon, que c'est un moyen certain de détruire la tradition avec l'Ecriture même.

[1] P. 119. — [2] *Ibid.* — [3] *Ibid.*

Il n'y a qu'à parcourir tous les endroits où il convient que les Pères mettoient leur fort principalement sur l'Ecriture [1]. On a vu que dans la dispute sur le mystère de la Trinité les deux contendans, tous deux habiles selon lui et parfaitement instruits de la matière [2], se fondoient également sur l'Ecriture comme sur un principe convaincant, et réduisoient la question à la bien entendre. « La dispute, dit M. Simon, n'est appuyée de part et d'autre que sur des passages de l'Ecriture [3]. » « Le véritable Athanase, dit encore M. Simon, nous apprend que les preuves les plus claires sont celles de l'Ecriture [4]. » Les autres Pères ont suivi, selon notre auteur [5], la méthode comme la doctrine de saint Athanase, dont ils ont pris ce qu'ils ont de meilleur. Ils raisonnent à la vérité, et trop selon lui, comme on va voir, mais c'est toujours sur l'Ecriture. « La plupart de leurs disputes, dit-il, roulent sur des conséquences qu'ils tirent des explications de l'Ancien et du Nouveau Testament [6]. » Telle est la méthode de saint Basile. En effet on a vu [7] que ce grand auteur prétend avoir démontré la divinité du Fils et du Saint-Esprit, par les saints Livres. S'il y joint la tradition, ce n'est pas pour affoiblir l'Ecriture ni les preuves très-convaincantes qu'il ne cesse d'en tirer, mais pour ajouter ce secours à des preuves déjà invincibles.

On a vu que les deux Grégoire ont suivi cette méthode. Notre auteur nous apprend lui-même les deux principes de saint Grégoire de Nysse : « Le premier est de s'attacher aux paroles simples de l'Ecriture, le second de s'en rapporter aux décisions des anciens docteurs [8]. » Voilà donc dans ce saint docteur deux principes également forts, et celui de l'Ecriture établi autant que l'autre.

Les Pères latins n'ont pas eu une autre méthode. « Saint Hilaire, dit notre auteur, ne s'appuie pas sur la tradition, mais seulement sur les livres sacrés; » et un peu après : « Les ariens convenoient de principes avec les catholiques, ayant de part et d'autre la même Ecriture, et toute leur dispute ne consistoit que dans le sens qu'on lui devoit donner [9]. »

[1] Ci-desssus, lib II, chap. I, II, III, IV. — [2] Simon, p. 93. — [3] P. 97. — [4] P. 99. — [5] P. 91. — [6] P. 105. — [7] Ci-dessus, chap. XI et suiv. — [8] P. 115. — [9] P. 132.

Dans la dispute de saint Augustin contre Maximin sur la même matière de la Trinité, si l'hérétique proteste qu'il n'a point d'autre volonté que de se soumettre à l'Ecriture, « saint Augustin de son côté ne fait pas moins valoir que lui les preuves de l'Ecriture [1]. C'étoit donc dans l'Eglise catholique une vérité reconnue, que les preuves de l'Ecriture étoient convaincantes.

Si l'on a mis le fort de la cause sur l'Ecriture dans la dispute sur la Trinité, dans celle contre Pélage saint Augustin ne l'y met pas moins, et nous avons vu [2] que M. Simon lui fait pousser l'évidence des preuves, jusqu'à regarder celles de la tradition comme n'étant point nécessaires [3], en quoi même nous avons marqué son excès.

C'est donc une tradition constante et universelle dans l'Eglise, que les preuves de l'Ecriture sur certains mystères principaux, sont évidentes par elles-mêmes, encore que les hérétiques aveugles et préoccupés n'en sentent pas l'efficace; et M. Simon nous apprend qu'encore dans les derniers temps Maldonat avoit soutenu que, par la force des termes, « il n'y avoit rien de plus clair, pour établir la réalité, que cette proposition : *Ceci est mon corps*[4]; » tant il est vrai que la tradition de l'évidence de l'Ecriture sur certains points principaux est de tous les âges, et même selon notre auteur.

Mais s'il est certain que M. Simon établit sur ces articles principaux l'évidence de l'Ecriture, d'autre côté il n'est pas moins clair, par tout ce qu'on vient de rapporter, qu'il en affoiblit les preuves jusqu'à dire qu'elles n'ont rien de convaincant. Quand on a des vues aussi diverses que celles de ce faux critique, qu'on veut plaire à autant de gens de principes différens et de créances si opposées, jamais on ne peut tenir un même langage : la force de la vérité ou la crainte de trop faire voir qu'on l'a ignorée tire d'un côté, les vues particulières entraînent de l'autre. Mais ce qui règne dans tout l'ouvrage de notre critique, est une pente secrète vers l'indifférence; et il n'y a point de chemin plus court pour y parvenir et pour renverser de fond en comble l'autorité de l'Eglise, que de faire voir d'un côté qu'elle fait fond sur l'Ecriture, pendant

---

[1] P. 284. — [2] Ci-dessus, chap. VII. — [3] P. 285, 286, 290. — [4] P. 623.

qu'on montre de l'autre qu'elle n'avance rien par ce moyen. Lorsqu'on diminue les preuves peu à peu, on met les sociniens en égalité avec elle. Comme il faut trouver un prétexte pour affoiblir les témoignages de l'Ecriture, on n'en peut trouver de plus spécieux que celui de faire paroître qu'on veut par là pousser l'hérétique à l'aveu de la tradition ; et voilà ce qui a produit cette méthode réservée à la maligne critique de M. Simon, de renverser la tradition sous couleur de la défendre, et de détruire l'Eglise par l'Eglise même.

CHAPITRE XVIII.

Que l'auteur attaque ouvertement l'autorité de l'Eglise sous le nom de saint Chrysostome, et qu'il explique ce Père en protestant déclaré.

Certainement, s'il avoit la tradition autant à cœur qu'il en veut faire semblant, comme la tradition n'est autre chose que la perpétuelle reconnoissance de l'infaillible autorité de l'Eglise, il n'auroit pas anéanti une autorité si nécessaire. C'est cependant ce qu'il a fait dans le chapitre xi de son livre, sous le nom de saint Chrysostome, en cette sorte : « Saint Chrysostome, dit-il, représente dans l'homélie xxxiii sur les actes, un homme qui voulant faire profession de la religion chrétienne, se trouve fort embarrassé sur le parti qu'il doit prendre, à cause des différentes sectes qui étoient alors parmi les chrétiens. Quels sentimens suivrai-je? dit cet homme; à quoi m'attacherai-je? Chacun dit qu'il a la vérité de son côté; je ne sais à qui je dois croire, parce que j'ignore entièrement l'Ecriture, et que les différens partis prétendent tous qu'elle leur est favorable. Saint Chrysostome, poursuit-il, ne renvoie pas cet homme à l'autorité de l'Eglise, parce que chaque secte prétendoit qu'elle l'étoit; mais il tire un grand préjugé en sa faveur de ce que celui qui vouloit embrasser le christianisme se soumettoit à l'Ecriture sainte, qu'il prenoit pour règle. De s'en rapporter, dit-il, aux raisonnemens, c'est se mettre dans un grand embarras, et en effet la raison seule ne peut pas nous déterminer entièrement. Lorsqu'il s'agit de préférer la véritable religion à la fausse, il faut supposer une révélation. C'est pourquoi il ajoute que si nous croyons à l'Ecriture, qui est simple et véritable, il sera facile de faire ce discernement, surtout si on a de l'esprit et du jugement [1]. »

Je demande ici à notre auteur : Que prétend-il par ce passage ? A qui en veut-il ? En faveur de qui fait-il cette remarque ? « Saint Chrysostome ne renvoie point à l'autorité de l'Eglise » cet homme incertain, mais à l'Ecriture « qui est simple, » où il trouvera un moyen facile de discerner, parmi tant de sectes, celle où il faut se ranger. N'est-ce pas là manifestement le langage d'un protestant qu'il met à la bouche de saint Chrysostome ? Où est cet homme qui nous disoit tout à l'heure qu'on n'avançoit rien par l'Ecriture, et qu'il falloit avoir recours à la tradition ? Il y falloit donc renvoyer, si ses principes avoient quelque suite. Mais non, dit-il, saint Chrysostome ne renvoie point à l'Eglise, ni par conséquent à la tradition, puisque, comme on vient de dire, la tradition n'est autre chose que le sentiment perpétuel de l'Eglise. Il renvoie à l'Ecriture, qui à cette fois devient si claire, que pourvu qu'on ait du sens et du jugement, il sera aisé de prendre parti par elle seule, sans qu'on ait besoin d'avoir recours à l'Eglise. Il ne faut point ici de raisonnement pour découvrir les sentimens de M. Simon. Malgré tout ce qu'il répand çà et là dans ses livres pour l'autorité de la tradition, qui est celle de l'Eglise, à ce coup il se déclare à visage découvert. L'esprit protestant, je le dis à regret, mais il n'est pas permis de le dissimuler ; oui, l'esprit protestant paroît. Il est bien certain qu'un catholique détermineroit cet homme douteux par l'autorité de l'Eglise, plus claire que le soleil, par la succession de ses pasteurs, par sa tradition, par son unité, dont toutes les hérésies se sont séparées, et portent dans ce caractère de séparation et de révolte contre l'Eglise, la marque évidente de réprobation. Saint Chrysostome a souvent parlé de cette belle marque de l'Eglise. Il a dit sur ces paroles : *Les portes de l'enfer ne prévaudront point contre l'Eglise,* « que saint Pierre avoit établi une Eglise plus forte, plus inébranlable que le ciel. » Il a dit sur celles-ci : *Je suis avec vous jusqu'à la fin des siècles :* « Voyez quelle autorité ! Les apôtres ne devoient pas être jusqu'à la fin des siècles ; mais il parle en leur personne à tous les fidèles

[1] P. 166.

comme composant un seul corps, qui ne devoit jamais être ébranlé. «Il a dit :» Rien n'est plus ferme que l'Eglise : que l'Eglise soit votre espérance : que l'Eglise soit votre salut : que l'Eglise soit votre refuge : elle est plus haute que le ciel, et plus étendue que la terre : elle ne vieillit jamais, sa jeunesse est perpétuelle [1]. Pour montrer combien elle est ferme et inébranlable, l'Ecriture la compare à une montagne;» la même comparaison montre « qu'elle devoit éclater aux yeux de tous les hommes : plus on l'attaque, plus elle reluit [2]. » Si M. Simon ne vouloit pas se donner la peine de rechercher ces passages, et tant d'autres aussi précis dans saint Chrysostome, il ne devoit pas omettre ce qui se trouvoit au lieu même qu'il fait semblant de vouloir transcrire. Car n'est-ce pas manifestement renvoyer cet homme douteux à l'Eglise, à son autorité, à son unité, dont toutes les autres sectes se sont détachées, que de lui parler en ces termes : « Considérez toutes ces sectes, elles ont toutes le nom d'un particulier dont elles sont appelées; chaque hérétique a nommé sa secte; mais pour nous, aucun particulier ne nous a donné son nom, et la seule foi nous a nommés? »

Ce Père fait allusion au nom d'*homousiens* ou de *consubstantialistes* que les ariens donnoient aux catholiques. Mais, dit-il, ce n'est pas le nom de notre auteur; c'est celui qui exprime notre foi. Quiconque a un auteur d'où il est nommé, porte sa condamnation dans son titre. N'est-ce pas en termes formels ce que nous disons tous les jours aux hérétiques, que la marque de la vraie Eglise est de n'avoir aucun nom que celui de chrétien et de catholique, qui lui vient pour avoir toujours conservé la même tige de la foi, sans avoir eu d'autres maîtres que Jésus-Christ? C'est pourquoi saint Chrysostome finit par ces mots : « Nous sommes-nous séparés de l'Eglise? Avons-nous fait schisme? Des hommes nous ont-ils donné leur nom? Avons-nous un Marcion, un Manichée, un Arius, comme en ont les hérésies? Que si l'on nous donne le nom de quelqu'un (si l'on nous dit : Voilà l'Eglise, voilà le troupeau, ou le diocèse, comme nous parlons, de Jean, d'Athanase, de Basile), on ne les nomme pas comme les auteurs d'une secte,

---

[1] Homil. in illud : *Astitit Regina*, et aliàs passim. — [2] Homil. in cap. II *Isaiæ*.

mais comme ceux qui sont préposés à notre conduite et qui gouvernent l'Eglise : nous n'avons point de docteur sur la terre ; mais nous n'en avons qu'un seul dans le ciel. » Puis revenant aux sectes dont il s'agissoit : « Ils en disent autant, poursuit-il, ils disent que leur maître est dans le ciel, mais leur nom, le nom de la secte vient les convaincre et leur fermer la bouche. » Voilà donc le dernier coup par lequel saint Chrysostome ferme la bouche à toutes les sectes séparées : leur nom, leur séparation et le mépris qu'ils ont fait de l'autorité de l'Eglise ne leur laissent aucune défense.

Notre critique a rapporté confusément quelque chose de ces paroles de saint Chrysostome, afin qu'on ne lui pût pas reprocher de les avoir entièrement supprimées ; mais il n'a pas voulu avouer que c'étoit là manifestement parler de l'Eglise et renvoyer à l'Eglise : il a même éclipsé le mot d'EGLISE, qui étoit si expressément dans son auteur ; et en disant que saint Chrysostome « a recours à quelques marques extérieures qui servent à discerner les sectaires d'avec les orthodoxes [1], » il supprime encore ce que ce Père a dit de plus fort, qui est, non pas que ces marques « servent à discerner les sectaires, » paroles faibles et ambiguës ; mais ce qui ne laisse aucune réplique, « que c'est là ce qui convainc et ce qui ferme la bouche, » d'avoir un nom qui marque la séparation, où l'on voit dans son titre même qu'on a quitté l'Eglise, de laquelle nul ne se sépare sans être hérétique. Et quand notre critique décide que saint Chrysostome ne renvoie pas à l'Eglise, « à cause que toutes les sectes prétendoient être la véritable, » il va directement contre l'esprit et les paroles de ce Père, qui pour ôter tout prétexte de donner aux hérésies le titre d'*Eglise*, les en fait voir excluses par le seul nom qu'elles portent et par leur séparation, dont elles ne peuvent jamais effacer la tache.

Qu'on apprenne donc à connoître le génie de notre critique qui dit des choses contraires, et parle quand il lui plaît pour les protestans, qu'il semble vouloir combattre en d'autres endroits, ou pour se faire louer de tous les partis, et mériter des protestans mêmes la louange d'un homme savant et d'un homme libre ; ou

[1] P. 167.

parce qu'en combattant manifestement en tant d'endroits l'autorité de l'Eglise, il se prépare des excuses dans les autres, où il veut paroître parler aussi en sa faveur.

CHAPITRE XIX.

L'auteur fait mépriser à saint Augustin l'autorité des conciles : fausse traduction d'un passage de ce Père, et dessein manifeste de l'auteur, en détruisant la tradition et l'autorité de l'Eglise, de conduire insensiblement les esprits à l'indifférence de religion.

Il ne se déclare pas moins pour les protestans, lorsqu'en exposant la dispute de saint Augustin contre Maximin arien, il fait parler ce Père en cette sorte : « Je ne dois point maintenant me servir contre vous du concile de Nicée comme d'un préjugé, aussi ne devez-vous pas vous servir de celui d'Arimini contre moi. » Jusqu'ici il rapporte bien les paroles de saint Augustin; mais quand il lui fait dire dans la suite : « Il n'y a rien qui nous oblige à les suivre, » il falsifie ses paroles[1]; car saint Augustin ne dit pas : « Il n'y a rien qui nous oblige à suivre » (les conciles d'Arimini et de Nicée;) ce qui marqueroit dans les deux partis, et dans saint Augustin comme dans Maximin, une indifférence pour l'autorité des conciles; mais il dit à son adversaire, avec sa précision ordinaire : « Nous ne nous tenons soumis, ni vous au concile de Nicée, ni moi à celui d'Arimini[2], » ce qui montre que, bien éloigné de tenir pour indifférente l'autorité du concile de Nicée, comme on veut le lui faire accroire par une traduction infidèle, il s'y soumet au contraire avec tout le respect qui lui fait dire en tant d'endroits que ce qui étoit défini par le concile de toute l'Eglise, ne pouvoit plus être révoqué en doute par un chrétien; et si, parce qu'il ne pressoit pas son adversaire par l'autorité du concile de Nicée, on vouloit conclure qu'il n'en recevoit pas luimême l'autorité, ou qu'il croyoit même que les ariens dans le fond n'y devoient pas être soumis, on pourroit croire de même qu'il ne recevoit pas l'Ancien Testament, ou qu'il ne croyoit pas que les manichéens s'y dussent soumettre, à cause qu'il ne pres-

[1] P. 284. — [2] *Contr. Maxim.*, lib. II, cap. XIX, n. 3.

soit pas ces hérétiques par l'autorité de ces livres qu'ils refusoient de reconnoître (a).

(a) Peu de temps après la célèbre conférence que M. de Meaux eut avec le ministre Claude, ce ministre objecta ce même passage de saint Augustin à mademoiselle de Duras, chez qui s'étoit tenue la conférence. L'objection fut communiquée à M. de Meaux, qui fit la réponse suivante, que nous insérons ici, pour ne rien perdre des ouvrages de ce grand homme.

« Depuis notre conférence, M. Claude a objecté à mademoiselle de Duras un passage de saint Augustin tiré du cinquième livre contre Maximin arien, où il parle ainsi : « Je ne dois point maintenant vous alléguer comme un préjugé le concile de Nicée, comme vous ne devez point m'alléguer celui de Rimini ; ni je ne reconnois l'autorité du concile de Rimini, ni vous ne reconnoissez celle du concile de Nicée; servons-nous des autorités de l'Ecriture sainte, qui ne sont pas particulières à chacun de nous, mais qui sont reçues des uns et des autres ; et faisons par ce moyen combattre la chose avec la chose, la cause avec la cause, la raison avec la raison. »

» Il est aisé de voir que ces paroles ne font rien du tout à la question qui est entre les catholiques et messieurs les prétendus réformés.

» Il s'agit entre eux de savoir s'il faut recevoir, sans examiner, les décrets de l'Eglise universelle faits dans les conciles généraux.

» Or il est clair que saint Augustin ne dit pas que les catholiques ne doivent pas recevoir sans examiner le décret du concile de Nicée; mais que lui, saint Augustin, ne doit pas objecter l'autorité de ce concile à un arien qui n'en convient pas.

» Le procédé de saint Augustin est tout semblable à celui d'un catholique qu ayant à traiter du mystère de la grace avec un protestant, lui diroit : « Je ne dois pas ici agir contre vous par le concile de Trente, ni vous contre moi par le synode de Dordrecht, parce que vous ne recevez pas l'un, comme je ne reçois pas l'autre. Traitons la chose par les Ecritures qui sont communes entre nous. »

» Personne ne dira que le catholique déroge par ce procédé à ce qu'il croit de l'autorité des conciles, ni de celui de Trente en particulier; et pour omettre en ce lieu ce que le protestant lui conteste, il ne s'ensuit pas pour cela qu'il l'abandonne.

» Mais, dira-t-on, saint Augustin croit qu'il faille s'en tenir, sans examiner, à l'autorité de l'Eglise universelle? Oui, sans doute ; et trois faits incontestables le vont faire paroître.

» 1er FAIT. Il dispute contre les pélagiens, et leur prouve le péché originel par le baptême des petits enfans, et voici comment il établit sa preuve. « C'est une chose, dit-il, solidement établie : on peut souffrir ceux qui errent dans les autres questions qui ne sont pas encore bien examinées, qui ne sont pas décidées par l'autorité de l'Eglise; c'est là que l'erreur se doit tolérer, mais elle ne doit pas entreprendre d'ébranler le fondement de l'Eglise. » (Serm. CCXCIV, aliàs XIV *De verbis Apost.*, cap. 21.)

Ce qu'il appelle ébranler le fondement de l'Eglise, c'est douter de ses décisions.

» 2e FAIT. Les pélagiens avoient été condamnés par les conciles d'Afrique, et le pape avoit confirmé les décrets de ces conciles; personne dans l'épiscopat ne réclamoit que quatre ou cinq évêques pélagiens. Saint Augustin explique à son peuple ce qui s'étoit passé. « Deux conciles d'Afrique tenus sur cette matière, ont été, dit-il, envoyés au Saint-Siége : les réponses en sont venues, la cause est finie, plaise à Dieu que l'erreur finisse. » (Serm. CXXXI, aliàs II *De verbis Apost.*, cap. 10.)

On voit donc manifestement que notre critique n'a rien de certain dans ses maximes. Tantôt il veut qu'on renvoie, non à l'Eglise, mais à l'Ecriture comme plus claire : tantôt il renvoie de l'Ecriture à la tradition comme plus certaine : l'autorité des conciles n'est pas plus sacrée que les autres : tout tend à l'indifférence : il n'y a point d'autorité dans l'Eglise ni dans ses traditions : malgré la tradition, les opinions particulières de saint Augustin ont prévalu dans l'Occident : malgré la tradition, l'Eglise a changé la foi de l'absolue nécessité de l'Eucharistie : en un mot, dans la pensée de notre critique, il n'y a rien de réel dans ces mots de *tradition* et d'*autorité;* et ce sont des termes dont il se sert, selon qu'il en a besoin, pour couvrir ses secrets desseins.

» Les affaires sont finies parmi les chrétiens, quand le Saint-Siège en convient avec l'épiscopat.

» 3ᵉ FAIT. Saint Augustin dispute contre les donatistes, qui disoient que le baptême donné par les hérétiques n'étoit pas valable, et qu'il le falloit réitérer. Ces hérétiques alléguoient l'autorité de saint Cyprien, qui avoit soutenu leur sentiment. Saint Augustin excuse saint Cyprien sur ce qu'il a erré avant qu'il fût décidé par l'autorité de l'Eglise universelle, que le baptême se pouvoit donner valablement hors de l'Eglise : « Et nous-mêmes, dit-il, nous n'oserions pas l'assurer, si nous n'étions appuyés sur l'autorité et le consentement de l'Eglise universelle, à laquelle saint Cyprien auroit cédé sans difficulté, si la vérité eût été dès lors éclaircie et confirmée par un concile universel. » (*De Bapt. contra Donat.*, lib. II, cap. IV.)

» Ce que saint Augustin n'oseroit pas assurer sans l'autorité de l'Eglise, non-seulement il l'assure après sa décision, mais encore il ne peut croire que saint Cyprien ni aucun homme de bien en puisse disconvenir.

» Et il ne se trompe pas en jugeant ainsi de saint Cyprien, qui avoit enseigné si constamment qu'il falloit condamner sans examen tous ceux qui se séparoient de l'Eglise. Voici comme il en écrit à l'évêque Antonien sur la doctrine de Novatien, prêtre de l'Eglise romaine, et auteur d'une secte nouvelle : « Vous me priez de vous écrire quelle hérésie a introduite Novatien. Sachez premièrement, mon cher frère, que nous ne devons pas même être curieux de ce qu'il enseigne, puisqu'il n'enseigne pas dans l'Eglise. Quel qu'il soit, il n'est pas chrétien, n'étant pas en l'Eglise de Jésus-Christ. » (Epist. LI, ed. Pamel.)

» Saint Augustin avoit raison de croire qu'un homme qui parle ainsi de l'autorité de l'Eglise, n'auroit pas hésité après la décision.

» On objecte à mademoiselle de Duras qu'il faut bien, quoi qu'on lui dise, qu'elle se serve de sa raison pour choisir entre deux personnes qui lui parlent de la religion d'une façon si contraire, et ainsi que les catholiques ont tort de lui proposer une soumission à l'Eglise sans examen.

» Mais qui ne voit 1° que c'est autre chose d'examiner après quelques particuliers, autre chose d'examiner après l'Eglise ?

» 2° Que si mademoiselle de Duras est forcée d'examiner après son Eglise, qui lui déclare elle-même qu'elle et tous ses synodes peuvent se tromper, et qu'il se peut faire qu'elle seule entende mieux la parole de Dieu que tout le reste de l'Eglise ensemble, comme M. Claude le lui a enseigné, il ne s'ensuit pas pour

CHAPITRE XX.

Que la méthode que M. Simon attribue à saint Athanase et aux Pères qui l'ont suivi dans la dispute contre les ariens, n'a rien de certain et mène à l'indifférence.

Mais afin qu'on ne croie pas que je craigne par une vaine terreur les secrets desseins de l'auteur, il faut ici les approfondir avec plus de soin, et mettre encore dans un plus grand jour ce mystère d'iniquité, en le déterrant du milieu des expressions ambiguës dont cet auteur artificieux a tâché de l'envelopper.

Je dis donc hautement et clairement que la méthode de notre auteur nous mène à l'indifférence des religions, et que le moyen

cela que l'Eglise soit faillible en soi, ni qu'il faille examiner après elle, mais que ceux-là seulement doivent faire cet examen qui doutent de l'autorité infaillible de l'Eglise.

» 3° Les catholiques ne prétendent pas qu'il ne faille pas se servir de sa raison; car il faut de la raison pour entendre qu'il se faut soumettre à l'autorité de l'Eglise; un fou ne l'entendroit jamais : mais qu'il faille de la raison, il ne s'ensuit pas pour cela que la discussion de ce point soit difficile ou embarrassée, comme celle des autres points. Si peu qu'on ait de raison, on en a assez pour voir qu'un particulier ne doit pas être assez téméraire pour croire qu'il entend mieux la parole de Dieu que toute l'Eglise.

» 4° C'est pour cela que Dieu nous a renvoyés à l'autorité, comme à une chose aisée, au lieu que la discussion par les Ecritures saintes est infinie, comme l'expérience le fait voir.

» 5° Quand l'Eglise propose de se soumettre sans examen à son autorité, elle ne fait que suivre la pratique des Apôtres.

» A la première question qui s'est mue dans l'Eglise, elle a prononcé en disant : « Il a semblé bon au Saint-Esprit et à nous. » (*Act.*, xv, 28.) Examiner après cela, ce seroit examiner après le Saint-Esprit.

» La discussion se fit donc dans le concile des apôtres : après on ne laissa plus de discussion à faire aux fidèles. Paul et Silas alloient parcourant les villes, « leur enseignant de garder ce qui avoit été jugé par les apôtres et les prêtres dans Jérusalem. » (*Act.*, xvi, 4.)

» Ceux donc qui ne sont pas dans l'Eglise doivent examiner, et c'est ce que faisoient ceux de Bérée (*Act.*, xvii, 17.); mais pour ceux qui sont dans l'Eglise, le concile des apôtres leur fait voir qu'il n'y a plus rien à examiner après la décision.

» Nous avons appris par ce premier concile à tenir des conciles pour définir les questions qui s'élèvent dans l'Eglise. Nous devons apprendre quelle est l'autorité des conciles par où nous avons appris à tenir les conciles mêmes.

» Encore un mot de saint Augustin : « Qui est hors de l'Eglise ne voit ni n'entend; qui est dans l'Eglise n'est ni sourd ni aveugle. » (*Note de la première édition.*)

dont il se sert pour nous y conduire, est de faire voir que ce qu'on appelle foi n'est autre chose dans le fond qu'un raisonnement humain.

Il faut ici expliquer la méthode qu'il attribue aux anciens docteurs sur le sujet du raisonnement. « La théologie, dit M. Simon, reçut en ce temps-là (dans le temps de saint Athanase) de nouveaux éclaircissemens; et comme les disputes (sur la divinité du Fils de Dieu) commencèrent à Alexandrie, où la dialectique étoit fort en usage, on joignit le raisonnement au texte de l'Ecriture[1]. » Voilà déjà un beau fondement. Auparavant on ne raisonnoit point sur l'Ecriture : on ne conféroit point un passage avec un autre : on n'en tiroit pas les conséquences, pas même les plus certaines, car tout cela certainement c'est raisonner; or on ne raisonnoit pas. Tertullien, ni Origène, ni saint Denys d'Alexandrie, et les autres Pères n'avoient point raisonné contre Marcion, ni contre Sabellius, ni contre Paul de Samosate et contre les autres hérétiques, ni contre les Juifs; cela commence du temps de saint Athanase. « On joignit alors le raisonnement au texte de l'Ecriture; ce qui, poursuit notre auteur, causa dans la suite de grandes controverses; car chaque parti voulut faire passer, pour la parole de Dieu, les conséquences qu'il tiroit des écrits des évangélistes et des apôtres[2]. » Ces embarras sont donc également causés par les orthodoxes et par les hérétiques, par Athanase et par Arius, et *chaque parti* voulut prendre ses conséquences pour la pure parole de Dieu. Qui aura tort? On n'en sait rien; et tout ce qu'on voit jusqu'ici, c'est qu'on suivoit de part et d'autre une mauvaise méthode. C'est déjà un assez grand pas vers l'indifférence; mais ce qu'ajoute l'auteur nous y mèneroit encore plus certainement, si nous suivions ce guide aveugle. Voici la suite de ses paroles : « Les ariens opposèrent de leur côté aux catholiques, qu'ils avoient introduit dans la religion des mots qui n'étoient pas dans les livres sacrés. Saint Athanase prouva au contraire que les ariens en avoient inventé un bien plus grand nombre; en sorte que de part et d'autre l'on s'appuyoit, non-seulement sur les passages formels de la Bible, mais aussi sur les conséquences qu'on

[1] P. 91. — [2] *Ibid.*

en tiroit, et de plus sur les traditions des écrivains ecclésiastiques qui avoient précédé¹. »

Voilà donc comme on agissoit de part et d'autre; mais de part et d'autre on avoit tort. Il ne falloit pas raisonner, mais s'attacher uniquement à la pure parole de Dieu. Tout ce qu'on pouvoit ajouter au texte de l'Ecriture n'étoit qu'un raisonnement humain; « il en falloit revenir à la tradition ; » c'est-à-dire, selon notre auteur, « aux interprétations des écrivains ecclésiastiques qui avoient précédé. » Mais c'étoit là le moyen des hérétiques aussi bien que des catholiques : « l'on s'appuyoit sur cela, dit notre auteur, de part et d'autre. » Il falloit donc encore raisonner sur cette tradition, afin de voir pour qui elle étoit; et l'on revenoit au raisonnement humain, que notre auteur vient de rejeter comme un moyen peu sûr d'établir la foi; et selon sa belle critique, on en vient toujours à tout détruire sans rien établir. Telle est, selon lui, la méthode qui commença du temps de saint Athanase; et ce qu'il y a de plus remarquable, c'est qu'elle « a servi de règle, ou comme il parle, de fond aux autres Pères qui ont écrit après lui contre les ariens³. »

CHAPITRE XXI.

Suite de la mauvaise méthode que l'auteur attribue à saint Athanase et aux Pères qui l'ont suivi.

La suite d'un si beau commencement nous paroîtra dans un endroit de M. Simon, que nous avons déjà rapporté pour une autre fin : « Saint Basile s'étend, dit-il, contre Eunome sur de grands raisonnemens : la plupart de leurs disputes roulent sur des conséquences qu'ils tirent de leurs explications, en sorte qu'on y trouve plus de raisonnemens que de passages du Nouveau Testament⁴. » Ce n'est donc pas l'hérétique, plutôt que le catholique, qui suit cette méthode de raisonnement, qu'on fait voir si embarrassée. Voyons quelle en sera la fin.

Il poursuit : « Saint Basile examine en détail un assez grand nombre de passages du Nouveau Testament, qu'il résout d'une manière fort sublime et selon les principes de la dialectique⁵. »

---
¹ P. 91. — ² *Ibid.* — ³ *Ibid.* — ⁴ P. 105. — ⁵ P. 107.

C'étoit donc, encore un coup, la méthode de saint Basile et des Pères, aussi bien que celle des hérétiques, et voici quel en est le fruit : « Cette méthode, continue-t-il, n'est pas à la vérité toujours exacte, parce que la religion sembleroit dépendre plutôt de notre raison que de la parole de Dieu. » Ainsi tant les orthodoxes que les hérétiques, nous sont toujours représentés comme des gens dont la méthode tendoit à établir la religion sur le raisonnement, et non sur la pure parole de Dieu. C'est le sentiment de l'auteur, et c'est aussi le chemin par où les sociniens, sectateurs d'Episcopius, arrivent à l'indifférence, qui jusqu'ici est le fruit que nous pouvons recueillir de la critique de M. Simon.

Il est vrai qu'il semble dire en quelques endroits, que saint Basile et les anciens orthodoxes ne se servoient de cette méthode de raisonnement « que pour réfuter les hérétiques, qui étoient de grands dialecticiens, par les principes qu'ils suivoient[1]. » Mais après tout notre auteur ne donne point une autre méthode aux orthodoxes, et nous avons déjà remarqué que selon lui, *chaque parti*, et les orthodoxes aussi bien que les hérétiques, n'avoient qu'une seule et même méthode pour établir leur doctrine, qui étoit cette méthode de raisonnement.

Il dira qu'il ne la rejette que pour en venir à une méthode plus sûre, qui est celle de la tradition, qu'en effet il fait semblant de recommander. Mais (sans répéter ici ce qu'on a déjà remarqué sur un si grossier artifice) en s'attachant seulement à l'endroit que nous avons rapporté dans le chapitre précédent, on a vu que la tradition par elle-même ne déterminoit pas plus les esprits pour les catholiques que pour les ariens. On s'en servoit de part et d'autre avec aussi peu d'utilité, et tout enfin se réduisoit à raisonner, qui est ce que blâme notre auteur. Ainsi il embrouille tout, et de quelque côté qu'on se tourne pour sortir de ce labyrinthe, on ne trouve aucun secours dans ses écrits ; au contraire il nous précipite d'autant plus inévitablement dans cet abîme d'incertitude, que par le même moyen par lequel il a affoibli les preuves de l'Ecriture, il détruit également celles qu'on peut tirer de la tradition. Nous en avons vu le passage : « Cela, dit-il, (la contestation

[1] P. 105, 107.

inutile sous le nom de saint Athanase et d'Arius, que nous avons rapportée) nous apprend qu'il ne faut pas toujours réfuter les novateurs par l'Ecriture, autrement il n'y auroit jamais de fin aux disputes, chacun prenant la liberté d'y trouver de nouveaux sens [1]. » Voilà le principe : la preuve de l'Ecriture n'est pas concluante, parce qu'après l'Ecriture on dispute encore ; et voici la conséquence trop manifeste : la preuve de la tradition ne conclut pas non plus, parce qu'on dispute encore après elle. C'est où nous mène le guide aveugle qui se présente pour nous conduire. L'Ecriture ne convainc pas : les ignorans lui laissent passer sa proposition par l'espérance qu'il donne de forcer par là les hérétiques à reconnoître les traditions. Il vous pousse ensuite plus avant : la tradition ne conclut pas non plus ; c'est à quoi vous vous trouverez encore forcé par la voie qu'il prend. En effet il vous montre la tradition, et une tradition constante, abandonnée du temps de saint Augustin [2] : une autre tradition non moins établie, abandonnée, lorsqu'on cessa de communier les petits enfans ; et sans sortir de cette matière, il vous a fait voir que c'étoit le sentiment unanime de tous les Pères, et le principe commun entre l'Eglise et les hérétiques, qu'on trouvoit dans l'Ecriture des décisions évidentes, et après cela on vous dit qu'on ne les y trouve pas. Tout va donc à l'abandon, et l'Eglise n'a plus de règle.

CHAPITRE XXII.

Que la méthode de M. Simon ne laisse aucun moyen d'établir la sûreté de la foi, et abandonne tout à l'indifférence.

Ce seroit un asile sûr pour les catholiques de bien établir quelque part l'infaillible autorité de l'Eglise ; mais c'est de quoi on ne trouve rien dans notre auteur. Au contraire on y trouve trop clairement que dans les disputes de foi, ce n'étoit pas à l'Eglise que les Pères renvoyoient : nous venons d'en rapporter le passage [3]. Le même critique qui s'en étoit servi pour achever d'embarrasser les voies du salut, a détruit encore l'autorité de l'Eglise en faisant voir

---

[1] P. 100. — [2] Ci-dessus, liv. I, chap. I et suiv.; chap. X et suiv. — [3] Ci-dessus, chap. XVIII.

qu'elle a varié dans sa croyance[1]. Un esprit flottant ne trouve non plus aucune ressource dans les décisions des conciles, puisqu'on lui dit que saint Augustin ne s'est pas tenu obligé à celui de Nicée[2]. Ainsi, en suivant ce guide, on périra infailliblement.

C'est un secours pour fixer l'interprétation des Ecritures que d'employer certains termes consacrés par l'autorité de l'Eglise, comme est celui de *consubstantiel* établi dans le concile de Nicée contre les chicanes des ariens. Mais M. Simon tâche encore de nous ôter ce refuge en rangeant ces termes, ainsi ajoutés au texte de l'Ecriture, parmi ces conséquences humaines qu'il a rejetées. Voici ses paroles dans l'endroit que nous avons souvent cité, mais pour d'autres fins : « Les ariens opposèrent de leur côté aux catholiques qu'ils avoient introduit dans la religion des mots qui n'étoient nullement dans les Livres sacrés; saint Athanase prouva, au contraire, que les ariens en avoient inventé un bien plus grand nombre; en sorte que de part et d'autre on s'appuyoit, non-seulement sur des passages formels de la Bible, mais aussi sur les conséquences qu'on en tiroit[3]; » c'est-à-dire, comme on vient de voir, non-seulement sur la parole de Dieu, mais sur la dialectique et sur des raisonnemens. Ainsi chaque secte avoit ses termes consacrés pour fixer sa religion : les catholiques en avoient; les hérétiques en avoient à la vérité « un bien plus grand nombre » mais enfin il n'y alloit que du plus au moins ; et afin que les catholiques ne pussent tirer aucun avantage, non plus que les hérétiques, de leurs termes consacrés, M. Simon les réfute les uns après les autres par cette règle générale : « La règle cesse d'être règle, aussitôt qu'on y ajoute quelque chose[4]. » A la vérité cette règle est employée en ce lieu contre Eunome, qui ajoutoit quelques mots à l'ancienne règle, « à l'ancienne formule de foi qu'Eunomius proposoit comme la règle commune de tous les chrétiens[5]. » Mais que nous sert qu'il ait réfuté Eunome par un principe qui nous perce, aussi bien que lui, d'un coup mortel? S'il est permis de le poser en termes aussi généraux et aussi simples que ceux-ci de M. Simon : « La règle cesse d'être règle, aussitôt qu'on y ajoute quelque chose, »

---

[1] Ci-dessus, liv. I, chap. I et suiv.; chap. x et suiv. — [2] Ci-dessus, chap. xix. — [3] P. 91. — [4] P. 105. — [5] P. 104.

Nicée qui y ajoute le *consubstantiel* a autant de tort qu'Eunome qui y ajoute d'autres termes. Et l'on ne veut pas qu'on s'élève contre un critique orgueilleux, qui dans le sein de l'Eglise, sous le titre du sacerdoce et à la face de tout l'univers, par des principes qu'il sème deçà et delà, mais dont la suite est trop manifeste, vient mettre l'indifférence, c'est-à-dire l'impiété sur le trône ?

On dira que je mets moi-même les libertins dans le doute, en découvrant les moyens subtils par lesquels M. Simon les y induit, et qu'il faudroit résoudre les difficultés après les avoir relevées. Je l'avoue : mais on ne peut tout faire à la fois, et il a fallu commencer par découvrir ce poison subtil qu'on avaleroit, sans y penser, dans les pernicieux ouvrages de M. Simon. Louons Dieu que ses artifices soient du moins connus. Par ce moyen les simples seront sur leurs gardes, et les docteurs attentifs à repousser le venin.

LIVRE III.

M. SIMON, PARTISAN ET ADMIRATEUR DES SOCINIENS, ET EN MÊME TEMPS ENNEMI DE TOUTE LA THÉOLOGIE ET DES TRADITIONS CHRÉTIENNES.

CHAPITRE I.

Faux raisonnement de l'auteur sur la prédestination de Jésus-Christ : son affectation à faire trouver de l'appui à la doctrine socinienne dans saint Augustin, dans saint Thomas, dans les interprètes latins, et même dans la Vulgate.

Nous avons encore à découvrir un autre mystère du livre de M. Simon : c'est l'épanchement, et si ce mot m'est permis, la secrète exaltation de son cœur, lorsqu'il parle des sociniens. Il avoit trop d'intérêt à cacher cette pernicieuse disposition pour n'y avoir pas employé tout son art. Cet art consiste, non-seulement à leur donner toutes les louanges qu'il peut sans se déclarer trop ouvertement, mais encore, et c'est ce qu'il a de plus dangereux, à proposer leur doctrine sous les plus belles couleurs et avec le tour le plus spécieux qu'il lui est possible. Pendant que l'explication de leurs dogmes qui flattent les sens, est longue et accompagnée de tout ce qui est capable de les insinuer, on y trouve assez souvent des réfutations, mais foibles pour la plupart; et quelquefois un zèle si outré qu'il en devient suspect, comme est celui des amis cachés, qui affectent même à contre-temps de s'opposer l'un à l'autre, pour couvrir leur intelligence.

Qui n'admireroit le zèle de notre auteur contre les erreurs de Socin ? Ce critique, pour établir la divinité de Jésus-Christ, va plus loin que saint Augustin et que saint Thomas, qu'il reprend comme favorables à cet hérésiarque. « Saint Thomas, dit-il (dans son Commentaire *sur l'Epître aux Romains*) s'étend d'abord assez au long sur ces mots : *Qui prædestinatus est Filius Dei in virtute*. Il paroît tout rempli de l'explication de saint Augustin et de la plupart des autres commentateurs qui l'ont suivi sur ce passage, et il enchérit même par-dessus eux[1]. » Voilà la première faute qu'il re-

[1] P. 473 et 474.

marque dans saint Thomas d'être rempli partout de saint Augustin, dans les endroits mêmes où il est suivi de la plupart des interprètes ; et notre critique conclut ainsi que, « pour être trop subtil, saint Thomas (et par conséquent saint Augustin, d'où saint Thomas a tiré son explication) semble appuyer les sentimens de Socin. » C'est ainsi que M. Simon montre son zèle contre les sociniens, et il n'épargne ni saint Augustin ni saint Thomas.

On lui pourroit dire en ce lieu avec le Sage : « Ne soyez pas plus sage qu'il ne faut[1] : » ne présumez pas de votre sagesse jusqu'à l'élever au-dessus de deux aussi grands théologiens, que tous les autres, ou pour parler comme vous, *la plupart des autres* ont suivi. Mais notre auteur a encore ici un autre dessein ; et pour découvrir le fond de ses malheureuses finesses, il faut remarquer que Crellius, le plus habile des sociniens, se sert en effet de ce passage de saint Paul contre la divinité de Jésus-Christ, par cette raison que s'il est destiné ou prédestiné par sa résurrection à être Fils de Dieu, il ne l'est donc pas par nature : il ne l'est pas éternellement, mais il est fait tel dans le temps. Tel est le raisonnement de Crellius, que M. Simon rapporte au long[2]. Il n'y a rien de plus pitoyable.

Titelman, dont notre critique nous rapporte l'explication[3] sur cette parole de saint Paul : « Jésus-Christ a été prédestiné à être Fils de Dieu[4], » n'y avoit laissé aucune difficulté, lorsqu'il avoit expliqué dans sa paraphrase, que Jésus-Christ étoit celui « dont il avoit été prédestiné, qu'en demeurant ce qu'il étoit (dans le temps et *selon la chair*) il seroit tout ensemble le Fils de Dieu, de même puissance que son Père. » Qu'y a-t-il de plus littéral et de plus net que cette interprétation de Titelman? Cependant M. Simon la rejette comme étant l'explication « d'un théologien de profession, qui substitue les préjugés de la théologie en la place des paroles de saint Paul[5]; » et sans alléguer aucune raison de son mépris, il se contente de dire : « Que tout le monde ne demeurera pas d'accord que ce soit là le véritable sens des paroles de l'Apôtre. » Assurément les sociniens, qui nient la divinité du Fils de Dieu, ne conviendront pas d'une paraphrase où elle est si

[1] *Eccle.*, VII, 17. — [2] P. 848. — [3] P. 564. — [4] *Rom.*, I, 4. — [5] P. 564.

clairement expliquée. Mais enfin M. Simon, malgré qu'il en ait, ne pourra s'empêcher d'en convenir. Car il faut bien qu'il avoue, puisqu'il fait profession d'être catholique, qu'il y a une incarnation qui est une œuvre de Dieu; mais il est bien certain que Dieu n'a rien fait que ce qu'il avoit prévu et prédestiné auparavant; s'il a donc fait l'Homme-Dieu, cet Homme-Dieu est prévu et prédestiné. Qui le peut nier? Saint Augustin a donc enseigné une vérité constante, quand il a dit : « Jésus a été prédestiné, afin que devant être selon la chair le fils de David, il fût aussi en vertu le Fils de Dieu [1], » qui est précisément la même chose que Titelman avoit exposée dans sa paraphrase.

Laissant donc à part Crellius et les réponses bonnes ou mauvaises qu'a faites M. Simon à son misérable argument, et laissant encore à part toutes les disputes qu'on peut faire sur le mot grec ὁρισθείς, soit qu'il veuille dire *déclaré*, comme il semble que quelques Grecs l'aient entendu; soit qu'il veuille dire *destiné* ou *prédestiné*, comme traduit la Vulgate selon le sens de saint Chrysostome, et après elle saint Augustin et tous les Latins, on ne peut dire, comme fait M. Simon, que ce terme *prædestinatus* appuie Socin, sans avoir le dessein malicieux de lui faire trouver de l'appui dans saint Augustin, dans saint Thomas, dans tous les auteurs et commentateurs latins, et même dans la Vulgate, dont les anciens Pères se sont servis comme nous.

CHAPITRE II.

Nouvelle chicane de M. Simon pour faire trouver dans saint Augustin de l'appui aux sociniens.

Voici encore un nouveau zèle de ce grand critique contre les sociniens, et toujours aux dépens de saint Augustin : « Ce Père, dit-il, donne à saint Paul une explication qui indique que Jésus-Christ n'est pas véritablement Dieu, mais seulement par participation, et qui nous éloigne d'une preuve solide de la divinité [2]. » On doit beaucoup à M. Simon qui relève saint Augustin d'une faute si capitale. Mais enfin, sur quoi est fondée une accusation si

[1] *De Prædest.*, cap. XV, n 31. — [2] P. 257.

griève? « C'est, dit-il, que saint Augustin en expliquant ces premiers mots de *l'Epitre aux Galates* : *Paul apôtre, non par les hommes ni par l'homme, mais par Jésus-Christ et Dieu le Père qui l'a ressuscité des morts* [1], » marque l'avantage de l'apostolat de saint Paul, en ce que les autres apôtres avoient été choisis par Jésus-Christ encore mortel et tout à fait homme, sans que la divinité éclatât encore; au lieu que saint Paul « l'avoit été par Jésus-Christ ressuscité, c'est-à-dire par Jésus-Christ tout à fait Dieu et entièrement immortel, » *totum jam Deum et ex omni parte immortalem* [2]. Quel aveugle n'entendroit pas dans cette expression de saint Augustin, que Jésus-Christ est tout à fait Dieu, lorsqu'il est tout à fait déclaré tel, et qu'il ne reste plus rien de foible ni de mortel dans sa personne adorable? Mais le sévère M. Simon ne lui pardonne pas une expression si innocente et même si noble; et toujours prêt à redresser saint Augustin, non-seulement sur la matière de la grace, mais encore sur celle de la divinité de Jésus-Christ, il en veut paroître plus jaloux qu'un Père qui l'a défendue avec tant de force.

« Mais enfin, dit ce faux critique, ce Père éloigne une preuve de la divinité de Jésus-Christ. » Au contraire il la fait valoir; lorsqu'il montre en quelle sorte l'Apôtre a pu dire que Jésus-Christ, lorsqu'il l'appelle du haut du ciel, n'étoit plus un homme mortel, mais qu'il étoit pleinement déclaré Dieu; et il n'y avoit point d'autre moyen de prouver, par ce passage de saint Paul, la divinité de Jésus-Christ.

Le critique continue, et il objecte à saint Augustin qu'il a dit : *totum jam Deum :* « Jésus-Christ ressuscité est tout à fait Dieu; » ce qui nous marque que dans les jours de sa vie mortelle, il ne l'étoit qu'en partie. Chicaneur, ne voyez-vous pas que cette totalité dont parle ce saint docteur, n'est que la totalité de la manifestation; et si saint Augustin doit être repris d'avoir parlé de cette sorte, il faut donc reprendre aussi ceux qui chantent à Jésus-Christ dans l'*Apocalypse*, après sa résurrection : « L'Agneau qui a été immolé est digne de recevoir la force, la divinité, la sagesse et la puissance [3], » comme s'il n'avoit pas toujours eu cette force,

[1] *Galat.*, I, 1. — [2] Comm. *in Epist. ad Galat.*, n. 2. — [3] *Apocal.*, v, 12.

cette sagesse, cette puissance et même la divinité, selon la leçon présente de notre Vulgate : il faut reprendre Jésus-Christ même lorsqu'il dit : « Mon Père, je retourne à vous [1] : » et encore : « Donnez-moi la gloire dont je jouissois dans votre sein devant que le monde fût [2] : » M. Simon lui devroit dire qu'il ne parle pas correctement, puisqu'il n'avoit jamais été privé de cette gloire et qu'il avoit toujours été avec son Père.

Le critique s'oublie lui-même et la bonne foi, jusqu'à tirer avantage de ce que saint Augustin, dans ses *Rétractations*, a retouché ces paroles de son Commentaire *sur l'Epître aux Galates*, et que reconnoissant son expression « comme peu exacte il a tâché de l'adoucir [3]. » Il se trompe : saint Augustin ne change rien, il n'adoucit rien, son explication étoit correcte; mais parce qu'il prévoyoit que des chicaneurs ou des ignorans pourroient abuser de ses paroles, ce Père qui dans ses *Rétractations* pousse, comme on sait, jusqu'au scrupule l'examen qu'il fait de lui-même, va au-devant des plus légères difficultés, jusqu'à n'y vouloir laisser aucune ouverture, pas la moindre; et sous un si mauvais prétexte, viendra un téméraire censeur avec une fausse critique et une aussi fausse sévérité, pour lui reprocher « qu'il a lui-même reconnu qu'il ne parloit pas exactement. » N'est-ce pas là faire un beau profit des précautions et de la prudence d'un si grand homme?

CHAPITRE III.

Affectation de M. Simon à étaler les blasphèmes des sociniens, et premièrement ceux de Servet.

Mais parlons d'un peu plus près à M. Simon, et voyons si ce grand antisocinien, qui renchérit sur le zèle de saint Augustin et de saint Thomas, soutient partout son caractère. Je lui demande quel esprit l'a pu porter à nous donner une si ample explication de la méthode des nouveaux antitrinitaires? Pourquoi ce détail si exact, si étudié de leurs dogmes, de leurs preuves, de leurs solutions, qui fait à proportion du reste du livre une des plus longues parties et sans doute la plus recherchée de tout l'ouvrage? C'est

---

[1] *Joan.*, XVII, 11. — [2] *Ibid.*, 5. — [3] *Retract.*, lib. I, cap. XXIV.

une entreprise qui jusqu'ici n'avoit point d'exemple; et cette curieuse déduction de tant d'erreurs sans dessein de les réfuter, n'en peut être qu'une dangereuse et secrète insinuation. Pourquoi, par exemple, se donner la peine d'exposer le détail des disputes de Servet contre la divinité de Jésus-Christ? Quel bien peut-il arriver à ses lecteurs de la connoissance qu'il leur donne des argumens et des réponses de cet impie? Et pourquoi employer à ce détail plus de temps qu'il n'en a donné à saint Athanase et à saint Basile? Que servoit d'étaler tous les embarras que trouve cet hérétique dans le mot de *personne* usité dès l'origine du christianisme, et si nécessaire à démêler le dogme de la Trinité des chicanes de ses adversaires? Est-ce assez de répondre en général « qu'il a fallu donner de nouveaux sens à plusieurs mots, pour expliquer avec plus de netteté les mystères de la religion [1]? » Si l'on n'en dit pas davantage, on autorise Servet à donner aussi à ce mot son nouveau sens, qui réduit tout le mystère de la Trinité à diverses apparitions extérieures d'une seule et même personne. Pourquoi donner toutes ces idées? ignore-t-on combien dangereux sont les piéges qu'on tend aux petits esprits dans ces embarras de mots d'où ils ne peuvent sortir? Mais pourquoi accoutumer les oreilles aux blasphèmes, et les façonner à entendre dire « que c'est quelque démon qui a suggéré aux hommes ces personnes imaginaires, mathématiques et métaphysiques [2]? » Je répète ces mots avec horreur; mais je suis contraint de reprendre l'audace effrénée d'un auteur qui y prend plaisir, et les rapporte sans nécessité. Quelle utilité de savoir comment on élude les passages où Jésus-Christ est appelé Dieu et Fils de Dieu, et ceux où est marquée sa préexistence? A-t-on peur que les blasphèmes qui flattent le sens humain ne viennent pas assez tôt à la connoissance du peuple? Servet étoit ignoré de toute la terre; on n'en entendoit parler qu'avec horreur, ses livres réduits à quinze ou seize exemplaires cachés dans quelque coin de bibliothèque ne paroissoient plus; M. Simon les remet au jour. Il rend inutile le seul bien que Calvin eût fait, qui étoit la suppression des ouvrages de cet hérésiarque; et les déchargeant des absurdités les plus grossières et

[1] P. 822. — [2] *Ibid.*

des blasphèmes les plus odieux contre la nature divine, il nous les donne dans un extrait où il n'y a que la quintessence de leur poison.

CHAPITRE IV.

Trois mauvais prétextes du critique pour pallier cet excès.

Il en use de même à l'égard des autres semblables novateurs ; et prévoyant le reproche que lui en feroient ses lecteurs, il rapporte dans sa préface trois raisons pour s'en excuser. La première est que cela est de son sujet. Pourquoi de votre sujet ? Aviez-vous entrepris de composer un catalogue des hérésies ? Est-ce à cause que ces impies ont proféré leurs blasphèmes en expliquant l'Ecriture, que vous vous croyez obligé de les mettre au jour ? Il n'y aura donc qu'à traiter sous ce prétexte toutes les raisons des athées et des libertins contre la prescience de Dieu, contre son immensité et sa providence, contre sa justice qui punit le crime d'un feu éternel, et contre ses autres attributs, sans y faire aucune réponse : car c'est en expliquant l'Ecriture sainte que les sociniens les ont attaqués.

La seconde raison de notre auteur est que les Pères se sont servis utilement de quelques bonnes pensées qu'on trouve dans les ouvrages des hérétiques. Qu'il nous montre donc quel profit on peut tirer de la longue déduction des argumens de Servet, et qu'il y choisisse un seul endroit d'où nous puissions recueillir quelque utilité.

Mais enfin, dit notre critique, et c'est sa troisième raison, les écrits des novateurs « servent contre eux-mêmes. » Je l'avoue ; et c'est aussi par où je conclus que si l'on n'en tire point cet avantage, à quoi M. Simon ne songe pas dans ce qu'il dit de Servet et des autres semblables auteurs, on les étale plutôt qu'on ne les combat : on leur attire de favorables spectateurs plutôt que des adversaires, on les fait passer pour des gens dont les sentimens méritent d'être connus. Le monde n'est déjà que trop porté à vouloir croire que ceux qu'on a condamnés ont eu leurs raisons, et il n'y a rien de si aisé que de faire dire à un libertin ignorant :

Servet qu'on fait passer pour un si mauvais auteur et les autres qu'on a décriés n'avoient pas tant de tort qu'on le publioit.

C'est ce qu'on gagne à rapporter les écrits des hérétiques, sans en même temps en inspirer de l'horreur par une solide réfutation. Mais quand notre critique en est venu là, il s'en tire en parlant ainsi : « Ce seroit ici le lieu de combattre les fausses idées de ce patriarche des nouveaux antitrinitaires, si Calvin n'en avoit déjà montré la fausseté dans un ouvrage séparé [1]. » Il a bien senti que le public lui demandoit la réfutation des principes de Servet, qu'il avoit si bien déduits ; mais il renvoie son lecteur à Calvin, afin peut-être qu'en évitant le poison de l'un on avale celui de l'autre, et qu'on apprenne à blasphémer d'une autre manière. En effet il n'ignore pas et il le remarque lui-même [2], qu'en défendant la doctrine catholique sur la Trinité, Calvin en avoit détruit une partie, jusqu'à oser renverser le fondement du concile de Nicée, outre les autres erreurs qui sortent naturellement d'une source si empoisonnée.

Voilà toute la ressource qu'on laisse à ceux que l'exposition qu'on leur donne des sentimens de Servet touchera peut-être de quelque pitié envers lui : on les renvoie à Calvin qui l'a fait brûler. Qu'ils se contentent s'ils veulent de cette réponse.

CHAPITRE V.

Le soin de M. Simon à faire connoître et à recommander Bernardin Ochin, Fauste Socin et Crellius.

Bernardin Ochin vient après. M. Simon ne nous en apprend que « la grande réputation, les mœurs louables et la bonne conduite [3], » sans nous parler des désordres qui éclatèrent depuis son apostasie. Il ne faut pas oublier qu'il écrivoit, dit M. Simon, contre la foi de la Trinité, *sous prétexte de la défendre*. Il devoit encore ajouter que cette dissimulation a passé dans toute la secte, et que les plus pernicieux ennemis de la Trinité sont ceux qui l'attaquent sous cette couleur.

Mais les deux favoris de M. Simon sont Fauste Socin et Crel-

[1] P. 827. — [2] P. 829. — [3] P. 830, 833.

lius, dont il vante si bien partout *les explications littérales et le bon sens*, qu'il donne envie de les lire, et j'ajouterai de les suivre.

Il nous donne d'abord Fauste Socin comme un homme « qui cherche les explications les plus simples et les plus naturelles [1]; » ce qui est non-seulement pour M. Simon, mais en général pour tous les hommes de bon sens, la véritable méthode, pourvu qu'on entende bien la bonne et naturelle simplicité. Quoi qu'il en soit, Socin a déjà l'avantage de l'avoir recherchée. En général il lui donne toutes les louanges qu'on peut lui donner sans paroître ouvertement son disciple. Il loue son exactitude sur la manière de traduire, et son équité dans la justice qu'il fait ordinairement à la Vulgate. Qui ne seroit porté à présumer bien d'un homme si équitable? Si M. Simon est forcé en quelque endroit de l'attaquer (car aussi comment sans cela soutenir la profession de catholique), il le fait si mollement, qu'on voit bien qu'il ne craint rien tant que de le blesser, témoin l'endroit où, en parlant de Brenius, un des principaux antitrinitaires, il en dit ces mots : « Il détourne plusieurs endroits, où il est parlé du Fils et du Saint-Esprit; et s'il ne s'accorde pas toujours avec Socin, dont les interprétations sont quelquefois forcées et trop subtiles, il n'abandonne pas pour cela la doctrine des antitrinitaires [2]. » Quel fruit ne peut-on pas retirer de cette curieuse remarque de M. Simon? On y apprend en premier lieu les endroits où l'on trouve l'art de détourner les passages de l'Ecriture, non sur un sujet commun et indifférent, mais sur le sujet du Fils et du Saint-Esprit : on y apprend en second lieu que c'est *quelquefois* seulement que les interprétations de Socin sur une telle matière *sont forcées et trop subtiles;* c'est-à-dire que partout ailleurs et pour l'ordinaire elles sont simples et naturelles; et ce qu'il y a *de plus remarquable*, on y apprend que si *quelquefois* on ne se débarrasse pas trop facilement des passages de l'Écriture par les interprétations de Fauste Socin, il ne faut point pour cela se désespérer, puisqu'on y trouve un bon supplément dans celles de Brenius, qui sans le secours de Socin et sans ses explications, *quelquefois* trop fines et comme tirées par les cheveux, demeure toujours un

[1] P. 835. — [2] P. 863.

parfait antitrinitaire. Que ne doivent donc pas les sociniens aux précautions de M. Simon, qui enseigne de si bons moyens de suppléer au défaut de leur maître même, lorsque la force lui manque?

Que si vous voulez savoir parfaitement la doctrine socinienne, vous recevrez de M. Simon toutes les instructions nécessaires. Le dénouement le plus essentiel de toute la secte, est de bien entendre la force de ce nom : *Dieu*, afin qu'on ne soit pas effrayé quand on le lui verra donner tant de fois à Jésus-Christ et dans des circonstances si particulières. C'est ce que vous apprendrez de Socin dans son commentaire sur le premier chapitre de saint Jean [1]. M. Simon va continuer ses graves leçons : « Ceux, dit-il, qui voudront connoître plus à fond (car c'est une chose fort importante au public) la méthode et la doctrine de Socin, joindront aux commentaires dont nous venons de parler, deux autres ouvrages, dont le premier a pour titre : *Lectiones sacræ*, et l'autre : *Prælectiones theologicæ*; parce qu'il y explique un grand nombre de passages du Nouveau Testament, et qu'il y éclaircit plusieurs difficultés [2]. » Vous pouvez croire comment il les éclaircit, et si c'est selon la saine doctrine. Quoi qu'il en soit, ce que veut ici enseigner M. Simon, c'est non-seulement que ces livres sont bons aux sociniens, mais encore qu'il faut inviter les catholiques à les lire ; « parce que, dit-il, si l'on met à part les endroits où Socin tâche d'appuyer ses nouveautés, c'est-à-dire sans difficulté presque tous ses livres, ils peuvent leur être utiles [3]. » Mais à quoi utiles? Montrez-le-nous une fois : racontez-nous quelques-uns de ces avantages qu'on peut tirer de cette lecture. Il n'en dit pas un seul mot : son livre seroit trop gros : il a du temps pour nous réciter toutes les impiétés et les adresses des sociniens : il n'en a point pour montrer aux catholiques les avantages qui leur en reviennent, c'est-à-dire qu'il a pour but de satisfaire les uns, et non pas d'instruire les autres. C'est le contraire de ce qu'il falloit; car s'il y avoit quelque utilité à tirer des sociniens, c'est ce qu'il falloit extraire de leurs écrits, afin de sauver aux catholiques la peine et le péril de les lire; mais c'est qu'il a bien senti que ces utilités prétendues sont trop minces pour mériter d'être étalées. Il est vrai,

[1] P. 841. — [2] P. 845. — [3] P. 846.

il y aura dans Fauste Socin quelques-unes de ces bonnes choses, de ces principes communs qu'on trouve dans les plus mauvais livres, qu'on trouveroit beaucoup mieux ailleurs, et qu'on trouve encore dans Socin tournés d'une manière qui porte à l'erreur; ce n'est pas la peine d'aller chercher cette utilité telle quelle dans des livres si remplis de malignité, au hasard d'y boire à pleine bouche le venin du socinianisme, Dieu permettant qu'on s'aveugle, en punition de ce que sous la conduite d'un M. Simon on ira chercher dans les sociniens plutôt que dans les orthodoxes les principes de la religion et les manières d'interpréter l'Ecriture sainte.

On voit donc qu'en suivant un si bon guide, on ne manquera d'aucun secours pour apprendre cette curieuse et rare doctrine de Socin ; et afin qu'on en puisse être plus facilement informé, on avertit que « ceux qui n'ont pas le temps de parcourir ses ouvrages, qui sont imprimés en deux tomes in-folio à la tête de la Bibliothèque des frères Polonais, peuvent consulter leur Catéchisme, dont il y a diverses éditions, et qui a pour titre : *Catechesis Ecclesiarum Polonicarum,* etc. Ce petit livre, continue-t-il, qui enferme en peu de mots les articles de leur doctrine avec les preuves, est un abrégé de ce qu'il y a de plus considérable dans les écrits de Socin [1]. »

Qui prit jamais plus de soin d'expliquer les moyens de bien entendre saint Augustin et saint Chrysostome, que M. Simon en a pris pour faire entendre Socin et sa doctrine et ses preuves, et dans toute leur étendue, et en abrégé pour la plus grande facilité du lecteur? Après cela, rien n'empêche qu'on ne devienne bon socinien en peu de temps; et ce critique veut encore que nous sachions qu'il prend tout ce soin pour les catholiques, « qui, dit-il, en peuvent tirer quelque avantage [2] » qu'il ne marque pas. Falloit-il donc tant de peine pour faire trouver ce peu d'avantage (car il n'ose dire beaucoup) dans la doctrine de Socin, et ne falloit-il pas plutôt penser combien de gens y trouveroient leur perte assurée? Mais c'est de quoi ce critique se met peu en peine, et un dessein si utile n'est pas l'objet de ses études.

[1] P. 835. — [2] *Ibid.*

CHAPITRE VI.

La réfutation de Socin est foible dans M. Simon : exemple sur ces paroles de Jésus-Christ : Avant qu'Abraham fût fait, je suis. (Joan., VIII.)

Il est vrai qu'il réfute quelquefois Socin en passant et par manière d'acquit; mais loin d'avouer qu'il le fasse bien, si l'on regarde de près on verra qu'il le fait toujours par les raisons les plus foibles, ou en poussant foiblement celles qui sont fortes. Je n'ai trouvé dans tout son livre aucun endroit, pour établir la divinité et l'éternité de Jésus-Christ comme Verbe et comme Fils. J'avoue qu'il a parlé un peu plus de sa préexistence. Mais en cela il sait bien qu'il ne fait rien contre les ariens, qui en avouant que le Fils de Dieu étoit devant Abraham et dès le commencement du monde, ne l'en mettoient pas moins au rang des créatures. Voyons encore comment il traite la préexistence. Le passage le plus formel pour l'établir est celui-ci de Notre-Seigneur : « Je suis avant qu'Abraham fût fait [1]. » Mais de la manière dont M. Simon traite une parole si expresse, il n'en tire aucun avantage, puisque tout ce qu'il en conclut est « qu'elle est si claire d'elle-même, que Socin a été obligé pour l'accommoder avec ses paradoxes, d'inventer je ne sais quel sens qui n'a pu être goûté que de ceux de cette secte [2]; » ce qui est la chose du monde la plus foible, pour deux raisons : la première, qu'il n'y a rien de fort surprenant qu'un chef de secte ne soit suivi que de ses partisans, ni rien qu'on ne doive dire de toutes les sectes bonnes ou mauvaises qui furent jamais. Les sociniens et tous les hérétiques rétorqueront aisément cette expression contre les orthodoxes, et diront que leurs explications sur la Trinité ou sur la transsubstantiation sont de mauvais sens, parce qu'elles ne sont suivies que de ceux de leur sentiment. Ce sont donc là de ces expressions où en voulant paroître dire quelque chose contre l'erreur, dans le fond on dit moins que rien, et on voit d'abord que M. Simon ne donne là aucun avantage aux catholiques. Mais secondement, ce qu'il semble leur en donner, il le leur ôte aussitôt, en faisant voir que ce ne sont pas

[1] *Joan.*, VIII, 58. — [2] P. 849.

seulement les sociniens qui goûtent l'interprétation de Socin sur ces paroles : « Avant qu'Abraham fût fait, je suis ; » mais que c'est encore un Erasme, un Bèze, un Grotius, qui selon lui-même ne sont rien moins que sociniens. Ainsi loin qu'il affoiblisse l'interprétation de Socin, il donne des moyens de la défendre, puisque même elle est embrassée par des gens habiles, qui ne sont pas du sentiment de cet hérésiarque, ni ennemis comme lui de la divinité de Jésus-Christ. Voilà comme il soutient la cause de l'Eglise. Jamais il ne dit rien qui paroisse à son avantage, qu'il ne le détruise. Ç'auroit été quelque chose de dire, comme fait souvent M. Simon, que les sociniens avancent des choses nouvelles et inouïes ; mais ce n'est rien dans la bouche de cet auteur, dont nous avons vu tant d'endroits et dont nous en verrons tant d'autres qui n'inspirent que du mépris pour l'antiquité.

CHAPITRE VII.

M. *Simon vainement émerveillé des progrès de la secte socinienne.*

La manière dont il loue Fauste Socin est étrange : « Il est surprenant, dit-il, qu'un homme qui n'avoit presque aucune érudition et qu'une connoissance très-médiocre des langues et de la théologie, se soit fait un parti si considérable en si peu de temps [1]. » Sans doute ce sera ici une espèce de miracle pour notre critique. Socin est un grand génie, un homme extraordinaire ; peu s'en faut qu'on ne l'égale aux apôtres, qui sans secours et sans éloquence ont converti tout l'univers. M. Simon est étonné de ses progrès : il devoit dire au contraire qu'il auroit sujet de s'étonner que cette gangrène, que la doctrine de cet impie qui flatte les sens, qui ôte tous les mystères, qui sous prétexte de sévérité affoiblit par tant d'endroits la règle des mœurs et qui en général lâche la bride à tous les mauvais désirs, en éteignant dans les consciences la crainte de l'implacable justice de Dieu, ne gagne pas plus promptement. Car après tout, où est ce progrès qui étonne M. Simon? Dans ce « parti si considérable, » le peu qu'il y avoit de prétendues églises n'ont pu se soutenir : il n'y a plus de soci-

[1] P. 834.

niens qui osent se déclarer, tant le nom en est odieux au reste des chrétiens. Ce sont des libertins, des hypocrites, qui boivent de « ces eaux furtives » dont parle le Sage [1], que la nouveauté et une fausse liberté font trouver plus agréables. Y a-t-il tant à s'étonner des progrès cachés d'une secte de cette sorte? Ce que devoit remarquer M. Simon est que si cette secte ne trouve point d'établissement, c'est qu'autant qu'elle est appuyée des sens, aussi manifestement elle est contraire à l'Evangile ; c'est qu'elle dégénère visiblement en indifférence de religion, en déisme ou en athéisme; de sorte que M. Simon auroit autant de raison de faire paroître son savoir en indiquant les livres où l'on peut apprendre à être athée, que de se montrer curieux en indiquant ceux où l'on peut apprendre à être socinien.

CHAPITRE VIII.

Vaine excuse de M. Simon, qui dit qu'il n'écrit que pour les savans : quels sont les savans pour qui il écrit.

Mais il n'écrit, dit-il, que pour les savans qui en peuvent tirer quelque avantage. Pourquoi donc, puisqu'il y a parmi nous une langue des savans, ne parle-t-il pas plutôt en celle-là? Pourquoi met-il tant d'impiétés, tant de blasphèmes entre les mains du vulgaire et des femmes qu'il rend curieuses, disputeuses et promptes à émouvoir des questions, dont la résolution est au-dessus de leur portée. Car par les soins de M. Simon et de nos auteurs critiques, qui mettent en toutes les mains indifféremment leurs recherches pleines de doutes et d'incertitudes sur les mystères de la foi, nous sommes arrivés à des temps semblables à ceux que déplore saint Grégoire de Nazianze [2], où tout le monde et les femmes même se mêlent de décider sur la religion, et tournent en raisonnement et en art la simplicité de la croyance. On a cette obligation à notre auteur et à ses semblables, qui réduisent l'incrédulité en méthode, et mettent encore en françois cette espèce de libertinage, afin que tout le monde devienne capable de cette science. Et pour ce qui est des savans, à qui le critique se vante

---

[1] *Prov.*, IX, 17. — [2] *Orat.* XXXIII.

de profiter, de quels savans veut-il parler ? Les véritables savans n'ont que faire ni de Socin ni de Crellius, que pour apprendre leurs sentimens lorsqu'il faut les réfuter. La critique de ces auteurs n'est pas si rare, leur méthode n'est pas si nécessaire qu'on en puisse tirer un grand secours. Pour quels savans écrit donc M. Simon, si ce n'est pour ces esprits aussi foibles et aussi vains que curieux qui ne trouvent rien de savant s'il n'est extraordinaire et nouveau. M. Simon a écrit pour satisfaire, ou plutôt pour irriter leur cupidité et l'insatiable démangeaison qu'ils ont de savoir ce qui n'est bon qu'à les perdre.

CHAPITRE IX.

Recommandation des interprétations du socinien Crellius.

C'est à quoi servent les louanges que notre auteur donne à Crellius. Elles sont d'abord précédées par celles dont Grotius, le premier des commentateurs (dans l'idée de M. Simon [1]) relève cet unitaire, qui l'ont entraîné lui-même dans les explications sociniennes. Voilà déjà un grand avantage pour Crellius : dans la suite on n'entend parler M. Simon [2] que de la grande réputation, que du discernement, du bon choix, de l'attachement au sens littéral qu'on trouve dans cet auteur, qui est tout ensemble « grammairien, philosophe et théologien, et qui cependant n'est pas beaucoup étendu [3]; » c'est-à-dire qu'on y trouve tout, et dans le fond et dans les manières, avec la brièveté qui est le plus grand de tous les charmes dans des écrits qu'on représente si pleins. C'est tout ce qu'on pouvoit proposer d'attraits pour le faire lire; et pour disposer à le croire, qu'y avoit-il de plus engageant que de dire, non-seulement « qu'il va presque toujours à son but par le chemin le plus court; mais encore que, sans s'arrêter à examiner les diverses interprétations des autres commentateurs, il n'oublie rien pour établir les opinions de ceux de sa secte? ce qu'il fait, poursuit notre auteur, avec tant de subtilité qu'aux endroits mêmes où il tombe dans l'erreur il semble ne dire rien de lui-même [4]. » Que prétendez-vous après cela, M. Simon? Vous avez frappé les in-

[1] P. 802, 805. — [2] P. 847 et seq. — [3] P. 846. — [4] P. 851.

firmes d'un coup mortel : dites-leur tant qu'il vous plaira, que le socinianisme est nouveau, qu'il est mauvais : votre lecteur demeure frappé de l'idée que vous lui donnez des explications de cette secte. Ce qui en rebute, c'est la violence qu'elle fait partout à l'Ecriture et à l'idée universelle du christianisme; mais vous levez cette horreur en faisant paroître les interprétations de Crellius si naturelles, si concluantes, qu'on croit les voir sortir comme d'elles-mêmes de la simplicité du texte sacré; en sorte qu'on est porté à regarder l'auteur comme un homme *qui ne dit rien de lui-même*. Encore si vous releviez en quelques endroits les absurdités manifestes de ses explications, ce que vous en dites d'avantageux pourroit inspirer quelques précautions contre ses artifices; mais en ne montrant que les avantages d'un auteur qui a séduit Grotius, on pousse dans ses lacets, non-seulement les esprits vulgaires, mais encore les savans curieux que la nouveauté tente toujours.

Je ne finirois jamais, si je voulois raconter tous les tours malins de Crellius soigneusement rapportés par M. Simon pour éluder la divinité de Jésus-Christ, sa qualité de Fils de Dieu, et l'adoration qu'elle lui attire [1]. Il devoit expliquer du moins ce qu'il trouvoit dans les Pères, pour montrer les caractères particuliers de cette adoration qui la distinguent de toutes les autres; mais non, par les soins de M. Simon, nous apprendrons bien les difficultés et les détours; et cependant nous ignorerons les solides solutions des saints docteurs. C'est la critique à la mode, et la seule qui peut contenter les curieux.

CHAPITRE X.

Le critique se laisse embarrasser des opinions des sociniens, et les justifie par ses réponses.

Parmi une infinité de passages de notre auteur, que j'omets, je n'en puis dissimuler quelques-uns, qui à la fin feront connoître de quel esprit il est animé. « Schilchtingius, dit-il, donne un nouveau sens aux paroles de saint Jean, *Verbum erat apud Deum*. Car il croit que Jesus-Christ étoit avec Dieu (*apud Deum*), parce

[1] P. 847 et seq.

qu'il étoit monté en effet au ciel, et il le prouve par cet autre passage du même évangéliste : « Personne ne monte au ciel que celui qui est descendu du ciel, » etc. Sur quoi il s'étend au long dans la note sur cet endroit, comme si Jésus-Christ avoit voulu prouver en ce lieu qu'il étoit au-dessus de Moïse et des prophètes, parce qu'il n'y a que lui qui soit véritablement monté au ciel et qui en soit descendu ; en sorte qu'il aura appris dans le ciel même la doctrine qu'il enseignoit aux hommes. Ce qu'il répète sur le chapitre vi, verset 63 du même évangéliste, où nous lisons : « Si donc vous voyez le Fils de l'Homme monter où il étoit auparavant[1]. » Je rapporte au long ce passage de M. Simon, afin qu'on voie le grand soin de ce critique à mettre dans tout son jour la doctrine des unitaires. Pour ne rien laisser à deviner, il rapporte encore les conséquences de son auteur, qui dit que Jésus-Christ né sur la terre ne pouvoit descendre du ciel, ni en être envoyé, s'il n'y montoit ; d'où il conclut qu'en effet il y montoit et en descendoit souvent, et que c'est l'unique raison pour laquelle saint Jean a pu dire « qu'il étoit au commencement avec Dieu, » *apud Deum*.

Il n'y a rien de plus pitoyable que tout le raisonnement de cet auteur. Il suppose que Jésus-Christ montoit et descendoit souvent du ciel. C'est sans fondement, et l'Evangile ne nous fait connoître qu'une seule ascension de Jésus-Christ, non plus qu'une seule descente actuellement accomplie. Le socinien suppose encore que Jésus-Christ n'est né que sur la terre ; c'est la question. Il sait bien que les catholiques le reconnoissent né dans le ciel comme Verbe.

Il n'y a donc rien de plus naturel ni de moins embarrassant à un catholique que de répondre à cet hérétique : Qu'en effet le Fils de Dieu est né dans le ciel, et qu'il en est descendu quand il s'est fait homme. C'est aussi à quoi nous conduit la suite du texte sacré. C'étoit au commencement et avant l'incarnation que le Verbe étoit avec Dieu : c'est dans la suite « qu'il s'est fait homme et qu'il a habité au milieu de nous ; » et depuis qu'il a commencé *à habiter*, c'étoit à Nazareth ou à Capharnaüm qu'il avoit son habitation, et non pas dans le ciel avec son Père. Il n'y a rien là que de clair et de littéral ; et M. Simon, qui à

[1] P. 854.

cette fois fait semblant de vouloir répondre à ce socinien, n'avoit que ce mot à dire pour trancher nettement la difficulté ; mais comme si cette réponse, qui est celle de toute l'Eglise, étoit vaine ou obscure, M. Simon n'en dit rien ; et comme embarrassé de l'objection, il tire la chose en longueur par ce circuit : « L'interprétation paradoxe et inconnue à toute l'antiquité de ce socinien a été approuvée de plusieurs unitaires, parce qu'elle a du rapport avec leurs préjugés, et qu'elle *exprime simplement* et sans aucune métaphore les paroles du texte ; mais il est nécessaire en beaucoup d'endroits, surtout dans l'évangile de saint Jean, de recourir aux métaphores pour trouver le sens véritable et naturel. Ainsi sans nécessité il abandonne au socinien la simplicité de la lettre, pendant que le texte même est évidemment pour les catholiques. Il se réserve, comme pressé par la lettre, à se sauver par la métaphore. Son recours à l'antiquité dans cette occasion aide encore à faire penser qu'il n'a que cette ressource, et il ne travaille qu'à rendre l'erreur invincible du côté de l'Ecriture.

CHAPITRE XI.

Foiblesse affectée de M. Simon contre le blasphème du socinien Eniédin : la tradition toujours alléguée pour affoiblir l'Ecriture.

C'est encore ce qui lui fait remarquer ce discours de Georges Eniédin, qui reproche aux catholiques « que n'y ayant rien de bien formel dans l'Ecriture, d'où l'on puisse prouver clairement la divinité de Jésus-Christ, ils ont tort, ou pour mieux traduire, ils n'ont ni prudence ni pudeur d'appuyer un mystère de cette importance sur des conjectures foibles et sur des passages très-obscurs [1]. » Est-il permis de rapporter ces paroles, et de les laisser sans réplique ? Quoi ! nous n'avons que des conjectures, et encore des conjectures foibles et des passages obscurs ? Peut-on s'empêcher de démontrer à ce téméraire socinien qu'il n'y a rien de plus évident que les passages que nous produisons, ni rien de plus forcé et de plus absurde que les détours qu'on y donne dans sa secte ? Mais M. Simon aime mieux faire cette réponse embar-

[1] P. 865.

rassée : « Sans qu'il soit besoin de venir au détail de cette objection (vous voyez déjà comme il fuit), je remarquerai seulement, poursuit-il, qu'elle est (cette objection d'Eniédin) beaucoup plus forte contre les protestans que contre les catholiques, qui ont associé à l'Ecriture des traditions fondées sur de bons actes[1]. » Quelle mollesse! Que la cause de l'Eglise catholique est ravilie dans la bouche de notre critique! Il n'ose dire nettement et absolument à un socinien que son objection est foible, qu'elle est nulle, qu'elle est sans force : il dit seulement qu'*elle a plus de force contre les protestans que contre les catholiques;* et elle en auroit autant contre les derniers que contre les autres, sans le secours de la tradition. C'est la méthode perpétuelle de notre auteur, et nous voyons que toujours, et de dessein prémédité, il allègue la tradition pour montrer que l'Ecriture ne peut rien. Les preuves de l'Ecriture tombent ici; la tradition tombe ailleurs; tout l'édifice est ébranlé, et ce malheureux critique n'y veut pas laisser pierre sur pierre.

CHAPITRE XII.

Affectation de rapporter le ridicule que Volzogue, socinien, donne à l'enfer.

Je suis encore contraint d'observer que les objections qu'il affecte le plus de rapporter sont celles où les sociniens ont répondu je ne sais quoi, qui donne un air fabuleux et par conséquent ridicule à la doctrine catholique. Telle est celle-ci de Volzogue : « Si on l'en croit, dit M. Simon, tout ce qu'on dit de l'enfer est une fable, qui a passé des Grecs aux Juifs, et ensuite aux Pères de l'Eglise[2]. » Qu'est-ce que cela faisoit à la critique? On sait assez que les sociniens rejettent l'éternité des peines; et si M. Simon ne le vouloit pas laisser ignorer à ceux qu'il instruit si bien de cette religion, il pouvoit dire leur sentiment en termes plus simples, mais de choisir un passage où l'on affecte de donner l'idée d'aller chercher dans la fable l'origine des enfers, pour insinuer tout le ridicule qu'on y peut trouver, et représenter les saints Pères dès l'origine du christianisme comme de débiles cer-

[1] P. 803 et 386. — [2] P. 860.

veaux, qui ont reçu des mains des poëtes et de celles des Juifs un conte sans fondement, c'est vouloir gratuitement répéter un blasphème contre le précepte du Sage : « Ne répétez point une parole malicieuse : » *Ne iteres verbum nequam* [1]. Ne le faites pas sans nécessité, ne le faites pas sans y joindre une solide réfutation : autrement la répétition de cette parole maligne, comme celle des médisans, sera un moyen de l'insinuer et un art de la répandre. Il ne suffit pas, après l'avoir répétée, de dire en passant et très-froidement que l'Evangile y est contraire, ce que personne n'ignore et que vous n'appuyez d'aucune preuve. Ce n'est pas ainsi qu'il faut rejeter les idées qui flattent les sens; il faut ou s'en taire ou les foudroyer.

CHAPITRE XIII.

La méthode de notre auteur à rapporter les blasphèmes des hérétiques est contraire à l'Ecriture et à la pratique des saints.

Pour moi, je ne comprends pas comment M. Simon a osé répéter tant d'impiétés et tant de blasphèmes sans aucune nécessité, le plus souvent sans réfutation et toujours, lorsqu'il les réfute, en le faisant très-foiblement et par manière d'acquit. « Dieu commandoit de lapider le blasphémateur hors du camp [2], » pour en abolir la mémoire et celle de ses blasphèmes. Lorsqu'on accusa Naboth « d'avoir maudit Dieu et le roi [3], » on n'osa point répéter le blasphème qu'on lui imputoit, et on en changea, selon la phrase hébraïque, le terme de *malédiction*, en l'exprimant par son contraire. Saint Cyrille d'Alexandrie, écrivant contre Julien l'Apostat, déclare qu'il en rapporte tout l'écrit pour le réfuter, à la réserve de ses blasphèmes contre Jésus-Christ. Ainsi l'esprit de ce Père étoit que nous eussions une réponse à cet Apostat sans en avoir les blasphèmes; et l'esprit de M. Simon est que nous ayons les blasphèmes sans réfutation.

Pour tout remède contre les écrits des sociniens, il dit à la fin que « s'il n'étoit pas obligé de renfermer dans un seul volume ce qu'il a à dire sur leur sujet, il auroit examiné plus à fond les raisons sur lesquelles ils appuient leurs nouveautés; ce qu'on pourra,

[1] *Eccli.*, XIX, 7. — [2] *Levit.*, XXIV, 14. — [3] III *Reg.*, XXI, 10.

dit-il, exécuter dans une autre occasion [1]. » En attendant, nous aurons tout le poison de la secte dans l'espérance que M. Simon *pourra* dans la suite, non point réfuter ni convaincre, car ce seroit se trop déclarer, mais *examiner plus à fond les raisons dont ils soutiennent leurs nouveautés* : ce qui leur donne autant d'espérance qu'aux catholiques. Le terme de *nouveautés* dont on qualifie leurs opinions ne fait rien, puisqu'on en dit bien autant de celles de saint Augustin, qu'on ne prétend pas pour cela proposer comme condamnables, et nous avons tout sujet de craindre que si ce qu'a dit M. Simon est pernicieux, ce qu'il promet ne le soit encore davantage.

CHAPITRE XIV.

Tout l'air du livre de M. Simon inspire le libertinage et le mépris de la théologie, qu'il affecte partout d'opposer à la simplicité de l'Ecriture.

Outre les passages particuliers qui appuient ouvertement les sociniens, tout l'air du livre leur est favorable, parce qu'il inspire une liberté, ou plutôt une indifférence qui affoiblit insensiblement la fermeté de la foi. Ce n'est point cette force des saints Pères, qui sans rien imputer aux hérésies qui ne leur convienne, découvrent dans leurs caractères naturels quelque chose qui fait horreur. M. Simon au contraire, par une fausse équité que les sociniens ont introduite, ne veut paroître implacable envers aucune opinion, et paroît vouloir contenter tous les partis. Il inspire encore partout une certaine simplicité que les mêmes sociniens ont tâché de mettre à la mode. Elle consiste à dépouiller la religion de ce qu'elle a de sublime et d'impénétrable, pour la rapporter davantage au sens humain. Dans cet esprit il ne fait paroître que du dégoût et du dédain pour la théologie, je ne dis pas seulement pour la théologie scholastique, qu'il méprise au souverain degré, mais pour toute la théologie en général; ce qui est encore une partie de cet esprit socinien qu'il a fait régner dans tout son livre.

Pour l'entendre, il faut remarquer que dans son style le littéral est opposé au théologique. Par exemple, il blâme Servet de s'être attaché à réfuter certains passages dont se servoit Pierre Lom-

[1] P. 872.

bard « sans considérer, dit-il, que les anciens docteurs de l'Eglise ont appliqué à la Trinité certains passages plutôt par un sens théologique que littéral et naturel[1] ; » comme si la théologie, c'est-à-dire la contemplation des mystères sublimes de la religion n'étoit pas fondée sur la lettre et sur le sens naturel de l'Ecriture, ou que les sens qu'inspire la théologie fussent forcés et violens, et que ce fussent choses opposées d'expliquer théologiquement l'Ecriture, et de l'expliquer naturellement et littéralement. C'est ce qu'il inculque en un autre endroit d'une manière encore plus forte, lorsqu'en parlant de saint Augustin, il ose dire : « Qu'il se faut précautionner contre lui, en lisant dans ses écrits plusieurs passages du Nouveau Testament, qu'il a expliqués par rapport à ses opinions sur la grace et sur la prédestination ; » ce qu'il conclut en disant : « Que ses explications sont plutôt théologiques que littérales[2] ; » ce qui est dans le style de cet auteur le comble de ce qu'on peut dire pour les décrier. C'est le langage ordinaire de notre critique, et on le trouvera semé dans tout son livre.

Ainsi l'idée qu'il attache aux explications théologiques est d'avoir je ne sais quoi de subtil et d'alambiqué, qui s'écarte du droit sens des Livres saints, qui par conséquent doit être suspect, puisqu'il se faut *précautionner contre*. C'est ce qu'il attribue perpétuellement à saint Augustin, qui est devenu l'objet de son aversion, parce qu'on trouve dans ses écrits, plus peut-être que dans tous les autres, cette sublime théologie qui nous élève au-dessus des sens et nous introduit plus avant dans le cellier de l'Epoux, c'est-à-dire dans la profonde et intime contemplation de la vérité.

CHAPITRE XV.

Suite du mépris de M. Simon pour la théologie : celle de saint Augustin et des Pères contre les ariens méprisée : M. Simon qui prétend mieux expliquer l'Ecriture qu'ils n'ont fait, renverse les fondemens de la foi et favorise l'arianisme.

Les endroits où M. Simon fait le plus semblant de louer la théologie, et sous le nom de *théologie* la doctrine même de la foi, sont ceux où par de sourdes attaques il travaille le plus à sa ruine. En

[1] P. 821. — [2] P. 291.

parlant encore de saint Augustin et de ses *Traités sur saint Jean :* « Il y établit, dit-il, plusieurs beaux principes de théologie et c'est ce qu'on y doit plutôt chercher que l'interprétation de son Evangile[1]. » Ainsi les principes de la théologie sont quelque chose de séparé de l'interprétation de l'Evangile : c'est une production de l'esprit humain plutôt que le fruit naturel de l'intelligence du texte sacré. Remarquez qu'il s'agit ici de ces beaux principes de théologie par lesquels saint Augustin concilie avec l'origine et la mission du Fils de Dieu sa divinité éternelle. Au lieu que ces grands principes de saint Augustin font la principale partie du sens littéral de l'Evangile de saint Jean, et en font le plus pur esprit, M. Simon les fait voir comme distingués du sens de cet Evangile. Encore s'il nous avoit dit quelque part que par le sens de l'Evangile, ou par le sens de la lettre, il entend celui qu'on appelle le *grammatical* et la simple explication des mots, bien qu'il ne parlât pas correctement, on le pourroit supporter, puisque la saine doctrine demeureroit en son entier ; mais non, il fait partout le théologien, et il travaille seulement à nous insinuer que sa théologie qui est, comme on a vu et comme on verra, l'arienne et la socinienne peut-être un peu déguisée, est fondée sur le texte, pendant que celle de saint Augustin, qui en ce point comme dans les autres, est celle de toute l'Ecole et des interprètes, n'est plus qu'un discours en l'air et détaché de la lettre ; et tout cela s'insinue en faisant semblant de louer ces beaux principes de théologie et saint Augustin qui les débite. On n'entend partout que ces beaux mots : « Ce grand homme, ce saint évêque, ce savant évêque, ces belles leçons de théologie, ces beaux principes. » Telles sont les louanges de M. Simon, semblables à celles des Juifs et des Gentils, qui saluoient Notre-Seigneur dans sa passion. Comme eux il salue les Pères en qualité de prophètes à condition d'être frappés, et les coups suivent de près la génuflexion.

Et pour montrer avec encore plus d'évidence que ces beaux principes, comme il les appelle, sont l'objet de son mépris, il ne faut que considérer ce qu'il en dit dans un autre endroit : « Saint Augustin explique dans son *second Livre de la Trinité* plusieurs

[1] P. 210, 250.

passages du Nouveau Testament, où il est parlé du Fils et du Saint-Esprit, comme s'ils étoient inférieurs au Père [1] » (ce sont ceux où il est parlé du Fils de Dieu comme n'ayant rien de lui-même, et les autres de même nature). Là il rapporte en abrégé les principes de saint Augustin, qui constamment sont les mêmes dans ce *second Livre de la Trinité,* que dans les *Traités sur saint Jean;* et sans qu'il soit nécessaire d'entrer ici dans le détail de ces principes, voici à quoi M. Simon les fait aboutir : « Il propose en même temps cette règle qu'on doit toujours se remettre devant les yeux, qu'il n'est pas dit en ce lieu-là que le Fils soit inférieur au Père, mais seulement qu'il est né de lui : ces expressions ne marquent pas son inégalité, mais seulement son origine [2]. » Voilà sans doute la théologie de saint Augustin expliquée en termes clairs (car l'auteur n'en manque pas, quand il veut). Il faudroit donc l'approuver aussi clairement qu'il l'énonce, puisque sans elle la foi ne subsiste plus. Mais voyons ce que dira notre auteur, et apprenons de plus en plus à le connoître. Voici les paroles qui suivent incontinent après celles que nous venons de rapporter : « Il y a beaucoup d'esprit et beaucoup de jugement dans ces réflexions : elles donnent un grand jour à plusieurs passages du Nouveau Testament qui paroissent embarrassés [3]. » On voit ici la louange, et pour ainsi dire la salutation de M. Simon; et voici le coup aussitôt après : « Mais après tout, poursuit-il, elles ne sont point capables de résoudre toutes les difficultés des ariens. » Il faut que M. Simon prête la main à saint Augustin et à l'Eglise, qui jusqu'à lui constamment se défendoit de cette sorte. Je n'ai que faire d'entrer en raisonnement avec lui sur ses prétendues défenses. Un homme qui prétend défendre la foi contre l'hérésie arienne mieux que les Pères ne faisoient, lorsque l'Eglise étoit toute en action pour la combattre, dès là doit être suspect; et il ne faut pas aller bien loin pour trouver dans notre auteur l'arianisme à découvert. « Pour faire voir, dit-il, que ce passage : « Ma doctrine n'est pas ma doctrine [4], » se peut entendre, en Jésus-Christ, de la nature divine, saint Augustin rapporte pour exemple cet autre endroit de saint Jean, où il est dit que le Père a

---

[1] P. 272, 273.— [2] *Ibid.* — [3] *Ibid.* et 274. — [4] *Joan.* VII, 16.

donné la vie au Fils¹ ; et comme cela signifie qu'il a engendré le Fils qui est la vie, de même lorsqu'il dit qu'il a donné la doctrine au Fils, on entend facilement qu'il a engendré le Fils qui est la doctrine². » Voilà encore une fois la doctrine de saint Augustin bien expliquée ; mais pour être plus clairement censurée par les paroles suivantes : « Cela, dit-il, paroît plutôt appuyé sur un raisonnement que sur les paroles du texte³. » Ainsi, cette parole du Sauveur : « Le Père a donné la vie au Fils⁴, » ou comme porte le texte : « De même que le Père a la vie en lui, de même aussi il a donné au Fils d'avoir la vie en lui-même, » ne veut pas dire naturellement que le Fils reçoit la vie de son Père aussi parfaitement et aussi substantiellement que le Père même la possède ; cette explication est de l'homme plutôt que du texte sacré. Saint Augustin, et non-seulement saint Augustin, mais saint Athanase, mais saint Basile, mais saint Grégoire de Nazianze et les autres Pères de cet âge (car ils sont tous d'accord en ce point) n'ont pas dû presser les ariens par un passage si formel. Après treize cents ans M. Simon leur vient faire leur procès avec une autorité absolue, et leur apprendre que le sens qu'ils ont opposé aux ariens n'est qu'un raisonnement humain. Jusqu'à quand ce hardi critique croira-t-il que celui qui garde Israël sommeille et dort ? Jusqu'à quand croira-t-il qu'il peut débiter un arianisme tout pur et mépriser tous les Pères, à cause qu'il mêle avec des louanges les opprobres dont il les couvre ? car écoutons comme il continue : « On peut expliquer sur le même pied le premier passage : « Comme le Père a la vie en soi, il a aussi donné au Fils d'avoir la vie en lui-même. » Il est vrai que la plupart des commentateurs l'entendent de la divinité ; mais le sens le plus naturel est de l'entendre de Jésus-Christ en qualité d'envoyé⁵. » C'est l'arrêt de M. Simon, qui en sait plus lui seul que tous les commentateurs, que saint Augustin, que tous les Pères. Mais pendant que ce téméraire critique veut mieux dire qu'eux tous, visiblement il ne dit rien. Son dénouement est que dans ces passages il faut regarder le Fils, non pas comme Dieu ou comme homme, « mais comme l'envoyé du Père pour annoncer aux hommes la nouvelle

¹ *Joan.* v, 26. — ² P. 272 et 274. — ³ *Ibid.* — ⁴ *Joan.*, v, 26. — ⁵ P. 272 et 275.

loi ¹. » Or ce n'est pas là le dénouement, mais le nœud même et la propre difficulté qui est à résoudre, et que les Pères vouloient éclaircir. Il s'agissoit, dis-je, d'expliquer, non pas que Jésus-Christ fût l'envoyé de son Père; mais comment étant son envoyé, il étoit en même temps son égal. Les prophètes étoient envoyés; et comme Jésus-Christ étoit envoyé selon la définition de M. Simon pour annoncer aux hommes la nouvelle loi, Moïse étoit envoyé pour leur annoncer la loi ancienne; mais Moïse ne disoit pas pour cela : « Comme le Père a la vie en soi, ainsi il a donné au Fils d'avoir la vie en soi; » et encore : « Tout ce que le Père fait, le Fils le fait semblablement ², » et avec une égale perfection; et encore : « Tout ce qui est à vous est à moi, et tout ce qui est à moi est à vous ³; » et enfin : « Moi et mon Père nous ne sommes qu'une même chose ⁴. » Il falloit donc distinguer l'envoyé qui parloit ainsi et qui s'égaloit à Dieu dans sa nature comme son Fils unique et proprement dit, d'avec les autres envoyés et Moïse même, qui parloient comme simples serviteurs. C'est ce que les Pères ont fait parfaitement, en disant que le Fils de Dieu est envoyé à même titre qu'il est Fils, sorti du sein paternel pour venir aux hommes; en sorte que sa mission n'a point d'autre fondement ni d'autre origine que son éternelle naissance. C'est le principe des Pères pour expliquer le particulier de la mission de Jésus-Christ, et par le même principe ils ont encore développé comment il est Dieu, et comment en même temps il reçoit tout. Car même parmi les hommes, le Fils n'en est pas moins homme pour avoir reçu de son Père la nature humaine; au contraire c'est ce qui fait qu'il est homme : ainsi Jésus-Christ est Dieu, parce qu'il est Fils de Dieu, non point par adoption, autrement il ne seroit pas le Fils unique, mais par nature; ce qui ne peut être qu'il ne soit de même nature que son Père. Cette doctrine des Pères concilioit tout et expliquoit par un seul et même principe, tous les passages de l'Evangile qui paroissoient opposés. Si M. Simon n'a pas approuvé cette explication qui alloit jusqu'au principe de la mission de Jésus-Christ; et si sans se mettre en peine qu'il soit ou Dieu ou un pur homme, il ne veut regarder en lui dans tous ces passages

---

¹ P. 272. — ² *Joan.* v, 19. — ³ *Joan.* xvii, 10. — ⁴ *Joan.* x, 30.

que le simple titre d'envoyé, qui lui est commun avec Moïse et tous les prophètes, il est aisé de comprendre le dessein d'un tel discours. C'est que son auteur ne veut qu'embrouiller la divinité de Jésus-Christ; et en un mot la différence qu'il y a entre les Pères et lui, c'est que les Pères se mettoient en peine de distinguer Jésus-Christ des autres envoyés qui ne sont pas Dieu, et qu'au contraire M. Simon ne s'en soucie pas.

Ainsi quand ce censeur téméraire s'élève au-dessus des Pères, quand il dit avec son audace ordinaire : Ils disent bien, ils disent mal, ou qu'il faut aller plus avant qu'eux, et que leur explication n'est pas suffisante, ou qu'elle est forcée et subtile, ou que ce n'est, comme il dit ici, « qu'un raisonnement humain, » il ne faut pas regarder dans ces superbes manières un orgueil commun, mais apprendre à y remarquer un dessein secret de saper le fondement de la foi.

Lors aussi que le même auteur donne de beaux titres aux Pères, ou qu'il semble louer leur théologie, il ne faut pas oublier que les louanges sont l'introduction de quelque attaque ou cachée ou à découvert et que ce mot de *théologie* a dans sa bouche une autre signification que dans la nôtre. C'est une secrète intelligence et un chiffre pour ainsi dire de notre auteur avec les sociniens, qui, sous le nom d'interprétations théologiques, leur fait entendre un raisonnement de pure subtilité, qui n'a point de fondement sur le texte.

CHAPITRE XVI.

Que les interprétations à la socinienne sont celles que M. Simon autorise, et que celles qu'il blâme comme théologiques sont celles où l'on trouve la foi de la Trinité.

Il ne sert de rien d'objecter que M. Simon nous avoit donné d'abord et dans *sa Préface* d'autres idées de la théologie et des explications théologiques. Je ne m'en étonne pas. Il falloit bien trouver un moyen d'introduire ses nouveautés par des manières spécieuses; mais il change bientôt de langage, et dans toute la suite de son livre le nom de *théologien* devient un nom de mépris, témoin ce qu'il dit de Titelman, savant cordelier du siècle passé, dont les *Paraphrases sur saint Paul* et *sur les Epîtres canoniques* sont estimées de tout le monde. Cependant M. Simon lui lance ce trait : « Comme il étoit théologien de profession, il substitue souvent les préjugés de sa théologie en la place des paroles de saint Paul [1]; » c'est-à-dire à le bien entendre, que les théologiens sont des entêtés qui attribuent à saint Paul leurs sentimens, leurs préjugés, leur théologie. C'est déjà un trait assez piquant contre les théologiens; mais entrons un peu dans le fond : voyons quels sont ces préjugés de Titelman, et quelle est la théologie qu'y blâme notre critique. C'est entre autres choses qu'en expliquant ces paroles de saint Jean : *Et hi tres unum sunt;* « Ces trois ne sont qu'un [2], » il y fait voir l'unité parfaite des trois Personnes divines, « tant en substance que dans leur concours à témoigner que Jésus-Christ est le Fils de Dieu. » Tout catholique doit approuver cette explication; mais M. Simon la critique. Selon lui, ce mot de *substance* est de trop dans la paraphrase de Titelman : il falloit laisser indécis si les trois Personnes divines ont la même essence. Voilà le crime de ce savant religieux, et c'est pourquoi on le traite de théologien qui *substitue sa théologie et ses préjugés* à la place des paroles de l'Ecriture.

Ce passage de M. Simon qui découvre si bien son fond, mérite d'être transcrit tout au long. Après avoir rapporté la paraphrase de ces paroles : *Non est volentis,* etc., qui lui paroît « plutôt d'un théologien que d'un paraphraste qui ne doit point s'éloigner de la lettre de son texte, » ce critique continue en cette manière : « Il a suivi la même méthode sur les *Epîtres canoniques,* qu'il explique à la vérité clairement et en peu de mots; mais il ne satisfait point les personnes qui cherchent des interprétations purement littérales et sans aucune restriction [3]. » Nous allons voir qui sont ces personnes que M. Simon veut qu'on satisfasse : « Il ne pouvoit par exemple, poursuit-il, exposer avec plus de netteté ce passage de *l'Epître* de saint Jean, chapitre v, verset 7 : *Ces trois ne sont qu'un,* que par cette autre expression : *Et ces trois Personnes ne sont qu'une même chose,* tant dans leur substance que dans le témoignage qu'elles rendent unanimement à Jésus-Christ, qu'il est le

---

[1] P. 564. — [2] I *Joan.*, v, 7. — [3] P. 564 et 565.

vrai Fils de Dieu. » Cette paraphrase est donc nette : il se faut bien garder d'en blâmer le fond, car ce seroit se déclarer trop ; mais voici le mal : « Titelman donne cependant occasion aux antitrinitaires de dire qu'il a trop limité le sens de ce passage dans l'idée qu'il s'est proposée de ne donner que de simples éclaircissemens. » Sans doute les antitrinitaires trouvent très-mauvais, et M. Simon avec eux, que Titelman ait interprété *un en substance*. Il se falloit bien garder de trouver cette unité dans ce passage. M. Simon veut qu'on satifasse ces judicieux interprètes les sociniens, et que jamais on ne trouve le mystère de la Trinité dans l'Ecriture. Y trouver *l'unité de substance, c'est faire le théologien*, et cela n'est pas littéral. On dira que je lui impose, et qu'il rapporte seulement le goût des sociniens sans l'approuver. Achevons donc la lecture de notre passage, qu'il finit ainsi : « Mais il est difficile de trouver des paraphrastes qui ne soient point tombés dans *ce défaut*, dont les antitrinitaires mêmes, qui veulent passer pour exacts, ne sont pas exempts. » Laissons à part la louange qu'il veut donner en passant à ses antitrinitaires, et concluons que, selon lui, c'est un défaut à Titelman d'avoir expliqué *un en substance*. Cela n'est pas de son texte. Dorénavant on ne pourra pas, en interprétant la lettre de l'Ecriture, y trouver la foi de l'Eglise ; ce sera un défaut en interprétant : « Moi et mon Père nous ne sommes qu'un[1], » de dire que cette unité est dans l'essence : il sera aussi peu permis, en interprétant cet autre passage : « Baptisez au nom du Père, et du Fils, et du Saint-Esprit, » d'exposer qu'on est baptisé au nom de ces trois Personnes comme étant égales ; encore moins en interprétant : « Le Verbe étoit Dieu, » d'ajouter qu'il l'est proprement et par nature : tout cela doit être banni pour satisfaire ceux qui cherchent les interprétations littérales et sans restriction. Ainsi la véritable méthode est de laisser tout en l'air, et de permettre aux sociniens leurs faux-fuyans aussi absurdes qu'impies, à peine d'être déclaré *théologien de profession*, attaché à ses préjugés et incapable d'expositions littérales. En un mot, les théologiens sont trop entêtés ; ils veulent trouver leur théologie, c'est-à-dire la foi de l'Eglise et la doctrine des Pères, dans l'Ecriture : ce sont de

[1] *Joan.*, x, 30.

mauvais commentateurs : il faut remettre l'intelligence du texte sacré entre les mains des critiques à qui tout est indifférent, et c'est à eux qu'on doit laisser ce sacré dépôt.

CHAPITRE XVII.

Mépris de l'auteur pour saint Thomas, pour la théologie scholastique, et sous ce nom pour celles des Pères.

On sera bien aise de voir ce que notre auteur a pensé de saint Thomas; mais il se garde bien de se déclarer d'abord, et l'on croiroit qu'il lui veut donner les louanges qui lui sont dues. « On attribue, dit-il, à ce saint un autre ouvrage sur le Nouveau Testament, qui n'est pas moins digne de lui que le premier : c'est un ample Commentaire sur toutes les *Epîtres de saint Paul*[1]. » Arrêtons-nous un moment. *On attribue.* M. Simon sauroit-il quelqu'un qui ôtât ce livre à saint Thomas? Cela jusqu'ici n'est pas venu à la connoissance des hommes; mais les critiques découvrent par leur art des choses que les autres ne soupçonnent pas. Passons sur ces vanités, venons au fond. « On attribue donc à saint Thomas un *Commentaire sur saint Paul,* où il fait paroître beaucoup d'érudition. Le fond de ce livre est pris des Pères et des autres commentateurs qui l'ont précédé, mais il en rapporte plutôt le sens que les paroles[2]. » Jusqu'ici il paroît le vouloir louer, mais c'est par là qu'un fin détracteur introduit sa maligne critique, et il tourne tout court en disant : « Sa méthode étant de raisonner sur les matières de la religion (remarquez ce style) il a mêlé plusieurs leçons de son art dans ses explications, » qui deviendront par conséquent fort théologiques, c'est-à-dire peu véritables, aussi bien que peu littérales, selon le langage de M. Simon ; et c'est pourquoi il conclut ainsi : « En un mot son *Commentaire sur saint Paul* est l'ouvrage d'un habile théologien, mais scholastique. » Remarquez encore : ce n'est pas absolument *un habile théologien,* c'est *un habile théologien scholastique,* « qui, poursuit-il, traite un grand nombre de questions qui ne sont guère d'usage que dans les écoles, et qui éloignent même quelquefois du véritable sens de saint Paul. »

[1] P. 473. — [2] *Ibid.*

Voilà où notre auteur en vouloit venir ; c'étoit à insinuer qu'un *théologien, mais scholastique* est né pour éloigner *du vrai sens* de l'Ecriture, et que c'est en quoi consiste son habileté. C'est pourquoi il donne d'abord cette idée vague de saint Thomas, et sous le nom de saint Thomas des théologiens scholastiques, *que leur methode est de raisonner sur les matières de religion,* comme si cela leur étoit particulier. Quoi qu'il en soit, saint Thomas est un raisonneur sur la religion, et encore sans distinguer qu'il y a là du bien et du mal, du bien à raisonner pour l'éclaircir, du mal à raisonner, ou pour en douter, ou pour en venir à des discussions trop curieuses. Mais il n'en demeure pas là. Il vouloit mener son lecteur au mépris de la scholastique, pour le pousser plus avant encore, c'est-à-dire jusqu'au mépris de la théologie plus ancienne de saint Augustin et des Pères ; et pour cela il ajoute : « C'est sur ce pied-là (sur le pied d'un habile théologien scholastique qui éloigne du vrai sens de l'Ecriture et de saint Paul); c'est donc, dit-il, sur ce pied-là que saint Thomas s'étend d'abord assez au long sur ces mots de l'*Epître aux Romains : Qui prædestinatus est Filius Dei.* Il paroît tout rempli de l'explication de saint Augustin et des autres commentateurs[1], » qui veulent que Jésus-Christ soit prédestiné. Car il en revient souvent là; et la prédestination de Jésus-Christ, qui doit faire la consolation des fidèles, est l'objet de son aversion. Mais sans entrer maintenant dans cette dispute, on voit par cet exemple que M. Simon n'attaque pas seulement la théologie scholastique, mais sous le nom de la scholastique la théologie de saint Augustin, quoiqu'elle soit celle des autres commentateurs.

Au reste c'est à cet auteur téméraire un argument contre saint Thomas d'avoir suivi saint Augustin : c'est de quoi lui faire blâmer la théologie de ce chef de l'Ecole. Pour être bon théologien au gré de M. Simon, il eût fallu comme lui mépriser saint Augustin, l'abandonner principalement sur l'*Epître aux Romains* et sur cette haute doctrine de la grace et de la prédestination, qui est née pour atterrer l'orgueil humain ; c'est ce que M. Simon inculque : il falloit enfin commencer par assurer que Jésus-Christ, qui est le

[1] P. 473, 474.

chef et le modèle des prédestinés, n'a point été prédestiné lui-même; c'est-à-dire que le mystère de l'incarnation n'a été ni prévu, ni défini, ni préordonné, ni prédestiné de Dieu; ce qui n'est pas seulement une impiété, mais encore une absurdité manifeste, comme il a déjà été dit.

CHAPITRE XVIII.

Historiette du docteur d'Espense, relevée malicieusement par l'auteur, pour blâmer Rome et mépriser de nouveau la théologie comme induisant à l'erreur.

Voici encore sous le nom du docteur d'Espense un trait de malignité contre la théologie ou plutôt contre la religion : « Il nous apprend, dit-il, qu'un gentilhomme romain, qui n'étoit pas ignorant, lui disoit souvent que ceux de son pays avoient un grand éloignement de l'étude de la théologie, de peur de devenir hérétiques; qu'ils s'appliquoient seulement au droit civil et au droit canon, qui leur ouvroit le chemin dans la Rote, pour parvenir aux évêchés, au cardinalat, et aux plus grandes nonciatures[1]. » On m'avouera que ni le discours de ce gentilhomme, ni le récit de d'Espense ne servoit de rien à la critique, si ce n'est à celle qui fait les moqueurs, qui se livrent à l'esprit de dérision tant réprouvé dans l'Ecriture, sans même épargner la religion et l'Eglise. Cette remarque de M. Simon n'est bonne qu'à faire penser aux libertins qu'en étudiant la théologie, c'est-à-dire en approfondissant la doctrine chrétienne, on s'en dégoûte et on devient hérétique; que c'est là le sentiment de l'Italie et de Rome même, et que toute l'étude de ce pays-là n'est que politique et intérêt. Peut-on faire une plus sanglante et plus insolente satire, je ne dirai pas seulement de Rome, mais encore de la religion et de la foi? Mais de peur qu'on ne s'imagine que cette satire de notre critique ne regarde Rome que pour le temps de d'Espense, ce moqueur continue en cette sorte : « Je me trompe fort si cet esprit ne règne encore présentement à Rome, et même dans toute l'Italie. » Tout le monde y est dans l'esprit de ce prétendu gentilhomme de d'Espense. Que les sociniens, que les protestans seront contens de M. Simon :

[1] P. 593.

qu'il sait flatter agréablement leur goût et cet esprit de satire qui les a poussés dans le schisme ! Cependant ce satirique malin fait cette morsure en jouant. Ce n'est pas lui, c'est d'Espense, c'est *un gentilhomme qui n'étoit pas ignorant;* car il en falloit encore marquer ce petit éloge, afin que ses sentimens fussent mieux reçus; et pour conclusion, une satire si mordante se tourne en forme d'avertissement par ces dernières paroles : « Peut-être, continue M. Simon, seroit-il à désirer qu'en France les personnes de qualité, qui sont élevées aux plus grandes dignités de l'Eglise, étudiassent un peu moins de théologie scholastique, et qu'ils s'appliquassent davantage à l'étude du droit et de la pratique des affaires ecclésiastiques. » C'est ainsi qu'après avoir satisfait à sa malignité, il fait encore semblant de vouloir servir ceux qu'il déchire, et entrer dans leur sentiment.

Au reste s'il agissoit avec un peu de sincérité et de bonne foi, après avoir attaqué obliquement à sa manière la théologie scholastique, il n'auroit pas tourné tout court à la pratique et au droit; il auroit marqué du moins en un mot *à ces gens de qualité,* qu'il veut instruire pour la prélature, qu'il y a une théologie encore plus nécessaire aux prélats que tous les canons, qui est celle de l'Ecriture et des Pères, à moins qu'on ne mette avec notre auteur l'étude de l'Ecriture aussi bien que celle des Pères uniquement dans la critique.

CHAPITRE XIX.

L'auteur, en parlant d'Erasme, continue de mépriser la théologie, comme ayant contraint l'esprit de la religion.

On voit encore une belle idée de la scholastique, et de toute la théologie en général dans la remarque de notre critique sur Erasme. Cet auteur avoit expliqué ces paroles : « Vous êtes Pierre, » et les autres qui établissent la primauté de saint Pierre et de ses successeurs, d'une manière qui ne laissoit dans l'Ecriture aucun vestige de cette primauté. On le reprit avec raison d'une affectation si dangereuse. M. Simon observe « qu'il représentoit que ce qu'il avoit écrit de la primauté du pape, précédoit les disputes qui étoient depuis survenues là-dessus, et qu'il n'avoit même rien dit qu'il n'eût en même temps prouvé par les témoignages des anciens Pères; mais on ne l'écoutoit point [1]. » Sur quoi notre auteur fait cette réflexion : « Il devoit avoir appris que depuis que la théologie avoit été réduite en art par les docteurs scholastiques, il falloit se soumettre à de certaines règles et à de certaines manières de parler : qu'il ne s'agissoit plus de savoir ce qu'on lisoit dans les anciens écrivains ecclésiastiques, puisqu'il demeuroit lui-même d'accord qu'ils ne convenoient point entre eux; outre qu'il n'avoit produit dans ses notes que de simples extraits de leurs ouvrages, qui ne découvroient pas toujours leurs véritables pensées. » L'artifice avec lequel il mêle ici le bien et le mal, ne peut pas être plus dangereux. Il est vrai, c'est tromper le monde que de lui faire espérer une instruction suffisante de la pensée des saints Pères, lorsqu'on n'en produit que des extraits, et c'est une illusion que M. Simon fait souvent à ses lecteurs. Il falloit donc s'en tenir à cette réponse pour convaincre Erasme; mais ce n'est pas ce que vouloit notre critique, et il falloit que la scholastique reçût une atteinte. Il la taxe donc premièrement d'avoir réduit *la théologie en art,* expression qui d'abord présente à l'esprit un sens odieux, comme si on avoit dégénéré de la simplicité primitive de la doctrine chrétienne. La théologie n'est pas un art. C'est la plus sublime des sciences; et pour s'être astreinte à une certaine méthode, elle ne perd ni son nom, ni sa dignité. Mais passons à M. Simon un terme ambigu, quoique suspect dans sa bouche. Le reste de son discours enveloppe dans sa confusion tout ce qui se peut penser de plus malin. Car que veut dire, que depuis la scholastique, *il falloit se soumettre à de certaines règles et à de certaines manières de parler?* Est-ce que la théologie n'avoit point de règle avant les docteurs scholastiques, et que les conciles et la tradition n'en prescrivoient point aux fidèles et aux docteurs? Pourquoi donc donner cette idée de la scholastique, comme si c'étoit elle qui eût commencé à devenir contraignante et à gêner les esprits? N'avoit-on pas auparavant des règles même pour les expressions? Tout le monde pouvoit-il parler comme il vouloit? Ne falloit-il pas accommoder son langage aux décrets que faisoit l'Eglise pour

[1] P. 535.

la condamnation des hérésies? M. Simon le pourroit nier, lui qui a blâmé, comme on a vu, les expositions où l'on ajoutoit quelques mots à la lettre de l'Ecriture, pour en fixer plus précisément le sens; mais l'Eglise n'a jamais été de ce sentiment. Cette règle tant répétée par les scholastiques, par Gerson, par tous les autres docteurs : *Nobis ad certam regulam loqui fas est,* n'étoit pas des scholastiques : elle étoit de saint Augustin, de Vincent de Lérins, des autres Pères, et aussi ancienne que l'Eglise.

Ce qu'ajoute M. Simon, que « depuis la scholastique il ne s'agissoit plus de savoir ce qu'on lisoit dans les anciens Pères, qui même ne s'accordoient pas entre eux, » donne encore cette dangereuse idée, qu'on n'a plus d'égard aux discours des Pères, et qu'il n'est plus permis de parler comme eux; ce qui prononcé indéfiniment, ainsi qu'a fait notre auteur, induit un changement dans la doctrine. Mais au contraire les scholastiques veulent qu'on parle toujours comme les Pères; et si l'on ajoute quelque chose au langage de ces saints docteurs, ce n'est que pour empêcher qu'on n'en abuse, et pour expliquer plus à fond ce qu'ils n'ont dit qu'en passant; et alors ce qu'on ajoute contre les hérésies venues depuis eux, est non-seulement de même parure, mais encore de même force et de même sens que ce qu'ils ont dit. Mais la dernière remarque par laquelle M. Simon prétend établir qu'il ne s'agit plus de savoir ce qu'on lisoit dans les Pères, à cause « qu'ils ne convenoient point entre eux, » est l'endroit où il y a le plus de venin, puisque c'est insinuer, c'est définir en général qu'il n'y a rien de certain à tirer de la doctrine des Pères, et en particulier que par rapport à la primauté de saint Pierre, dont il s'agit en ce lieu, les Pères ne conviennent pas qu'elle soit dans l'Ecriture.

On voit donc que tous les traits de M. Simon contre la théologie scholastique portent plus loin et que le contre-coup en retombe sur la théologie des Pères. En effet selon ses maximes, il ne faut plus de théologie : tout sera réduit à la critique : c'est elle seule qui donne le sens littéral, parce que sans rien ajouter aux termes de l'Ecriture pour en faire connoître l'esprit, elle s'attache seulement à peser les mots : tout le reste est théologique, c'est-à-dire peu littéral et peu recevable.

CHAPITRE XX.

Audacieuse critique d'Erasme sur saint Augustin, soutenue par M. Simon : suite du mépris de ce critique pour saint Thomas : présomption que lui inspirent, comme à Erasme, les lettres humaines : il ignore profondément ce que c'est que la scholastique, et la blâme sans être capable d'en connoître l'utilité.

C'est aussi pour cette raison que M. Simon, après avoir rapporté ce que dit Erasme, pour montrer « que saint Augustin n'a pu acquérir une connoissance solide des choses sacrées, *solidam cognitionem rerum sacrarum*, et qu'il est bien inférieur à saint Jérôme, » conclut en cette manière. « En effet, avant que l'étude des belles-lettres et de la critique fût rétablie en Europe, il n'y avoit presque que saint Augustin qui fût entre les mains des théologiens. Il est même encore présentement leur oracle, parce qu'il y en a très-peu qui sachent d'autre langue que la latine, et que la plupart suivent saint Thomas, sans prendre garde qu'il a vécu dans un siècle barbare [1]. »

Il n'y a personne en vérité à qui l'envie de rire ne prenne d'abord, lorsqu'on voit un Erasme et un Simon, qui sous prétexte de quelque avantage qu'ils auront dans les belles-lettres et dans les langues, se mêlent de prononcer entre saint Jérôme et saint Augustin, et d'adjuger à qui il leur plaît le prix « de la connoissance solide des choses sacrées. » Vous diriez que tout consiste à savoir du grec; et que pour se désabuser de saint Thomas, ce soit assez d'observer qu'il a vécu dans un siècle barbare; comme si le style des apôtres avoit été fort poli, ou que pour parler un beau latin, on avançât davantage dans la connoissance des choses sacrées.

Parmi les Pères, saint Augustin est un de ceux qui a le mieux reconnu les avantages qu'on peut tirer de la connoissance des langues, et qui a donné les plus belles leçons pour en profiter. Mais il ne laisse pas de déplorer avec raison la foiblesse et la vanité de ceux qui ont tant d'horreur de l'inélégance ou de l'irrégularité du langage [2]; et il faut que M. Simon, malgré qu'il en ait, cède à la vérité, qui dit par la bouche de ce Père, « que les

---

[1] P. 531. — [2] *De Doct. Christ.*, lib. II, cap. XII, XIII.

ames sont d'autant plus foibles et d'autant plus ignorantes qu'elles sont plus frappées de ce défaut [1]. »

Je me réjouis donc, aussi bien que M. Simon, de la politesse que l'étude des belles-lettres et des langues a ramenée dans le monde, et je souhaite que notre siècle ait soin de la cultiver. Mais il y a trop de vanité et trop d'ignorance à faire dépendre de là le fond de la science, et surtout de la science des choses sacrées. Et pour ce qui est de la scholastique et de saint Thomas, que M. Simon voudroit décrier à cause du siècle barbare où il a vécu, je lui dirai en deux mots, que ce qu'il y a à considérer dans les scholastiques et dans saint Thomas, est ou le fond, ou la méthode. Le fond, qui sont les décrets, les dogmes et les maximes constantes de l'Ecole, ne sont autre chose que le pur esprit de la tradition et des Pères : la méthode, qui consiste dans cette manière contentieuse et dialectique de traiter les questions, aura son utilité, pourvu qu'on la donne, non comme le but de la science, mais comme un moyen pour y avancer ceux qui commencent; ce qui est aussi le dessein de saint Thomas dès le commencement de sa *Somme*, et ce qui doit être celui de ceux qui suivent sa méthode. On voit aussi par expérience que ceux qui n'ont pas commencé par là, et qui ont mis tout leur fort dans la critique, sont sujets à s'égarer beaucoup, lorsqu'ils se jettent sur les matières théologiques. Erasme dans le siècle passé, Grotius et M. Simon dans le nôtre, en sont un grand exemple. Pour ce qui regarde les Pères, loin d'avoir méprisé la dialectique, un saint Basile, un saint Cyrille d'Alexandrie, un saint Augustin, dont je ne cesserai point d'opposer l'autorité à M. Simon et aux critiques, quoi qu'ils puissent dire, pour ne point parler de saint Jean de Damas et des autres Pères grecs et latins, se sont servis souvent et utilement de ses définitions, de ses divisions, de ses syllogismes, et pour tout dire en un mot, de sa méthode, qui n'est autre que la scholastique dans le fond. Que le critique se taise donc, et qu'il ne se jette plus sur les matières théologiques, où jamais il n'entendra que l'écorce.

[1] *De Doct. Christ.*, cap. XIII, n. 20.

CHAPITRE XXI.

Louanges excessives de Grotius, encore qu'il favorise les ariens, les sociniens et une infinité d'autres erreurs.

J'ai réservé à Grotius un chapitre à part pour ne le pas confondre avec les sociniens, dont il s'est pourtant laissé imprimer d'une manière dont M. Simon n'a pu se taire. Car il remarque « qu'il a fait l'éloge de Crellius et des sociniens, et que le socinien Volzogue a emprunté beaucoup de choses de Grotius. Grotius, de son côté, est redevable d'une partie de ses notes à Socin et à Crellius [1]. » A vrai dire, l'affinité qui est entre eux est extrême; et afin de comprendre jusqu'où elle va, il ne faut qu'écouter Grotius lui-même, « qui fait des vœux, dit M. Simon, pour la conservation de Crellius et des frères Polonais (on entend bien que c'est-à-dire les sociniens), afin qu'ils puissent continuer à travailler avec succès sur l'Ecriture [2]. »

Mais comme on pouvoit croire que cette prévention de Grotius pour les sociniens n'iroit pas à ce qui regarde la divinité de Jésus-Christ, M. Simon demeure d'accord qu'il favorise « quelquefois (il falloit dire très-souvent) l'ancien arianisme, ayant trop élevé le Père au-dessus du Fils, comme s'il n'y avoit que le Père qui fût Dieu souverain, et que le Fils lui fût inférieur même à l'égard de la divinité [3]. » Il me semble que c'est assez évidemment être arien que d'enseigner de telles choses. Mais Grotius passe encore plus avant; « et, continue M. Simon, il a détourné et affoibli, par ses interprétations, le sens de quelques passages (il devoit dire de presque tous, et des principaux et des plus clairs) qui établissent la divinité de Jésus-Christ. » Il falloit encore ajouter qu'il affoiblit la préexistence, puisqu'il détourne jusqu'au passage où Jésus-Christ dit « qu'il est avant qu'Abraham eût été fait, » qui est celui que M. Simon, quand il veut parler en catholique, regarde comme le plus clair de tous.

Voilà ce que dit M. Simon touchant Grotius; et ce qu'il y a de surprenant, c'est qu'incontinent après avoir rapporté toutes ces

[1] Simon, p. 803. — [2] P. 804. — [3] P. 805.

erreurs, il continue en cette sorte : « Nonobstant ces défauts (comme si c'étoient des fautes de rien), on doit lui rendre cette justice, que pour ce qui est de l'érudition et du bon sens, il surpasse tous les autres commentateurs qui ont écrit avant lui sur le Nouveau Testament [1]. » S'il ne louoit en lui que l'érudition, cette louange ne tireroit pas à conséquence, et feroit voir seulement que personne n'a plus cité de passages des auteurs sacrés et profanes que Grotius, puisqu'il en est chargé jusqu'à l'excès ; mais donner la préférence *du bon sens* à un homme qui préfère en tant d'endroits et dans les plus essentiels les interprétations ariennes et sociniennes aux catholiques, c'est insinuer trop ouvertement que *le bon sens* se trouve dans ses interprétations. M. Simon ajoute à tout cela [2] « qu'encore que Grotius ne soit pas controversiste, il éclaircit en plusieurs endroits la théologie des anciens par de petites dissertations qu'il fait entrer de temps en temps dans ses notes [3]. » Ces petites dissertations peuvent être, par exemple, si l'on veut, celles où il anéantit le précepte contre l'usure et la doctrine de l'immortalité de l'ame. On pouroit encore remarquer celles où il a si bien *éclairci la théologie des anciens*, qu'on ne sait plus quel Verbe il a reconnu, si c'est celui de saint Jean et des chrétiens, ou celui des platoniciens et d'un Philon Juif. Par ces curieuses dissertations de Grotius, on pourroit douter si le Verbe et le Saint-Esprit sont deux Personnes distinguées, et en particulier si le Saint-Esprit est quelque chose de subsistant et de coéternel à Dieu. On y pourroit apprendre aussi que les endroits où Jésus-Christ est appelé Dieu, sont plutôt des manières de parler inventées pour relever Jésus-Christ, que des paroles qu'on doive prendre littéralement. Grotius n'oublie du moins aucun endroit des anciens par où l'on puisse embrouiller cette matière, sans qu'on y puisse trouver une claire résolution de cette question. C'est ce qu'on pourroit démontrer, si c'en étoit ici le lieu. Ainsi louer ces dissertations dans un auteur en qui on fait indéfiniment prédominer *le bon sens,* et à qui on donne la gloire *d'avoir éclairci*

---

[1] P. 805.— [2] *Ibid.*— [3] Grotius *in Luc.*, VI, 36; *in Genes.*, II, 7; *in Job*, XXXIV, 14; *in Eccles.*, XII, 7; *in Sapient.*, XI, 2; *in Luc.*, XX, 38; *in Matth.*, XXVIII; *in Joan.*, I.

la théologie des anciens, c'est, non-seulement induire les simples en erreur, mais encore tendre des piéges aux demi-savans.

CHAPITRE XXII.

L'auteur entre dans les sentimens impies de Socin, d'Episcopius et de Grotius, pour anéantir la preuve de la religion par les prophéties.

Parmi ces dissertations de Grotius (a), qui ont mérité la louange et l'approbation de M. Simon, il faut compter celle où parlant des passages de l'Ancien Testament dont se servent les évangélistes et les écrivains sacrés, il prétend, comme le récite M. Simon, « que les apôtres n'ont point eu dessein de convaincre les Juifs par ces seules autorités que Jésus fût le véritable Messie. Car il y en a peu, dit Grotius, qu'ils rapportent à cette fin, et ils se contentent, pour prouver la mission de Jésus-Christ, de sa résurrection et de ses miracles [1]. » Voilà en effet le premier sentiment de Grotius, à qui Calovius, dit M. Simon, « a objecté qu'il rend douteux par cet artifice ce qu'il y a de plus clair dans l'Ancien Testament en faveur du Messie [2]. »

Il n'y a rien de plus juste que cette censure de Calovius. Cependant après l'avoir considérée, M. Simon passe par-dessus, en approuvant le sentiment de Grotius, qui prétend que ces passages sont allégoriques; c'est-à-dire qu'ils ont un double sens qui leur ôte la force de prouver, et ensuite qu'ils ne sont propres qu'à confirmer dans la foi ceux qui y sont déjà bien disposés, et non pas à y amener ceux qui en ont l'esprit éloigné.

Il est vrai qu'en favorisant ce sentiment de Grotius, M. Simon fait semblant d'y apporter quelques restrictions à sa mode; c'est-à-dire des restrictions vaines et enveloppées, par où il se prépare des échappatoires, quoiqu'elles soient en effet des convictions de son erreur. « Il se peut faire, dit-il, que Grotius ait trop étendu son principe (des allégories); mais on ne doit pas le condamner absolument, comme s'il appuyoit le judaïsme. C'est au contraire

---

[1] P. 807. — [2] P. 808.

(a) Le fond de tout ce qui est dit dans ce chapitre se trouve dans la *Dissertation sur Grotius*.

la seule voie de répondre solidement aux objections des Juifs[1]. » On voit déjà combien foiblement il attaque Grotius, en disant : *Il se peut faire*. Il n'y a rien qui favorise plus une objection hardie qu'une réponse molle. Pendant que Grotius tranche le mot et qu'il ravit aux chrétiens les principales preuves de leur religion, on se contente de le réfuter, en disant : qu'*il se peut faire qu'il ait trop étendu son principe;* mais quel principe? Qu'il y a des allégories dans l'Ecriture, ou que quelques-unes des prophéties que les apôtres appliquent à Jésus-Christ sont fondées sur des allégories? Qui jamais s'est avisé de le nier? Son principe donc est de dire que ces allégories doivent avoir lieu dans les principaux passages dont Notre-Seigneur et les apôtres se sont servis pour établir la venue et les mystères du Messie. Voilà en effet le principe de Grotius ; d'où il conclut que, pour prouver la mission de Jésus-Christ, les apôtres se contentoient de sa résurrection et de ses miracles. Et M. Simon, loin de combattre un principe si pernicieux, trouve que c'est là au contraire *la seule voie de répondre solidement aux objections des Juifs;* c'est-à-dire, *que la seule voie* de leur répondre est de montrer que les principales preuves dont Jésus-Christ et les apôtres se sont servis n'ont point de force. Un sentiment si propre à excuser les Juifs, étoit digne de Socin et d'Episcopius. Socin, en parlant des prophéties, se contente de dire avec une extrême froideur, qu'il y en a quelques-unes dans lesquelles il étoit parlé « en quelque façon » du Messie qui devoit venir, et qu'on pouvoit entendre assez clairement de Jésus de Nazareth. C'est ce qu'il dit dans ce livre des *Leçons théologiques* dont M. Simon a tant recommandé la lecture[2]. On ne pouvoit pas parler plus foiblement des prophéties que cet auteur. En effet il met si peu dans les prophéties le fondement de la religion chrétienne, qu'il ne croit pas même la lecture du Vieux Testament nécessaire aux chrétiens. Episcopius a suivi ses pas. On sait que ce défenseur de l'arianisme était un socinien un peu plus modéré, ou plutôt un peu plus couvert que les autres, qui enseigne au reste assez nettement l'indifférence des religions, et ne fait du christianisme qu'une espèce de philosophie peu nécessaire au salut. Un tel homme, qui prenoit

[1] P. 808. — [2] *Instit. Theolog.*, præf., part. I.

si peu d'intérêt à la religion chrétienne, ne devoit être guère touché des prophéties, qui en font la gloire aussi bien que le fondement; et voici en effet ce qu'il en pense, au rapport de M. Simon : « Il examine, dit ce critique, les prophéties et les autres passages de l'Ancien Testament qui sont rapportés dans le Nouveau; et comme la plupart y sont cités par forme d'allégories, il ne peut *souffrir l'opinion* de ceux qui croient que les évangélistes et les apôtres ont employé ces allégories pour prouver que Jésus-Christ étoit le Messie; ce qui est, dit-il, contraire au bon sens, et même à la pensée de ceux qui se sont servis les premiers de ces sens mystiques. Ils se sont contentés des miracles et de la résurrection de Jésus-Christ, pour prouver aux fidèles qu'il étoit le Messie, ayant proposé ces sortes d'interprétations à ceux qui l'avoient reconnu [1]. »

Voilà donc d'où nous est venu le mépris des prophéties. Fauste Socin a commencé de les affoiblir : Episcopius leur a ôté toute leur force, jusqu'à ne *pouvoir souffrir*, dit M. Simon, qu'on les fît servir de preuves : Grotius a copié Episcopius, et a tâché d'établir son sentiment par toutes ses notes, et M. Simon marche sur leurs pas.

La manière dont il répond à Episcopius découvre le fond de son cœur. Car après avoir déclaré que cet auteur ne peut souffrir la preuve des prophéties, au lieu de confondre son impiété par quelque chose de fort, M. Simon ne lui oppose que cette foible défense : « Mais il semble qu'une bonne partie de ces autorités de l'Ancien Testament pouvoient aussi faire quelque impression sur l'esprit des Juifs mêmes, qui n'étoient point encore convertis, voyant que leurs docteurs les avoient aussi appliquées au Messie [2]. »

C'est ainsi qu'il a coutume de fortifier les argumens des sociniens, auxquels il ne répond qu'en tremblant. *Il semble*, dit-il, il n'en sait rien, qu'*une bonne partie* de ces passages, il ne dit pas même que c'est la plus grande, *pouvoient faire*, non pas même une forte impression, mais *quelque impression*. Mais peut-être qu'ils pourront faire du moins cette impression telle quelle par la force même des

[1] P. 801. — [2] P. 802.

passages? Point du tout; c'est à cause que les *docteurs juifs*, en les appliquant à d'autres, *les ont aussi appliqués au Messie.* La belle ressource pour l'Evangile ! Toute la force des prophéties consiste à faire *peut-être* quelque impression sur les Juifs, non par les paroles mêmes, mais à cause que leurs docteurs leur auront donné un double sens, dont ils auront appliqué un au Messie, sans y être forcés par le texte; comme si le Saint-Esprit avoit craint de parler trop clairement par lui-même.

CHAPITRE XXIII.

On démontre contre Grotius et M. Simon, que Jésus-Christ et les apôtres ont prétendu apporter les prophéties comme des preuves convaincantes auxquelles les Juifs n'avoient rien à répliquer.

Je ne pense pas qu'on s'attende ici à une pleine réfutation de cette erreur, que tout chrétien doit détester dès là qu'elle tend à faire voir premièrement que Jésus-Christ et les apôtres ont mal prouvé ce qu'ils vouloient; secondement, que les Juifs ont raison contre eux; et enfin, que l'Evangile n'est pas clairement fondé sur les prophéties.

Et en vérité on ne comprend pas comment Episcopius et Grotius ont pu dire que les preuves que les apôtres et Jésus-Christ même tiroient de l'Ancien Testament ne fussent pas convaincantes [1], puisqu'il est écrit en termes formels que Paul et Apollos même « convainquoient les Juifs en ne disant rien que ce qui est écrit dans les prophètes [2]; » ni pourquoi il a plu à ces auteurs de réduire à un petit nombre les passages qu'on opposoit aux Juifs, puisque saint Paul les en accabloit durant *tout un jour, depuis le matin jusqu'au soir* [3]; assurant en un autre endroit, qu'on les trouvoit indifféremment dans « toute la lecture des sabbats [4], » tant ils étoient fréquens et pour ainsi dire entassés dans tout le corps de l'Ecriture; en sorte qu'il ne restoit aucune réplique aux Juifs, ni autre chose à saint Paul qu'à s'étonner de leur aveuglement [5]. Enfin on ne comprend pas ce qui a pu encore obliger ces

---

[1] Voyez *Dissert. sur Grotius.* — [2] *Act.,* IX, 22. — [3] *Act.,* XXVIII, 22. — [4] *Act.,* XIII, 27. — [5] *Act.,* XXVIII, 25.

mêmes auteurs à réduire la *force* de la preuve à la résurrection et aux miracles de Jésus-Christ, puisque Jésus-Christ lui-même, après avoir dit aux incrédules : « Mes œuvres rendent témoignage de moi, » ajoute aussitôt après dans le même endroit : « Sondez les Ecritures, car elles rendent aussi témoignage de moi [1], » leur montrant les deux témoignages et les deux preuves de fait sensibles et incontestables, par lesquelles il les convainquoit, les miracles et les prophéties ; témoignages où la main de Dieu étoit si visible, qu'on ne les pouvoit reprocher sans reprocher la vérité même. Et tant s'en faut qu'on doive affoiblir la force des prophéties, qu'au contraire il les faut considérer comme la partie la plus essentielle et la plus solide de la preuve des chrétiens, puisque saint Pierre ayant allégué la transfiguration de Jésus-Christ comme un miracle dont il avoit lui-même été témoin avec deux autres disciples, ajoute incontinent : « Et nous avons quelque chose de plus ferme dans les paroles des prophètes, que vous faites bien de regarder comme un flambeau qui luit dans un endroit obscur [2]; » en sorte qu'on trouve dans ce témoignage les deux qualités qui rendent une preuve complète, la fermeté et l'évidence.

De nous réduire après cela au témoignage des rabbins, comme a fait M. Simon, c'est une erreur manifeste, puisque ni Jésus-Christ, ni saint Pierre, ni Apollos, ni saint Paul ne produisoient point ces docteurs : non que je veuille rejeter le témoignage qu'on tire de leur consentement, qui est un argument, comme on l'appelle, *ad hominem* contre les Juifs, et une nouvelle preuve de l'évidence de l'Ecriture. C'est aussi une raison pour prouver qu'il y avoit dans la Synagogue une tradition non écrite du sens qu'il falloit donner à plusieurs passages pour y trouver Jésus-Christ; mais de se servir de ces argumens pour affoiblir celui de l'Ecriture et les preuves des prophéties, c'est avoir avec les Juifs, comme dit saint Paul, « les sens obscurcis, l'esprit bouché à la vérité, et le voile devant les yeux pour ne pas voir et ne pas sentir la gloire de l'Evangile [3]. »

[1] *Joan.*, v, 36, 39. — [2] II *Petr.*, I, 18, 19. — [3] II *Cor.*, III, 14, 15.

CHAPITRE XXIV.

La même chose se prouve par les Pères : trois sources pour en découvrir la tradition : première source, les apologies de la religion chrétienne.

M. Simon allègue les Pères en faveur du sentiment de Grotius [1], mais il n'en a pu nommer un seul; et nous pouvons, au contraire, les nommer tous contre lui. Mais pour ne pas entreprendre contre notre auteur une dissertation immense, et ne laisser pas cependant sa témérité impunie, nous lui marquerons seulement trois sources où il auroit pu découvrir, non pas le sentiment des particuliers, mais celui de toute l'Eglise.

Je lui nommerai premièrement les apologies de la religion chrétienne, qu'on présentoit aux empereurs et au sénat, au nom de tout le corps des chrétiens.

La plus ordinaire objection qu'on leur faisoit, c'est qu'ils croyoient en Jésus-Christ sans raison : mais saint Justin répondoit au nom d'eux tous que ce n'est pas croire sans raison « que de croire ceux qui n'ont pas dit simplement, mais qui ont prédit toutes les choses que nous croyons, longtemps avant qu'elles fussent arrivées [2]; » ce qui, selon lui, n'est pas seulement une preuve, mais encore, pour me servir de ses propres termes bien opposés à ceux de M. Simon et de Grotius, la plus grande et la plus forte de toutes les preuves, une véritable démonstration, comme ce Saint l'appelle ailleurs.

Tertullien (a), un autre fameux défenseur de la religion chrétienne, dans l'apologie qu'il en adresse au sénat et aux autres chefs de l'empire romain, exclut comme saint Justin tout soupçon de légèreté de la croyance des chrétiens : « A cause, dit-il, qu'elle est fondée sur les anciens monumens de la religion judaïque. » Que cette preuve fût démonstrative, il le conclut en ces termes : « Ceux qui écouteront ces prophètes trouveront Dieu; ceux qui prendront soin de les entendre seront forcés de les croire : » *Qui*

---

[1] P. 808. — [2] Justin., *Apol.* II.

(a) Les réflexions suivantes jusqu'au chapitre XXVII, se trouvent dans la *Dissertation sur Grotius.*

studuerint intelligere, cogentur et credere [1]. Ce n'est donc pas ici une conjecture, mais une preuve qui force, *cogentur* : ce qu'il confirme en disant ailleurs : « Nous prouvons tout par dates, par les marques qui ont précédé, par les effets qui ont suivi : tout est accompli, tout est clair [2]. » Ce ne sont pas des allégories ni des ambiguïtés, ce n'est pas un petit nombre de passages; c'est une suite de choses et de prédictions qui démontrent la vérité.

Origène dans son *Livre contre Celse* [3], qui est une autre excellente apologie de la religion chrétienne, ajoute aux preuves des autres ses propres disputes, où il a fermé la bouche aux contredisans, et il répond pied à pied aux subterfuges des Juifs, qui détournoient à d'autres personnes les prophéties que les chrétiens appliquoient à Jésus-Christ. « Pour nous, continue-t-il, nous prouvons, nous démontrons que celui en qui nous croyons a été prédit; et ni Celse, ni les gentils, ni les Juifs, ni toutes les autres sectes, n'ont rien à répondre à cette preuve [4]. »

CHAPITRE XXV.

Seconde et troisième source de la tradition de la preuve des prophéties dans les professions de foi, et dans la démonstration de l'authenticité des livres de l'Ancien Testament.

Saint Irénée, dont on sait l'antiquité, n'a point fait d'apologie pour la religion; mais il nous fournit une autre preuve de la créance commune de tous les fidèles dans la confession de foi qu'il met à la tête de son *Livre des Hérésies*, où nous trouvons ces paroles : « La foi de l'Eglise dispersée par toute la terre est de croire en un seul Dieu Père tout-puissant, et en un seul Jésus-Christ Fils de Dieu incarné pour notre salut, en un seul Saint-Esprit qui a prédit par les prophètes toutes les dispositions de Dieu, et l'avénement, la nativité, la passion, la résurrection, l'ascension et la descente future de Jésus-Christ pour accomplir toutes choses [5]. » Les prédictions des prophètes et leur accomplissement entrent donc dans la profession de foi de l'Eglise, et le caractère par où

---

[1] Tertull., *Apolog.*, n. 18. — [2] *Adv. Jud.*, VIII, p. 164. — [3] Lib. I, p. 38, 42, 43, 78, 86; lib. III, p. 127. — [4] Lib. I, p. 38. — [5] Lib. I, p. 2.

l'on désigne la troisième Personne divine, c'est de les avoir inspirées. C'étoit un style de l'Eglise, qui paroît dès le temps d'Athénagoras, le plus ancien des apologistes de la religion chrétienne. C'est aussi ce qu'on a suivi dans tous les conciles. On y a toujours caractérisé le Saint-Esprit, en l'appelant *l'Esprit prophétique,* ou, comme par le Symbole de Nicée expliqué à Constantinople dans le second concile général, *l'Esprit qui a parlé par les prophètes.* L'intention est de faire voir qu'il a parlé de Jésus-Christ, et que la foi du Fils de Dieu, qu'on exposoit dans le Symbole, étoit la foi des prophètes comme celle des apôtres.

Théodore de Mopsueste ayant détourné les prophéties en un autre sens, comme si celui où elles étoient appliquées à la personne et à l'histoire de Jésus-Christ étoit impropre, ambigu et peu littéral, mais au contraire attribué au Sauveur du monde par l'avénement seulement, sans que ce fût le dessein de Dieu de les consacrer et approprier directement à son Fils, scandalisa toute l'Eglise et fut frappé d'anathème comme *impie* et *blasphémateur,* premièrement par le pape Vigile [1], et ensuite par le concile cinquième général [2]; de sorte qu'on ne peut douter que la foi de la certitude des prophéties et de la détermination de leur vrai sens à Jésus-Christ, selon l'intention directe et primitive du Saint-Esprit, ne soit la foi de toute l'Eglise catholique.

Cette foi paroît en troisième lieu dans la preuve dont on a soutenu contre Marcion et les autres hérétiques l'authenticité de l'Ancien Testament. Dès l'origine du christianisme, saint Irénée les confondoit par les prophéties de Jésus-Christ, qu'on y trouvoit dans tous les livres qui composoient l'ancienne alliance. Il faisoit consister sa preuve en ce que ce n'étoit point par hasard « que tant de prophètes avoient concouru à prédire de Jésus-Christ les mêmes choses; qu'ils avoient pu faire encore moins que ces prédictions se fussent accomplies en sa personne, n'y ayant, dit-il, aucun des anciens, ni aucun des rois, ni en un mot aucun autre que Notre-Seigneur, à qui elles soient arrivées [3]. »

---

[1] *Constit. Vig.*, tom. V, *Conc.*, pag. 337, edit. Labb., *in extractis Theod.*, cap. XXI, XXII, XXIII et seq. — [2] *Ibid., in extractis Theod.,* cap. XX, XXI, XXII et seq. — [3] Iren., lib. IV, cap. LXVII.

CHAPITRE XXVI.

Les marcionites ont été les premiers auteurs de la doctrine d'Episcopius et de Grotius, qui réduisent la conviction de la foi en Jésus-Christ aux seuls miracles, à l'exclusion des prophéties : passages notables de Tertullien.

On sait qu'Origène et Tertullien ont employé la même preuve ; mais il ne faut pas oublier que le dernier nous fait voir la source de la doctrine d'Episcopius et de Grotius dans l'hérésie de Marcion. Les marcionites soutenoient que la mission de Jésus-Christ ne se prouvoit que par ses miracles, *per documenta virtutum, quas solas ad fidem Christo tuo vindicas.* « Vous ne voulez, dit-il, que les miracles pour établir la foi de votre Christ. » Mais Tertullien leur démontre [1] qu'il falloit que le vrai Christ fût annoncé par les ministres de son Père dans l'Ancien Testament, et que les prédictions en prouvoient la mission plus que les miracles, qui sans cela pouvoient passer pour des illusions ou pour des prestiges (a).

Voilà donc par Tertullien deux vérités importantes qu'il faut ajouter à celles que nous avons vues : l'une, que les marcionites sont les précurseurs des sociniens et des socinianisans, dans le dessein de réduire aux seuls miracles la preuve de la mission de Jésus-Christ ; la seconde, que bien loin de la réduire aux miracles à l'exclusion des prédictions, Tertullien estime au contraire que la preuve des prophéties est celle qui est le plus au-dessus de tout soupçon.

CHAPITRE XXVII.

Si la force de la preuve des prophéties dépendoit principalement des explications des rabbins, comme l'insinue M. Simon : passage admirable de saint Justin.

Enfin, pour rapporter les passages qui détruisent la prétention des sociniens, de Grotius et de M. Simon, il faudroit transcrire,

---

[1] *Contra Marc.*, III, 3.

(a) Dans l'esprit de ceux qui n'en auroient pas examiné à fond la nature et les circonstances. (*Note de la 1re édit.*)

non-seulement tout Origène, mais encore toutes les apologies des chrétiens. Quant aux rabbins dans lesquels M. Simon voudroit mettre toute la force de la preuve, il est vrai que saint Justin se sert quelquefois de leur témoignage, mais ce n'est pas pour conclure que les preuves tirées du texte fussent foibles ou ambiguës; car saint Justin les fait valoir sans ce secours [1]; et l'avantage qu'il en tire, c'est d'avoir convaincu les Juifs, non-seulement *par démonstration*, ce qu'il attribue aux prophéties, mais encore par leur *propre consentement*, ce qui convient aux passages des rabbins, μετὰ ἀποδείξεως καὶ συγκαταθέσεως [2], qui est aussi précisément ce que nous disons.

CHAPITRE XXVIII.

Prodigieuse opposition de la doctrine d'Episcopius, de Grotius et de M. Simon avec celle des chrétiens.

De cette sorte (a), on voit clairement qu'il n'y a rien de si opposé que l'esprit des chrétiens de la primitive Eglise et celui de nos critiques modernes. Ceux-ci soutiennent que les passages dont se sont servis les apôtres sont allégués par forme d'allégorie, ceux-là les allèguent par forme de démonstration; ceux-ci disent que les apôtres n'ont employé ces passages que pour confirmer ceux qui croyoient déjà, ceux-là les emploient à convaincre les Juifs, les gentils, les hérétiques et en un mot ce qu'il y avoit de plus incrédule; ceux-ci ôtent la force de preuve aux prophéties, ceux-là disent qu'ils n'en ont point de plus fortes; ceux-ci ne travaillent qu'à trouver dans les prophéties un double sens qui donne moyen aux infidèles et aux libertins de les éluder, et ceux-là ne travaillent qu'à leur faire voir que la plus grande partie convenoit uniquement à Jésus-Christ; ceux-ci tâchent de réduire toute la preuve aux miracles, ceux-là en joignant l'une et l'autre preuve, trouvent avec les apôtres quelque chose d'encore plus fort dans les prophéties, d'autant plus qu'elles étoient

---

[1] Justin., *Dial. adv. Triph.*, p. 376. — [2] *Ibid.*, p. 352.

(a) Le premier alinéa de ce chapitre se trouve dans la *Dissertation sur Grotius*. C'est encore la première édition qui le remarque en d'autres termes.

elles-mêmes un miracle toujours subsistant, n'y ayant point, dit Origène, un pareil prodige que celui de voir Moïse et les prophètes prédire de si loin un si grand détail de ce qui est arrivé à la fin des temps[1].

Mais ce qu'il y a de plus remarquable, c'est qu'Origène[2] et les autres Pères déclaroient que s'ils entroient dans la preuve des prophéties pour en établir la force invincible, c'étoit en suivant ce commandement de Notre-Seigneur : « Sondez les saintes Ecritures[3] : » c'étoit en imitant les apôtres, qui ont réduit les prophéties en preuves formelles[4], en repoussant toutes les chicanes et les objections des Juifs : de sorte que renoncer à la force de cette preuve, c'est renoncer à l'esprit que toute l'Eglise a reçu dès son origine de Jésus-Christ et de ses disciples.

CHAPITRE XXIX.

Suite de la tradition sur la force des prophéties : conclusion de cette remarque en découvrant sept articles chez M. Simon, où l'autorité de la tradition est renversée de fond en comble.

Si l'Eglise est née dans ces principes, si elle a été bâtie sur ce fondement, elle s'est aussi conservée par la même voie. Tout est plein dans l'antiquité, je ne dis pas de passages, mais de traités faits exprès pour soutenir la preuve des prophéties comme invincible et démonstrative : témoin le livre d'Eusèbe qui porte pour titre : *Démonstration évangélique,* et qui n'est qu'un tissu des prophètes; et cet admirable discours de saint Athanase[5], où il prouve que la religion a d'évidentes démonstrations de la vérité contre les Juifs et les gentils : témoins encore les discours de saint Chrysostome contre les Juifs[6], principalement depuis le troisième; et ceux de saint Augustin contre Fauste, où l'on trouveroit un traité complet sur le sujet des prophéties, et une infinité d'autres de tous les lieux et de tous les temps que je pourrois rapporter.

Il faut bien que M. Simon, qui ne songe qu'à la critique, ne les

---

[1] Orig., *Contra Cels.,* lib. I, cap. XLI. — [2] *Ibid.,* lib. III. — [3] *Joan.,* v, 39. — [4] *Act.,* II, 28, etc. — [5] Orat. I *adv. Gent.,* et II, *de Incarn.* — [6] Chrysost., *adv. Jud,* Orat. III.

ait pas lus ou les ait lus sans attention, pour s'être si aisément laissé séduire par Episcopius et par Grotius. On ne doit pas s'étonner qu'Episcopius, à qui les principaux mystères de la religion et la religion elle-même sont indifférens, en abandonne les preuves; que Grotius qui n'avoit point de principes et qui avoit si peu de théologie, qu'en sortant de celle de Calvin, il n'a rien trouvé de meilleur que celle des sociniens, soit entré dans leur esprit : mais on ne peut assez déplorer que M. Simon, nourri dans l'Eglise catholique et élevé à la dignité du sacerdoce, ait appuyé ces deux auteurs, et qu'il ait été à leur exemple si fort entêté du rabbinisme et de la critique pleine de chicane où il s'est plongé, qu'il ait oublié les Pères et les traditions les plus constantes du christianisme. Quand après cela il fera semblant de louer la tradition, nous lui dirons qu'il nous veut tromper sous cette apparence, puisque déjà nous la lui avons vu détruire par sept moyens : le premier, en disant qu'elle a varié sur la matière de la grace du temps de saint Augustin; le second, en soutenant qu'elle nous trompoit en établissant du temps de ce Père la nécessité absolue de la communion; le troisième, en permettant d'expliquer le sixième chapitre de saint Jean sans y trouver l'Eucharistie contre le sentiment de tous les Pères, de son propre aveu; le quatrième, en affoiblissant sous prétexte de favoriser la tradition, toutes les preuves de l'Ecriture que la tradition elle-même proposoit comme les plus fortes; le cinquième, en détruisant l'autorité de l'Eglise catholique, sans laquelle il n'y a point de tradition; le sixième, en décriant la théologie, et non-seulement la scholastique, mais encore celle des Pères dès l'origine du christianisme; et le septième, qui surpasse tous les autres en impiété, en affoiblissant avec les sociniens et les libertins la preuve des prophéties, qui est la chose du monde la plus constamment opposée à la tradition et à tout l'esprit du christianisme.

CHAPITRE XXX.

Conclusion de ce livre par un avis de saint Justin aux rabbinisans.

Quant aux critiques modernes qui s'imaginent faire les savans et les grands hébreux en soutenant les solutions des rabbins contre les Pères, et même leur en fournissant de nouvelles à l'exemple de Grotius, nous disons avec saint Justin « que s'ils ne méprisent ceux qui s'appellent *rabbi, rabbi,* comme Jésus-Christ le leur reproche, ils ne tireront jamais aucune utilité des prophètes [1]; » ce qui, pour des chrétiens, est une perte irréparable, puisqu'elle entraîne avec elle celle de la foi, et nous empêche de nous établir, comme nous l'enseigne saint Paul, « sur le fondement des apôtres et des prophètes, dont Jésus-Christ est la principale pierre de l'angle [2]. »

[1] *Dial. cum Tryph.*, p. 339. — [2] *Ephes.*, II, 20.

LIVRE IV.

M. SIMON, ENNEMI ET TÉMÉRAIRE CENSEUR DES SAINTS PÈRES.

CHAPITRE PREMIER.

M. Simon tâche d'opposer les Pères aux sentimens de l'Eglise : passage trivial de saint Jérôme, qu'il relève curieusement et de mauvaise foi contre l'épiscopat : autres passages aussi vulgaires du diacre Hilaire et de Pélage.

Cette opposition de notre critique aux traditions et à la doctrine de l'Eglise, lui fait relever avec soin et sans aucune nécessité tous les passages des anciens commentateurs qui semblent confondre l'épiscopat et la prêtrise, tels que sont ceux de saint Jérôme, d'Hilaire diacre, et de Pélage. Ces deux derniers sont schismatiques. Hilaire, si c'est le diacre comme le croit M. Simon, est luciférien : Pélage est connu comme l'ennemi de la grace. Il n'y a point d'anciens commentateurs latins qui soient plus estimés de M. Simon que ces deux-là ; nous en verrons les endroits. Mais ici, pour nous attacher à ce qui regarde l'épiscopat et la prêtrise, voici sur cette matière ce qu'il rapporte de saint Jérôme dans l'extrait du *Commentaire sur l'Epître à Tite :* « Il prétend que les prêtres ne différoient point ordinairement des évêques, et que cette distinction n'a été introduite dans l'Eglise que depuis qu'il y eut différens partis, qui donnèrent occasion à établir d'entre les prêtres un chef qui fût au-dessus d'eux, au lieu qu'ils gouvernoient auparavant tous ensemble les Eglises. Mais il semble que son sentiment n'étoit pas alors approuvé de tout le monde, puisqu'on lui objectoit qu'il n'étoit appuyé sur aucun passage de l'Ecriture. C'est pourquoi il le prouve au long, et il conclut que c'est plutôt la coutume que l'institution de Jésus-Christ qui a fait les évêques plus grands que les prêtres [1]. »

Je rapporte au long ce passage, afin qu'on voie le grand soin que prend notre critique de faire valoir ce qui lui semble contraire à une doctrine aussi établie dès l'origine du christianisme

[1] P. 234, 235.

que celle de la distinction des évêques et des prêtres. C'est en vérité une foible ostentation de doctrine que de produire soigneusement un endroit de saint Jérôme que tous les écoliers savent par cœur, et qu'on évite de proposer sur les bancs, tant il est commun. D'ailleurs, il ne faisoit non plus au dessein de notre critique que tous les autres de quelque nature et sur quelque sujet que ce fût, qu'il auroit pu extraire des commentaires de ce Père; et l'on voit bien qu'un passage si trivial n'a mérité de trouver sa place dans le curieux ouvrage de M. Simon, qu'à cause que les protestans s'en sont appuyés contre l'Eglise.

Mais s'il avoit tant d'envie de rapporter ce passage de saint Jérôme, il devoit du moins observer que par ce passage même il paroît que l'épiscopat avec toutes ses distinctions est universellement établi dès le temps de saint Paul, puisqu'il l'étoit dès le temps des divisions que cet apôtre blâme dans ceux de Corinthe; et au lieu de dire foiblement *qu'il semble que le sentiment de saint Jérôme n'étoit pas alors approuvé,* pour insinuer en même temps qu'auparavant il l'étoit, il auroit pu dire que ce sentiment étoit si peu approuvé, qu'Aërius fut rangé au nombre des hérétiques pour l'avoir suivi. Les endroits de saint Epiphane et de saint Augustin, qui prouvent cette vérité, ne sont ignorés de personne. Enfin ce qu'il y avoit de plus nécessaire, c'est qu'au lieu de laisser pour constant que ce fut là le sentiment de saint Jérôme, il auroit fallu remarquer que les docteurs catholiques, et même les protestans anglais, l'ont solidement expliqué par saint Jérôme même.

Mais cela eût été trop catholique, et les critiques n'en auroient pas été contens. Ainsi, M. Simon n'en a rien dit et s'est contenté de se préparer une misérable échappatoire, en faisant prétendre à saint Jérôme *que les prêtres ne différoient point* ORDINAIREMENT *des évêques;* ce qui ne signifie rien, et ne sert qu'à embarrasser la question.

Pour ce qui est du diacre Hilaire schismatique luciférien, et de Pélage l'hérésiarque, l'allégation de ces deux auteurs et de leurs passages rebattus, sans les contredire, ne sert qu'à confirmer l'affectation visible de M. Simon à produire autant qu'il peut des témoins contre la foi de l'Eglise; mais l'autorité de ceux-ci est bien petite, parce qu'encore que l'erreur dont ils sont notés ne regarde pas l'épiscopat, ceux qui s'égarent de la droite voie en se séparant de l'Eglise, ont dans l'esprit un certain travers qui les suit partout et qui rend leurs sentimens suspects, même hors le cas de leur erreur particulière.

CHAPITRE II.

*Le critique fait saint Chrysostome nestorien : passage fameux de ce Père dans l'*Homélie III sur l'Epître aux Hébreux, *où M. Simon suit une traduction qui a été rétractée comme infidèle par le traducteur de saint Chrysostome, et condamnée par M. l'archevêque de Paris.*

Le malheureux attachement de notre critique à décrier la doctrine et la tradition de l'Eglise, le porte non-seulement à rapporter [1] sans nécessité ce fameux passage de saint Chrysostome dans la troisième *Homélie sur l'Epître aux Hébreux,* où l'on tâche de nous faire accroire qu'il favorisoit l'hérésie de Nestorius, mais encore à lui donner le plus mauvais tour qui soit possible, en le faisant parler de Jésus-Christ « comme s'il avoit reconnu en lui deux personnes. » C'étoit une expression bien formellement hérétique ; mais de peur qu'on ne la remarquât pas assez dans ce passage, l'auteur qui le traduit infidèlement, après l'avoir rapporté, continue en cette sorte : « Nestorius n'auroit pu parler plus clairement des deux personnes de Jésus-Christ qu'il faisoit répondre à ses deux natures. » Voilà donc saint Chrysostome, pour ainsi parler, aussi nestorien que Nestorius lui-même ; et pour insinuer la raison pour laquelle ce Père, aussi bien que Nestorius, avoit mis deux personnes en Jésus-Christ, l'auteur ajoute incontinent, « que lorsque les sectateurs de Nestorius s'opposèrent aux orthodoxes, ils n'établirent la nécessité qu'il y avoit de mettre deux personnes en Jésus-Christ, que parce qu'il paroissoit qu'on ne le pouvoit nier qu'on ne niât ses deux natures. »

S'il disoit qu'*il leur paroissoit*, ce seroit en quelque sorte marquer leur erreur ; mais dire qu'*il paroissoit* en général, c'est vouloir attribuer de la vraisemblance à leur sentiment. Tout ce que

[1] P. 189.

l'auteur en dit ici sans nécessité n'est qu'une adresse pour lui donner le tour le plus apparent qu'il lui est possible, et tout ensemble insinuer qu'il ne faut point s'étonner si saint Chrysostome est entré dans une pensée qui paroît si naturelle. C'est pourquoi le critique conclut en cette manière : « Il n'y a aucune absurdité de faire parler à saint Chrysostome le langage de Diodore de Tarse, de Théodore de Mopsueste et de Nestorius, avant que ce dernier eût été condamné[1]. » On voit quelle idée il donne de saint Chrysostome, qu'il fait entrer dans le langage réprouvé d'un hérésiarque, après avoir insinué qu'il étoit entré aussi dans ses raisons. Ce n'est pas seulement à saint Chrysostome qu'il en veut, c'est encore à la tradition et à la foi de l'Eglise, puisqu'il affecte de montrer que Nestorius n'avoit fait que suivre le langage des anciens docteurs, c'est-à-dire de Diodore et de Théodore; et parce qu'ils sont suspects en cette matière, pour lever toute suspicion, il leur donne pour compagnon saint Chrysostome dont tout le monde révéroit la doctrine.

Au reste, si j'ai avancé que la traduction du critique est visiblement infidèle, je n'ai pas besoin de le prouver; c'est une affaire réglée à la face de tout Paris. Un traducteur de saint Chrysostome qui y avoit débité la même traduction du passage de ce Père que notre auteur a suivie, s'en est rétracté avec une humilité qui a édifié toute l'Eglise. Car non content d'avoir déclaré par un écrit public que sa traduction, qui est encore une fois celle que M. Simon suit, étoit infidèle, il a demandé pardon à son illustre archevêque et au public d'avoir fait de saint Chrysostome un nestorien, et de lui avoir donné des paroles qui l'impliquoient dans une erreur dont jamais il n'a été soupçonné. Dans ce même écrit, en profitant des lumières de son prélat, il a réfuté sa traduction par des raisons invincibles, auxquelles on en pourroit encore ajouter d'autres; en même temps il a proposé la véritable et littérale traduction de son texte, qu'un savant prélat et tout le public ont autorisée. La question est jugée avec connoissance de cause, et il n'y a plus que M. Simon qui persiste dans son erreur sans vouloir profiter de cet exemple.

[1] P. 191.

CHAPITRE III.

Raisons générales qui montrent que M. Simon affecte de donner en la personne de saint Chrysostome un défenseur à Nestorius et à Théodore.

Il montre ici trop d'affectation et un manifeste attachement à donner un défenseur à Nestorius et à son maître Théodore, et je n'ai que trop de raisons de m'attacher à cette pensée. Ces raisons sont générales ou particulières. Pour les générales, nous sommes accoutumés à lui entendre louer les hérétiques. Il a loué plus que tous les Pères latins Hilaire le luciférien [1]. Il a loué, jusqu'à un excès qu'on ne peut souffrir, Pélage l'hérésiarque [2] : il a loué, et trop souvent, les sociniens et Grotius qui les a suivis [3] : il a loué Théodore de Mopsueste, dont il a préféré les sentimens à ceux de l'Eglise ; et il affecte encore ici de lui donner pour protecteur saint Chrysostome [4].

Dans son livre où il a traité des religions de l'Orient, il a affecté de faire passer la dispute contre Nestorius et Eutychès pour une dispute de chicane et de subtilité, qui consistoit dans des minuties et dans le langage plutôt que dans les choses. Il vise ici au même but. Nestorius, selon lui, ne parle pas plus clairement que saint Chrysostome pour la distinction des personnes en Jésus-Christ. Ce Père a parlé le langage de cet hérésiarque et celui de Théodore son maître : avant qu'il fût condamné c'étoit une chose comme indifférente, et l'on a condamné les hérétiques pour des expressions où saint Chrysostome étoit tombé naturellement, sans qu'on ait songé à l'en reprendre.

Il dit bien que saint Chrysostome n'a dit « deux personnes que pour marquer deux essences ou natures véritables en Jésus-Christ [5] ; » mais c'est après avoir insinué que *deux natures* emportent *deux personnes*, et que c'étoit la raison du langage de saint Chrysostome aussi bien que de celui de Nestorius ; outre que nous devons être accoutumés à voir sortir le froid et le chaud de la bouche de notre critique, l'un pour insinuer ses sentimens et

---

[1] P. 133 et suiv. — [2] P. 236 et suiv. — [3] Ci-dessus, liv. III. — [4] P. 443, 444. — [5] P. 191.

l'autre pour se préparer des échappatoires. On sait au reste que Nestorius devient à la mode parmi les critiques protestans, dont plusieurs se sont fait honneur de le défendre, du moins très-certainement parmi les sociniens. Les doctes en savent la raison : c'est qu'ils font comme lui Jésus-Christ Dieu par habitude ou relation, par affection, par représentation. Voilà le vrai langage de Nestorius et de Théodore de Mopsueste; et les extraits que nous avons de l'un et de l'autre dans le concile d'Éphèse et dans le second de Constantinople qui est le cinquième des généraux, en font foi [1]. Le langage de Théodore de Mopsueste étoit de faire un Dieu de Jésus-Christ, mais « improprement, abusivement, au même sens que Moïse étoit le Dieu de Pharaon; » et c'est encore l'idée des sociniens. Qui doute donc que M. Simon ne soit entré aisément dans le dessein de défendre un homme que des auteurs de nos jours qu'il estime tant, veulent à quelque prix que ce soit, sauver de l'anathème?

CHAPITRE IV.

Raisons particulières qui démontrent dans M. Simon un dessein formé de charger saint Chrysostome : quelle erreur c'est à ce critique de ne trouver aucune absurdité de faire parler à ce Père le langage des hérétiques : passages qui montrent combien il en étoit éloigné.

Venons maintenant aux raisons particulières par lesquelles nous démontrons que M. Simon a entrepris de charger saint Chrysostome par une affectation aussi manifeste que déraisonnable.

Premièrement, « il ne trouve aucune absurdité à faire parler à ce Père le langage de Diodore de Tarse, de Théodore de Mopsueste et de Nestorius. » S'il avoit parlé le langage de Diodore, on auroit bien su lui reprocher, comme Photius fait à cet auteur [2], qu'avant que Nestorius fût né, « il s'étoit montré infecté de son hérésie. » Or est-il que jamais personne n'a pensé que saint Chrysostome l'ait favorisée; au contraire on a toujours cru, comme nous verrons, qu'il l'avoit confondue avant sa naissance : par conséquent on ne doit pas croire qu'il ait parlé le langage de Diodore de Tarse.

[1] *Conc. Ephes.*, act. I; *Conc.* V, coll. IV, V. — [2] *Cod.* CII.

Pour celui de Théodore de Mopsueste, nous en parlerons plus précisément, parce qu'il nous est plus connu par les extraits innombrables que nous en avons. Par ces extraits que l'on trouve encore dans le concile cinquième [1], nous avons vu que cet auteur appeloit Jésus-Christ Dieu, « improprement, abusivement, » au même sens que Moïse est appelé le Dieu de Pharaon. Nous voyons par un autre extrait du même écrivain dans Facundus [2] « que Jésus-Christ étoit Fils de Dieu par grace et par adoption, et non par nature; » mais ce n'est pas là le langage de saint Chrysostome. Son langage est, au contraire, que l'union de Dieu et de l'homme en Jésus-Christ étoit substantielle : « qu'ils ne sont qu'un, » une même chose, « non par confusion, ou changement de nature, mais d'une unité qui ne peut être exprimée par nos paroles [3]. » Ce n'est donc pas de cette union d'affection ou de volonté qu'on trouve aisément, puisqu'elle se trouve dans tous les saints ; mais de cette union unique et singulière, qui fait que, « sans confusion ni division, Jésus-Christ n'est qu'un seul Dieu et un seul Christ, qui est Fils de Dieu [4]; » mais Fils de Dieu, dit ce Père [5], non par adoption et par grace : » ce qui étoit, comme on a vu, le propre langage de Théodore de Mopsueste, parce que ceux, dit saint Chrysostome, qui donnent l'adoption à Jésus-Christ « s'égalent eux-mêmes à lui » dans la qualité d'enfans de Dieu.

Il n'y a donc rien de plus opposé que le langage de saint Chrysostome et celui de Théodore. On en doit dire autant de Nestorius, qui suit Théodore en tout; et c'est une manifeste calomnie que d'attribuer à saint Chrysostome le langage de ces hérétiques.

Il ne sert de rien à M. Simon de répondre [6] qu'il n'attribue à un si grand homme que le langage, et non la doctrine de Nestorius, et encore avant la condamnation de cet hérésiarque; car outre qu'on croit aisément, quand le langage est commun, que les sentimens le sont aussi, c'est toujours une flétrissure à un docteur si célèbre de lui faire attendre une expresse condamnation de l'Eglise, pour parler correctement d'un mystère aussi essentiel et aussi connu des chrétiens que celui de l'Incarnation, et une

[1] Collat. IV et V. — [2] Lib. IX, V. — [3] Hom. X *in Joan.*— [4] Hom. VI *in Philip.* — [5] Hom. II *in Joan.* — [6] P. 191.

fausseté manifeste de le faire parler comme des gens dont on vient de voir qu'il a si formellement réprouvé, et les expressions et la doctrine.

CHAPITRE V.

Que le critique en faisant dire à saint Chrysostome dans l'Homélie III *aux Hébreux qu'il y a deux personnes en Jésus-Christ, lui fait tenir un langage que ce Père n'a jamais tenu en aucun endroit, mais un langage tout contraire : passage de saint Chrysostome, homélie* VI *sur l'Epître aux Philippiens.*

Si le critique réplique que ce n'est pas dans les points qu'on vient de marquer qu'il attribue à saint Chrysostome le langage de Nestorius et de Théodore, mais en ce que, prenant le mot de *personne* pour *nature*, il met comme ces hérétiques, deux personnes en Jésus-Christ; c'est ici que je remarque deux ignorances grossières, l'une d'attribuer ce langage à saint Chrysostome et l'autre de l'attribuer à Nestorius.

Pour ce qui est de saint Chrysostome, sans entrer dans les diverses significations que d'autres Pères plus anciens que lui ont pu donner au terme *prosopon, personne;* chez lui, en trente endroits où il s'en sert, on n'en trouvera jamais une autre que celle qui le restreint à une personne proprement dite. Or est-il qu'il faut entendre chaque Père, et en général chaque auteur, selon son propre idiome. Il ne faut pas croire qu'un homme s'aille aviser tout d'un coup sans nécessité, et dans un seul moment, de tenir un autre langage que celui qu'il a tenu constamment. Ainsi quand M. Simon veut s'imaginer que saint Chrysostome, dans un seul passage et dans la seule homélie troisième sur l'*Epître aux Hébreux*, ait mis deux personnes en Jésus-Christ, ou qu'il prenne *personne* pour *nature*, c'est une grossière ignorance ou une affectation encore plus grossière de calomnier un si grand homme.

Qu'ainsi ne soit. Ecoutons le passage de saint Chrysostome dans l'homélie dont il s'agit, et voyons comment le traduit notre critique. Il dit que ces mots : « Δύο πρόσωπα διῃρημένα κατὰ τὴν ὑπόστασιν, deux personnes séparées l'une de l'autre selon leur subsistance ou hypostase, » doivent être entendues de Jésus-Christ. Qu'il me montre donc un seul endroit de ce Père, où deux personnes séparées et distinguées selon l'hypostase, signifient autre chose que deux véritables personnes absolument distinguées, et qui subsistent chacune entièrement en elles-mêmes. Si l'on me montre un seul exemple du contraire, je céderai; mais pour moi, je m'en vais montrer dans saint Chrysostome une expression de même nature que celle dont il s'agit, qui ne souffre point d'autre signification que celle que je propose. Il dit, en expliquant cet endroit de l'*Epitre aux Philippiens* : « *Jésus-Christ ne crut pas commettre un attentat de se porter pour égal à Dieu;* qu'égal ne se peut pas dire d'une seule personne, ἐπὶ ἑνὸς προσώπου : égal est égal à quelqu'un. Vous voyez donc, poursuit-il, dans ces paroles de saint Paul, la subsistance de deux personnes, c'est-à-dire du Père et du Fils, δυὸ προσώπων ὑποστάσιν[1] : » « Ce qui, dit-il, confond Sabellius, » qui nioit en Dieu la distinction des personnes. L'affinité de ce passage avec celui dont il s'agit, est manifeste : « la subsistance de deux personnes, » dans l'homélie sur l'*Epitre aux Philippiens*, est visiblement la même chose que « les deux personnes distinguées par leur subsistance » dans l'homélie sur l'*Epitre aux Hébreux*. Or est-il que « la subsistance de ces deux personnes, » dans l'homélie sur l'*Epitre aux Philippiens*, emporte la distinction de deux véritables personnes pour confondre Sabellius, comme il paroît par le texte qu'on vient de produire; par conséquent « les deux personnes distinguées par leur subsistance, » dans l'homélie sur l'*Epitre aux Hébreux*, emporte aussi la même distinction pour confondre pareillement le même Sabellius, et ces deux expressions sont équivalentes.

Que le dessein de ce Père, sur l'*Epitre aux Hébreux* comme sur celle *aux Philippiens*, soit de confondre Sabellius, il le déclare par ces mots : « Saint Paul attaque ici les Juifs, Paul de Samosate, les ariens, Marcel et Sabellius[2]. » Or est-il qu'on ne peut montrer dans cette homélie sur l'*Epitre aux Hébreux*, aucun endroit où ce Père fasse attaquer à saint Paul Sabellius, qui nioit en Dieu la distinction des personnes, que celui-ci, où il dit en effet qu'il y a deux personnes distinguées selon leur subsistance. Donc ce passage s'entend de Sabellius, et de deux personnes véritablement subsis-

[1] Hom. VI *in Philip.* — [2] Hom. III *in Epist. ad Hebr.*

tantes. La démonstration est parfaite, et l'ignorance ou l'affectation de notre critique inévitable.

CHAPITRE VI.

Qu'au commencement du passage de saint Chrysostome, Homélie III *aux Hébreux, les deux personnes s'entendent clairement du Père et du Fils, et non pas du seul Jésus-Christ : infidèle traduction de M. Simon.*

Il dira qu'il y a encore un autre endroit dans la même homélie III sur l'*Epître aux Hébreux*, où saint Chrysostome met évidemment deux personnes en Jésus-Christ. Le voici : « Saint Paul attaque les Juifs en leur faisant voir deux personnes, savoir un Dieu et un homme (en Jésus-Christ). » C'est ainsi que traduit M. Simon, mais très-infidèlement. Ce *savoir*, qui détermine les mots *deux personnes* au seul Jésus-Christ, n'est pas du texte, il est de l'invention du traducteur; et voici de mot à mot le texte de saint Chrysostome : « Saint Paul confond les Juifs en leur montrant deux personnes et un Dieu et un homme[1]. » Les Juifs avoient deux erreurs : l'une, qu'en Dieu il n'y avoit pas plusieurs personnes, à savoir, le Père et le Fils : l'autre, qu'une de ces personnes, c'est-à-dire le Fils n'étoit pas Dieu et homme tout ensemble. Saint Chrysostome, dont la preuve est fort serrée dans tout cet endroit, abat en deux mots cette double erreur des Juifs, en leur montrant qu'il y a en Dieu deux personnes, c'est-à-dire le Père et le Fils, et que parmi ces deux personnes il y en a une qui est Dieu et homme à la fois. La traduction est naturelle, conforme au dessein de l'auteur et conforme à son expression dans la suite du même passage; car nous avons vu qu'à la fin il prend deux personnes pour deux véritables personnes subsistantes en elles-mêmes, c'est-à-dire le Père et le Fils, contre Sabellius. Or il n'aura pas pris le mot de *personne* en deux différentes significations en six lignes et dans le même discours, je veux dire dans la même suite de raisonnemens. Ainsi le δύο πρόσωπα, la première fois est la même chose que δύο πρόσωπα la seconde; et partout ce sont deux personnes, savoir le Père et le Fils, qu'il a fallu d'abord

---

[1] Hom. III *in Epist. ad Hebr.*

démontrer aux Juifs selon l'ordre que saint Chrysostome s'étoit proposé, comme il le faut à la fin selon le même ordre démontrer à Sabellius. Par là il est démontré que l'addition de M. Simon, qui détermine que les deux personnes regardent le seul Jésus-Christ, est une véritable fausseté, et tout le sens que cet auteur a donné à saint Chrysostome une manifeste altération de son texte et de sa pensée.

CHAPITRE VII.

De deux leçons du texte de saint Chrysostome également bonnes, M. Simon, sans raison, a préféré celle qui lui donnoit lieu d'accuser ce saint docteur.

Nous pouvons encore observer que de l'aveu de M. Simon, il y a deux leçons au commencement de ce passage de saint Chrysostome; la première est celle qu'on vient de voir. M. Simon demeure d'accord d'une autre leçon qui n'auroit point de difficulté, et la voici : « Saint Paul attaque les Juifs, en leur montrant que le même τὸν αὐτὸν (c'est-à-dire Jésus-Christ) est deux choses, et Dieu et homme, δύο τὸν αὐτὸν δεικνὺς καὶ Θεὸν καὶ ἄνθρωπον. » Il est deux choses ensemble, puisqu'il est Dieu et qu'il est homme, au même sens que le même Père a dit ailleurs, qu'il en étoit trois[1] : « Pour nous, nous sommes seulement ame et corps; mais pour lui il est tout ensemble « Dieu, ame et corps. » Voilà trois choses qu'il est ; mais de ces trois il y en a deux, « ame et corps, » qui se réduisent à une, qui est d'être homme ; ainsi en disant aux Juifs qu'il étoit « deux choses, » et Dieu et homme, il leur avoit expliqué tout le mystère de l'Incarnation.

Il n'y a là aucune ombre de difficulté. On n'y parle point de *personnes*, il y est dit seulement que Jésus-Christ est deux choses, ce qui est certain, puisqu'il est Dieu et homme. Cette leçon se trouve dans l'édition de Paris de 1633, qui est de Morel, et selon M. Simon même dans celle de 1636[2]. Ces éditions sont soutenues de leurs manuscrits; et si M. Simon avoit trouvé dans les manuscrits quelque chose de décisif contre la leçon qu'il a suivie, il ne l'auroit pas oublié. Avouons donc qu'il a chargé bien légèrement

[1] Hom. VII *in Philip.* — [2] P. 190.

saint Chrysostome de tenir le langage des hérétiques, et de parler en nestorien autant que Nestorius auroit pu faire lui-même[1], puisqu'au contraire de deux leçons également reçues, il y en a une qui n'a pas même de difficulté, et l'autre, dont on abuse, bien entendue, en a si peu, que M. Simon n'en a pu rien tirer que par une manifeste falsification.

CHAPITRE VIII.

Que si saint Chrysostome avoit parlé au sens que lui attribue M. Simon, ce passage auroit été relevé par les ennemis de ce Père ou par les partisans de Nestorius, ce qui n'a jamais été.

Ceux qui n'auront pas le temps ni peut-être assez de facilité de démêler ces critiques, peuvent convaincre M. Simon par un moyen plus facile d'avoir chargé mal à propos saint Chrysostome. Pour cela il faut supposer que le moindre respect qu'il doive à l'autorité et au savoir de M. l'archevêque de Paris, c'est de croire que la version qu'il a approuvée est aussi bonne que la sienne; mais de là, et sans supposer rien autre chose, il est clair qu'il falloit préférer celle qui étoit la plus favorable à un Père d'une aussi grande considération que saint Chrysostome, et qui l'éloignoit le plus du langage et de la doctrine des nestoriens.

Et ce qui rend ce raisonnement invincible, c'est que ce Père ne fut jamais suspect de ce côté-là. Au contraire le pape saint Célestin, dans la lettre qu'il écrivit au clergé et au peuple de Constantinople pour réprouver les nouveautés de Nestorius[2], reproche entre autres choses à cet hérésiarque qu'il méprise la tradition de ses saints prédécesseurs, parmi lesquels il nomme saint Chrysostome comme un docteur irrépréhensible, dont la foi sur le mystère de l'Incarnation étoit connue par toute la terre. En effet saint Cyrille, qui étoit le défenseur de la vérité, avoit cité ce saint évêque parmi les Pères, qui par avance avoient condamné la doctrine de son successeur; et loin de lui faire parler le langage de Nestorius, il montre qu'il a parlé le langage le plus opposé qui fût possible. Je n'ai pas besoin de rapporter ce passage :

---

[1] P. 189. — [2] *Conc. Ephes.*, part. I, cap. XIX.

on le peut voir à la source, et je ne veux pas perdre le temps à établir un fait constant.

Nestorius lui-même ne se vantoit pas d'avoir saint Chrysostome pour défenseur ; ce qu'il auroit eu d'autant plus d'intérêt de persuader à toute l'Eglise, qu'on l'accusoit d'introduire dans la chaire de ce grand homme une nouvelle doctrine. Ses sectateurs savent bien nommer aussi Diodore de Tarse et Théodore de Mopsueste comme étant de leur sentiment ; mais on ne leur a jamais entendu nommer saint Chrysostome, pas même une seule fois.

On sait la persécution que ce grand homme a soufferte. Ses ennemis n'ont rien épargné pour le rendre odieux à son peuple et à toute l'Eglise qui l'avoit en vénération ; mais on ne lui a jamais rien objecté sur la foi de l'Incarnation, ni lorsqu'on l'a déposé, ni lorsqu'on a voulu proscrire sa mémoire en effaçant son nom des tables sacrées de l'Eglise, encore qu'on ne l'eût pas épargné sur sa doctrine, puisqu'on tâchoit de le faire passer pour origéniste. On sait jusqu'à quel point saint Cyrille d'Alexandrie entra dans cette querelle ; mais encore qu'il n'ignorât pas comment il falloit parler du mystère de l'Incarnation, loin d'avoir rien à reprocher sur ce sujet à saint Chrysostome, nous avons vu au contraire qu'il l'allègue comme un témoin de la tradition de l'Eglise.

Mais il faut presser notre critique par quelque chose de plus serré. La querelle qu'il fait ici à saint Chrysostome est d'avoir dit, comme on a vu, *deux personnes* en Jésus-Christ ; mais pour montrer qu'on n'a seulement jamais pensé que ce Père ait parlé de cette sorte, il n'y a qu'à considérer que les disciples de Nestorius qui n'oublioient rien pour lui trouver des partisans parmi les Pères dont l'orthodoxie n'avoit jamais été suspecte, cherchèrent de tous côtés ceux qui, avant que la signification de ce mot *personne* fût bien fixée, avoient nommé *deux personnes en Jésus-Christ*. Ils trouvèrent que saint Athanase s'étoit servi une seule fois de cette expression, dans les vues et pour la raison qu'il faudra peut-être expliquer avant que de sortir de cette matière, et Facundus observe que les nestoriens ont employé ce passage pour défendre leur erreur : *Quem locum in assertionem sui erroris as-*

sumunt [1]. Ils n'auroient pas gardé le silence, s'ils avoient vu la même chose dans saint Chrysostome. Facundus, qui cherchoit aussi de tous côtés à justifier Théodore de Mopsueste et qui alléguoit pour cette fin le passage de saint Athanase, s'il avoit trouvé dans saint Chrysostome quelque chose d'aussi formel, ne l'auroit pas oublié. Il n'en parle pourtant pas, et personne n'a rien relevé de semblable dans ce Père ; c'est donc qu'il n'y avoit rien, et que M. Simon l'accuse à tort.

Ce qui favorise cette preuve, c'est que le même Facundus nomme souvent saint Chrysostome parmi les Pères favorables à Diodore et à Théodore ; il ne cesse de répéter que Diodore avoit été son maître et Théodore son ancien ami et son condisciple, qui souvent avoit mérité ses louanges. Il fait donc tout ce qu'il peut pour couvrir Théodore d'un si grand nom [2]. Non content de l'appuyer de cette sorte, il fouille, pour ainsi parler, dans tous les coins de saint Chrysostome, pour y trouver quelque endroit dont il puisse autoriser les locutions suspectes de Théodore. Il repasse ses homélies sur *saint Matthieu*, sur *saint Jean*, sur *saint Paul* même, et en particulier sur l'*Epître aux Hébreux* [3], d'où est tiré le passage dont il s'agit ; mais il ne relève point ce passage, qui, selon l'interprétation de M. Simon, seroit sans comparaison le plus formel et le plus exprès de tous. C'est donc qu'on ne soupçonnoit pas alors qu'il pût être du génie de saint Chrysostome de tenir le mauvais langage qu'on lui attribue.

CHAPITRE IX.

Que Théodore et Nestorius ne parloient pas eux-mêmes le langage qu'on veut que saint Chrysostome ait eu commun avec eux.

Mais voici, pour achever de confondre la témérité du censeur de saint Chrysostome, une dernière remarque : « Vous ne vous étonnez pas (car de quoi s'étonne un critique et quelle nouveauté l'effraie) qu'un Père si orthodoxe ait tenu le langage des hérétiques, et reconnu deux personnes en Jésus-Christ. » Mais que sera-ce si on vous fait voir que ces hérétiques, que Théodore,

---
[1] Facund., lib. II, cap. II. — [2] Lib. III, cap. III ; XI, cap. V. — [3] Lib. XI, cap. V.

que Nestorius ne tenoient point le langage que vous voulez qui leur soit commun avec ce saint évêque de Constantinople? C'est pourtant ce qui est vrai. Le langage des chrétiens sur l'unité personnelle en Jésus-Christ, et sur la signification de ce mot *personne, prosopon*, après quelques variations, étoit alors tellement fixé en Orient par l'usage de saint Basile et des deux Grégoire, celui de Nazianze et celui de Nysse, et *personne* signifioit tellement *personne*, que les hérétiques mêmes, qui innovoient tout, n'osoient changer ce langage. Je dis même les hérétiques, qui divisoient en effet la Personne de Jésus-Christ, comme Théodore de Mopsueste et Nestorius. Ils ne laissoient pas de dire qu'il n'y avoit en Jésus-Christ qu'une Personne. A l'égard de Théodore, on en trouvera les passages dans Facundus [1] et dans les extraits du concile V [2]. On verra la même chose de Nestorius dans les actes du concile d'Ephèse. On sait bien qu'ils l'entendoient mal, et qu'ils ne mettoient d'union entre le Verbe et l'humanité en Jésus-Christ que par affection, par relation, par représentation; mais enfin ils étoient forcés par le langage à ne mettre contre le fond de leur doctrine qu'une personne. Pourquoi veut-on que saint Chrysostome parle plus mal que ces faux docteurs, et qu'il change le langage de l'Eglise, que les hérétiques n'osoient changer, encore qu'il leur fût contraire dans le fond ?

Je ne veux pas dire que quelquefois les hérétiques, ennemis de la véritable unité de personne en Jésus-Christ, n'aient parlé naturellement selon leur idée, et n'aient mis comme deux personnes le Fils de Dieu et le Fils de Marie. Mais je dirai bien que ce n'étoit pas leur langage, c'est-à-dire leur expression ordinaire. Au contraire elle étoit si rare dans leurs écrits, qu'à peine en reste-t-il quelque vestige dans les extraits qu'on en a. Quoi qu'il en soit, on ne trouvera pas que Théodore, ni même Nestorius, aient énoncé deux personnes en Jésus-Christ aussi clairement et aussi absolument qu'on veut le faire dire à saint Chrysostome. Il faut donc conclure de là que le langage de l'Eglise étoit formé de son temps, et qu'il y a trop d'affectation à le vouloir faire varier seul sur une chose qui étoit alors si établie.

[1] Facund., lib. III, II, p. 109 et seq.; 125, etc. — [2] *Conc.* V, collat. IV et V.

CHAPITRE X.

Passages de saint Athanase sur la signification du mot de personne *en Jésus-Christ.*

Il est vrai qu'auparavant nous avons marqué un endroit de saint Athanase, où il appelle « deux personnes, l'homme qui est né de Marie, et le Verbe qui est né devant tous les temps; » c'est dans une *Epître à ceux d'Antioche,* autre que celle que nous avons et dans laquelle constamment cela n'est pas; mais Facundus citant celle-ci comme très-autorisée dans les églises [1], je n'en veux point révoquer en doute la vérité : seulement, comme nous n'avons qu'une traduction de cette lettre en latin, on pourroit peut-être douter de quels termes s'étoit servi saint Athanase, ou de celui de δύο πρόσωπα, ou de celui de δύας ὑποστάσεις, puisqu'on traduit souvent en latin l'un et l'autre terme par celui de *personne, persona,* comme il se fait encore aujourd'hui dans nos versions. Ce qui pourroit faire croire qu'il se seroit plutôt servi du mot d'*hypostase* ou de *subsistance,* c'est que la signification n'en étoit pas fixée de son temps, comme il paroît par sa *Lettre synodique à ceux d'Antioche* que nous avons, où il laisse pour indifférent de reconnoître en Dieu trois Hypostases pour y signifier trois Personnes, ou une hypostase pour y signifier une seule nature.

Je laisse donc aux critiques à examiner de quel terme se sera servi saint Athanase dans cette *Epître à ceux d'Antioche,* produite par Facundus; et quoi qu'il en soit, il peut y avoir une raison particulière qui ait porté ce grand homme à employer dans cette Epître le mot de *personne,* je dis même celui de πρόσωπον : car Facundus, par qui seul nous connoissons cette lettre, nous apprend qu'elle étoit faite contre les apollinaristes, et qu'on la leur faisoit souscrire lorsqu'ils se convertissoient à la foi catholique. On sait l'erreur des disciples d'Apollinaire, qui disoient que le Fils de Dieu n'avoit pris qu'un corps humain sans prendre une ame; ou que s'il avoit pris une ame, c'étoit l'ame de l'animal, et non pas ce qui s'appelle l'ame raisonnable et intelligente, ou si l'on veut,

[1] Fac., lib. XI, cap. II, p. 470.

la raison et l'intelligence. Cela étant, il n'auroit pas pris la nature humaine parfaite, il n'auroit pris que le corps et non pas l'ame raisonnable, et ainsi ce qu'il auroit pris ne pourroit être appelé *personne* en nous-mêmes. Car on n'appelle en nous *personne* ni le corps, ni l'ame animale et sensitive, si on la vouloit distinguer de la raisonnable, ni même l'ame raisonnable, ni aucune partie de l'homme, mais le tout, c'est-à-dire le corps et l'ame unis ensemble, et la partie sensitive autant que la raisonnable. C'étoit l'esprit de l'Eglise, en condamnant les hérétiques, de choisir les termes les plus propres à prévenir leurs chicanes et leurs équivoques. C'est ce qui fait même quelquefois varier le langage de l'Eglise; ce qui paroît principalement dans le terme de *consubstantiel*, qui autrefois réprouvé dans les sabelliens, qui en abusoient, fut rétabli contre les ariens, dont il excluoit les raffinemens. Ainsi le mot de *personne*, qui d'une certaine manière signifie la totalité ou l'intégrité et la perfection des natures, peut avoir été choisi par saint Athanase en cette occasion particulière, pour confondre les sectateurs d'Apollinaire, qui ôtant à l'homme en Jésus-Christ une partie aussi essentielle de sa substance qu'est l'ame raisonnable, ne pouvoient pas l'appeler une *personne*, même au sens que nous y appelons les autres hommes; et le mot de *personne* étoit déjà si consacré à exprimer l'unité de la Personne de Jésus-Christ, qu'on le trouve partout ailleurs dans saint Athanase. Dans son livre intitulé : *Que Jésus-Christ est un*, il constitue le mystère de l'Incarnation en « ce qu'il n'y a pas deux personnes en Jésus-Christ, mais une seule Personne, » quoiqu'il y ait deux natures, ce qu'il répète par trois fois. Il le répète encore dans son *Livre de l'Incarnation* contre Paul de Samosate. Il ne peut avoir changé un langage si établi, que comme on a dit, par une vue particulière par rapport à Apollinaire, dont ce terme étouffoit toutes les chicanes. Mais dans le passage de saint Chrysostome, dont nous parlons, ce Père ne disputoit pas contre Apollinaire, qui faisoit en Jésus-Christ l'homme imparfait : il n'avoit donc pas le même besoin que saint Athanase alors du mot de *personne* pour signifier l'intégrité de la nature humaine en Jésus-Christ; au contraire il avoit besoin du mot de *personne* dans la plus étroite signification contre les Juifs et les sabelliens, qui refusoient de reconnoître en Dieu la pluralité des personnes. Ajoutons que cette signification du mot *personne* étoit alors plus fixée et entièrement établie, puisque même les hérétiques se fussent rendus suspects en s'en éloignant et pour cela n'osoient le faire. Ajoutons que saint Chrysostome ne s'en est jamais servi dans un autre sens : ajoutons que le lieu même dont il s'agit exigeoit ce sens propre du mot de *personne*, puisque ce Père, comme on a vu, y vouloit combattre l'unité des personnes que les Juifs et les sabelliens mettoient en Dieu. En falloit-il davantage pour déterminer à ce sentiment un bon et judicieux critique ? Mais c'est que le nôtre aime à charger les Pères et à excuser les hérétiques.

CHAPITRE XI.

M. Simon emploie contre les Pères et même contre les plus grands, les manières les plus dédaigneuses et les plus moqueuses.

C'est ici le temps de montrer combien la critique de M. Simon est injurieuse aux Pères, et combien il affecte de faire voir toutes sortes de défauts dans ces grands hommes.

Premièrement leur doctrine n'est pas saine. Pour saint Augustin, il n'y faut pas seulement penser : c'est un novateur à qui on fait favoriser le calvinisme : saint Chrysostome, qui est celui que l'auteur semble vouloir relever le plus, parle en nestorien : saint Jérôme est ennemi de l'épiscopat : saint Hilaire ôte à Jésus-Christ la crainte et la tristesse selon sa nature humaine [1]. Il pouvoit dire la douleur des sens avec autant de raison. « Quelqu'effort que les scholastiques fassent pour concilier la doctrine de ce Père avec les sentimens de l'Eglise, il est difficile qu'ils y réussissent [2]. » C'est l'arrêt de M. Simon. Les Pères bénédictins, plus habiles critiques que lui, ne sont pourtant pas de son sentiment, et l'on peut voir leur dissertation dans la nouvelle édition de saint Hilaire ; mais M. Simon n'estime pas tout ce qui tend à justifier les saints docteurs, et à rendre la tradition uniforme. Saint Hilaire n'est pas ici le seul coupable : saint Jérôme ne s'éloigne pas de son sentiment :

[1] P. 134. — [2] P. 129.

M. Simon le prononce ainsi[1]. Il prend tout au pis contre les Pères, et s'il y a quelque chose qui paroisse dur ou suspect dans leurs écrits, c'est partout ce qu'il relève. Voilà pour les grandes fautes qui regardent la foi. Les petites, que nous ferons consister dans la manière d'exposer l'Ecriture sainte, n'inspirent pas moins de mépris pour ces grands hommes.

Quoiqu'il préfère les Grecs aux Latins, les premiers ne se sauvent point de sa censure. L'idée qu'il donne d'abord de saint Basile comme d'un rhéteur, nous a déjà fait sentir le peu d'estime qu'il en fait, puisque rhéteur et déclamateur, selon lui, est la même chose. Il est pourtant bien certain, par le commun consentement de tout le monde et des critiques anciens comme des modernes, de Photius comme d'Erasme, que ce grand homme est un des plus graves, des plus exacts et des plus savans, comme des plus éloquens écrivains de l'Orient.

Saint Grégoire de Nazianze, rhéteur comme lui, a déjà eu son éloge : mais en voici un nouveau qu'il ne faut pas oublier. Parmi les discours de ce Père, qui sont au nombre de cinquante-deux, il y en a un que M. Simon a voulu traiter d'homélie, ce qui lui donne lieu d'en faire l'éloge en ces termes : « Il seroit à désirer que nous eussions d'autres homélies de ce savant évêque sur le Nouveau Testament; car bien qu'il soit plus orateur que commentateur, il fait connoître de temps en temps qu'il étoit exercé dans le style des Livres sacrés. » N'est-ce pas là une admirable louange pour un homme, dont tout le discours n'est qu'un judicieux tissu de l'Ecriture, et qui en fait paroître partout une connoissance profonde ? Quel fruit veut-on qu'on espère de la lecture des saints docteurs, si tout ce qu'on peut arracher en faveur des plus excellens, quoiqu'ils passassent leurs jours dans la méditation des saints Livres, c'est qu'il leur échappe quelque chose *de temps en temps,* par où l'on pourroit juger qu'ils *sont exercés dans l'Ecriture ?* Au reste ce sont toujours en apparence de grandes louanges parmi ces dédaigneuses façons de parler ; c'est toujours *ce docte Père, ce savant évêque ;* c'est le style perpétuel de M. Simon. *Il seroit à désirer qu'il eût fait d'autres homélies ;* mais par malheur il n'y en

[1] P. 219.

a point; et quand on en vient au fruit qu'on peut recueillir du travail de ces savans hommes, on ne trouve plus rien entre ses mains.

Saint Grégoire de Nysse est un troisième rhéteur de l'Eglise grecque. Voici encore pour lui un éloge particulier de M. Simon : « Nous avons cinq homélies de saint Grégoire de Nysse sur l'*Oraison Dominicale,* où il explique toutes les parties de cette prière les unes après les autres[1]. » Il semble qu'il n'y a là qu'à louer ce Père et sa manière exacte de tout expliquer l'*un après l'autre ;* il viendra pourtant un *mais,* et le voici : « Mais cet ouvrage, dit-on, est plutôt d'un prédicateur éloquent que d'un interprète de l'Ecriture ; » comme si pour interpréter l'Ecriture il ne falloit que de la critique, et que les instructions morales tirées, comme elles le sont dans ces homélies, du texte de l'Evangile, n'en étoient pas la véritable interprétation. Que l'auteur se déclare au moins comme un homme qui ne prétend que peser les mots, et qu'en humble grammairien il évite la théologie, qu'il ne traite aussi bien que pour la gâter.

Nous avons vu avec quel mépris sont traitées les *Oraisons* contre Eunome, c'est-à-dire un des plus solides ouvrages de saint Grégoire de Nysse, et l'on peut juger par cet essai de l'estime qu'il fait des autres. Cependant il semble à la fin qu'il ait voulu approuver quelqu'un des écrits de ce Père : « Le livre, dit notre auteur, où il fait paroître plus d'application à sa matière, est son second discours sur la résurrection de Notre-Seigneur[2]. » A la bonne heure : on verra du moins quelque livre de ce Père qui sera du goût de notre critique : « Mais, ajoute-t-il aussitôt, il y a sujet de douter qu'il soit véritablement de lui. » Notre auteur le croit plutôt, et avec raison, d'Hésychius, prêtre de Jérusalem ; et l'ouvrage qu'il loue le plus de saint Grégoire de Nysse, et où il le trouve *le plus appliqué à sa matière,* n'est pas de lui.

Tout est plein dans son ouvrage de ces tours malins, où les louanges tournent tout à coup en dérision, et il semble qu'il n'ait écrit que pour inspirer du mépris des Pères, en faisant semblant de les louer.

[1] P. 114. — [2] P. 111, 112.

CHAPITRE XII.

Pour justifier les saints Pères, on fait voir l'ignorance et le mauvais goût de leur censeur dans sa critique sur Origène et sur saint Athanase.

Mais afin qu'en découvrant le venin qui est répandu dans tout son livre, je donne aussi l'antidote pour s'en préserver, deux choses me persuadent que M. Simon, l'Aristarque de notre siècle, qui porte son jugement sur tous les auteurs, est sans goût comme sans savoir dans la langue grecque. L'une est ce qu'il dit d'Origène, l'autre ce qu'il prononce sur saint Athanase.

Sur Origène : « Il n'est pas vrai, dit-il, comme l'assure Erasme, que la diction d'Origène soit claire ; elle est au contraire embarrassée et obscure[1]. » Je crois qu'il est le premier qui ait donné ces qualités au style d'Origène, et qui ajoute « qu'on ne peut point en donner une plus fausse idée, » que d'assurer, comme fait Erasme, qu'il ne les a pas. C'est être sans réflexion et sans sentiment que de n'être pas touché de la netteté du style d'Origène dans ses livres *contre Celse*. La *Philocolie*, qui est un extrait des ouvrages de ce docte auteur, est de même goût et de même caractère. Saint Jérôme, qui a traduit quatorze de ses homélies sur Ezéchiel, dit qu'il tâchera de conserver dans sa version « la simplicité du discours de cet auteur, qui est son propre caractère[2]. » Son discours sur l'oraison, son exhortation au martyre et ce qu'a donné au public le savant évêque d'Avranches, ne dégénère point de cet esprit. Mais, dit notre auteur, « si Erasme avoit lu en grec les commentaires d'Origène sur saint Jean, il n'en auroit pas parlé comme il a fait. » C'est, en vérité, à M. Simon une pitoyable critique que d'excepter contre un jugement qu'Erasme porte en général un livre particulier, qui n'étoit pas encore public de son temps, et qui pourroit après tout n'avoir pas été si travaillé ni de même perfection que les autres. Mais ici M. Simon se trompe encore. On n'a qu'à lire quelques tomes du *Commentaire de saint Jean*, par exemple, le treizième et les suivans, où l'évangile de la Samaritaine est traité, pour voir si Origène y est embarrassé dans son

[1] P. 130. — [2] *Prolog. in Ezech.*

style, ou obscur dans sa diction. Il peut y avoir du plus ou du moins, mais enfin un si bel esprit ne se dément jamais tout à fait, et on ne sait où M. Simon a pris cette différence du *Commentaire sur saint Jean* d'avec les autres. Il y eût eu plus de sens et une meilleure critique à distinguer avec saint Jérôme parmi les ouvrages d'Origène, ses homélies, ses tomes et ses traités dogmatiques, dont le style est différent comme le dessein. Quoi qu'il en soit, il doit suffire à Erasme d'avoir bien jugé des ouvrages qu'il a vus. Si sur cela il a prononcé que « la diction d'Origène est nette dans les matières obscures, » que son discours est coulant, ou pour me servir de ses propres termes, « qu'il avance, qu'il marche bien et ne charge pas les oreilles de paroles qui les fatiguent, » les deux premiers caractères, qui sont la netteté et la fluidité du discours, conviennent partout à Origène; la brièveté n'est pas égale. En général elle est assez rare dans les Pères grecs. Origène l'a bien su trouver en certains endroits, et assez pour donner lieu à Erasme de dire qu'il étoit court quand il le falloit ; car il ne le faut pas toujours, et dans des matières aussi importantes que celles de la religion, souvent il n'est pas permis de serrer le style. C'est autre chose de raffiner trop dans les pensées, qui est le vice d'Origène, autre chose d'être embarrassé dans son expression.

Si donc M. Simon avoit dit qu'Origène peut bien penser trop subtilement, être trop fécond dans ses conceptions, trop étendu dans ses vues et par là, en plusieurs endroits, dissemblable de lui-même : s'il avoit su distinguer l'obscurité des matières, qui n'étoient pas encore assez démêlées, d'avec l'obscurité du style, il auroit parlé plus juste sur ce grand auteur. On ne peut douter qu'Erasme n'en ait mieux connu que lui le caractère ; et pendant que nous en sommes sur ces deux censeurs, faisons-leur justice et disons qu'ils entrent tous deux dans la théologie plus avant qu'il ne convient à des critiques ; et pour ce qui est de leur art, si Erasme a raison en cet endroit, constamment il décide mal en beaucoup d'autres. Mais M. Simon, qui s'imagine être quelque chose parce qu'il s'élève au-dessus d'Erasme en le reprenant, se montre trop vain, et sur le sujet d'Origène aussi injuste qu'ignorant.

Mais voici une autre ignorance dont il se défendra encore moins, c'est d'avoir dit de saint Athanase « que s'il n'avoit rien de grand et d'élevé dans ses expressions, il est fort et pressant dans ses raisonnemens. » La dernière partie, qui regarde le raisonnement, est incontestable; mais pour ce qui est de l'expression, M. Simon visiblement ne sait ce qu'il dit. *Rien de grand ni d'élevé dans l'expression !* Ce n'est donc pas ici un orateur, à qui il arrive de tomber quelquefois : son style rampe partout et il n'a garde de tomber, puisqu'il ne s'élève jamais. C'est précisément tout le contraire. Car le caractère de saint Athanase, c'est d'être grand partout; mais avec la proportion que demande son sujet. Sans doute que M. Simon n'aura pas lu, si ce n'est peut-être en courant, ses admirables apologies, dont le sujet ne vise pas à la critique; mais il faut n'avoir rien lu de ce Père, ou avoir lu les deux grands discours qui sont à la tête de ses ouvrages, dans l'un desquels il détruit le paganisme et dans l'autre il établit la vérité de la religion chrétienne. C'est là qu'il traite à fond l'unité de Dieu, l'immortalité de l'ame, la conversion des Gentils, la réprobation des Juifs, les miracles, les prophéties, la prédication de Jésus-Christ, avec la beauté de sa morale, en un mot tout ce qu'il y a de plus grand dans la religion; mais l'expression suit toujours la grandeur des choses. Il est vrai qu'il ne paroît point s'élever, parce que sans se guinder ni faire d'effort, partout il se trouve égal à son sujet. Il en est de même de ses autres ouvrages qui demandent de la grandeur; et en particulier ses cinq *Oraisons*, ou comme les appellent les anciens, ses cinq *Livres contre les ariens*, surtout le troisième, sont des chefs-d'œuvre d'éloquence aussi bien que de savoir. Enfin soit qu'il traite des dogmes, comme dans ces cinq *Oraisons*, soit qu'il s'étende sur les faits, tels que sont dans ses *Apologies* la violence d'un Syrien, la sourde persécution de Constance, les tragédies des ariens sur le calice rompu, la profanation des autels, le bannissement du pape Libère, d'Hosius et de tant d'autres saints, le sien propre et les calomnies dont on se servoit pour rendre sa personne odieuse, on le trouve toujours le même. Un des plus grands critiques qui fut jamais, c'est Photius, qui admire partout, non-seulement la grandeur des pensées et la netteté de l'élocution que M. Simon ne conteste pas, mais encore dans l'expression et dans le style l'élégance avec la grandeur, la noblesse, la dignité, la beauté, la force, toutes les graces du discours, la fécondité ou l'abondance, mais sans excès, τὸ γόνιμον, τὸ ἀπέριττον, la simplicité avec la véhémence et la profondeur, c'est-à-dire tout ce qui compose le sublime et le merveilleux ; à quoi il faut ajouter dans les matières épineuses et dialectiques, l'habileté de ce Père à laisser les termes de l'art pour prendre en vrai philosophe, ἐμφιλοσόφως, la pureté des pensées avec tous les ornemens et la magnificence convenable, μεγαλοπρεπῶς, voilà ce qu'on trouvera dans Photius[1]. Mais ces beautés ne se prouvent pas par témoins à qui n'a pas le sentiment pour les goûter ; et je soutiens à M. Simon, le prince des critiques de nos jours, que qui que ce soit qu'il ait copié dans l'endroit où il a jugé de saint Athanase, il faut non-seulement être insensible à toutes les beautés du style, mais encore avoir ignoré le fond de la langue grecque pour ne sentir pas dans ce grand homme, avec la force et la richesse de l'expression, cette noble simplicité qui fait les Démosthènes. Voilà donc sans contestation, et du commun consentement des connoisseurs, le vrai caractère de saint Athanase, à qui on voudroit donner en partage *un style qui n'a rien de grand ni d'élevé,* et la netteté tout au plus.

J'avoue que ce n'est pas un fort grand malheur de ne pas discerner les styles, ou même de ne pas savoir beaucoup le grec, quand on ne se pique pas d'y être maître et qu'on ne pretend pas au premier rang de ceux qui savent les langues et la critique ; mais lorsqu'on se fait valoir par une science d'un si bas ordre, jusqu'à croire par son moyen acquérir le droit de prononcer sur la foi et de mépriser les saints Pères, c'est aux prélats de l'Eglise à rabattre cet orgueil et à montrer combien la critique est inhabile à pénétrer la théologie, puisqu'elle se trompe si grossièrement sur son propre sujet, qui est la finesse des langues et la connoissance des styles.

[1] Phot., *Bibl.*, cod. CXL.

CHAPITRE XIII.

M. Simon avilit saint Chrysostome, et le loue en haine de saint Augustin.

La louange des homélies et du style de saint Chrysostome feroit honneur à M. Simon[1], si on n'y trouvoit trop visiblement une affectation d'élever ce Père pour déprimer saint Augustin, que sa doctrine sur la grace de Jésus-Christ lui rend odieux. C'est un éloge assez surprenant des homélies de saint Chrysostome, d'avoir mis la principale partie de l'effet qu'elles produisirent sur l'esprit de ses auditeurs, en ce qu'il ne leur parloit point « de grace efficace, » comme si c'étoit une erreur de prêcher cette grace qui tourne les cœurs où elle veut, et comme si saint Paul eût affoibli sa prédication en exhortant si souvent les fidèles à la demander. Quelle grace ce grand Apôtre demandoit-il pour les Corinthiens, lorsqu'il disoit ces paroles : « Nous prions Dieu que vous ne fassiez aucun mal[2], » sinon celle qui les empêchoit effectivement de commettre le péché, et qui les délivroit avec un effet très-certain d'un si grand mal? Saint Chrysostome n'avoit pas besoin d'une louange où sous prétexte de lancer un trait contre saint Augustin, on le fait lui-même contraire à saint Paul.

C'est encore dans le même esprit que le même M. Simon parle en ces termes : « Si l'on compare les homélies de saint Chrysostome avec ces discours de saint Augustin (sur saint Jean), on remarquera une très-grande différence entre ces deux savans évêques. Le premier évite toujours les allégories et les pensées trop subtiles : saint Augustin au contraire les affecte presque partout, et l'on ne voit pas même quelquefois où il veut aller[3]. » Je ne veux ici remarquer que le faux zèle du critique pour saint Chrysostome. « Il évite toujours, dit-il, les allégories. » Si c'est en cela qu'on le préfère à saint Augustin, rien n'empêche qu'on ne le fasse en même temps plus sage que saint Paul. Pour ce qui est des *subtilités*, lorsqu'il les fait toutes éviter à saint Chrysostome, il oublie ce qu'il dit lui-même, que *les réflexions* de saint Chrysostome sur *un passage* de saint Paul *sont fort subtiles :* que

---
[1] P. 155. — [2] II *Cor.*, XIII, 7. — [3] P. 250.

s'il se sauve par le *trop*, c'étoit à lui à montrer par quelque chose d'un peu d'importance dans saint Augustin en quoi étoit ce trop de subtilité, « qui fait qu'on ne voit pas quelquefois où il veut aller [1]. » Autrement nous condamnerons la témérité d'un censeur qui parle sans preuves comme s'il disoit des oracles, et nous prendrons l'aveu qu'il nous fait de ne pouvoir suivre saint Augustin pour un témoignage de son ignorance.

Au reste quelque favorable qu'il semble être à saint Chrysostome, il a son coup comme les autres, et l'ongle de notre critique ne l'épargne pas. En parlant de ses homélies sur *saint Matthieu*, qui sont son chef-d'œuvre : « Si, dit-il, on n'y apprend pas le sens littéral du texte de saint Matthieu, l'on y voit au moins quelle étoit la doctrine de son temps [2]. » Voilà une belle ressource à qui veut qu'on lui explique la lettre, qui est pourtant ce qu'on cherche dans saint Chrysostome. Quand il excuse, un peu après, ses digressions morales sur la nature des discours qu'on fait au peuple, il ne le rend pas pour cela plus foncièrement littéral ; et quand il ajoute encore « qu'il n'y a aucun écrivain ecclésiastique qui se soit attaché autant dans ses homélies à expliquer la lettre de l'Ecriture, » ce n'est pas dire qu'il s'y attachât beaucoup ; mais que les autres écrivains ecclésiastiques ne s'y attachoient guère et qu'en tout cas, en s'y attachant, ils réussissoient fort peu à la faire entendre, puisqu'avec saint Chrysostome, qui s'y attachoit le plus, on ne l'entend pas. Voilà comme la dent venimeuse de notre critique répand le mépris sur tous les Pères, en commençant par les Grecs qu'il fait semblant d'estimer.

CHAPITRE XIV.

Hilaire diacre et Pélage l'hérésiarque préférés à tous les anciens commentateurs, et élevés sur les ruines de saint Ambroise et de saint Jérôme.

Pour venir aux interprètes latins, M. Simon est de si bon goût, qu'il ne paroît estimer véritablement que le diacre Hilaire schismatique lucifériens, et Pélage l'hérésiarque. Voici ce qu'il dit d'Hilaire : « Sixte de Sienne a donné en peu de mots la véritable idée de ses *Commentaires sur saint Paul*, quand il dit qu'ils sont à la

[1] P. 189. — [2] P. 151.

vérité courts pour ce qui est des paroles, mais qu'ils méritent d'être pesés pour ce qui regarde le sens[1]. » Et il ajoute « que cela seul devoit faire juger qu'ils n'étoient pas de saint Ambroise, dont le style est bien différent de celui-là ; » où visiblement il fait tomber la différence autant sur la gravité *du sens qui mérite d'être pesé* que sur la brièveté du discours; en quoi il donne un double plaisir à sa maligne critique : l'un, d'insinuer que saint Ambroise n'a pas cette gravité et ce sens qui mérite d'être pesé ; l'autre, de donner à un schismatique, favorable selon lui-même aux pélagiens, un éloge fort au-dessus de tous ceux qu'il a donnés aux orthodoxes, ajoutant même « qu'il y a peu d'anciens commentaires sur les *Epîtres* de saint Paul, et même sur tout le Nouveau Testament, qu'on puisse comparer à celui-là. »

Quand il dit qu'il y en a peu qu'on lui puisse égaler, il déclare déjà qu'il y en a peu qui le surpassent, pas même ceux de saint Jérôme, dont il semble faire tant d'état. Et en effet, après avoir donné à ce Père en apparence les plus grands éloges du monde, en disant que « la connoissance des langues, celle des anciens commentateurs grecs et latins qu'il avoit tous lus[2], et enfin celles des coutumes et des usages des peuples d'Orient[3], lui fournissoient les moyens de s'élever au-dessus de tous les autres commentateurs, dans la suite il ne songe plus qu'à le déprimer; ce qu'il fait même selon sa coutume avec dérision en le louant : « Cette observation est à la vérité docte, mais le raisonnement de ce savant critique (saint Jérôme) n'est pas concluant[4]. » Il continue ce langage moqueur dans ces paroles : « La grande érudition de ce Père paroît encore sur ce passage du *Deutéronome ;* mais son raisonnement n'est guère plus concluant que le précédent. » Il affecte presque partout de ne rapporter de ce Père que ce qu'il y blâme. Il relève surtout ses contradictions, dont il rend des raisons peu avantageuses à ce saint; et il semble qu'il ait voulu effacer par un seul trait toutes les louanges dont il a paru vouloir l'honorer, en disant, « qu'après tout peut-être eût-il été mieux que ce docte Père eût fait paroître moins d'érudition dans ses commentaires, et qu'il y eût eu un peu plus de raisonnement[5]. »

[1] P. 134. — [2] P. 209. — [3] P. 212. — [4] P. 224. — [5] P. 231.

Jusqu'ici on juge aisément que la palme des commentateurs demeure à Hilaire. Loin de lui savoir mauvais gré de favoriser les sentimens de Pélage, M. Simon au contraire, comme on le dira bientôt, en prend occasion de lui donner des louanges¹. Pélage même est, après Hilaire, celui des commentateurs qu'il recommande le plus. Il est vrai qu'il semble excepter ses erreurs; mais on verra qu'il les réduit à si peu de chose, qu'à peine un juge équitable le comptera-t-il parmi les hérésiarques. Voilà donc les deux auteurs de M. Simon, et je ne sais lequel des anciens, selon lui, on leur pourroit comparer dans l'explication des Livres saints. Celui qu'on prise le plus parmi les Grecs est saint Chrysostome; mais qu'en peut-on espérer, puisque son commentaire sur saint Matthieu, qui est le plus beau et le plus accompli de ses ouvrages, n'apprend pas la lettre? Saint Jérôme ne raisonne pas : saint Ambroise, comme on vient de voir, est mis beaucoup au-dessous du diacre Hilaire², et d'ailleurs il est méprisé de saint Jérôme; car c'est ce qu'on trouvera soigneusement étalé dans la critique de ce Père. Que reste-t-il donc à l'Eglise, sinon Hilaire et Pélage, qui, joints avec Socin et Grotius, lui apprendront le sens littéral? Et tout cela sur ce fondement, « qu'il faut faire justice à tout le monde³? » Car c'est par là qu'on s'autorise à louer Pélage comme l'un des plus excellens commentateurs. Voilà cette belle équité des critiques de nos jours : elle tend à donner tout l'avantage aux ennemis de l'Eglise pour l'intelligence du sens littéral, et à faire que tous les Pères, jusqu'à saint Jérôme, soient obligés de leur céder; encore qu'à faire justice à ce docte Père, les commentaires tant vantés par notre critique d'Hilaire et de Pélage, ne paroissent que des ouvrages de novices en comparaison de ceux de ce grand maître.

CHAPITRE XV.

Mépris du critique pour saint Augustin, et affectation de lui préférer Maldonat dans l'application aux Ecritures : amour de saint Augustin pour les saints Livres.

Il restoit saint Augustin qui a donné plus de principes pour entendre la sainte Ecriture et pour y trouver la saine doctrine, dont

¹ P. 237, 238. — ² P. 207. — ³ P. 239.

elle est le trésor. Mais notre critique l'estime si peu, que ce lui est même un sujet de blâmer les autres que de l'avoir suivi ; et pour donner quelque couverture au bas rang où il le met, il a fait semblant d'abord, comme on a vu, que c'est en lui préférant saint Chrysostome, et dans la suite que c'est en suivant le jugement de Maldonat, qu'il loue d'avoir préféré son sentiment propre à celui de saint Augustin : en sorte qu'il est au-dessous, non-seulement des anciens, mais encore des modernes. Voici les paroles de notre critique :

« Au reste Maldonat n'est pas si opposé à saint Augustin qu'il n'approuve quelquefois ses interprétations [1]. » Voilà déjà un premier coup : on donne pour caractère à un interprète qu'on loue d'être opposé à saint Augustin, et il semble que ce soit faire honneur à ce Père de l'approuver quelquefois. Mais voici un trait plus violent : « Il le suit en plusieurs autres endroits ; mais ayant plus médité que lui sur l'Ecriture, il n'est pas surprenant qu'il l'abandonne souvent [2]. » Ce qui revient dans un autre endroit, où en parlant de ce passage de saint Paul : « Ce n'est pas de celui qui veut, ni de celui qui court, mais de Dieu qui fait miséricorde [3], » après avoir rapporté l'explication de saint Grégoire de Nazianze, il dit « que saint Augustin n'approuve pas ce sens là ; mais, poursuit-il, il n'avoit peut-être pas assez médité ces sortes d'expressions [4]. » En vérité, je ne croyois pas qu'on en pût venir à ces insolens discours. Qu'est-ce donc que saint Augustin aura médité dans l'Ecriture, s'il n'a pas assez médité les passages sur lesquels il a fondé principalement toute la doctrine de la grace et toute sa dispute avec les pélagiens ? Cependant on dit hardiment qu'il ne méditoit pas assez l'Ecriture, et que Maldonat l'emporte sur lui dans cette étude. Pour parler ainsi, il faut avoir oublié le goût que Dieu lui donna pour les saints Livres après qu'il lui eût ôté celui des orateurs profanes, et même celui des platoniciens pour lesquels il avoit tant d'amour. Tout le monde se souviendra de cette prière fervente de ses *Confessions :* « O Seigneur, que vos Ecritures soient toujours mes chastes délices : que je ne me trompe pas, que je ne trompe personne en les expliquant. Vous, Seigneur, à qui appartiennent le jour et la nuit, faites-moi

[1] P. 628. — [2] P. 629. — [3] *Rom.* ix, 16. — [4] P. 122.

trouver dans les temps qui coulent par votre ordre un espace pour méditer les secrets de votre loi. Ce n'est pas en vain que vous cachez tant d'admirables secrets dans les pages sacrées. Seigneur, découvrez-les-moi ; car votre joie est ma joie et surpasse toutes les délices : donnez-moi ce que j'aime, car j'aime votre Ecriture, et vous-même m'avez donné cet amour : ne laissez pas vos dons imparfaits : ne méprisez pas cette herbe naissante qui a soif de votre rosée : que je boive de vos eaux salutaires depuis le commencement de votre Ecriture où l'on voit la création du ciel et de la terre, jusqu'à la fin où l'on voit la consommation du règne perpétuel de votre Cité sainte [1]. Je vous confesse mon ignorance ; car à qui pourrai-je mieux la confesser qu'à celui à qui mon ardeur enflammée pour l'Ecriture ne déplaît pas? Encore un coup, donnez-moi ce que j'aime, puisque c'est vous qui m'avez donné cet amour. Je vous le demande par Jésus-Christ, au nom du Saint des saints ; et que personne ne me trouble dans cette recherche [2]. » Une telle ardeur pour l'Ecriture, un si fervent désir pour la pénétrer, une crainte si vive de s'y tromper ou de tromper les autres en l'expliquant, permettoit-elle qu'on ne la méditât pas assez, et surtout les *Epîtres* de saint Paul, dont saint Augustin parle en ces termes : « Je m'attachai avec ardeur et avidité au style vénérable de votre Esprit-Saint, surtout dans les *Epîtres* de saint Paul ; et vos saintes vérités s'incorporoient à mes entrailles, quand je lisois les écrits du plus petit de vos apôtres, et je regardois vos ouvrages avec frayeur [3]. »

CHAPITRE XVI.

Quatre fruits de l'amour extrême de saint Augustin pour l'Ecriture : manière admirable de ce saint à la manier : juste louange de ce Père, et son amour pour la vérité : combien il est injuste de lui préférer Maldonat.

C'est par cette ardeur extrême que saint Augustin a obtenu une intelligence profonde de l'Ecriture, qui paroît en quatre choses principales.

La première, que lui seul nous a donné dans le seul *Livre de la*

---

[1] *Conf.*, lib. XI, cap. II, n. 3. — [2] *Ibid.* cap. XXII, n. 28. — [3] *Conf.*, lib. VII, cap. XXI, n. 27.

doctrine chrétienne plus de principes pour entendre l'Ecriture sainte, je l'oserai dire, que tous les autres docteurs, en ayant réduit en effet toute la doctrine aux premiers principes par cet abrégé, qu'elle ne prescrit que la charité et ne défend que la convoitise, par où aussi il a établi les plus belles règles que nous ayons pour discerner le sens littéral d'avec le mystique et l'allégorique; à quoi il a ajouté la véritable critique pour profiter des langues originales et des versions. Cela donc lui est venu de la sainte avidité avec laquelle *il s'est attaché, non-seulement au fond* et à la substance, mais encore, comme il vient de dire, *au vénérable style du Saint-Esprit : Avidissime arripui venerabilem stylum Spiritûs tui;* et c'est de là qu'il est arrivé que ce grand docteur, après de légères oppositions, a été enfin le premier qui a profité du travail de saint Jérôme sur les Ecritures, ce qui a donné l'exemple à toute l'Eglise de préférer sa version à toutes les autres. C'est ce qu'on voit, non-seulement dans ses *Livres de la Doctrine chrétienne,* mais encore dans ses *Miroirs sur l'Ecriture,* qu'il a tous extraits de la docte traduction de ce Père, qui fait aujourd'hui notre Vulgate.

La seconde chose qui nous marque la profonde pénétration de saint Augustin dans l'Ecriture, c'est de nous en avoir fait connoître en divers endroits les véritables beautés, non point dans un ou deux passages, mais en général dans tout le tissu de ce divin Livre et de nous avoir, par exemple, fait sentir l'esprit dont elle est remplie en dix ou douze lignes de sa *Lettre à Volusien,* plus qu'on ne pourroit faire en plusieurs volumes. C'étoit encore le fruit de ce zèle ardent qu'il a fait paroître pour le style de l'Ecriture; ce qui fait aussi qu'il en a tiré pour ainsi dire toute l'onction, pour la répandre dans tous ses écrits.

En troisième lieu par la même ardeur de pénétrer l'Ecriture sainte, il a reçu cette grace d'avoir pressé les hérétiques par ce divin Livre de la manière du monde la plus excellente, et non-seulement la plus vive, mais encore la plus invincible et la plus claire : en sorte que j'oserai dire qu'on ne peut rien ajouter, ni à la solidité de ses preuves, ni à la force dont il les pousse; ce qui a été reconnu par toute l'Eglise et même dans les derniers temps, puisque c'est pour cette raison, comme on le récite encore aujourd'hui dans les leçons de son Office, que les docteurs qui ont traité la théologie avec une méthode plus serrée et plus précise se sont attachés principalement à saint Augustin, et que saint Charles Borromée, dans sa *Lettre à l'Eglise de Milan,* publie avec joie que cette Eglise a engendré par l'instruction et par le baptême en la personne de saint Augustin « celui qui a éteint le manichéisme, étouffé le schisme de Donat, abattu les pélagiens et fait triompher la vérité. »

Enfin le dernier effet de la connoissance des Ecritures dans saint Augustin, c'est la profonde compréhension de toute la matière théologique. Je ne veux point, à l'exemple de M. Simon, élever un Père au-dessus des autres par des comparaisons odieuses, ni à son imitation prononcer comme des arrêts sur la préférence. C'est une entreprise aussi insensée qu'elle est d'ailleurs inutile. Mais c'est un fait qu'on ne peut nier, que saint Athanase, par exemple, qui ne le cède en rien à aucun des Pères en génie et en profondeur, et qui est pour ainsi parler l'original de l'Eglise dans les disputes contre Arius, ne s'étend guère au delà de cette matière. Il en est à peu près de même des autres Pères, dont la théologie paroît renfermée dans les matières que l'occasion et les besoins de l'Eglise leur ont présentées. Dieu a permis que saint Augustin ait eu à combattre toutes sortes d'hérésies. Le manichéisme lui a donné occasion de traiter à fond de la nature divine, de la création, de la providence, du néant dont toutes choses ont été tirées, et du libre arbitre de l'homme, où il a fallu chercher la cause du mal; enfin de l'autorité et de la parfaite conformité des deux Testamens, ce qui l'obligeoit à repasser toute l'Ecriture et à donner des principes pour en concilier toutes les parties ; le donatisme lui a fait traiter expressément et à fond l'efficace des sacremens et l'autorité de l'Eglise. Il a plu à M. Simon de décider, par sa puissance absolue, qu'il n'a rien dit sur la Trinité « qui n'ait été traité plus à fond par les auteurs grecs [1]. » Rien ne seroit plus facile que de le confondre par lui-même ; mais en lui laissant cette affectation de décider sur les Pères et de les commettre, je dirai que saint

[1] P. 272.

Augustin ayant eu à combattre les ariens en Afrique, il a si bien profité du travail des Pères anciens dans les questions importantes sur la Trinité, que les disputes d'Arius avoient rendues célèbres par toute l'Eglise, que par sa profonde méditation sur les Ecritures il a laissé cette importante matière encore mieux appuyée et plus éclaircie qu'elle n'étoit auparavant. Il a parlé de l'incarnation du Fils de Dieu avec autant d'exactitude et de profondeur qu'on a fait depuis à Ephèse, ou plutôt il a prévenu les décisions de ce concile dans la profession de foi qu'il dicta à Léporius et dans deux ou trois chapitres de ses derniers livres; en sorte qu'il n'a pas été besoin qu'il assistât à cette sainte assemblée, comme il y avoit été nommément appelé, puisqu'il en avoit expliqué par avance toute la doctrine. Nous allons parler dans un moment de la secte pélagienne entièrement renversée par saint Augustin. Sans prévenir ce qu'on en doit dire plus amplement dans la suite, on sait qu'elle a donné lieu à ce docte Père de soutenir le fondement de l'humilité chrétienne, et en expliquant à fond l'esprit de la nouvelle alliance, de développer par ce moyen les principes de la morale chrétienne; en sorte que tous les dogmes tant spéculatifs que pratiques de religion ayant été si profondément expliqués par saint Augustin, on peut dire qu'il est le seul des anciens que la divine Providence a déterminé, par l'occasion des disputes qui se sont offertes de son temps, à nous donner tout un corps de théologie, qui devoit être le fruit de sa lecture profonde et continuelle des Livres sacrés.

Il faut encore ajouter la manière dont il manie la sainte doctrine, qui est toujours d'aller à la source et au plus sublime, puisque c'est toujours aux principes. Quand il prêche, il les fait descendre comme par degrés jusqu'à la capacité des moindres esprits : quand il dispute, il les pousse si vivement, qu'il ne laisse pas le loisir aux hérétiques de respirer. De là viennent deux manières de les expliquer : l'une plus libre et plus étendue; l'autre si pressante, qu'il ne laisse jamais languir son discours. Mais il est dans l'un et dans l'autre également concluant; et on en peut faire l'essai principalement dans ses *Sermons sur les paroles de Notre-Seigneur* et sur celles de l'Apôtre, dont notre critique n'a pas daigné parler, où l'on trouve le même fond que dans ses autres traités, mais d'une manière si différente qu'on sent d'abord une main habile et un homme consommé qui, maître de sa matière comme de son style, la manie convenablement suivant le genre de dire ou plus serré, ou plus libre où il se trouve engagé. J'en dirai autant, malgré le critique, des *Traités sur saint Jean*, qui ne diffèrent des livres dogmatiques et polémiques de saint Augustin que par la différence naturelle de cette sorte de livres d'avec les sermons. C'est donc d'un maître si intelligent, et pour ainsi dire si maître, qu'il faut apprendre à manier dignement la parole de vérité, pour la faire servir dans tous les sujets à l'édification des fidèles, à la conviction des hérétiques et à la résolution de tous les doutes, tant sur la foi que sur la morale.

Et pour aller jusqu'à la source des graces de Dieu dans ce Père, il lui avoit imprimé dès son premier âge un amour de la vérité, qui ne le laissoit en repos ni nuit ni jour, et qui l'ayant toujours suivi parmi les égaremens et les erreurs de sa jeunesse, est enfin venu se rassasier dans les saintes Ecritures comme dans un océan immense, où se trouve la plénitude de la vérité qu'il avoit si ardemment et si inutilement recherchée, avant que l'autorité de l'Eglise catholique l'eût enfin amené à cette étude. Dire après cela d'un si grand homme qu'il n'a pas assez médité l'Ecriture sainte, avec laquelle il a passé les nuits et les jours et dont il a toujours fait ses chastes délices, et que pour avoir peut-être plus particulièrement éclairci quelques minuties, si on peut ainsi parler de ce divin Livre, un moderne pour habile qu'il soit, ait pu être élevé au-dessus d'un Père si autorisé, comme s'étant plus appliqué *que lui à méditer sur l'Ecriture :* c'est sans vouloir diminuer la gloire de cet interprète, qui mérite beaucoup de louanges et qui seroit le premier à rejeter celle que veut ici lui donner M. Simon; c'est, dis-je, vouloir égaler le disciple au maître, et s'engager dans des sentimens aussi pleins d'absurdité que d'irrévérence.

Il ne s'agit pas d'examiner si Maldonat a bien ou mal fait de suivre ou de ne suivre pas saint Augustin dans des choses peu essentielles à la piété; mais il s'agit de savoir s'il est permis à un critique, sous prétexte qu'il débitera avec plus de témérité que de science un peu de grec et un peu d'hébreu, de prendre contre les saints Pères et contre saint Augustin cet air méprisant, ou ce qui est encore plus insensé, de les traiter de novateurs. Voilà où je réduis la difficulté, et c'est sur quoi M. Simon doit satisfaire le public.

CHAPITRE XVII.

Après avoir loué Maldonat pour déprimer saint Augustin, M. Simon frappe Maldonat lui-même d'un de ses traits les plus malins.

Et pour dire un mot en passant de Maldonat, qu'il semble vouloir élever au-dessus des Pères, ce critique malfaisant lui donne d'ailleurs le plus mauvais caractère qu'il soit possible, lorsqu'en le louant de ne s'être guère attaché à l'autorité des saints docteurs, il ajoute, ce qui seroit à cet interprète le comble de l'absurdité, que souvent il les citoit sans les avoir lus. D'abord donc il le loue comme un homme libre, qui expose franchement sa pensée, « sans considérer le nombre des auteurs qui lui sont contraires[1]; » et en parlant d'une certaine interprétation, il prononce sans hésiter, « que le docte Maldonat a eu raison de la préférer, sans avoir égard à l'autorité des Pères[2], » ce qui est d'une manifeste irrévérence. Mais ce qu'il y a de plus malin, c'est qu'il se trouve à la fin que cet interprète, qu'il appelle *docte* avec raison, si on en juge par M. Simon, ne l'étoit pas tant qu'il le vouloit paroître, puisque selon ce critique, « il n'avoit pas lu dans la source tout ce grand nombre d'écrivains ecclésiastiques qu'il cite; mais qu'il avoit profité, comme il arrive ordinairement, du travail de ceux qui l'ont précédé. Aussi n'est-il pas si exact que s'il avoit mis lui-même la dernière main à son Commentaire[3]. » En quoi il veut noter en passant, non-seulement Maldonat qu'il accuse de n'avoir pas consulté les originaux, mais encore ceux qui sont chargés de coter à la marge les endroits des Pères qu'il avoit nommés en général; et sans ici approfondir ce fait inutile, je le rapporte seulement afin qu'on remarque les manières de M. Simon, qui en faisant mépriser les Pères à un interprète, lui donne en même temps le mauvais air de les citer avec plus d'ostentation que de vérité, puisque

[1] P. 624 et suiv. — [2] P. 247. — [3] P. 618.

c'étoit sans les lire; ce qui montre que les auteurs, du moins catholiques, qu'il semble le plus louer, sont loués malignement dans le dessein de faire servir leur sentiment à son dessein, qui étoit ici d'affoiblir l'autorité des saints Pères, et notamment celle de saint Augustin.

CHAPITRE XVIII.

Suite du mépris de l'auteur pour saint Augustin : caractère de ce Père peu connu des critiques modernes : exhortation à la lecture des Pères.

On ne peut donc avoir que du mépris pour la critique passionnée et malicieuse de M. Simon, que sa présomption aveugle partout; et surtout il fait pitié à l'endroit où, après avoir parlé de ces « beaux principes de théologie [1] » de saint Augustin, à qui pourtant, comme on a vu, il ne manque rien selon notre auteur, que d'être bien appuyés sur l'Ecriture, il continue en cette sorte : « Il y a néanmoins, dit-il, quelques endroits qu'il explique très-bien à la lettre, mais il faut beaucoup lire pour cela. » Mais au contraire, s'il est vrai, comme il est certain, que « ces principes de théologie » sont le pur esprit de la lettre de saint Jean, saint Augustin qui ne les quitte jamais, sera ordinairement très-littéral. L'auteur poursuit : « Il est même quelquefois critique, descendant jusqu'aux plus petites minuties de grammaire, d'où il prend occasion de faire des réflexions judicieuses [2]. » Il semble que las de censurer toujours un si grand homme, il se laisse enfin arracher quelque petite louange. Il n'y en a point de plus mince que celle de faire « quelques réflexions judicieuses sur la grammaire; » mais il se trouve pourtant que celle que marque l'auteur ne paroît que pour être aussitôt après réfutée comme *trop subtile* [3], et venant de l'ignorance d'un hébraïsme. En un mot, il ne loue jamais que pour introduire un blâme, et il conclut enfin sa critique par ces paroles : « Au reste, il y a un je ne sais quoi qui plaît d'abord dans les manières de saint Augustin et qui fait goûter ses fréquentes digressions : ses pointes et ses antithèses ne sont point désagréables, parce qu'il les accompagne de temps en temps de

[1] P. 250. — [2] P. 250 et 251. — [3] P. 251.

belles leçons sur la théologie ; néanmoins ses lieux communs sont quelquefois ennuyeux [1]. »

On voit qu'il n'y a louange, pour petite qu'elle soit, qui n'ait coûté à notre censeur et qu'il ne se soit arrachée lui-même par une espèce de violence, pour satisfaire à la coutume de louer les Pères. Il n'y a pas jusqu'à ces « belles leçons de théologie, » toutes foibles qu'elles sont selon notre auteur, puisqu'elles sont si éloignées du sens littéral, qui ne soient contrebalancées par ce petit mot, « qu'elles reviennent de temps en temps » et de loin en loin, et encore pour empêcher que « les pointes et les antithèses » de saint Augustin « ne soient désagréables. » Vous diriez qu'il est tout hérissé de pointes, d'antithèses, de subtilités qui ne vont à rien, tout rempli de digressions et d'allégories. C'est l'idée que prendront de saint Augustin les jeunes étudians qui ne le liront que dans M. Simon, ou peut-être par-ci par-là dans l'original, pour faire quelques argumens. Telle est l'idée qu'on donne d'un Père, lorsque, sans prendre son vrai caractère, on affecte de n'en remarquer que les endroits moins exacts. Mais il importe de faire entendre que saint Augustin en lui-même est toute autre chose. Il a des digressions, mais comme tous les autres Pères, quand il est permis d'en avoir, dans les discours populaires, jamais dans les traités où il faut serrer le discours, ni contre les hérétiques. Il a des allégories comme tous les Pères, selon le goût de son siècle, qu'on a peut-être poussé trop avant, mais qui dans le fond étoit venu des apôtres et de leurs disciples. Les pointes, les antithèses, les rimes mêmes, qui étoient encore du goût de son temps, sont venues tard dans ses discours. Erasme, qui sans doute ne le flatte guère, cite les premiers écrits de saint Augustin comme des modèles, et remarque qu'il a depuis affoibli son style, pour s'accommoder à la coutume et suivre le goût de ceux à qui il vouloit profiter. Mais après tout, que ces minuties sont peu dignes d'être relevées! Un savant homme de nos jours dit souvent qu'en lisant saint Augustin, on n'a pas le temps de s'appliquer aux paroles, tant on est saisi par la grandeur, par la suite, par la profondeur des pensées. En effet le fond de saint Augustin c'est d'être nourri

[1] P. 231.

de l'Ecriture, d'en tirer l'esprit, d'en prendre, comme on a vu, les plus hauts principes, de les manier en maître et avec la diversité convenable. Après cela qu'il ait ses défauts, comme le soleil a ses taches, je ne daignerois ni les avouer, ni les nier, ni les excuser ou les défendre. Tout ce que je sais certainement, c'est que quiconque saura pénétrer sa théologie aussi solide que sublime, gagné par le fond des choses et par l'impression de la vérité, n'aura que du mépris ou de la pitié pour les critiques de nos jours, qui sans goût et sans sentiment pour les grandes choses ou prévenus de mauvais principes, semblent vouloir se faire honneur de mépriser saint Augustin qu'ils n'entendent pas.

C'est ce que j'ai voulu dire à M. Simon, afin qu'il cesse de parler si indignement de saint Augustin et des Pères; et je veux bien encore avertir un sage lecteur qu'il ne faut pas se laisser séduire à l'esprit moqueur et mordant de ce critique. Il est bien aisé de ravilir les Pères, quand on n'en montre que ce qu'on veut, et que pour le reste, à la faveur de quelque critique, on s'érige en juge, qui décide de ce qu'il lui plaît, sans en dire le plus souvent aucune raison. Qui pourroit souffrir un auteur qui prononce à toutes les pages, en parlant des Pères : « Il est plus exact, il est moins exact, il est plus judicieux, il l'est moins ? » Parle-t-on ainsi des saints docteurs, et se donne-t-on avec eux cet air d'autorité dédaigneuse, lorsqu'on les reconnoît pour ses maîtres ? Aussi n'est-ce pas l'esprit de M. Simon; mais ses erreurs seront connues de tous comme celles de ces novateurs dont parle saint Paul [1]; et encore que je ne puisse entrer dans le fond de tant de matières critiques et autres qu'il a traitées, on apprendra du moins par ce discours à mépriser le jugement qu'il fait des saints Pères; ce que j'ai principalement entrepris, comme un vieux docteur et un vieux évêque, quoique indigne de ce nom, en faveur des jeunes théologiens, de peur que, séduits par une critique médisante, ils ne mettent leur espérance, pour l'intelligence des saints Livres, dans les écrits des ennemis de l'Eglise.

Quiconque donc veut devenir un habile théologien et un solide interprète, qu'il lise et relise les Pères. S'il trouve dans les mo-

[1] II *Tim.*, III, 9.

dernes quelquefois plus de minuties, il trouvera très-souvent dans un seul livre des Pères plus de principes, plus de cette première séve du christianisme, que dans beaucoup de volumes des interprètes nouveaux, et la substance qu'il y sucera des anciennes traditions le récompensera très-abondamment de tout le temps qu'il aura donné à cette lecture. Que s'il s'ennuie de trouver des choses qui, pour être moins accommodées à nos coutumes et aux erreurs que nous connoissons, peuvent paroître inutiles, qu'il se souvienne que dans le temps des Pères elles ont eu leur effet, et qu'elles produisent encore un fruit infini dans ceux qui les étudient, parce qu'après tout ces grands hommes sont nourris de ce froment des élus, de cette pure substance de la religion; et que pleins de cet esprit primitif, qu'ils ont reçu de plus près et avec plus d'abondance de la source même, souvent ce qui leur échappe et qui sort naturellement de leur plénitude est plus nourrissant que ce qui a été médité depuis. C'est ce que nos critiques ne sentent pas; et c'est pourquoi leurs écrits, formés ordinairement dans les libertés des novateurs et nourris de leurs pensées, ne tendent qu'à affoiblir la religion, à flatter les erreurs et à produire des disputes.

SECONDE PARTIE.

Erreurs sur la matière du péché originel et de la grace.

LIVRE V.

M. SIMON, PARTISAN DES ENNEMIS DE LA GRACE, ET ENNEMI DE SAINT AUGUSTIN :
L'AUTORITÉ DE CE PERE.

CHAPITRE PREMIER.

Dessein et division de cette seconde partie.

Dans cette seconde partie, le pélagianisme de M. Simon sera découvert par deux moyens : premièrement, par une disposition générale qu'il témoigne vers cette hérésie ; secondement, par ses erreurs qu'on marquera en particulier. Cette disposition générale vers l'hérésie de Pélage paroît encore par deux endroits, dont l'un est l'inclination pour ceux qui l'ont défendue, et l'autre est l'aversion répandue dans tout son ouvrage contre le Père qui l'a étouffée. Ses erreurs sur cette matière se rapportent aussi à deux chefs : il erre manifestement sur le péché originel; il erre bien certainement, mais quelquefois d'une manière plus enveloppée, sur la grace. C'est ce qu'il faudra expliquer par ordre.

CHAPITRE II.

Hérésie formelle du diacre Hilaire sur les enfans morts sans baptême, expressément approuvée par M. Simon contre l'expresse décision de deux conciles œcuméniques, celui de Lyon II, et celui de Florence.

Premièrement donc, il fait paroître son inclination vers Pélage par celle qu'il a témoignée pour le Commentaire autrefois attribué à saint Ambroise, mais qui constamment n'en est pas, sur les *Epîtres de saint Paul*. L'auteur de ce Commentaire fait la matière d'une grande contestation parmi les savans : quelques-uns le font arien, et M. Simon a raison de le justifier de cette hérésie. Si c'est le diacre Hilaire, comme je le veux supposer avec notre auteur, sans préjudice de tout autre sentiment, il est bien certain qu'il a été du schisme des lucifériens, qui n'a pas été moins bizarre que celui des donatistes. On prétend qu'il en est revenu, et je ne vois aucune raison de s'y opposer. M. Simon, au contraire, prétend voir des marques de son erreur ou, comme il parle, « des préjugés de sa théologie » au commencement de son Commentaire [1]. Elles sont bien vaines ; mais laissons ces raffinemens de critique, et venons aux sentimens de cet auteur sur les erreurs de Pélage. M. Simon en produit un passage exprès pour le péché originel, qui aussi a été cité par saint Augustin sous le nom de saint Hilaire[2], qui peut être le diacre Hilaire revenu du schisme et appelé saint selon la coutume du siècle, ou quelqu'autre Hilaire inconnu, puisque constamment le commentaire d'où ces paroles sont tirées, n'est pas du saint évêque de Poitiers. Mais notre critique ajoute deux choses au passage de cet Hilaire, quel qu'il soit, qui font voir trop clairement que cet auteur n'a pas raisonné conséquemment, et que dans la suite il s'est écarté aussi bien que M. Simon de la doctrine de l'Eglise : l'une est qu'Hilaire distingue « deux sortes de mort, dont la première est la séparation de l'ame d'avec le corps, et la seconde est la peine qu'on souffre dans les enfers ; » et il dit de cette dernière « que nous ne la souffrons pas pour le péché d'Adam, mais à son occasion pour nos propres péchés [3]. » Sur quoi la décision de M. Simon est, « qu'il n'y a rien en cela qui ne soit conforme à la créance des anciens Pères, qui ont tous attribué à notre libre arbitre notre salut et notre perte. » C'est là un manifeste pélagianisme, qui ne reconnoît ni « de perte, ni de salut » que par l'exercice du libre arbitre ; d'où il s'ensuit que les enfans qui meurent avant le baptême avec le seul péché originel, qui ne dépend pas de leur volonté, ne sont point perdus, mais sauvés. Le péché originel ne leur attire, selon Hilaire et selon M. Simon, que la mort du corps : « la seconde mort ni la peine qu'on souffre dans les enfers » ne sont pas pour eux. Ce grand

[1] P. 134, 135; *In Rom.*, I, 13 — [2] *Ad Bonif.*, lib. IV, cap. IV, n. 7. — [3] P. 136.

critique ignore la définition de deux conciles œcuméniques, du concile de Lyon sous Grégoire X, et de celui de Florence sous Eugène IV, où les deux Eglises réunies décident comme de foi, « que les ames de ceux qui meurent ou dans le péché mortel actuel, ou dans le seul originel, descendent incontinent dans l'enfer, *ad infernum*, pour y être toutefois punies par des peines inégales [1] : » *Pœnis disparibus puniendas*, d'où le cardinal Bellarmin [2], et après lui tout nouvellement le P. Petau [3] concluent la damnation éternelle des uns et des autres, sans qu'il soit permis d'en douter. Les voilà donc dans l'enfer, dans la peine, dans la punition, dans la damnation, « dans les tourmens perpétuels, » selon saint Grégoire, au rapport du même P. Petau : *perpetua tormenta percipiunt* [4], « dans la géhenne, » selon saint Avite, cité par ce même théologien; « dans la mort éternelle, » dit le pape Jean cité dans le Droit, et ensuite par Bellarmin qui conclut de ces passages et de beaucoup d'autres que cette doctrine est « de la foi catholique, » et la contraire « hérétique, » condamnant la fausse pitié de ceux qui, pour témoigner « à des enfans morts une affection qui ne leur profite de rien, s'opposent aux Ecritures, aux conciles et aux Pères [5]. » Faut-il tant faire l'habile quand on ignore les dogmes de la foi expressément définis et en mêmes termes par deux conciles si authentiques : savoir, dans la Confession de foi de l'Eglise grecque approuvée par le concile de Lyon, et dans le *Décret d'union* du concile de Florence prononcé du commun consentement des Grecs et des Latins et avec l'approbation de toute l'Eglise ?

On voit bien ce qui a trompé M. Simon, c'est qu'il a ouï parler de la dispute des scholastiques sur la souffrance du feu, dont il n'est pas ici question. Car quoi qu'il en soit, n'est-ce rien d'être banni éternellement de la céleste patrie, privé de Dieu pour qui on est fait, et condamné à l'enfer ainsi que l'ont prononcé ces deux conciles? Il est vrai qu'Hilaire a imaginé pour ceux qui n'ont péché qu'en Adam, « un enfer supérieur; » c'est-à-dire, comme l'explique M. Simon, « dans un lieu où ils ne souffroient point,

---

[1] *Decret. union.* — [2] Bellarm., tom. III, lib. VI, cap. II initio. — [3] Tom. I, *Theol. dog.*, lib. IX, cap. XI, n. 5. — [4] Lib. IX *Moral.*, cap. XII, q. 30 ad limina. — [5] Bellarm., loc. jam citat.

étant comme en suspens et ne pouvant monter au ciel [1] : » sentiment que notre critique se contente de rejeter par une trop foible censure, en disant : « qu'il pourra paroître singulier. » Mais les conciles de Lyon et de Florence ne distinguent pas ces deux enfers, et mettent également dans l'enfer ceux qui meurent dans le péché actuel ou originel, sans y marquer d'autre différence que l'inégalité de leur supplice.

CHAPITRE III.

Autre passage du même Hilaire sur le péché originel, également hérétique : vaine défaite de M. Simon.

Voilà donc la première erreur du diacre Hilaire approuvée de M. Simon. En voici une autre plus grande : « c'est qu'il insiste, dit-il, sur une diverse leçon (d'un passage de saint Paul) qui semble détruire tout ce qu'on vient d'avancer sur le péché originel [2]; » et c'est en vain qu'il veut excuser ce diacre sous prétexte que s'il a ôté sans raison et par une affectation manifeste une négation, « on ne peut nier qu'il n'y eût alors de semblables exemplaires. » Mais cette excuse seroit peut-être recevable, si Hilaire n'avoit pas tiré du texte, visiblement corrompu comme il le lisoit, toutes les mauvaises conséquences qu'on peut en tirer contre la vérité du péché originel, puisqu'il en conclut que la mort du péché n'a point régné sur ceux qui n'ont péché qu'en Adam; qu'ils n'ont contracté que la première mort qui est celle du corps, et non pas la seconde qui est celle de l'ame; en sorte « qu'ils étoient réservés avec Abraham en espérance, et qu'il ont été délivrés par indulgence du Sauveur, lorsqu'il est descendu dans les enfers : » *paterno peccato ex Dei sententiâ erant apud Infernos ; gratia Dei abundavit in descensu Salvatoris omnibus dans indulgentiam, cum triumpho sublatis eis in cœlum* [3].

M. Simon croit l'avoir sauvé, en disant qu'on ne peut pas « l'accuser d'avoir nié le péché originel qu'il avoit établi peu auparavant [4]. » Mais c'est assez pour le condamner qu'il soit de ceux à

[1] *In Rom.*, v, 12-14. — [2] P. 246, *in Rom.*, 14, p. 137. — [3] P. 146, *in Rom.*, 15. — [4] P. 137.

qui la foi de l'Eglise et la force de la tradition ayant arraché la confession d'un dogme si établi, l'obscurcissent de telle sorte dans la suite, qu'on ne le reconnoît plus dans leurs discours. Car si Hilaire avoit reconnu autant qu'il faut cette corruption de notre origine, il n'auroit pas dit, comme il fait, « qu'elle n'emporte point la mort de l'ame [1], » et il auroit encore moins inféré de là, qu'à cet égard un plus grand nombre d'hommes a reçu la vie par Jésus-Christ, qu'il n'y en a eu qui sont morts par le péché d'Adam : en supposant, comme il fait partout, que la mort de l'ame n'a pas été universelle; en quoi il a montré le chemin à Pélage, qui explique comme lui le passage de saint Paul [2].

CHAPITRE IV.

Hérésie formelle du même auteur sur la grace : qu'il n'en dit pas plus que Pélage sur cette matière, et que M. Simon s'implique dans son erreur en le louant.

Il n'est pas moins avant-coureur de cet hérétique dans la matière de la grace, de l'aveu de M. Simon, puisqu'il s'étudie à rapporter les passages où ce diacre montre qu'elle n'est pas prévenante [1]; au contraire, que la vocation est prévenue par la volonté de l'homme : ce qui est précisément la même erreur qu'on a condamnée dans Pélage, « que la grace est donnée selon les mérites. »

Je sais que quelques auteurs se sont étudiés à le justifier, en cherchant dans les saints docteurs des locutions semblables aux siennes, afin de nous obliger à prendre en meilleure part celles de ce diacre. Mais je ne puis leur avouer ce qu'ils avancent : au contraire, en recherchant avec soin dans cet auteur tout ce qui pourroit insinuer la vraie grace de Jésus-Christ, je ne trouve sous le nom de grace que la loi, la prédication, les sacremens, la rémission des péchés, et en un mot nulle autre grace que celle qu'on trouve aussi dans les pélagiens et dans Pélage même.

M. Simon a raison de dire de cet hérésiarque « que dans certains endroits de son Commentaire, il parle de la sainteté et de là grace d'une manière qui feroit croire qu'il n'a eu là-dessus aucuns

---
[1] P. 137, *in Rom.*, 15, 18. — [2] *In Rom.*, *ibid.*, v, 15. — [3] P. 138.

sentimens particuliers¹. » Mais tout cela ne passe pas la rémission des péchés, qu'il reconnoissoit gratuite, fondée et accompagnée de la grace du Saint-Esprit. On n'en trouvera pas davantage dans Hilaire. Il n'y a aucun auteur, excepté Pélage et ses disciples, qui se soit attaché à dire aussi opiniâtrément et sans s'adoucir jamais, que la volonté prévient la grace sans en être prévenue, ni qui ait pris plus de soin d'éluder tous les passages par où l'on peut établir la grace intérieure de la volonté. Par exemple, il n'y a rien de plus formel pour cela que ce passage de saint Paul : « Dieu opère en nous le vouloir et le parfaire selon son bon plaisir². » Mais Hilaire le détourne sans ménagement par cette note : « L'Apôtre rapporte par là toute la grace de Dieu, en sorte que c'est à nous à vouloir, et à Dieu à parfaire, » ou à achever. On ne pouvoit faire une altération plus grossière ni plus hardie que de distinguer le *vouloir* d'avec le *parfaire*, que son texte unissoit si clairement. Je ne vois non plus aucun auteur, si ce n'est Pélage, qui ait inculqué avec tant de force et si constamment que les Gentils convertis aient « cru en Dieu et en Jésus-Christ³ (car c'est ici le mot essentiel) ; en Dieu et en Jésus-Christ, au Père et au Fils : » *In Deum et Christum, in Patrem et Filium*, par la conduite de la nature : *Duce naturâ*, « par la raison naturelle⁴ : » *per rationem naturæ*, « par leur jugement naturel : » *naturali judicio :* encore un coup : *duce naturâ*, « ayant pour guide la nature : » *per solam naturam*, « par la seule nature. » S'il faut excuser tout cela dans un homme qui tient toujours ce même langage, et qu'on voit d'ailleurs si vacillant, ou, si l'on veut, d'une doctrine si mêlée et si peu suivie dans le dogme du péché originel, on ne sait plus à quoi s'en tenir ; et quoi qu'il en soit, je n'ai pas à considérer ce qu'on peut dire pour excuser un auteur si peu digne d'être ménagé, mais ce qu'en a pensé M. Simon, « qui bien loin de lui savoir mauvais gré de favoriser les sentimens de Pélage, » prend de là occasion de le louer. « Si, dit-il, sa théologie a du rapport en quelques endroits avec celle des pélagiens, on ne peut pas l'accuser pour cela de pélagianisme ; puisqu'il a écrit avant que

---

¹ P. 239; *Comm. in Rom.*, III, 24; II *Timoth.*, I, 19. — ² *Philip.*, II, 13. — ³ *In Rom.*, II, 14. — ⁴ *Ibid.*, II, 26.

Pélage eût publié ses sentimens : au contraire, il est louable de n'avoir point eu d'opinions particulières sur des matières aussi difficiles que sont celles qui regardent la prédestination[1]. »

La prédestination, qui est un terme odieux pour M. Simon, lui sert à mettre à couvert ce qu'Hilaire a dit contre la grace et contre le péché originel, et même de son aveu, comme on vient de le voir. Tout cela donc, selon lui, n'empêche pas qu'il ne soit digne de louange plutôt que de blâme. Au reste, dit notre auteur, « s'il ne paroît pas toujours orthodoxe à ceux qui font profession de suivre la doctrine de saint Augustin, on doit considérer qu'il a écrit avant que ce Père eût publié ses opinions[2]. » Est-ce pour dire qu'il les eût suivies, s'il avoit écrit après lui? Point du tout, puisque notre auteur encore à présent enseigne qu'elles sont mauvaises; mais c'est pour confirmer ce qu'il dit partout, que tous ceux qui ont écrit avant saint Augustin sont contraires à ce saint docteur, et n'en sont pas moins orthodoxes, puisque le diacre Hilaire est même loué pour avoir rejeté ses sentimens.

CHAPITRE V.

M. Simon fait l'injure à saint Chrysostome de le mettre avec le diacre Hilaire au nombre des précurseurs du pélagianisme : approbation qu'il donne à cette hérésie.

Ce qu'il y a de plus surprenant, c'est qu'il défend de la même sorte saint Jean Chrysostome : « Si sa doctrine, dit-il, ne paroît pas toujours orthodoxe à quelques théologiens, qui croient qu'il approche quelquefois des sentimens de Pélage, on doit considérer que lorsqu'il a écrit ses *Commentaires,* le pélagianisme n'étoit pas encore dans le monde. Il a combattu avec force les hérétiques de son temps, et il ne s'est jamais éloigné de la doctrine des anciens auteurs ecclésiastiques [3]. » On voit trois choses importantes dans ce passage : l'une, que notre auteur ne nie pas que saint Chrysostome approche des sentimens de Pélage; l'autre, qu'il ne trouve aucun inconvénient de s'en être ainsi approché; la troisième, qu'en approchant de Pélage, ce Père « ne s'est jamais

[1] P. 144. — [2] P. 134. — [3] P. 168.

éloigné des anciens auteurs ecclésiastiques : » ce qui induit qu'en suivant cet hérésiarque, on défend l'ancienne doctrine, et qu'on n'a pas dû lui en faire un crime.

Ainsi Hilaire le luciférien et saint Chrysostome sont tous deux sur le même pied : tous deux amis de Pélage : tous deux excusables de l'avoir été. Je sais bien qu'il dit ailleurs « que ce savant Père n'avance rien qui puisse favoriser l'hérésie de Pélage[1]. » C'est sans doute qu'il trouvera quelque expédient pour l'en faire approcher sans la favoriser tout à fait, ou plutôt c'est qu'il ne cherche qu'à tout embrouiller, pour obscurcir la tradition et tout réduire à l'indifférence.

CHAPITRE VI.

Que cet Hilaire préféré par M. Simon aux plus grands hommes de l'Eglise, outre ses erreurs manifestes, est d'ailleurs un foible auteur dans ses autres notes sur saint Paul.

Concluons de tout ce discours qu'Hilaire n'étoit pas un assez grand auteur pour mériter tant de louanges de M. Simon, qui ne met rien, comme on a vu, au-dessus de lui, et qui même l'élève au-dessus de ce qu'il y a eu dans l'Eglise de plus excellent pour interpréter l'Ecriture.

A bien juger de cet auteur, il faudroit dire que son style est foible comme son raisonnement, et qu'il est presque partout au-dessous de son sujet. Pour peu que la matière qu'il trouve soit difficile et l'oblige à sortir du chemin battu, il s'embrouille d'une manière à n'être point entendu, témoin ce qu'on vient de voir sur les deux enfers, qui tient une grande place, et toute pleine de ténèbres et d'égaremens, dans son Commentaire. C'est dans ses notes sur ce verset : « En qui tous les hommes ont péché[2] : » *In quo omnes peccaverunt*, un raffinement particulier de dire que cet *in quo* signifie *Eve :* que c'est en elle que saint Paul enseigne que nous sommes tous pécheurs; et que s'il a dit *in quo*, quoiqu'il parlât d'une femme, *cùm de muliere loquatur*, c'est à cause que la femme est homme, en prenant ce mot pour le genre, et qu'en ce sens Eve étoit Adam : *Et ipsa enim Adam est*, parce qu'Adam si-

[1] P. 188. — [2] Rom., V, 12.

gnifie *homme* : de sorte que c'est merveille qu'au lieu d'un nouvel Adam, saint Paul ne nous a pas donné en Jésus-Christ une nouvelle Eve. Je ne sais pourquoi M. Simon n'a pas relevé une remarque si particulière à ce commentateur, dont il prise tant les rares talens. Il devoit encore observer sur ce passage de saint Paul : *Peccatum occasione acceptâ per mandatum fefellit me* : « Le péché a pris occasion du commandement pour me tromper et pour me donner la mort [1], » que le péché dans cet auteur, c'est le diable : *Peccatum hoc loco diabolum intellige ;* ce qu'il inculque bien fortement en un autre endroit [2]. C'est aussi l'explication de Pélage, qui ne vouloit point entendre que la concupiscence, qu'il croyoit bonne, fût appelée péché par le saint Apôtre. Je pourrois relever beaucoup d'autres notes aussi malheureuses de ce commentateur, et en conclure qu'il n'entendoit guère son original ; mais c'en est assez pour faire voir que cet auteur, si estimé de M. Simon, encore que par sa doctrine mêlée et dans des siècles moins éclairés, il ait longtemps imposé au monde sous le grand nom de saint Ambroise, n'a point eu au fond de meilleur titre pour gagner l'estime de notre critique, et mériter la préférence qu'il lui adjuge au-dessus presque de tous les auteurs ecclésiastiques, du moins de tous les latins, que d'avoir été dans une grande partie de son Commentaire, comme je le nomme sans crainte, un précurseur de Pélage.

CHAPITRE VII.

Que notre critique affecte de donner à la doctrine de Pélage un air d'antiquité : qu'il fait dire à saint Augustin que Dieu est cause du péché : qu'il lui préfère Pélage, et que partout il excuse cet hérésiarque.

Aussi nous avons vu qu'après Hilaire, Pélage est celui des commentateurs que M. Simon estime le plus. Il est vrai qu'il semble excepter ses erreurs. Mais on verra dans la suite qu'il les réduit à si peu de chose, qu'à peine un juge équitable le comptera-t-il parmi les hérésiarques. Certainement saint Augustin, selon notre auteur, n'a pas moins de tort que lui et n'est pas un novateur moins dangereux, puisqu'il favorise (j'ai honte de le répéter) les

[1] *Rom.*, VII, 2. — [2] *Rom.*, V, 18.

impiétés de Luther : de sorte qu'il se trouvera par la critique de M. Simon que les deux commentateurs les plus dignes de ses louanges parmi les Latins, sont Hilaire très-favorable aux sentimens de Pélage, et Pélage même.

C'est pourquoi il tâche partout de le rendre conforme aux anciens et surtout à saint Chrysostome : « L'on prendra garde, dit-il, que pour ne pas s'accorder avec la doctrine qui a été la plus commune après saint Augustin parmi les Latins, Pélage n'est pas pour cela hérétique : autrement il faudroit accuser d'hérésie la plupart des anciens docteurs de l'Eglise[1]. » C'est dire assez clairement que la doctrine la plus commune de l'Eglise latine étoit contraire à l'antiquité. Il poursuit : « Pélage s'accorde, dit-il, avec les anciens commentateurs dans l'interprétation de ces paroles : *Tradidit illos Deus in desideria cordis eorum*, encore qu'il soit éloigné de saint Augustin[2]. » C'est saint Augustin qui a tort, c'est lui qui innove, c'est Pélage qui s'attachoit à la tradition. Mais en quoi? L'auteur le va dire : Cette expression *Tradidit*, « Dieu a livré, » ne marque pas, dit Pélage, que Dieu ait livré lui-même les pécheurs aux désirs de leurs cœurs, comme s'il étoit cause de leurs désordres. » C'est donc à dire que saint Augustin faisoit « Dieu la cause des désordres. » M. Simon l'inculque partout, comme la suite le fera paroître, et Pélage savoit mieux que lui condamner cette impiété.

Nous verrons ailleurs qu'il soutient cet hérésiarque, dans la manière dont il élude le plus beau passage de saint Paul pour le péché originel[3]. Mais on ne peut pas tout dire à la fois, ni ramener en un seul endroit toutes les erreurs de M. Simon. Nous avons ici à considérer l'air d'antiquité qu'il donne partout à Pélage. Poursuivons donc. « Pélage, dit-il, suit d'ordinaire les interprétations des Pères grecs, principalement celles de saint Chrysostome. » Je le nie; et en attendant l'examen plus particulier de cette matière, on voit l'affectation de justifier Pélage, en le faisant *d'ordinaire* conforme aux saints docteurs. La même idée se trouve partout[4]. « On ne peut nier que l'explication, qui est ici condamnée par saint Augustin, ne soit de Pélage dans son Commentaire sur

[1] P. 238. — [2] P. 240. — [3] P. 241. — [4] P. 252.

l'*Epître aux Romains ;* mais elle est en même temps de tous les anciens commentateurs. » Voilà un acharnement qui n'a point d'exemple, à adjuger à un hérésiarque la possession de l'antiquité. Ailleurs : « Toute l'antiquité, dit-il, sembloit parler en leur faveur, » (de Pélage et de ses disciples dont il s'agit en cet endroit). Ce n'est pas tout : « On trouve, continue-t-il, dans les deux livres de saint Augustin *sur la Grace de Jésus-Christ* et *sur le Péché originel,* plusieurs extraits des ouvrages de Pélage, dont le langage paroît peu éloigné de celui des Pères grecs [1] ; » et il ajoute « qu'encore que ces expressions pussent avoir un bon sens, elles ont été condamnées par saint Augustin. » Il insinue qu'il n'y avoit qu'à s'entendre, et que la dispute étoit presque toute dans les mots. C'est pourquoi il ajoute encore : « Si saint Augustin s'étoit contenté de prouver par l'Ecriture qu'outre ces graces extérieures, il faut nécessairement en admettre d'intérieures, il auroit ruiné l'hérésie des pélagiens sans s'éloigner de la plupart de leurs expressions, qu'il eût été peut-être meilleur de conserver, parce qu'elles sont conformes à toute la théologie. » Voilà une belle idée pour détruire une hérésie. Il n'y a qu'à parler comme elle et conserver *la plupart de ses expressions.* C'est le conseil que M. Simon auroit donné à saint Augustin, s'il avoit vécu de son temps. Il venoit pourtant de nous dire, « qu'on a dû rejeter ces expressions des pélagiens, quoiqu'ils eussent pu s'en servir [2]. » Nous démêlerons ailleurs ce nouveau mystère que M. Simon a trouvé pour et contre l'hérésie pélagienne. On en voit assez pour entendre qu'il donne, autant qu'il peut, à cette hérésie un air d'antiquité et de bonne foi ; et à saint Augustin, qui défendoit la cause de l'Eglise, un air d'innovation, de contention sur les mots, et de chicane.

Il tâche par tous moyens de donner de l'autorité au Commentaire de Pélage sur les *Epîtres de saint Paul ;* et pour inviter à le lire : « Je crois, dit-il, que Pélage l'avoit composé avant que d'être déclaré novateur [3]. » Vous diriez que ces nouveautés n'y sont pas. On sait cependant que tout en est plein, et M. Simon trouve ce moyen de les insinuer plus doucement. C'est donc un aveuglement manifeste à ce critique d'avoir tant loué Hilaire, même en le pré-

[1] P. 292. — [2] P. 298. — [3] P. 238.

supposant si favorable à Pélage : c'en est encore un plus grand de témoigner tant d'estime pour Pélage même ; mais le comble de l'erreur est de les louer l'un et l'autre comme défenseurs de la tradition au préjudice de saint Augustin.

CHAPITRE VIII.

Que s'opposer à saint Augustin sur la matière de la grace, comme fait M. Simon, c'est s'opposer à l'Eglise, et que le P. Garnier démontre bien cette vérité.

M. Simon est tombé dans ces égaremens, faute d'avoir considéré que s'attaquer sur cette matière à saint Augustin, c'est s'attaquer directement à l'Eglise même.

C'est ce qu'un savant jésuite de nos jours auroit appris à M. Simon, s'il avoit voulu l'écouter, lorsque en parlant des grands hommes qui ont écrit contre les pélagiens, il commence par le plus âgé, qui est saint Jérôme. « Il leur a, dit-il, fait la guerre comme font les vieux capitaines, qui combattent par leur réputation plutôt que par leur main; mais, poursuit le P. Garnier, ce fut saint Augustin qui soutint tout le combat; et le pape Hormisdas a parlé de lui avec autant de vénération que de prudence, lorsqu'il a dit ces paroles : « On peut savoir ce qu'enseigne l'Eglise romaine, c'est-à-dire l'Eglise catholique, sur le libre arbitre et la grace de Dieu dans les divers ouvrages de saint Augustin, principalement dans ceux qu'il a adressés à Prosper et à Hilaire [1]. » Ces livres, où les ennemis de saint Augustin trouvent le plus à reprendre, sont ceux qui sont déclarés les plus corrects par ce grand pape : d'où cet habile jésuite conclut, « qu'à la vérité on peut apprendre certainement de ce seul Père ce que la colonne de la vérité, ce que la bouche du Saint-Esprit enseigne sur cette matière; mais qu'il faut choisir ses ouvrages, et s'attacher aux derniers plus qu'à tous les autres; et encore que la première partie de la sentence de ce pape emporte une recommandation de la doctrine de saint Augustin, qui ne pouvoit être ni plus courte, ni plus pleine, la seconde contient un avis entièrement nécessaire, puisqu'elle marque les endroits de ce saint docteur où il se faut le plus appli-

---

[1] Garnier, tom. I, dissert. VI *in Mercat.*, cap. II init., p. 342.

quer pour ne s'éloigner pas d'un si grand maître, ni de la règle du sentiment catholique. » Voilà dans un savant professeur du collége des Jésuites de Paris, un sentiment sur saint Augustin bien plus digne d'être écouté de M. Simon que celui de Grotius. Mais pour ne rien oublier, ce docte jésuite ajoute « qu'encore que saint Augustin soit parvenu à une si parfaite intelligence des mystères de la grace, que personne ne l'a peut-être égalé depuis les apôtres, il n'est pourtant pas arrivé d'abord à cette perfection, mais il a surmonté peu à peu les difficultés, selon que la divine lumière se répandoit dans son esprit. C'est pourquoi, continue ce savant auteur, saint Augustin a prescrit lui-même à ceux qui liroient ses écrits, de profiter avec lui et de faire les mêmes pas qu'il a faits dans la recherche de la vérité ; et quand je me suis appliqué à approfondir les questions de la grace, j'ai fait un examen exact des livres de ce Père et du temps où ils ont été composés, afin de suivre pas à pas le guide que l'Eglise m'a donné, et de tirer la connoissance de la vérité de la source très-pure qu'elle me montroit. »

CHAPITRE IX.

Que dès le commencement de l'hérésie de Pélage, toute l'Eglise tourna les yeux vers saint Augustin, qui fut chargé de dénoncer aux nouveaux hérétiques dans un sermon à Carthage leur future condamnation ; et que loin de rien innover, comme l'en accuse l'auteur, la foi ancienne fut le fondement qu'il posa d'abord.

Voilà comment parleront toujours ceux qui auront lu avec soin les livres de saint Augustin, et qui sentiront l'autorité que l'Eglise leur a donnée. En effet dès que Pélage parut, les particuliers, les évêques, les conciles, les papes et tout le monde en un mot, tant en Orient qu'en Occident, tournèrent les yeux vers ce Père, comme vers celui qu'on chargeoit par un suffrage commun de la cause de l'Eglise. On le consultoit de tous côtés sur cette hérésie, dont il découvrit d'abord tout le venin, pendant même qu'elle le cachoit sous une apparence trompeuse, et par des termes enveloppés. Il l'attaqua premièrement par ses sermons, et ensuite par quelques livres, avant qu'elle fût expressément condamnée.

Avant que, l'erreur croissant, on fût obligé d'en venir à une expresse définition, il fit à Carthage par ordre d'Aurèle, évêque de cette ville et primat de toute l'Afrique, le sermon dont nous avons déjà parlé, où il prépara le peuple à l'anathème qui devoit partir. Pour cela, après avoir exposé dans les termes que nous avons rapportés ailleurs, la pratique universelle de l'Eglise, il lut en chaire une lettre de saint Cyprien ; et opposant aux nouveaux hérétiques l'ancienne tradition expliquée par ce saint martyr, ancien évêque de l'église où il prêchoit, il déclara sur ce fondement aux pélagiens, comme de la part de toute l'Eglise d'Afrique, qu'on ne les souffriroit pas encore longtemps. « Nous faisons, dit-il, ce que nous pouvons pour les attirer par la douceur ; et encore que nous puissions les appeler hérétiques, nous ne le faisons pas encore ; mais s'ils ne reviennent, nous ne pourrons plus supporter leur impiété. » On voit par là, non-seulement la modération de l'Eglise catholique, mais encore son attachement à l'ancienne doctrine des Pères, et que saint Augustin fut choisi pour poser d'abord ce fondement. Depuis ce temps loin d'avoir donné, comme on ose l'en accuser, dans des opinions particulières, il a toujours fait profession de joindre à l'Ecriture sainte les sentimens des anciens.

C'est par là que l'on procéda contre les pélagiens dans les conciles d'Afrique reçus unanimement par toute l'Eglise ; et tout le monde est d'accord avec saint Prosper que si Aurèle comme primat en étoit le chef, saint Augustin en étoit l'ame et le génie : *Dux Aurelius ingeniumque Augustinus erat.* Il n'en faudroit pas davantage pour montrer que saint Augustin ne pouvoit pas être regardé comme un novateur ; mais cela demeurera plus clair que le jour par les remarques suivantes.

CHAPITRE X.

Dix évidentes démonstrations que saint Augustin, loin de passer de son temps pour novateur, fut regardé par toute l'Eglise comme le défenseur de l'ancienne et véritable doctrine. Les neuf premières démonstrations.

La première est dans ce qu'on vient de voir, que saint Augustin étoit l'ame des conciles d'Afrique, ce qui ne peut convenir qu'à un défenseur de la tradition.

La seconde, que les écrits de ce Père sur cette matière furent jugés si solides et si nécessaires, qu'on lui ordonna de les continuer. On sait l'ordre qu'il en reçut de deux conciles d'Afrique et le soin qu'il eut de leur obéir.

Troisièmement ses écrits furent tellement regardés comme la défense la plus invincible de l'Eglise, que saint Jérôme lui-même, un si grand docteur et le plus célèbre en érudition de tout l'univers, dès qu'il eut vu les premiers ouvrages de ce saint évêque sur cette matière, touché, comme le remarque saint Prosper[1], de la sainteté et de la sublimité de sa doctrine, déclara qu'il cessoit d'écrire et lui renvoya toute la cause.

En quatrième lieu saint Augustin s'acquitta si bien et si fort au gré de saint Jérôme, du travail que toute l'Eglise lui avoit comme remis entre les mains, que ce grand homme ne se réserva pour ainsi dire autre chose que d'applaudir à saint Augustin. Les petites altercations qu'ils avoient eues sur quelques difficultés de l'Ecriture cédèrent bientôt à la charité et au besoin de l'Eglise : et saint Jérôme écrivit à saint Augustin, que l'ayant toujours aimé, maintenant que la défense de la vérité contre l'hérésie de Pélage le lui avoit rendu encore plus cher, « il ne pouvoit passer une heure sans parler de lui[2]. » Il lui annonçoit en même temps de l'extrémité de l'Orient, que « les catholiques le respectoient comme le fondateur de l'ancienne foi en nos jours :» *Antiquæ rursùs fidei conditorem;* et il mettoit sa louange en ce qu'il étoit, non l'auteur d'une nouvelle doctrine, mais le défenseur de l'antiquité.

En cinquième lieu c'étoit une coutume établie comme une espèce de règle, que personne n'écrivoit contre les pélagiens qu'avec l'approbation de saint Augustin; ce qui paroît par les deux lettres de ce Père à Sixte, prêtre de l'Eglise romaine et depuis pape, et par celle du même Père à Mercator, qui attendoit son consentement pour publier ses ouvrages contre ces hérétiques[3].

[1] *Dial.* III, sub fin. — [2] *Epist.* LXXX.— [3] *Epist.* CXCI, CXCIV; al. CIV, CV; *Epist.* CXCIII, nov. edit.

En sixième lieu lorsqu'il y avoit quelque chose de conséquence à écrire contre Pélage ou ses sectateurs, on le renvoyoit à saint Augustin comme d'un commun consentement. On voit sur cela les lettres des plus grands hommes de l'Eglise et de l'Empire, qui se régloient selon la doctrine de ce grand évêque.

En septième lieu les papes mêmes entroient dans ce concert de toute l'Eglise. Il n'y avoit rien de plus important du temps de saint Boniface I, que les deux lettres des pélagiens; mais à l'exemple des autres ce pape, quoique très-docte, comme le témoigne saint Prosper[1], « les renvoya à saint Augustin, et attendoit sa réponse : » *Cùm esset doctissimus, adversùs libros tamen pelagianorum beati Augustini responsa poscebat.* Ce qui fait dire à Suarez que ce même pape répondit à Julien par saint Augustin : *Per Augustinum adversùs pelagianos scripsit*[2].

En huitième lieu ses écrits étoient si estimés qu'on les envoyoit aux papes, comme cinq évêques assemblés avec Aurèle de Carthage leur primat, envoyèrent à saint Innocent I, le livre de saint Augustin *de la Nature et de la Grâce*[3].

En neuvième lieu le dessein de saint Augustin, quand il envoyoit ses écrits aux papes, étoit de les soumettre à leur correction. Ainsi quand il répondit à saint Boniface sur les deux lettres des pélagiens, il lui déclara humblement qu'il lui adressoit sa réponse afin qu'il la corrigeât, parce qu'il étoit résolu de changer tout ce qu'il y trouveroit à reprendre[4]; d'où il résulte trois vérités : la première, l'habileté de saint Augustin, à qui on renvoyoit les plus grandes choses; la seconde, son humilité, puisqu'il étoit si soumis à l'examen du Saint-Siége; la troisième, l'approbation de ses sentimens, puisque les papes, à qui il les soumettoit, n'y ont jamais fait que des réponses favorables, et ont conservé à ce Père toute leur estime.

---

[1] Prosp., XXI, n. 57. — [2] Proleg. VI, *De Grat.*, cap. I, n. 6. — [3] *Epist.* CLXXVII, nov. edit., al. XCV. — [4] Lib. I *ad Bonif.*, cap. I, n. 3.

CHAPITRE XI.

Dixième démonstration et plusieurs preuves constantes que l'Orient n'avoit pas moins en vénération la doctrine de saint Augustin contre Pélage que l'Occident : actes de l'assemblée des prêtres de Jérusalem : saint Augustin attentif à l'Orient comme à l'Occident : pourquoi il est invité en particulier au concile œcuménique d'Ephèse.

En dixième et dernier lieu l'Orient ne cédoit en rien à l'Occident dans la profonde vénération qu'on y avoit pour saint Augustin. Le témoignage de saint Jérôme, qui vivoit en cette partie de l'univers, en est la première preuve. La seconde se tire des Actes des assemblées d'Orient dans la cause de la Grace chrétienne. Saint Augustin, qui n'y étoit pas, ne laissa pas d'y poursuivre Pélage et Célestius par ses écrits et par Paul Orose son disciple. Lorsque Jean, évêque de Jérusalem, qui favorisoit secrètement ces hérétiques, assembla son presbytère pour les justifier s'il eût pu, ou du moins pour éluder la poursuite que l'on commençoit, Paul Orose produisit contre eux la lettre de saint Augustin à Hilaire, et les livres *de la Nature et de la Grace,* qui venoient d'être publiés[1]. Comme Pélage eut répondu qu'il n'avoit que faire de saint Augustin, « tout le monde s'écria contre ce blasphème qu'il avoit proféré contre un évêque par la bouche de qui Dieu avoit guéri toute l'Afrique du schisme des donatistes, et on dit qu'il falloit chasser Pélage, non-seulement de cette assemblée, mais même de toute l'Eglise. » Sur quoi Jean de Jérusalem ayant dit : « Je suis Augustin, » pour insinuer que c'étoit à lui à venger l'injure et à soutenir la cause d'un évêque, Orose lui répondit : « Si vous voulez représenter la personne d'Augustin, suivez-en aussi les sentimens. » Dès lors donc, c'est-à-dire dès le commencement de la querelle et dans une assemblée qui servit de préliminaire au concile de Diospolis, on commençoit à presser Pélage par l'autorité de saint Augustin : « Voilà, disoit-on, ce que le concile d'Afrique a détesté dans la personne de Célestius : voilà ce que l'évêque Augustin a eu en horreur dans les écrits qu'on a produits, etc. » En même temps on déclaroit « qu'on s'attachoit à la foi des Pères

[1] *Apol.* Oros., cap. III et IV.

qui étoient en vénération par toute l'Eglise¹, » et par là on déclaroit que saint Augustin en étoit le défenseur². C'est donc ainsi qu'on parloit de ce grand homme en Orient à l'ouverture, pour ainsi parler, de la dispute. Mais à la fin et quinze ans après, l'Orient rendit encore un témoignage plus authentique à la doctrine de ce Père, lorsque l'empereur Théodose, sans aucune recommandation que celle de sa doctrine, l'invita au concile œcuménique d'Ephèse par une lettre particulière : honneur qu'aucun évêque, ni en Orient ni en Occident, n'a jamais reçu. On sait que les empereurs, lorsqu'ils écrivoient de telles lettres, le faisoient avec le conseil et très-souvent par la plume des plus grands évêques qu'ils eussent aux environs. Dans la lettre que nous avons, Théodose reconnoissoit saint Augustin pour la lumière du monde, pour le vainqueur des hérésies et comme celui en particulier dont les écrits avoient triomphé de celle de Pélage. Mais comme plusieurs la rejettent comme supposée, sans nous arrêter à cette critique, le fait allégué dans cette lettre est assez constant d'ailleurs; et personne n'ignore ni ne nie ce qu'a écrit saint Prosper, « que durant vingt ans de guerre avec les pélagiens, l'armée catholique n'avoit combattu ni triomphé que par les mains de saint Augustin, qui ne leur avoit pas laissé le loisir de respirer³. »

En effet, en quelque endroit de l'univers qu'ils se remuassent, saint Augustin les prévenoit. Pour découvrir les artifices par lesquels ils tâchoient d'abuser l'Orient, il adressa à Albinus, à Pinien et à Mélanie qui étoient à Jérusalem, ses livres *de la Grace de Jésus-Christ et du Péché originel*⁴. Ainsi malgré leurs finesses et la protection de Jean de Jérusalem, leurs efforts furent inutiles : saint Augustin fut le vengeur de l'Eglise grecque comme de la latine, et il défendit le concile de Palestine avec le même zèle et la même force que les conciles de Carthage et de Milève.

Il ne faut donc pas permettre à M. Simon de diviser l'Orient d'avec l'Occident sur le sujet de ce Père; et au contraire on doit reconnoître avec saint Prosper « que non-seulement l'Eglise Ro-

---

¹ *Apol.* Oros., cap. III et IV. — ² Garn., diss. II, p. 235. — ³ Liberat *Breviar.*, cap. V, *de Conc. Ephes.*, Capreol., *Epist. ad Conc. Ephes.*; Act., I, *Contr. Collat.*, cap. I, n. 2, tom. X, *in app.* August., p. 171. — ⁴ August., tom. X, p. 230.

maine avec l'Africaine, mais encore par tout l'univers, les enfans de la promesse ont été d'accord avec lui dans la doctrine de la grace, comme dans tous les autres articles de la foi[1]. »

Ainsi ses travaux et ses services étant célèbres autant qu'utiles par toute la terre, il ne faut pas s'étonner qu'il ait été appelé en Orient au concile universel, avec la distinction qu'on vient de voir.

La force et la profondeur de ses écrits, les beaux principes qu'il avoit donnés contre toutes les hérésies et pour l'intelligence de l'Ecriture, ses lettres qui voloient par tout l'univers et y étoient reçues comme des oracles, ses disputes où tant de fois il avoit fermé la bouche aux hérétiques, la conférence de Carthage dont il avoit été l'ame et où il avoit donné le dernier coup au schisme de Donat, lui acquirent cette autorité dans toutes les églises et jusque dans le synode des prêtres de Jérusalem, jusque dans la cour de Constantinople; et l'on peut juger maintenant si les Orientaux auroient fait cet honneur à un évêque qu'ils auroient cru opposé aux sentimens de leurs Pères, dont ils étoient si jaloux.

CHAPITRE XII.

Combien la pénétration de saint Augustin étoit nécessaire dans cette cause. Merveilleuse autorité de ce Saint. Témoignage de Prosper, d'Hilaire, et du jeune Arnobe.

Ce fut donc pour ces raisons que l'Eglise se reposa, comme d'un commun accord, sur saint Augustin de l'affaire la plus importante qu'elle ait peut-être jamais eue à démêler avec la sagesse humaine; à quoi il faut ajouter qu'il étoit « le plus pénétrant de tous les hommes à découvrir les secrets et les conséquences d'une erreur[2] » (je me sers encore ici des paroles du savant jésuite dont je viens de rapporter les sentimens) : en sorte que l'hérésie pélagienne étant parvenue au dernier degré de subtilité et de malice où pût aller une raison dépravée, on ne trouva rien de meilleur que de la laisser combattre à saint Augustin pendant vingt ans.

---

[1] *Ad Ruf.*, n. 3, tom. X, *App.* August., p. 165. — [2] Garn., *Diss.*, VII, cap. III, n. 3.

Mais s'il avoit outré la matière en défendant la grace; s'il avoit affoibli le libre arbitre; en un mot, si dans une occasion si importante il avoit, par quelque endroit que ce fût, altéré l'ancienne doctrine et introduit des nouveautés dans l'Eglise, il eût fallu l'interrompre et ne pas permettre qu'il combattît des excès par d'autres excès peut-être aussi dangereux.

On ne le fit pas : au contraire son autorité fut si grande, non-seulement dans les siècles suivans où le temps amortit l'envie, mais dans le sien même, qu'on la crut seule capable d'abattre les adversaires de la grace. « Ce n'est pas assez, lui disait-on, de leur alléguer des raisons, si on n'y joint une autorité que les esprits contentieux ne puissent mépriser[1]. » Personne n'avoit dans l'Eglise un si haut degré de cette sorte d'autorité que la vie et la doctrine concilie aux évêques. On le prioit donc d'en user. Les gens de bien lui disoient, par la bouche d'Hilaire : » Tout ce que vous voudrez ou pourrez nous dire pour cette grace que nous admirons en vous, petits et grands, nous le recevrons avec joie comme décidé par une autorité qui nous est également chère et vénérable : » *tamquam à nobis charissimâ et reverendissimâ auctoritate decretum*[2]. Saint Prosper lui disait en même temps : « Puisque par la disposition particulière de la grace de Dieu en nos jours, nous ne respirons en cette occasion que par la vigueur de votre doctrine et de votre charité, usez d'instruction envers les humbles, et d'une sévère répréhension envers les superbes[3]. » C'est ce qu'on lui écrivoit de nos Gaules. Quand on écrit à travers les mers de cette sorte à un évêque, c'est qu'on le regarde comme l'apôtre de son temps. C'est pourquoi le même Prosper lui disoit encore : « Tous tant que nous sommes, qui suivons l'autorité sainte et apostolique de votre doctrine, sommes restés très-instruits par vos derniers livres[4]; » ce qui préparoit la voie au jeune Arnobe, auteur du même âge, médiocre dans ses pensées, mais naturel et simple, pour dire à Sérapion dans son Dialogue : « Vous m'ôterez tout doute, si vous m'alléguez le témoignage de saint Augustin, parce que je tiendrois pour hérétique celui qui le re-

---

[1] *Epist.* Hil. *ad August.*, inter *Epist.* August., *Epist.* CCXXVII, n. 9. — [2] *Ibid.*, n. 10. — [3] Inter *Epist.* August.; *Epist.* CCXXV, n. 9. — [4] *Ibid.*, n. 2.

prendroit[1] ; » à quoi il répond : « Vous parlez selon mon cœur ; car je crois, je reçois et je défends ses paroles comme les écrits des apôtres. » Ce qu'on ne peut dire avec cette confiance d'aucun auteur particulier, que lorsqu'on est assuré par l'approbation de l'Eglise qu'il s'est nourri du suc des Ecritures, et ne s'est pas écarté de la tradition.

CHAPITRE XIII.

On expose trois contestations formées dans l'Eglise sur la matière de la grace, et partout la décision de l'Eglise en faveur de la doctrine de saint Augustin. Première contestation devant le pape saint Célestin, où il est jugé que saint Augustin est le défenseur de l'ancienne doctrine.

La doctrine de la grace qui atterre tout orgueil humain et réduit l'homme à son néant, aura toujours des contradicteurs ; et ce qui fait que quelquefois elle en a trouvé même dans de saints personnages, c'est la difficulté de la concilier avec le libre arbitre, dont la créance est si nécessaire. De là donc il est arrivé que la doctrine de saint Augustin a souvent été l'occasion de grands démêlés dans l'Eglise : les uns l'ayant affoiblie, les autres l'ayant outrée, et tout cela étant l'effet naturel de sa sublimité.

Mais ce qui en fait voir la vérité, c'est que parmi toutes ces disputes on s'est toujours attaché de plus en plus à ce Père, comme on le verra par la suite de ces contestations.

Premièrement donc, la doctrine de ce Père fut attaquée même de son temps par des catholiques ; mais il faut observer ici trois circonstances : la première, qu'elle ne le fut qu'en un endroit particulier et dans une petite partie de nos Gaules, à Marseille et dans la Provence ; la seconde, qu'encore que saint Augustin, dans le livre *de la Prédestination des saints,* l'ait soutenue avec une force inimitable et tout ensemble avec une humilité qui fait dire au cardinal Baronius qu'il ne mérita jamais mieux l'assistance du Saint-Esprit que dans ces ouvrages, la querelle ne s'assoupit ni par sa doctrine ni par sa douceur ; la troisième, que Dieu le permit ainsi pour un plus grand éclaircissement de la vérité, puisque saint Augustin étant mort sur ces entrefaites, Dieu lui suscita des

---

[1] *Dial. cum Serap.,* ap. Iren.

défenseurs dans saint Prosper et saint Hilaire ses dignes disciples, qui portèrent la question devant le Saint-Siége que le pape saint Célestin remplissoit alors, et il y fut décidé :

Premièrement, que la doctrine de saint Augustin étoit sans reproche; et pour me servir des propres termes de ce pape « qu'il ne s'étoit élevé contre ce saint pas même le moindre bruit d'un mauvais soupçon : » *Nec eum sinistræ suspicionis saltem rumor aspersit* [1].

Secondement, que c'étoit aussi pour cette raison « qu'il avoit toujours été mis au rang des plus excellens maîtres de l'Eglise par ses prédécesseurs, qui loin de le tenir pour suspect, l'avoient toujours aimé et honoré; » ce qu'en effet on a vu par les lettres du pape saint Innocent et du pape saint Boniface, qui le consultoient sur la matière de la grace. Le pape saint Célestin confirme leur témoignage par le sien, et nous y pouvons ajouter celui de saint Sixte, prêtre alors de l'Eglise Romaine, et depuis successeur de saint Célestin dans la chaire de saint Pierre [2].

Et parce qu'on objectoit à saint Augustin « que sa doctrine étoit opposée à presque tous les anciens [3], » il fût décidé en troisième lieu, loin que saint Augustin fût novateur, que c'étoit au contraire ses adversaires « qui attaquoient l'Eglise universelle par leurs nouveautés; qu'il leur falloit résister [4]; » que les évêques des Gaules, à qui saint Célestin adressoit sa lettre, « devoient lui montrer que ces entreprises (contre la doctrine de saint Augustin) leur déplaisoient; » et tout cela étoit appuyé sur cette sentence qu'il avoit posée d'abord pour fondement : *Desinat incessere novitas vetustatem,* « Que la nouveauté cesse d'attaquer l'antiquité [5] : » c'est-à-dire que les ennemis de saint Augustin cessent d'attaquer ce Père; qui par conséquent est proposé comme le défenseur de la tradition, dont M. Simon le fait l'adversaire.

Vincent de Lérins cite ce passage du décret de saint Célestin, et il assure qu'il y reprenoit « les évêques des Gaules, de ce qu'abandonnant par leur silence l'ancienne doctrine, ils laissoient élever

---

[1] *Epist. Cœlest. pap. pro Prosp. et Hil.*, in append. tom. X, August. cap. II, p. 132. — [2] Vid. in *Epist.* August., CXCI.— [3] *Epist.* Prosp. *ad August.*, sup. cit.— [4] *Epist.* Cœlest., cap. II. — [5] Cap. I.

des nouveautés profanes[1]. » C'étoit donc saint Augustin qui étoit, principalement dans ses derniers livres dont il s'agissoit alors, le défenseur de l'ancienne doctrine, et c'étoit ses adversaires que ce saint pape réprimoit comme des novateurs.

CHAPITRE XIV.

Quatre raisons démonstratives qui appuyoient le jugement de saint Célestin.

Le fondement de cette sentence de saint Célestin ne pouvoit pas être plus solide pour ces raisons.

Premièrement il étoit certain que saint Augustin avoit toujours été attaché à la tradition dont il avoit soutenu les fondemens, qui sont ceux de l'autorité de l'Eglise, dans ses livres *contre les donatistes.*

Secondement dans ses livres *de la Grace,* il prend soin partout d'appuyer chaque partie de sa doctrine de l'autorité des Pères précédens, grecs et latins, comme on le peut voir dans tous ses ouvrages et en particulier dans les derniers, où on l'accuse d'innovation.

Troisièmement il est bien certain que ces murmures qu'on faisoit dans les Gaules contre ces derniers livres, firent le principal sujet de la plainte qui fut portée au Saint-Siége par saint Prosper et saint Hilaire[2], et par conséquent la véritable matière du jugement du pape.

En quatrième et dernier lieu il n'est pas moins assuré, comme saint Prosper le démontre, qu'au fond il n'y a rien dans ces derniers livres, dans celui *de la Grace et du Libre arbitre,* dans celui *de la Correction et de la Grace,* dans ceux *de la Prédestination des Saints et du don de la Persévérance,* que ses adversaires accusoient, qui ne fût très-clairement établi dans les ouvrages précédens qu'ils faisoient profession d'approuver. La seule *Lettre à Sixte* en peut faire foi, aussi bien que le *livre à Boniface,* que le P. Garnier appelle avec raison un *des plus excellens de saint Augustin*[3], et qui est en même temps un de ceux où il établit le plus clairement la prédestination gratuite et l'efficace de

---

[1] Commonit., II. — [2] *Contr. Coll.*, cap. XXI, n. 59. — [3] Diss. VI, cap. II.

la grace. On ne peut pas dire que la lettre à Sixte n'ait pas été connue à Rome, où elle étoit adressée. Saint Augustin y faisoit voir à ce docte prêtre, qui est devenu un si grand pape, que la doctrine dont il s'agissoit étoit la propre doctrine de l'Eglise Romaine, que saint Paul lui avoit adressée avec l'*Epître aux Romains*[1]. Les livres à Boniface avoient été envoyés à ce savant pape pour les soumettre expressément à sa correction. C'étoit donc avec connoissance de cause et avec une pleine instruction, que les papes, prédécesseurs de saint Célestin, avoient estimé saint Augustin et ses ouvrages ; et il étoit trop tard de blâmer les derniers livres de ce Père, après que les premiers avoient passé avec approbation.

On pourroit ici ajouter la *Lettre à Vital*, dont le P. Garnier a écrit « qu'elle ne cédoit à aucune de celles de saint Augustin, et qu'en découvrant le sacré mystère de la grace prévenante, elle donnoit douze règles où la doctrine catholique sur cette matière étoit contenue[2]. » C'est pourtant une de celles où ces prétendues innovations de saint Augustin se trouvoient le plus fortement et le plus affirmativement défendues. On ne les trouve pas moins clairement dans le *Manuel à Laurent*, que ce grand homme avoit composé, pour être selon son titre entre les mains de tout le monde ; et de tout cela on peut conclure, comme une chose déjà jugée par le Saint-Siège avec le consentement de toute l'Eglise, qu'il n'y a aucun endroit dans saint Augustin par où on puisse le soupçonner d'être novateur.

Il faut encore ajouter, pour bien entendre le fond de ce jugement, que les chapitres attachés à la décrétale de saint Célestin condamnent ceux qui accusent saint Augustin et ses disciples comme s'ils avoient excédé, *tamquam necessarium modum excesserint*[3], et c'est de quoi M. Simon et ses semblables accusent encore aujourd'hui ce saint Docteur : de sorte que notre dispute avec ce critique, dès la première contestation, est vidée à l'avantage de saint Augustin, puisqu'il est jugé qu'il n'a point été novateur et qu'il n'est point sorti des justes bornes.

[1] *Epist.* CXCIV, al. CV, cap. I, n. 1. — [2] Diss. VI, cap. II, ad an. 420, p. 350. — [3] Cap. III.

CHAPITRE XV.

Seconde contestation sur la matière de la grace émue par Fauste de Riez, et seconde décision en faveur de saint Augustin par quatre papes. Réflexions sur le décret de saint Hormisdas.

Soixante ans après, on vit s'élever la seconde contestation contre les écrits de ce Père, et en même temps le second jugement de toute l'Eglise en sa faveur. Fauste, évêque de Riez, en donna l'occasion. Ceux qui ont tâché de l'excuser en nos jours, l'ont fait à l'opprobre du jugement de quatre papes et de quatre conciles.

Le premier pape est saint Gélase, dont nous verrons les décrets en parlant des conciles.

Le second pape est saint Hormisdas, qui fit deux choses[1] : l'une de condamner Fauste et l'autre de se déclarer plus ouvertement que jamais pour saint Augustin qu'on attaquoit, jusqu'à dire, comme on a vu, que qui voudroit savoir la doctrine de l'Eglise Romaine sur la grace et le libre arbitre, n'avoit qu'à consulter ses ouvrages, surtout les derniers, qu'il désigne expressément par leur titre, comme les livres adressés à Prosper et à Hilaire[2].

Les adversaires de ce Père chicanoient sur l'approbation de saint Célestin, où ils prétendoient que ces derniers livres n'étoient pas compris. Quoique cette chicane fût vaine par deux raisons : l'une que la contestation étoit formée sur ces livres, comme on a vu; l'autre, comme on a vu semblablement, que les autres livres de saint Augustin ne différoient en rien de ceux-ci : saint Hormisdas ôta tout prétexte à cette distinction des livres de saint Augustin, en désignant expressément les derniers comme les plus corrects, et en leur donnant une approbation si authentique. Il accompagne cette approbation d'une expresse déclaration, « que les Pères ont fixé la doctrine, que leur doctrine montre le chemin que tous les fidèles doivent suivre; » par où il montre qu'en approuvant la doctrine de saint Augustin, il ne fait que suivre les Pères, et par conséquent qu'il n'y a rien de plus insensé que d'accuser saint Augustin d'être novateur.

[1] *Epist. ad Posses.*, in app., tom. X August., p. 150. — [2] *Ibid.*, p. 151.

Le troisième et le quatrième pape sont Félix IV et Boniface II, dont le premier a envoyé les chapitres dont a été composé le second concile d'Orange, et le second a confirmé le même concile, où la doctrine de saint Augustin a reçu une approbation qu'on verra bientôt[1].

CHAPITRE XVI.

Des quatre conciles qui ont prononcé en faveur de la doctrine de saint Augustin, on rapporte les trois premiers, et notamment celui d'Orange.

Pour les conciles, le premier est celui de soixante-dix évêques tenu à Rome par le pape saint Gélase, en 494, où saint Augustin et saint Prosper sont mis au rang des orthodoxes : au contraire les livres de Cassien, le plus grand adversaire de saint Augustin, sont réprouvés; « et Fauste, son autre adversaire est rangé avec Pélage, Julien et les autres qui sont rejetés par les anathèmes de l'Eglise Romaine, catholique et apostolique. »

Le second concile est celui des saints évêques d'Afrique, bannis dans l'île de Sardaigne pour avoir confessé la foi de la Trinité[2]. La lettre synodique de ces saints confesseurs porte une expresse condamnation de la doctrine de Fauste, et déclare que pour savoir ce qu'il faut croire, « on doit s'instruire avant toutes choses des livres de saint Augustin à Prosper et à Hilaire[3], » en faveur desquels ils citent le témoignage de saint Hormisdas qu'on vient de voir.

Le troisième concile tenu sur cette affaire fut celui d'Orange II, le plus authentique de tous[4]. Je passe sur ces matières le plus légèrement qu'il m'est possible, à cause qu'elles sont connues, et selon la même méthode, je n'observerai que cinq ou six choses sur le concile d'Orange.

CHAPITRE XVII.

Huit circonstances de l'Histoire du concile d'Orange, qui font voir que saint Augustin étoit regardé par les papes et par toute l'Eglise comme le défenseur de la foi ancienne. Quatrième concile en confirmation de la doctrine de ce Père.

La première observation est que ce concile assemblé principale-

---

[1] Vid. *ibid.*, p. 157 et seq. — [2] *In ead. append.*, p. 152 — [3] Cap. xvii. — [4] *Ibid.*, p. 157.

ment de la province d'Arles et des lieux où les écrits de Fauste avoient réveillé les restes des pélagiens qui y étoient demeurés cachés depuis trente ans, traita les matières de la grace « par l'autorité et par un avertissement particulier du Saint-Siége : » *secundùm auctoritatem et admonitionem Sedis apostolicæ* [1].

Secondement le Saint-Siége et le pape Félix IV qui y présidoit, non contens d'exciter la diligence de saint Césaire, archevêque d'Arles et de ses collègues, leur avoient envoyé « quelques chapitres tirés des saints Pères pour l'explication des saintes Ecritures [2], » ce qui montre en tout et partout le désir de conserver l'ancienne doctrine.

Troisièmement le pape Hormisdas avoit déjà parlé dans la querelle de Fauste « de ces chapitres conservés dans les archives de l'Eglise [3], » qu'il offrit même d'envoyer à un évêque d'Afrique, qui sembloit favoriser les écrits de Fauste.

Quatrièmement on voit par là qu'outre les décisions des conciles, où l'on exprimoit les principes les plus généraux pour la condamnation de l'erreur, le Saint-Siége conservait des instructions plus particulières tirées des écrits des Pères, pour les faire servir dans le besoin à un plus grand éclaircissement de la vérité ; et ce fut apparemment ces mêmes chapitres que Félix IV envoya à saint Césaire « pour être souscrits de tous [4], » ainsi qu'il est marqué dans la préface du concile d'Orange.

Cinquièmement il est bien constant que ces chapitres du concile d'Orange contiennent le pur esprit de la doctrine de saint Augustin et pour la plupart sont extraits de mot à mot de ses écrits, ainsi que l'ont remarqué le P. Sirmond dans ses notes sur ce concile, et tous les savans.

C'est aussi pour cette raison, et c'est la sixième observation, que le pape saint Boniface II, qui dans ce temps succéda à Félix IV, fait une expresse mention dans la confirmation de ce concile, « des écrits des Pères, principalement de ceux de saint Augustin et des décrets du Saint-Siége [5], » pour marquer les sources d'où la doctrine de ce concile étoit tirée.

---

[1] *Præf.* — [2] *Ibid.* — [3] *Epist. ad Possess.*, sup. citat. — [4] Conc. Araus., *Præf.* — [5] *Epist. ad Cæsar.*, *ibid.*, p. 161.

En septième lieu on trouve dans ce concile tous les principes dont le même saint Augustin s'est servi pour établir la doctrine de la prédestination et de la grace, comme la suite le fera paroître.

En huitième et dernier lieu, loin qu'on soupçonnât ce Père d'avoir innové, c'étoit ses écrits qu'on employoit à combattre les nouveautés; et c'étoit lui qu'on citoit, lorsqu'il s'agissoit de soutenir la tradition des saints Pères, et on croyoit la doctrine renfermée et recueillie dans ses ouvrages : ce qui est quant à présent tout ce que je prétends prouver.

Il est encore à remarquer que le concile d'Orange fut confirmé par un concile de Valence, où saint Césaire ne put assister à cause de son indisposition[1], mais où il envoya seulement des évêques (de la province) avec des prêtres et des diacres; et ce fut de là qu'on envoya demander la confirmation au pape saint Boniface : ce qui nous fait voir encore un quatrième concile pour saint Augustin et contre Fauste, après quoi les semi-pélagiens ne furent plus ni écoutés ni soufferts.

Il faut remarquer que dans l'ancien manuscrit d'où le P. Sirmond a tiré la lettre qu'on vient de voir de Boniface II, ces mots étoient à la tête : « On trouve dans ce volume le concile d'Orange, que le pape saint Boniface a confirmé par son autorité; et ainsi quiconque croit autrement de la grace et du libre arbitre que ne l'exprime cette autorité (cette confirmation authentique du concile d'Orange), ou qu'il n'a été décidé dans ce concile, qu'il sache qu'il est contraire au Saint-Siége apostolique et à l'Eglise universelle répandue par tout l'univers[2]. » En effet personne ne doute que ce concile ne soit universellement reçu, et par conséquent n'ait la force d'un concile œcuménique.

[1] Cypr., *In vit. Caesar. Arel.*, n. 35; vid. *in append.* jam cit., p. 162. — [2] Apud August., tom. X *append.*, p. 161.

CHAPITRE XVIII.

Troisième contestation sur la matière de la grace à l'occasion de la dispute sur Gotescalc, où les deux partis se rapportoient également de toute la question à l'autorité de saint Augustin.

La troisième contestation sur les matières de la grace, est celle du ixe siècle à l'occasion de Gotescalc. Les soutenans des deux côtés étoient orthodoxes, également attachés à l'autorité et à la doctrine de saint Augustin. C'est de quoi on ne peut douter à l'égard de saint Remi archevêque de Lyon, de Prudence évêque de Troyes, et des autres qui entreprirent en quelque façon la défense de Gotescalc [1]; car tous leurs livres ne sont remplis que des louanges de saint Augustin; et ils posoient tous pour fondement la doctrine inviolable de ce Père, approuvée par les papes, et reçue par toute l'Église. Mais Hincmar archevêque de Reims, et les autres chefs du parti contraire, n'étoient pas moins affectionnés à ce saint docteur, à qui Jean Scot, dans son écrit de la *Prédestination contre Gotescalc*, donne l'éloge « de très-pénétrant dans la recherche de la vérité [2]. » Il allègue ses derniers ouvrages de la Grace, en disant : « Que se soumettre à l'autorité de ce Père, c'étoit par elle se soumettre à la vérité même. Qui, dit-il, osera résister à cette trompette du camp des chrétiens ? » Prudence lui disoit aussi : « Vous avez suivi saint Augustin, et si vous vous étiez opposé à ses discours très-véritables, aucun des catholiques n'auroit imité votre folie [3]; » tant les paroles de saint Augustin étoient réputées authentiques. Scot avoit écrit son traité par ordre d'Hincmar et de Pardule, évêque de Laon, comme il paroît par sa *Préface*. On voit donc par son sentiment combien ces évêques étoient attachés à la doctrine de saint Augustin. Aussi Hincmar le cite partout dans sa lettre à saint Remi de Lyon et dans son grand livre *de la Prédestination*, où il établit à la tête l'autorité de ce Père en cette matière par les mêmes preuves et avec autant de

---

[1] Prud., *ad Hincm. et Pardul. Vindic.*, tom. II, p. 6; Lup. Leon., q. 2; *De præd.*, I, 31; Rem. *De Trib.*, epist. CVIII; *Defens. Script. ver.*, cap. XLIX, etc. — [2] *De prædest.*, cap. XI, XV, XVIII. — [3] Prud., *De prædest.*, cap. IV.

force que ses adversaires. Le principal fondement des défenses de Gotescalc étoit le livre intitulé *Hypognosticon* ou *Hypomnesticon*, auquel ils ne donnoient cette autorité qu'à cause qu'ils présupposoient qu'il étoit de ce saint docteur. Ainsi dans une occasion dans laquelle il s'agissoit ou d'excuser, ou de combattre les excès et les duretés de Gotescalc, saint Augustin, dont il abusoit, demeura la règle des deux partis ; et sa doctrine sur la grace et la prédestination subsista partout en son entier : ce qui est le témoignage le plus assuré qu'on puisse produire de l'autorité qu'elle avoit acquise dans tout l'Occident ; et ce qui fait le plus à notre sujet, c'est qu'elle n'étoit si révérée que parce qu'on supposoit comme indubitable que ce Père avoit parlé dans cette matière, « en conformité des Pères ses prédécesseurs : » *Juxta Scripturæ veritatem et præcedentium Patrum reverendam auctoritatem* [1].

CHAPITRE XIX.

Quatrième contestation sur la matière de la grace à l'occasion de Luther et de Calvin, qui outroient la doctrine de saint Augustin; le concile de Trente n'en résout pas moins la difficulté par les propres termes de ce Père.

La quatrième et dernière contestation sur la matière de la grace, est celle qui fut suscitée au siècle passé par Luther et Calvin, qui se servoient du nom de saint Augustin pour détruire le libre arbitre, outrer la doctrine de la prédestination et de la grace, et faire Dieu auteur du péché. Mais le concile de Trente sut démêler leur artifice ; et loin de donner atteinte à la doctrine de saint Augustin, il a composé ses décrets et ses canons des propres paroles de ce Père. C'est ce qui n'est ignoré d'aucun catholique, et c'est ce qui a fait dire au savant P. Petau, « que saint Augustin, après l'Ecriture, est la source d'où le concile de Trente a puisé sur le libre arbitre, et la forme des sentimens et la règle des expressions : » *Hic fons est à quo post canonicas Scripturas Tridentinum concilium et sentiendi de libero arbitrio formam et loquendi regulam accepit* [2] : de sorte que la matière où l'on prétend trouver les in-

[1] Remig., cap. IV, IX. — [2] *Theolog. dogm.*, tom. III *De opif. sex dier.*, lib. IV, cap. V, n. 9.

novations de saint Augustin, qui est l'affoiblissement du libre arbitre, est précisément celle où le concile de Trente a choisi les termes de ce saint pour affermir l'ancienne et saine doctrine, ce que la suite fera paroître plus amplement.

CHAPITRE XX.

L'autorité de saint Augustin et de saint Prosper son disciple, entièrement établie : autorité de saint Fulgence, combien révérée; ce Père regardé comme un second Augustin.

Après le concile d'Orange, les adversaires de la doctrine de saint Augustin, qui depuis la décrétale de saint Célestin murmuroient encore sourdement, se turent. Saint Prosper qui l'avoit si bien défendu eut part à sa gloire : tout l'univers apprit à révérer avec lui « l'autorité sainte et apostolique » d'un si grand docteur [1], et à recevoir agréablement avec Hilaire « tout ce qui se trouveroit décidé par une autorité aussi chère et aussi vénérable que la sienne [2]. » On acquéroit de l'autorité en défendant sa doctrine. De là viennent ces paroles de saint Fulgence évêque de Ruspe, dans le livre où il explique si bien la doctrine de la prédestination et de la grace : « J'ai inséré, disoit-il, dans cet écrit quelques passages des livres de saint Augustin et des réponses de Prosper, afin que vous entendiez ce qu'il faut penser de la prédestination des saints et des méchans, et qu'il paroisse tout ensemble que mes sentimens sont les mêmes que ceux de saint Augustin [3]. »

Ainsi les disciples de saint Augustin étoient les maîtres du monde. C'est pour l'avoir si bien défendu, que saint Prosper est mis en ce rang par saint Fulgence : mais pour la même raison saint Fulgence reçoit bientôt le même honneur; car c'est pour s'être attaché à saint Augustin et à saint Prosper qu'il a été si célèbre parmi les prédicateurs de la grace : ses réponses étoient respectées. Quand il revint de l'exil qu'il avoit souffert pour la foi de la Trinité, « toute l'Afrique crut voir en lui un autre Augustin, et chaque église le recevoit comme son propre pasteur [4]. »

---

[1] *Epist.* Prosper. *ad August.* — [2] *Epist.* Hil. — [3] Lib. *De prædest. ad Monim.*, cap. XXX. — [4] Vid. *Vit. Fulgent.*

Personne ne contestera qu'on n'honorât en lui son attachement à suivre saint Augustin, principalement sur la matière de la grace. Il le disoit ouvertement dans le livre de la *Vérité de la Prédestination*[1] ; et il déclaroit en même temps que ce qui l'attachoit à ce Père, c'est que lui-même il avoit suivi les Pères ses prédécesseurs : « Cette doctrine, dit-il, est celle que les saints Pères grecs et latins ont toujours tenue par l'infusion du Saint-Esprit avec un consentement unanime, et c'est pour la soutenir que saint Augustin a travaillé plus qu'eux tous. » Ainsi on ne connoissoit alors ni ces prétendues innovations de saint Augustin, ni ces guerres imaginaires entre les Grecs et les Latins, que Grotius et ses sectateurs tâchent d'introduire à la honte du christianisme : on croyoit que saint Augustin avoit tout concilié, et tout l'honneur qu'on lui faisoit, c'étoit « d'avoir travaillé plus que tous les autres, » parce que la Providence l'avoit fait naître dans un temps où l'Eglise avoit plus besoin de son travail.

CHAPITRE XXI.

Tradition constante de tout l'Occident en faveur de l'autorité et de la doctrine de saint Augustin. L'Afrique, l'Espagne, les Gaules, saint Césaire en particulier, l'Eglise de Lyon, les autres docteurs de l'Eglise gallicane, l'Allemagne, Haimon et Rupert, l'Angleterre et le vénérable Bède, l'Italie et Rome.

Tout l'Occident pensoit de même. On a vu le témoignage de l'Afrique. En Espagne, saint Isidore de Séville, que les conciles de Tolède célèbrent comme le plus excellent docteur de son siècle, se déclaroit le disciple de saint Augustin et le défenseur de saint Fulgence : saint Ildefonse de Tolède dans un sermon, « cite saint Augustin comme celui qu'il n'est pas permis de contredire[2]. » Dans les Gaules, où les écrivains ecclésiastiques paroissent en foule dans le septième, dans le huitième, dans le neuvième, dans le dixième et le onzième siècle, il eut autant de disciples qu'il y avoit de docteurs ; saint Prosper est à la tête, et après lui saint Césaire d'Arles. Il n'avoit pas seulement de l'attachement, mais encore de

[1] Lib. II, cap. xxviii. — [2] Serm. ii *De B. Virg.*

la dévotion pour saint Augustin ; et nous voyons dans sa *Vie* écrite par un de ses disciples, que dans sa dernière maladie, il se réjouissoit de voir approcher la fête de saint Augustin, parce que « comme j'ai aimé autant que vous le savez, disoit-il à ses disciples qui l'environnoient, ses sentimens très-catholiques, autant j'espère que, tout inférieur que je suis à ses mérites, ma mort ne sera pas éloignée de la sienne[1]. » Il mourut la veille, et on voit que sa dévotion étoit attachée, comme il convenoit à la gravité d'un si grand évêque, à la vérité de la doctrine de saint Augustin, qu'il avoit, comme on a vu, si bien défendue dans le concile d'Orange.

Par les soins de ce saint évêque les provinces gallicanes, où saint Augustin avoit eu tant d'adversaires, furent celles où il eut ensuite le plus de disciples. Saint Amolon de Lyon reconnoît saint Augustin pour le principal docteur de la prédestination et de la grace, après saint Paul[2] : saint Remi de Lyon et son Eglise parlent de l'autorité de saint Augustin sur la grace « comme de celle qui est vénérée et reçue de toute l'Eglise[3]. »

Loup Servat prêtre de Mayence au neuvième siècle, dans la seconde question de la prédestination, appelle le livre *du Bien de la Persévérance*, « un livre très-exact[4]. » C'est celui où les critiques modernes trouvent les plus grands excès. Nous avons vu les autres auteurs dans la querelle du neuvième siècle. Au même siècle Remi d'Auxerre met saint Augustin, pour l'intelligence de l'Ecriture, au-dessus de tous les autres docteurs[5]. Nous avons parlé de saint Bernard. Dans le même siècle Pierre le Vénérable, abbé de Clugni, appelle saint Augustin le maître de l'Eglise après saint Paul[6]. Nous nommerons pour l'Allemagne Haimon d'Halberstadt du neuvième siècle, qui met sans hésiter saint Augustin « au-dessus de tous les docteurs, pour éclaircir les questions sur l'Ecriture. » L'abbé Rupert appelle ce Père *la colonne de la vérité*, et il en suit les explications sur la matière de la grace. On nomme toute l'Angleterre en la personne du vénérable Bède, qui est son historien et son second docteur après saint Grégoire. Saint An-

---

[1] *Vita Cæs.*, ap. Suid., ad 27 August., cap. xxii. — [2] *Frag.*, *Epist. ad Hincm.* — [3] Remig., *De fin. Script.*, auct. ii. — [4] Quest. ii, n. 32. — [5] *In Epist.* II *ad Cor.* — [6] Lib. I *Epist.*

selme, archevêque de Cantorbéry, déclare qu'il suit en tout les saints Pères, « principalement saint Augustin. »

En Italie nous avons au sixième siècle le docte Cassiodore, qui dans la matière de la grace regarde saint Augustin comme le docteur de toute l'Eglise; car on ne veut pas ici nommer les papes saint Célestin, saint Boniface, saint Sixte, saint Léon, saint Gélase, saint Horsmisdas, saint Grégoire et tant d'autres qu'on pourroit citer, parce que leur autorité ne regarde pas plus l'Italie que toute l'Eglise.

CHAPITRE XXII.

Si après tous ces témoignages il est permis de ranger saint Augustin parmi les novateurs : que c'est presque autant que le ranger au nombre des hérétiques, ce qui faisoit horreur à Facundus et à toute l'Eglise.

On a beau dire que d'autres saints ont aussi reçu de grands éloges. On n'a point vu un si grand concours, ni des marques si éclatantes de préférence, ni une plus expresse approbation, je ne dis pas de la doctrine en général, mais d'une certaine doctrine et de certains livres. Enfin, disoit Facundus évêque d'Afrique du sixième siècle : « Ceux qui oseront appeler saint Augustin hérétique ou le condamner avec présomption, apprendront quelle est la piété et la constance de l'Eglise latine que Dieu a éclairée par ses instructions, et ils seront frappés de ses anathèmes. »

On dira qu'il ne s'agit pas de le traiter d'hérétique : mais c'est en approcher bien près, de l'accuser d'innovation dans des points de doctrine si importans, de lui faire son procès, comme on a vu, par les règles de Vincent de Lérins, de lui reprocher d'avoir affoibli la doctrine du libre arbitre et de favoriser Luther et Calvin; et pour n'avoir pas osé l'appeler hérétique, on ne laisse pas d'être coupable d'un grand attentat, de mettre au rang des novateurs celui que toute l'Eglise d'Occident a reconnu comme son maître.

Il ne s'agit pas d'examiner jusqu'où l'on est obligé par toutes ces autorités, à pousser l'approbation de ses sentimens. Je me suis déjà expliqué que tout ce que je prétends ici, c'est seulement (pour ne rien outrer) que le corps de la doctrine de saint Augustin, surtout dans ses derniers ouvrages pour qui tous les siècles suivans se sont le plus déclarés, est au-dessus de toute atteinte, et que ce seroit accuser toute l'Eglise catholique de se démentir elle-même, que de persister davantage à trouver des innovations dans ces livres.

CHAPITRE XXIII.

Témoignage des Ordres religieux, de celui de Saint-Benoît, de celui de Saint-Dominique et de Saint-Thomas, de celui de Saint-François et de Scot. Saint Thomas, recommandé par les papes pour avoir suivi saint Augustin : concours de toute l'Ecole : le Maître des Sentences.

Il ne seroit pas inutile d'alléguer ici en particulier les témoignages de l'Ordre de Saint-Benoît, puisque durant huit ou neuf siècles il a comme présidé à la doctrine, et rempli les plus grands siéges de l'Eglise. Mais cette preuve est déjà faite, dès qu'on a rapporté le sentiment de ce grand Ordre, tant dans sa tige, comme on l'a vu par Bède et les autres, que dans ses branches et dans ses réformes, comme dans celle de Clugni par Pierre le Vénérable, et dans celle de Cîteaux par saint Bernard.

L'Ordre de Saint-Dominique n'est pas moins affectionné à saint Augustin, puisque saint Thomas qui est le docteur de cet ordre, à vrai dire, n'est autre chose dans le fond, et surtout dans les matières de la prédestination et de la grace, que saint Augustin réduit à la méthode de l'Ecole. C'est même pour avoir été le disciple de saint Augustin qu'il s'est acquis dans l'Eglise un si grand nom, comme le pape Urbain V l'a déclaré dans la bulle de la translation de ce saint, où il met sa grande louange en ce que « suivant les vestiges de saint Augustin, il a éclairé par sa doctrine l'ordre des frères Prêcheurs et l'Eglise universelle. »

L'Ecole de Scot et l'Ordre de Saint-François n'a pas un autre sentiment. Nous trouvons, dans l'Histoire générale de l'Ordre des Ermites de Saint-Augustin, une célèbre dispute sur le sujet d'un serment par lequel on prétendoit obliger l'université de Salamanque à suivre conjointement les sentimens de saint Augustin et de saint Thomas, qu'on croyoit les mêmes[1]. Les franciscains dirent alors que c'étoit faire injure à saint Augustin que d'exiger ce

---

[1] Petr. del Campo, lib. III, cap. III.

serment : qu'il étoit le docteur commun de toutes les Ecoles : que celle de Scot ne lui étoit pas moins soumise que celle de saint Thomas, et que le docteur subtil avoit tiré toutes ses conclusions de ce Père, et les avoit soutenues par plus de huit cents passages qu'il en avoit allégués dans ses écrits.

Ainsi il n'y eut jamais aucune dispute sur l'autorité de saint Augustin : les deux écoles contraires conviennent de s'y soumettre : quelques Ordres religieux, comme celui des carmes déchaussés ; quelques universités, comme celle de Salamanque, s'y sont obligées par serment ou par délibération : d'autres ont cru inutile de se faire une obligation particulière d'un devoir commun.

On peut juger par là des sentimens de l'Ecole ; et, si l'on veut remonter à Pierre Lombard, on trouvera que son livre, sur lequel rouloit toute l'ancienne scolastique, n'est qu'un tissu des passages des Pères, et c'est pourquoi il lui donna le nom de *Sentences*, pour montrer le dessein qu'il s'y proposoit de mettre un abrégé de leurs sentimens entre les mains des étudians en théologie, principalement de ceux de saint Augustin et surtout dans la matière de la prédestination et de la grace, où il le suit pied à pied. On trouve à la fin de son livre des *Sentences*, les articles où ce maître de l'Ecole a été repris, mais on n'y trouve rien sur cette matière qui soit noté ; et au contraire, l'autorité de saint Augustin est demeurée inviolable à toute l'Ecole.

LIVRE VI.

RAISON DE LA PRÉFÉRENCE QU'ON A DONNÉE A SAINT AUGUSTIN DANS LA MATIÈRE DE LA GRACE. ERREUR SUR CE SUJET, A LAQUELLE SE SONT OPPOSÉS LES PLUS GRANDS THÉOLOGIENS DE L'ÉGLISE ET DE L'ÉCOLE.

CHAPITRE PREMIER.

Doctrine constante de toute la théologie sur la préférence des Pères qui ont écrit depuis les contestations des hérétiques : beau passage de saint Thomas, qui a puisé dans saint Augustin toute sa doctrine : passages de ce Père.

Pour reprendre les choses de plus haut et découvrir par principes les illusions de M. Simon, il faut une fois se rendre attentif à une excellente doctrine de tous les théologiens, que saint Thomas a expliquée avec sa précision et sa netteté ordinaires dans un de ses *Opuscules* contre les erreurs des Grecs, dédié au pape Urbain IV et composé par son ordre. Dès le prologue de ce docte ouvrage, il parle ainsi : « Les erreurs contre la saine doctrine ont donné occasion aux saints docteurs d'expliquer avec plus de circonspection ce qui appartient à la foi, pour éloigner les erreurs qui s'élevoient dans l'Eglise; comme il paroît dans les écrits des docteurs qui ont précédé Arius, où l'on ne trouve pas l'unité de l'essence divine si précisément exprimée que dans ceux qui les ont suivis. Il en est de même des autres erreurs; et cela ne paroît pas seulement en divers docteurs, mais même dans saint Augustin, qui excelle entre tous les autres. Car dans les livres qu'il a composés après l'hérésie de Pélage, il a parlé du pouvoir du libre arbitre avec plus de précaution qu'il n'avoit fait avant la naissance de cette hérésie, lorsque défendant le libre arbitre contre les manichéens, il a dit des choses dont les pélagiens, c'est-à-dire les ennemis de la grace se sont servis [1]. »

Telle a été la doctrine de saint Thomas dans un de ses ouvrages les plus authentiques. L'on y remarque deux vérités : l'une de fait, dans la préférence qu'il donne à saint Augustin; l'autre de

---

[1] *Opusc. contra Græc.*, *Prol.*

droit, lorsqu'il établit l'accroissement des lumières de l'Eglise dans ses disputes, où il n'a fait qu'expliquer le sentiment unanime de tous les docteurs.

Il l'avoit pris selon sa coutume de saint Augustin, dont les paroles sur ce sujet sont tous les jours à la bouche des théologiens, et servent de dénouement à toutes les difficultés de la tradition : « Nous avons appris, dit ce Père, que chaque hérésie apporte à l'Eglise des difficultés particulières, contre lesquelles on défend plus exactement les Ecritures divines que si l'on n'avoit point eu de pareille nécessité de s'y appliquer [1]. » Ce qui fait dire au même docteur qu'avant la naissance des hérésies, il ne faut pas exiger des Pères la même précaution dans leurs expressions que si les matières avoient déjà été agitées, « parce que la question n'étant point émue, les hérétiques ne leur faisant pas les mêmes difficultés, ils croyoient qu'on les entendoit dans un bon sens, et ils parloient avec plus de sécurité, » *securius loquebantur* [2] *:* d'où le même Père conclut qu'il n'est pas toujours nécessaire, dans les nouvelles questions émues par les hérétiques, de rechercher « avec scrupule et inquiétude les ouvrages des Pères qui ont écrit auparavant, parce qu'ils ne touchoient qu'en passant et brièvement dans quelques-uns de leurs ouvrages, *transeunter et breviter,* les matières dont il s'agissoit, s'arrêtant à celles qu'on agitoit de leur temps et s'appliquant à instruire leurs peuples sur la pratique des vertus [3]. » Voilà ce que dit saint Augustin à l'occasion de sa dispute avec les semi-pélagiens. C'est la réponse commune, non-seulement des théologiens, mais encore de saint Athanase, de Vincent de Lérins et des autres Pères, quand il s'agit d'expliquer les auteurs qui ont écrit devant les disputes ; et tout cela n'est autre chose que ce que disoit le même saint Augustin dans ses *Confessions*, hors de toute contestation et par la seule impression de la vérité : « O Seigneur, les disputes des hérétiques font paroître dans un plus grand jour et comme dans un lieu plus éminent ce que pense votre Eglise et ce qu'enseigne la saine doctrine [4]. » Car il faut même qu'il y ait des hérésies : ce que Dieu ne permettroit

---

[1] *De dono persev.*, cap. XX, n. 53. — [2] Lib. I *Contr. Julian.*, cap. VI, n. 22. — [3] *De prædest. Sanct.*, cap. XIV, n. 27. — [4] *Confess.*, lib. VII, cap. XIX, n. 25.

pas, s'il n'en vouloit tirer cet avantage, lui qui ne permet le mal que pour procurer le bien par de justes et impénétrables conseils.

CHAPITRE II.

Ce que l'Eglise apprend de nouveau sur la doctrine : passage de Vincent de Lérins. Mauvais artifice de M. Simon et de ceux qui, à son exemple, en appellent aux anciens, au préjudice de ceux qui ont expressément traité les matières contre les hérétiques.

Cette doctrine de saint Augustin et de tous les saints docteurs est une règle dans la théologie, et comme j'ai dit, un dénouement dans toutes les difficultés sur la tradition. La face de l'Eglise est une et sa doctrine est toujours la même ; mais elle n'est pas toujours également claire, également exprimée. Elle reçoit avec le temps, dit très-bien Vincent de Lérins, non point plus de vérité, « mais plus d'évidence, plus de lumières, plus de précision [1], » et c'est principalement à l'occasion des nouvelles hérésies. Alors selon les termes du même auteur, « on enseigne plus clairement ce qu'on croyoit plus obscurément auparavant : » les expressions sont plus claires, les explications plus distinctes : « On lime, on démêle, on polit les dogmes : on y ajoute la justesse, la forme, la distinction, sans toucher à leur plénitude et à leur intégrité. » Ainsi quand après les résolutions des Pères qui ont combattu les hérésies, on en détourne les hommes en leur proposant les anciens; quand, à l'exemple de M. Simon, on loue sur la matière de la grace les docteurs qui ont précédé Pélage, pour décréditer saint Augustin qui a été si évidemment appelé à le combattre, c'est un piége qu'on tend aux simples pour leur faire préférer ce qui est plus obscur et moins démêlé à ce qui est plus clair et plus distinct, et ce qu'on a « dit en passant, » à ce qu'on a médité et limé avec plus de soin. C'est de même que si l'on disoit qu'après les explications de saint Athanase, il vaut mieux encore en revenir aux expressions plus embrouillées de saint Justin ou d'Origène, de saint Denis d'Alexandrie et des autres Pères, dont les ariens abusoient; et que saint Athanase étoit un novateur, parce qu'il

---

[1] *Commonit.* I, p. 361.

réduisoit la théologie à des expressions plus distinctes, plus justes et plus suivies.

CHAPITRE III.

Que la manière dont M. Simon allègue l'antiquité est un piège pour les simples; que c'en est un autre d'opposer les Grecs aux Latins. Preuves par M. Simon lui-même, que les traités des Pères contre les hérésies sont ce que l'Église a de plus exact. Passage du P. Petau.

Ce piége qu'on tend aux simples est d'autant plus dangereux, qu'on le couvre de la spécieuse apparence de l'antiquité. Qu'y a-t-il de plus plausible et dans le fond de plus vrai que de dire, avec Vincent de Lérins, qu'il faut suivre les anciens? et qui croiroit qu'on trompât le monde avec ce principe? C'est néanmoins la vérité, et un effet manifeste de la captieuse critique de M. Simon. Il faut préférer l'antiquité : c'est la règle de Vincent de Lérins. Il falloit donc ajouter que selon le même docteur, souvent la postérité parle plus clairement. On ne peut nier que les anciens Pères, qui ont précédé les pélagiens, n'aient parlé quelquefois moins exactement, moins précisément, moins conséquemment qu'on n'a fait depuis sur le péché originel et sur la grace. En cet état de la cause proposer toujours les anciens au préjudice de saint Augustin, c'est pour embrasser ce qui embrouille, abandonner ce qui éclaircit. Ne parlons point en l'air. On trouve très-réellement dans plusieurs endroits des anciens, avant saint Augustin, que les enfans n'ont point de péché et que Dieu ne nous prévient pas, mais que c'est nous qui le prévenons. A la rigueur ces expressions sont contre la foi : on les explique très-solidement, comme la suite le fera paroître : mais avec ces explications, quelque solides qu'elles soient, il sera toujours véritable qu'elles fournissent aux hérétiques la matière d'un mauvais procès. Après que saint Augustin les a réduites au sens légitime que nous verrons en son lieu, dire qu'il innove ou sur ces articles que j'allègue ici pour exemple, ou sur d'autres que je pourrois alléguer, c'est visiblement tout perdre et donner lieu aux hérétiques de renouveler toutes leurs chicanes.

Au lieu donc de se servir du nom des anciens, comme fait perpétuellement M. Simon, pour décréditer saint Augustin et les autres saints défenseurs de la grace qui l'ont suivi, il falloit les autoriser par cette raison, qu'y ayant dans toutes les matières et même dans les dogmes de la foi ce qui en fait la difficulté et ce qui en fait le dénouement, comme l'expérience le fait voir, il arrive principalement avant les disputes qu'un auteur, selon les vues différentes qu'il peut avoir, appuyant sur un endroit plus que sur l'autre, tombe dans de certaines ambiguïtés qu'on ne trouve plus guère dans les saints docteurs depuis que les matières sont bien éclaircies.

C'est ce qui règne, non-seulement dans la matière de la grace, mais encore généralement dans toutes les matières de la foi. Le Fils de Dieu est Dieu comme le Père, et il y a des passages clairs pour cette vérité dans tous les temps. Mais lorsqu'on vient à considérer que c'est un Dieu sorti d'un Dieu, *Deus de Deo*, un Dieu qui reçoit du Père sa divinité et toute son action, un Dieu qui par conséquent, sans dégénérer de sa nature, est nécessairement le second en origine et en ordre, le langage se brouille quelquefois : on parle de la primauté d'origine comme si elle avoit en soi quelque chose de plus excellent quant à la manière de parler, et cet embarras ne se débrouille parfaitement que lorsque quelque dispute réduit les esprits à un langage précis. La même chose a dû arriver dans la matière de la grace : en un mot, dans tous les dogmes on marche toujours entre deux écueils ; et on semble tomber dans l'un lorsqu'on s'efforce d'éviter l'autre, jusqu'à ce que les disputes et les jugemens de l'Eglise, intervenus sur les questions, fixent le langage, déterminent l'attention et assurent la marche des docteurs.

Par la suite du même principe, il doit arriver que la partie de l'Eglise catholique qui demeurera la plus éclairée sur une matière, sera celle où cette matière sera le plus cultivée, c'est-à-dire celle où les hérésies rendront les esprits plus attentifs. Il a donc dû arriver que l'Eglise grecque, que rien n'obligeoit à veiller contre les pélagiens, est demeurée peu éclairée sur les matières qu'ils agitoient, en comparaison de la latine qui a été aux mains avec eux durant tant de siècles. Aussi est-il bien certain que sur ce sujet on a toujours préféré les Latins aux Grecs, à cause, dit savamment le P. Petau, « que l'hérésie de Pélage a plus exercé l'Eglise latine que l'Eglise grecque, en sorte qu'on ne trouve chez les Grecs qu'une intelligence et une réfutation imparfaite des sentimens de Pélage [1]. » Ce fait est si constant que M. Simon n'a pu s'empêcher d'en convenir, lorsqu'en remarquant le silence de Théodoret et de quelques Grecs sur le péché originel, encore qu'ils aient vécu après Pélage, il en rend lui-même cette raison : « Que le pélagianisme a fait plus de bruit dans les Eglises où l'on parloit la langue latine qu'en Orient [2]; » d'où il conclut, qu'il n'est pas surprenant que Théodoret s'explique moins que les Latins sur le péché originel. Pour peu qu'il ait de bonne foi, il en doit dire autant de toutes les matières de la grace, puisque les erreurs sur cette matière faisoient une des parties de cette hérésie qui, comme on sait, s'étoit répandue en Afrique, dans les Gaules, en Angleterre, en Italie, de l'aveu de M. Simon. Il étoit donc naturel qu'on y pensât plus en Occident qu'en Orient, où l'on n'en parloit presque point. Ainsi quand M. Simon en appelle sans cesse des Latins aux Grecs, il n'est pas seulement contraire à tous les autres auteurs, mais encore à lui-même.

CHAPITRE IV.

Paralogisme perpétuel de M. Simon, qui tronque les règles de Vincent de Lérins sur l'antiquité et l'universalité.

On voit par ces réflexions le procédé captieux de ce pitoyable théologien, lorsque pour affoiblir l'autorité de saint Augustin, il nous ramène sans cesse ou aux anciens, ou aux Grecs. Mais il est aisé de voir que ce n'est pas tant à ce Père qu'à la vérité même qu'il en veut; il mutile les saintes maximes de Vincent de Lérins, qu'il fait semblant de vouloir défendre. Toute la doctrine de ce Père roule principalement sur ces deux pivots : l'antiquité et l'universalité : *Quod ubique, quod semper.* Il faut suivre, dit-il, l'antiquité. Cela est vrai; mais il y falloit ajouter que la postérité s'explique mieux après que les questions ont été agitées, ce que

[1] *Dogm.*, lib. IX, cap. VI, n. 1. — [2] *Hist. crit.*, p. 321.

le critique dissimule. Il supprime donc une partie de la règle et il tombe dans l'absurdité de nous faire chercher la saine doctrine dans les auteurs où elle est moins claire, plutôt que dans ceux où elle a reçu son dernier éclaircissement ; ce qui est faire à la vérité un outrage trop manifeste.

Il commet la même faute, lorsque sous prétexte de recommander l'universalité il oppose les Grecs aux Latins, sans songer que les premiers ayant été de son propre aveu moins attentifs que les autres aux questions de Pélage, et n'ayant traité qu'en passant ce que les autres ont traité à fond ; les préférer malgré cela, c'est préférer l'obscurité à l'évidence, et la négligence pour ainsi dire à l'exactitude : c'est après les résolutions et les jugemens renouveler le procès, et de la pleine instruction nous rappeler en quelque manière aux élémens : qui est le perpétuel paralogisme de M. Simon, et la manière artificieuse dont il attaque la vérité même.

CHAPITRE V.

Illusion de M. Simon et des critiques modernes, qui veulent que l'on trouve la vérité plus pure dans les écrits qui ont précédé les disputes : exemple de saint Augustin, qui selon eux a mieux parlé de la grace avant qu'il en disputât contre Pélage.

Je trouve encore dans nos critiques un dernier trait de malignité contre saint Augustin, qu'il ne faut pas réfuter avec moins de soin que les autres, puisqu'il n'est pas moins injurieux à la vérité et à l'Eglise.

Pour montrer qu'on a eu raison d'appeler de saint Augustin aux anciens docteurs, qui ont précédé ce Père aussi bien que l'hérésie de Pélage, on relève les avantages qu'on trouve dans le témoignage des auteurs qui ont parlé avant les querelles ; et on soutient qu'ils parlent alors plus simplement et plus naturellement que dans la dispute même, où les hommes sont emportés à dire plus qu'ils ne veulent.

On veut que saint Augustin en soit lui-même un exemple, puisqu'il a changé les sentimens conformes à ceux des anciens, où il s'étoit porté naturellement, et qu'il en est même venu à les rétracter; ce qui ne peut être attribué selon nos critiques qu'à l'ardeur de la dispute : en sorte que bien éloignés de profiter avec lui, comme lui-même les y exhorte, des lumières qu'il acquéroit en méditant nuit et jour l'Ecriture sainte, ils s'en servent pour diminuer son autorité; comme si c'étoit une raison de moins estimer ce Père, parce qu'il s'est corrigé lui-même humblement et de bonne foi, ou comme s'il valoit mieux croire ce qu'il a écrit de la grace et du libre arbitre, avant que la dispute contre les pélagiens eût commencé, que ce qu'il en a écrit depuis que cette hérésie l'a rendu plus attentif à la matière.

CHAPITRE VI.

Aveuglement de M. Simon, qui par la raison qu'on vient de voir, préfère les sentimens que saint Augustin a rétractés à ceux qu'il a établis en y pensant mieux : le critique ouvertement semi-pélagien.

C'est le but de ces paroles de M. Simon : « C'est en vain qu'on accuse ceux à qui l'on a donné le nom de semi-pélagiens d'avoir suivi le sentiment d'Origène, puisqu'ils n'ont rien avancé qui ne se trouve dans ces paroles de saint Augustin (qu'il venoit de rapporter de l'exposition de ce Père sur l'*Epître aux Romains*), lequel convenoit alors avec les autres docteurs de l'Eglise. Il est vrai qu'il s'est rétracté; mais l'autorité d'un seul Père, qui abandonnoit son ancienne créance, n'étoit pas capable de les faire changer de sentiment [1]. »

Je n'ai pas besoin de relever le manifeste semi-pélagianisme de ces paroles : il saute aux yeux. Le sentiment que ce saint docteur soutint dans ses derniers livres, a tous les caractères d'erreur : c'est le sentiment « d'un seul Père : » c'est un sentiment « nouveau : » en le suivant, saint Augustin « abandonnoit » sa propre créance, celle que les anciens lui avoient laissée, et dans laquelle il avoit été nourri : on voit donc dans ses derniers sentimens les deux marques qui caractérisent l'erreur, la singularité et la nouveauté.

« Si ceux que l'on a nommés *semi-pélagiens* n'ont rien avancé

[1] P. 255. Voyez *Dissertat. sur Grotius*, où ceci est copié mot à mot.

que ce qu'a dit saint Augustin, lorsqu'il convenoit avec les anciens docteurs de l'Eglise, » ils ont donc raison, et ce à quoi il faut s'en tenir dans les sentimens de ce Père, c'est ce qu'il a rétracté, puisque c'est cela où l'on tomboit naturellement par la tradition de l'Eglise. M. Simon ne trouve rien de plus judicieux dans les écrits de ce Père que ce qu'il en a révoqué : « Il est, dit-il, plus judicieux et plus exact dans l'interprétation qu'il nous a laissée de quelques endroits de l'*Epître aux Romains* [1]. » M. Simon ne le loue ainsi que pour ensuite relever ses fautes, j'entends celles dont il l'accuse; et c'est pourquoi il ajoute : « Il ne fut pas néanmoins tout à fait content de cet ouvrage (si judicieux et si exact), puisqu'il rétracta quelques propositions qu'il crut avoir avancées trop librement. Il crut; » mais il le crut mal selon notre auteur, et ce Père au lieu de se corriger, ne fait que passer du bien au mal : « Lors, dit-il, qu'il composa cet ouvrage, il étoit dans les sentimens communs » où l'on entroit naturellement avant les disputes; c'est pour dire que saint Augustin étoit enclin à des opinions particulières, puisque celles qu'il rétracte sont celles qu'on lui fait communes avec le reste des docteurs; et un peu après : « On ne peut nier que l'explication, qui est ici condamnée par saint Augustin, ne soit de Pélage dans son Commentaire sur *l'Epître aux Romains*, mais elle est en même temps de tous les anciens commentateurs [2]. » Saint Augustin condamnoit donc ce qu'il avoit dit de meilleur; Pélage qu'il reprenoit, disoit mieux que lui, et ce n'étoit pas cet hérésiarque, mais saint Augustin qui étoit le novateur. Et encore : « Il est conforme en ce lieu-là (qui est un de ceux qu'il a rétractés) au diacre Hilaire, à Pélage et aux autres anciens commentateurs de saint Paul [3]. » L'antiquité va toujours avec Pélage; et saint Augustin dégénère des anciens, quand il le quitte. « Il n'avoit point encore de sentimens particuliers, lorsqu'il composa cette exposition sur l'*Epître aux Romains*, où il paroît plus exact que dans ses autres Commentaires. » Ainsi il a corrigé ce qu'il a fait de meilleur et de plus exact : quand il étoit semi-pélagien, il n'avoit *point de sentimens particuliers*, et il n'a commencé de les prendre que lorsqu'il a réfuté cette hérésie,

[1] P. 252. — [2] *Ibid.* — [3] P. 254.

c'est-à-dire lorsqu'il a poussé la victoire de la vérité jusqu'à éteindre les dernières étincelles de l'erreur. Que l'hérésie triomphe donc, non-seulement de saint Augustin qui l'a combattue, mais encore de l'Eglise qui l'a condamnée. C'est la doctrine de M. Simon, et le fruit que nous tirerons de ses travaux.

La même raison lui fait dire « qu'à juger des sentimens de saint Augustin par ceux des écrivains ecclésiastiques qui l'ont précédé et même par les siens, avant qu'il entrât en dispute avec les pélagiens, on ne peut douter qu'il n'ait poussé trop loin ses principes [1]. »

On voit ici deux choses importantes : l'une, que M. Simon fait changer de sentiment à saint Augustin à l'occasion des disputes contre les pélagiens; l'autre, que tout au contraire des théologiens qui corrigent les premiers sentimens de ce Père par les derniers, comme il a fait lui-même, M. Simon argumente par ses premiers sentimens contre les derniers. Voilà deux choses que dit M. Simon, où nous verrons autant d'ignorances et autant de témérités que de paroles.

CHAPITRE VII.

M. Simon a puisé ses sentimens manifestement hérétiques d'Arminius et de Grotius.

Il doit cette réflexion sur le changement de saint Augustin, d'abord à Arminius le restaurateur du semi-pélagianisme parmi les protestans. M. Simon en rapporte les sentimens en ces termes : « A l'égard de saint Augustin, il dit qu'il se pouvoit faire que les premiers sentimens de ce Père eussent été plus droits dans le commencement, parce qu'il examinoit alors la chose en elle-même et sans préjugé, au lieu que dans la suite il n'eut pas la même liberté, s'en étant plutôt rapporté au jugement des autres qu'au sien propre [2]. »

Quoique ce passage d'Arminius ne regarde pas tout le corps de la doctrine de saint Augustin sur la grace, l'esprit en est de préférer les premiers sentimens de saint Augustin comme étant les

---

[1] P. 290. — [2] P. 799. Voyez la *Dissert. sur Grotius*, où l'auteur a employé tout cet endroit, n. 14, 15, 16, etc.

plus naturels, à ceux qu'il a pris depuis par des impressions étrangères : et c'est cela que M. Simon veut insinuer.

Mais Grotius, le grand défenseur des arminiens, qui de l'aveu de M. Simon a pris dans le sein de cette secte une si forte teinture des erreurs sociniennes, est le véritable auteur où il a puisé ses sentimens ; et on le verra par un seul endroit de son *Histoire Belgique*, où expliquant le commencement des disputes entre Arminius et Gomar en l'an 1608, il en expose la source selon ses préventions, en cette sorte :

« Ceux, dit-il, qui ont lu les livres des anciens, tiennent pour constant que les premiers chrétiens attribuoient une puissance libre à la volonté de l'homme, tant pour conserver la vertu que pour la perdre : d'où venoit aussi la justice des récompenses et des peines. Ils ne laissoient pourtant pas de tout rapporter à la bonté divine, dont la libéralité avoit jeté dans nos cœurs la semence salutaire, et dont le secours particulier nous étoit nécessaire parmi nos périls. Saint Augustin fut le premier qui depuis qu'il fut engagé dans le combat des pélagiens (car auparavant il avoit été d'un autre avis) poussa les choses si loin par l'ardeur qu'il avoit dans la dispute, qu'il ne laissa que le nom de la liberté, en la faisant prévenir par des décrets divins qui sembloient en ôter toute *la force*[1]. » On voit en passant la calomnie qu'il fait à saint Augustin, d'ôter la force de la liberté et de n'en laisser que le nom. On a vu que M. Simon impute la même erreur à ce docte Père : nous en parlerons encore ailleurs. Ce qu'il faut ici observer, c'est que, selon Grotius saint Augustin est le novateur ; en s'éloignant du sentiment des anciens Pères, il s'éloigna des siens propres, et n'entra dans ces nouvelles pensées que lorsqu'il fut engagé à combattre les pélagiens. Ainsi les sentimens naturels, qui étoient aussi les plus anciens, sont ceux que saint Augustin suivit d'abord. C'est ce que dit Grotius, et c'est l'idée qu'il donne de ce Père. Que si vous lui demandez ce qu'est devenue l'ancienne doctrine qu'il prétend que saint Augustin a abandonnée, et où s'en est conservé le sacré dépôt, il le va chercher chez les Grecs et dans les semi-pélagiens. C'est aussi ce qu'on vient de voir suivi

[1] *Hist. Belg.*, lib. XVII, p. 551.

de point en point par M. Simon; mais que devinrent ces anciens sentimens que les Pères avoient suivis avant que saint Augustin eût introduit ses nouveautés? Grotius, qui vient d'apprendre à M. Simon que ce qu'il faut suivre dans saint Augustin, que ce qui est conforme à l'ancienne tradition, c'est le premier sentiment que ce Père a rétracté, lui apprendra encore où est demeuré le dépôt de la tradition : il est demeuré dans les Grecs et dans les semi-pélagiens. C'est là que M. Simon le va chercher ; mais c'est Grotius qui lui en a montré le chemin. Pour les Grecs, voici les paroles qui suivent immédiatement celles qu'on a lues : « L'ancienne et la plus simple opinion se conserva, dit-il, dans la Grèce et dans l'Asie. » Pour les semi-pélagiens, « le grand nom, poursuit-il, de saint Augustin lui attira plusieurs sectateurs dans l'Occident, où néanmoins il se trouva des contradicteurs du côté de la Gaule. » On connoît ces contradicteurs : ce furent les prêtres de Marseille et quelques autres vers la Provence; c'est-à-dire, comme on en convient, ceux qu'on appelle *semi-pélagiens* ou les restes de l'hérésie de Pélage : ce fut Cassien, ce fut Fauste de Riez. Tels sont les contradicteurs de saint Augustin dans les Gaules pendant que tout le reste de l'Eglise suivoit sa doctrine : c'est en ceux-là que s'est conservée l'ancienne et saine doctrine : elle s'est, dis-je, conservée dans les adversaires de saint Augustin, que l'Eglise a condamnés par tant de sentences : Grotius, un protestant, un arminien, un socinien en beaucoup de chefs, l'a dit : M. Simon et d'autres critiques osent le suivre. Il en a pris ce beau système de doctrine, qui commet les Grecs avec les Latins, les premiers chrétiens avec leurs successeurs, saint Augustin avec lui-même, où l'on préfère les sentimens que le même saint Augustin a corrigés dans le progrès de ses études à ceux qu'il a défendus jusqu'à la mort, et les restes des pélagiens à toute l'Eglise catholique. Les sociniens triomphent par le moyen de Grotius si plein de leur esprit et de leurs maximes : ils font la loi aux faux critiques jusque dans le sein de l'Eglise : la ville sainte est foulée aux pieds, le parvis du temple est livré aux étrangers, et des prêtres leur en ouvrent l'entrée.

CHAPITRE VIII.

Les témoignages qu'on tire des Pères qui ont écrit devant les disputes ont leur avantage. Saint Augustin recommandable par deux endroits. L'avantage qu'a tiré l'Eglise de ce qu'il a écrit après la dispute contre Pélage.

Mais peut-être qu'ils sont forcés par de puissantes raisons à entrer dans ces sentimens? On n'en peut avoir de plus foibles. On veut premièrement imaginer qu'il y a quelque chose de plus naturel dans les Pères qui ont précédé les disputes, que dans ceux qui ont suivi, et on ne veut pas écouter ceux qui s'en tiennent aux derniers. Mais il ne faut point opposer ces deux sentimens. L'un et l'autre est véritable : l'Eglise profite en deux manières du témoignage des Pères : elle en profite devant la naissance des hérésies ; elle en profite aussi après : elle en profite devant, parce qu'elle y voit avant toutes les disputes la simplicité naturelle et la perpétuité de sa foi; elle en profite aussi après, pour parler plus correctement des articles qui sont attaqués.

Personne ne révoque en doute que les hérésies ne réveillent les saints docteurs, et ne les fassent parler plus correctement sur les vérités contestées. Saint Thomas, Vincent de Lérins et saint Augustin que nous avons rapportés, le consentement de tous les docteurs anciens et modernes, l'expérience même qui est très-constante, ne permet sur ce sujet aucun doute.

D'autre part il ne laisse pas d'être certain que les Pères qui ont précédé les disputes, ont à leur manière quelque chose de plus fort, parce que c'est le témoignage de gens désintéressés, et qu'on ne peut accuser d'aucune partialité. Personne n'a mieux profité de cet avantage que saint Augustin. Car après avoir produit à Julien les Irénée, les Cyprien, les Hilaire et les autres anciens docteurs, sans oublier saint Jérôme : « Je vous appelle, lui dit-il, devant ces juges, qui ne sont ni mes amis, ni vos ennemis, que je n'ai point gagnés par adresse, que vous n'avez point offensés par vos disputes : vous n'étiez point au monde quand ils ont écrit : ils sont sans partialité, parce qu'ils ne nous connoissoient pas : ils ont conservé ce qu'ils ont trouvé dans l'Eglise : ils ont enseigné ce qu'ils ont appris : ils ont laissé à leurs enfans ce qu'ils ont reçu de leurs pères[1]. » Il faut reconnoître dans ces témoignages quelque chose d'irréprochable, qui ferme la bouche aux hérétiques : et c'est pourquoi en citant, comme on vient de voir, saint Jérôme, qui étoit du temps de Pélage et son adversaire, saint Augustin sait bien observer que ce qu'il produit de ce Père contre Julien est tiré des livres qu'il avoit écrits avant la dispute : « lorsque libre de tout soupçon et de toute partialité, » *liber ab omni studio partium*[2], il condamnoit les pélagiens avant qu'ils fussent nés.

J'avoue donc que ces deux manières de faire valoir les témoignages des Pères, ont des avantages mutuels l'une sur l'autre : mais je n'ai pas besoin de décider où il y en a de plus grands, puisqu'ils concourent les uns et les autres dans la personne et dans les écrits de saint Augustin. Y voulez-vous voir la pleine et entière expression de la vérité depuis la dispute, toute l'Eglise l'a reconnue dans ce Père, tout s'est tu lorsqu'il a parlé : saint Jérôme même, qui étoit alors comme la bouche de l'Eglise contre toutes les hérésies, quand il a vu la cause de la vérité entre les mains de saint Augustin, n'a plus fait que lui applaudir avec tous les autres[3]. Il n'est plus temps de dire qu'il a excédé, après que les papes ont réprimé ceux qui le disoient : il n'est plus temps de dire qu'il a poussé les choses plus qu'il ne vouloit, ou plus qu'il ne falloit, ni qu'il a eu des sentimens particuliers ou trop d'ardeur dans la dispute, « pendant que non-seulement l'Eglise romaine avec l'africaine, mais encore par tout l'univers, » comme parloit saint Prosper[4], « tous les enfans de la promesse étoient d'accord avec lui dans la doctrine de la grace comme dans tous les autres articles de la foi. »

Personne n'en a dédit saint Prosper qui lui a rendu ce témoignage : l'événement même en a prouvé la vérité. Pour avoir droit de lui reprocher d'avoir excédé, ou d'avoir dégénéré de l'ancienne doctrine, il faudroit que l'Eglise qui l'écoutoit eût cru entendre quelque chose de nouveau : mais on a vu le contraire; et pendant qu'on accusoit saint Augustin d'être un novateur, les

---

[1] *Contr. Jul.*, lib. II, cap. x, n. 34, 36. — [2] *Ibid.*, n. 36. — [3] Prosper., *Contr. Collat.*, cap. II. — [4] Prosper. *ad Ruf.*, n. 3, *in append. August.*, tom. X, p. 165.

papes ont prononcé que c'étoit ses adversaires qui l'étoient, et que c'étoit lui qui étoit le défenseur de l'antiquité.

CHAPITRE IX.

Témoignage que saint Augustin a rendu à la vérité avant la dispute. Ignorance de Grotius et de ceux qui accusent ce Père de n'avoir produit ses derniers sentimens que dans la chaleur de la dispute.

On ne peut donc affoiblir par aucun endroit le témoignage que saint Augustin a rendu à la vérité durant la dispute. Mais si pour le rendre plus incontestable, on veut encore qu'il ait prévenu toutes les contestations, cet avantage ne manquera pas à ce docte Père. C'est une ignorance à Grotius et à tous ceux qui accusent saint Augustin de n'avoir avancé, que dans la chaleur de la dispute, ces sentimens qu'ils accusent de nouveauté. Car il n'y a rien de si constant que ce qu'il a remarqué lui-même, en parlant de ses livres à Simplicien, successeur de saint Ambroise dans l'évêché de Milan, qu'encore qu'il les ait écrits au commencement de son épiscopat, quinze ans avant qu'il y eût des pélagiens au monde, il y avoit enseigné pleinement et sans avoir rien depuis à y ajouter dans le fond, la même doctrine de la grace qu'il soutenoit durant la dispute et dans ses derniers écrits.

C'est ce qu'il écrit dans le *Livre de la Prédestination* et dans celui *du Bien de la Persévérance*[1], où il montre la même chose du livre de ses *Confessions,* « qu'il a publié, dit-il, avant la naissance de l'hérésie pélagienne[2]; » et toutefois, poursuit-il, on y trouvera une pleine reconnoissance de toute la doctrine de la grace, dans ces paroles que Pélage ne pouvoit souffrir : *Da quod jubes, et jube quod vis :* « Donnez-moi vous-même ce que vous me commandez, et commandez-moi ce qui vous plaît[3]. » Ce n'étoit pas la dispute, mais la seule piété et la seule foi qui lui avoit inspiré cette prière : il la faisoit, il la répétoit, il l'inculquoit dans ses *Confessions,* comme on vient de voir par lui-même, avant que Pélage eût paru ; et il avoit si bien expliqué dans ce même

---

[1] Lib. *De prædest.* SS., cap. ɪᴠ; *De don. persev.,* cap. xx, xxɪ. — [2] *De don. persev.,* cap. xx, n. 53. — [3] Lib. X, cap. xxɪx, xxxɪ, xxxvɪɪ.

livre tout ce qui étoit nécessaire pour entendre la gratuité de la grace, la prédestination des saints, le don de la persévérance en particulier, que lui-même il a reconnu dans le même lieu qu'on vient de citer, qu'il ne lui restoit qu'à défendre avec plus de netteté et d'étendue, *copiosiùs et enucleatiùs*[1], ce qu'il en avoit enseigné dès lors.

On voit par là combien Grotius impose à ce Père, lorsqu'il lui fait changer ses sentimens sur la grace, « depuis qu'il a été aux mains avec les pélagiens, et que l'ardeur de cette dispute l'eut emporté à certains excès. » Il en est démenti par un fait constant et par la seule lecture des ouvrages de saint Augustin[2]; et l'on voit par le progrès de ses connoissances que, s'il a changé, il n'en faut point chercher d'autre raison que celle qu'il a marquée, qui est que d'abord « il n'avoit pas bien examiné la matière : » *nondum diligentiùs quæsiveram;* et il le faut d'autant plus croire sur sa propre disposition, qu'il y a été depuis attentif, et qu'il tient toujours constamment le même langage.

CHAPITRE X.

Quatre états de saint Augustin. Le premier incontinent après sa conversion et avant tout examen de la question de la grace : pureté de ses sentimens dans ce premier état : passages du livre de l'Ordre, de celui des Soliloques, et avant tout cela du livre contre les Académiciens.

Au lieu donc de lui attribuer un changement sans raison par la seule ardeur de la dispute, il faut distinguer comme quatre états de ce grand homme : le premier, au commencement de sa conversion, lorsque sans avoir examiné la matière de la grace, il en disoit naturellement ce qu'il en avoit appris dans l'Eglise, et dans cet état il étoit exempt de toute erreur. La preuve en est constante dans les ouvrages qui suivirent immédiatement sa conversion. Un des premiers est celui *de l'Ordre*, où nous trouvons ces paroles : « Prions, non pour obtenir que les richesses, ou les honneurs, ou les autres choses de cette nature, incertaines et pas-

---

[1] *De Don. persev.*, cap. xx. — [2] *Retract.*, lib. I, cap. xxxiii; *De prædest. SS.*, cap. iii, n. 7.

sagères, nous arrivent, mais afin que nous ayons celles qui nous peuvent rendre bons et heureux [1]; » où il reconnoît clairement que tout ce qui nous fait bons est un don de Dieu, et par conséquent la foi même et les bonnes œuvres, sans distinguer les premières d'avec les suivantes, ni le commencement d'avec la fin; mais comprenant au contraire dans sa prière les principes mêmes: ce qu'il confirme clairement, lorsqu'incontinent après il parle ainsi à sainte Monique sa mère : « Afin que ces vœux soient accomplis, nous vous chargeons, ma mère, de nous en obtenir l'effet, puisque je crois et assure très-certainement que Dieu m'a donné par vos prières le sentiment où je suis de ne rien préférer à la vérité, de ne rien vouloir, de ne rien penser, de ne rien aimer autre chose [2]. » On ne pouvoit pas expliquer plus précisément que le commencement de la piété, dont la foi est le fondement, et tout enfin jusqu'au premier désir et à la première pensée de se convertir, lui venoit de Dieu, puisque c'étoit l'effet des vœux de sa sainte mère; et la suite le fait paroître encore plus évidemment, lorsqu'il continue et conclut ainsi cette prière : « Et je ne cesserai jamais de croire qu'ayant obtenu par les mérites de vos prières le désir d'un si grand bien, ce ne soit encore par vous que j'en obtiendrai la possession [3]. » Il ne laisse point à douter que tout l'ouvrage de la piété, qu'il met dans l'amour et dans la recherche de la vérité, depuis le commencement jusqu'à la perfection, ne soit un don de la grace, puisqu'il reconnoît que c'est le fruit des prières, et non point des siennes, mais de celles d'une bonne mère, qui ne cessoit de gémir devant Dieu.

Ceux qui se souviennent combien de fois saint Augustin a fondé la nécessité, la prévention et l'efficace de la grace sur les prières, de la nature de celles qu'on vient d'entendre, et qu'on fait nonseulement pour sa conversion, mais encore pour celle des autres, en sorte que le désir et la pensée même de se convertir, qui est la première chose par où l'on commence, en soit l'effet, ne douteront pas que ce Père n'ait senti dès lors tout ce qui est dû à la grace, puisqu'il a si parfaitement compris ce qui est dû à la prière. Mais de peur qu'on ne croie que la prière, par où l'on obtient les

[1] Lib. II, cap. xx, n. 52. — [2] *Ibid.* — [3] *Ibid.*

autres dons, ne nous vienne de nous-mêmes, le même saint Augustin dans ses *Soliloques,* c'est-à-dire dès les premiers jours de sa conversion, l'attribue à Dieu par ces paroles : « O Dieu, Créateur de l'univers, accordez-moi premièrement que je vous prie bien, ensuite que je me rende digne d'être exaucé, et enfin que vous me rendiez tout à fait libre : » *Præsta mihi primùm ut bene te rogem : deinde ut me agam dignum quem exaudias : postremo ut liberes*[1]. Pour peu qu'on soit accoutumé au langage de saint Augustin, qui en ce point est celui de toute l'Eglise, on entendra aisément que par ces paroles : « Accordez-moi que je vous prie bien, que je me rende digne d'être exaucé, que je sois libre[2], » c'est l'effet et non pas un simple pouvoir qu'on demande à Dieu, et que la grace que l'on réclame, est celle qui tourne les cœurs où ils se doivent tourner. Saint Augustin sentoit donc déjà ce grand secret, qu'il a depuis si bien expliqué contre les pélagiens, que la prière, par laquelle on nous donne tout, est elle-même donnée, et qu'il ne répugne point à la grace qu'on croie pouvoir s'en rendre digne, pourvu qu'on croie auparavant que c'est elle qui nous rend digne d'elle-même.

Quand il demandoit à Dieu qu'il le délivrât, il sentoit ce qui lui manquoit pour être libre; et reconnoissant dès lors la captivité de la liberté humaine, qu'il a depuis enseignée plus à fond, il ne s'appuyoit que sur la puissance de la grace du Libérateur. Voilà l'esprit qu'on recevoit en entrant dans l'Eglise. On y apprenoit, en priant, la prévention de la grace convertissante. C'est aussi à quoi en revient saint Augustin, lorsqu'il dit que dans le temps même que les Pères moins attentifs à expliquer le mystère de la grace que personne ne combattoit, n'en parloient « qu'en passant, et en peu de mots; » on en sentoit « la force par la prière[3]; » en sorte, comme l'expliquent les Capitules de saint Célestin, « que la loi et la coutume de prier fixoit la créance de l'Eglise[4], » sur la prévention de la grace. Saint Augustin en est lui-même un exemple, puisque si longtemps avant qu'il eût seulement songé à examiner

---

[1] *Solil.*, lib. I, cap. I, n. 2. — [2] *De gest. Pelag.*, cap. XIV, n. 33 et seq.; lib. II *Retract.*, cap. XXIII, XXVI et alibi pass. — [3] *De prædest. SS.*, cap. XIV, n. 7. — [4] *Capit.* XI.

ces grandes questions de la prédestination et de la grace prévenante, le Saint-Esprit lui en apprenoit la vérité dans la prière; et c'est pourquoi il continuoit à prier ainsi dans ses *Soliloques :* « Je vous prie, ô Dieu, vous par qui nous surmontons l'ennemi, de qui nous avons reçu de ne point périr à jamais, par qui nous séparons le bien du mal, par qui nous fuyons le mal et nous suivons le bien, par qui nous surmontons les adversités du monde et ne nous attachons point à ses attraits; Dieu enfin qui nous convertissez, qui nous dépouillez de ce qui n'est pas et nous revêtissez de ce qui est, c'est-à-dire de vous-même [1], » etc. En vérité, l'onction de Dieu lui apprenoit tout : l'oraison étoit sa maîtresse pour lui enseigner le fond de la doctrine de la grace, et s'il ne réfutoit pas encore l'hérésie pélagienne par ses raisons, il la réfutoit par ses prières, pour me servir de l'expression de ce saint docteur [2].

Et si nous voulions remonter plus haut, nous trouverions dès son premier livre, qui est celui *contre les Académiciens* [3] et dès les premières lignes, que parlant à Romanien, à qui il adressoit cet ouvrage, après lui avoir représenté toutes nos erreurs, d'où l'on ne sort, disoit-il, que par quelque occasion favorable, « il ne nous reste autre chose, conclut-il, que de faire à Dieu des vœux pour vous, afin d'obtenir de lui, puisqu'il gouverne toutes choses, qu'il vous rende à vous-même et vous permette de jouir enfin de la liberté à laquelle vous aspirez il y a longtemps; » par où il nous montre que Dieu en est le maître, et à la fin il continue à nous faire voir que c'est toujours dans la prière que l'on goûte une vérité si importante.

CHAPITRE XI.

Passage du livre des Confessions.

Mais pour aller à la source, il faut encore écouter ce saint docteur dans ses *Confessions,* et lui entendre confesser qu'il devoit sa conversion aux larmes continuelles de sa mère. C'est lui-même qui parlant dans le livre *de la Persévérance* de cet endroit de ses *Confessions,* y reconnoît un aveu de la grace prévenante et con-

---

[1] *Solil.*, lib. I, cap. I, n. 3. — [2] *De don. persev.*, cap. II, n. 3. — [3] Lib. I, cap. I, n. 1.

vertissante de Jésus-Christ [1]. Mais toutes ses *Confessions* sont pleines d'expressions de cette nature; et il ne cesse d'y faire voir par ses propres expériences, que tout l'ouvrage de sa conversion étoit de Dieu, dès les premiers pas. Car il y montre que c'étoit par lui et sous sa conduite, *duce te*, « qu'il étoit rentré en lui-même; ce que je n'aurois pas pu, dit-il, si vous n'aviez pas été mon secours [2]; » et il reconnoît par toute la suite que Dieu gagne, qu'il change les cœurs, « qu'il rappelle l'homme à lui-même par des voies secrètes et impénétrables [3] : » en sorte que l'on commence à pouvoir ce que l'on ne pouvoit pas, parce que l'on commence par la grace à vouloir fortement ce que l'on ne vouloit que foiblement auparavant.

Il ne faut pas prendre ces sentimens de saint Augustin comme des réflexions qui lui soient venues longtemps après, lorsqu'il écrivit ses *Confessions*, mais comme l'expression de ce qu'il sentoit, lorsqu'il étoit encore sous la main d'un Dieu convertissant. C'est pourquoi il raconte que dès lors attiré à la continence, il se disoit à lui-même devant Dieu : « Quoi ! tu ne pourras pas ce qu'ont pu ceux-ci et celles-là ? Est-ce que ceux-ci et celles-là le peuvent par eux-mêmes, et non pas par le Seigneur leur Dieu ? Le Seigneur leur Dieu m'a donné à eux (et veut que je sois de leur nombre) : pourquoi est-ce que tu t'appuies sur toi-même, et que par là tu demeures sans appui ? Jette-toi entre les bras de Dieu : ne crains rien, il ne se retirera pas afin que tu tombes : jette-toi sur lui avec confiance, il te recevra et te guérira [4]. » Tout cela, qu'étoit-ce autre chose qu'une pleine confession de la grace de Jésus-Christ ? C'est pourquoi en reconnoissant d'où lui venoit cette liberté qui l'affranchissoit tout à coup de tous les liens de la chair et du sang, « il s'étonnoit, dit-il, de voir sortir son libre arbitre comme d'un abîme [5] : » non qu'il n'en eût le fond en lui-même, mais parce que ce libre arbitre n'étoit parfaitement et véritablement libre que depuis qu'affranchi par la grace à laquelle il s'étoit abandonné, il avoit commencé à baisser la tête sous le joug de Jésus-Christ.

[1] Lib. III *Conf.*, cap. XII, n. 21 ; *De don. pers.*, cap. XX, n. 33. — [2] Lib. VII, c. X. — [3] Lib. VIII, c. V, VI, VII et seq. — [4] Lib. VIII, c. XII, n. 27. — [5] Lib. IX, c. I, n. 1.

Dieu lui fit donc expérimenter, comme à un autre Paul, la puissance de sa grace, parce qu'il en devoit être après cet Apôtre le second prédicateur; et afin qu'on ne doute pas qu'il n'en eût dèslors compris tout le fond, il dit lui-même qu'en lisant alors l'Écriture sainte, « il commença à y remarquer une parfaite uniformité; en sorte que les vérités qu'il y avoit lues d'un côté, de l'autre lui paroissoient dites à la recommandation de la grace, afin, dit-il, ô Seigneur, que celui qui les voit ne se glorifie pas en lui-même, comme si c'étoit un bien qu'il n'eût pas reçu ; mais qu'il entende au contraire qu'il a reçu non-seulement le bien qu'il voit, mais encore le don de le voir[1]; » qui est le fruit consommé de la doctrine de la grace.

CHAPITRE XII.

Saint Augustin dans ses premières lettres et dans ses premiers écrits a tout donné à la grace. Passages de ce Père dans les trois livres du Libre arbitre : passage conforme à ceux-là dans le livre des Mérites et de la Rémission des péchés. Reconnoissance que la doctrine des livres du libre arbitre étoit pure par un passage des Rétractations, et un livre de la Nature et de la Grace.

Ce qui paroît dans ses premiers livres, paroît par la même raison dans ses premières lettres, puisque dès les commencemens on lui voit demander à Dieu pour la famille d'Antonin, non-seulement le progrès des bonnes œuvres, mais, ce qu'il y a d'essentiel dans cette matière, « la vraie foi, la vraie dévotion, qui ne peut être que la catholique[2]. »

Saint Augustin remarque souvent que l'action de graces qu'on rend à Dieu pour avoir bien fait, est avec la prière la preuve complète de la grace prévenante de Jésus-Christ, puisque, « comme ce seroit une moquerie de demander à Dieu ce qu'il ne donneroit pas, c'en seroit une autre de lui rendre graces de ce qu'il n'auroit pas donné[3]. » Mais saint Augustin ne connoît pas moins l'action de graces qui répond à la prière, qu'il n'a connu la prière même, lorsqu'avant que d'être élevé à la prêtrise il écrit à Licentius : « Al-

---

[1] Lib. VII, cap. XXI. — [2] *Epist.* XX, aliàs CXXVI. — [3] *De dono persev.*, cap. II, n. 3.

lez et apprenez de Paulin combien abondant est le sacrifice de louange et d'actions de graces qu'il rend à Dieu, en lui rapportant tout le bien qu'il en a reçu, de peur de tout perdre s'il ne le rendoit à celui de qui il le tient. »

Il ne faut donc pas s'étonner si dans ses trois livres *du Libre arbitre*, qu'il composa aussitôt après sa conversion, étant encore laïque, ce grand homme en soutenant contre les manichéens la liberté naturelle à l'homme, ne laisse pas de parler correctement de la grace, comme il le remarque lui-même dans la rétractation de cet ouvrage : « Car, dit-il, j'ai expliqué dans le second livre, que non-seulement les plus grands biens, mais encore les plus petits, ne pouvoient venir que de Dieu, qui est l'auteur de tout bien[1] : » ce qu'en effet il a enseigné au chapitre XIX de ce livre; et il rapporte tout au long les passages de ce chapitre et du XX⁰, où après avoir fait la distinction des grands biens, des moyens et des petits qui se trouvent dans l'homme, et avoir établi que les plus grands ne pouvant être ni ceux du corps qui sont au-dessous de l'ame, ni dans l'ame le libre arbitre dont nous pouvons bien et mal user, mais uniquement la vertu, c'est-à-dire, comme il l'explique, « le bon usage du libre arbitre dont personne n'use mal, » il conclut que ce dernier genre de bien, c'est-à-dire le bon usage du libre arbitre est d'autant plus de Dieu, qu'il est le plus excellent de tous, et qu'il participe plus de la nature du bien que les deux autres : d'où il infère encore, comme un corollaire d'une si belle doctrine, qu'il ne peut « se présenter aucun bien, ni à nos sens, ni à notre intelligence, ni en quelque matière que ce soit à notre pensée, qui ne nous vienne de Dieu. » Voilà les paroles que saint Augustin dans son premier livre *des Rétractations*[2] cite de son second livre *du Libre arbitre;* et après avoir encore tiré du troisième, chapitres XVIII et XIX, un passage qui n'est pas moins beau, il finit ainsi la rétractation de cet ouvrage : « Vous voyez, dit-il, que longtemps devant les pélagiens, nous avons traité cette matière comme si nous eussions dès lors disputé contre eux, puisque nous avons établi que le bon usage du libre arbitre, qui n'est autre

---

[1] *Epist.* XXVI, aliàs XXXIX, n. 6. — [2] *De lib. arb.* lib. II, cap. XIX, XX; *Retract.*, lib. I, cap. IX, n. 4 — [3] I *Retract.*, cap. IX, n. 5.

chose que la vertu, étant du nombre des grands biens, il ne pouvoit par conséquent venir que de Dieu seul[1]. »

C'est donc lui-même qui nous dit que dès lors il avoit pleinement connu le don de la grace, puisque même il l'établissoit sur le principe le plus général qu'on pût prendre pour l'établir, en le fondant sur le titre même de la création, par lequel Dieu est la cause de tout bien en l'homme à même raison qu'il l'est de tout l'être, selon les divers degrés avec lesquels on le peut participer.

Et c'est si bien là un des grands principes dont saint Augustin se sert contre les pélagiens, qu'il le répète sans cesse, et en particulier très-amplement dans le second livre *des Mérites et de la Rémission des péchés*, comme il paroît par ces paroles : « Si l'on dit que la bonne volonté vient de Dieu, à cause que c'est Dieu qui a fait l'homme, sans lequel il n'y auroit point de bonne volonté, on pourra par la même raison attribuer à Dieu la mauvaise volonté, qui ne seroit pas non plus que la bonne, si Dieu n'avoit pas fait l'homme ; et ainsi à moins que d'avouer que non-seulement le libre arbitre dont on peut bien et mal user, mais encore la bonne volonté dont on n'use jamais mal, ne peut venir que de Dieu, je ne vois pas qu'on puisse soutenir ce que dit l'Apôtre : *Qu'avez-vous que vous n'ayez point reçu ?* Que si notre libre arbitre, par lequel nous pouvons faire le bien et le mal, ne laisse pas de venir de Dieu parce que c'est un bien, et que notre bonne volonté vienne de nous-mêmes, il s'ensuivra que ce qu'on a de soi-même vaudra mieux que ce qu'on a de Dieu, ce qui est le comble de l'absurdité, que l'on ne peut éviter qu'en reconnoissant que la bonne volonté nous est donnée divinement[2], » c'est-à-dire de Dieu même.

Voilà comment saint Augustin disputoit contre les pélagiens : voilà comment il avoit disputé si longtemps auparavant contre les manichéens ; et il a eu raison de nous dire qu'il avoit dès lors aussi vigoureusement soutenu la grace de Dieu, que s'il eût eu à la soutenir contre Pélage présent.

Et il remarque très-bien dans ses *Rétractations* que la grace qu'il soutenoit dans les trois *Livres du libre arbitre*, étoit la véritable grace, c'est-à-dire celle qui n'est pas donnée selon les mé-

---

[1] I *Retract.*, cap. IX, n. 6. — [2] Lib. II *De pecc. mer. et remiss. pecc.*, cap. CXVIII.

rites [1]; par où il marque toujours et contre les pélagiens et contre les semi-pélagiens la notion de la grace, par laquelle les uns et les autres sont également confondus. Il dit donc de cette grace dans ses *Rétractations* que s'il n'en a pas parlé davantage dans ses livres *du libre arbitre*, c'est qu'il n'en étoit pas question alors [2]; et néanmoins il ajoute, non-seulement « qu'il ne l'y a pas entièrement oubliée, » *non omninò reticuimus*; mais encore « qu'il l'a défendue comme il eût pu faire contre Pélage [3]. »

Il dit dans les mêmes livres *des Rétractations*, que c'est en vain que les pélagiens lui vouloient faire accroire qu'il étoit pour eux [4], et pour montrer combien il est ferme dans ce jugement qu'il porte sur ses livres *du libre arbitre*, il dit encore dans le livre *de la Nature et de la Grace*, que dans ces livres *du libre arbitre*, « il n'a point anéanti la grace de Dieu, » *non evacuavi gratiam Dei* [5] : ce qu'on fait toujours selon lui, lorsqu'on n'en reconnoît pas la prévention, et qu'on croit qu'elle est donnée selon les propres mérites, ou des œuvres, ou de la foi même.

CHAPITRE XIII.

Réflexions sur ce premier état de saint Augustin : passage au second, qui fut celui où il commença à examiner, mais encore imparfaitement, la question de la grace : erreur de saint Augustin dans cet état, et en quoi elle consistoit.

Cette discussion est plus importante qu'on ne le pourroit penser d'abord, puisqu'elle sert non-seulement à éclaircir un fait particulier sur les progrès de saint Augustin, mais encore à condamner la fausse critique de Grotius et de M. Simon, qui en tirent un argument contre l'Eglise, en insinuant que les sentimens dont ce Père s'est corrigé comme d'une erreur, sont ceux que l'on prend naturellement dans l'Eglise même comme les plus anciens et les plus droits. On voit au contraire par l'exemple de saint Augustin que les premiers sentimens qu'on prend dans l'Eglise, et qu'on exprime principalement par la prière, sont ceux de la prévention de la grace qui nous convertit.

---

[1] Vid. lib. *De dono persev.*, cap. VI, XII; et toto lib. *Retract.*, I, cap. IX, n. 3, 4. — [2] *Ibid.*, n. 2. — [3] *Ibid.*, n. 6. — [4] *Ibid.*, n. 3, 4. — [5] Cap. LXVII.

Tel a été le langage de saint Augustin, lorsque plein de l'esprit de grace qu'il avoit reçu dans sa conversion et dans le baptême, et des premières impressions de la foi, ce n'étoit pas tant lui qui parloit, que pour ainsi dire la foi de l'Eglise et l'esprit de la tradition qui parloit en lui, conformément à cette parole : *Credidi propter quod locutus sum :* « J'ai cru, c'est pourquoi j'ai parlé, » comme l'interprète saint Paul [1]; j'ai parlé selon l'esprit de la foi, qui est le même dans toute l'Eglise : j'ai parlé naturellement comme je croyois. C'étoit donc là le premier état qui précède toutes les recherches, et qui est celui du simple fidèle plutôt que celui du docteur; ou si l'on veut dire que saint Augustin parloit de la grace en grand docteur, comme en effet ce qu'on vient d'entendre lui méritoit dès lors un des premiers rangs dans cet ordre, il faut dire que ce docteur voyoit plutôt le fond du mystère qu'il n'entroit dans le détail des difficultés; en sorte que ses connoissances, quoique pures, n'étoient pourtant pas encore assez affermies pour soutenir le choc des objections.

De cet état il alla au second, où il commença, mais encore imparfaitement, à examiner la matière; ce qu'il fit à l'occasion de ses premières expositions sur *l'Epître aux Romains* et *aux Galates*. Ce fut alors qu'il tomba premièrement dans l'embarras et ensuite, comme il arrive naturellement, dans l'erreur. Car n'ayant pu démêler d'abord ce qu'il falloit croire du profond mystère de la prédestination, dont la source est une bonté toute gratuite, comme l'enseigne constamment la foi catholique, il tomba, mais comme en passant, dans cette erreur, « que la foi par laquelle nous impétrons les autres dons, n'étoit pas elle-même un don de Dieu, mais nous venoit comme de nous-mêmes [2]; » et cela, dit-il, « c'étoit avouer que la grace étoit donnée selon les mérites [3], » puisque le reste des dons de Dieu étoit accordé au mérite de la foi que nous avions de nous-mêmes; « ce qui étoit manifestement nier la grace, » parce qu'elle n'est plus grace *si elle n'est pas donnée gratuitement* [4], comme le même saint Augustin ne cesse de le répéter.

[1] II *Cor.*, IV, 13. — [2] I *Retract.*, cap. XXIII, n. 2; *De præd. SS.*, cap. III. — [3] *Ibid.*, cap. II. — [4] *De dono persev.*, cap. XX.

CHAPITRE XIV.

Saint Augustin ne tomba dans cette erreur que dans le temps où il commença à étudier cette question, sans l'avoir encore bien approfondie.

On voit donc en quoi consistoit l'erreur que ce Père a rétractée, et il en marque la source par ces paroles [1] : « Je n'avois point, dit-il, assez considéré ni encore trouvé, *nondum diligentiùs quæsiveram nec adhuc inveneram,* quelle est cette élection de la grace dont saint Paul a dit : « Les restes seront sauvés par l'élection de la grace; » ni quelle est cette miséricorde que nous obtenons avec le même Apôtre, non parce que nous sommes fidèles, mais afin que nous le soyons; ni quelle est cette vocation selon le décret de Dieu, *secundùm propositum,* que le même Apôtre nous enseigne : Sentiment, poursuit ce saint docteur, où je vois encore nos frères (ce sont les semi-pélagiens), parce qu'en lisant mes livres, ils n'ont pas pris soin de profiter avec moi [2]. »

Nous apprenons de saint Prosper que ses adversaires, c'est-à-dire les Marseillois et les semi-pélagiens, prirent avantage de ce changement [3], et encore aujourd'hui de mauvais critiques en tirent un argument contre sa doctrine. Mais les papes et toute l'Eglise a été édifiée de cette humilité de saint Augustin, qui sans chercher de détours, ni penser à s'excuser lui-même, ce qu'il auroit bien pu faire s'il s'étoit abandonné à cet esprit qui explique et excuse tout, a confessé si franchement son erreur; et, ce qu'il ne faut pas oublier, l'a confessée comme une erreur et un sentiment condamnable : *Damnabilem sententiam;* et encore : « J'étois, dit-il, dans cette erreur; » et enfin : « J'errois comme eux [4]. »

CHAPITRE XV.

Saint Augustin sort bientôt de son erreur par le peu d'attachement qu'il avoit à son propre sens, et par les consultations qui l'obligèrent à rechercher plus exactement la vérité : réponse à Simplicien : progrès naturel de l'esprit de ce Père, et le troisième état de ses connoissances.

Un homme si humble ne demeura pas longtemps dans l'erreur;

---

[1] Loc. jam cit. — [2] *De præd. SS.,* cap. IV. — [3] Epist. *ad August.* — [4] *De præd. SS.,* cap. II, III.

et s'il erroit, comme il n'en faut pas douter, puisqu'il l'avoue, c'étoit sans attachement à son sentiment, puisqu'il s'en désabusa de lui-même, en lisant persévéramment l'Ecriture sainte et en étudiant la matière. Mais ce qu'il y a de plus remarquable, c'est qu'il fut déterminé à s'y appliquer par une obligation qui ne pouvoit être ni plus simple, ni plus naturelle. Ce fut, comme on vient de voir, au commencement de son épiscopat dans le livre à saint *Simplicien*, à l'occasion non des questions que fit naître l'hérésie, mais de celles que lui proposoit dans un esprit pacifique ce fidèle serviteur de Dieu, sur quelques versets de l'*Epître aux Romains*. Alors donc, dans le temps que le ministère de l'épiscopat et les lettres des plus grands évêques qui le consultoient l'obligeoient à épurer sa doctrine, alors, dis-je, dans cette importante conjoncture, il vit le fond de tout ce qu'il a enseigné depuis sur la matière de la grace; en sorte que l'hérésie pélagienne s'étant élevée longtemps après, elle le trouva si préparé, qu'il n'eut plus qu'à étendre et à confirmer ce que Dieu lui avoit fait voir dans les *Epîtres* de saint Paul.

Ces changemens de saint Augustin paroîtront bien naturels, si l'on considère la nature et les progrès de l'esprit humain. Un philosophe de notre siècle disoit que l'existence d'une première cause et d'un premier être frappoit d'abord les esprits, en considérant les merveilles de la nature; qu'elle sembloit échapper, lorsqu'on entroit un peu plus avant dans ce secret; mais qu'enfin elle revenoit pour n'être plus ébranlée, en pénétrant jusqu'au fond. A plus forte raison pouvons-nous dire que les grandes vérités de la religion, telles que sont celles de la grace qui nous convertit et nous inspire en toutes choses, gagnent d'abord un cœur chrétien; qu'en pénétrant la superficie d'une vérité si profonde, on trouve les doutes parmi lesquels elle semble comme disparoître pour un temps, sans néanmoins que le cœur en soit éloigné; qu'enfin entrant dans le fond, elle revient et plus ferme et plus claire; en sorte que non-seulement elle ne peut plus être ébranlée, mais encore qu'on est capable d'y amener ceux qui l'ignorent et de renverser ceux qui la combattent.

CHAPITRE XVI.

Trois manières dont saint Augustin se reprend lui-même dans ses Rétractations : *qu'il ne commence à trouver de l'erreur dans ses livres précédens que dans le vingt-troisième chapitre du premier livre des* Rétractations : *qu'il ne s'est trompé que pour n'avoir pas assez approfondi la matière et qu'il disoit mieux, lorsqu'il s'en expliquoit naturellement, que lorsqu'il la traitoit exprés, mais encore foiblement.*

C'est lui-même qui nous apprend ce progrès de ses connoissances; et il faut soigneusement remarquer qu'il ne dit pas que l'erreur dont il a eu à se corriger avant son épiscopat, fût une erreur répandue dans tous les ouvrages qu'il écrivoit avant ce temps : « On trouvera, dit-il, cette erreur dans quelques-uns de mes ouvrages avant mon épiscopat [1], » et non pas en tous, ni en la plupart; à quoi il faut ajouter que le premier de ses ouvrages, où il marque de l'erreur sur la prévention de la grace, est celui de l'exposition de quelques propositions de l'*Epître aux Romains,* qui est aussi le premier où il examine exprès, mais encore foiblement, comme on a vu, les questions de la grace. Auparavant, où sans aucun examen exprès, il parloit selon la simplicité de la foi, il ne remarque aucune erreur dans ses discours : au contraire il montre partout que ce qu'il disoit du libre arbitre ne nuisoit point à la grace, dont il n'étoit pas question alors. Ainsi tout ce qu'il disoit étoit véritable, encore qu'il ne dît pas tout, mais seulement ce qui faisoit aux questions qu'il avoit entre les mains; en sorte que sans rien reprendre dans ses sentimens, il ne lui restoit qu'à les bien exposer. C'est ce qu'on peut observer dans les vingt-deux premiers chapitres de ses *Rétractations*; car loin qu'il s'accuse alors d'avoir erré sur la grace, nous avons vu clairement qu'il croyoit l'avoir enseignée dans ses livres *du libre arbitre* avec aussi peu d'erreur, que s'il avoit eu à s'en expliquer contre Pélage présent.

L'endroit donc où il commence à se tromper et à marquer son erreur, c'est ce livre dont il a parlé au vingt-troisième chapitre du premier livre des *Rétractations,* qui est celui de l'exposition

[1] *De præd. SS.,* cap. III, n. 7.

sur l'*Epitre aux Romains*. Auparavant il est sans tache; et son ouvrage des *Rétractations* se réduit à trois points : car ou il explique ce qu'il a dit, en disant plus distinctement ce qu'il n'avoit dit qu'en général; ou il supplée ce qui manque, en ajoutant ce qu'il a omis, parce qu'il n'étoit pas de son sujet; ou il se reprend et se corrige comme ayant été dans l'erreur, ce qui commence seulement à ce vingt-troisième chapitre qu'on vient de marquer, où il rétracte ce qu'il a écrit sur l'*Epitre aux Romains*.

Encore faut-il observer de quelle manière il se trompoit. Ce n'étoit point par un jugement fixe et déterminé : mais comme un homme « qui cherchoit, et encore imparfaitement, *nondum diligentiùs quæsiveram;* qui n'avoit point encore trouvé, *nec adhuc inveneram;* qui traitoit la question avec moins de soin, *minùs diligenter;* qui ne croyoit pas même encore être obligé à la traiter à fond, *nec putavi quærendum esse, nec dixi;* qui ne savoit pas bien ce qui en étoit et qui en parloit en doutant, *si scirem,* si j'eusse su [1]. » Ainsi il ne savoit pas : s'il disoit bien auparavant, ce n'étoit point par science, comme après un examen exact, mais par foi et sans rechercher. Il disoit cependant *très-bien*, comme il le remarque lui-même : *rectissimè dixi* [2]; mais non pas encore d'un ton assez ferme, ni d'une manière assez suivie. Il étoit à peu près dans le même état, lorsqu'il répondit aux *quatre-vingt-trois questions* [3]. Il agitoit la matière et approchoit de la vérité dans ces deux livres qui se suivirent de près; et tous les deux ne précédèrent que de peu de temps celui *à Simplicien,* où la recherche étant plus exacte, il arriva aussi, comme on a vu, à la pleine connoissance de la vérité.

Et il y a cela de remarquable dans tout ce progrès, qu'il disoit mieux en parlant de l'abondance du cœur sans examiner la matière qu'il ne faisoit en l'examinant, mais encore imparfaitement; ce qu'on ne doit pas trouver étrange, parce qu'ainsi qu'il a été dit, dans ce premier état la foi et la tradition parloient comme seules, au lieu que dans le second c'étoit plutôt le propre esprit. C'est un caractère assez naturel à l'esprit humain de dire mieux par cette impression commune de la vérité, que lorsqu'en ne

[1] *Retract.*, lib. I, cap. XXIII, n. 2, 3, 4. — [2] *Ibid.* — [3] Lib. LXXXIII *Quæst. q.* LXVIII.

l'examinant qu'à demi, on s'embrouille dans ses pensées. C'est là souvent un grand dénouement pour bien entendre les Pères, principalement Origène, où l'on trouve la tradition toute pure dans certaines choses qui lui sortent naturellement, et qu'il embrouille d'une terrible manière lorsqu'il les veut expliquer avec plus de subtilité; ce qui arrive assez ordinairement avant que les questions soient bien discutées, et que l'esprit s'y soit donné tout entier.

CHAPITRE XVII.

Quatrième et dernier état des connoissances de saint Augustin, lorsque non-seulement il fut parfaitement instruit de la doctrine de la grace, mais capable de la défendre : l'autorité qu'il s'acquit alors. Conclusion contre l'imposture de ceux qui l'accusent de n'avoir changé que dans la chaleur de la dispute.

Quoi qu'il en soit, on ne peut plus dire sans une malice affectée que saint Augustin n'ait changé ses premiers sentimens sur la grace que dans l'ardeur de la dispute, puisqu'on le voit tomber naturellement et à mesure qu'il approfondissoit de plus en plus les matières, dans la doctrine qu'il a enseignée jusqu'à la mort : Dieu le conduisant par la main et le menant pas à pas à la parfaite connoissance d'une vérité, dont il vouloit l'établir le défenseur et le docteur.

C'est donc là le dernier état de saint Augustin, où déjà pleinement instruit sur cet important article, il en devint le défenseur contre l'hérésie de Pélage. Son autorité croissoit tous les jours; et dans ses derniers écrits, il étoit enfin parvenu jusqu'à pouvoir dire avec une force qui se faisoit respecter : « Lisez et relisez ce livre; et si vous l'entendez, rendez-en graces à Dieu; si vous ne l'entendez pas, demandez-lui-en l'intelligence et il vous sera donné de l'entendre [1]. » C'est ainsi qu'il falloit parler, quand après trente ans d'épiscopat et vingt ans utilement employés à détruire la plus superbe des hérésies, on sentoit, comme un second Paul, l'autorité que la vérité donnoit à un dispensateur irréprochable de la grace et de la parole de Jésus-Christ; et c'est ainsi, comme le rapporte saint Prosper dans sa *Chronique*, « que le saint évêque Au-

[1] *De grat. et lib. arb.*, cap. XXIV.

gustin, excellent en toutes choses, mourut en répondant aux pélagiens au milieu des assauts que les Vandales livroient à sa ville, et persévéra glorieusement jusqu'à la fin dans la défense de la grace chrétienne [1]. »

CHAPITRE XVIII.

Que les changemens de saint Augustin, loin d'affoiblir son autorité, l'augmentent; et qu'elle seroit préférable à celle des autres docteurs en cette matière, quand ce ne seroit que par l'application qu'il y a donnée.

Pour maintenant remettre en deux mots devant les yeux du lecteur ce que nous venons de dire sur le progrès des sentimens de saint Augustin, nous avons démontré deux choses : l'une qui regarde ce Père, l'autre qui regarde directement toute l'Eglise. La première est qu'il n'est pas permis, en répétant les vieux argumens des semi-pélagiens, de prendre avec eux, pour une raison de s'opposer aux sentimens de saint Augustin, les changemens qu'il a faits en mieux dans sa doctrine. C'est une erreur qui ne peut tomber que dans des esprits mal faits. Les changemens de ce Père n'ont rien qui ne donne lieu de l'estimer davantage, puisque s'il s'est trompé, c'est avant que d'avoir étudié à fond la question : qu'il s'est redressé de lui-même aussitôt après l'avoir bien examinée; et qu'encore qu'en écrivant ses premiers livres, il n'eût pas encore trouvé la solution de toutes les difficultés, et développé distinctement la vérité dans toutes ses suites, il en avoit néanmoins posé les principes; de sorte qu'en se corrigeant parfaitement au commencement de son épiscopat, il n'a fait que revenir aux premières impressions qu'il avoit reçues en entrant dans l'Eglise.

Voilà ce qui regardoit saint Augustin; et encore que l'Eglise y ait l'intérêt que tout le monde peut recueillir des faits qui ont été avancés, voici une seconde chose que nous avons établie, qui regarde directement son autorité : que ce n'est pas l'esprit de vérité, mais de contradiction et d'erreur, qui a fait dire à notre critique et à ses semblables que les sentimens rétractés par saint

[1] Prosp., *Chron.*

Augustin étoient les plus naturels comme les plus anciens; car le contraire paroît maintenant par le progrès qu'on vient de voir de sa doctrine. Aussi faut-il remarquer, et c'est la dernière réflexion que nous avons à faire sur cette matière, que dans le temps où ce Père avoue qu'il se trompoit, il ne dit pas qu'il fût tombé dans cette erreur en suivant les anciens docteurs. Il faut laisser un sentiment si pervers et si faux à Grotius et à ses disciples. Pour saint Augustin, il dit bien, ce qui est très-vrai, que les anciens n'ont pas eu d'occasion de traiter à fond cette matière et ne s'en sont expliqués que brièvement et en passant dans quelques-uns de leurs ouvrages, *transeunter et breviter*, comme il a déjà été remarqué; mais loin de dire par là qu'ils se fussent trompés ou qu'ils eussent d'autres sentimens que ceux qu'on a suivis depuis, il dit formellement le contraire; et non content de le dire, il le prouve par des passages exprès de saint Cyprien, de saint Grégoire de Nazianze, de saint Ambroise et des autres, ajoutant qu'il en pourroit alléguer un bien plus grand nombre, si la chose n'étoit constante d'ailleurs par les prières de l'Eglise. Et il est vrai que cet esprit de prières, qui est dans l'Eglise, emporte une si précise et si haute reconnoissance de la prévention de la grace qui nous convertit, que c'est principalement sur ce fondement que l'Eglise en a fait un dogme de foi contre les semi-pélagiens, de sorte que revenir aux sentimens rétractés par saint Augustin, c'est non-seulement envier à ce saint docteur la grace que Dieu lui a faite de profiter tous les jours de la lecture des saints Livres, mais encore s'attaquer directement à l'autorité de l'Eglise catholique.

De tout cela il résulte que quand la doctrine de saint Augustin n'auroit pas reçu du Saint-Siége et de toute l'Eglise catholique les approbations qu'on a vues, et qu'il n'en auroit eu d'autres que celle d'avoir été regardé durant vingt ans comme le tenant de l'Eglise, sans avoir été repris que de ceux qu'on a réprimés par tant de censures réitérées, il n'en faudroit pas davantage pour le préférer aux autres docteurs en cette matière; et c'est aussi ce qu'ont fait tous les orthodoxes anciens et modernes, et entre autres les scholastiques, à l'exemple de saint Thomas qui en est le chef.

CHAPITRE XIX.

Quelques auteurs catholiques commencent à se relâcher sur l'autorité de saint Augustin à l'occasion de l'abus que Luther et les luthériens font de la doctrine de ce saint : Baronius les reprend et montre qu'en s'écartant de saint Augustin, on se met en péril d'erreur.

Il est vrai qu'à l'occasion de Luther et de Calvin, qui abusoient du nom de saint Augustin comme de celui de saint Paul, quelques catholiques se sont relâchés sur ce Père ; mais outre que le concile de Trente a tenu une conduite opposée, ceux qui foiblement et ignoramment ont abandonné saint Augustin en ont été, pour ainsi dire, punis sur-le-champ par les périls où ils se sont trouvés engagés, comme on le peut voir dans ce grave avertissement du cardinal Baronius : « Puisque toute l'Eglise catholique s'est opposée à la doctrine de Fauste, évêque de Riez (il en avoit dit autant de tous les autres semi-pélagiens), que les modernes, qui en écrivant contre les hérétiques de notre temps, croient les mieux réfuter en s'éloignant du sentiment de saint Augustin sur la prédestination, considèrent dans quel péril ils se mettent, puisque les armes ne nous manquent pas d'ailleurs pour abattre ces novateurs [1]. »

Ces périls sont ceux de tomber dans l'hérésie semi-pélagienne, comme il est arrivé presque à tous ceux qui se sont volontairement écartés des sentimens de saint Augustin. Nous en trouverons dans la suite de grands exemples ; et je ne crois pas m'être trompé en regardant leur erreur comme une juste punition de leur témérité, qui leur a fait présumer qu'ils défendroient mieux l'Eglise qu'un si grand docteur.

Et tant s'en faut que l'erreur où saint Augustin avoue qu'il a été durant quelque temps, ait affoibli dans l'esprit de ce docte cardinal la révérence pour sa doctrine, qu'au contraire elle a servi selon lui à donner plus d'autorité à ce saint, puisque c'est de l'humble aveu qu'il en a fait dans les livres *de la Prédestination* et *de la Persévérance*, que le même Baronius prend occasion de

[1] Tom. VI, ann. 490, p. 449. — [2] Tom. V, ann. 426, p. 497.

les regarder « quand il n'y en auroit point d'autres preuves, comme des livres écrits par l'inspiration du Saint-Esprit, qui se repose sur les humbles [1]. » Il faudroit ici transcrire toutes ses *Annales*, pour rapporter les éloges qu'il a donnés à la doctrine de saint Augustin sur la grace ; et il suffit de dire en un mot, qu'à son sens, autant qu'il a surpassé les autres docteurs dans ses autres traités, autant s'est-il surpassé lui-même dans ceux qu'il a composés contre les pélagiens. Voilà comment l'annaliste de l'Eglise a traité le *novateur* de M. Simon.

CHAPITRE XX.

Suite des témoignages des catholiques en faveur de l'autorité de saint Augustin sur la matière de la grace depuis Luther et Calvin : saint Charles, les cardinaux Bellarmin, Tolet et du Perron, les savans jésuites Henriquez, Sanchez, Vasquez.

Nous avons vu le témoignage du cardinal saint Charles Borromée : le cardinal Bellarmin s'est étudié à prouver par les décrets du Saint-Siége qu'on a rapportés, « que la doctrine de saint Augustin sur la prédestination, » particulièrement dans ses derniers livres, qui est l'endroit où l'on veut trouver de l'innovation, « n'est pas la doctrine particulière de ce saint, mais la foi de l'Eglise catholique [2]. » Le cardinal Tolet, en remarquant quelque différence entre les Grecs et saint Augustin, dans les expressions, comme on verra, ou en tout cas dans des minuties, leur préfère saint Augustin comme le docteur particulier de la grace [3] : le cardinal du Perron, la lumière non-seulement de l'Eglise de France, mais encore de toute l'Eglise sur les controverses, oppose aux excès des calvinistes, sur la prédestination, l'autorité de saint Augustin, « qu'il nomme le plus grand docteur au point de la prédestination, qui ait été depuis les apôtres, voire la voix et l'organe de l'ancienne Eglise pour ce regard [4]. »

Ce docte cardinal eût donc été bien éloigné de la foiblesse de ceux qui n'ont pas su soutenir contre les hérétiques le plus grand docteur de l'Eglise. Je dois ce témoignage à une savante Compa-

---

[1] Tom. V, ann. 426, p. 497. — [2] Lib. II *De grat. et lib. arb.*, cap. XI. — [3] *In Joan.*, et *ad Rom.*, passim. — [4] *Rép. au roi de la Grande-Bretagne*, cap. XII, p. 58.

gnie d'avoir été très-opposée à leur sentiment. On l'a ouïe dans les cardinaux Tolet et Bellarmin, deux lumières de cet ordre et de l'Eglise catholique. Mais les autres n'ont pas été moins respectueux. Henriquez : « Les conciles et les papes révèrent l'autorité de saint Augustin; et dans la matière de la prédestination et de la grace, le seul Augustin vaut mille témoins [1]; » Suarez : « Ce que saint Augustin établit comme certain et appartenant aux dogmes de foi, doit être tenu et défendu de tout prudent et habile théologien, encore qu'il ne soit pas certain qu'il a été défini par l'Eglise, parce que l'Eglise ayant tant déféré à saint Augustin sur cette matière, qu'elle a suivi sa doctrine en condamnant les erreurs opposées à la grace, ce seroit une grande témérité à un docteur particulier d'oser contredire saint Augustin, lorsqu'il enseigne quelque chose sur la grace de Dieu comme orthodoxe, à cause aussi principalement que ce Père a travaillé si longtemps, avec tant de sagesse, tant d'esprit, tant de soin et de persévérance, et ce qui est plus, avec tant de dons de Dieu à défendre et à expliquer la grace [2]. » Il ne faut point de commentaire à ces paroles, et il n'y a qu'à les retenir pour en faire l'application quand il faudra; mais ceci n'est pas moins exprès : « Rien n'a tant fait admirer et révérer saint Augustin que la doctrine de la grace; et s'il avoit erré en l'expliquant, son autorité seroit fort affoiblie, et ce seroit sans raison que l'Eglise auroit suivi son jugement avec tant de confiance pour expliquer cette doctrine, ce qui seroit impie à penser. » Ainsi l'honneur de l'Eglise est engagé manifestement avec celui de saint Augustin, et ce seroit une impiété de les séparer. Enfin ce théologien, non content de s'être expliqué sur les ouvrages de saint Augustin en général dans la matière de la grace, vient en particulier à ceux d'où l'on veut tirer principalement ses prétendues innovations : « Les deux derniers livres de saint Augustin, *de la Prédestination* et *de la Persévérance*, qu'il a écrits dans sa dernière vieillesse, sont comme le testament de ce Père et ont je ne sais quelle autorité plus grande, tant à cause qu'ils ont été travaillés après une extrême application et une longue méditation de cette matière, qu'à cause aussi que l'erreur de ceux

---

[1] *De ult. fin. hom.,* cap. II. — [2] *Proleg.* lib. VI, cap. VI, n. 17.

contre qui il écrivoit étant plus subtile, ils ont été composés avec plus de pénétration[1]. » On avouera qu'il n'y avoit rien à dire sur ce sujet, ni de plus exprès, ni qui fût fondé sur des raisons plus convaincantes. Vasquez : « Il vaut mieux suivre les sentimens de saint Augustin que ceux des autres, dans la matière de la grace et de la prédestination : il éclate parmi les Pères comme le soleil sur les autres astres; « d'où il conclut, » qu'encore que l'autorité des autres Pères doive être de grand poids dans toutes les matières, dans celle-ci, « qui est celle de la prédestination, » le seul Augustin, dit-il, me tiendra lieu de plusieurs docteurs, à cause principalement que du commun consentement de tous ceux qui en jugent bien, il excelle de beaucoup au-dessus des autres[2]. »

La préférence qu'il donne à saint Augustin sur les autres Pères, il la donne aux derniers livres du même Père, c'est-à-dire à ceux qu'il a écrits contre les semi-pélagiens, sur tous ses autres ouvrages[3]; et cette vérité expressément reconnue par tant de théologiens, doit passer dorénavant pour très-constante.

CHAPITRE XXI.

Témoignages des savans jésuites qui ont écrit de nos jours, le P. Petau, le P. Garnier, le P. Deschamps. Argument de Vasquez pour démontrer que les décisions des papes Pie V et Grégoire XIII ne peuvent pas être contraires à saint Augustin. Conclusion, que si ce Père a erré dans la matière de la grace, l'Eglise ne peut être exempte d'erreur.

De nos jours, le P. Petau établit trois vérités : la première, que « lorsqu'il s'agit de la grace ou de la prédestination, on a coutume d'avoir moins d'égard pour les anciens Pères qui ont écrit devant la naissance de l'hérésie de Pélage, que pour ceux qui les ont suivis[4] : » la seconde, « qu'on a beaucoup plus d'égard aux Latins qu'aux Grecs, même à ceux qui ont écrit après cette hérésie, parce que l'Eglise latine en a été plus exercée que l'Eglise orientale, encore qu'elle ait donné occasion à cette dispute; en sorte que la plupart des Grecs ont ou profondément ignoré ou pé-

---

[1] *Proleg.*, VI, cap. VI, n. 19. — [2] *In* I p., disp. 89, cap. I, IV. — [3] *Ibid.*, disp. 88, cap. VI. — [4] I tom., lib. IV, cap. VI, n. 1.

nétré moins exactement le fond des dogmes des pélagiens. » La troisième vérité, c'est « que de tous les Latins, dont nous avons dit que l'autorité étoit la plus grande dans cette dispute, le premier du commun consentement des théologiens est saint Augustin, dont les Pères qui ont suivi, les papes et les conciles ont déclaré que la doctrine étoit avouée et catholique, *ratam et catholicam ;* en sorte qu'ils ont estimé que c'étoit un suffisant témoignage de la vérité d'un dogme, qu'il se trouvât constamment établi et autorisé par saint Augustin. » Nous aurons à considérer dans la suite les conséquences de ces vérités; il suffit à présent de voir que, bien loin de nous renvoyer de saint Augustin aux anciens et aux Grecs, le P. Petau prend un chemin contraire du commun consentement des théologiens; et il n'y a rien de mieux ordonné que ces degrés où il passe des Grecs aux Latins, et des Latins à saint Augustin, pour arriver au comble de l'intelligence.

Depuis peu le P. Garnier, célèbre parmi les savans pour avoir enseigné la théologie jusqu'à la mort avec l'application que tout le monde sait, et qui a laissé dans sa Compagnie tant de disciples après lui, a reconnu, comme on a vu, saint Augustin et surtout dans ses derniers livres *de la Prédestination* et *de la Persévérance,* « comme le guide qui lui est donné par le Saint-Siége, » et comme la source d'où il faut tirer la droite doctrine [1]; et Dieu conserve encore à présent dans le même ordre, un écrivain aussi renommé dans sa Compagnie qu'estimé au dehors, qui conclut ainsi ce qu'il a dit sur l'autorité de saint Augustin : « J'augmenterai plutôt que de diminuer les éloges de ce Père, que je regarde comme le plus grand de tous les esprits, comme celui où l'on trouve le dernier degré de l'intelligence dont l'humanité est capable, un miracle de doctrine, celui dont la doctrine nous montre les bornes dans lesquelles se doit renfermer la théologie, l'apôtre de la grace, le prédicateur de la prédestination, la bibliothèque et l'arsenal de l'Eglise, la langue de la vérité, le foudre des hérésies, le siége de la sagesse, l'oracle des treize derniers siècles, l'abrégé des anciens docteurs et la pépinière où ceux qui ont suivi se sont formés. Il développe les mystères de la prédestination et de la grace, comme

[1] Ci-dessus, liv. V, chap. VIII; Garnier, dissert. VII, chap. II.

s'il les avoit vus dans l'intelligence et dans la pensée de Dieu même[1]. » Que voudroient dire ces grandes et magnifiques paroles s'il se trouvoit que saint Augustin fût un novateur dans les dogmes qu'il se seroit le plus attaché à prouver ?

Il est vrai que ce savant homme apporte deux exceptions à son discours : l'une, s'il se trouvoit que saint Augustin eût enseigné des choses contraires aux décisions des conciles ou des papes; l'autre, « si tous les Pères ou la partie considérablement la plus grande de ces saints docteurs lui étoient contraires. » Je reçois la condition et j'ajoute seulement avec Suarez, qui l'a donnée le premier, « que cela se trouvera rarement ou point du tout[2]. » Il se trouvera si rarement, que ni Suarez, ni le savant P. Deschamps qui l'a imité, n'en ont marqué aucun exemple; en sorte que de bonne foi il faut réduire ce *rarement* à point du tout, et reconnoître que ces restrictions (il faut suivre saint Augustin, si l'Eglise ou le commun des Pères ne lui sont pas contraires) sont apposées, non pour montrer que le cas soit arrivé, mais pour expliquer seulement en ce cas quelle autorité seroit préférable.

J'ajouterai encore avec Vasquez que personne ne doit penser que les papes, et notamment Pie V et Grégoire XIII dans leur bulle contre Baïus « aient condamné le sentiment de saint Augustin, qui a reçu en cette matière (de la grace) une si merveilleuse recommandation et approbation par le pape Célestin I et qui a été célébré avec tant d'éloges dans tous les siècles suivans; en sorte, conclut-il, qu'il nous faut tâcher d'expliquer la censure de ces papes sainement et d'une manière qui se puisse concilier avec la doctrine de ce Père[3]. » J'ajouterai en dernier lieu, comme un corollaire de tout ce qu'on vient de voir, que si l'on prétendoit avec M. Simon que saint Augustin fût contraire à la tradition des saints docteurs, ou aux décrets de l'Eglise dans quelque dogme touchant la grace qu'il auroit entrepris d'établir comme de foi dans tous ses ouvrages, principalement dans les derniers qui sont les plus approuvés, tous les éloges que lui ont donné les siècles suivans et tous les décrets des papes en sa faveur ne seroient

---

[1] Stephan. Deschamps, *De hær. Jans.*, lib. III, disp. I, cap. VI, n. 15. — [2] *De grat.*, proleg. VI, n. 17. — [3] *In* I, II, D. Thom., disp. 190, cap. XVIII.

qu'une illusion : saint Augustin ne seroit pas un guide donné par l'Eglise, si on s'égaroit en le suivant : il ne seroit pas la bouche de l'Eglise, s'il avoit soufflé le froid et le chaud, le vrai et le faux, le bien et le mal : le pape saint Célestin ne devoit point avoir si sévèrement réprimé ceux qui disoient que ce Père étoit l'auteur d'une nouvelle doctrine, si en effet il l'étoit, ni ceux qui le reprenoient d'avoir excédé, si en effet il excédoit jusque dans des matières capitales : il ne falloit pas, comme a fait le pape Hormisdas, pour trouver le sacré dépôt de la tradition et de la saine doctrine sur la grace et le libre arbitre, renvoyer aux livres de ce Père avec un choix si précis de ceux qu'il falloit principalement consulter, si de ces deux matières dont il s'agissoit, il avoit outré l'une et affoibli l'autre : il y eût fallu au contraire distinguer le bon d'avec le mauvais, le douteux ou le suspect d'avec le certain, et non pas y renvoyer indéfiniment ; autrement on égaroit les savans, on tendoit un piége aux simples et, comme dit Suarez, l'Eglise, ce qu'à Dieu ne plaise ! les induisoit en erreur.

LIVRE VII.

SAINT AUGUSTIN CONDAMNÉ PAR M. SIMON : ERREURS DE CE CRITIQUE SUR LE PÉCHÉ ORIGINEL.

CHAPITRE PREMIER.

M. Simon entreprend directement de faire le procès à saint Augustin sur la matière de la grace : son dessein déclaré dès sa préface.

Il ne faudra plus maintenant que lire, pour ainsi parler, à l'ouverture du livre l'*Histoire critique* de M. Simon, pour y trouver les marques sensibles d'une doctrine réprouvée. Nous avons déjà remarqué en abrégé pour une autre fin, mais il faut maintenant le voir à fond, qu'il se déclare dès sa *Préface,* où après avoir parlé des gnostiques et avoir mis leur erreur à nier le libre arbitre, il assure « que c'est par rapport aux fausses idées de ces hérétiques, que les premiers Pères ont parlé tout autrement que saint Augustin des matières de la grace, du libre arbitre, de la prédestination et de la réprobation[1]. » Voilà donc le fondement de M. Simon, que pour combattre « les fausses idées » de ceux qui nioient le libre arbitre, il en falloit parler tout autrement que saint Augustin, qui demeure par conséquent ennemi comme eux du libre arbitre, et fauteur des hérétiques qui le nioient. C'est en général le plan de l'auteur; et pour le rendre plus vraisemblable, il ajoute : « que cet évêque, » c'est saint Augustin, « s'étant opposé aux nouveautés de Pélage, qui au contraire des gnostiques donnoit tout au libre arbitre de l'homme et rien à la grace, a été l'auteur d'un nouveau système[2]. » C'est un système en matière de religion et de doctrine : c'est un système pour l'opposer aux nouveautés de Pélage. Si ce système est nouveau, saint Augustin a opposé nouveauté à nouveauté, par conséquent excès à excès, et d'autres excès et d'autres nouveautés aux excès et aux nouveautés de Pélage. Saint Augustin a le même tort que cet hérésiarque : il falloit faire un tiers parti entre eux deux, et non pas prendre

[1] *Præf.* — [2] *Ibid.*

le parti de saint Augustin, comme a fait saint Célestin et toute l'Eglise.

Si la doctrine de saint Augustin est nouvelle sur la matière où il a reçu tant d'approbation, c'est une suite que ses preuves le soient. Aussi M. Simon pousse-t-il les choses jusque-là : « Saint Augustin, dit-il, s'est éloigné des anciens commentateurs, ayant inventé des explications dont on n'avoit point entendu parler auparavant[1]. » Voilà donc un novateur parfait, et dans le fond de son système et dans les preuves dont il le soutient, sans que l'Eglise s'en soit aperçue, sans que d'autres que ses ennemis, que toute l'Eglise a condamnés, l'en aient repris. Après douze cents ans entiers, M. Simon le vient dénoncer, on ne sait à qui : il vient réveiller l'Eglise qui s'est laissé endormir aux belles paroles de ce Père et qui a déclaré en termes formels qu'elle n'a rien trouvé à reprendre dans sa doctrine; par conséquent rien de nouveau, rien à quoi elle ne fût accoutumée : autrement elle se seroit soulevée, au lieu de réprimer ceux qui se soulevoient.

L'auteur n'a pu s'empêcher de sentir ici le mauvais pas où il s'engageoit; mais son erreur est de croire qu'il peut imposer au monde par des termes vagues : « Je déclare néanmoins, dit-il, que ce n'a point été pour opposer toute l'antiquité à saint Augustin, que j'ai recueilli dans cet ouvrage les explications des Pères grecs[2]. » Mais pourquoi donc? Est-ce pour montrer qu'ils sont d'accord? Ce seroit le dessein d'un vrai catholique, qui chercheroit à concilier les Pères, et non pas à les commettre. Mais visiblement ce n'est pas celui de M. Simon, chez qui l'on ne trouve à toutes les pages que les anciens d'un côté et saint Augustin de l'autre; mais voici toute sa finesse : « Comme il y a toujours eu des disputes là-dessus, et qu'il y en a encore présentement, j'ai cru que je ne pouvois mieux faire que de rapporter fidèlement ce que j'ai lu sur les passages du Nouveau Testament dans les anciens commentateurs[3]. » Il voudroit donc faire accroire que c'est seulement sur des matières légères et indifférentes qu'il oppose les anciens à saint Augustin. Nous verrons bientôt le contraire; mais en attendant, sans aller plus loin, il se déclare en continuant de

[1] *Præf.* — [2] *Ibid.* — [3] *Ibid.*

cette sorte: « Vincent de Lérins (à ce seul nom on s'attend d'abord à voir condamner quelque erreur : écoutons donc à qui l'on oppose ce savant auteur et les règles de la tradition), Vincent de Lérins dit que, lorsqu'il s'agit d'établir la vérité d'un dogme, l'Ecriture seule ne suffit pas, qu'il y faut joindre la tradition de l'Eglise catholique; c'est-à-dire, comme il l'explique lui-même, l'autorité des écrivains ecclésiastiques [1]. » Le principe est bien posé ; mais voyons enfin contre qui on dresse cette machine. C'est premièrement contre l'hérésie en général : « Considérant, poursuit notre auteur, les anciennes hérésies, il rejette ceux qui forgent de nouveaux sens, et qui ne suivent point pour leur règle les interprétations reçues dans l'Eglise depuis les apôtres. » Mais ce qui se dit contre l'hérésie en général s'applique dans le moment à saint Augustin : « Sur ce pied-là, conclut l'auteur aussitôt après, on préférera le commun des anciens docteurs aux opinions particulières de saint Augustin. » Enfin donc, après de vaines défaites, M. Simon se déclare sa partie : c'est à lui que tout aboutit : c'est contre lui que l'on procède régulièrement : « C'est lui qui n'a pas suivi les interprétations reçues dans l'Eglise depuis les apôtres. » Il ne reste plus qu'à l'appeler hérétique : on n'ose lâcher le mot; mais la chose n'est point laissée en doute, et l'application du principe est inévitable.

M. Simon croyant esquiver, s'embarrasse davantage. « Les quatre premiers siècles, poursuit-il, n'ont parlé qu'un même langage sur le libre arbitre, sur la prédestination et sur la grace : » c'est pour dire que saint Augustin ne l'a pas parlé : « Il n'y a pas d'apparence que les premiers Pères se soient tous trompés : » c'est donc saint Augustin qui se trompe et qui renverse l'ancienne doctrine, dont l'Eglise l'avoit établi le défenseur. C'est où tendoit naturellement tout le discours. L'auteur n'ose aller jusque-là ; et tournant tout court : « Je n'ai pas pour cela prétendu condamner les nouvelles interprétations de saint Augustin, » quoique contraires à celles qui ont été reçues depuis les apôtres ; c'est-à-dire je n'ose pas condamner ce que les règles condamnent, ce que j'ai montré condamnable : j'ai bien posé le principe, mais je n'ose ti-

[1] *Præf.*

rer la conséquence : « Je souhaite seulement que ceux qui font gloire d'être ses disciples, ne fassent pas passer tous les sentimens de leur maître pour des articles de foi. » Je vous l'ai déjà dit, M. Simon, vous voulez nous donner le change : il ne s'agit pas de savoir si tous les sentimens de saint Augustin sont des articles de foi : il s'agit de savoir si pour combattre ceux à qui vous le faites dire à tort ou à droit, il n'importe, vous n'avez pas pris un tour qui porte trop loin, qui range saint Augustin au nombre des adversaires de la doctrine reçue depuis les apôtres, qui le note par conséquent et qui oblige à le rejeter comme un novateur. Vous avez beau dire : Je ne prétends pas, je n'ai pas dessein : c'est de même « que tirer sa flèche contre quelqu'un et le percer de sa lance, et puis dire : Je ne l'ai pas fait tout de bon [1], » je n'avois pas dessein de le blesser.

On voit dans cette préface de M. Simon, toute la suite de son ouvrage. A vrai dire, c'est à la doctrine de saint Augustin qu'il en veut partout : il y revient à toutes les pages avec un acharnement qui fait peur : il en est lui-même honteux ; et il voudroit bien pouvoir excuser un déchaînement si étrange : « Au regard des Latins, dit-il, j'ai examiné plus au long les ouvrages de saint Augustin que ceux d'aucun autre, parce qu'il a eu des lumières particulières sur plusieurs passages du Nouveau Testament et qu'il a tiré beaucoup de choses de son fonds [2]. » Sans doute son dessein étoit de faire admirer la fécondité de son génie. Mais non : son dessein étoit de le reprendre partout, partout de le noter comme un novateur.

CHAPITRE II.

Diverses sortes d'accusations contre saint Augustin sur la matière de la grace, et toutes sans preuves.

Jusqu'ici il parle sans preuves, et je ne m'en étonne pas dans une *Préface* où il s'agit seulement de proposer son dessein : mais partout il continue sur le même ton : il décide, il détermine, il suppose tout ce qu'il lui plaît ; mais en produisant les endroits des Pères qui ont précédé, il n'en produit aucun de saint Augustin

[1] *Prov.*, XXVI, 18, 19. — [2] *Præf.*

pour montrer qu'il leur soit contraire. Par exemple au chapitre v, où il commence à vouloir entrer en matière, il apporte bien un passage de la *Philocalie* d'Origène, que nous avons déjà rapporté pour une autre fin; et non-seulement il loue cet auteur d'avoir soutenu (*le libre arbitre*) contre les gnostiques, mais il ajoute que son sentiment étoit alors « celui de toute l'Eglise grecque, ou plutôt, continue-t-il, de toutes les Eglises du monde avant saint Augustin, qui auroit peut-être préféré à ses sentimens une tradition si constante, s'il avoit lu avec soin les ouvrages des écrivains ecclésiastiques qui l'ont précédé[1]. » *S'il avoit lu avec soin!* Il n'a donc pas lu, ou il a lu sans attention. Il plaît ainsi à M. Simon; mais si lui-même qui l'accuse d'avoir *lu sans soin,* avoit lu avec soin seulement quatre ou cinq endroits des derniers ouvrages de ce Père, il y auroit appris qu'il a tout vu, qu'il a senti les difficultés dans toute leur étendue, mais aussi qu'il en a donné le vrai dénouement : s'il l'a fait sans citer les Pères ou sans les entendre, par malheur pour M. Simon le reste de l'Eglise ne les avoit ni mieux lus, ni mieux entendus, puisqu'on a été content de ce que saint Augustin en a dit. Nous en parlerons ailleurs. Maintenant il nous suffit de remarquer que M. Simon accuse sans preuve saint Augustin de négligence. C'est ainsi qu'il agit toujours. En cet endroit et partout, à toutes les pages, saint Augustin selon lui a outré la grace et affoibli le libre arbitre. Qu'il montre donc un seul endroit où il l'affoiblisse! Il n'a osé; car il sait bien qu'il l'a établi partout, je dis même dans ses ouvrages de la grace, et peut-être encore mieux que dans tous les autres. Il outre la grace. Vous le dites; mais une preuve qu'il ne l'a pas fait, c'est que vous n'avez osé citer les endroits ni marquer précisément en quoi il excède.

Nous avons déjà remarqué[2] outre la *Préface* de M. Simon, deux endroits dans le corps du livre, où il rejette les sentimens de saint Augustin sur la grace, et où il produit contre lui Vincent de Lérins, comme si ses règles avoient été faites contre ce Père. Il le suppose; mais le prouve-t-il? Nous avons coté ces endroits[3] : qu'on les lise, on y trouvera des décisions de M. Simon, pas un passage de saint Augustin pour le convaincre d'avoir affoibli le

[1] *Præf.*, p. 77. — [2] Ci-dessus. — [3] Ci-dessus.

libre arbitre, ou, ce qui est la même chose, d'avoir excédé sur la grace.

Si je voulois ici transcrire tous les endroits où M. Simon accuse saint Augustin d'avoir voulu engager les pélagiens dans « des opinions particulières, » je fatiguerois le lecteur, qui les trouvera de lui-même presque à chaque page [1]. Je conclurai seulement, encore un coup que si cela étoit, on auroit eu tort de tant vanter dans l'Eglise un auteur qui en proposant aux pélagiens des opinions particulières, et non la doctrine commune, les auroit plutôt rebutés qu'il ne les auroit ramenés au grand chemin de la tradition.

CHAPITRE III.

Selon M. Simon c'est un préjugé contre un auteur et un moyen de le déprimer, qu'il ait été attaché à saint Augustin.

Nous observerons dans la suite que ce qu'il appelle « les opinions particulières de saint Augustin, » sont des vérités incontestables et la plupart très-expressément décidées dans les conciles. Tout ce que nous avons ici à remarquer, c'est le mépris que l'auteur inspire pour la doctrine de saint Augustin. Il est si grand, que tout au contraire des sentimens que nous avons vus dans les orthodoxes, c'est pour notre auteur une raison de censurer un écrivain que d'avoir suivi ce Père dans la matière de la grace : « Il suit ordinairement, dit-il d'Alcuin, saint Augustin et Bède; » et voici quel en est le fruit : « c'est, poursuit-il, qu'il s'attache, non au sens littéral, mais à la manière des théologiens; et il ne fait pas toujours le choix des meilleures interprétations, étant prévenu de saint Augustin [2]; » où l'on peut voir, en passant, ce qu'il appelle « la manière des théologiens; » c'est de s'écarter du sens littéral, surtout lorsqu'on s'attache à saint Augustin ou à Bède, qui ne fait presque que le transcrire de mot à mot. « Comme Claude de Turin, dit-il ailleurs, suit pour l'ordinaire saint Augustin sur les matières de la grace, de la prédestination et du libre arbitre, il a quelquefois des expressions qui paroissent dures; mais on prendra garde que ce n'est pas lui qui parle [3] : » la faute en est à saint Au-

[1] P. 141, 252, 254, 255, 288, 290, 291, 292, 295, 298. — [2] P. 348. — [3] P. 359.

gustin à qui il s'est attaché. Saint Thomas fait la même faute ; et notre auteur le reprend dès les premiers mots de son Commentaire *sur saint Paul,* « d'être tout rempli de l'explication de saint Augustin [1]. » Il le note un peu après, « pour avoir embrassé le sentiment de saint Augustin [2]. » Lorsqu'il s'agit de ce Père, c'est une cause de récusation contre saint Thomas que d'y avoir été attaché. Estius, dit notre auteur, sur la dispute de saint Pierre et de saint Paul, n'apporte point d'autres preuves pour le sentiment de saint Augustin, « que les raisons de ce Père depuis confirmées par saint Thomas ; mais on sait, ajoute-t-il aussitôt après, que la théologie de ce dernier n'est pour l'ordinaire qu'une confirmation de la doctrine de saint Augustin [3] ; » c'est-à-dire qu'on ne le doit pas écouter sur le sujet de ce Père, pour lequel il est trop prévenu. En parlant d'Adam Sasbouth, un docte interprète de saint Paul : « S'il fait, dit-il, quelques réflexions, elles ne sont pas longues, parce qu'il est judicieux et qu'il ne dit presque rien qui ne soit à propos, si ce n'est qu'il s'étend quelquefois sur les interprétations des Pères et qu'il prend parti pour celles de saint Augustin [4]. » Voilà tout le tort qu'il a, et le seul sujet de rabattre la louange qu'on lui donne d'être judicieux.

Jansénius de Gand a dit avec tous les théologiens que saint Augustin ayant eu à combattre l'hérésie de Pélage, a parlé plus exactement « de la grace. » Le grand critique le relève magistralement et la sentence qu'il prononce, « c'est, dit-il, qu'il est vrai que saint Augustin a parlé plus en détail de la grace, puisqu'il a traité exprès cette matière; mais il y a lieu de douter que les principes dont il s'est servi et les conséquences qu'il en a tirées pour combattre plus fortement Pélage, doivent être préférées à ceux des anciens Pères qu'il auroit pu suivre, détruisant en même temps les erreurs des pélagiens [5]. » Il tâche de faire perdre à ce docte Père l'avantage qui lui est commun avec tous les autres, d'avoir parlé plus correctement sur les vérités lorsqu'elles ont été contestées, et de les avoir défendues avec plus de force qu'on ne faisoit auparavant. Un peu au-dessus : « Il n'étoit pas nécessaire que saint Augustin inventât de nouveaux principes pour répondre aux péla-

[1] P. 474. — [2] P. 475. — [3] P. 647. — [4] P. 639. — [5] P. 604.

giens : il eût été, ce me semble, mieux de suivre ceux qui avoient été établis par les anciens docteurs de l'Eglise. » Au lieu de prendre ce bon et nécessaire parti, saint Augustin a pris celui de donner occasion aux pélagiens de dire qu'on s'élevoit contre les anciens docteurs, et qu'on leur opposoit des principes, non-seulement nouveaux, mais encore outrés.

CHAPITRE IV.

M. Simon continue d'attribuer à saint Augustin l'erreur de faire Dieu auteur du péché avec Bucer et les protestans.

M. Simon pousse si loin cette idée, qu'à l'entendre saint Augustin, en combattant les pélagiens, s'est jeté dans l'autre excès, c'est-à-dire dans les erreurs les plus odieuses de Luther et de Calvin. C'est ce qu'on aura souvent à remarquer ; et je rapporterai seulement ici ce qu'il a dit de Bucer, lorsqu'en parlant « des manières dures dont il s'exprime, quand il parle de la prédestination et de la réprobation, » qui vont jusqu'à faire Dieu auteur du péché, il remarque que cet auteur cite pour lui « les anciens écrivains ecclésiastiques ; » mais la sentence de M. Simon est « qu'il se trompe en cela : Car, dit-il, à la réserve de saint Augustin et de ceux qui l'ont suivi, toute l'antiquité lui est contraire [1]. » Si l'on n'étoit trop accoutumé aux emportemens de M. Simon, il faudroit se récrier à chacune de ses paroles. On ne pouvoit plus formellement faire de saint Augustin un défenseur de Bucer et des duretés des protestans, un homme par conséquent plus propre à rebuter les pélagiens qu'à les instruire, et qui se laisse emporter aux excès les plus odieux. Tet est l'homme que l'Eglise a tant loué et à qui elle a confié la défense de sa cause.

Nous avons déjà remarqué [2] que pour préférer Pélage à saint Augustin, il dit que ce Père a fait Dieu auteur du péché : ici pour lui égaler les protestans, il lui attribue la même erreur, et il n'y a point d'excès dont il ne l'accuse en faveur des hérétiques.

[1] P. 744. — [2] Ci-dessus, liv. V, cap. VII.

CHAPITRE V.

Ignorance du critique, qui tâche d'affoiblir l'avantage de saint Augustin sur Julien sous prétexte que ce Père ne savoit pas le grec : que saint Augustin a tiré contre ce pélagien tout l'avantage qu'on pouvoit tirer du texte grec, et lui a fermé la bouche.

Pour ôter à saint Augustin la gloire d'avoir vaincu les pélagiens, il n'y a chicane où M. Simon ne descende, jusqu'à dire que ce savant Père n'avoit pas toute l'érudition nécessaire pour cette entreprise, parce qu'il ne savoit pas beaucoup de grec, comme si tout consistoit à savoir les langues. Il dit donc d'abord que Pélage s'étoit appliqué à l'étude de l'Ecriture ; et, comme on a vu, il relève tellement son Commentaire sur les *Epîtres de saint Paul*, qu'il le met presque au-dessus de tous ceux des Latins : « Mais Julien, poursuit-il, et ses autres sectateurs étoient encore plus habiles que lui, ayant eu une connoissance assez exacte de la langue grecque. Ils avoient lu de plus les commentateurs grecs, principalement saint Jean Chrysostome. Saint Augustin, qui n'avoit pas tous ces avantages, n'a pas laissé de les combattre avec succès et de les accabler en quelque manière, non-seulement par la force de ses raisonnemens, mais encore par un grand nombre de passages du Nouveau Testament, bien qu'il n'en apporte pas toujours le sens propre et naturel[1], à cause, dit-il deux pages après, qu'ayant eu des sentimens particuliers sur la grace et sur la prédestination, il lui est quelquefois arrivé de rendre le sens de son texte conforme à ses opinions[2]. »

On découvre de plus en plus les détours de notre critique, qui non-seulement fait marcher la louange avec le blâme, mais qui dans le fond ne dit jamais tout ce qu'il veut dire et se prépare partout des échappatoires. Quoi qu'il en soit, il résulte assez clairement de son discours que saint Augustin n'avoit pas sur Julien tout l'avantage qu'il falloit, à cause du peu de grec qu'il savoit, et parce qu'il n'avoit pas lu, à ce que prétend ce critique, saint Chrysostome et les autres commentateurs grecs ; et il se déclare

[1] P. 285. — [2] P. 288.

plus ouvertement, lorsqu'il ajoute : « Qu'il ne prévient pas toujours assez les objections de ses adversaires, dans l'explication des passages qui peuvent être interprétés de différentes manières, à cause de l'ambiguïté des mots ; » c'est-à-dire que, faute de savoir le grec, saint Augustin est demeuré court contre les pélagiens, etc., et, comme ajoute notre auteur, « qu'il étoit difficile de remporter une victoire entière sur ces hérétiques, sans toutes ces vues[1], » qui viennent de la connoissance des langues.

On ne peut en vérité admirer assez ces esprits bornés à cette sorte d'étude et à la critique, qui, sous prétexte que par ce secours on éclaircit quelques minuties, ou qu'on fortifie la bonne cause de quelques preuves accidentelles, s'imaginent que la victoire de la foi sur les hérésies ne sera jamais complète, s'ils ne s'en mêlent. Leur présomption fait pitié. Il faut n'avoir jamais ouvert saint Augustin pour ne pas sentir l'avantage qu'il a en toutes manières sur Julien, non-seulement par la bonté de la cause, mais encore par la force du génie. Pour ce qui est des avantages de la langue grecque, ce Père sans se piquer d'en savoir beaucoup, loin de rien laisser passer à Julien, sait l'abattre par le texte grec d'une manière si vive, qu'il n'y avoit plus qu'à se taire. Quand Julien ou par malice ou par ignorance, abusoit du mot latin *plures*, qui signifie tout ensemble et *plusieurs*, sans comparatif, et dans le comparatif *un plus grand nombre*, ce qui lui servoit à éluder un passage de saint Paul dont il étoit accablé, saint Augustin ne lui dit qu'un mot en lui faisant seulement ouvrir le grec des *Épîtres* de saint Paul : « L'Apôtre, dit-il, n'a pas écrit *plures* un plus grand nombre ; mais *multos* sans rien comparer, c'est-à-dire simplement *plusieurs* : il a parlé grec, il a dit : πολλοὺς, plusieurs, et non pas πλείςου; un plus grand nombre ; lisez et taisez-vous. *Non pronuntiat* plures, *sed* multos : *græce locutus est :* πολλοὺς *dixit, non* πλείςους : *lege et obmutesce*[2]. » Il n'y avoit en effet qu'à demeurer la bouche fermée et abandonner son argument.

Julien tâche d'éluder un passage de la Genèse de la version des Septante, où il est dit qu'aussitôt après le péché nos premiers parens s'étoient fait cette forme d'habillement qui ne couvroit que

[1] P. 288 et 289. — [2] *Oper. imper.*, lib. II, n. 206.

les reins, et que les Grecs appellent περιζώματα, nom que la Vulgate a retenu : en bon latin *succinctoria, præcinctoria,* et encore plus précisément *campestria.* On sait à quoi les saints Pères, et saint Augustin après eux, ont fait servir ces sortes d'habillemens : saint Augustin l'explique en un mot par ces paroles : *Qui vult intelligere quid senserint, debet considerare quid texerint*[1] *;* ou comme il le propose ailleurs : *Attende quid texerint, et confitere quid senserint*[2]. Julien, qui ne vouloit pas reconnoître ce malheureux changement que le péché a fait en nous, tâche de persuader à ses lecteurs, que nos premiers parens couvrirent alors également tout leur corps, et il prétendoit que ce mot *perizomata,* se devoit traduire par le terme général, *vestimenta*[3], ce qui éludoit manifestement l'intention de l'écrivain sacré; mais saint Augustin ramène cet hérétique à la signification du terme grec, qui rendoit très-expressément l'hébreu de Moïse ; et parce que Julien alléguoit quelques interprètes qui avoient traduit comme il vouloit, saint Augustin lui fait voir premièrement l'ignorance ou l'affectation manifeste de ces interprètes inconnus, qui n'avoient pas entendu ou qui n'avoient pas voulu entendre un terme si clair ; et secondement, quoi qu'il en fût, il démontroit que son argument subsistoit toujours ; ce qu'il fait d'une manière si pressante, qu'on ne lui peut répliquer : si bien qu'il sait tout ensemble, et profiter des avantages qu'on tiroit du grec, et faire voir par la force de son génie que la preuve de la vérité ne dépendoit pas des subtilités de la grammaire, parce qu'encore que son secours ait son utilité, Dieu a mis la vérité dans son Ecriture d'une manière si forte par la suite de tout le discours, qu'elle ne laisseroit pas de se faire sentir indépendamment de ces minuties et de toutes les finesses du langage.

Il en use de la même sorte contre le même Julien, qui ne vouloit pas entendre ce qui résultoit contre lui de cette parole où saint Paul montre qu'il y a en nous quelque chose « de déshonnête, » *inhonesta nostra*[4], sans doute depuis le péché, puisque la sainteté du créateur ne permettoit pas qu'il fût sorti de ses mains un ouvrage où manquât l'honnêteté. Quelques interprètes, par une sorte

---

[1] *De nupt. et conc.,* lib. II, cap. xxx.— [2] *Oper. imper.,* lib IV, n. 37.— [3] *Contr. Jul.,* lib. V, cap. ii, n. 5. — [4] *I Cor.,* xii, 23 ; *Contr. Jul.,* lib. IV, cap. xvi, n. 80.

de honte, avoient adouci ce mot de saint Paul ; et Julien se servoit de leur timide interprétation pour affoiblir la pensée de cet apôtre, et cacher à l'homme pécheur l'inévitable déshonnêteté de sa nature corrompue : mais saint Augustin ne craint point, dans une occasion si pressante, de lui mettre devant les yeux toute la force du mot grec ἀσχήμονα, qu'il faut traduire avec la Vulgate *inhonesta* « déshonnête ; » ce qu'il prouve par ce que l'Apôtre oppose à ce mot ce qu'il appelle εὐσχημοσύνην, *honestatem*, « l'honnêteté, » et encore εὐσχήμονα, *honesta*, « honnêtes ; » et après avoir tiré tous ces avantages du texte grec, il fait voir encore à Julien que même, « sans considérer la force du grec, » *nulla græcorum consideratione verborum*, la seule suite du discours de saint Paul eût dû lui faire sentir combien l'homme devoit rougir du désordre que le péché a mis dans son corps. Il procède avec la même méthode dans le dernier ouvrage contre Julien, où après avoir établi le sens véritable de saint Paul par le texte grec, il prouve par la nature de la chose même qu'en effet il faut reconnoître cette déshonnêteté dans le corps humain, depuis que nos premiers pères furent obligés de le couvrir [1]. Voilà ce qu'on appelle triompher et s'élever en sublime théologien au-dessus des langues, sans perdre les avantages qu'on en peut tirer.

Saint Paul avoit fait voir le désordre de la concupiscence de la chair, en l'appelant πάθος ἐπιθυμίας [2] ; ce que quelques-uns ont traduit comme la Vulgate *passio desiderii*, « la passion du désir ou de la concupiscence ; » et les autres, peut-être plus profondément, *morbus desiderii*, « la maladie de la concupiscence [3]. » Saint Augustin remarque la force du mot grec πάθος, qui sans doute signifie très-bien une maladie, et encore plus expressément, si je ne me trompe, une maladie habituelle, c'est-à-dire le plus mauvais genre de maladie ; et s'élevant selon sa coutume au-dessus de ces disputes de grammaire, il montre, et en cet endroit et ailleurs, non-seulement par la suite du passage de saint Paul, mais encore par tous les principes du christianisme, que de quelque façon qu'on veuille traduire le *pathos* de saint Paul, on ne peut s'empêcher

---

[1] *Oper. imper.*, lib. IV, n. 36, col. 1152. — [2] I *Thessal.*, IV, 5. — [3] *De nupt. et conc.*, lib. II, cap. XXXIII.

de reconnoître qu'on le doit prendre en mauvaise part et que c'est une véritable maladie.

On dira qu'il ne faut pas être fort savant en grec pour dire ces choses. J'en conviens; car qu'on n'aille pas s'imaginer que je veuille louer saint Augustin comme un grand grec, ou le relever par la science des mots qu'il a estimée, mais en son rang, c'est-à-dire infiniment au-dessous de la science des choses. J'avoue donc qu'il ne savoit pas parfaitement le grec, si l'on veut, qu'il n'en savoit pas beaucoup; et c'est de là aussi que je conclus que sans peut-être en savoir beaucoup, on peut abattre ceux qui le savent très-bien, mais qui en abusent, sans leur laisser aucune ressource.

Julien savoit le grec et mieux, à ce qu'on prétend, que saint Augustin[1]. J'en doute : je ne le crois pas; mais après tout, que nous importe, puisque ce Père en savoit assez pour dire à Julien, sans se tromper : « Je suis fâché que vous abusiez de l'ignorance de ceux qui ne savent pas le grec, et que vous ne respectiez pas le jugement de ceux qui le savent[2] ? » Sans atteindre à la perfection de la science des langues, je ne dis pas un saint Augustin, un si grand génie, mais tout homme judicieux et de bon esprit, peut en écoutant ceux qui les savent et en profitant de leurs travaux, et enfin par tous les secours qu'on a dans les livres, arriver à prendre le goût des langues originales, et entendre les propriétés de leurs mots jusqu'à un degré suffisant, non-seulement pour comprendre, mais encore pour soutenir invinciblement la vérité. C'est ce qu'a fait saint Augustin. Il ne faut que voir comment il s'est servi du travail de saint Jérôme sur l'Hébreu, et comment il en a tiré des avantages que saint Jérôme lui-même pourroit n'avoir point tirés; et nous pouvons assurer qu'aucun de ceux qui ont su le Grec et l'Hébreu, n'ont mieux défendu que saint Augustin l'Ancien et le Nouveau Testament et la doctrine qu'ils contiennent. Nous serions bien malheureux, si pour défendre la vérité et la légitime interprétation de l'Ecriture, surtout dans les matières de foi, nous étions à la merci des hébraïsans ou des grecs, dont on voit ordinairement en toute autre chose le raisonnement

---

[1] P. 285. — [2] Lib. V *Contr. Jul.*, cap. II, n. 7.

si foible; et je m'étonne que M. Simon, qui fait tant l'habile, ait l'esprit si court, qu'il veuille faire dépendre la perfection de la victoire de l'Eglise sur les pélagiens de la connoissance du grec.

CHAPITRE VI.

Suite des avantages que saint Augustin a tirés du texte grec contre Julien.

Mais je vois où M. Simon nous veut mener. Il veut dire que saint Augustin n'a pas eu assez de savoir pour approuver les interprétations favorables aux pélagiens, que ce critique entreprend de soutenir. Par exemple, il veut établir que l'explication du passage de saint Paul : *In quo omnes peccaverunt,* « en qui tous les hommes ont péché, » n'est pas certaine, et qu'il lui faut préférer, ou lui égaler du moins celle de Pélage, qui soutenoit qu'*in quo* veut dire *quatenùs* ou *eò quòd :* en sorte que l'intention de saint Paul soit de dire, non que tous les hommes aient péché en Adam, ce qui est le sens catholique; mais que tous les hommes, du moins les adultes, aient péché en l'imitant, qui est le sens de Pélage. Nous aurons bientôt à parler de cette pensée téméraire autant qu'ignorante, qui ne tend qu'à favoriser les pélagiens; mais nous dirons en attendant à M. Simon que, si saint Augustin n'a pas approuvé cette mauvaise interprétation, ce n'est pas faute d'avoir vu que le Grec se pouvoit tourner à la manière que le critique voudroit introduire[1]. Car il l'a vue et l'a rapportée tout du long dans son livre à Boniface; mais il l'a aussi réfutée si solidement, non par la force du mot, mais par les raisons du fond, qu'il y aura sujet de s'étonner, quand nous serons au lieu de les proposer, comment M. Simon a osé prendre en tant d'endroits le parti contraire.

Il est bien aise de pouvoir dire « qu'il est difficile d'excuser ici la négligence de saint Augustin, qui n'a point consulté le texte grec[2]; » ce qui est cause qu'il n'a pas songé d'abord qu'il falloit rapporter *in quo,* non point au péché qui est féminin en grec, mais à Adam même. Il est vrai qu'il n'avoit pas d'abord consulté le Grec, mais il le consulta bientôt après : M. Simon le reconnoît[3],

[1] *Contr. duas Epist. Pelag.,* lib. IV, cap. IV, n. 7. — [2] P. 286. — [3] Loco jam citat.

et il paroît qu'il le consulta de lui-même, sans que Julien ou quelqu'autre de ses adversaires l'en ait averti : mais ce qui paroît encore, c'est qu'avant qu'il le consultât, il avoit déjà si bien pris l'esprit de l'Apôtre et le fond de son sentiment par la seule suite du discours, que les pélagiens étoient confondus; en sorte qu'il a soutenu la véritable traduction de cet endroit de saint Paul, avec une parfaite connoissance de la vérité[1]. Voilà les négligences de saint Augustin, qui font plaisir à un vain critique, mais dont les esprits solides ne s'émeuvent pas.

Ce saint docteur n'a pas moins fait paroître l'attention qu'il avoit au texte original, en examinant cet autre important passage du même saint Paul : *Regnavit mors ab Adam*, etc.[2]. Car il rétablit par le texte grec la négative très-nécessaire qui manquoit à un grand nombre de livres latins; et en même temps il affermit selon sa coutume la véritable leçon par la suite du discours et du dessein de saint Paul, afin que personne ne s'y pût tromper : ce qui est le fruit d'une solide et véritable critique.

CHAPITRE VII.

Vaines et malignes remarques de l'auteur sur cette traduction : Eramus naturâ filii iræ : *que saint Augustin y a vu tout ce qui s'y peut voir.*

Notre auteur insinue encore artificieusement, à sa manière, que saint Augustin s'est trompé dans l'explication de ce passage *naturâ filii iræ :* « nous étions, par la nature, enfans de colère[3]. » « Je ne doute point, par exemple, dit ce critique, que saint Augustin n'ait très-bien expliqué à la lettre, dans son second livre (*des Mérites et de la Rémission des péchés*[4]), ces paroles de saint Paul : *Eramus naturâ filii iræ*, qu'il entend du péché originel, parce que *naturâ* ou, comme il lit, *naturaliter*, est la même chose qu'*originaliter*[5]. » Pourquoi tant dissimuler ses sentimens? Il fait semblant de ne douter pas que saint Augustin « n'ait très-bien expliqué à la lettre, ce passage de saint Paul; » et moi, sans

---

[1] *De peccat. mer.*, lib. I, cap. IX, n. 10. — [2] *Ibid.*, cap. XI, n. 13; *Contr. Jul.*, lib. VI, cap. IV, n. 9; lib. II *Oper. imper.*, p. 1028 et seq. — [3] *Ephes.*, II, 3. — [4] Lib. II *De mer. et remiss. pecc.*, cap. X, n. 15. — [5] *Hist. crit.*, p. 289.

hésiter, je dis qu'il en doute et même qu'il n'en croit rien, et que ce sont là des détours de cet esprit tortillant par lesquels il nous veut conduire au plus loin de ce qu'il semble dire d'abord. La raison que j'ai de le croire, c'est qu'il ajoute aussitôt après ces propres mots : « Mais saint Jérôme, qui est plus exact, a observé que le mot grec φύσει, auquel répond *naturâ* dans le latin, est ambigu et qu'il peut être traduit par *prorsùs* ou *omninò*. » S'il croit de si bonne foi que saint Augustin ait « très-bien expliqué à la lettre » l'endroit de saint Paul, pourquoi donc opposer ensuite l'interprétation de saint Jérôme, « qui est plus exact? » Pourquoi encore la confirmer par l'ancienne version syriaque? Pourquoi ajouter en confirmation que « plusieurs scholiastes grecs ont cru que φύσει ne signifioit en ce lieu que γνησίως *véritablement*, » et conclure enfin par ces paroles : « Ce qui rend encore ce passage plus obscur, c'est que le mot de *colère* se prend aussi dans l'Ecriture pour peine; et alors le sens seroit : Nous méritions véritablement d'être punis[1]. »

Voilà comment il ne doute point que saint Augustin *n'ait très-bien expliqué ce passage à la lettre*, pendant qu'il en doute si bien, qu'il n'omet aucune raison pour nous en faire douter. Il faut une fois apprendre son malin langage et ses manières trompeuses. Mais il est aussi peu sincère dans le fond que dans les manières. Car premièrement il impose à saint Augustin, en faisant accroire qu'il a lu, non point *naturâ*, mais *naturaliter;* ce qui n'est pas vrai. Saint Augustin a lu partout *naturâ*[2]; ce qu'il ajoute *naturaliter,* il ne l'ajoute pas comme le texte de l'Apôtre, mais comme l'explication de quelques-uns, qu'il explique encore davantage par *originaliter*. Pour s'en convaincre, il ne faut qu'entendre les propres paroles de ce Père, qui dit en termes formels « que ce qui est dans l'Apôtre : *Eramus naturâ*, est tourné par quelques-uns *naturaliter,* non selon le terme, mais selon le sens[3], » ce qu'il répète encore en un autre endroit[4]. Mais il a beau le répéter, notre critique ne l'entend pas davantage. Car à quelque prix que ce soit,

---

[1] *Hist. Critiq.* p. 299.— [2] *Contr. Jul.*, lib.VI, cap. x, n. 32; *Oper. imp.*, lib. II, cap. ccxxviii; et lib. IV, cap. cxxiii. — [3] Vid. loc. citat., *Contr. Jul.*— [4] *Oper imp.*, loc. cit.

il veut, jusqu'aux moindres choses, faire voir dans saint Augustin une ignorance du texte, ou bien une négligence de le consulter.

Secondement saint Augustin n'a pas ignoré que le mot φύσει, *naturâ*, ne pût signifier en grec dans une signification écartée, *prorsùs* ou *omninò*[1] : car il ne le nie pas à Julien qui le lui objecte; mais il ne daigne pas s'arrêter à une interprétation qui auroit été extraordinaire, bizarre, affectée, n'y ayant rien qui obligeât l'Apôtre à se servir, pour dire *omninò*, d'un autre terme que de ὅλως, qu'il emploie ordinairement pour cela; et il convainc Julien par la traduction latine, « ne se trouvant presque aucuns livres latins où il ne soit écrit *naturâ*, par la nature, si ce n'est ceux, poursuit-il, que vous autres pélagiens aurez corrigés, ou plutôt que vous aurez corrompus; » d'où il conclut, et très-bien, que c'est là le sens naturel, puisque c'est celui où s'est porté le gros des traducteurs; et que d'ailleurs il ne peut pas être mauvais, puisque s'il étoit mauvais, « l'ancienne interprétation s'en seroit donné de garde, et ne l'auroit pas suivi. » On voit donc que saint Augustin sait remuer les livres quand il faut, et en tirer tout l'avantage.

Troisièmement il ne faut point imputer la traduction, *naturâ*, à l'ignorance de la langue grecque, puisqu'il est certain que les plus anciens et les plus doctes commentateurs grecs, comme Origène *contre Celse* et *sur saint Jean* [2], et saint Chrysostome [3] ont entendu la *nature* même, et non autre chose. Théodoret ne s'en est pas éloigné. Théophylacte interprète : « Nous avons irrité Dieu, et nous n'étions que colère » (tant la colère de Dieu nous avoit pénétrés); et comme le Fils de l'homme est homme par la nature, ainsi en étoit-il de nous (lorsque nous étions appelés enfans de colère); à quoi il ajoute après qu'être « par nature enfans de colère, » c'est l'être véritablement καὶ γνησίως [4] : où il ne faut pas par ce dernier mot entendre *véritablement* comme l'interprète M. Simon; car Théophylacte avoit déjà dit véritablement ἀληθῶς, mais il ajoute

---

[1] Vide loc. jam citat., *Contr. Jul.*, lib. VI, cap. x, n. 33. — [2] Orig., lib. III *Contr. Cels.*, p. 149-151; *in Joan.*, Huet, tom. XXIII, fin. p. 315; XXV, p. 325. — [3] Chrys., hic. — [4] Theophyl., hic.

καὶ γνησίως : mot qui vient de génération et qui emporte avec soi l'origine, la naissance, la nature même, comme il paroît entre autres choses par les expressions où le Fils de Dieu est appelé Fils, γνησίως, ce qui ne veut rien dire de moins, si ce n'est qu'il l'est par sa naissance et par sa nature ; d'où il s'ensuit que la naturelle et véritable interprétation est celle qui par φύσει, *nature*, entend la nature même; et que l'autre interprétation *prorsùs, omninò*, est une interprétation étrangère et écartée, à laquelle l'ancien traducteur latin a raison de n'avoir eu aucun égard, non plus que saint Augustin.

Quatrièmement cette explication *naturâ*, « par la nature, » revient en particulier aux expressions de l'Ecriture, où il est parlé des nations à qui la malice est naturelle, et en général à l'analogie de la foi, comme saint Augustin l'a démontré, puisqu'il est clair par la foi qu'il nous faut renaître : ce qui ne seroit pas vrai si nous n'étions pas nés dans la corruption, ainsi que le Sauveur l'enseigne lui-même : « Ce qui est né de la chair est chair; » c'est-à-dire, très-constamment, ce qui est né dans la corruption est corruption.

En cinquième et dernier lieu M. Simon impose à saint Jérôme, lorsque pour montrer son exactitude supérieure à celle de saint Augustin, il lui fait dire simplement et absolument que « le mot grec φύσει, auquel répond *naturâ*, « est ambigu, » et qu'il peut être traduit par *prorsùs* ou *omninò* [1]; » car cette ambiguïté ne l'empêche pas de reconnoître que le sens simple et naturel, qui est aussi celui qu'il appuie, est d'entendre φύσει par *nature*, comme il fait lui-même; et quant à l'explication *prorsùs, omninò*, premièrement il remarque qu'elle n'est que de quelques-uns : secondement il ne la reçoit qu'en la réduisant à la première; ce qui montre qu'il ne la regarde, non plus que saint Augustin, que comme une explication écartée qui mérite moins d'attention que celle de la Vulgate de ce temps-là, qui est conforme à la nôtre. Ainsi toute la critique de M. Simon sur ce passage ne sert qu'à faire voir qu'à quelque prix que ce soit il a voulu fournir des défenses à Julien le pélagien contre saint Augustin. Au surplus il

[1] P. 289.

ne s'agit pas des conséquences que saint Augustin a tirées de ce passage de saint Paul : il ne s'agit pas non plus de savoir si le sens de M. Simon peut être souffert, ou même si quelques Pères l'ont suivi : il s'agit de soutenir la traduction de la Vulgate, comme la plus sûre, et l'explication de saint Augustin, qui se trouve la plus commune, comme étant en même temps la plus solide : il s'agit en général dans tout cet endroit de faire voir à M. Simon que ce Père, sans vanter son grec, sans faire le critique à outrance ni le savant de profession, a su tirer et du grec et de la critique tous les avantages que la bonne cause en pouvoit attendre ; et que rien ne lui manquoit pour atterrer Pélage et tous ses disciples, qui s'enfloient beaucoup de leur inutile et présomptueuse science.

CHAPITRE VIII.

Que saint Augustin a lu quand il falloit les Pères grecs, et qu'il a su profiter autant qu'il étoit possible de l'original, pour convaincre les pélagiens.

Voilà ce qui regarde l'ignorance qu'on veut attribuer à saint Augustin de l'original du Nouveau Testament. Pour ce qui est de saint Chrysostome et des autres commentateurs grecs, j'avouerai sans beaucoup de peine que ce n'étoit pas la coutume alors que des évêques aussi occupés que saint Augustin dans la prédication de la parole de Dieu, dans la méditation de l'Écriture, et dans le gouvernement ecclésiastique, employassent beaucoup de temps à les lire. Car au fond je ne vois pas que les Latins fussent plus obligés à lire les Grecs que les Grecs à lire les Latins. En Jésus-Christ il n'y a ni Romains, ni Grecs ; et Dieu est riche envers tous ceux qui l'invoquent. L'Evangile, pour avoir été écrit en grec, n'en est pas plus aux Grecs qu'aux Latins. C'est une extravagance de s'imaginer que le petit secours qu'on tire du grec, donne plus d'autorité aux uns qu'aux autres. Autrement, il faudroit encore aller aux Hébreux pour l'Ancien Testament, et leur donner plus d'autorité qu'aux chrétiens. Ce qui est bien assuré, c'est que saint Augustin lisoit les Grecs et les lisoit avec une entière pénétration, lorsqu'il étoit nécessaire, pour défendre la Tradition. Ainsi quand

Julien lui objecta un passage de saint Chrysostome contre le péché originel, il sut bien remarquer qu'il ne l'avoit pas traduit selon le grec; et que le traducteur, quel qu'il fût, avoit tourné sa traduction d'une manière désavantageuse à la propagation du péché d'Adam [1]. Mais il ôte cet avantage aux pélagiens en recourant à l'original; et il épuise tellement toute la matière, qu'encore aujourd'hui les théologiens n'ont point d'autre solution pour ce passage de saint Chrysostome que celle de saint Augustin. Le fait est constant; et sans prévenir ce qu'on en verra dans les chapitres suivans, il suffit de voir ici que Julien n'a pu imposer à saint Augustin par une infidèle version. Au reste ce saint docteur rapporte, quand il le faut, le texte grec, tant celui de saint Chrysostome que celui de saint Basile et de saint Grégoire de Nazianze : il le traduit mot à mot : il en pèse tous les mots avec autant d'exactitude que pourroient faire les plus grands Grecs, et il montre à nos faux savans comment on peut suppléer au défaut des langues [2].

Mais pour prouver les sentimens de l'Eglise grecque, ce Père a des argumens bien au-dessus des minuties auxquelles M. Simon et ses semblables voudroient assujettir la théologie. Nous les verrons dans la suite et bientôt : nous verrons, dis-je, que saint Augustin bien éloigné de M. Simon et des critiques ses imitateurs, qui imaginent des oppositions entre les anciens et les modernes, entre les Grecs et les Latins, les concilioit au contraire par des principes certains, qui ne dépendent ni des langues, ni de la critique; ce qui néanmoins n'empêcha pas que, pour confondre les pélagiens par toutes sortes d'autorités et par toutes sortes de méthodes, il n'ait aussi, comme on vient de voir, tourné contre eux le grec dont ils abusoient.

CHAPITRE IX.

Causes de l'acharnement de M. Simon et de quelques critiques modernes contre saint Augustin.

On voit avec quel excès, et en même temps avec quel aveuglement et quelle injustice, on s'opiniâtre à décrier saint Augustin et

[1] Lib. 1 *Contr. Jul.*, cap. VI, n. 22. — [2] *Ibid.* et alibi.

à le chicaner sur toutes choses. Cette aversion des nouveaux critiques contre ce Père ne peut avoir qu'un mauvais principe. Tous ceux qui, par quelque endroit que ce fût, ont voulu favoriser les pélagiens, sont devenus naturellement les ennemis de saint Augustin. Ainsi les semi-pélagiens, quoiqu'en apparence plus modérés que les autres, néanmoins « se sont attachés, dit saint Prosper, à le déchirer avec fureur ; et ils ont cru pouvoir renverser tous les remparts de l'Eglise et toutes les autorités dont elle s'appuie, s'ils battoient de toute leur force cette tour si élevée et si ferme [1]. » Un même esprit anime ceux qui attaquent encore aujourd'hui un si grand homme. Qu'on en pénètre le fond, on les trouvera attachés à la doctrine de Pélage et des demi-pélagiens, ainsi que nous l'allons voir de M. Simon. Mais ils n'en veulent pas seulement à la doctrine de la grace. Saint Augustin est celui de tous les docteurs qui, par une pleine compréhension de toute la matière théologique, a su nous donner un corps de théologie ; et pour me servir des termes de M. Simon, « un système plus suivi » de la religion que tous les autres qui en ont écrit. On ne peut mieux attaquer l'Eglise qu'en attaquant la doctrine et l'autorité de ce sublime docteur. C'est pourquoi on voit à présent les protestans concourir à le décrier. Déjà, pour les sociniens, on voit bien dans les erreurs qu'ils ont embrassées que c'est leur plus grand ennemi : les autres protestans commencent à se repentir d'avoir tant loué un Père qui les accable ; et on trouve des catholiques qui, par une fausse critique, se laissent imprimer de cet esprit.

CHAPITRE X.

Deux erreurs de M. Simon sur le péché originel : première erreur, que par ce péché il faut entendre la mort et les autres peines : Grotius auteur et M. Simon défenseur de cette hérésie : ce dernier excuse Théodore de Mopsueste et insinue que saint Augustin expliquoit le péché originel d'une manière particulière.

Pour procéder maintenant à la découverte des erreurs particulières de M. Simon, j'en trouve deux sur le péché originel : l'une, qu'il en change l'idée, l'autre, qu'il en ruine la preuve.

[1] *Contr. Collat.*, cap. XXI, n. 57 ; *in Append.* tom. X August.

Sur le premier point, il faut savoir qu'il se répand une opinion parmi les critiques modernes, que le péché originel n'est pas ce qu'on pense : que saint Augustin, et après lui les Occidentaux, l'ont poussé trop loin : que les Grecs et saint Chrysostome l'ont mieux entendu, en expliquant (ce sont les paroles de M. Simon « plutôt de la peine due au péché, c'est-à-dire de la mort, que du péché même, ces paroles de saint Paul : *Le péché est entré dans le monde par un seul homme*[1], » et le reste.

La proposition ainsi énoncée est formellement condamnée par ces paroles du concile de Trente : « Si quelqu'un dit qu'Adam, par sa désobéissance, ait transmis dans le genre humain la mort seulement et les autres peines du corps, et non pas le péché, qui est la mort de l'ame, qu'il soit anathème[2]; » ce qui est répété de mot à mot du second concile d'Orange[3]. M. Simon, qui allègue ici saint Chrysostome, ne fait autre chose que chercher selon sa coutume à interrompre la suite de la tradition, et à trouver dans les Pères et dans ce Père comme dans les autres, les plus grossières erreurs.

Cette nouvelle doctrine sur le péché originel a pour principal auteur dans ce siècle Grotius[4], qui l'a prise des sociniens, et pour principal défenseur, même de nos jours, M. Simon qui rapporte soigneusement le sentiment de Grotius en un endroit, et l'insinue ou plutôt l'établit manifestement dans les autres : premièrement en l'attribuant comme on vient de voir à un auteur aussi grave que saint Chrysostome, à l'exemple du même Grotius[5] : en second lieu et plus clairement, lorsque selon sa coutume, prenant en main la défense de Théodore de Mopsueste, que les anciens ont regardé comme le premier maître de Pélage, il en parle ainsi : « Ces paroles (de Théodore) semblent insinuer qu'il ait nié absolument le péché originel : peut-être n'attaquoit-il que la manière dont saint Augustin l'expliquoit, qui lui paroissoit nouvelle, aussi bien que les preuves de l'Ecriture sur lesquelles il se fondoit[6]. » Il faut toujours que saint Augustin porte la peine de tout; il n'y a point d'hérétique qu'on n'entreprenne de justifier à ses dépens.

[1] P. 171. — [2] Sess. V, can. II. — [3] Can. II. — [4] *In Epist. ad Rom.*, v, 12 et seq. — [5] *In Rom., ibid.* — [6] P. 444.

On suppose que ce saint docteur a fait deux fautes sur le péché originel: l'une, de l'expliquer *d'une manière* particulière ; l'autre, de l'appuyer par des preuves que Théodore, aussi bien que les autres Grecs, ont trouvées *nouvelles*. Mais sous le nom de saint Augustin, c'est l'Eglise qui est attaquée, puisque ni ce Père n'a rien dit sur ce péché que l'Eglise n'ait dit avec lui, ni il n'a employé pour l'établir d'autres preuves que celles qu'elle a formellement adoptées. Nous allons parler du premier dans le chapitre xi, et nous parlerons de l'autre dans les chapitres suivans.

CHAPITRE XI.

Que saint Augustin n'a enseigné sur le péché originel que ce qu'en a enseigné toute l'Eglise catholique dans les décrets des conciles de Carthage, d'Orange, de Lyon, de Florence et de Trente : que Théodore de Mopsueste défendu par l'auteur, sous le nom de saint Augustin, attaquoit toute l'Eglise.

Premièrement donc, pour ce qui regarde le fond du péché originel, saint Augustin n'en a point dit autre chose, sinon que c'étoit un véritable péché, une tache qui rendoit coupables tous les hommes dès leur naissance et qu'ils héritoient d'Adam, non-seulement la mort du corps, mais encore celle de l'ame, par laquelle ils étoient exclus de la vie éternelle. Mais c'est là précisément le sentiment de l'Eglise dans le concile de Trente, où l'on définit, comme on vient de voir, après celui d'Orange, que le péché originel « fait passer d'Adam jusqu'à nous, et dans tout le genre humain, non-seulement la mort et les autres peines du corps, mais encore la mort de l'ame, qui est le péché [1]; » ce qui est directement le contraire de ce que M. Simon voudroit encore autoriser du nom de saint Chrysostome [2].

Le concile de Carthage, qui est le premier où la question a été définie par deux canons exprès, nous montre aussi le péché originel comme un véritable péché, « pour la rémission duquel il faut baptiser les petits enfans, afin de purger en eux par la régénération ce que la génération leur a apporté [3]. » Le concile de

---

[1] *Conc. Trident.*, sess. V, can. II; *Conc. Araus.* II, can. II. — [2] P. 171. — [3] *Conc. Carth.*, can. II.

Trente a répété ce canon du concile de Carthage ¹. Saint Augustin n'en a dit ni plus ni moins : les conciles de Carthage, d'Orange et de Trente n'ont fait que transcrire les paroles de ce Père, comme tout le monde en est d'accord. Ainsi encore une fois, ce sont ces conciles, c'est toute l'Eglise catholique qui est attaquée sous le nom de saint Augustin : ce n'est pas contre saint Augustin, c'est contre toute l'Eglise que M. Simon défend Théodore de Mopsueste.

En effet, il n'y a qu'à lire dans la bibliothèque de Photius ² l'extrait du livre de Théodore, pour voir qu'il a attaqué toute l'Eglise en la personne de saint Jérôme et de saint Augustin, qu'il ne faut point séparer dans cette cause, puisque tout le monde sait qu'ils n'avoient qu'un même sentiment. Théodore défend visiblement tous les articles qu'on a condamnés dans les pélagiens : il y rejette les expressions dont toute l'Eglise s'est servie contre eux : il leur fait les mêmes calomnies que les pélagiens ont faites à toute l'Eglise. Voilà l'auteur que M. Simon prétend excuser en apparence contre saint Augustin, et en effet bien certainement contre l'Eglise catholique.

Au reste après la publication des ouvrages de Marius Mercator, faite par le savant P. Garnier, on ne doute plus que Théodore n'ait été comme le chef des pélagiens. Si M. Simon l'excuse, s'il déplore la perte de ses Commentaires comme « d'un homme savant, qui avoit étudié sous un bon maître (a) avec saint Chrysostome le sens littéral de l'Ecriture ³; » si par là il insinue que saint Chrysostome pourroit être de son sentiment, et que cela même c'est suivre le sens littéral, il ne dégénère pas de lui-même, ni du zèle qu'il a fait paroître pour les pélagiens. Il a loué Pélage autant qu'il a pu. Il pouvoit bien excuser les sentimens de Théodore de Mopsueste, après avoir approuvé ceux d'Hilaire, diacre.

L'approbation de la doctrine de ce diacre est dans les livres de M. Simon, un dernier trait de pélagianisme, et le plus manifeste de tous; mais comme nous en avons déjà parlé, je répéterai seulement que, de l'aveu de M. Simon ⁴, cet auteur dit formellement que le péché originel ne nous attire point la mort de l'ame; que

---

¹ Sess. V, can. IV. — ² Cod. 177. — ³ P. 446. — ⁴ P. 134.

(a) Diodore. (Note de la 1ʳᵉ édition.)

M. Simon l'approuve en ce point [1]; et que c'est là formellement l'hérésie de Pélage condamnée par tant de conciles, notamment par ceux de Carthage, d'Orange, de Florence, dont ceux de Lyon II et de Trente répètent les décrets que nous avons rapportés [2]. Il n'y a qu'à laisser faire nos critiques, ils nous auront bientôt forgé un christianisme tout nouveau, où l'on ne reconnoîtra plus aucun vestige des décisions de l'Eglise. M. Simon commence assez bien, puisque le péché originel qu'il nous donne, visiblement n'est plus celui que l'Eglise a défini par ces conciles, qui étoit la première chose que j'avois à prouver.

CHAPITRE XII.

Seconde erreur de M. Simon sur le péché originel. Il détruit les preuves dont toute l'Eglise s'est servie, et en particulier celle qu'elle tire de ce passage de saint Paul : In quo omnes peccaverunt [3].

La seconde est qu'il a renversé, et toujours selon sa coutume, en faisant semblant de n'en vouloir qu'à saint Augustin, les fondemens de la foi du péché originel. Les fondemens de l'Eglise sont tirés ou de la Tradition ou de l'Ecriture.

Pour la Tradition, le fondement principal étoit la nécessité du baptême des petits enfans : mais nous avons déjà vu que M. Simon n'a rien oublié pour anéantir cette preuve [4], et nous n'avons rien à dire de nouveau sur ce sujet.

Pour l'Ecriture, le principal fondement est dans ce passage de saint Paul : « Le péché est entré dans le monde par un seul homme...., en qui tous ont péché [5]. » Il y a deux versions de ce passage : l'une, au lieu de ces mots : « En qui, » *in quo,* met : « parce que, » *quatenùs, quia, eò quòd,* ou *ex eo quòd.* C'est celle qui favorise le plus les pélagiens, et qui leur donne lieu de dire : « que le péché est entré dans le monde par Adam, » à cause seulement que tous ont péché à son exemple, de laquelle explication Pélage est constamment le premier auteur.

La seconde version est celle de toute l'Eglise, selon laquelle il

---

[1] P. 134. — [2] Ci-dessus, liv. V, chap. II. — [3] *Rom.*, v, 12. — [4] Ci-dessus, liv. I, chap. II. — [5] *Rom.*, v, 12.

faut lire « que le péché est entré dans le monde par un seul homme, en qui tous ont péché; » ce qui ne laisse aucune ressource à ceux qui nient le péché originel.

C'est un fait constant, dont aussi M. Simon demeure d'accord, que cette dernière version, qui est celle de notre Vulgate, l'est aussi de la Vulgate ancienne, comme il paroît, non-seulement par saint Augustin, mais encore par le diacre Hilaire, par saint Ambroise, par Pélage même, qui lit comme tous les autres *in quo*, dans son Commentaire [1], encore que dans sa note il détourne le sens naturel de ce passage de la manière qu'on vient de voir.

M. Simon convient aussi que, selon l'explication de saint Chrysostome, il faut traduire *in quo*, et on en peut dire autant d'Origène : de sorte que les anciens Grecs ne diffèrent point des Latins. La suite fera paroître quel est parmi eux l'auteur de l'innovation. Quoi qu'il en soit, il est bien certain que depuis le temps de Pélage, tous les docteurs qui ont disputé contre lui, tous, dis-je, sans exception, lui ont opposé ce passage et ont suivi en cela saint Jérôme et saint Augustin.

Après un consentement si universel et si manifeste de tout l'Occident à traduire *in quo*, il n'est pas permis de douter qu'il ne faille tourner ainsi ce célèbre ἐφ' ᾧ de saint Paul, puisque tous les Latins l'ont pris naturellement de cette sorte. Mais M. Simon, au contraire, s'acharne de telle manière à affoiblir cette version, qu'il y revient sous divers prétextes quinze ou seize fois, n'oubliant rien de ce qu'on peut dire pour autoriser, non-seulement la traduction, mais encore les explications qui favorisent Pélage : en quoi il ne fait toujours que combattre directement, sous le nom de saint Augustin, toute l'Église dans quatre conciles universellement approuvés.

[1] Comment. *in Epist. ad Rom.*, v; Ambr., lib. IV, n. 67; *in Luc.*; apud August., lib. 1 *Contr. Jul.*, cap. III, n. 10; Comment. *in Epist ad Rom.*, v.

CHAPITRE XIII.

Quatre conciles universellement approuvés, et entre autres celui de Trente, ont décidé sous peine d'anathème que dans le passage de saint Paul, Rom., v, 12, il faut traduire in quo, *et non pas* quatenus. *M. Simon méprise ouvertement l'autorité de ces conciles.*

Le premier est celui de Milève, où soixante évêques rapportent ce passage selon la Vulgate, et n'allèguent que celui-là dans leur lettre synodique à saint Innocent, avec un autre de même sens du même saint Paul : ce qui montre qu'ils en faisoient le principal fondement de la condamnation des pélagiens.

Le second concile est celui de Carthage ou d'Afrique, de deux cent quatorze évêques, qui dans le chapitre II, après avoir établi la foi du péché originel sur le baptême des enfans, anathématise les contredisans : « A cause, dit-il, qu'il ne faut pas entendre autrement ce que dit l'Apôtre : « Le péché est entré dans le monde par un seul homme... en qui tous ont péché » : *in quo omnes peccaverunt*, que comme l'Eglise catholique répandue par toute la terre l'a toujours entendu; » où le concile, en suivant la version qu'on veut contester, dit deux choses : premièrement, que le sens qu'il donne à ce passage n'est pas seulement le véritable, mais encore celui qui a toujours été reçu dans l'Eglise universelle ; secondement, que pour cela même il n'est pas permis de ne le pas suivre, à moins qu'on ne dise en même temps qu'il est permis de s'opposer à l'intelligence constante et perpétuelle de toute l'Eglise.

Le troisième concile est celui d'Orange II, qui dans une semblable décision, allègue pour tout fondement le même passage entendu de la même sorte, traduit de la même sorte [1].

Le quatrième, est le concile œcuménique de Trente, qui répète de mot à mot les décrets de ces deux derniers conciles, et par deux fois le passage dont il s'agit, comme le fondement de sa décision, en déclarant, dans les mêmes termes du concile d'Afrique, que l'Eglise catholique l'a toujours entendu ainsi et qu'il ne faut pas, c'est-à-dire, qu'il n'est pas permis de l'entendre autrement [2].

[1] Can. II. — [2] Sess. V, can. II.

Mais M. Simon ne craint pas d'éluder cette explication et formellement l'autorité de ces conciles sur ces mots : *en qui tous ont péché*. « Cornélius à Lapide, dit-il, traite à fond du péché originel, opposant à ceux qui croient qu'on ne le peut pas prouver efficacement de ce passage, le concile de Milève et celui de Trente; mais il n'y a pas d'apparence que ces deux conciles aient voulu condamner les plus doctes Pères qui l'ont entendu autrement [1]. » Ainsi l'autorité de ces deux conciles, dont l'un est œcuménique et l'autre de même valeur, et de deux autres qu'on vient de voir, également approuvés, ne fait rien à M. Simon : il n'y aura plus qu'à rapporter quelques passages des Pères, pour conclure que les conciles qui auront plus précisément examiné la matière, ne sont rien. On en sera quitte pour dire, *qu'il n'y a pas d'apparence qu'on ait voulu condamner les plus doctes Pères*. Voilà un beau champ ouvert aux hérétiques, et sur ce pied ils n'auront guère à se mettre en peine des décisions de l'Eglise.

CHAPITRE XIV.

Examen des paroles de M. Simon dans la réponse qu'il fait à l'autorité de ces conciles : qu'elles sont formellement contre la foi, et qu'on ne doit pas les supporter.

Mais pesons encore plus en particulier les paroles de M. Simon : « Il n'y a aucune apparence que ces conciles aient voulu condamner les plus doctes Pères, qui ont entendu autrement le passage de saint Paul. » Nous verrons bientôt quels sont ces Pères, et si leur autorité est si décisive. En attendant j'avouerai qu'on n'a pas dessein de condamner personnellement les Pères qui auront parlé avec moins de précaution, ou avant les difficultés survenues, ou sans y être attentifs; mais de là s'ensuivra-t-il qu'il soit permis de suivre les expositions que les conciles auront condamnées, ou qu'il ne faille pas s'attacher à ce qu'on aura décidé de plus correct? Quelle critique seroit celle-là, et quelle porte ouvriroit-elle aux novateurs?

« Les Pères de Trente et de Milève, poursuit le critique, n'ont

[1] P. 661.

songé qu'à condamner l'hérésie des pélagiens. » Je vois bien qu'il aura ouï dire qu'en obligeant à recevoir les définitions des conciles à peine d'être hérétique, les théologiens n'obligent pas ordinairement sous la même peine à recevoir toutes les preuves dont les conciles se servent ; mais premièrement les théologiens qui parlent ainsi, ne permettent pas pour cela d'affoiblir ces preuves. Une si étrange témérité est-elle exempte de censure ? En matière de religion ne faut-il craindre précisément que d'être hérétique ? N'est-ce rien de favoriser l'hérésie et de désarmer l'Eglise, en lui ôtant ses fondemens principaux ? Que deviendra la saine doctrine, s'il est permis d'en renverser les remparts l'un après l'autre ? M. Simon aura détruit celui de saint Paul : un autre attaquera celui de David, où l'on voit l'homme conçu en iniquité. Par ce moyen la place est ouverte, et l'Eglise sans défense. Mais secondement ce n'est pas le cas où les théologiens excusent ceux qui ne veulent pas recevoir toutes les preuves des conciles. Lorsque les conciles déclarent en termes formels, comme ceux de Trente et de Carthage font ici, que le sens qu'ils donnent à un passage est « celui que l'Eglise catholique répandue par toute la terre a toujours reçu, et qu'il n'est pas permis d'en suivre un autre, » l'Eglise veut astreindre les fidèles à la preuve comme au dogme, et n'écoute plus ceux qui la rejettent.

CHAPITRE XV.

Suite de l'examen des paroles de l'auteur sur la traduction in quo. *Il se sert de l'autorité de ceux de Genève, de Calvin et de Pélage, contre celle de saint Augustin et de toute l'Eglise catholique, et il avoue que la traduction* quatenùs *renverse le fort de sa preuve.*

Il n'en faudroit pas davantage pour confondre M. Simon ; et je ne m'attacherois pas à peser ses autres paroles, s'il n'étoit bon de montrer avec quel entêtement et par quelles vues il s'opiniâtre à détruire les sens de l'Ecriture, et même la traduction que les conciles proposent.

Premièrement sur la traduction qui met « parce que, » *quatenùs, quia*, qui est celle qui favorise les pélagiens, au lieu « d'en qui, » *in quo*, qui est celle de l'Eglise catholique, « l'auteur cite les docteurs de Genève, qui ne peuvent pas être suspects en cette matière ¹. » Ils ne peuvent pas être suspects : comme si pour ne l'être pas sur le pélagianisme, ils l'en étoient moins sur le sujet de la Vulgate, qu'ils sont bien aises de reprendre et avec elle l'Eglise, qu'ils ne cessent de chicaner sur cette matière.

En un autre endroit, pour excuser le sens de Pélage, il allègue encore l'autorité de Calvin, à cause qu'il n'est pas pélagien, « et de quelques autres calvinistes ². » Ils ne sont pas non plus ariens; et cependant combien de passages ont-ils affoiblis en faveur de l'arianisme? M. Simon ne l'ignoroit pas; et il n'emploieroit pas si souvent l'autorité de ces critiques novateurs, qui font les savans en cherchant les sens détournés et particuliers, si ce n'étoit qu'il a pris lui-même cet esprit.

Dans la suite il reprend saint Augustin ³ pour avoir dit de ce passage de saint Paul « qu'il est clair, qu'il est précis, et excluoit toute ambiguïté ⁴; » mais M. Simon répond pour Pélage, que « ce passage et les autres » ne sont pas si clairs que saint Augustin se l'imaginoit : « on les pouvoit interpréter de différentes manières même selon le sens grammatical. Pélage et ses sectateurs ont prétendu que *in quo* étoit en ce lieu-là pour *quatenùs*. » A cause que Pélage l'a prétendu, saint Augustin aura tort d'avoir trouvé le passage clair, et les doutes des hérétiques feront la loi à l'Eglise. Mais M. Simon croit tout sauver en ajoutant « que cette interprétation a été suivie par quelques orthodoxes, » c'est-à-dire par un ou deux qui n'y pensoient pas et qui n'étoient point attentifs à l'hérésie de Pélage. M. Simon veut nous obliger à les égaler aux Pères et aux conciles, même œcuméniques, dont les disputes émues ont tourné l'attention de ce côté-là. N'est-ce pas là une solide critique, et bien propre à établir les preuves de la tradition? Mais voici où le critique en vouloit venir : « Les pélagiens affoiblissoient par ce moyen le plus fort de la preuve de saint Augustin, qui consistoit en ce mot *in quo* ⁵. » C'est donc là le fruit de la critique, de trouver « le moyen d'affoiblir le fort de la preuve de

¹ P. 171. — ² P. 241. — ³ P. 286. — ⁴ August., *De pecc. mer. et rem.*, cap. x, n. 11. — ⁵ P. 286.

saint Augustin, » ajoutons, qui étoit aussi le fort de la preuve de quatre conciles, dont l'autorité est œcuménique. C'en est trop, et il n'y eut jamais dans toute l'Eglise d'exemple d'une pareille témérité.

CHAPITRE XVI.

Suite de l'examen des paroles de l'auteur : il affoiblit l'autorité de saint Augustin et de l'Eglise catholique par celle de Théodoret, de Grotius et d'Erasme : si c'est une bonne réponse en cette occasion, de dire que saint Augustin n'est pas la règle de la foi.

Il continue cependant : « Théodoret n'a fait en ce lieu (sur le passage de saint Paul dont il s'agit) aucune mention du péché originel [1]. » Au contraire l'auteur tâche de faire paroître qu'il y étoit opposé, de quoi nous parlerons ailleurs. Le patriarche Photius en use de même que Théodoret [2] : voilà donc *ces orthodoxes* de M. Simon réduits au seul Théodoret, si ce n'est qu'on veuille mettre Photius, le patriarche du schisme, au nombre des orthodoxes. « En général, continue-t-il, la plupart des commentateurs grecs n'ont fait aucune mention du péché originel sur ce passage de saint Paul. » C'est ce que je nie, et je n'en crois pas M. Simon sur sa parole. Quoi qu'il en soit, c'est à l'occasion de Théodoret, de Photius et de quelques Grecs, qu'il a prononcé cette sentence, qu'on ne doit pas croire « que les conciles aient voulu condamner les plus doctes Pères [3] ; » ce qu'il conclut par ces paroles : « Ce n'est pas être pélagien que d'interpréter ἐφ' ᾧ, où il y a dans la Vulgate *in quo*, par *quatenùs* ou *eò quòd*, avec Théodoret et Erasme. » Voilà deux autorités bien assorties ! Et il ajoute : « Le sentiment de saint Augustin, qui traite cette interprétation de *nouvelle* et de *fausse*, n'est pas une décision de foi ; » et à cause de cela il sera permis de lui égaler « Théodoret et Erasme, » comme si c'étoit ôter toute autorité à saint Augustin, que de ne lui pas donner celle d'être la règle de la foi, à quoi personne ne pense. Voilà comment raisonne un esprit outré. Qu'il apprenne donc que sans prétendre en aucune sorte que les sentimens de saint Augustin *soient une décision de foi,* on peut bien dire que l'interprétation qu'il a reje-

[1] P. 321. — [2] P. 463. — [3] P. 661.

tée, celle qui met *quatenùs* pour *in quo*, étoit *nouvelle et fausse:* *nouvelle*, parce qu'elle étoit contraire à toutes les versions dont l'Eglise se servoit : *nouvelle* encore, parce que tous les Pères latins, qui sont les seuls qu'il faut consulter sur une version latine, avoient constamment traduit *in quo*, comme tout le monde en est d'accord; mais *fausse* de plus, parce que sans parler encore de la suite du discours de l'Apôtre, qui détermine manifestement à l'explication de saint Augustin, il est certain de l'aveu de M. Simon[1] qu'*elle ôtoit* à la preuve de l'Eglise contre les pélagiens ce qu'elle avoit de plus fort et de principal; quoique d'ailleurs cette preuve soit celle de quatre conciles d'une autorité infaillible.

Quand le sentiment de saint Augustin est soutenu de cette sorte, sans en faire la règle de la foi, on peut bien dire qu'il n'y a que les hérétiques ou leurs adhérens qui s'y opposent; et ainsi quand avec Erasme M. Simon aura mis encore Calvin et les calvinistes, ce traducteur ne seroit pas excusable d'avoir changé la version que saint Augustin a suivie, puisqu'elle a toujours été et qu'elle est encore celle de toute l'Eglise d'Occident.

CHAPITRE XVII.

Réflexion particulière sur l'allégation de Théodoret : autre réflexion importante sur l'allégation des Grecs dans la matière du péché originel, et de la grace en général.

Pour ce qui regarde Théodoret, que notre auteur apparie avec Erasme afin que le nom de l'un couvre la foiblesse de l'autre, son autorité est détruite par M. Simon en deux endroits : le premier est celui où il convient que le commentaire de saint Chrysostome, dont l'autorité l'emporte de beaucoup sur celle des autres Grecs, induit à traduire *in quo*, « en qui, » et non pas *quia*, « parce que[2]. » Le second est dans un passage que nous avons marqué ailleurs, mais qu'il faut ici rapporter tout du long : « Ce n'est pas ici le lieu d'examiner si cette pensée de Théodoret (sur le passage de saint Paul) est pélagienne; je remarquerai seulement en passant, que le pélagianisme ayant fait plus de bruit dans les Eglises où l'on par-

[1] P. 286. — [2] P. 171.

loit la langue latine que dans l'Orient, il n'est pas surprenant que ce commentateur qui a recueilli en abrégé ce qu'il avoit lu dans les auteurs grecs, n'ait point fait mention en ce lieu-ci du péché originel[1]. » Cette remarque *en passant*, de M. Simon, vaut mieux que toutes celles qu'il fait exprès, puisqu'il y donne lui-même la solution de tous les passages des Grecs, qu'il étale si ambitieusement dans tout son livre. Ces Grecs, ou auront écrit comme saint Chrysostome avant Pélage ; et en ce cas, comme ils n'avoient point ses erreurs en vue et sans songer à presser le sens qui le pouvoit serrer de plus près, ils demeuroient dans des expressions plus générales : ou s'ils ont écrit depuis Pélage, comme Théodoret, parce que cette hérésie faisoit moins de bruit en Orient qu'en Occident, ils n'avoient garde d'y avoir la même attention ; ils n'y pensoient pas, et de l'aveu de M. Simon ils se contentoient « de rapporter ce qu'ils avoient lu » dans les Pères précédens, qui y pensoient encore moins, puisque Pélage venu depuis ne pouvoit pas exciter leur vigilance avant qu'il fût né.

Voilà donc, par M. Simon, un dénouement des lacets qu'il tend lui-même aux ignorans dans l'autorité des Pères grecs, tant sur la matière du péché originel que sur les autres qui concernent la grace. Si rien ne sollicitoit leur attention vers une de ces matières, il en est de même des autres sur lesquelles tout le monde fut réveillé par l'hérésie de Pélage. Ainsi les préférer aux Latins, aux Latins, dis-je, que cette hérésie avoit excités, c'est de même que si on disoit qu'il faut dans l'explication d'une doctrine préférer ceux qui n'y pensent pas à ceux qui y pensent, ce qui est, comme on a vu, une illusion d'où M. Simon ne sortira jamais.

Au reste comme notre auteur en revient souvent à Théodoret et à Photius, et que ce sont en cette matière ses deux grands auteurs, j'aurai occasion d'en parler ailleurs plus à fond : il me suffit maintenant d'avoir fait voir combien vainement on les oppose, je ne dis pas à saint Augustin, mais à toute l'Eglise catholique.

[1] P. 321.

CHAPITRE XVIII.

Minuties de M. Simon et de la plupart des critiques.

Les autres endroits où M. Simon parle du passage de saint Paul ne méritent pas, en vérité, d'être relevés. Gagney préfère *quia* à *in quo*, et Photius aux Latins : Tolet « ne condamne pas » ce sentiment, « et se contente de dire que l'autre est plus vrai [1]. » Est-ce là de quoi contre-balancer l'autorité de saint Augustin et celle du Saint-Esprit dans quatre conciles ? Un critique qui va ramassant de tous côtés des minuties pour affoiblir les explications et la doctrine de l'Eglise, n'a-t-il pas bien employé sa journée ? Il se trouvera à la fin qu'il n'aura fait plaisir qu'aux sociniens. Aussi a-t-il remarqué en leur faveur « que les unitaires ne reconnoissoient point le péché originel, ne le trouvant point dans le Nouveau Testament [2]. » Voilà ceux pour qui il travaille : il insinue qu'ils ne trouvent pas le péché originel dans le Nouveau Testament. Il sait bien qu'ils le reconnoîtroient, s'ils le trouvoient dans l'Ancien ; de sorte qu'en parlant ainsi, il présuppose manifestement qu'ils ne le trouvent nulle part ; et afin qu'on ne puisse pas leur reprocher que c'est par leur faute, le critique remue tous ses livres, et emploie tout son esprit pour empêcher qu'on ne le trouve où il est le plus, qui est l'endroit de saint Paul dont il s'agit. Ainsi toute la critique de M. Simon ne tend qu'à soulager les hérétiques sur un passage de saint Paul, où le péché originel se trouve plus clairement qu'ils ne veulent ; et autant que l'Eglise catholique s'attache dans ses conciles à le montrer là, autant M. Simon s'est-il attaché à faire qu'on l'y cherche en vain.

CHAPITRE XIX.

L'interprétation de saint Augustin et de l'Eglise catholique s'établit par la suite des paroles de saint Paul. Démonstration par deux conséquences du texte que saint Augustin a remarquées : première conséquence.

C'est ici une occasion nécessaire de faire sentir aux lecteurs combien sont vaines dans le fond les difficultés que les altercations

---

[1] P. 582, 612. — [2] P. 850.

des critiques mal intentionnés et les grands noms des saints Pères, qu'on y interpose, font paroître si embarrassantes. Tout se démêle par un seul principe de la dernière évidence, c'est que l'Apôtre s'est proposé dans le chapitre v de l'*Epître aux Romains*, de comparer Jésus-Christ comme principe de notre justice et de notre salut avec Adam comme principe de notre péché et de notre perte ; d'où saint Augustin tire d'abord en divers endroits deux conséquences contre les explications des pélagiens [1] : la première, que Jésus-Christ nous étant proposé comme celui qui nous profite, non-seulement par son exemple, mais encore en nous communiquant intérieurement sa justice, Adam nous est aussi proposé comme celui qui nous a perdus, non point par l'exemple seulement, ainsi que le prétendoient les pélagiens, mais par la communication actuelle et véritable de son péché : en sorte que nous soyons faits aussi véritablement « pécheurs par la désobéissance d'Adam, que nous sommes faits justes par l'obéissance » de Jésus-Christ [2], qui est la proposition où aboutit manifestement le raisonnement de saint Paul.

CHAPITRE XX.

Seconde conséquence du texte de saint Paul remarquée par saint Augustin : de quelque sorte qu'on traduise, on démontre également l'erreur de ceux qui, à l'exemple des pélagiens, mettent la propagation du péché d'Adam dans l'imitation de ce péché.

La seconde conséquence de saint Augustin est que la justice de Jésus-Christ étant infuse aux enfans par le baptême, qui est une seconde naissance, le péché d'Adam passe aussi à eux avec la vie par la première génération.

Il est clair, dit saint Augustin, par toute la suite du raisonnement de saint Paul qu'il aboutit à ce parallèle. Ce Père remarque aussi qu'il est ridicule d'attribuer tous les péchés des hommes au mauvais exemple d'Adam, que les hommes pour la plupart n'ont pas connu. Il leur nuisoit donc autrement que par son exemple : « Il leur nuisoit, dit saint Augustin, par propagation, et non point par imi-

---

[1] August., *De pecc. mer.*, lib. I, cap. IX, X, XV; *ad Bonif.*, lib. IV, cap. IV et alibi passim. — [2] *Rom.*, v, 19.

tation¹, » comme un père qui les engendre, et non point comme un modèle dont l'exemple les induisoit à faire mal, d'autant plus que visiblement saint Paul comprenoit dans sa sentence tout ce qui étoit sorti d'Adam, et tout ce qui étoit sujet à la mort. Il y comprenoit par conséquent les petits enfans, à qui l'exemple d'Adam, non plus que celui de Jésus-Christ, ne pouvoit ni nuire, ni servir. Enfin il s'agissoit de montrer dans le genre humain la cause de la mort et de la vie : l'une, dans le péché d'Adam; l'autre, dans la justice de Jésus-Christ. Tous mouroient, et les enfans mêmes. Si, par les paroles de saint Paul : « le péché étoit introduit dans le monde par Adam, et la mort par le péché, » les enfans qui participoient à la mort d'Adam, devoient aussi participer à son péché : autrement, dit saint Augustin, par une injustice manifeste, vous faites passer l'effet sans la cause, le supplice sans la faute, « la peine de mort sans le démérite qui l'attire ². » Chicanez, M. Simon, tant qu'il vous plaira : ni vous, ni les pélagiens ne pouvez plus reculer : laissez à part pour un moment les noms de Théodoret, de Photius, si vous voulez, et des scholiastes grecs : traduisez comme vous voudrez le passage de saint Paul : voulez-vous traduire par *en qui,* c'est la bonne, c'est la naturelle version, où l'Eglise de votre aveu gagne sa cause, parce qu'on y trouve celui « en qui tous étoient un seul homme ³, » comme dans le principe commun de leur naissance, et en qui aussi ils sont tous un seul pécheur dans le principe commun de leur corruption ? Voulez-vous, au lieu d'*en qui,* mettre *parce que?* vous n'échapperez pas pour cela à la vérité qui vous presse : « La mort a passé à tous, parce que tous ont péché : » il faut donc trouver le péché partout où l'on trouvera la mort. Vous la trouvez dans les enfans : trouvez-y donc le péché. S'ils sont du nombre de ceux qui meurent par votre propre traduction, ils sont du nombre de ceux qui pèchent : ils ne pèchent pas en eux-mêmes, c'est donc en Adam ; et malgré que vous en ayez, il faut ici de vous-même rétablir l'*in quo,* que vous aviez voulu supprimer. On y est forcé par la seule suite des paroles de saint Paul, cet Apôtre visiblement n'ayant fait Adam introducteur

---

[1] Lib. I *De pecc. mer.*, cap. IX, X, XV. — [2] *Ad Bonif.*, lib. IV, cap. IV. — [3] *De pecc. mer.*, cap. X.

de la mort qu'après l'avoir fait introducteur du péché, d'où il avoit inféré que la mort avoit passé à tous, dans la présupposition « que tous aussi avoient péché : » en sorte que, selon le texte de saint Paul, ils ne pouvoient naître mortels que parce qu'ils naissoient pécheurs.

CHAPITRE XXI.

Intention de saint Paul dans ce passage, qui démontre qu'il est impossible d'expliquer la propagation du péché d'Adam par l'imitation et par l'exemple.

Et afin de pénétrer une fois tout le fond de cette parole de saint Paul, sur laquelle roule principalement tout ce qui doit suivre, lorsqu'il a dit que par « un seul homme le péché est entré dans le monde et par le péché la mort, » son intention n'a pas été de nous apprendre que le premier de tous les péchés soit celui d'Adam, ou que sa mort soit la première de toutes les morts. L'un et l'autre est faux. Pour la mort, Abel en a subi la sentence avant Adam : pour le péché, celui des anges rebelles a précédé. Quand on voudroit se réduire au commencement du péché parmi les hommes, Eve en a donné la première le mauvais exemple ; et quand on s'attacheroit à Adam comme à celui dont le sexe étoit dominant, il n'y auroit rien de fort remarquable qu'étant le premier et alors le seul, il n'y ait point eu de péché parmi les hommes qui ait pu précéder le sien. Ce n'étoit pas une chose qui méritât d'être relevée avec tant d'emphase ; mais ce qui étoit véritablement digne de remarque et ce qu'aussi le saint Apôtre nous fait observer, c'est que le péché et la mort qu'Adam avoit encourue ne sont pas demeurés en lui seul, tout ayant passé de lui à tout le monde, le péché le premier comme la cause, et la mort après comme l'effet et la peine.

A cela les pélagiens d'abord ne trouvèrent de solution qu'en disant que notre premier père étoit introducteur du péché par son exemple ; mais outre que cela étoit insoutenable par toutes les raisons qu'on vient de voir, la suite des paroles de l'Apôtre y répugnoit, puisqu'Adam n'y étant introducteur du péché que de la même manière et à même titre qu'il l'étoit aussi de la mort, comme ce n'étoit point par son exemple, mais par la génération que la mort s'étoit introduite, ce ne pouvoit être non plus par son exemple, mais par la génération, que le péché fût entré dans le monde.

Voilà si visiblement le raisonnement de saint Paul et tout l'esprit de ce passage, qu'il n'est pas possible de ne s'y pas rendre, à moins que d'être tombé dans l'aveuglement. C'est aussi de cette manière que raisonnent tous les orthodoxes, Tolet que vous citez mal à propos, Bellarmin, Estius, tous les autres d'une même voix. Vous vous vantiez d'avoir ôté à saint Augustin la force de sa preuve en lui ôtant sa version; mais elle revient; et malgré vous le passage de saint Paul est aussi clair, aussi convaincant que saint Augustin le disoit [1].

CHAPITRE XXII.

Embarras des pélagiens dans leur interprétation : absurdité de la doctrine de M. Simon et des nouveaux critiques, qui insinuent que la mort passe à un enfant sans le péché, et la peine sans la faute : que c'est faire Dieu injuste, et que le concile d'Orange l'a ainsi défini.

L'embarras des pélagiens que vous soutenez, est encore inévitable par un autre endroit. Quelle mort est venue par Adam, selon saint Paul? Celle de l'ame seulement, ou avec elle celle du corps? Ils ne savent à quoi s'en tenir. Celle de l'ame seulement? c'est ce que Pélage disoit d'abord dans son Commentaire *sur saint Paul* [2]; mais si cela est, tous, et les enfans mêmes, sont morts de la mort de l'ame, qui est le péché. Celle du corps seulement, comme saint Augustin a remarqué [3] que quelques pélagiens furent enfin contraints de le dire? mais ce Père retombe sur eux et leur soutient qu'ils font Dieu injuste en faisant passer à des innocens, tels que les enfans selon eux, le supplice des coupables : ce qui n'est pas seulement le raisonnement de saint Augustin, mais celui de toute l'Eglise catholique. Afin qu'on y prenne garde et que personne ne s'avise de le contredire, voici en effet la définition expresse du II° concile d'Orange : « Si quelqu'un dit que la prévarication d'Adam n'a nui qu'à lui seul et non pas à sa postérité, ou du moins

---

[1] 1 *De pecc. mer.*, cap. IX et X. — [2] *In Rom.*, V, etc. — [3] *Ad Bonif.*, lib. IV, cap. IV.

que la mort du corps qui est la peine du péché, et non pas le péché même qui est la mort de l'ame, a passé à tout le genre humain, il attribue à Dieu une injustice, en contredisant l'Apôtre, qui dit : « Par un seul homme le péché est entré dans le monde, et la mort par le péché [1], » et ainsi la mort a passé à tous (par un seul) en qui tous ont péché.

On voit, selon ce concile, que « faire passer la mort sans le péché, c'est attribuer à Dieu une injustice. » Quelle injustice, sinon celle de faire passer *le supplice sans le crime*, qui est celle que saint Augustin avoit remarquée [2], et que le concile avoit prise, comme on vient de voir, du propre texte de saint Paul?

CHAPITRE XXIII.

Combien vainement l'auteur a tâché d'affoiblir l'interprétation de saint Augustin et de l'Eglise : son erreur, lorsqu'il prétend que ce soit ici une question de critique et de grammaire : Bèze mal repris dans cet endroit, et toujours en haine de saint Augustin.

Nous reviendrons ailleurs à ce principe, qui servira d'explication aux autorités des saints docteurs, dont notre critique se prévaut. En attendant, on peut voir combien vainement il a tâché d'obscurcir la preuve de saint Augustin, adoptée par toute l'Eglise; et on peut voir en même temps combien mal à propos il reprend Bèze d'avoir en cette occasion recouru à l'autorité de saint Augustin, « à cause, disoit-il, qu'il a réfuté mille fois » la version qui met *quia* au lieu d'*in quo;* sur quoi notre auteur lui insulte en ces termes : « Comme si, lorsqu'il s'agit de l'interprétation grammaticale de quelque passage de saint Paul, qui a écrit en grec, le sentiment de saint Augustin devoit servir de règle, surtout à des critiques ou à des protestans [3]. » Je lui laisse à expliquer ce beau parallèle entre les protestans et les critiques, qui se prêtent la main mutuellement pour se rendre également indépendans du tribunal de saint Augustin; mais je demande où est le bon sens de récuser ce Père dans une interprétation, si l'on veut grammaticale, mais qui au fond dépend de la suite des paroles de saint Paul, et ne peut

[1] *Conc. Araus*, II, can. II. — [2] *Ad Bonif.*, lib. IV, cap. IV. — [3] P. 756.

être déterminée que par cette vue? Où étoit donc le tort de Bèze de renvoyer à saint Augustin, sur une matière qu'il avoit si expressément et si doctement démêlée? Ce que je dis, afin qu'on entende que notre critique écrit sans réflexion, selon que ses préventions le poussent ou d'un côté ou d'un autre, et qu'il raisonne également mal, soit qu'il blâme les protestans, soit qu'il les suive.

CHAPITRE XXIV.

Dernier retranchement des critiques, et passage à un nouveau livre.

Je sais pourtant ce qu'il nous dira, et c'est ici son dernier retranchement et la méthode ordinaire des nouveaux critiques : je n'agis pas en théologien, je suis critique : je ne raisonne pas en l'air, j'établis des faits; qu'on me réponde à saint Chrysostome, à Théodoret, à Photius, aux Grecs. Ignorant écrivain ou homme de mauvaise foi, qui ne sait pas ou qui dissimule que toute l'Ecole répond à ces passages; et cependant il ne laisse pas de les alléguer comme s'ils étoient sans réplique. Peut-être même qu'il pense en son cœur qu'on ne peut pas ajuster ce qu'on a vu des conciles de Carthage et de Trente, sur l'intelligence unanime et perpétuelle du passage de saint Paul, avec les sentimens contraires de tant d'excellens Grecs qu'il a rapportés. Voilà du moins son objection dans toute sa force : on ne la dissimule pas, et je me suis réservé ici à proposer la méthode dont saint Augustin l'a résolue à l'égard de saint Chrysostome. Nous viendrons après à Théodoret, et s'il le faut, à Photius; mais comme cette discussion est importante, pour donner du repos au lecteur, il est bon de commencer un nouveau livre.

LIVRE VIII.

MÉTHODE POUR ÉTABLIR L'UNIFORMITÉ DANS TOUS LES PÈRES, ET PREUVE QUE SAINT AUGUSTIN N'A RIEN DIT DE SINGULIER SUR LE PÉCHÉ ORIGINEL.

CHAPITRE PREMIER.

Par l'état de la question on voit d'abord qu'il n'est pas possible que les anciens et les modernes, les Grecs et les Latins soient contraires dans la croyance du péché originel : méthode infaillible tirée de saint Augustin pour procéder à cet examen, et à celui de toute la matière de la grâce.

Pour savoir donc si les Grecs, entre autres saint Chrysostome, peuvent ici être contraires aux Latins, et les anciens aux modernes, la première chose qu'il faut établir est la nature de la question. Si c'est une question indifférente, ils peuvent être contraires ; mais d'abord bien certainement ce n'en est pas une. Il s'agit du fondement du baptême. On le donnoit aux enfans comme aux autres en rémission des péchés : on les exorcisoit en les présentant à ce sacrement, et cela dans l'Eglise grecque aussi bien que dans la latine. Les Latins le témoignent, et les Grecs en sont d'accord[1]. Il s'agissoit donc de savoir si en baptisant les enfans en rémission des péchés, on pouvoit présupposer qu'ils n'eussent point de péché : si la forme du baptême étoit fausse en eux : si, lorsqu'on les exorcisoit, on pouvoit croire en même temps qu'ils ne naissoient pas sous la puissance du démon : en un mot, si Jésus leur étoit Jésus, et si la force de ce nom, qui n'est imposé au Sauveur que pour nous sauver des péchés, n'étoit pas pour eux. Ce n'étoit point là une question indifférente. C'est au contraire, dit saint Augustin, « une question sur laquelle roule la religion chrétienne, comme sur un point capital : *in quâ christianæ religionis summa consistit*. Il s'agit du fondement de la foi : *hoc ad ipsa fidei pertinet fundamenta*[2]. » Quiconque nous veut ôter la doctrine du péché original, « nous veut ôter tout ce qui nous fait

[1] Greg. Naz., *Orat.* XI. — [2] *Contr. Jul.*, lib. I, cap. VII, n. 34.

croire en Jésus-Christ comme Sauveur : » *totum quod in Christum credimus* [1]. Voilà un premier principe. Le second n'est pas moins certain. Sur de telles questions, il ne peut y avoir de diversité entre les anciens et les modernes, entre les Grecs et les Latins : autrement il n'y a plus d'unité, de vérité, de consentement dans l'Eglise. Si dans une même maison, dans l'Eglise de Jésus-Christ, il y en a « un qui bâtit et un autre qui détruit, que leur reste-t-il, qu'un vain travail ? S'il y en a un qui prie et un qui maudit, duquel des deux Dieu écoutera-t-il la voix [2] ? » C'est donc un fondement inébranlable, que sur la matière du péché originel, il ne peut y avoir de contestation entre les Pères anciens et nouveaux, grecs ou latins.

Cela posé, voyons maintenant dans les livres *contre Julien* et dans quelques autres, où saint Augustin traite la même matière, comment il procède et quelles règles il donne pour concilier les anciens Pères avec les nouveaux, et les Grecs, et entre autres saint Chrysostome avec les Latins. Ceux qui savent de quelle importance est cet examen dans toutes les matières de la religion, et en particulier dans la matière de la grace, ne s'étonneront pas de m'y voir ici entrer un peu à fond, parce qu'il s'agit du dénouement de ce que nous avons à dire, non-seulement sur le péché originel, mais encore sur toutes les autres matières que nous aurons à traiter dans tout le reste de cet ouvrage. Il s'agit aussi de donner des principes généraux contre la fausse critique et contre toutes les nouveautés de M. Simon. L'occasion est trop favorable pour la manquer, et la chose trop importante pour ne la pas faire avec toute l'application et l'étendue nécessaire.

CHAPITRE II.

Quatre principes infaillibles de saint Augustin pour établir sa méthode : premier principe : que la tradition étant établie par des actes authentiques et universels, la discussion des passages particuliers des saints Pères n'est pas absolument nécessaire.

Le premier principe de saint Augustin est, qu'il n'est pas même absolument nécessaire d'entrer en particulier dans la discussion

---

[1] *Contr. Jul.*, lib. I, cap. vj, n. 22. — [2] *Eccli.*, xxxiv, 28, 29.

des sentimens de tous les Pères, lorsque la tradition est constamment établie par des actes publics, authentiques et universels, tels qu'étoient dans la matière du péché originel le baptême des petits enfans en la rémission des péchés, et les exorcismes qu'on faisoit sur eux avant que de les présenter à ce sacrement, puisque cela présupposoit qu'ils naissoient sous la puissance du diable, et qu'il y avoit un péché à leur remettre [1]. Saint Augustin a démontré dans tous les endroits que nous avons rapportés, et en beaucoup d'autres, que cette pratique de l'Eglise étoit suffisante pour établir le péché originel. Il attaque Julien personnellement par cet endroit. Etant fils d'un saint homme, qui depuis fut élevé à l'épiscopat, il est à croire qu'il avoit reçu dès son enfance tous les sacremens ordinaires. Dans cette présupposition saint Augustin lui dit : « Vous avez été baptisé étant enfant, vous avez été exorcisé, on a chassé de vous le démon par le souffle. Mauvais enfant ! vous voulez ôter à votre mère ce que vous en avez vous-même reçu, et les sacremens par lesquels elle vous a enfanté [2]. » Par là donc la tradition de l'Eglise demeuroit constante ; et on ne pouvoit s'y opposer, disoit saint Augustin, non plus qu'à la conséquence qu'on en tiroit pour le péché originel, sans renverser le fondement de l'Eglise. De cette sorte la tradition en étoit fondée sur des actes incontestables, avant même qu'on fût obligé d'entrer dans la discussion des passages particuliers ; et ainsi cette discussion n'étoit pas absolument nécessaire.

CHAPITRE III.

Second principe de saint Augustin : le témoignage de l'Eglise d'Occident suffit pour établir la saine doctrine.

Le second principe de saint Augustin : quand par abondance de droit on voudra entrer dans cette discussion particulière, il y a de quoi se contenter du témoignage de l'Eglise d'Occident. Car sans encore présupposer dans cette Eglise aucune prérogative qui la rende plus croyable, c'est assez à saint Augustin qu'il fût cer-

---

[1] *De præd.* SS., cap. XIV, n. 27 ; lib. VI *Contr. Jul.*, cap. V, n. 11 et alibi pass. — [2] *Contr. Jul.*, lib. I, cap. IV, n. 14.

tain « que les Orientaux étoient chrétiens, qu'il n'y eût qu'une foi dans toute la terre, et que cette foi étoit la foi chrétienne [1]; » d'où ce Père concluoit « que cette partie du monde devoit suffire à Julien » pour le convaincre [2] : non qu'il fallût mépriser les Grecs, mais parce qu'on ne pouvoit présupposer qu'ils eussent une autre foi que les Latins, sans détruire l'Eglise en la divisant.

Cependant saint Augustin insinuoit le manifeste avantage de l'Eglise latine. Pélage même avoit loué la foi romaine qu'il reconnoissoit et louoit, principalement dans saint Ambroise, *in cujus præcipuè libris romana elucet fides* [3]. Le même Pélage avoit promis, dans sa profession de foi, de se soumettre à saint Innocent qui gardoit la foi, comme il occupoit le Siége de saint Pierre: *Qui Petri fidem et Sedem tenet* [4]. Célestius et Julien même s'étoient soumis à ce Siége. Saint Augustin avoit donc raison de lui en recommander la dignité en cette sorte : « Je crois que cette partie du monde vous doit suffire, où Dieu a voulu couronner d'un glorieux martyre le premier de ses apôtres [5]. » C'étoit l'honneur de l'Occident d'avoir à sa tête et dans son enceinte, ce premier Siége du monde. Saint Augustin ne manquoit pas de faire valoir en cette occasion cette primauté, lorsque citant après tous les Pères le pape saint Innocent, il remarquoit « que s'il étoit le dernier en âge, il étoit le premier par sa place, » *posterior tempore, prior loco* [6]. Le premier, par conséquent, en autorité. C'est pourquoi dans la suite, récapitulant ce qu'il avoit dit, il le met à la tête de tous les Pères qu'il avoit cités ; à la tête, dis-je, de saint Cyprien, de saint Basile, de saint Grégoire de Nazianze, de saint Hilaire et de saint Ambroise, sans nommer les autres qui étoient compris dans ceux-ci [7]. Il tiroit donc de tout cela une raison particulière pour obliger Julien à se contenter de l'Occident; et pour montrer qu'il n'y avoit plus à consulter l'Orient, il concluoit en cette sorte: « Qu'est-ce que ce saint homme (le pape Innocent) eût pu répondre aux conciles d'Afrique, si ce n'est ce que le Saint-Siége apostolique et l'Eglise romaine tiennent de tout temps avec toutes

---

[1] *Contr. Jul.*, lib. I, cap. IV, n. 14. — [2] *Ibid.*, n. 13. — [3] *Ibid.*, cap. VII, n. 30. — [4] Garn., diss. V, p. 309. — [5] *Contr. Jul.*, lib. I, cap. IV, n. 13. — [6] *Ibid.* — [7] *Ibid.*, cap. VI, n. 22.

les autres ¹ ? » C'est donc le second principe de saint Augustin, que l'autorité de l'Occident étoit plus que suffisante pour autoriser un dogme de foi.

CHAPITRE IV.

Troisième principe : un ou deux Pères célèbres de l'Eglise d'Orient suffisent pour en faire voir la tradition.

Le troisième, pour en venir aux Orientaux que saint Augustin n'estimoit pas moins que les Latins, c'est que pour en savoir les sentimens, il n'étoit pas nécessaire de citer beaucoup d'auteurs. Il se contente d'abord de saint Grégoire de Nazianze, « dont les discours, dit-il, célèbres de tous côtés par la grande grace qu'on y ressent, ont été traduits en latin ; » et un peu après : « Croyez-vous, dit-il, que l'autorité des évêques orientaux soit petite dans ce seul docteur? Mais c'est un si grand personnage, qu'il n'auroit point parlé comme il a fait (dans les passages qu'il en avoit produits pour le péché originel), s'il n'eût tiré ce qu'il disoit des principes communs de la foi que tout le monde connoissoit, et qu'on n'auroit pas eu pour lui l'estime et la vénération qu'on lui a rendue, si l'on n'avoit reconnu qu'il n'avoit rien dit qui ne vînt de la règle même de la vérité, que personne ne pouvoit ignorer ². » Voilà comment, loin de diviser les auteurs ecclésiastiques, saint Augustin faisoit voir que ne pouvant pas être contraires dans une même Eglise et dans une même foi, un seul docteur, éminent par sa réputation et par sa doctrine, suffisoit pour faire paroître le sentiment de tous les autres.

Néanmoins par abondance de droit il y joint encore saint Basile, et après il conclut ainsi : « En voulez-vous davantage ? N'êtes-vous pas encore content de voir paroître du côté de l'Orient deux hommes si illustres et d'une sainteté si reconnue ³ ? » Et il fait sentir clairement que ce seroit être déraisonnable que d'en exiger davantage.

[1] *Contr. Jul.*, lib. I, cap. IV, n. 13.— [2] *Ibid.*, cap. v, n. 15, 16.— [3] *Ibid.*, n. 19.

CHAPITRE V.

Quatrième et dernier principe : le sentiment unanime de l'Eglise présente suffit pour ne point douter de l'Eglise ancienne ; application de ce principe à la foi du péché originel : réflexion de saint Augustin sur le concile de Diospolis en Palestine.

Il résout par la même règle et avec la même méthode l'objection qu'on lui faisoit sur saint Chrysostome, et il conclut que ce Père ne peut pas avoir pensé autrement que tous les autres docteurs; mais avant que d'en venir à cette application, il faut produire le quatrième principe de la méthode de saint Augustin.

Pour juger donc des sentimens de l'antiquité, le quatrième et dernier principe de ce saint est, que le sentiment unanime de toute l'Eglise présente en est la preuve; en sorte que connoissant ce qu'on croit dans le temps présent, on ne peut pas penser qu'on ait pu croire autrement dans les siècles passés. C'est pourquoi saint Augustin, après avoir fait à Julien la demande qu'on vient de voir sur saint Grégoire de Nazianze et saint Basile : « En voulez-vous davantage, dit-il? Ne vous suffisent-ils pas ? » il ajoute : « Mais dites qu'ils ne suffisent pas; » poussez votre témérité jusque-là, « nous avons quatorze évêques d'Orient, Euloge, Jean, Ammonien [1] » et les autres, dont le concile de Diospolis en Palestine avoit été composé, qui auroient tous condamné Pélage s'il n'avoit désavoué sa doctrine, qui par conséquent l'avoient condamné et tenoient la foi de tout le reste de l'Eglise, et qui servoient de témoins, non-seulement de la foi de l'Orient, mais encore de celle de tous les siècles passés.

Il étoit bien aisé de tirer cette dernière conséquence, en remarquant avec le même saint Augustin « que si toute la multitude des saints docteurs, répandus par toute la terre, convenoient de ce fondement très-ancien et très-immuable de la foi, » on ne pouvoit croire autre chose « dans une si grande cause, *in tam magnâ causâ*, où il y va de toute la foi, *ubi christianæ religionis summa consistit*, sinon qu'ils avoient conservé ce qu'ils avoient trouvé, qu'ils avoient enseigné ce qu'ils avoient appris, qu'ils avoient

[1] *Contr. Jul.*, lib. I, cap. v, n. 19.

laissé à leurs enfans ce qu'ils avoient reçu de leurs pères : *quod invenerunt in Ecclesiâ, tenuerunt; quod didicerunt, docuerunt; quod à patribus acceperunt, hoc filiis tradiderunt* [1]. »

Telle est la méthode de saint Augustin : tels sont les principes sur lesquels il l'appuie, recueillis à la vérité de plusieurs endroits du livre *contre Julien,* mais si suivis qu'on voit bien qu'ils partent du même esprit.

CHAPITRE VI.

Cette méthode de saint Augustin est précisément la même que Vincent de Lérins étendit ensuite davantage.

C'est cette même méthode qui, depuis, a été plus étendue par le docte Vincent de Lérins. Tout homme judicieux conviendra qu'elle est prise principalement de saint Augustin, contre lequel pourtant on veut dire qu'il l'ait inventée. Quoi qu'il en soit, elle est fondée manifestement sur les principes de ce Père, qu'on vient de voir; et c'est pourquoi à l'exemple de ce saint docteur, quand il s'agit de prouver que la multitude des Pères est favorable à un dogme, Vincent de Lérins ne croit pas qu'il soit nécessaire de remuer toutes les bibliothèques pour examiner en particulier tous les ouvrages des Pères. Il le prouve par l'exemple du concile d'Ephèse, où, pour établir l'antiquité et l'universalité du dogme qu'on y avoit défini, on se contenta du témoignage de dix auteurs : « Non, dit Vincent de Lérins, qu'on ne pût produire un nombre beaucoup plus grand des anciens Pères; mais cela n'étoit pas nécessaire, parce que personne ne doutoit que ces dix n'eussent eu le même sentiment que tous leurs autres collègues [2]. »

Saint Augustin et les Pères d'Afrique, qui ont condamné Pélage, ont suivi la même méthode que toute l'Eglise embrassa un peu après pour condamner Nestorius. On se contenta du petit nombre de Pères que saint Augustin produisoit : on crut entendre tous les autres dans ceux-là : l'unanimité de l'Eglise conduite par un même esprit et une même tradition, ne permit pas d'en douter. S'il y en avoit quelques autres qui semblassent penser

---
[1] *Contr. Jul.,* cap. VII, n. 32, 34. — [2] II *Comm.,* p. 367.

différemment, on croyoit, ou qu'ils s'étoient mal expliqués, ou en tout cas qu'il ne falloit pas les écouter. Ainsi sans avoir égard à ces légères difficultés et sans hésiter, on prononçoit que toute l'Eglise catholique avoit toujours cru la même chose qu'on définissoit alors ; et voilà le fruit de la méthode de saint Augustin, ou plutôt de celle de toute l'Eglise, si solidement expliquée par la bouche de ce docte Père.

CHAPITRE VII.

Application de cette méthode à saint Chrysostome et aux Grecs, non-seulement sur la matière du péché originel, mais encore sur toute celle de la grace.

Appliquons maintenant cette méthode à saint Chrysostome et aux Grecs, que l'on prétend différens d'avec les Latins dans la matière de la grace, et même en ce qui regarde le péché originel. Les règles de saint Augustin, dérivées des principes qu'on a vus, ont été qu'il n'est pas possible que saint Chrysostome crût autrement que les autres, dont il venoit de montrer le consentement [1] : que la matière dont il s'agissoit, c'est-à-dire, en cette occasion, celle du péché originel (et dans la suite on en dira autant des autres) n'étoit pas de celles sur lesquelles les sentimens se partagent, mais « un fondement de la religion sur lequel la foi chrétienne et l'Eglise catholique n'avoit jamais varié [2]. » Que s'il eût pu se faire que saint Chrysostome eût pensé autrement que tous les évêques ses collègues, avec tout le respect qu'on lui devoit, il ne faudroit pas l'en croire seul ; mais aussi que si cela eût été, « il n'eût pas pu conserver tant d'autorité dans l'Eglise [3]. » Comme donc son autorité étoit entière, il falloit par nécessité que ses sentimens fussent catholiques. Ce sont les règles de saint Augustin les plus équitables et les plus sûres qu'on pût suivre. Sur cela il entre en preuve, et il entreprend de montrer dans ce saint évêque la même doctrine qu'il a montrée dans les autres : en sorte que si quelquefois il ne parle pas clairement, c'est à cause qu'il n'est pas possible d'être toujours sur ses gardes, lorsqu'on n'est pas attaqué et que d'ailleurs on croit parler à des gens instruits.

[1] Lib. I *Contr. Jul.*, cap, vi, n. 22. — [2] *Ibid.*, n. 22, 23. — [3] *Ibid.*, n. 23.

CHAPITRE VII.

Que cette méthode de saint Augustin est infaillible, et qu'il n'est pas possible que l'Orient crût autre chose que l'Occident sur le péché originel.

Telle est la méthode de saint Augustin, dans laquelle d'abord il est évident qu'il n'est pas possible qu'il se trompe. En effet si l'Orient eût été contraire à l'Occident sur l'article du péché originel, d'où vient que Pélage et Célestius y déguisoient leurs sentimens avec tant d'artifice, pendant que l'Occident les condamnoit? Si tout l'Orient étoit pour eux, que n'y parloient-ils franchement et à pleine bouche? Mais au contraire ce fut à Diospolis, dans le concile de la Palestine, qu'ils furent poussés, pour éviter leur condamnation, jusqu'à anathématiser ceux qui disoient « que les enfans morts sans baptême pouvoient avoir la vie éternelle [1]; » par où ils s'ôtoient à eux-mêmes le dernier refuge qu'ils réservoient à leur erreur. Tout le monde sait que lorsqu'on leur demandoit si les enfans non baptisés pouvoient entrer dans le royaume des cieux, ils n'osoient le dire, à cause que Notre-Seigneur avoit prononcé précisément le contraire par ces paroles : « Si vous ne renaissez de l'eau et du Saint-Esprit, vous n'entrerez pas dans le royaume du ciel. » Leur unique ressource étoit que si les enfans n'entroient pas dans le royaume des cieux, ils auroient du moins la vie éternelle. Mais les Pères de Palestine leur ôtent par avance cette défaite, en leur faisant avouer « qu'il n'y a point de vie éternelle sans baptême; et cela, dit saint Augustin, qu'est-ce autre chose que d'être dans l'éternelle mort [2], » ainsi qu'on a vu que Bellarmin l'enseigne après ce Père, comme un article de foi [3]? Si l'Orient étoit pour Pélage, pourquoi les Pères de Palestine le poussent-ils à un désaveu si exprès de son erreur? et pourquoi est-il obligé de se condamner lui-même pour éviter leur anathème?

Poussons encore. Si l'Orient étoit pour eux et qu'une aussi grande autorité que celle de saint Chrysostome eût disposé les

---
[1] *De gest. Pelag.*, cap. XXXIII, n. 57; *De pecc. orig.*, cap. XI, XII; Epist. CVI ad Paulin. — [2] *Ibid.* — [3] *De amiss. grat. et stat. pecc.*, lib. VI, cap. II.

esprits en leur faveur, d'où vient que la lettre de saint Zozime, où leur hérésie étoit condamnée, fut reçue sans difficulté et également souscrite en Orient et en Occident? D'où vient que les canons du concile de Carthage, où le péché originel étoit expliqué de la même manière que nous faisons encore, furent d'abord reçus en Orient? Le patriarche Photius en est le témoin, puisque ces canons sont compris dans les Actes des Occidentaux, dont il fait mention dans sa Bibliothèque. Chacun sait qu'il y loue aussi dans le même endroit « Aurélius de Carthage et saint Augustin, sans oublier le décret de saint Célestin contre ceux qui reprenoient ce saint homme [1]; » ce qui nous prouve trois choses : la première, que dès le temps de Pélage la doctrine de l'Orient étoit conforme à celle de l'Occident; la seconde, qui est une suite de la première, que les idées de l'Orient et de l'Occident étoient les mêmes sur le péché originel, puisque l'Occident n'en avoit point d'autre que celle du concile de Carthage, que l'Orient recevoit; la troisième, que l'autorité de ce concile s'étoit conservée dans l'Eglise grecque jusqu'au temps de Photius, qui vivoit quatre cents ans après; et ainsi que si quelques docteurs, et peut-être Photius lui-même, ne s'étoient pas expliqués sur cette matière aussi clairement que les Latins, dans le fond elle n'avoit pas dégénéré de l'ancienne créance. Ainsi il est manifeste qu'en Orient comme en Occident on avoit la même idée du péché originel, qui subsiste encore aujourd'hui dans les deux Eglises.

CHAPITRE IX.

Deux états du pélagianisme en Orient, et que dans tous les deux la doctrine du péché originel étoit constante et selon les mêmes idées de saint Augustin et de l'Occident.

En effet nous pouvons marquer deux états du pélagianisme en Orient : le premier, lorsqu'il y parut au commencement de cette hérésie; le second, lorsque poussé en Occident par tant de décrets des conciles et des papes, il se réfugia de nouveau vers l'Orient, où il avoit paru d'abord. Mais ni dans l'un ni dans l'autre état, les

---

[1] *Cod.* LIV.

pélagiens ne purent jamais rien obtenir de la Grèce. Dans le premier, on vient de voir ce que fit un saint concile de Palestine, où Pélage fut obligé de rétracter son erreur. Voilà pour ce qui regarde le commencement, mais la suite ne lui fut pas plus favorable. Tout le monde sait qu'après que les papes, et tout l'Occident avec les conciles d'Afrique, se furent déclarés contre les novateurs [1], Atticus de Constantinople, Rufus de Thessalonique, Praylius de Jérusalem, Théodore d'Antioche, Cyrille d'Alexandrie et les autres évêques des grands siéges d'Orient furent les premiers à les anathématiser dans leurs conciles, et que le consentement fut si unanime, que Théodore de Mopsueste leur défenseur, n'osant résister à ce torrent, fut contraint comme les autres de condamner Julien le pélagien dans le concile d'Anazarbe, encore qu'auparavant il lui eût donné retraite et qu'il eût un véritable désir de le protéger [2].

Après cela c'est être aveugle de dire que l'Orient ait pu varier sur le péché originel. Mais ce n'est pas un moindre aveuglement de penser, comme Grotius et M. Simon l'insinuent, que l'Orient eût une autre idée de ce péché que celle de l'Occident qui est la nôtre, puisque celle de l'Orient étoit prise sur les conciles de Carthage, sur les décrets de saint Innocent, de saint Zozime, de saint Célestin, qui furent portés en Orient, où on les reçut comme authentiques.

CHAPITRE X.

Que Nestorius avoit d'abord reconnu le péché originel selon les idées communes de l'Occident et de l'Orient, et qu'il ne varia que par intérêt : que cette tradition venoit de saint Chrysostome : que l'Eglise grecque y a persisté et y persiste encore aujourd'hui.

Dans la suite, il est vrai que Nestorius, patriarche de Constantinople, sembla vouloir innover et favoriser les pélagiens; mais ce ne fut que lorsqu'il eut besoin de ramasser, pour se soutenir, les évêques condamnés de toutes les sectes. Car auparavant on a ses sermons contre ces hérétiques, dans l'un desquels il disoit que quiconque n'avoit pas reçu le baptême « demeuroit obligé à la cé-

---

[1] *Comm. Mercat.*, cap. III. — [2] Garn., *in Comm. Mercat.*, diss. II, p. 219.

dule d'Adam, et qu'en sortant de ce monde, le diable se mettoit en possession de son ame ¹. » Voilà les idées du concile de Carthage, des papes, de saint Augustin. C'étoit aussi celle de saint Chrysostome, et nous verrons que cette *cédule d'Adam*, dont parle Nestorius, venoit de ce saint comme une phrase héréditaire dans la chaire de ce Père, où Nestorius la prêchoit ; et on voit toujours dans l'Eglise de Constantinople la tradition du péché originel venue de Sisinnius, d'Atticus, et enfin très-expressément de saint Chrysostome. C'est pourquoi saint Célestin reproche à Nestorius, non pas de ne pas tenir le péché originel, mais de protéger ceux qui le nioient contre le sentiment de ses prédécesseurs, et entre autres « d'Atticus, qui en cela, dit saint Célestin, est vraiment successeur du bienheureux Jean ², » qui est saint Jean Chrysostome ; par conséquent ce Père étoit proposé comme une des sources de la tradition du péché originel, loin qu'on le soupçonnât d'y être contraire ou de l'avoir obscurcie. Je trouve encore dans la lettre du pape saint Zozime à tous les évêques contre les pélagiens, une expresse et *honorable mention* du même Père ³. On ne l'eût pas été chercher pour le nommer dans cette occasion, si son témoignage contre l'erreur n'eût été célèbre. Son autorité étoit si grande en Orient, qu'elle y eût partagé les esprits. On voit cependant que rien ne résiste ; et c'est ainsi que tout l'Orient, à l'exemple de l'Eglise de Constantinople, poursuivoit les pélagiens, « sans leur laisser le loisir de poser le pied nulle part, » *ut nec standi quidem illic copia præstaretur*, comme dit très-bien saint Célestin ⁴.

On peut rapporter à ce même temps les Avertissemens ou les Remontrances et les Mémoires de Mercator, présentés à Constantinople à l'empereur Théodose le Jeune, et les autres instructions du même auteur contre Célestius et Julien, toutes formées selon les idées des papes et des conciles d'Afrique, et encore très-expressément selon celles de saint Augustin qu'il cite à toutes les pages ; en sorte qu'il faut avoir perdu l'esprit pour dire que l'Orient, ou qui que ce soit, soupçonnât ce Père d'être novateur, ou d'avoir

---

¹ Serm. II *Adv. Pelag.*, apud Mercat., inter Nest. Tract., n. 7, 10. — ² Cælest., *Epist. ad Nest.* — ³ Apud Garn., *in lib. Jul.*, p. 4, n. 7. — ⁴ Cælest., *Epist. ad Nest.*

expliqué le péché originel autrement que tout l'univers et la Grèce en particulier ne faisoit alors.

Je n'ai pas besoin de rapporter le décret du concile œcuménique d'Ephèse, où deux cents évêques de tous les côtés de l'Orient condamnèrent les pélagiens; et il ne reste qu'à remarquer que ce fut bien constamment selon les idées de tout l'Occident, puisque ce fut après avoir lu les actes envoyés par saint Célestin « sur la déposition des impies pélagiens et célestiens, de Pélage, de Célestius, de Julien et des autres [1]. »

Je pourrois ici alléguer saint Jean de Damas, qui le premier a donné à l'Eglise grecque tout un corps de théologie dans un seul volume, et qui peut-être a ouvert ce pas aux Latins.

Il présuppose partout que le démon « envieux de notre bonheur dans la jouissance des choses d'en haut, a rendu l'homme (par où il entend le genre humain) superbe comme lui, et l'a précipité dans l'abîme où il étoit [2]; » c'est-à-dire dans la damnation; que la rémission des péchés nous est donnée de Dieu par le baptême, que nous en avions besoin « pour avoir, » quand il nous a faits, « transgressé son commandement [3]; » et que c'est pour nous délivrer de cette transgression « que Jésus-Christ a ouvert, dans son sacré côté, une source de rémission dans l'eau qui en est sortie [4]; » que « l'homme ayant transgressé le commandement, » le Fils de Dieu, en prenant notre nature, « nous a rendu l'image de Dieu que nous n'avions pas gardée, afin de nous purifier : » que de même que par notre première naissance « nous avons été faits semblables à Adam, de qui nous avons hérité la malédiction et la mort; ainsi par la seconde nous sommes faits semblables à Jésus-Christ; » ce qui présuppose d'un côté le péché, comme la justice de l'autre : « qu'en recevant la suggestion du démon, et transgressant le commandement, nous nous sommes nous-mêmes livrés au péché [5]; » d'où aussi nous est venue la concupiscence et la loi contraire à l'esprit : que le baptême est une nouvelle circoncision « qui retranche en nous le péché [6]. » On trouvera tout cela, et d'autres choses semblables dans ce docte Père, qui présup-

---

[1] *Epist. ad Cœlest.* — [2] Lib. II, cap. xxx. — [3] Lib. III, cap. iv. — [4] *Ibid.*, cap. xiv. — [5] Lib. IV, cap. xxiii. — [6] *Ibid.*, cap. xxvi.

posent dans le genre humain non-seulement les effets de la transgression, mais encore la transgression même d'Adam, et font en lui de tout le genre humain un seul pécheur.

Enfin il faut dire encore que tout l'Orient persiste dans cette foi, puisque ni dans le concile de Lyon, ni dans celui de Florence, il ne paroît aucune ombre de contestation entre les Grecs et les Latins sur le fond ou sur la notion du péché originel; au contraire on y définit, du commun accord des deux Eglises, que les enfans qui mouroient avec le seul péché originel, aussi bien que les adultes qui mouroient en péché mortel, alloient en enfer. Ceux des Grecs qui ont depuis rompu l'union, n'ont pas seulement songé à contester cet article. La même idée se trouve toujours dans les Actes de cette Eglise, et en dernier lieu dans les déclarations du patriarche Jérémie adressées aux luthériens, et dans sa première réponse, confirmée par toutes les autres; ce qui sert encore à faire voir le sentiment de saint Chrysostome, puisque M. Simon demeure d'accord que tout l'Orient en suit les idées et qu'il est le saint Augustin de l'Eglise grecque.

CHAPITRE XI.

Conclusion : qu'il est impossible que les Grecs et les Latins ne soient pas d'accord : application à saint Chrysostome : que le sentiment que Grotius et M. Simon lui attribuent sur la mort, induit dans les enfans mêmes un véritable péché, qui ne peut être que l'originel.

Par cette excellente méthode, qui est fondée sur les principes de saint Augustin, on voit que la dispute que M. Simon veut introduire entre les anciens et les modernes, entre les Grecs et les Latins, non-seulement est imaginaire, mais encore entièrement impossible; et ce qui montre que le moyen dont nous nous servons après ce Père pour concilier toutes choses est sûr et infaillible, c'est qu'en effet on trouvera en entrant dans le détail des passages, à l'exemple de saint Augustin, que ce Père et tous les Latins ne tiennent pas dans le fond un autre langage que les Grecs; et il ne faut point s'imaginer que cette discussion soit difficile. Car pour abréger la preuve, il faut d'abord supposer un fait constant : c'est que tous les Pères unanimement, sans en excepter saint Chrysostome, ont attribué la mort et les autres misères corporelles du genre humain à la punition du péché d'Adam. Grotius et M. Simon en sont d'accord, comme on l'a vu. Toute leur finesse consiste à distinguer le péché originel de l'assujettissement à la mort et à la misère, et il ne nous reste plus qu'à faire voir que cette distinction est entièrement chimérique.

CHAPITRE XII.

Que saint Augustin a raison de supposer comme incontestable que la mort est la peine du péché : principe de ce saint, que la peine ne peut passer à ceux à qui le péché ne passe pas : que le concile d'Orange a présupposé ce principe comme indubitable.

La preuve en est toute faite par saint Augustin, qui a démontré en cent endroits que la peine du péché d'Adam n'a pu passer dans ses descendans qu'avec sa coulpe, et qu'on a raison de supposer que les Pères nous ont montré l'homme comme pécheur partout où ils l'ont montré comme puni.

Il ne s'agit pas ici de disputer si Dieu pouvoit absolument créer l'homme mortel. Indépendamment de ces questions abstraites et en regardant seulement les choses comme elles sont établies dans l'Ecriture, il est certain que la mort y est marquée comme la peine précise de la désobéissance d'Adam. Le texte de la Genèse y est exprès : saint Paul ne le pouvoit pas confirmer plus expressément, ni parler en termes plus clairs, que lorsqu'il a dit : « La mort est la solde, le paiement, la peine du péché [1]. » Je n'ai pas besoin de rapporter les preuves par lesquelles saint Augustin le démontre contre les anciens pélagiens [2], tant à cause de l'évidence de la chose qu'à cause aussi qu'aujourd'hui tout le monde, ou du moins Grotius et M. Simon contre qui nous disputons, en sont d'accord. Leur erreur est d'avoir cru que sous un Dieu juste la peine, la peine, dis-je, et le supplice formellement et spécialement ordonné par sa souveraine justice, pût se trouver où le péché ne se trouve pas. Or cette erreur est si contraire aux pre-

---

[1] *Rom.*, v, 12, 17; vi, 23. — [2] *Oper. imper.*

mières notions que nous avons de la justice de Dieu, que le concile d'Orange, dont nous avons déjà rapporté la décision [1], déclare que faire « passer la mort, qui est la peine du péché, sans le péché même, c'est attribuer à Dieu une injustice et contredire l'Apôtre qui dit que le péché est entré dans le monde par un seul homme, et que par le péché, la mort *qui en est la peine* a passé à tous *par celui* en qui tous ont péché [2]. »

CHAPITRE XIII.

La seule difficulté contre ce principe, tirée des passages où il est porté que Dieu venge l'iniquité des pères sur les enfans : résolution de cette difficulté.

Mais pour pousser cette preuve de saint Augustin et du concile d'Orange à la dernière évidence, il faut observer que la seule difficulté qu'on oppose à la conséquence que ce concile et ce Père tirent de la peine à la coulpe, et de la mort au péché, est fondée sur les passages où il est porté que les enfans sont punis de mort pour les péchés de leurs pères. Cette vérité est incontestable : saint Augustin l'a prouvée lui-même par plusieurs exemples [3], et par ces paroles de l'Exode : « Je venge l'iniquité des pères sur les enfans jusqu'à la troisième et quatrième génération [4]; » et à cause que dans ces endroits on voit passer aux enfans la peine des pères sans que de là on conclue que leurs péchés y passent aussi, on en prend occasion d'affoiblir la preuve du péché originel, que le même saint Augustin tire de la mort.

Cependant comme cette preuve n'est pas seulement de saint Augustin, mais encore, comme on vient de voir, de toute l'Église dans le concile d'Orange, les docteurs ont bien reconnu qu'elle étoit incontestable et qu'il la falloit défendre contre tous les contredisans, comme aussi le cardinal Bellarmin l'a fait doctement en peu de mots [5]. Mais un principe de saint Augustin portera notre vue plus loin, et nous fera dire qu'à remonter à la source, ce ne

---

[1] Ci-dessus, liv. VII, chap. XXII. — [2] *Conc. Araus.* II, can. II.— [3] *Oper. imper.*, lib. III, cap. XLII. — [4] *Exod.*, XX, 5; *Deut.*, V, 9. — [5] Cap. VII *De amiss. grat. et stat. pecc.*, lib. IV, quarta ratio.

sont point précisément les péchés des pères immédiats qui font souffrir les enfans jusqu'à la troisième et quatrième génération. Selon la doctrine de Moïse, ces justices particulières que Dieu exerce sur eux pour les péchés de leurs pères, sont fondées sur celle qu'il exerce en général sur tout le genre humain comme coupable en Adam, et dès là digne de mort. C'est par là que tous les hommes étant originairement pécheurs, sont aussi condamnés à mort pour ce péché, qui est devenu celui de toute la nature. La mort qui vient ensuite aux particuliers, diversifiée en tant de manières, plus tôt aux uns, plus tard aux autres, à l'occasion de leurs propres péchés ou des péchés de leurs derniers pères, dont ils sont les imitateurs, est toujours juste à cause du péché du premier père, en qui ayant tous péché, tous aussi devoient mourir. Ainsi, dit saint Augustin [1], Chanaan et ses enfans sont maudits à cause de Cham leur père, qui étant maudit lui-même, non-seulement pour ses péchés particuliers, mais encore originairement avec tout le reste des hommes pour le péché commun du genre humain, il paroît qu'il faut remonter jusqu'à Adam pour justifier dans la mort de tous les hommes le juste supplice de leurs péchés, parce qu'aussi c'est ici la source du mal, où selon les règles de justice que Dieu a révélées dans son Ecriture la mort, qui étoit marquée comme la peine spéciale du péché, ne devoit tomber que sur les coupables : d'où il s'ensuit aussi clairement qu'on le puisse dire, que les enfans ne mourroient pas s'ils n'étoient pécheurs.

CHAPITRE XIV.

Règle de la justice divine révélée dans le livre de la Sagesse, que Dieu ne punit que les coupables : doctrine excellente de saint Augustin, que Jésus-Christ est le seul qui ait été puni étant innocent, et que c'est là sa prérogative incommunicable.

C'est ainsi que se justifie dans tous les hommes cette règle de la justice divine si clairement révélée par le Saint-Esprit dans ces paroles de la *Sagesse* : « Parce que vous êtes justes, vous dis-

---

[1] *Oper imper.*, lib. III, cap. XI; lib. IV, cap. CXXVI, CXXVIII, CXXX, CXXXIII; lib. VI, cap. XXII, etc.

posez toutes les choses justement, et vous croyez indigne de votre puissance de condamner ceux qui ne doivent point être punis; car, ajoute-t-il, votre puissance est la source de toute justice; et parce que vous êtes le Seigneur de tous, vous pardonnez à tous [1]. » Comme s'il disoit : Vous êtes bien éloigné de punir un innocent, vous qui êtes toujours prêt à pardonner aux coupables. Nous voyons donc dans cette règle de la justice divine manifestement révélée, que Dieu ne punit pas les innocens; et afin que rien ne nous manque, l'application n'en est pas moins expressément révélée par saint Paul, lorsqu'après avoir établi que la mort n'est venue qu'en punition du péché, il présuppose que tous ceux qui meurent, et par conséquent les enfans « ont péché. » Ils n'ont point péché en eux-mêmes, ils ont donc péché en celui en qui ils sont tous comme dans la source de leur être, *in quo omnes peccaverunt*. C'est pourquoi leur mort est juste, parce que leur péché est véritable, et cette loi demeure ferme, que nul n'est puni de mort s'il n'est pécheur.

L'exemple de Jésus-Christ confirme cette vérité. « Il n'y a, dit saint Augustin, qu'un seul innocent que Dieu ait puni de mort; c'est le Médiateur de Dieu et des hommes, l'Homme Jésus-Christ [2]. » Mais afin de rendre son supplice juste, il a fallu qu'il se soit mis à la place des pécheurs. Il a souffert en leurs personnes, il a pris sur lui tous leurs péchés; c'est ainsi qu'il a pu être puni, quoique juste. « C'est là, dit saint Augustin, sa prérogative particulière, » *singularem Mediatoris prærogativam* [3] *:* c'est ce qu'il y a en lui de *singulier,* qui ne peut convenir à aucun autre : c'est ce qui le fait notre Rédempteur. Il a expié tous les péchés, à cause qu'il en a subi le châtiment sans en avoir le démérite; et en tout autre que lui, selon les règles invariables de la justice divine, afin que la peine suive, il faut que le péché ait précédé.

[1] *Sap.,* XII, 15, 16. — [2] Lib. IV *ad Bonif.,* cap. IV, n. 6. — [3] *Ibid.*

CHAPITRE XV.

Les pélagiens ont reconnu que la peine ne marche point sans la coulpe : cette vérité qu'ils n'ont pu nier les a jetés dans des embarras inexplicables : absurdités de Pélage et celles de Julien, excellemment réfutées par saint Augustin : pourquoi on s'attache à la mort plus qu'à toutes les autres peines pour démontrer le péché originel.

Et ce qui met cette vérité au-dessus de tout doute, c'est que tout le monde en a été tellement frappé, que Pélage et tous ses maîtres, comme Théodore de Mopsueste et Rufin le Syrien avec ses disciples Célestius et les autres, posoient d'abord pour principe que la mort étoit naturelle et non pénale; en sorte qu'Adam fût mort, soit qu'il eût péché, ou non [1] : ce qui étoit à des chrétiens la dernière absurdité, après cette sentence de la Genèse : « En quelque jour que tu mangeras de ce fruit, tu mourras ; » et cette interprétation de saint Paul : « La mort est la peine du péché. » Encore donc que la chose du monde la plus évidente, par ces passages et cent autres, fût que la mort étoit la peine du péché, les pélagiens furent contraints de nier cette vérité et de donner la torture à tous ces passages, parce qu'ils ne voyoient sans cela aucun moyen d'éviter le péché originel [2] : personne ne soupçonnant que si la mort eût été un supplice, elle pût être encourue par des enfans qu'on présupposoit innocens.

Et cette vérité les pressoit si fort, que Julien n'en pouvant plus, fut enfin obligé de dire cette absurdité, « que les enfans sont malheureux » par la mort et toutes ses suites, « non à cause qu'ils sont coupables, mais afin qu'ils soient avertis par cette misère de n'imiter point le péché du premier homme [3]. » C'étoit une étrange maxime de commencer par affliger des innocens, de peur qu'ils ne devinssent coupables. Ainsi, dit saint Augustin, Dieu ne devoit pas attendre qu'Eve eût péché pour la soumettre aux douleurs de l'enfantement, ni qu'Adam eût désobéi pour l'assujettir à tant de misères. « Il devoit commencer par punir Eve en l'affli-

---

[1] *Comm. in Rom.*, apud Phot., cod. LXXVII; *Symb. Theod.*, apud Mercat., cap. IV, V, VI; Garn., diss. IV, lib. *Ruf. Syr.*, apud Mercat. — [2] Loc. citat., Garn., diss. V. — [3] *Oper. imper.*, lib. VI, cap. XXVII.

geant de tant de maux, afin que ses malheurs l'avertissent de ne point écouter le serpent : il devoit aussi commencer par punir Adam en le rendant malheureux, de peur qu'il ne consentît au désir de sa femme : la peine devoit prévenir et non pas suivre le péché, afin que contre tout ordre l'homme étant châtié, non point à cause qu'il avoit péché, mais de peur qu'il ne péchât, ce ne fût pas le péché, mais l'innocence que l'on punît [1].

Julien aimoit mieux tomber dans des absurdités si visibles, que d'avouer que la mort pût être un supplice dans les enfans; et contre toute raison il la prit plutôt pour un avertissement que pour une peine, tant il étoit frappé de cette vérité, que la peine ne pouvoit pas convenir avec l'innocence. Il ne faut donc pas s'étonner que les anciens, et entre autres saint Chrysostome, aient si souvent expliqué le péché originel par la mort du corps, qui en étoit le supplice; ni que saint Augustin ait soutenu qu'il n'y en a point qui n'aient cru très-certainement les enfans pécheurs, dès qu'il est certain et avoué qu'il n'y en a point qui ne les ait crus punis de mort.

Si l'on demande maintenant pourquoi, afin d'expliquer le péché originel, on s'attache tant à la mort et aux autres peines qui ne regardent que le corps, la raison en est bien claire : c'est que ce sont celles-là qui frappent les sens; ce sont celles-là qu'on trouve le plus marquées dans l'Ecriture, et celles d'ailleurs qui sont la figure de toutes les autres; et sans entrer plus avant dans cette considération, il nous suffit à présent d'avoir démontré que M. Simon a vainement distingué après Grotius, dans le péché originel, la peine d'avec la coulpe, puisqu'au contraire selon les règles de la justice divine il falloit montrer la coulpe dans la peine.

CHAPITRE XVI.

Témoignages de la tradition de l'Eglise d'Occident rapportés par saint Augustin, et combien la preuve en est constante.

Pour maintenant confondre, non-seulement par conséquences infaillibles, mais encore par témoignages exprès les critiques qui

[1] *Oper. imper.*, lib. VI, cap. XXVII.

attribuent à saint Augustin des sentimens particuliers sur le péché originel, il ne faut qu'entendre saint Augustin même et lire les passages qu'il produit des anciens docteurs. On verra que rien ne manque à sa preuve. Comme il s'agissoit d'abord de l'Occident, ainsi qu'il a été remarqué, il produit les témoins les plus illustres de toutes les Eglises occidentales [1]. On voit paroître pour l'Eglise gallicane saint Irénée de Lyon, Réticius d'Autun, saint Hilaire de Poitiers; pour l'Afrique, saint Cyprien; pour l'Espagne, Olympius, « homme, dit-il, d'une grande gloire en l'Eglise et en Jésus-Christ; » pour l'Italie, saint Ambroise. Ainsi tout l'Occident est représenté par ces docteurs : l'Eglise n'avoit rien de plus illustre. On connoît pour nos Gaules le mérite de saint Irénée et de saint Hilaire, le compagnon de saint Athanase pour la défense de la divinité de Jésus-Christ. Réticius, évêque d'Autun, fut un des trois évêques nommés par l'empereur Constantin, pour terminer dans son origine la querelle des donatistes; « et pour savoir, dit saint Augustin, combien grande étoit son autorité dans l'Eglise, il ne faut que lire les Actes publics qui ont été faits, lorsqu'étant à Rome sous la présidence de Melchiade, évêque du Siége apostolique, il condamna avec les autres évêques Donat, auteur du schisme, et renvoya absous Cécilien, évêque de Carthage [2]. » On voit par là que saint Augustin prend soin d'alléguer les évêques du plus grand nom et de la plus grande autorité, parmi lesquels il se trouve deux martyrs, saint Irénée et saint Cyprien, qui outre les autres avantages avoient encore celui de l'antiquité; saint Irénée « étant si proche du siècle des apôtres, » ainsi que saint Augustin le remarque [3], et saint Cyprien ayant souffert le martyre au IIIe siècle. Ainsi ni l'autorité, ni l'antiquité ne manquoient point à saint Augustin. Le passage de saint Cyprien, le plus authentique de tous et le plus précis, étoit tiré, comme le remarque saint Augustin [4], d'une lettre synodique d'un concile de Carthage de soixante-six évêques, dont l'autorité étoit inviolable, puisque jamais elle n'a été révoquée en doute. Pour saint Ambroise, saint Augustin n'oublie pas « qu'il avoit été son maître et son père en

---

[1] *Contr. Jul.*, lib. I, cap. III.— [2] *Ibid.*, n. 7. — [3] *Ibid.* — [4] *Ad Bonif.*, lib. IV, cap. VIII, n. 23.

Jésus-Christ, puisque c'étoit de ses mains qu'il avoit reçu le baptême [1]; » d'où il résultoit qu'on ne pouvoit pas l'accuser de ne pas suivre la tradition, puisqu'il n'enseignoit autre chose que ce qu'il avoit reçu de celui par qui il avoit été baptisé, qui d'ailleurs étoit reconnu pour un homme si éloigné de toute innovation, que Pélage même avoit reconnu « que c'étoit principalement dans ses écrits que reluisoit la foi romaine, » c'étoit à dire celle de toute l'Eglise : que ce saint évêque étoit la fleur des écrivains latins, « dont, continuoit Pélage, ses ennemis mêmes n'avoient jamais osé reprendre la foi ni le sens très-pur qu'il donnoit à l'Ecriture. » Saint Augustin ne dédaigne pas de rapporter en plusieurs endroits ces paroles de Pélage [2], pour confirmer que ses témoins étoient sans reproche de l'aveu de ses adversaires; et il ferme sa preuve pour l'Occident par le témoignage du pape saint Innocent et de la Chaire de saint Pierre, qui n'auroit pas confirmé si facilement et si authentiquement les sentimens de l'Afrique, déclarés en plusieurs conciles sur le péché originel, et ne se seroit pas lui-même si clairement expliqué sur cette matière, « si ce n'étoit, dit saint Augustin, qu'il n'en pouvoit dire autre chose que ce qu'avoit prêché de tout temps le Siége apostolique et l'Eglise romaine avec toutes les autres Eglises [3]. »

Par ces moyens la preuve de saint Augustin étoit complète pour l'Occident; et il n'y manquoit ni l'antiquité, puisqu'il remontoit jusqu'aux temps les plus proches des apôtres; ni l'autorité, tant celle qui venoit du caractère, puisque tous ceux qu'il alléguoit étoient des évêques, qui encore avoient à leur tête l'évêque du Siége apostolique, que celle qui venoit de la réputation de sainteté et de doctrine, puisque tout le monde confessoit que l'Eglise n'avoit rien de plus éclairé ni de plus saint.

---

[1] *Contr., Jul.*, lib. 1, cap. III, n. 10. — [2] *De nupt. et conc.*, lib. 1, cap. ult.; *Contr. Jul.*, lib. II, cap. IX, n. 32. — [3] *Contr. Jul.*, lib. 1, cap. IV, n. 13.

CHAPITRE XVII.

Témoignages de l'Orient rapportés par saint Augustin: celui de saint Jérôme et celui de saint Irénée pouvoient valoir pour les deux Eglises, aussi bien que celui de saint Hilaire et de saint Ambroise, à cause de leur célébrité.

Sur ce fondement nous avons vu qu'il ne pouvoit y avoir aucune difficulté pour l'Orient; et néanmoins saint Augustin en produisoit les deux lumières [1], saint Grégoire de Nazianze et saint Basile, pour en venir à saint Chrysostome; mais après avoir fait voir auparavant que la foi de l'Orient étoit invinciblement et plus que suffisamment établie par les deux premiers.

Saint Augustin place en ce lieu l'autorité de saint Jérôme, qui étoit comme le lien de l'Orient et de l'Occident, « à cause, dit-il, qu'étant célèbre par la connoissance, non-seulement de la langue latine, mais encore de la langue grecque et même de l'hébraïque, il avoit passé de l'Eglise occidentale dans l'orientale pour y mourir à un âge décrépit dans les Lieux saints et dans l'étude perpétuelle des Livres sacrés. » Il ajoutoit « qu'il avoit lu tous ou presque tous les auteurs ecclésiastiques [2], » afin qu'on remarquât ce que pensoit un homme qui ayant tout lu, ramassoit pour ainsi dire en lui seul le témoignage de tous les autres et celui de la tradition universelle.

C'est pourquoi il citoit souvent ce saint prêtre, et toujours avec le titre « d'homme très-savant, » qui avoit lu « tant d'auteurs ecclésiastiques, tant d'expositeurs de l'Ecriture, tant de célèbres docteurs qui avoient traité toutes les questions de la religion chrétienne [3], » pour appuyer par son témoignage le consentement des anciens avec les nouveaux, et celui de toutes les langues.

Pour confirmer l'unanimité de l'Orient et de l'Occident, il montroit que les Pères de l'Occident qu'il produisoit, comme saint Hilaire et saint Ambroise, étoient connus de toute la terre : « Voici, dit-il, une autorité qui vous peut encore plus émouvoir. Qui ne connoît ce très-vigoureux et très-zélé défenseur de la foi

---

[1] *Contr. Jul.*, lib. I, cap. v, n. 15, 16. — [2] *Ibid.*, cap. vii, n. 34. — [3] *De pecc. merit. et remiss.*, lib. III, cap. vi, vii.

catholique contre les hérétiques, le vénérable Hilaire, évêque des Gaules [1] : » L'Orient certainement le connoissoit bien, puisqu'il y avoit été relégué pour la foi et qu'il s'y étoit rendu très-célèbre. C'est pourquoi saint Augustin ajoute : « Osez accuser un homme d'une si grande réputation parmi les évêques catholiques [2]. » Et pour ce qui est de saint Ambroise : « C'est un homme, disoit-il, renommé par sa foi, par son courage, par ses travaux, par ses périls, par ses œuvres et par sa doctrine dans tout l'empire romain [3], » c'étoit dire dans l'Eglise grecque autant que dans la latine. Il pouvoit encore nommer comme un lien de l'Orient et de l'Occident saint Irénée, qui venu de l'Orient, nous avoit apporté ce qu'il y avoit appris aux pieds de saint Polycarpe, dont il étoit le disciple, d'autant plus que ce saint martyr, je veux dire saint Irénée, étant, comme on sait, parmi les anciens le plus grand prédicateur de la tradition, on ne pouvoit pas le soupçonner d'avoir voulu innover ou enseigner autre chose que ce qu'il avoit reçu presque des mains des apôtres.

CHAPITRE XVIII.

Parfaite conformité des idées de ces Pères sur le péché originel, avec celles de saint Augustin.

Voilà pour ce qui regarde l'universalité et l'autorité des témoins de saint Augustin : mais pour y ajouter l'uniformité, il n'y a aucune partie de la doctrine de ce Père qu'on ne trouve dans leurs témoignages. Faut-il appeler le péché originel un véritable péché ? Qu'on lise dans saint Augustin [4] le témoignage de saint Cyprien, de Rétice, d'Olympius, de saint Hilaire, de saint Ambroise : on l'y trouvera. Saint Cyprien dit en termes formels que c'est un péché si véritable, qu'il ne faut rien moins aux petits enfans que le baptême « pour le remettre [5]. » Réticius, de peur qu'on ne croie que la peine seule passe en nous, inculque avec une force invincible « le poids de l'ancien crime, les anciens crimes, les crimes nés avec nous [6] : » Olympius établit « par la mortelle transgression

---

[1] *Contr. Jul.*, lib. I, cap. III, n. 9. — [2] *Ibid.*, n, 10. — [3] Lib. I, cap. III. — [4] *Ibid.* — [5] *Ibid.*, n. 6. — [6] *Ibid.*, n. 7.

du premier homme, le vice dans le germe d'où nous avons été formés et le péché né avec l'homme [1]. » S'il faut forcer tous ces passages pour dire que par le péché on en doit entendre la peine, il n'y a plus rien dans l'Eglise qu'il faille prendre à la lettre, ni aucun acte pour établir la tradition, qui ne puisse être éludé. Les principaux passages de l'Ecriture dont saint Augustin se servoit, étoient pour l'Ancien Testament celui de David : *Ecce in iniquitatibus*, et pour le Nouveau celui de saint Paul : *Per unum hominem*, etc., depuis le verset 12 jusqu'au verset 20 du chapitre v de l'*Epître aux Romains*.

Sur le premier passage, saint Augustin produisoit le témoignage de saint Hilaire, de saint Grégoire de Nazianze et de saint Ambroise ; et sur le second, il alléguoit outre saint Ambroise, qui traduisoit et expliquoit expressément comme lui ce fameux *in quo*, tous les Pères qui reconnoissoient qu'en effet nous avions tous péché en Adam.

CHAPITRE XIX.

Les Pères cités par saint Augustin ont la même idée que lui de la concupiscence, et la regardent comme le moyen de la transmission du péché : fausses idées sur ce point de Théodore de Mopsueste excusées par M. Simon.

Une des parties les plus essentielles de la doctrine de saint Augustin sur le péché originel, c'est d'en expliquer la propagation par la concupiscence d'où tous les hommes sont nés, à l'exception de Jésus-Christ. Mais on trouvera cette vérité en termes précis dans les passages de saint Hilaire et de saint Ambroise, produits par ce Père [2]. Le premier voulant expliquer la source de nos souillures, dit « que notre corps (où réside la concupiscence) est la matière de tous les vices, par laquelle nous sommes souillés et infectés, » ce qui nous fait bien entendre la vérité de cette parole du Sauveur : « Ce qui naît de la chair est chair, » ce qui naît de l'infection est infecté ; d'où il suit que celui-là seul ne l'est pas et ne le peut être, qui n'est pas né selon la chair, mais du Saint-Esprit : tout autre que lui a contracté en Adam l'obligation au

---

[1] *Contr. Jul.* lib. I, cap. III, n. 8. — [2] *Contr. Jul.*, lib. II cap. VIII, n. 27 ; Hilar., Hom. *in S. Job,* quæ non extat.

péché. Ce principe est si véritable, que la pieuse opinion qui en exempte la sainte Vierge, est fondée sur une exception, qui en ce cas plus qu'en tout autre affermit la règle. Ce que je dis, non pour entrer dans cette matière, qui n'est point de ce lieu, mais pour faire voir l'incontestable vérité du principe qu'on vient de voir de saint Hilaire.

Le même saint voulant expliquer ailleurs comment Jésus-Christ est venu, ainsi que le dit saint Paul [1], non dans la chair du péché, mais dans la ressemblance de la chair du péché, en rend cette raison, « que toute chair venant du péché et ayant été tirée du péché d'Adam, Jésus-Christ a été envoyé, non pas avec le péché, mais dans la ressemblance de la chair du péché [2]. » Quand il dit *que la chair vient du péché, et qu'elle est tirée du péché d'Adam,* il veut dire manifestement qu'elle vient par la concupiscence, qui a sa source dans le péché d'Adam ; si bien que Jésus-Christ n'étant pas venu par la voie ordinaire de la sensualité ou de la concupiscence de la chair, il s'ensuit qu'il n'a dû avoir que la ressemblance de la chair du péché, et non pas la chair du péché même : ce qui dans le fond n'est autre chose que ce qu'enseigne plus clairement saint Ambroise sur Isaïe, lorsqu'il dit « que le Fils de Dieu est le seul qui a dû naître sans péché, parce qu'il est le seul qui n'est pas né de la manière ordinaire [3]. »

En un mot, qui voudra faire un tissu de toute la doctrine de saint Augustin, n'a qu'à ramasser de mot à mot seulement ce qu'on trouvera dans les endroits que ce Père a cités de saint Ambroise : l'épreuve en sera facile, et la conséquence qu'il en faudra tirer est qu'il n'y a rien de plus éloigné de l'esprit d'innovation que la doctrine de saint Augustin, puisqu'il n'a fait, pour ainsi parler, que copier saint Ambroise son docteur, en se contentant de prouver contre les pélagiens ce qu'un si bon maître avoit enseigné en peu de mots avant la dispute.

Et sans ici nous attacher à saint Ambroise, tous les Pères, qui ont marqué (et tous l'ont fait), tous ceux, dis-je, qui ont marqué la propagation du péché originel par le sang impur et rempli de

---

[1] *Rom.*, VIII, 3. — [2] Lib. I *Contr. Jul.*, cap. III, n. 9. — [3] Apud August., lib. I *De nupt. et conc.*, cap. XXXV, n. 40; et *Contr. Jul.*, lib. I, cap. IV, n. 11.

la corruption du péché d'où nous naissons, ont enseigné en même temps que ce péché passoit en nous par la concupiscence, qui seule infecte le sang d'où nous sortons : en sorte que la maladie que nous contractons en naissant et qui nous donne la mort, vient de celle, qui non-seulement demeure toujours dans nos pères, mais encore qui agit en eux lorsqu'ils nous mettent au monde.

C'est le péché originel pris en ce sens, venant de cette source et par cette propagation, que Théodore de Mopsueste attaquoit visiblement en la personne de saint Augustin. C'est ce qu'à l'exemple des pélagiens il appeloit un manichéisme; et quand M. Simon prétend l'excuser en disant qu'il n'attaque le péché originel que selon les idées de saint Augustin, c'est lui chercher une excuse, non pas contre saint Augustin, mais contre tous les anciens, dont ce Père n'a fait que suivre les traces.

CHAPITRE XX.

Saint Justin, martyr, enseigne comme saint Augustin, non-seulement que la peine, mais encore que le péché même d'Adam a passé en nous : la preuve de la circoncision est employée pour cela par le même saint, aussi bien que par saint Augustin.

Dans ce petit nombre de témoins que saint Augustin a choisis, ce Père a raison de dire qu'on entend toute la terre, et l'on peut tenir pour assuré, non-seulement que tous les autres auront tenu le même langage, mais encore que ceux-ci même auront souvent répété une vérité si célèbre. En effet si pour achever la chaîne des Pères que ce saint docteur a commencée sur cette matière, nous remontons encore plus haut, nous trouverons saint Justin, plus ancien que saint Irénée, qui nous dira que nous « sommes tombés par Adam, » non-seulement « dans la mort qui est la peine, mais encore dans l'erreur, dans la séduction que le serpent fit à Eve [1], » qui est la coulpe; et si cela n'est pas assez clair, il dira encore « que Jésus-Christ seul est sans péché [2]; » ou, ce qui est beaucoup plus exprès, que lui seul est né sans péché [3], ce qu'il confirme par le sacrement de la circoncision et par la menace

[1] *Dial. cum Tryph.*, p. 316. — [2] P. 336. — [3] *Ibid.*, p. 241.

d'exterminer tous ceux qui ne seroient pas circoncis au huitième jour. Cette preuve de saint Augustin, tant blâmée et si souvent attaquée par M. Simon [1], se trouve pourtant dans un Père d'une aussi grande antiquité que saint Justin [2] : elle se trouve aussi dans saint Chrysostome, ainsi que saint Augustin l'a remarqué [3], et dans beaucoup d'autres ; et sans nous arrêter à cette dispute, quand ce saint martyr saint Justin dit que Jésus-Christ seul est né sans péché, veut-il dire qu'il est né sans la peine du péché et sans la mort ? Au contraire c'est en cela qu'il a été notre Sauveur, que portant la peine sans le péché, il efface actuellement le péché dans cette vie pour en ôter la peine en son temps. Donc, excepté lui, tout doit naître dans le péché, et lui seul a dû n'y pas naître, parce que lui seul est né sans que la concupiscence ait eu part à sa conception.

CHAPITRE XXI.

Saint Irénée a la même idée.

Un peu après saint Justin vient saint Irénée, cité par saint Augustin. Il nous sera une preuve que plus on lit les auteurs, plus on y découvre la tradition d'un péché originel proprement dit. Saint Augustin en a rapporté deux passages, dont le premier parle « de la plaie de l'ancien serpent » guérie par Jésus-Christ, « qui donne la vie aux morts [4]. » Voudra-t-on dire que le Fils de Dieu, lorsqu'il donne la vie aux morts, ne guérit que la mort du corps ? N'est-ce pas à l'ame qu'il donne la vie ? C'étoit donc à la vie de l'ame que cette plaie de l'ancien serpent portoit le coup. Mais quand on chicanera sur un passage si clair, que répondra-t-on au même Père, qui enseigne « que Jésus-Christ est venu sauver tous les hommes ? Oui, dit-il, tous ceux qui renaissent en Dieu par le baptême, et les petits enfans, et les jeunes gens, et les vieillards ; et c'est pour cela qu'il a passé par tous les âges, petit enfant dans les petits enfans, sanctifiant cet âge, et le sauvant [5], » comme il vient de dire : de quoi, sinon du péché par la grace du baptême ? Voilà donc un véritable péché, qui ne peut être remis

---

[1] P. 299. — [2] *Ibid.*, p. 241, 246. — [3] *Contr. Jul.*, lib. II, cap. VI, n. 18. — [4] *Ibid.*, lib. I, cap. III ; Iren., lib. IV, cap. V. — [5] Iren., lib. II, cap. XXXIX.

aux enfans qu'en leur donnant le sacrement de renaissance, qu'on ne peut donner et qu'on ne donne jamais qu'en rémission des péchés : et encore dans la même vue les hérétiques qui disent qu'il n'est pas né véritablement, mais seulement « d'une naissance apparente, *putative*, prennent la défense du péché [1]; » ce qu'il explique aussitôt après en disant qu'en passant par tous les états de la vie humaine, « il a renouvelé son ancien ouvrage, en ce qu'il a donné la mort au péché, ôté la mort et vivifié l'homme. » Voilà donc l'ordre de la rédemption. Jésus-Christ n'a ôté la mort qu'après avoir premièrement ôté le péché, et ne vivifie que ceux qui sont morts, non-seulement de la mort du corps, mais encore de celle de l'ame.

CHAPITRE XXII.

Suite de saint Irénée : la comparaison de Marie et d'Eve : combien elle est universelle dans tous les Pères : ce qu'elle induit pour établir un véritable péché.

Pour venir au second passage cité par saint Augustin, quand on y verra « ce lien qui astreignoit à la mort tout le genre humain par la désobéissance d'Eve, et dont nous sommes délivrés par l'obéissance de Marie [2], » chicanera-t-on, en disant que ce lien nous astreignoit à la peine et non à la coulpe, et que l'obéissance de Marie n'a fait qu'ôter les mauvais effets de la désobéissance d'Eve? Mais s'il ne s'agissoit que des effets, et que le péché d'Eve ne fût pas le nôtre, pourquoi ce Père avoit-il appelé, un peu au-dessus, la désobéissance d'Eve « notre désobéissance [3]; » que Marie a guérie en obéissant? Pourquoi disoit-il dans le même endroit « que le bois nous avoit rendu ce que nous avions perdu par le bois où pendoit le fruit défendu? » Si Jésus-Christ à l'arbre de la croix nous a rendu la vie de l'ame et celle du corps, nous avions donc perdu l'une et l'autre à l'arbre qui nous avoit été interdit. « Jésus-Christ, dit saint Irénée, est le premier des vivans, comme Adam est le premier des mourans [4]. » Jésus-Christ n'est-il le premier des vivans que selon le corps? Adam n'est-il pas aussi le

[1] Lib. III, cap. xx. — [2] Lib. V, cap. xix. — [3] *Ibid.*, cap. xvii. — [4] Lib. III, cap. xxxiii.

premier qui est mort dans l'ame? C'étoit donc à la mort de l'ame « qu'Eve nous avoit liés par son incrédulité, » puisque c'est de la mort de l'ame que « Marie nous a délivrés par la foi. » Enfin toute la suite du discours et l'esprit même de la comparaison entre Jésus-Christ et Adam, tant inculquée par ce saint martyr après saint Paul, fait voir que comme ce ne sont pas les seuls fruits de la justice, mais la justice elle-même que nous possédons en Jésus-Christ, ce ne sont pas aussi seulement les peines du péché, mais le péché même dont nous héritons en Adam.

Je remarquerai en passant que cette comparaison de Jésus-Christ avec Adam, et de Marie avec Eve, se trouve dans tous les Pères, dès la première antiquité, par exemple dans Tertullien, mais toujours pour faire voir « que la foi et l'obéissance de la sainte Vierge avoit effacé tout le péché qu'Eve avoit commis en croyant au serpent : » *Quod illa credendo deliquit, hæc credendo delevit*[1]; et le dessein est partout de faire voir un véritable péché remis, non point seulement à Eve qui l'avoit commis, mais à toute sa postérité qui y avoit part.

CHAPITRE XXIII.

Beau passage de saint Clément d'Alexandrie.

L'un des plus anciens auteurs après saint Justin et saint Irénée, c'est saint Clément prêtre d'Alexandrie, qui parle ainsi dans son *Avertissement aux Gentils,* en expliquant les mauvais effets du plaisir des sens : « L'homme qui étoit libre à cause de sa simplicité (Dieu l'ayant créé simple et droit, ainsi qu'il est écrit dans l'*Ecclésiaste*) s'est trouvé lié aux péchés (par la volupté), et Notre-Seigneur l'a voulu délivrer de ses liens[2]. » On voit que ce n'étoit pas seulement aux peines, mais encore *au péché* qu'il étoit lié, et que c'est de ce lien que Jésus-Christ l'a délivré. Qui dit l'homme, dit ici sans contestation tout le genre humain. Adam n'est pas le seul lié au péché, ni le seul que Jésus-Christ est venu délier ; tous les hommes sont regardés en Adam comme un seul pécheur, et en

---

[1] *De carne Christ.*, cap. XVII. — [2] *Admon. ad Gent.*, p. 51 ; *Eccles.*, VII, 30.

Jésus-Christ comme un seul affranchi par l'unité du même corps et l'influence du même esprit.

Il enseigne dans le *Pédagogue*, que le baptême est appelé « un lavoir, parce qu'on y lave les péchés, et une grâce, parce qu'on y remet la peine qui leur est due [1]. » Il fait donc voir qu'on ne vient dans ce sacrement à la rémission de la peine, que par celle de la coulpe; et selon la doctrine de saint Augustin et du concile de Carthage, que le baptême seroit faux dans les enfans si l'on n'y trouvoit l'un et l'autre.

Après avoir rapporté dans le troisième livre des *Tapisseries* [2] le sentiment de Basilide, qui condamnoit la génération des enfans; à quoi cet hérésiarque faisoit servir le passage de Job où il est porté « que nul n'est exempt de tache, pas même l'enfant d'un jour; » et le verset où David confesse « qu'il a été conçu dans les péchés; » il conclut : « Qu'encore qu'il soit conçu dans les péchés, il n'est point lui-même dans le péché : » ce qui seroit contradictoire, si on n'expliquoit, qu'il n'est point dans un péché qui vienne de lui, quoiqu'il soit dans un péché qui vient d'un autre.

On trouve même en termes formels cette distinction dans ce savant auteur, au quatrième livre des *Tapisseries* [3] où il est porté : « Que l'enfant, à la vérité, n'a point péché, mais actuellement et en lui-même ἐνεργῶς, ἐν ἑαυτῷ. » Il est vrai que ces paroles sont de Basilide; mais saint Clément ne les contredit pas et ne reprend, dans le discours de cet hérétique, que de dire « qu'on a commis des péchés dans une autre vie précédente; » laissant tout le reste en son entier, comme en effet il n'y a rien que de véritable.

Et le même Père fait bien voir qu'à la réserve de cette autre vie et des péchés qu'on y pourroit avoir commis, la doctrine de Basilide étoit véritable, puisque dans le troisième livre des mêmes *Tapisseries* il enseigne qu'un prophète reconnoît « des impiétés dans les enfans qui étoient le fruit de ses entrailles [4]; » et qu'il appelle de ce nom d'*impiétés*, non pas la génération en elle-même, ni ces paroles *Croissez et multipliez*, prononcées de la bouche de Dieu; « Mais, dit-il, les premiers appétits qui nous viennent de

[1] *Pædag.*, lib. I, cap. VI — [2] P. 342. — [3] P. 369. — [4] Lib. III, p. 342.

notre naissance, ἐκ γινέσεως, » et qui nous empêchent de connoître Dieu.

Par là donc il a désigné la concupiscence que nous apportons en naissant. Il l'appelle une impiété, non point en acte formé, mais quant à la tache qui nous en demeure en habitude, en puissance, en inclination ; et cela qu'est-ce autre chose que le fonds du péché originel, puisque selon saint Augustin [1], c'est à ce fonds qu'adhère la tache qui est effacée dans le baptême ?

CHAPITRE XXIV.

Que la concupiscence est mauvaise ; que par elle nous sommes faits un avec Adam pécheur ; et qu'admettre la concupiscence, c'est admettre le péché originel : doctrine mémorable du concile de Trente sur la concupiscence.

Il faut donc ici remarquer que tous les passages (qui sont infinis) où nous trouvons la concupiscence comme un mal venu d'Adam, inhérent en nous, nous montrent dans tous les hommes le fond du péché originel; cette concupiscence étant le mal même dont saint Paul a dit : « Le mal réside en moi, » ou « le mal y est attaché, y est inhérent, » *malum mihi adjacet* [2]. Le cardinal Bellarmin prouve par ce passage et par beaucoup d'autres « que la concupiscence est mauvaise [3]. » Comme elle est inséparable de notre naissance, et qu'elle vient avec la vie d'Adam devenu pécheur, elle nous fait un avec lui en cette qualité et contient tout son péché en elle-même. C'est pourquoi saint Clément d'Alexandrie l'appeloit une *impiété*. C'est aussi ce qui faisoit dire à saint Grégoire de Nazianze « qu'elle désiroit toujours le fruit défendu [4]. » Le concile de Trente en expliquant en quel sens elle peut être appelée *péché*, décide à la vérité qu'elle ne l'est pas véritablement et proprement, *non verè et propriè*, mais c'est, dit-il, « dans les baptisés, » *in renatis* [5]; ce qui semble indiquer que dans les autres et avant ce sacrement c'est un péché « véritable et proprement dit, » tant à cause qu'elle domine dans les ames où la grace n'est

---

[1] *De nupt. et conc.*, 1, 11 ; I *ad Bonif. Contr. Jul.*, III, IV, V ; *Oper. inper.*, lib. I, cap. II, etc. — [2] *Rom.*, VII, 21. — [3] *De amiss. grat. et stat. pecc.*, lib. VI, cap. XIV. — [4] Tom. I, p. 93, *Carm.* — [5] *Sess.* V, can. V.

pas encore et qu'elle y met un désordre radical, qu'à cause qu'elle est le sujet où s'attache la faute d'Adam et le péché d'origine. C'est la doctrine constante de saint Augustin, dans laquelle on a déjà vu et on verra de plus en plus, qu'il n'ajoute rien à la tradition des saints qui l'ont précédé.

CHAPITRE XXV.

Passages d'Origène : vaines critiques sur ces passages, décidées par son livre contre Celse : que cet auteur ne rapporte pas à une vie précédente, mais au seul Adam le péché que nous apportons en naissant : pourquoi saint Augustin n'a cité ni Origène ni Tertullien.

Nous pouvons ranger Origène après son maître Clément Alexandrin. Les témoignages de cet auteur pour le péché originel sont si exprès que ceux mêmes de saint Augustin ne le sont pas plus, et en si grand nombre qu'il ne faut pas entreprendre de les copier tous. Tout le monde sait ceux des homélies VIII et XII *sur le Lévitique*[1], du *Traité* IX *sur saint Matthieu*[2], du *Traité* XIV *sur saint Luc*[3], où il est parlé du baptême des petits enfans en rémission des péchés et des souillures de leur naissance, dont ils ne peuvent être purifiés que par le baptême, conformément à cette parole de Notre-Seigneur : « Si on ne renaît d'eau et du Saint-Esprit, on n'entre pas dans le royaume de Dieu[4]. » On voit aussi par le *livre* V *sur l'Epître aux Romains*[5], que par ἐφ ᾧ il a entendu *in quo* avec la Vulgate, et non pas *quatenùs* ou *eò quòd*, « à cause que, » comme le vouloient les pélagiens ; par où il établit que tous les hommes ont été dans le paradis en Adam. Il enseigne dans le même endroit que la mort qui a passé à tous les hommes par Adam, est celle de l'âme, par conséquent le péché, d'où suit en tous la mort du corps.

On fait diverses critiques sur quelques-uns de ces passages d'Origène, et il y en a qui veulent qu'une partie ne soit pas de lui[6], comme ceux sur le *Lévitique*. On dit aussi, après saint Jérôme, que les péchés qui sont remis par le baptême, sont attri-

---

[1] Tom. I, p. 89, 90, 102. — [2] Tom. II, p. 49. — [3] *Ibid.*, 142. — [4] *Joan.* III, 5. — [5] Tom. II. p. 341, 342, 343, 348. — [6] Card. Norris, lib. I, cap. I, p. 5, 6.

bués par Origène à une vie précédente; mais cela ne se trouvera pas, et Origène les attribue constamment au péché d'Adam. Pour la critique qui ôte à Origène les homélies *sur le Lévitique*, elle n'est pas suivie, car tout y ressent Origène; et quoi qu'il en soit, la difficulté est levée, puisqu'il dit la même chose dans les autres homélies, comme *sur saint Matthieu* et *saint Luc*. Les *Livres sur l'Epître aux Romains*, traduits par saint Jérôme, ne sont ni douteux ni suspects, et ne souffrent point de réplique. Origène y réfute même ceux qui vouloient trouver dans une autre vie, qui précédoit celle-ci, le péché que nous apportons en naissant [1].

Mais ce qui finit toutes les critiques sur le sujet d'Origène, c'est sa doctrine constante dans son *Livre contre Celse*, où nous avons le grec de ce grand auteur, sans qu'il faille nous en rapporter à ses interprètes. Il enseigne premièrement que « nul homme n'est sans péché, » et que nous sommes tous pécheurs « par nature [2]; » secondement, que nous le sommes « par naissance, » et ce qui est décisif, que c'est « pour cela que la loi ordonne qu'on offre pour les enfans nouvellement nés le sacrifice pour le péché, à cause qu'ils ne sont point purs de péché et que ces paroles de David : « J'ai été conçu en iniquité [3], « leur conviennent en cet état [4]. » Nous avons remarqué ailleurs [5] deux autres passages où cet auteur entend du péché originel ce célèbre verset de David; mais celui-ci qui est le plus décisif à cause du livre où il se trouve, nous avoit échappé. Troisièmement il regarde la nature raisonnable comme corrompue et *pécheresse* [6], ce qui emporte un véritable péché commun à toute notre nature. Quatrièmement Origène rapporte toujours cette tache originelle au péché d'Adam [7], ce qui ne laisse aucun doute du sentiment de ce grand homme.

Il est vrai que sur l'*Epître aux Romains*, en racontant toutes les manières dont Adam a pu nuire à sa postérité, il remarque entre les autres celle que les pélagiens ont suivie depuis, c'est-à-dire celle de l'exemple qu'il nous a laissé de désobéir; mais c'est en présupposant, et là et partout ailleurs, une autre manière de

---

[1] P. 344, 352, 353. — [2] Lib. III, p. 149, 150, 151. — [3] *Psal.* L, 7. — [4] Lib. VII, p. 365, 366. — [5] *Suppl. in Psal.*, ad calcem lib. Salom. — [6] Lib. IV, p. 229. — [7] *Ibid.*, p. 291; lib. VII, p. 350, 351, 366.

nous nuire, en faisant passer à nous par la naissance un véritable péché qu'il falloit laver par le baptême, même dans les petits enfans.

Il est vrai encore qu'Origène a reconnu, dans les ames, une vie qui a précédé celle où elles se trouvent unies à un corps mortel ; car il la croyoit nécessaire pour justifier la diversité infinie des peines et des états dans la vie humaine, lesquels il ne croyoit pas pouvoir rapporter au seul péché originel, qui étoit commun à tous. Il disoit donc que la cause de cette inégalité étoit les divers mérites dans une vie précédente; mais il ne se trouvera pas qu'il ait une seule fois allégué cette raison, quand il a parlé de ce péché que nous apportions en naissant et qu'il falloit expier par le baptême ; au contraire nous avons vu qu'il l'a toujours rapporté au premier père ; et lorsque saint Jérôme lui attribue autre chose [1], c'est plutôt une conséquence qu'il remarque qu'on eût pu tirer de ses principes, qu'une doctrine qu'il ait jamais enseignée.

Au reste d'autres que nous, et entre autres le P. Garnier après le P. Petau, si je ne me trompe, ont fait voir que les pélagiens loin d'avoir prétendu suivre Origène, se glorifioient de combattre ses erreurs ; et quoi qu'il en soit, il est bien certain qu'ils ne peuvent avoir pris de lui leur doctrine contre le péché originel, puisque ce grand homme avoit établi la sienne dans les mêmes termes dont saint Augustin s'est servi et avec toute l'évidence qu'on a vu.

Que si ce Père n'a pas employé l'autorité d'Origène, non plus que celle de Tertullien, c'est qu'ils étoient des auteurs flétris : le premier, par le jugement de Théophile d'Alexandrie, confirmé par celui du pape saint Anastase ; et le second, par son schisme : mais comme ce n'est point sur cet article que ces grands auteurs ont été notés, et qu'au contraire ils l'ont expliqué selon toutes les règles de la tradition, on peut très-bien les employer pour en expliquer la suite.

[1] *Dial.* III.

CHAPITRE XXVI.

Tertullien exprime de mot à mot toute la théologie de saint Augustin.

Outre le passage de Tertullien qu'on a déjà remarqué en parlant de saint Irénée [1], nous trouvons encore dans ce grave auteur « que la raison nous venant de Dieu, ce qu'il y a en nous contre la raison nous est venu par l'instinct du diable, et que ce n'est autre chose que cette première faute de la prévarication d'Adam, *primum illud prævaricationis admissum,* qui depuis est demeurée inhérente en nous et nous a passé en nature, *adolevit et coadolevit ad instar naturalitatis,* à cause qu'elle est arrivée au commencement de la nature même, *in primordio naturæ* [2]. » Il faut entendre par ce terme *primordium,* non-seulement le commencement par l'ordre des temps, mais encore le commencement par principe et par origine ; et cela n'est autre chose que de reconnoître « ce grand changement arrivé et dans notre corps et dans notre ame, au commencement et dans la source du genre humain, » que saint Augustin a eu à défendre contre les pélagiens. On ne pouvoit pas reconnoître mieux cet *in quo* de l'*Epitre aux Romains,* ni dire plus fortement que nous avons tous péché en Adam qu'en disant que son péché nous étoit passé *en nature* [3] ; et la conséquence naturelle de ce grand principe est celle que Tertullien reconnoît aussi dans la suite, « que les enfans, » même « des fidèles, naissoient impurs : que pour cela Jésus-Christ a dit que si on ne renaissoit de l'eau et du Saint-Esprit, on n'auroit point de part à son royaume ; et qu'ainsi toute ame étoit réputée être en Adam, jusqu'à ce qu'elle soit renouvelée en Jésus-Christ. » Etre en Adam, n'est pas seulement être dans la peine, mais encore être dans la malédiction, dans la damnation, dans la perte, dans le péché ; et c'est pourquoi il ajoute : Que toute ame « est pécheresse à cause de son impureté et le demeure toujours, jusqu'à ce qu'elle soit régénérée par le baptême. » Ce sacrement n'ôte point la mort, il n'ôte point le fond de la concupiscence. Si donc le baptême ôte à l'ame quelque tache, on n'en voit point d'autre que

---

Ci-dessus, chap. XXII. — [2] *De animâ,* cap. XVI. — [3] *Ibid.,* cap. XL.

celle du péché, « qu'elle contracte, dit Tertullien, par son union avec la chair, à cause, continue-t-il, de la convoitise par laquelle elle convoite contre l'esprit, » ce qui *la rend pécheresse* autant que la chair le peut être.

Voilà toute la théologie du péché originel aussi clairement expliquée qu'auroit pu faire saint Augustin depuis la dispute des pélagiens : voilà le premier péché qui passe *en nature* à tous les hommes : en voilà la propagation par la concupiscence de la chair : en voilà la rémission dans le baptême, et je ne sais plus rien à y ajouter.

CHAPITRE XXVII.

Erreur des nouveaux critiques, qu'on parloit obscurément du péché originel avant saint Cyprien : suite des passages de Tertullien, que ce saint appeloit son maître : beau passage du livre De pudicitiâ.

On ne voit donc pas pourquoi nos critiques ont voulu insinuer qu'on ne parloit qu'obscurément de cette doctrine avant saint Cyprien. Il est vrai qu'il n'y a rien de plus net que ces paroles de ce saint martyr, citées par saint Augustin, que nous devons baptiser les enfans, parce « qu'autant qu'il est en nous, nous ne devons perdre aucune ame : » par où il montre que l'ame est perdue sans le baptême; ce qu'il appuie en disant : « Que les enfans nouvellement nés, qui n'avoient péché qu'à cause qu'étant engendrés d'Adam selon la chair, ils avoient par contagion contracté la mort ancienne par leur première naissance, devoient être d'autant plus tôt reçus à la rémission des péchés, qu'on leur remettoit, non pas leurs propres péchés, mais des péchés étrangers [1]; » c'est-à-dire tous les péchés d'orgueil, de révolte, d'intempérance et d'erreur qui se trouvent dans le seul péché du premier père.

Tout est compris dans ce peu de mots de saint Cyprien; c'est-à-dire tant le péché même que la naissance charnelle, et en elle la concupiscence, par où il étoit transmis : mais tout ce qu'on trouve de si précis dans ces paroles de saint Cyprien, avoit précédé, et peut-être plus formellement dans celles de Tertullien, que ce saint martyr ne dédaignoit pas d'appeler son maître.

[1] Lib. III *De pecc. mer.*, cap. III; *Contr. Jul.*, lib. I, cap. III; *Epist ad Fid.*

Par la force du même principe, le même Tertullien explique cette « ressemblance de la chair du péché[1], » que saint Paul a reconnue dans Notre-Seigneur, et saint Augustin n'en parle pas autrement que lui.

On pourroit faire un volume des autres passages du même Tertullien. Je remarquerai seulement qu'il nous fait sentir, comme ont fait aussi tous les anciens, que nous avions commis le même péché que notre premier père, que nous avions avec lui étendu le bras au bois défendu, que nous y avions goûté une pernicieuse douceur[2], ce qui est toujours cet *in quo* de saint Paul ; enfin qu'avant le baptême notre chair « étoit en Adam dans son vice, dans le poison, dans la corruption de la convoitise, dans les taches et dans les ordures du premier péché, que l'eau du baptême n'avoit point encore lavées ; » et que cette corruption passoit en nous « par l'impureté contagieuse du sang d'où nous sommes conçus, et par la noirceur de la concupiscence : » le baptême n'en ôtoit pas le fond ; il n'en ôtoit que la tache, la coulpe, le *reatus*, comme parle saint Augustin. Il y a donc une tache, un *reatus*, une coulpe héréditaire. Qu'y a-t-il à ajouter à cette doctrine ?

Il ne faut donc pas s'étonner si saint Cyprien, avec son concile de soixante-six évêques, consulté sur le baptême des petits enfans, que quelques-uns vouloient différer au huitième jour à l'exemple de la circoncision, résout cette question, ainsi que l'a remarqué saint Augustin, par la doctrine du péché originel, comme par un principe constamment reçu « et sur lequel il n'y avoit jamais eu de contestation ni aucune consultation à faire, puisqu'il étoit regardé de tous comme certain et indubitable[3]. » On voit en effet que ce saint martyr ne fait que dire et appliquer au sujet ce qui avoit été enseigné par les Pères précédens, et l'avantage qu'on tire de sa lettre synodique n'est pas d'y apprendre quelque chose de nouveau sur ce dogme, mais de le voir établi *comme certain et incontestable*[4] par l'autorité de tout le concile d'Afrique qui avoit à sa tête un si grand docteur.

---

[1] *De carn. Christ.*, cap. xvi. — [2] *De pudic.* — [3] *De pecc. mer.*, lib. III, cap. v, n. 10. — [4] August., *ibid.*

CHAPITRE XXVIII.

Réflexions sur ces passages qui sont des trois premiers siècles : passages de saint Athanase dans le quatrième.

Nous ne sommes qu'au troisième siècle de l'Eglise ; et on y voit déjà sans le moindre doute, et autant en Orient qu'en Occident, la tradition du péché originel : je dis du péché originel dans le sens et dans l'esprit de saint Augustin et des conciles d'Afrique, d'Orange et de Trente : on voit déjà des conciles en faveur de ce dogme. On a vu sur la fin du troisième siècle et au commencement du quatrième, Réticius évêque d'Autun cité par saint Augustin : on a vu dans le même Père Olympius évêque d'Espagne. Il n'a point produit saint Athanase, dont il y a apparence que les ouvrages étoient rares en Occident et n'avoient point été traduits ; mais il n'est pas moins exprès que les autres Pères, puisqu'il dit que « le genre humain avoit prévariqué en Adam, que de là nous étoit venue la concupiscence [1] : » que Jésus-Christ étoit mort sur le Calvaire, « où les maîtres des Hébreux, » et leur tradition « marquoient le sépulcre d'Adam, afin d'abolir son péché [2], » non-seulement dans sa personne, mais encore « dans toute sa postérité [3]. » Ainsi le péché d'Adam n'étoit pas seulement le sien, mais celui de tous ses enfans. Nous avions tous péché en lui selon cet *in quo* de l'Apôtre que nous trouvons trop souvent pour avoir besoin dorénavant de le répéter ; et si ce Père raconte dans la suite que Jésus-Christ nous délivre de la mort, c'est après avoir présupposé qu'il nous délivre, aussi bien qu'Adam, du péché même qui en est la cause.

CHAPITRE XXIX.

Saint Basile et saint Grégoire de Nazianze.

Saint Augustin nous fait paraître dans la suite du quatrième siècle comme les deux yeux de l'Orient, en la personne de saint Basile et de saint Grégoire de Nazianze. Il cite à la vérité un beau

[1] Tom. I, *Orat. contr. Gent.*, p. 456. — [2] *De Incarn.*, 57. — [3] *De pass. et cruc.*

passage du premier, où il paroît « que nous avons été intempérans en Eve et en Adam, et chassés en eux du paradis [1]. » C'est quelque chose de fort, puisqu'on y voit non-seulement la mort et les autres peines du corps, mais le péché même d'Adam et l'exclusion du paradis, c'est-à-dire la mort de l'ame et l'exclusion de l'éternelle félicité passée à tous ses enfans. Mais qui veut voir la vérité toute nue, sans avoir besoin ni de former un raisonnement, ni de tirer une conséquence, n'a qu'à lire ce passage du livre premier du Baptême [2] : « Ces paroles de Notre-Seigneur : « il faut naître encore une fois, » signifient, dit-il, la correction et le changement de notre première naissance dans l'immondice des péchés, selon cette parole de Job : « Nul n'est pur de tache, pas même l'enfant d'un jour [3] ; » et celle-ci de David : « J'ai été conçu en iniquité [4], » etc. ; et cette autre de saint Paul : « Tous ont péché et ont besoin de la gloire de Dieu [5] ; » où il parle si clairement d'un véritable péché, que ce seroit obscurcir cette vérité que de l'expliquer davantage. Il dit ensuite que naître de l'eau, c'est selon saint Paul mourir au péché ; d'où il s'ensuit, conformément à la décision du concile de Carthage [6], que la forme du baptême seroit fausse dans les enfans, s'il n'y avoit un péché auquel ils doivent mourir dans ce sacrement.

Pour saint Grégoire de Nazianze, saint Augustin en rapporte des paroles claires [7], et entre autres celles d'une oraison sur le baptême que nous n'avons plus, où il prouve, comme vient de faire saint Basile, la vérité de cette sentence de Notre-Seigneur : « Si l'on ne renaît de l'eau et du Saint-Esprit, » etc., parce que c'est dans le baptême qu'on lave les taches de notre première naissance, dont il est écrit : « Nous sommes conçus dans le péché, » etc. Mais nous avons entre les mains ses autres ouvrages, où il appelle le péché d'Adam « notre premier péché ; » et où il dit : « Que nous avons goûté en Adam le fruit défendu : qu'en lui nous avons violé la loi de Dieu, et qu'aussi nous avons été chassés en lui du paradis, » par où les Pères entendent tou-

---

[1] Homil. I *De jejun.*, tom. I, p. 322; August., lib. I *Contr. Jul.*, cap. v. — [2] Basil., lib. I, cap. II, p. 649, 650. — [3] *Job*, XIV, 4. — [4] *Psal.*, L, 7. — [5] *Rom.*, II, 23. — [6] *Can.* II. — [7] Lib. I *Contr. Julian.* cap. v.

jours la vie et le séjour des enfans de Dieu. Il prouve aussi par cette raison qu'il faut baptiser les petits enfans « en cas de péril [1]; » et il répond à ceux qui prenoient occasion de différer leur baptême à cause que Jésus-Christ n'a été baptisé qu'à trente ans, qu'il a été libre de prolonger son baptême à celui « qui étant la pureté même n'avoit rien à purifier, à qui par conséquent le baptême n'étoit pas nécessaire; mais qu'il n'en étoit pas ainsi de nous qui étions nés par la corruption [2]. » On trouve aussi dans le même lieu [3] la pratique des exorcismes qui préparoient au baptême : ce qui n'étoit autre chose qu'une reconnoissance publique que tous ceux qu'on baptisoit, et par conséquent les enfans, puisqu'on ne les baptisoit pas dans une autre forme, étoient sous la puissance du démon.

On peut voir encore le premier discours, c'est-à-dire l'*Apologie* de ce Père [4], où attribuant à l'homme avant le baptême tout ce qu'Adam a fait de mal, et à l'homme depuis le baptême tout ce que Jésus-Christ a fait de bien, il montre que le péché qui nous vient de l'un est aussi véritable en nous que la justice qui nous vient de l'autre; ce qui est le raisonnement de tous les Pères à l'exemple de saint Paul.

CHAPITRE XXX.

Saint Grégoire de Nysse.

Il n'est pas possible que saint Grégoire de Nysse, dans une matière si essentielle à la religion, se soit séparé de saint Basile son frère qu'il appelle aussi son maître, et de saint Grégoire de Nazianze avec lequel il étoit uni, comme tout le monde sait. Cependant on pourroit être étonné de trouver dans son *grand Catéchisme* une longue instruction sur le baptême, dans laquelle il n'entre pas un mot du péché originel. Il y tourne toute sa pensée à l'instruction des adultes, qui faisoient peut-être alors le plus grand nombre de ceux que l'on baptisoit; mais ce qu'il ne marque pas dans l'explication du baptême, il le marque dans l'explication de l'Eucharistie, où pour expliquer pourquoi Jésus-Christ entre en

[1] *Orat.* XL, p. 648, 653.— [2] *Ibid.*, p. 658.— [3] *Ibid.*, p. 657.— [4] *Orat.* I, p. 11, 12.

nous par la manducation réelle et substantielle de son corps, il dit « que comme le mal a pénétré au dedans, lorsque nous avons goûté le fruit défendu, il falloit que le remède y entrât aussi [1]. » Il prononce ailleurs que « la chair est assujettie au mal à cause du péché : que la mort est venue par un homme et le salut par un homme aussi [2], » ce qui étend aussi loin la perte en Adam que le salut en Jésus-Christ : « qu'une femme (la sainte Vierge) a délivré une femme, » c'est-à-dire Eve et ses enfans; « et qu'en introduisant la justice en Jésus-Christ, elle a réparé le péché qu'une autre femme avoit introduit : » que Jésus-Christ a reçu le baptême « afin de relever celui qui étoit tombé et de confondre celui qui l'avoit abattu, » c'est-à-dire le diable, « qui, dit-il, a introduit le péché. » C'en est assez pour montrer qu'il ne dégénéroit pas de la doctrine de l'antiquité, qui paroît si manifeste dans ceux de son siècle avec qui il avoit le plus de liaison.

Je ne crois pas pouvoir ajouter rien de considérable aux passages de saint Hilaire et de saint Ambroise, que saint Augustin a rapportés; et ainsi il ne me reste plus, pour achever le quatrième siècle, que d'examiner avec lui les endroits de saint Chrysostome, ce qui fera la principale matière du livre suivant.

[1] *Catech. magna*, cap. XXXVII, tom. III, p. 102 et seq. — [2] *De Virg.*, *ibid.*, p. 152.

LIVRE IX.

PASSAGES DE SAINT CHRYSOSTOME, DE THÉODORET, DE PLUSIEURS AUTRES CONCERNANT LA TRADITION DU PÉCHÉ ORIGINEL.

CHAPITRE PREMIER.

Passage de saint Chrysostome, objecté à saint Augustin par Julien.

Après que saint Augustin nous a menés par les témoignages, tant de l'Orient que de l'Occident, jusqu'au temps de saint Chrysostome, qui étoit le seul des Pères qu'on lui objectoit, il vient aux sentimens de ce grand homme; et non content d'avoir démontré par la méthode qu'on a vue, qu'il n'est pas possible que sa doctrine ait dégénéré de celle de tous les autres saints, il répond aux objections qu'on tiroit de ses écrits, et en même temps il prouve à son tour qu'en effet il a reconnu dans tous les hommes, non-seulement la peine, mais encore la coulpe même du péché d'Adam. Suivons la méthode de ce saint, et proposons avant toutes choses le passage de saint Chrysostome, que Julien objectoit.

Il étoit tiré d'une homélie sur les néophytes, c'est-à-dire sur les nouveaux baptisés, que nous n'avons plus; et on y lisoit ces paroles selon la traduction que Julien proposoit : « Il y en a qui se persuadent que la grace du baptême consiste toute dans la rémission des péchés; mais nous venons d'en raconter dix avantages. C'est aussi pour cette raison que nous baptisons les enfans, quoiqu'ils ne soient point souillés par le péché, pour leur donner ou leur ajouter la sainteté, la justice, l'adoption, l'héritage, la fraternité de Jésus-Christ, l'honneur d'être ses membres et d'être la demeure du Saint-Esprit[1]. » La force de ce passage consistoit en ce que saint Chrysostome sembloit vouloir dire qu'on baptisoit les enfans, non point pour les laver du péché qu'ils n'avoient pas, mais pour leur donner les graces annexées à ce sacrement.

[1] *Contr. Jul.*, lib. I, cap. VI, n. 22.

CHAPITRE II.

Réponse de saint Augustin : passage de l'homélie qu'on lui objectoit, par où il en découvre le vrai sens.

Sur ce passage de saint Chrysostome, saint Augustin fait trois choses : la première, il corrige la traduction de Julien; secondement il fait voir le sens véritable de saint Chrysostome; en troisième lieu il prouve ce sens par la suite de l'homélie sur les nouveaux baptisés, qui étoit celle qu'on lui objectoit. Nous commencerons par ce dernier endroit de la réponse, parce qu'il fait voir la solidité des deux autres. Voici donc dans cette homélie les paroles de saint Chrysostome dont saint Augustin nous rapporte le grec que nous n'avons plus et qu'il traduit ainsi de mot à mot : « Jésus-Christ est venu une fois, il a trouvé notre cédule ou obligation paternelle, *chirographum paternum*, qu'Adam a écrite : celui-ci a établi le commencement de la dette, nous l'avons augmentée par nos péchés postérieurs : *Ille initium induxit debiti, nos fœnus auximus posterioribus peccatis*[1]. » Le passage est évident : les termes sont clairs. *Chirographum* est ici la cédule ou l'obligation pour contracter une dette. Saint Chrysostome enseigne ailleurs[2], que c'est là naturellement ce que ce mot signifie. La cédule ou obligation paternelle, *chirographum paternum*, marque une dette ancienne qui se trouve parmi les effets de la succession; *fœnus* signifie en ce lieu, selon l'usage ordinaire, *æs alienum*, dette. L'intelligence des termes étant supposée, la chose ne reçoit plus de difficulté. Saint Chrysostome ne parleroit pas *des péchés postérieurs* qui ont augmenté notre dette, s'il n'en avoit supposé un premier qui l'a commencée. Le terme même de *dette* signifie péché dans l'usage de l'Ecriture, et nous donnons tous les jours ce nom au péché, lorsque nous disons dans l'Oraison Dominicale : *Dimitte nobis debita nostra*, « remettez-nous nos péchés comme nous les remettons à ceux qui nous doivent. » En ce sens nous avons deux sortes de dettes : la première est celle que nous avons contractée dans notre premier père; et la seconde,

[1] *Contr. Jul.*, lib. I, cap. VI, n. 26. — [2] Hom. VI *in Coloss.*, II, 14.

celle que nous augmentons par nos péchés. Nous sommes des deux côtés redevables à la justice divine. Saint Augustin remarque très-bien de cette première dette qu'elle est nôtre, et qu'elle est aussi paternelle. Saint Chrysostome, dit-il, l'appelle « nôtre, » *chirographum nostrum,* parce qu'elle nous devient propre par la succession : *Non contentus fuit dicere paternum chirographum, nisi adderet nostrum.* Elle est aussi paternelle, parce qu'elle nous vient de notre Père, dont nous sommes héritiers ; et que c'est, pour ainsi parler, le seul effet de cette malheureuse succession ; d'où il s'ensuit qu'il y a en nous, outre nos dettes particulières, une dette, c'est-à-dire, comme on a vu, un péché héréditaire.

CHAPITRE III.

Evidence de la réponse de saint Augustin ; en quel sens il a dit lui-même que les enfans étoient innocens.

Ce fondement supposé, la réponse de saint Augustin ne souffre point de difficulté ; puisqu'ayant prouvé par saint Chrysostome qu'il reconnoissoit dans les baptisés *des péchés postérieurs que nous ajoutons* à celui qui nous vient d'Adam, il n'y avoit rien de plus naturel que de croire, lorsqu'il disoit que les enfans *n'ont point de péchés,* qu'il l'entendoit *de ces péchés postérieurs* ajoutés au premier péché par leur volonté, qui étoient ceux qu'en effet les enfans ne pouvoient avoir.

C'est pourquoi saint Augustin avoit beaucoup de raison de corriger la version de Julien, qui au lieu qu'on lisoit dans l'original de saint Chrysostome, que « les enfans n'ont point de péchés » au nombre pluriel, *quamvis peccata non habentes,* traduisoit « qu'ils n'étoient point souillés du péché, » *cùm non sint coinquinati peccato*[1] ; ce qui étoit faire parler saint Chrysostome bien plus généralement et plus indéfiniment qu'il n'avoit fait.

Il n'y avoit donc rien de plus net que la solution de saint Augustin : « Il dit (saint Chrysostome) que les enfans n'ont point de péchés, c'est-à-dire propres ; et c'est pourquoi, continue-t-il, nous les appelons innocens et avec raison, » au sens que saint Paul a

[1] *Contr. Jul.,* loc. citat., n. 22.

dit de Jacob et d'Esaü, qu'ils « n'avoient fait ni bien ni mal, » et non en celui où il a dit « qu'on est pécheur dans un seul[1], » par le péché d'autrui et non par le sien propre.

Et pour entendre à fond cette réponse de saint Augustin[2], il faut savoir qu'il y a une innocence dans les petits enfans, que ce Père a été obligé de défendre contre les pélagiens. Pressés par cette interrogation : Pourquoi on baptisoit les enfans en la rémission des péchés, s'ils n'en avoient aucun? plutôt que d'avouer le péché originel avec le reste des chrétiens, ils disoient que les enfans n'étoient pas incapables de pécher par leur propre volonté, et que c'étoit de tels péchés qu'on leur remettoit dans le baptême. Contre cette folle opinion que l'Eglise ni l'humanité ne connoissoient pas, saint Augustin eut à soutenir en plusieurs endroits *l'innocence* des enfans[3] et le langage commun du genre humain, qui les appeloit *innocens*. Il dit même que saint Cyprien *a défendu leur innocence*[4], du côté des péchés qu'on peut commettre par sa volonté; et pour cela il allègue le passage qu'on vient de voir de saint Paul, où il parle de Jacob et d'Esaü « comme n'ayant fait ni bien ni mal[5]. » Il pouvoit aussi rapporter ce que dit le même Apôtre : « La mort a régné sur tous ceux qui n'ont point péché[6]. » Il venoit de dire qu'ils ont péché en Adam; et il dit aussitôt après qu'ils n'ont point péché, c'est-à-dire, comme il ajoute, qu'ils n'ont point péché « en ressemblance de la prévarication d'Adam; » et comme l'explique saint Jérôme[7] aussi bien que saint Augustin[8], *par leur propre et particulière volonté*. On peut donc dire qu'ils ont péché et n'ont point péché à divers égards, et c'est vouloir embrouiller une chose claire que de chercher ici de l'embarras.

[1] *Rom.*, v, 19. — [2] Lib. I *De pecc. mer.*, cap. XXXIV et XXXV. — [3] *Ibid.*, XVII. — [4] *Ibid.*, XXXV. — [5] *Rom.*, IX, 11. — [6] *Rom.*, v, 14.— [7] *Adv. Pelag.*, lib. III, p. 471. — [8] *De pecc. mer.*, lib. I, cap. XI.

CHAPITRE IV.

Pourquoi saint Chrysostome n'a point parlé expressément en ce lieu du péché originel, au lieu que Nestorius et saint Isidore de Damiette en ont parlé un peu après avec une entière clarté.

Au reste dans la liberté qu'on avoit, selon ses diverses vues, de mettre les petits enfans au rang des coupables ou des innocens, saint Chrysostome en ce lieu avoit ses raisons pour les regarder de cette dernière manière ; car il avoit à réfuter ceux qui dégradoient le baptême et en mutiloient la grace en la restreignant au seul pardon, à l'exclusion des autres dons beaucoup plus grands. C'est ce qui paroît par le texte de son homélie, qu'il faut encore une fois, pour un plus grand débrouillement de cette matière, présenter aux yeux des lecteurs : « Il y en a, dit-il, qui veulent croire que la grace de ce sacrement consiste toute dans la rémission des péchés ; mais nous venons d'en raconter dix avantages. C'est aussi pour cette raison que nous baptisons les enfans, quoiqu'ils n'aient point de péchés, pour leur ajouter la sainteté, la justice, l'adoption, l'héritage, la fraternité de Jésus-Christ, l'honneur d'être ses membres et la demeure du Saint-Esprit. »

Dans le dessein que se proposoit ce grand personnage, on voit qu'il avoit besoin, non point des péchés dont le baptême nous délivre, mais des graces qu'il nous confère. C'est pourquoi il exagère les dons, et passe légèrement sur le péché des enfans. Et si l'on demande : Pourquoi en disant qu'ils n'avoient point de péchés, ne s'explique-t-il pas davantage ? Que lui eût-il coûté de dire qu'ils n'avoient point de péchés propres, et de mettre tout à couvert par ce peu de mots ? Saint Augustin répond pour lui qu'il ne faut pas s'étonner s'il n'a pas eu cette précaution dans un temps qu'il n'y avoit pas de question qui l'y obligeât, et que les pélagiens ne s'étoient pas encore élevés[1].

Et pour montrer la solidité de cette réponse, il n'y a qu'à voir comment on parle depuis la naissance de cette hérésie. Avant que Nestorius eût éclaté contre l'Eglise, nous avons vu qu'il s'étoit

[1] *Cont. Jul.*, lib. 1, cap. IV, n. 22.

servi, contre Pélage et Célestius, de cette cédule que saint Chrysostome avoit prêchée peut-être dans la même chaire [1]. Mais Nestorius s'explique plus clairement que n'avoit fait saint Chrysostome. Car il dit positivement « que cette cédule, c'est le péché d'Adam. » Il ajoute que « cette cédule » nous exclut « du ciel, » et nous fait mourir « dans la puissance du diable. » D'où vient qu'il a parlé plus précisément et avec plus de précaution que saint Chrysostome, bien plus habile que lui, si ce n'est que Julien le pélagien, réfugié à Constantinople après sa condamnation et présent peut-être à ce sermon, l'avoit rendu plus attentif à l'hérésie pélagienne, qu'il se faisoit alors un honneur de combattre? C'est pourquoi on peut bien trouver le même fond de doctrine dans saint Chrysostome, mais non pas toujours pour cela la même précision.

C'est ce qui paroît encore plus clairement un peu après dans saint Isidore de Damiette. On lui demande pourquoi on baptise les petits enfans, encore qu'ils soient sans péché, ἀναμάρτητα ὄντα : « Et il y en a, répond-il, qui s'attachant aux petites choses, en rendent cette raison, qu'on efface par ce moyen la tache qui passe en nous par la prévarication d'Adam; pour moi, je crois aussi que cela se fait, mais non pas cela seulement; car ce seroit peu de chose. Il y faut donc ajouter les dons qui surpassent notre nature : elle ne reçoit pas seulement ce qui lui est nécessaire pour effacer le péché, mais elle est ornée des dons divins; elle n'est pas seulement délivrée du supplice, ni de toute la malice du péché, mais elle est régénérée d'en haut, rachetée, sanctifiée, adoptée, justifiée, cohéritière du Fils unique et unie à ce chef comme un de ses membres[2]. » Et un peu après : « Nous n'avons pas seulement reçu un remède contre une plaie, mais une beauté au-dessus de tous nos mérites. Ainsi il ne faut pas croire que le baptême ôte seulement les péchés mais encore qu'il opère avec l'adoption mille autres dons dont j'ai expliqué une partie. »

Je ne crois pas que personne puisse lire cette lettre d'un homme que l'on sait d'ailleurs avoir été si affectionné à la lecture de saint Chrysostome[3], sans sentir qu'il avoit en vue l'homélie de ce Père

---

[1] Apud Mercat., serm. II, Nestor., n. 7, 8; Garn., p. 84. — [2] Lib. III, *Epist.* CXCV. — [3] Lib. V, *Epist.* XXXII.

que Julien objectoit. On voit dans toutes les deux, je veux dire et dans la lettre et dans l'homélie, non-seulement le même dessein de prouver que le baptême ne consiste pas dans la seule rémission des péchés, mais encore les mêmes preuves, les mêmes expressions, le même ordre et le même esprit de ne s'arrêter presque pas à la rémission du péché, en comparaison des dons immenses qui sont attachés à ce sacrement. Si saint Isidore s'explique plus clairement, s'il s'exprime en termes formels, qu'un des effets du baptême des petits enfans est d'effacer la tache du péché originel et d'en guérir la plaie ; s'il l'appelle formellement un *péché*, une *malice* ; en un mot, s'il explique si distinctement ce que saint Chrysostome n'a dit qu'en gros, ce n'est pas qu'il soit plus savant que ce grand évêque, ni qu'il pense autrement que lui, puisqu'il le nomme si souvent comme son maître ; mais c'est qu'étant réveillé par l'herésie des pélagiens, qui avoit fait tant de bruit par toute la terre, il a été plus attentif à des choses que saint Chrysostome n'avoit point d'obligation d'expliquer.

CHAPITRE V.

Passages de saint Chrysostome dans l'homélie x *sur l'*Epître aux Romains, *proposés en partie par saint Augustin pour le péché originel.*

Outre l'homélie *sur les nouveaux baptisés*, que nous n'avons plus, saint Augustin oppose à Julien les passages de l'homélie x sur l'*Epître aux Romains,* que nous avons. « C'est reconnoître, dit-il, le péché originel que d'enseigner, comme saint Chrysostome a fait au commencement de cette homélie, que le péché qui a tout souillé n'est pas celui qui vient de la transgression de la loi de Moïse, mais celui qui vient de la désobéissance d'Adam[1]. » Il s'agit d'un véritable péché, puisqu'on le compare à la transgression de la loi de Moïse : ce péché est universel, *puisqu'il souille tout*, et d'une souillure qui est comparée à celle que l'on contracte par la prévarication de la loi de Moïse. Ce n'est donc pas seulement la

[1] Chrysost., hom. x *in Epist. ad Rom.*, apud August., lib. 1 *Contr. Jul.*, cap. vi, n. 17.

peine, mais encore le péché qui passe d'Adam à tous les hommes et qui infecte tout le genre humain.

Saint Augustin nous fait voir encore dans la suite de cette homélie « que tous ceux qui sont baptisés en la mort de Jésus-Christ et ensevelis avec lui, ont en eux-mêmes un péché auquel ils meurent. » Les enfans en ont donc un, puisqu'on les baptise de l'aveu de saint Chrysostome, comme de tout le reste des Pères.

Que si nous continuons la lecture de cette homélie, nous y trouverons ces mots : « Si le Juif demande comment est-ce que toute la terre a été sauvée par la sainteté d'un seul Jésus-Christ, demandez-lui, à votre tour, comment est-ce qu'elle a été condamnée par la désobéissance d'un seul Adam [1]. » La comparaison est nulle, si de même que vous mettez d'un côté une véritable justice, « qui nous est communiquée, dit saint Chrysostome, par la croix et l'obéissance de Jésus-Christ, » vous ne mettez aussi de l'autre un véritable péché, qui nous vient de la désobéissance d'Adam. C'est pourquoi ce saint docteur continue ainsi : « De peur que vous ne croyiez, quand vous entendez nommer Adam, qu'on ne vous ôte que le seul péché qu'il a introduit, saint Paul nous apprend qu'on nous a remis tous les péchés qui ont suivi ce premier péché commis dans le paradis. »

Il y a donc un péché qu'Adam a introduit dans le monde. Qu'est-ce que l'introduire, si ce n'est le communiquer et le répandre? Or ce péché introduit n'est pas moins péché que les autres, puisqu'il a besoin d'être remis à chacun de nous comme ceux que nous avons commis.

CHAPITRE VI.

Qu'en parlant très-bien au fond dans l'homélie x sur l'Epître aux Romains, saint Chrysostome s'embarrasse un peu dans une question qui n'étoit pas encore bien éclaircie.

Après avoir parlé si clairement du péché originel en tant d'endroits de cette savante homélie, s'il s'embarrasse dans la suite, s'il ne trouve « aucune apparence qu'on soit pécheur par la désor-

[1] Vide apud Chrys., loc. cit.

béissance d'autrui, » il faut ici entendre nécessairement par «être pécheur, » l'être par un péché propre et actuel : autrement un si grand docteur n'auroit pas seulement contredit les autres, mais se seroit encore contredit lui-même.

Mais d'où vient donc que partout, dans cette homélie, il explique *pécher en Adam* de la peine plutôt que du péché ? C'est là qu'il ne paroît pas que sa doctrine soit assez suivie, ou du moins assez expliquée ; et néanmoins dans le fond et à parler de bonne foi, on doit plutôt dire qu'il s'embarrasse dans une matière qui n'étoit pas encore bien éclaircie, qu'on ne doit dire qu'il se trompe. Ceux qui lui attribuent l'erreur de reconnoître le supplice où le péché ne seroit pas, et le font en cela plus déraisonnable que n'ont été les pélagiens, comme on l'a démontré plus haut [1], devroient trouver quelque part dans ses écrits que la justice permît de punir de mort des innocens, ou de faire sentir la peine à ceux qui n'ont pas de part au crime. Mais loin qu'on trouve quelque part une si étrange doctrine dans les ouvrages de ce Père, on y trouve tout le contraire, et même dans l'homélie x et dans l'endroit qu'on nous oppose. Car au même endroit où il dit « qu'il n'y a aucune apparence qu'on soit pécheur par la désobéissance d'autrui, » il ajoute : « qu'on trouvera que celui qui seroit tel, » c'est-à-dire, qui seroit pécheur du péché d'un autre, «ne seroit redevable d'aucune peine, puisqu'il ne seroit point pécheur en lui-même, » ou *en son particulier*, δικαίως. Quiconque donc n'a point de péché en lui-même ne peut selon la règle de saint Chrysostome être assujetti à la peine, et ceux qui lui attribuent une autre doctrine sont réfutés par lui-même.

Il est pourtant vrai qu'il venoit de dire dans cette même homélie « qu'encore qu'il ne semble pas raisonnable qu'on soit puni pour le péché d'autrui, cela néanmoins est arrivé aux enfans d'Adam ; » et on ne peut concilier ces deux endroits du même discours, à moins de reconnoître que ce péché qu'il appelle le péché d'autrui à cause qu'un autre l'a commis actuellement, devient le propre péché de tous les autres, en tant qu'ils en ont la tache en eux-mêmes par contagion ; de même à peu près, qu'encore qu'on

[1] Ci-dessus, liv. VIII, chap. xii et suiv.

prenne le mal de quelqu'un, on ne laisse pas de l'avoir en soi ; et c'est la comparaison que saint Augustin fait en plusieurs endroits : d'où il infère que le péché que nous tirons de nos premiers parens « nous est étranger d'une certaine façon, quoiqu'il soit propre d'une autre : étranger en le regardant selon la propriété de l'action, » qui appartient en ce sens à Adam qui l'a fait ; « et propre cependant par la contagion de notre naissance[1], » qui le fait passer en nous avec la vie.

Il ne faut pourtant pas s'imaginer que la comparaison de la contagion soit parfaite, puisque cette maladie que nous aurions contractée dans un air qu'un pestiféré auroit infecté, seroit de même nature que la sienne ; au lieu que le péché que nous avons contracté d'Adam ne peut pas être en nous comme il est en lui, ni absolument de même nature, puisqu'il n'y peut jamais être aussi actuel et aussi propre qu'il est à ce premier père, auteur de notre vie et de notre faute.

CHAPITRE VII.

Pourquoi, en un certain sens, saint Chrysostome ne donnoit le nom de péché qu'au seul péché actuel.

Et pour pousser la chose à bout, si l'on demande à quoi servoit à saint Chrysostome de distinguer l'actuel de l'originel dans cette précision, cela lui servoit à montrer qu'il y avoit un libre arbitre et par conséquent un péché de propre détermination, de propre volonté, de propre choix : ce que nioient les gnostiques et les manichéens, qui attribuoient le péché à une nature mauvaise ; les uns, qui étoient les gnostiques, en disant qu'il y avoit des hommes de différente nature, dont quelques-uns étoient essentiellement mauvais ; et les autres, qui étoient les manichéens, en attribuant le péché à ce principe mauvais qu'ils reconnoissoient indépendant de Dieu même, sans que ni les uns ni les autres voulussent avouer un libre arbitre, ni par conséquent aucun péché qui vînt d'un propre choix.

Il lui étoit donc important de montrer aux uns et aux autres,

[1] *Contr. Jul.*, lib. VI, cap. IV.

non-seulement qu'il y avoit des péchés de propre choix, mais encore que le péché venoit de là naturellement, puisque même le péché d'Adam, qui passoit en nous avec la naissance, étoit dans la source et dans Adam même un péché de propre volonté, qui dans cette précision et en ce sens ne venoit point jusqu'à nous.

C'est donc ce qui lui fait dire en un certain sens qu'on n'a point péché en Adam de cette manière singulière de pécher qui consiste dans l'acte même et dans le propre choix, cela est vrai; en excluant toute tache de péché généralement, on a vu tout le contraire dans saint Chrysostome.

Et afin de tout expliquer par un seul principe, il faut entendre qu'y ayant deux choses dans le péché, l'acte qui passe, comme par exemple dans un homicide l'action même de tuer, et la tache qui demeure par laquelle aussi celui qui cesse de faire l'acte par exemple de tuer demeure coupable et criminel, l'intention de saint Chrysostome est d'exclure des enfans d'Adam ce qu'il y a d'actuel dans son péché, c'est-à-dire la manducation actuelle du fruit défendu, et non pas ce qu'il y a d'habituel et de permanent, c'est-à-dire la tache même du péché, qui fait qu'après avoir cessé de le commettre, on ne laisse pas d'en demeurer toujours coupable. Pour ce qui est donc de l'acte du péché d'Adam, il n'a garde de passer à ses enfans ou d'y demeurer, puisqu'il ne demeure pas en Adam même, et c'est tout ce que veut dire saint Chrysostome; mais quant à ce qu'il y a d'habituel et de permanent dans le péché, ce saint docteur l'exclut si peu, qu'au contraire il le présuppose comme le fondement nécessaire des peines.

CHAPITRE VIII.

Preuve par saint Chrysostome, que les peines du péché ne passoient à nous qu'après que le péché y avoit passé : passage sur le psaume L.

C'est ce qui paroît clairement dans ce verset du psaume cinquantième : « Je suis conçu en péché, » où ce docte Père parle ainsi : « De toute antiquité, dit-il, et dès le commencement de la nature humaine, le péché a prévalu, puisque la transgression du commandement divin a précédé l'enfantement d'Eve : voici donc ce que veut dire David : Le péché qui a surmonté nos premiers pères, s'est fait une entrée et une ouverture dans ses enfans. » C'est donc le péché qui entre : les peines entrent aussi, il est vrai ; et c'est pourquoi saint Chrysostome les rapporte après, et premièrement la mort, ou si l'on veut la mortalité, d'où il fait naître « les passions, les craintes, l'amour du plaisir, » et en un mot, la concupiscence ; mais il a fallu que le péché même entrât le premier, sans quoi le reste n'auroit pas suivi.

CHAPITRE IX.

Que saint Chrysostome n'a rien de commun avec les anciens pélagiens, et que saint Augustin l'a bien démontré.

C'est là aussi, pour en revenir à l'homélie x sur l'*Epître aux Romains,* le pur esprit de saint Paul dans cette épître. « Le péché, dit-il, est entré dans le monde par un seul homme. » Remarquez la particule *par*. Il n'est pas entré seulement en Adam, mais *par lui*. Il est entré dans tout le monde ; et, poursuit-il sur ce fondement, « la mort est aussi entrée par le péché ; » comme le supplice entre par le crime.

A cela il n'y avoit de solution que celle dont les pélagiens se servoient d'abord, que ce n'étoit pas par la génération, mais par l'exemple qu'Adam avoit introduit le péché dans le monde ; mais comme cette solution étoit absurde et insoutenable pour toutes les raisons qu'on a vues ailleurs, saint Augustin, qui n'oublie rien, sait bien remarquer que saint Chrysostome ne s'en est jamais servi. « Ce Père, » dit-il en traitant la question comment le péché a passé d'Adam à tous les hommes, « n'a pas seulement songé à dire que ce fût par imitation : trouve-t-on, dit saint Augustin, un seul mot dans tout son discours qui ressente cette explication [1] ? » Pélage et Célestius en sont les auteurs : saint Chrysostome rapporte *tout à l'origine et non pas à l'exemple,* et dès là les anciens pélagiens ne peuvent s'autoriser de son témoignage.

[1] Lib. 1 *Contr. Jul.,* cap. VI.

CHAPITRE X.

Que saint Chrysostome ne dit pas qu'on puisse être puni sans être coupable, et que les nouveaux pélagiens lui attribuent sans preuve cette absurdité.

Mais les nouveaux pélagiens qui le font auteur du nouveau système encore plus prodigieux, où la peine passe sans la faute, ne sont pas mieux fondés. Car après tout, que dit ce Père? Dit-il que la peine puisse passer sans la coulpe, ou, ce qui est la même chose, qu'on puisse être puni sans être coupable? On ne trouvera jamais dans ses écrits une telle absurdité. Il dit seulement que dans ce passage de saint Paul : « Plusieurs ont été faits pécheurs par la désobéissance d'un seul ; » pécheurs, c'est-à-dire sujets au supplice et condamnés à la mort[1]. » En toute opinion, cela est vrai : être pécheur n'est pas en ce lieu avoir actuellement commis le péché, actuellement mangé le fruit défendu, ce que n'ont pas fait les enfans d'Adam ; mais être pécheur, c'est avoir en soi ce qui demeure après l'acte du péché, ce qui est resté en Adam après que cet acte a été passé, c'est-à-dire être coupable ; ce que saint Chrysostome explique très-bien par « être assujetti au supplice, κολάσει, et condamné à la mort. »

En effet, à dire le vrai et en bonne théologie, être coupable ne peut être autre chose que d'être obligé au supplice, ὑπεύθυμοι κολάσει, comme parle saint Chrysostome[2] ; ou, comme dit le même Père au même endroit, « redevable de la peine, » δίκην ὀφείλως. C'est ce que saint Chrysostome explique par ces termes généraux κολάσις, δίκη : « punition, peine. » Que s'il ajoute qu'être coupable n'est pas seulement « être assujetti à la peine, » mais encore « être condamné à mort ; » et s'il s'attache principalement à la mort du corps dans toute la suite de son discours, ce n'a pas été pour réduire à la seule mort corporelle tout le supplice d'Adam, mais pour l'exprimer tout entier par la partie la plus sensible.

[1] Hom. x in Rom. — [2] Ibid.

CHAPITRE XI.

Que saint Chrysostome a parfaitement connu la concupiscence, et que cela même c'est connoître le fond du péché originel : le formel ou l'essence de ce péché ne consiste pas dans la domination de la convoitise.

Au reste saint Chrysostome ajoute aux maux que nous avons hérités d'Adam ce qu'il appelle κακία [1], qu'on peut traduire la *malice* ou *malignité,* le *vice,* la *dépravation* de notre nature ; en un mot, la *concupiscence,* qui consiste dans cette pente violente au mal que nous apportons en naissant.

Saint Chrysostome y ajoute encore cette révolte des sens, ce foible pour le bien sensible, cette ardeur qui nous y entraîne comme malgré nous, d'où naît même dans nos corps ce désordre honteux que ce Père appelle l'*image du péché,* et qu'il explique avec autant de force que d'honnêteté dans un passage qui est rapporté par saint Augustin [1].

Nous avons déjà remarqué que ce désordre n'est pas seulement un des effets de notre péché, mais qu'il en fait une partie, puisqu'il en est le fond et le sujet. Nous naissons dans ce désordre, parce que c'est par ce désordre que nous naissons, et qu'il est inséparable du principe de notre naissance. C'est donc là ce qui fait en nous la propagation du péché, et la rend aussi naturelle que celle de la vie.

Ainsi il n'y a rien de plus véritable que ce qu'on a déjà remarqué, que quiconque connoît parfaitement la concupiscence, dans le fond connoît aussi ce péché de notre nature. C'est pourquoi saint Augustin joint ces deux choses dans tous ses écrits, et en particulier dans les livres *contre Julien* [2], où il montre que tous les anciens ont reconnu le péché originel, parce qu'ils ont reconnu la concupiscence; parce qu'en effet la reconnoître c'est reconnoître dans tous les hommes dès le principe de leur conception ce déréglement radical, qui devient si sensible dans le progrès de l'âge, qu'il a même été reconnu par les philosophes païens. Il est donc vrai que tous les hommes portent dans la ré-

[1] Hom. x *in Rom.* — [2] *Contr. Jul.,* lib. II, cap. vi. — [3] Lib. II.

volte de leurs sens une secrète et naturelle impression de l'ancien péché dont toute la nature est infectée.

C'est une doctrine commune et très-véritable de l'Ecole, que la concupiscence est le matériel du péché de notre origine. Pour le formel, quelques-uns le mettent en ce que ce déréglement radical est un véritable péché, tant qu'il domine, et qu'il y faut la grace habituelle et sanctifiante pour l'empêcher de dominer; de sorte que la rémission du péché originel consiste dans l'infusion de la grace, qui établit le règne de la justice au lieu de celui de la convoitise.

Cette doctrine, quoique spécieuse, est insoutenable dans le fond, puisque si le formel du péché originel étoit le règne de la convoitise, toutes les fois qu'on perd la grace et que ce règne revient, le péché originel reviendroit aussi, ce qui est contre la foi et contre cette règle de saint Paul, « que les dons de Dieu sont sans repentance. » Je n'en dirai pas davantage sur une chose si claire; et j'ai voulu seulement en avertir quelques catholiques, qui se laissent aller trop aisément dans le sentiment que je viens de rapporter, pour n'en avoir pas assez vu la conséquence.

CHAPITRE XII.

En quoi consiste l'essence ou le formel du péché originel et quelle est la cause de la propagation.

Il faut donc dire que la malice, et comme parle l'Ecole, le formel de ce péché de notre origine, c'est d'avoir été en Adam, lorsqu'il péchoit; et la rémission de ce péché, c'est d'être transféré en Jésus-Christ comme juste et comme auteur de toute justice.

Qu'est-ce qu'avoir été en Adam? Notre être, notre vie, notre volonté, avoit été dans la sienne; voilà notre crime. Dieu qui l'avoit fait notre principe, avoit tout mis en lui pour lui et pour nous, et non-seulement la vie éternelle, mais encore celle de la grace, c'est-à-dire la sainteté et la justice originelle. Par conséquent en péchant il a tout perdu, autant pour nous que pour lui-même. Un des dons qu'il a perdus, c'est l'empire sur ses passions et sur ses sens. Ce désordre, cette révolte des sens étant en lui un effet de son péché, être venu de là, c'est lui être uni comme pécheur. Ainsi tout le genre humain devient en lui un seul criminel. Dieu le punit en nous tous, qui faisons, étant ses enfans, comme une partie de son être : par là il nous impute son péché. C'est tout ce qu'on peut savoir de ces règles impénétrables de la justice divine, et le reste est réservé à la vie future.

CHAPITRE XIII.

Comment la concupiscence est expliquée par saint Chrysostome : deux raisons pourquoi sa doctrine n'est pas aussi liée et aussi suivie que celle de saint Augustin, quoique la même dans le fond.

C'est la doctrine de tous les siècles sur la liaison de la concupiscence avec le péché originel. Il ne nous reste qu'à remarquer que saint Chrysostome attache ordinairement la concupiscence à la mortalité, parce que l'homme, devenu mortel, tombe par là dans cette indigence, d'où naissent nos foiblesses et nos mauvais désirs, ainsi que ce Père, et après lui Théodoret, l'explique sur ce verset du Psaume L : *Ecce in iniquitatibus,* etc.

C'est aussi une des raisons pour laquelle cet éloquent patriarche de Constantinople parle si souvent de la mort en expliquant le péché originel, parce qu'il regarde la mortalité comme la source de nos foiblesses et la pépinière de tous nos vices; en quoi s'il ne touche peut-être pas la source la plus profonde de nos maux héréditaires, qui est l'orgueil et l'amour-propre, il en expose du moins la cause la plus sensible.

On peut voir par toutes ces choses qu'il a reconnu dans le fond le péché originel aussi certainement que tous les autres Pères; et que tout ce qu'il peut y avoir d'embarras dans sa doctrine, c'est qu'elle n'est pas aussi attentive, aussi précautionnée, aussi suivie que celle de saint Augustin, à cause en partie que les questions sur cette matière ne s'étoient pas encore élevées; en partie aussi, parce que ce docte Père à la vérité ne cède à aucun des autres en bon sens et en éloquence; mais de dire qu'on y trouve autant de principes et de profondeur, ou un corps de doctrine aussi suivi que dans saint Augustin, qui est l'aigle des docteurs, avec le respect et l'admiration qui est due à cette lumière de l'Eglise grecque, la vérité ne le permet pas.

Il nous suffit en considérant le corps de doctrine de ce Père, d'y avoir trouvé qu'on ne pèche point en Adam ou, ce qui est la même chose, qu'on ne reçoit point en lui la mort du péché, si on regarde la propriété de l'action ; mais qu'on a péché en Adam et qu'on a reçu en lui la mort du péché, si on en regarde la tache, la contagion, la malice, ou ce qu'on appelle *reatus*, puisque c'est là précisément ce qui est effacé par le baptême.

CHAPITRE XIV.

Quelques légères difficultés tirées de saint Clément d'Alexandrie, de Tertullien, de saint Grégoire de Nazianze et de saint Grégoire de Nysse.

Par les principes posés, non-seulement la tradition du péché originel est établie, mais encore toutes les difficultés sont résolues. Chaque dogme de la religion a sa difficulté et son dénoûment. La difficulté dans la matière du péché originel est qu'étant d'une nature particulière en ce que c'est un péché que l'on contracte sans agir ou, ce qui est la même chose, un péché qui vient d'autrui, et non pas de nous, il a dû arriver naturellement que ceux qui n'avoient que ce péché, comme les petits enfans, fussent ôtés en un certain sens du rang des pécheurs, parce qu'à l'égard des péchés que l'on commet par un acte propre de la volonté, ils sont absolument innocens. De là vient donc qu'on a trouvé dans les anciens « qu'ils ne sont pas dans le péché. » C'est ce qu'a dit saint Clément d'Alexandrie, que « leur âge est innocent, » et que pour cela « on ne doit point se hâter de leur donner le baptême [1]. » C'est ce qu'on trouve dans Tertullien, « qu'ils ne sont ni bons ni mauvais, » et que par cette raison ils ne seront « ni dans la gloire ni dans les supplices [2]. » C'est ce que semble dire saint Grégoire de Nazianze [3] ; et saint Grégoire de Nysse ne parle point du péché originel dans des occasions qui sembloient le demander davantage. Voilà les objections dont on tâche d'embarrasser la tradition

---

[1] *Strom.*, III, edit. Commel, p. 342. — [2] Tertull., *De Bapt.*, cap. XVIII. — [3] *Orat.* XL.

du péché originel. S'il y a d'autres expressions incommodes des saints docteurs, elles peuvent se rapporter à celles-ci; et il ne reste plus qu'à faire voir qu'elles demeurent si clairement résolues par les choses que l'on vient de dire, qu'il n'y reste plus de difficulté.

CHAPITRE XV.

Saint Clément d'Alexandrie s'explique lui-même : le passage de Tertullien où il appelle l'enfance un âge innocent : que ce passage est démonstratif pour le péché originel : autre passage de Tertullien dans le livre du Baptême.

On a trouvé dans saint Clément d'Alexandrie, que David n'a pas été dans le péché, encore qu'il y fût conçu : saint Augustin dans un cas semblable a répondu que n'être point dans le péché, c'étoit à dire n'en avoir point de propre. Mais ici, sans avoir recours à ce Père, l'auteur qu'on nous objectoit s'est expliqué, comme on a vu, de sa propre bouche.

Tertullien appelle l'enfance « un âge innocent, qui ne doit pas se presser d'aller à la rémission des péchés [1], » c'est-à-dire au baptême. Mais a-t-il dit que les enfans en soient exclus, ou qu'ils en soient incapables? Point du tout : au contraire il les en croit capables, en conseillant seulement comme plus utile de le leur différer : *Cunctatio utilior præcipuè circa parvulos.* Il donne le même conseil à ceux qui ne sont pas encore mariés : *Innupti quoque procrastinandi.* Par conséquent les conseils qu'il donne sont des conseils de prudence, à cause du grand péril de violer le baptême; et non de nécessité, comme si ceux qu'il faisoit différer étoient incapables de le recevoir. Ainsi très-constamment, selon cet auteur, les enfans étoient capables de la rémission des péchés. Ils n'étoient donc innocens qu'au sens qu'on les y appelle, comme n'ayant point de péchés propres, et au sens que saint Augustin les y appelle lui-même, comme on a vu [2].

Quand nous n'aurions point montré d'ailleurs qu'il n'y a point d'auteurs ecclésiastiques plus favorables que Tertullien au péché

---

[1] *De Bapt.*, cap. XVIII, p. 231, edit. Pamel. — [2] August., *Contr. Jul.*, lib. I, cap. VI. Voyez ci-dessus, chap. III.

originel, il faudroit, pour le propre lieu où il appelle l'enfance innocente, l'entendre comme on vient de faire, puisque même on trouve encore dans ce livre, « que la propre vertu du baptême est de détruire la mort en lavant les péchés, » et que ce sacrement « n'ôte la peine qu'à cause qu'il ôte la coulpe [1]. » Ce sont ses termes exprès, qui montrent que si les petits enfans n'avoient point un véritable péché, il les faudroit contre son avis exclure du baptême. Ainsi puisqu'il est constant que, malgré *cette innocence de leur part,* Tertullien est un des auteurs les plus déclarés pour les faire pécheurs en Adam, la solution de l'objection qu'on tire de ses écrits n'est pas seulement pour lui, mais encore donne l'ouverture à résoudre toutes celles que l'on pourroit tirer de semblables paroles des autres anciens.

CHAPITRE XVI.

Saint Grégoire de Nazianze et saint Grégoire de Nysse.

On en peut dire autant de saint Grégoire de Nazianze, où nous avons vu si clairement le péché d'Adam dans les enfans, et pour cela même la nécessité de leur donner le baptême. Par conséquent, lorsqu'il semble les ranger au nombre de ceux qui n'ont fait ni bien, ni mal, il faut visiblement l'entendre de ceux qui n'en ont point fait par eux-mêmes, qui sont comme il les appelle ἀπονηροί, « sans malice [2], » qui est aussi ce qu'on trouve dit des petits enfans à toutes les pages de l'Ecriture, sans qu'on songe à le tirer à conséquence contre le péché originel.

Par la suite du même principe, il met, non-seulement les petits enfans, mais encore les adultes qui auront manqué, non par mépris, de recevoir le baptême dans un état mitoyen entre la *gloire* et les *punitions :* non qu'il veuille dire que ce ne soit pas une punition de demeurer exclus du paradis avec Adam, et d'être bannis du royaume de Dieu; mais à cause que « leur damnation, la plus légère de toutes [3], » n'est rien en comparaison de l'horrible châtiment des autres, qui ont un propre péché, une propre ma-

---

[1] *De Bapt.,* cap. v, p. 226, edit. Pamel. — [2] *Orat.* XL, p. 643. — [3] August., *Contr. Jul.,* lib. V, cap. XI.

lice; ce qui loin d'être contraire à la doctrine du péché originel, dans le fond ne paroît pas même éloigné de saint Augustin, puisque ce Père n'ose assurer que le supplice des petits enfans les mette dans un tel état, que comme aux grands criminels, selon la parole de Jésus-Christ [1], il leur soit meilleur de n'être pas.

Pour saint Grégoire de Nysse, on en pourroit être en peine par rapport à quelques endroits, s'il ne s'étoit expliqué en d'autres aussi clairement qu'on a vu. Cependant il est véritable que dans quelques-uns de ses discours, comme dans celui où il combat ceux qui différoient leur baptême [2], et dans celui qu'il a fait sur le « sujet des enfans qui meurent avant l'usage de la raison [3]; » encore que le péché originel pût servir dans ces disputes d'un grand dénoûment, comme il en sert en effet dans le même temps à saint Grégoire de Nazianze, celui-ci ne s'en sert point, si ce n'est peut-être fort confusément dans le premier de ces deux discours : tant il est vrai que les hommes ne sont réveillés fortement sur certaines choses que par le bruit qu'on en fait, lorsque les questions s'émeuvent, et que loin que tout vienne dans l'esprit lorsqu'on traite quelque matière, souvent ce qu'on dit le moins, c'est ce qu'il y a pour ainsi parler de plus trivial, qu'on suppose pour cette raison le plus connu.

CHAPITRE XVII.

Réponse aux réflexions de M. Simon sur Théodoret, Photius et les autres Grecs, et premièrement sur Théodoret.

Après avoir satisfait aux difficultés de la tradition qui précèdent le temps de Pélage, il faut ajouter un mot sur celles qui viennent depuis, et que notre auteur a tirées principalement de Théodoret et de Photius.

Pour ce qui est de Théodoret, dont il fait tant valoir l'autorité, voici le passage qu'il en produit : « La mort, dit-il, a passé dans tous les hommes, parce qu'ils ont tous péché (ἐφ' ᾧ, parce que); car personne n'est soumis à la mort à cause du péché du premier

---

[1] *Matth.*, XXVI, 24; *Contr. Jul., ibid.* — [2] Tom. II. — [3] Tom. III.

père, mais pour son propre péché [1]. » Il y a deux observations à faire sur ce passage : la première sur ce terme ἐφ' ᾧ, qu'il faut rendre constamment ici et selon le sentiment de Théodoret, par QUATENUS, *parce que ;* la seconde sur ces paroles : *Personne ne meurt pour le péché du premier père, mais pour son propre péché,* par lesquelles, s'il n'entend pas que ce péché du premier père qui nous étoit étranger quand il le commit, devient propre à chacun de nous quand il le contracte, il s'ensuivra de sa doctrine que les enfans ne devoient point mourir. Il faut donc, ou lui donner un bon sens, ou avouer qu'il s'est exprimé d'une manière très-absurde en toute opinion. Voilà comment on peut excuser le fond de sa doctrine; mais pour le reste, comme constamment il est le premier des orthodoxes qui ait donné lieu de changer l'*in quo* en *quatenùs,* il est d'abord fâcheux pour lui qu'il ait suivi en cela une explication dont Pélage l'hérésiarque a été l'auteur. Je ne veux pas dire pour cela qu'il ait été pélagien. C'est assez qu'il ait été peu attentif, aussi bien que quelques autres Grecs, à l'hérésie pélagienne, comme M. Simon le remarque lui-même, pour conclure que ce n'est pas de lui qu'il faut apprendre les moyens de la combattre. On sait d'ailleurs combien il est attaché à Théodore de Mopsueste, qui a écrit contre saint Augustin, qui s'est déclaré le défenseur de Pélage, qui en a suivi les faux préjugés sur le péché originel, et s'est comme mis après lui à la tête de ce parti réprouvé, en protégeant Julien. Ajoutons que l'étroit commerce qu'eut Théodoret à Éphèse, dans le faux concile d'Orient, avec les évêques pélagiens intéressés comme lui dans la cause de Nestorius, aura fait peut-être que trop favorable aux personnes des hérétiques, il aura pris, non pas le fond, mais quelque teinture de leurs interprétations, avec d'autant plus de facilité qu'elles étoient du génie de Théodore un de ses maîtres. Que les partisans de Théodoret ne se formalisent point de cette pensée. J'estime autant que qui que ce soit le jugement et le savoir de ce Père; mais il ne faut pas se passionner pour les auteurs. Il n'est pas plus impossible que ce savant homme, sans être pélagien, ait pris quelque chose des interprétations pélagiennes, que sans être nestorien il

[1] P. 321, *in Epist. ad Rom.,* v.

ait retenu tant de locutions de Nestorius ou plutôt de Théodore, d'où Nestorius puisoit les siennes. De là vient dans les écrits de Théodoret la peine qu'il fait paroître à confesser pleinement qu'un Dieu soit né, qu'un Dieu soit mort, et les autres propositions de cette nature d'une incontestable vérité, dont je rapporterois les exemples, si la chose n'étoit constante. Après tout il est bien certain qu'il est un des Grecs dont le langage est le plus obscur, nonseulement sur le péché originel, mais encore sur toute la matière de la grace; et quoique j'avoue que les locutions incommodes qu'on trouve dans ses écrits sur ce sujet là, semblent quelquefois revenir à celles de saint Chrysostome, dont il ne fait ordinairement que suivre les explications et abréger les paroles, cela n'est pas vrai à l'égard du *quatenùs* dans saint Paul. En cela Théodoret est entièrement sorti de la chaîne de la tradition dans laquelle saint Chrysostome est demeuré ferme. Dans les autres propositions qu'il tire de saint Chrysostome, par exemple, dans l'explication du psaume cinquantième, verset septième, nous avons dit qu'il lui faut donner en ces endroits le même sens qu'à ce Père, avec néanmoins cette différence, qu'on trouve dans les écrits de Théodoret moins de secours pour la tradition que dans ceux de saint Chrysostome; tant, comme on a vu, sur le péché originel que sur les vérités de la grace, comme la suite le fera paroître.

CHAPITRE XVIII.

Remarque sur Photius.

Pour Photius, son autorité dans l'explication de saint Paul est encore moins considérable que celle de Théodoret qu'il a suivi. M. Simon ne peut souffrir qu'on reproche à ce patriarche de Constantinople, qu'il est le patriarche du schisme; et j'avoue que son schisme n'a rien de commun avec la doctrine du péché originel. Mais, quoi qu'il en dise, ce sera toujours une note à un auteur d'avoir procuré par tant de chicanes la rupture de l'Orient avec l'Occident. M. Simon l'excuse, en disant que d'autres auteurs, qui n'étoient pas schismatiques, ont embrassé l'interprétation que Photius a suivie, mais tous ces auteurs se réduisent à Théodoret, qui est suspect d'autant de côtés que l'on vient de voir, ou à quelques scholiastes inconnus, parmi lesquels il avoue que Théodore de Mopsueste tient un grand rang. L'autorité en est donc bien foible pour interrompre la suite de la tradition; et quoi qu'il en soit, si la remarque de M. Simon sur le peu d'attention que donnoient les Grecs au péché originel est vraie en quelqu'un, c'est principalement dans Photius [1]. Il a loué saint Augustin comme le vainqueur des pélagiens; et d'un autre côté, en examinant un livre de Théodore de Mopsueste, il ne s'est point aperçu que c'étoit contre saint Augustin qu'il étoit composé, et que ceux qu'il y défendoit étoient sur le péché originel les disciples de Pélage, ou si l'on vouloit dire qu'il l'eût aperçu, il l'auroit donc dissimulé, ce qui seroit bien plus digne de condamnation.

Le même Photius rapporte les Actes des Occidentaux [2] comme d'expresses décisions approuvées de toute l'Eglise contre Pélage et Célestius, et en même temps il n'entend pas ce qui y est contenu. Le concile de Carthage tient sans doute le premier lieu parmi ces Actes, puisque c'est la règle en cette matière. Si Photius, qui en cite les canons, les avoit lus avec attention, il y auroit trouvé l'interprétation de saint Paul par *in quo,* canonisée comme celle que l'Eglise catholique a toujours suivie; et c'est celle-là néanmoins que le même Photius rejette dans le Commentaire d'Œcuménius, encore plus expressément dans la Lettre à Taraise, ce qui a fait dire à l'interprète anglois « qu'il pélagianisoit sans y penser, aussi bien que Théodoret [3]. »

Disons donc qu'il ne savoit guère cette matière, et que meilleur critique que théologien, il n'en a pas pénétré la conséquence; et concluons que M. Simon, qui oppose l'autorité de ce schismatique avec celle de Théodoret au torrent des Pères précédens et aux décisions des conciles, abuse de son vain savoir pour embrouiller une chose claire et renverser visiblement les règles de Vincent de Lérins, qui préfèrent l'antiquité à la nouveauté et l'universalité aux particuliers.

[1] *Cod.* 177. — [2] *Cod.* 53, 54. — [3] *Not. ad Epist. Phot., Epist.* 152.

CHAPITRE XIX.

Récapitulation de la doctrine des deux derniers livres : prodigieux égaremens de M. Simon.

Pour peu qu'on fasse de réflexions sur les preuves qu'on vient de voir, on demeurera étonné de l'erreur et de tous les faux raisonnemens des nouveaux critiques.

On voit d'abord que s'il y a une vérité dans la religion, qui soit clairement attestée par l'Ecriture et par la tradition, c'est celle de ce péché que nous avons hérité d'Adam. On n'ose ni on ne veut la nier absolument. On l'élude en disant que ce que nous avons hérité de ce premier père est la mort ou en tout cas, avec la mort, la concupiscence, et non pas un péché proprement dit.

Par là on trouve le moyen d'attribuer à saint Augustin, que toute l'Eglise a suivi un sentiment particulier, qui donne lieu aux répréhensions de Théodore de Mopsueste : ce qui est déjà une fausseté et une erreur manifeste.

En voici une autre : c'est que par là on élude la nécessité du baptême des petits enfans, puisque s'ils n'ont hérité d'Adam que la mort et la concupiscence, que ce sacrement ne leur ôte pas, il s'ensuit qu'il n'opère en eux actuellement aucune rémission, et que la plus ancienne tradition de l'Eglise est anéantie. On peut ici se ressouvenir de ce qu'a dit M. Simon de la nécessité de ce sacrement, et de la plaie qu'il a voulu faire à l'autorité de l'Eglise.

Pour en venir à la doctrine des saints Pères, on a vu qu'ils convenoient en tout et partout avec saint Augustin, tant dans le fond que dans la preuve.

Dans le fond, ils admettent tous en termes aussi formels que saint Augustin un véritable péché dans les enfans. Pour la preuve, ils se sont servis, pour établir ce péché, des mêmes textes de l'Ecriture. Il y en a deux principaux, dont l'un est dans l'Ancien Testament, celui de David : *Ecce enim in iniquitatibus*, etc.; et l'autre dans le Nouveau, de saint Paul : *Per unum hominem*, etc.

Sur le passage de David, en ramassant toutes les interprétations que nous en avons rapportées, on formera une chaîne composée des autorités de saint Hilaire, de saint Basile, de saint Grégoire de Nazianze, de saint Ambroise, de saint Chrysostome, de saint Jérôme, de saint Augustin, qui a été suivi de tout l'Occident, comme on en convient.

Quant au passage de saint Paul, nous avons vu que la tradition qui tourne ἐφ' ᾧ par *in quo*, et non pas par *quatenùs* ou *quia*, est de toute l'Eglise latine et de tous les auteurs latins, sans en excepter Hilaire et Pélage; qu'elle est conforme aux plus anciens et plus doctes Grecs, comme Origène et saint Chrysostome; qu'elle est posée par les papes et par les conciles comme un fondement de la foi du péché originel : après quoi je laisse aux sages lecteurs à prononcer sur la critique de M. Simon, et à juger si Théodoret et Photius avec quelques scholiastes du bas âge, qui sont les seuls auteurs qu'il allègue contre notre interprétation, peuvent empêcher qu'on ne la tienne pour universelle et pour la seule recevable, sous prétexte qu'Erasme, Calvin et peut-être quelque catholique mal instruit ou peu attentif, les aura suivis seulement au siècle passé.

CHAPITRE XX.

Briève récapitulation des règles de Vincent de Lérins, qui ont été exposées, et application à la matière de la grace.

Cet auteur fournit des exemples de toutes sortes d'égaremens. Quand il lui plaît, il affoiblit l'autorité des anciens par le témoignage des nouveaux auteurs, comme les exemples qu'on vient de voir nous le font paroître : d'autres fois par une illusion aussi dangereuse, sous le beau prétexte de louer l'antiquité, il nous rappelle aux expressions, assez souvent peu précises, des Pères qui ont précédé la discussion des matières. C'est vouloir embrouiller les choses en toutes façons, et envier à l'Eglise le profit que Dieu lui veut faire tirer des hérésies.

Ce n'a pas été sans raison que nous avons tant insisté sur cette dernière vérité; et il ne faut pas oublier que Vincent de Lérins a poussé la chose jusqu'à dire que la tradition passe d'un état obscur à un état plus lumineux : en sorte qu'elle reçoit avec le temps une lumière, une précision, une justesse, une exactitude qui lui manquoit auparavant ; ce qui s'entend du degré et non pas du fond, par comparaison et non pas en soi ; car on trouve en tous les temps et en gros, dans les Pères, des passages clairs en témoignage de la vérité, comme on l'a pu voir par l'exemple du péché originel. Mais comme il y a des endroits où la vérité éclate, on ne peut trop répéter qu'il y en a aussi où, si l'on n'y prend garde de bien près, elle semblera se mêler, en sorte que la doctrine y paroîtra moins suivie.

C'est ce qu'on a pu remarquer dans saint Chrysostome, qui a parlé sur le péché originel le plus souvent aussi clairement qu'aucun des Pères, et en quelques autres endroits s'est embarrassé dans les vues et pour les raisons que nous avons rapportées ; ce qu'il a fallu observer pour montrer que nous rappeler à certaines expressions de ce Père, c'est vouloir tout embrouiller.

On tombe dans la même faute, lorsqu'on nous ramène à l'Eglise grecque, peu attentive à cette matière en comparaison de la latine. Mais qu'on ne se serve point de cet aveu pour commettre les deux Eglises : qu'on se souvienne au contraire que ce fut dans l'Orient que Pélage reçut sur ce sujet sa première flétrissure ; et enfin que si l'Eglise latine demeure très-constamment plus éclairée sur cet article, c'est pour avoir eu plus de raison de s'y appliquer, et pour en avoir trouvé un plus parfait éclaircissement dans les écrits de saint Augustin, dont la pénétration a été aidée par l'obligation où il se trouvait de démêler plus que les autres tous les détours de l'erreur.

Il ne reste plus ici qu'à remarquer encore une fois qu'il faut juger de la même sorte de toutes les autres matières dont on dispute avec Pélage ou, en quelque manière que ce soit, de la grace de Jésus-Christ. Ni les anciens, ni l'Eglise grecque n'y ont pas plus donné d'application qu'à celle du péché originel. Ainsi il demeurera pour certain en général que sur tout le dogme de la grace, on ne peut sans mauvais dessein nous rappeler perpétuellement, comme fait notre critique, de saint Augustin à l'antiquité ou à l'Orient, comme s'ils étoient contraires à ce Père, ce qui n'est pas ni ne peut être ; et c'est aussi la source la plus manifeste des erreurs de M. Simon, tant sur le péché originel que sur la prédestination, et sur toute la matière de la grace.

CHAPITRE XXI.

On passe à la doctrine de la grace et de la prédestination, et on démontre que les principales difficultés en sont éclaircies dans la prédestination des petits enfans.

Nous n'aurons pas peu avancé dans cette matière, si nous nous mettons bien avant dans l'esprit celle que nous venons de traiter, c'est-à-dire cette plaie profonde du péché originel, dont nous avons établi la tradition sur des fondemens inébranlables. Saint Augustin répète souvent que quiconque a comme il faut dans le cœur la foi du péché originel, y peut trouver un moyen certain de surmonter les principales difficultés de la prédestination, et en voici la preuve évidente.

Ce qu'on trouve de plus difficile dans cette matière est que dans une même cause, qui est la cause commune de tous les enfans d'Adam, il y ait une différence si prodigieuse entre les hommes, que les uns soient prédestinés gratuitement à la vie éternelle, et les autres éternellement réprouvés. C'est donc là que les pélagiens et les semi-pélagiens demandoient comment on pouvoit fonder cette différence sur autre chose que les mérites d'un chacun, puisque Dieu, autant qu'il est en lui, voulant sauver tous les hommes et Jésus-Christ étant mort pour leur salut éternel, comme l'Ecriture le répète en tant d'endroits, ce n'est que par les mérites qu'on peut établir entre eux de la différence; et cette raison ôtée, il ne reste plus, disoient-ils, qu'à attacher leur sort ou bien au hasard ou à une espèce de fatalité, ou en tous cas du côté de Dieu à une acception de personnes contre cette parole de saint Paul : « Il n'y a point d'acception de personnes auprès de Dieu [1], » ce que cet Apôtre inculque souvent comme un fondement sans lequel il n'y auroit point de justice en Dieu. Mais toutes ces difficultés s'évanouissent, dit saint Augustin, dans la cause des petits enfans, ce qui sera manifeste et démonstratif en parcourant les opinions de l'Ecole.

Pour commencer par la volonté générale de sauver les hommes, Vasquez croit si peu la devoir étendre à tous les petits enfans qui meurent sans baptême, qu'au contraire il décide expressément

[1] *Rom.,* II, 11; *Galat.,* II, 6; *Ephes.,* VI, 9.

que les passages par lesquels on l'établit, principalement celui de saint Paul : *Il veut que tous les hommes soient sauvés*[1], ne se doivent entendre que des adultes[2]; ce qu'il prouve par ce qu'ajoute l'Apôtre : « Et qu'ils viennent à la connoissance de la vérité; » par où il montre, poursuit ce théologien, « qu'il a voulu parler des adultes, » à qui seuls cette connoissance peut appartenir; et en général ce docteur estime que la volonté de sauver tous les hommes ne peut pas comprendre tous les petits enfans[3]. Sa raison est que cette volonté de sauver tous les hommes ne subsiste que dans celle de leur donner à tous des moyens, du moins suffisans, pour parvenir au salut; or est-il que selon lui beaucoup de petits enfans n'ont aucuns moyens, *même suffisans*[4], pour parvenir au salut, dont il allègue pour exemple incontestable ceux qui meurent dans le sein de leur mère sans sa faute, le nombre desquels est infini, et ceux qui trouvés mourans dans un désert aride, ne pourroient être baptisés faute d'eau. Tous ceux-là, dit le docte Vasquez, n'ont aucun moyen pour être sauvés. Car encore, continue-t-il[5], que le baptême soit un moyen suffisant en soi pour sauver tous les enfans d'Adam, afin qu'il soit suffisant pour les enfans dont il s'agit, il faut qu'il puisse leur être appliqué. Or est-il qu'il ne leur peut être appliqué, et il n'y a aucun moyen de le faire. Il n'est donc pas suffisant pour eux, et Dieu par conséquent, selon ses principes, ne peut avoir la volonté de les sauver.

Lorsqu'on lui répond que si le baptême ne peut pas être appliqué à ces enfans, il ne le faut pas imputer à Dieu, mais à l'ordre des causes secondes qu'il n'est pas tenu de renverser, il traite cette réponse *d'échappatoire inutile*[6], et il y réplique en premier lieu qu'elle fait pour lui, « puisque quand Dieu ne feroit autre chose que de permettre que l'enfantement fût empêché par l'ordre des causes naturelles, c'en seroit assez pour nous faire dire que les remèdes suffisans ont manqué à cet enfant, puisqu'aucune diligence humaine ne les lui a pu appliquer; et cela, dit-il, seroit vrai quand Dieu n'useroit en cette occasion que d'une simple permission, sans exclure expressément ces enfans du remède néces-

---

[1] I *Timoth.*, II, 3. — [2] Part. I, disp. XCVI, cap. III. — [3] Disp. XCV, cap. VI. — [4] *Ibid.*, et disp. XCVI. — [5] *Ibid.*, cap. III. — [6] *Ibid.*, cap. II et III.

saire. » Mais secondement, il passe plus avant : « Et qui osera dire, continue-t-il, que cet ordre des causes naturelles qui a empêché cet enfant de venir heureusement au monde, ou qui en d'autres manières lui a ôté la vie après sa naissance, n'a pas été prédéfini et ordonné de Dieu spécialement et en particulier, *speciatim, et minutim,* puisque Notre-Seigneur a dit des passereaux, qu'un seul de ces petits animaux ne tombe pas sans le Père céleste [1]. » Mais de peur qu'on n'ait recours à une simple permission, il presse son argument en cette sorte : « Qui assurera que ces enfans meurent sans une providence qui l'ordonne ainsi, puisque Dieu étant l'auteur de tous les événemens par sa volonté et sa providence à la réserve du péché, on ne peut nier que la mort de cet enfant, en ce temps et en ce lieu (du sein maternel), n'ait été prédéfinie, ni qu'elle ne soit arrivée, non-seulement par la permission de Dieu qui aura laissé agir les causes secondes, mais encore par sa volonté et par son ordre; et je ne doute nullement que ceux qui attribuent cet ordre de causes à la permission de Dieu, et non à sa volonté et à son ordre, ne se trompent manifestement. » Ce qu'il inculque en assurant que ses adversaires doivent accorder « que Dieu a voulu expressément refuser ces remèdes à certains enfans, sans qu'ils pussent leur être appliqués par aucune diligence humaine; » à quoi il ajoute, « que Dieu a voulu premièrement refuser ces remèdes, et disposer les causes naturelles pour cet effet. »

Tel est le sentiment de Vasquez, qu'il confirme par les passages de saint Augustin, où il est dit que le baptême n'a pas été donné à ces enfans, parce que « Dieu ne l'a pas voulu, » *Deo nolente* [2] : ce qui d'abord est incontestable en parlant de la volonté absolue qui a toujours son effet; mais Vasquez l'étend à la volonté générale et antécédente, comme l'appelle l'Ecole, puisque Dieu, selon cet auteur, n'a voulu donner ni à ces enfans, ni à aucun homme vivant les moyens de les délivrer.

Après cela, dit saint Augustin dans l'*Epître à Sixte* [3], « on sera trop vain et trop aveugle, si on tarde davantage à se récrier : « O profondeur des richesses de la sagesse et de la science de

---

[1] *Matth.*, X, 29. — [2] *De dono persev.*, c. XII, n. 31. — [3] *Epist.* CXCIV, al. CV, n. 33.

Dieu [1] ! » » Pourquoi permet-il de tels exemples, sinon pour nous tenir humbles et tremblans sous sa main, et au lieu de raisonner sur ses conseils, nous apprendre à dire avec l'Apôtre : « Que ses jugemens sont impénétrables et ses voies incompréhensibles [2] ? »

Il n'en faudra pas moins venir à cette conclusion quand on voudra suivre le sentiment des théologiens qui enseignent que, pour pouvoir dire que Dieu a voulu sauver ces enfans, c'est assez qu'il ait institué le remède du baptême, sans les en exclure, et au contraire avec une volonté de les admettre à ce sacrement, supposé qu'ils vinssent au monde en état de le recevoir. Je le veux : j'accepte aisément ces douces interprétations, qui tendent à recommander la bonté de Dieu; mais il ne faut pas s'aveugler jusqu'à ne voir pas qu'il reste toujours du côté de Dieu une manifeste préférence pour quelques-uns de ces enfans, puisqu'en préparant aux uns des secours suffisans en soi, mais qu'on n'a aucun moyen de leur appliquer, et en procurant aux autres les remèdes les plus infaillibles, il laisse entre eux une différence qui ne peut pas être plus grande. Mais à quoi pourra-t-on l'attribuer? Au mérite des enfans ou de leurs parens? Pour les enfans, on voit d'abord qu'il n'y en a point; d'ailleurs, dit saint Augustin [3], on ne peut pas dire qu'un enfant, qui ne pouvoit rien par lui-même, aura été distingué par le mérite de ses proches, puisque tous les jours on voit porter au baptême un enfant conçu dans un sein impur, exposé par sa propre mère et recueilli par un passant pieux, pendant que le fruit d'un chaste mariage, le fils d'un père saint, expirera au milieu de ceux qui préparent tout pour le baptiser. Il n'y a ici aucun mérite, ni de l'enfant ni de ses parens; et quand il faudroit imputer le malheur de cet enfant, qui meurt sans baptême, à la négligence de ses parens, ce n'est pas lui qui les a choisis, et le jugement de Dieu n'en sera pas moins caché ni moins redoutable.

Au défaut du mérite personnel ou de celui des parens, aurons-nous recours aux causes secondes qui entraînent ce malheureux enfant dans la damnation ? Dieu, dit-on, n'est pas tenu d'en em-

---

[1] *Rom.*, XI, 33. — [2] *Ibid.* — [3] *Epist.* CXCIV; lib. I *ad Bonif.*, cap. VI, VII; lib. VI *Contr. Jul.*, cap V; *De dono persev.*, cap. XII.

pêcher le cours ; il en est donc d'autant plus inévitable et la perte de l'enfant plus assurée. Souvenons-nous du raisonnement de Vasquez, qui ne permet pas d'enseigner que Dieu laisse seulement agir les causes naturelles, ou qu'il en permette simplement les effets. Cela seroit bon peut-être, si l'on parloit du péché ; mais pour les effets qui suivent du cours naturel des causes secondes, Dieu les veut, Dieu les préordonne, les dirige, les prédéfinit. On n'entre pas par hasard, dit saint Augustin [1], dans le royaume de Dieu : sa providence qui ne laisse pas tomber un passereau ni un cheveu de la tête, sans lui marquer le lieu où il doit tomber et le temps précis de sa chute, ne s'oubliera pas elle-même, quand il s'agira d'exercer ses jugemens sur les hommes. Si ce n'est point par hasard que se déterminent de si grandes choses, ce n'est pas non plus par la force aveugle des causes qui s'entre-suivent naturellement. Dieu qui les pouvoit arranger en tant de manières différentes, également belles, également simples, pour en diversifier les effets jusqu'à l'infini, a vu dès le premier branle qu'il leur a donné tout ce qui devoit en arriver, et il a bien su qu'un autre tour auroit produit toute autre chose. Vous attribuez au hasard l'heureuse rencontre d'un homme qui est survenu pour baptiser cet enfant, et tous les divers accidens qui prolongent ou qui précipitent la vie d'une mère et de son fruit ; mais Dieu qui les envoie du ciel, ou par lui-même, ou par ses saints anges, ou par tant d'autres moyens connus ou inconnus qu'il peut employer, sait à quoi il les veut faire aboutir, et il en prépare l'effet dans les causes les plus éloignées. Enfin ce n'est pas l'homme, mais le Saint-Esprit qui a dit : « Il a été enlevé, de peur que la malice ne lui changeât l'esprit, ou que les illusions du monde ne lui corrompissent le cœur : Dieu s'est hâté de le tirer du milieu des iniquités [2]. » Ce n'est donc point au hasard, ni précisément au cours des causes secondes qu'il faut attribuer la mort d'un enfant, ou devant ou après le baptême ; c'est un dessein formel de Dieu, qui décide par là de son sort ; et jusqu'à ce qu'on ait remonté à cette source, on ne voit rien dans les choses humaines.

Je ne m'étonne donc pas si saint Augustin ramène toujours aux

[1] *De dono persev.*, loc. cit. — [2] *Sapient.*, IV, 11.

petits enfans les pélagiens et tout homme qui murmuroit contre la prédestination : « C'est là, dit-il, que leurs argumens et tous les efforts du raisonnement humain perdent leurs forces : » *nempe totas vires argumentationis humanæ in parvulis perdunt* [1]. Vous dites que si ce n'est point le mérite qui met la différence entre les hommes, c'est le hasard ou la destinée, ou l'acception des personnes, c'est-à-dire en Dieu une manifeste iniquité. Contre chacun de ces trois reproches, saint Augustin avoit des principes et des preuves particulières, qui ne souffroient point de réplique. Et d'abord pour ce qui regardoit le dernier reproche, c'est-à-dire l'acception des personnes, qui étoit le plus apparent, il n'a pas même de lieu en cette occasion, et ce n'en est pas le cas [2]. L'acception des personnes a lieu, lorsqu'il s'agit de ce qu'on doit par la justice ; mais elle n'a pas lieu, lorsqu'il s'agit de ce qu'on donne par pure grace [3]. C'est Jésus-Christ même qui l'a décidé dans la parabole des ouvriers [4]. Si en donnant à ceux qui avoient travaillé tout le long de la journée le denier dont il étoit convenu, il en donne autant à ceux qui n'avoient été employés qu'à la dernière heure, il fait grace à ceux-ci, mais il ne fait point de tort aux autres ; et lorsqu'ils se plaignent, il leur ferme la bouche, en leur disant : « Mon ami, je ne vous fais point de tort ; ne vous ai-je pas donné le prix dont nous étions convenus : si maintenant je veux donner autant à ce dernier, » de quoi avez-vous à vous plaindre ? « Ne m'est-il pas permis de faire (de mon bien) ce que je veux ? » C'est décider en termes formels que dans l'inégalité de ce qu'on donne par une pure libéralité, il n'y a point d'injustice ni d'acception de personnes. Si deux personnes vous doivent cent écus, soit que vous exigiez de l'une et de l'autre toute la dette, soit que vous la quittiez également à toutes les deux, soit que libéral envers l'une, vous exigiez de l'autre ce qu'elle doit, il n'y a point là d'injustice, ni d'acception de personnes, mais seulement une volontaire dispensation de vos graces. C'est ainsi que Dieu fait, lorsqu'il dispense les siennes. De même s'il punit l'un, s'il pardonne à l'autre, c'est le Souverain des souverains qu'il faut

---

[1] *Epist.* cxciv. — [2] Lib. II *ad Bonif.*, cap. vii initio. — [3] August., *ibid.* — [4] *Matth.*, xx, 13-15.

remercier lorsqu'il pardonne, mais il ne faut point murmurer lorsqu'il punit. Cela est clair, cela est certain. Il n'est pas moins assuré qu'il n'agit point par hasard en cette occasion, mais par dessein, puisqu'il a celui de faire éclater deux attributs également saints et également adorables, sa miséricorde sur les uns et sa justice sur les autres. Il n'est pas non plus entraîné au choix qu'il fait des uns plutôt que des autres, par la destinée ou par une aveugle conjonction des astres. Ceux-là lui font suivre une espèce de destinée, qui font dépendre son choix des causes naturelles ; mais ceux qui savent qu'il les a tournées dès le commencement pour en faire sortir les effets qu'il a voulu, établissent, non pas le destin, mais une raison souveraine qui fait tout ce qui lui plaît, parce qu'elle sait qu'elle ne peut jamais faire le mal. « Si l'on veut, dit saint Augustin, appeler cela destin, et donner ce nouveau nom à la volonté d'un Dieu tout-puissant, nous éviterons à la vérité, selon le précepte de l'Apôtre, ces profanes nouveautés dans les paroles, mais au reste nous n'aimons point disputer des mots [1]. » Ces réponses de saint Augustin ne laissent point de réplique. Mais c'est sa coutume de réduire les vains disputeurs à des faits constans, à des choses qui ferment la bouche dès le premier mot, tel qu'est dans cette occasion l'exemple des petits enfans. Disputez tant qu'il vous plaira de la prédestination des adultes ; dites qu'il la faut établir selon les mérites, ou bien introduire le hasard, la fatalité, l'acception des personnes : que direz-vous des petits enfans, où vous voyez sans aucune diversité de mérites une si prodigieuse diversité de traitemens ; où l'on ne peut reconnoître, dit saint Augustin, « ni la témérité de la fortune, ni l'inflexibilité de la destinée, ni l'acception des personnes, ni le mérite des uns, ou le démérite des autres ? Où cherchera-t-on la cause de la différence, si ce n'est dans la profondeur des conseils de Dieu [2] ? » Il faut se taire, et bon gré malgré avouer qu'en de telles choses il n'y a qu'à reconnoître et adorer sa sainte et souveraine volonté.

Je ne m'étonne donc pas si les semi-pélagiens, encore qu'ils reconnussent le péché originel, ne vouloient pas qu'on apportât l'exemple des petits enfans à l'occasion des adultes, comme on

---

[1] Lib. II *ad Bonif.*, cap. v. — [2] Lib. VI *Contr. Jul.*, cap. xiv, n. 43.

l'apprend de saint Augustin[1] et de la lettre d'Hilaire[2], ni s'ils cherchoient de vaines différences entre les uns et les autres. C'est qu'en avouant ce péché ils n'en vouloient pas voir toutes les suites, dont l'une est le droit qu'il donne à Dieu de damner et les grands et les petits, et de faire miséricorde à qui il lui plaît. L'orgueil humain rejette volontiers un argument qui finit trop tôt la dispute, et fait taire trop évidemment toute langue devant Dieu.

Les pélagiens s'imaginoient justifier Dieu dans la différence qu'il met entre les enfans, en disant qu'il ne s'agissoit pour eux que d'être privés du royaume des cieux, mais non pas d'être envoyés dans l'enfer; et ceux qui ont voulu introduire à cette occasion une espèce de félicité naturelle dans les enfans morts sans baptême, ont imité ces erreurs des pélagiens; mais l'Eglise catholique ne les souffre pas, puisqu'elle a décidé, comme on a vu, dans les conciles œcuméniques de Lyon II et de Florence, qu'ils sont en enfer comme les adultes criminels, quoique leur peine ne soit pas égale; et quand il seroit permis (ce qu'à Dieu ne plaise!) d'en revenir à l'erreur des pélagiens, saint Augustin n'en conclut pas moins que ces hérétiques n'ont qu'à se taire[3], puisqu'enfin de quelque côté qu'ils se tournent pour établir la différence entre les enfans baptisés et non baptisés, quand il n'y auroit dans les uns que la possession et dans les autres que la privation d'un si beau royaume, il faudroit toujours reconnoître qu'il n'y a là ni hasard, ni fatalité, ni acception de personnes, mais la pure volonté d'un Dieu souverainement absolu.

Ainsi il sera toujours véritable que la prédestination des enfans répond aux objections qu'on pourroit faire sur la prédestination des adultes; mais il y a bien un autre argument à tirer de l'un à l'autre. Saint Augustin a démontré par ce passage de la *Sagesse*: « Il a été enlevé de peur que la malice ne le corrompît[4] » que Dieu prolonge la vie ou l'abrége selon les desseins qu'il a formés de toute éternité sur le salut des hommes; qu'ainsi c'est par un effet d'une prédestination purement gratuite qu'il continue la vie à un enfant, et qu'il tranche les jours de l'autre, faisant par là que

---

[1] *De dono persev.*, c. XI, n. 26. — [2] *Epist.* Hilar. *ad August.*, n. 8. — [3] Lib. II *ad Bonif.*, cap. V. — [4] *Sapient.*, IV, 11.

l'un d'eux vient au baptême, dont l'autre se trouve privé, ou que l'un est enlevé en état de grace sans que jamais la malice le puisse corrompre, pendant que l'autre demeure exposé aux tentations où Dieu voit qu'il doit périr. Quelle raison apporterons-nous de cette différence, sinon la pure volonté de Dieu, puisque nous ne pouvons la rapporter ni au mérite de ces enfans, ni à l'ordre des causes naturelles, comme à la source primitive d'un si terrible discernement; puisqu'ainsi que nous avons vu, ce seroit ou introduire les hommes dans le royaume de Dieu, ou les en exclure par une espèce de fatalité ou de hasard? Mais si ce raisonnement ne souffre point de réplique pour les enfans, il n'en souffre pas non plus pour les adultes. Leurs jours ne sont pas moins réglés par la sagesse de Dieu que ceux des enfans. C'est d'eux principalement que parloit le Saint-Esprit dans le *Livre de la Sagesse*, lorsqu'il dit, qu'ils ont été enlevés pour prévenir les périls où ils auroient pu succomber. C'est donc par une pure miséricorde que l'un est pris en état de grace, pendant que l'autre également en cet état est abandonné aux tentations où il doit périr. De là pourtant il résulte que l'un est sauvé et que l'autre ne l'est pas. Il n'y a point d'autre raison de la différence, que celle de la volonté de Dieu. Ce qu'il a exécuté dans le temps, il l'a prédestiné de toute éternité. Voilà donc déjà dans les adultes, aussi bien que dans les enfans, un effet certain de la prédestination gratuite, en attendant que la suite nous découvre les autres que M. Simon reproche à saint Augustin comme des erreurs, où ce grand homme s'est éloigné du droit chemin des anciens.

Dans toute cette matière, l'esprit de ce téméraire critique est de dépouiller la doctrine de saint Augustin de tout ce qu'elle a de solide et de consolant, pour n'y laisser, s'il pouvoit, que des difficultés et des sujets de dispute, ou même de désespoir et de murmure. Mais si l'on apporte à la déduction que nous allons commencer tant de la doctrine de ce Père que des erreurs de M. Simon sur le dogme de la grace, l'attention que mérite un discours de cette nature, j'espère qu'on trouvera que tout ce qu'a dit saint Augustin pour établir l'humilité, est aussi plein de consolation que ce qu'a dit M. Simon pour flatter l'orgueil est sec et vain.

LIVRE X.

SEMI-PÉLAGIANISME DE L'AUTEUR. ERREURS IMPUTÉES A SAINT AUGUSTIN. EFFICACE DE LA GRACE. FOI DE L'ÉGLISE PAR SES PRIERES, TANT EN ORIENT QU'EN OCCIDENT.

CHAPITRE PREMIER.

Répétition des endroits où l'on a montré ci-dessus que notre auteur est un manifeste semi-pélagien à l'exemple de Grotius.

La première erreur de ce critique sur l'article de la grace chrétienne est, sous prétexte de suivre l'antiquité, de s'être déclaré semi-pélagien. Lui et les critiques ses semblables ont peine à reconnoître cette secte; et il est vrai qu'elle n'a point fait de schisme dans l'Eglise, à cause que toujours liée de communion avec le Saint-Siége, à la fin elle a cédé à ses décisions; mais l'hérésie qu'elle enseignoit n'en est pas moins condamnable, puisqu'en effet elle a été condamnée par les papes et par les conciles, nommément par celui d'Orange et en dernier lieu par celui de Trente : en quoi l'Eglise a suivi le jugement de saint Augustin, où nous avons vu que cette créance semi-pélagienne, qu'il avoit suivie avant que de l'avoir bien examinée, étoit *une erreur*, un sentiment condamnable, *damnabilem sententiam*[1]. On en peut voir les passages dans les pages précédentes[2], et l'on y peut voir en même temps que M. Simon se déclare pour les sentimens que saint Augustin rétractoit comme étant les sentimens *des anciens*, dans lesquels par conséquent les adversaires de ce Père, c'est-à-dire ceux qu'on appelle les Marseillois ou les Provençaux, et les semi-pélagiens avoient raison de persister. Ainsi selon les idées de M. Simon, leurs sentimens avoient tous les caractères de la vérité; et ceux où saint Augustin est mort et que toute l'Eglise a suivis, tous les caractères d'erreur. Ce Père, dit notre auteur, étoit seul de son avis; il abandonnoit sa propre créance, qui étoit celle de l'antiquité : il alloit en reculant, comme ceux dont il est

---

[1] Lib. II *Retract.*; lib. *De prædest. SS.*, cap. III, n. 7. — [2] Ci-dessus, lib. VI, cap. VI, VII, XIII, XIV, XV, XVI.

écrit, que « leur progrès est en mal : » *proficient in pejus*[1] : l'Eglise qui l'écoutoit comme le défenseur de la tradition reculoit avec lui : ainsi avec Grotius[2], on tire avantage des *Rétractations* de saint Augustin pour s'affermir dans une doctrine qu'il a condamnée, au lieu de s'en servir pour se corriger, et l'Eglise est reprise pour n'avoir pas approuvé la doctrine que ce Père rétractoit.

Je plains Grotius dans son erreur. Nourri hors du sein de l'Eglise, dans les hérésies de Calvin, parmi les nécessités qui ôtoient à l'homme son libre arbitre et faisoient Dieu auteur du péché, quand il voit paroître Arminius qui réformoit ces réformes, et détestoit ces excès des prétendus réformateurs, il croit voir une nouvelle lumière et se dégoûte du calvinisme. Il a raison ; mais comme hors de l'Eglise il n'avoit point de règle certaine, il passe à l'extrémité opposée. La haine d'une doctrine qui détruit la liberté le porte à méconnoître la vraie grace des chrétiens ; saint Augustin, dont on abusoit dans le calvinisme, lui déplaît ; en sortant des sentimens de la secte où il vivoit, il est emporté à tout vent de doctrine, et donne comme dans un écueil dans les erreurs sociniennes. Il s'en retire avec peine tout brisé pour ainsi dire, et ne se remet jamais de ce débris. On trouve partout dans ses écrits des restes de ses ignorances : plus jurisconsulte que philosophe et plus humaniste que théologien, il obscurcit la doctrine de l'immortalité de l'ame : ce qu'il y a de plus concluant pour la divinité du Fils de Dieu, il tâche de l'affoiblir et de l'ôter à l'Eglise : il travaille à obscurcir les prophéties qui prédisent le règne du Christ : nous en avons fait la preuve ailleurs[3]. Parmi tant d'erreurs il entrevoit quelque chose de meilleur ; mais il ne sait point prendre son parti, et il n'achève jamais de se purifier, faute d'entrer dans l'Eglise. Encore un coup, je déplore son sort. Mais qu'un homme né dans l'Eglise, élevé à la dignité du sacerdoce, instruit dans la soumission qu'on doit aux Pères, ne sache pas se débarrasser des erreurs semi-pélagiennes, et ne défende saint Augustin que dans les endroits où saint Augustin plus éclairé confesse lui-même son erreur : qu'après avoir affoibli autant qu'il a pu la tradition du

---

[1] II *Timoth.*, III, 13. — [2] Ci-dessus, liv. VI et VII. — [3] Ci-dessus, liv. III.

péché originel, il affoiblisse encore celle de la grace, et soutienne impunément à la face de tout l'univers des erreurs frappées d'anathème, encore tout nouvellement dans le concile de Trente, c'est une plaie à la discipline que l'Eglise ne souffrira pas.

CHAPITRE II.

Autre preuve demonstrative du semi-pélagianisme de M. Simon dans l'approbation de la doctrine du cardinal Sadolet.

Il se déclare encore plus ouvertement dans l'examen des *Commentaires sur saint Paul* du cardinal Jacques Sadolet, évêque de Carpentras. On ne peut pas refuser à ce cardinal, je ne dirai pas la louange de la politesse, de l'éloquence, de l'esprit, qui sont de foibles avantages dans un docteur de l'Eglise tel qu'il étoit par sa charge, mais encore celle d'un zèle désintéressé pour le renouvellement de la discipline. Néanmoins ce n'est pas sans raison qu'un cardinal, plus savant que lui, a averti « les modernes qui croyoient mieux réfuter les hérétiques, en s'éloignant des principes de saint Augustin, du péril extrême où ils se mettoient[1]. » Ce péril, dont les avertit Baronius, est celui de tomber dans un manifeste semi-pélagianisme, ainsi que M. Simon fait voir qu'il est arrivé au cardinal Sadolet. « Il semble, » dit notre critique, en parlant de son *Commentaire sur l'Epître aux Romains*, « que ce cardinal n'ait eu en vue que de s'opposer aux sentimens durs de Luther et de quelques autres novateurs sur la prédestination et le libre arbitre[2]. » C'est lui donner un dessein digne d'un évêque et d'un cardinal; mais il le tourne un peu après d'une autre manière : « L'on croiroit, dit-il, qu'il n'auroit eu d'autre dessein que de combattre la doctrine de saint Augustin, que Luther et Calvin prétendoient leur être favorable[3]. » On voit d'abord l'affectation d'unir le dessein de s'opposer à Luther, à celui de s'opposer à saint Augustin. Ce malin auteur met en vue ces deux choses comme connexes. Il n'en est pas moins coupable, pour le faire artificieusement sous le nom de Sadolet, puisqu'enfin c'est lui qui parle, c'est lui qui fait ces réflexions, où l'on met en comparaison saint

[1] Baron., tom. VI, ad ann. 490, p. 449. — [2] P. 550. — [3] P. 553.

Augustin et Luther; et nous lui pouvons adresser ces paroles que le même Père adressoit à Julien : « Vous accusez les plus grands et les plus illustres docteurs de l'Eglise avec d'autant plus de malice, que vous le faites plus obliquement : » *Ecclesiæ catholicæ magnos clarosque doctores tantò nequiùs quantò obliquiùs criminaris* [1].

Il s'imagine qu'il s'est préparé une excuse en disant non pas que saint Augustin est favorable à Luther et à Calvin, mais seulement *qu'ils le prétendoient*. Mais pourquoi ne dit-il donc pas qu'ils le prétendoient à tort? Pourquoi a-t-il si bien évité de défendre saint Augustin qu'en rapportant en trente endroits la prétention de Luther et de Calvin, il n'a pas dit en un seul qu'elle étoit injuste? Ne devoit-il pas du moins une seule fois leur ôter un tel défenseur? Mais loin de le faire, il fait le contraire, et tâche de persuader à son lecteur que ces hérétiques ne réclamoient pas en vain saint Augustin, puisqu'il affecte de faire voir qu'un cardinal n'a pu attaquer ces impies, sans en même temps combattre ce saint.

Mais que lui a-t-il fallu faire pour le combattre, et que nous en dira M. Simon? « C'est, dit-il, qu'il tient comme le milieu entre l'opinion sévère de saint Augustin et celle de Pélage [2]. » C'est le personnage qu'il fait faire à ce cardinal, c'est-à-dire qu'il lui fait faire manifestement le personnage de semi-pélagien, l'Eglise n'ayant connu aucun milieu entre saint Augustin et Pélage que le semi-pélagianisme.

Et ce qu'il ajoute de ce cardinal est manifestement de ce caractère : « Il rejette, dit-il, en même temps ceux qui font Dieu le premier et le seul auteur de tous les efforts que nous faisons pour le bien : en sorte que ce ne soit pas nous mais Dieu qui excite et qui émeuve les premières inspirations de nos pensées [3], » On voit où tendent ces paroles, et il n'y a pas moyen de les excuser.

Quand saint Augustin a combattu les semi-pélagiens, qui nioient que le commencement de la piété vînt de Dieu, il n'a rien eu de plus fort à leur opposer que le passage où saint Paul enseigne que « nous ne sommes pas capables de bien penser de

---

[1] *Oper. imper.* lib. VI, cap. 20. — [2] P. 554. — [3] *Ibid.*

nous-mêmes, comme de nous-mêmes. » Car, disoit-il, n'y ayant point de bonne œuvre qui ne commence par un bon désir, ni de bon désir qui ne soit précédé de quelque bonne pensée ; quand saint Paul nous ôte la vertu de bien penser pour l'attribuer à Dieu, il remonte jusqu'à la source, et attribue à sa grace jusqu'au premier commencement ; ce qui est entièrement détruit, s'il nous est permis de croire que les bonnes pensées viennent de nous et non de Dieu et que Dieu, non-seulement n'est pas le seul auteur de tout notre bien, mais qu'il n'est pas même le premier.

C'est pourtant ce que semble dire ce cardinal. M. Simon le prend en ce sens et nous veut donner cette idée, que selon le cardinal Sadolet le commencement vient de nous. Mais afin qu'on ne pense pas qu'il est simple récitateur et non pas approbateur de son sentiment, il dit en termes formels que ce cardinal « suit exactement, pour ce qui est de la prédestination, de la grace et du libre arbitre, l'ancien sentiment des docteurs qui ont vécu avant saint Augustin, quoiqu'il fût persuadé que saint Thomas et ses disciples l'eussent combattu [1]. »

On voit par là que ce n'étoit pas sans raison que le cardinal Baronius nous avertissoit du péril où se jetoient ceux qui vouloient défendre l'Eglise en attaquant saint Augustin. Ils devenoient semi-pélagiens sans y penser. On sait combien de catholiques se laissoient emporter à ces excès, en haine des excès contraires de Calvin. Le cardinal Bellarmin a été contraint de les réfuter ; et c'est aussi pour cette raison que le concile de Trente ayant à condamner les erreurs de Luther et de Calvin, jeta d'abord le fondement d'une si juste condamnation en condamnant les erreurs semi-pélagiennes, et encore par les propres termes de saint Augustin, de peur qu'en repoussant une erreur on ne tombât dans une autre.

Le cardinal Sadolet, avec quelques autres qui écrivoient avant le concile, ne surent pas prendre leurs précautions contre tous les piéges de la doctrine semi-pélagienne. Si quelques-uns les ont suivis, on ne doit ni l'imputer à l'Eglise qui a réprouvé leur sentiment, ni faire une loi de leur erreur. Ainsi M. Simon est

[1] P. 554 et 555.

inexcusable de se déclarer semi-pélagien, sous prétexte que quelques auteurs plus éloquens que savans ont donné devant lui dans cet écueil.

CHAPITRE III.

Répétition des preuves par où l'on a vu que M. Simon accuse saint Augustin de nier le libre arbitre.

Le procès que M. Simon continue à toutes les pages de faire à saint Augustin, à la vérité est scandaleux et d'un pernicieux exemple; mais aussi l'auteur est-il puni sur-le-champ de son audace, et nous le voyons aussitôt livré à l'esprit d'erreur. C'est ce qui paroît principalement dans la matière du libre arbitre.

D'abord donc il est certain qu'encore que saint Augustin ait très-bien défendu le libre arbitre, non-seulement contre les manichéens, ainsi que tout le monde en est d'accord, mais qu'il l'ait même toujours soutenu contre Pélage, comme cent passages et des livres entiers de ce Père en font foi; et encore qu'il soit loué par les papes et en particulier par le pape Hormisdas, pour avoir bien parlé, non-seulement de la grace, mais même du libre arbitre, *de gratiâ et libero arbitrio*: néanmoins M. Simon, après Grotius, accuse ce Père d'avoir affoibli sur le libre arbitre la tradition de toutes les églises. C'est ce que nous avons montré, quoique pour d'autres fins, en premier lieu par la *Préface* de cet auteur, où il accuse saint Augustin, lorsqu'il a écrit contre Pélage au cinquième siècle, d'être l'auteur d'un nouveau système au préjudice de l'autorité des quatre siècles précédens; comme si lui-même, qui a passé la plus grande partie de sa vie au quatrième siècle, qui a été fait évêque dans ce siècle même et qui s'y est signalé par tant d'écrits, avoit tout d'un coup oublié la tradition.

Nous avons vu en second lieu, encore pour une autre fin, que dans le chapitre cinquième de son ouvrage, où les anciens Pères et toutes les églises du monde, avant saint Augustin, sont représentées comme étant d'accord à défendre le libre arbitre contre les gnostiques et les autres hérétiques, M. Simon objecte à ce Père qu'il « préféra ses sentimens (particuliers) à une tradition si constante. »

En troisième lieu nous avons vu qu'il fait de saint Augustin un défenseur des sentimens outrés des protestans, et nommément de Luther, de Bucer et de Calvin, sur le libre arbitre. C'en est assez pour montrer que malgré les papes et toute l'Eglise, il accuse saint Augustin d'être ennemi du libre arbitre, et qu'il couvre les hérétiques qui le rejettent de l'autorité d'un si grand nom. Mais il faut voir maintenant les erreurs grossières où l'esprit de contradiction le précipite.

CHAPITRE IV.

M. Simon est jeté dans cet excès par une fausse idée du libre arbitre : si l'on peut dire comme lui que le libre arbitre est maître de lui-même ENTIÈREMENT : *passages de saint Ambroise.*

Pour cela il faut entendre ce qu'il avance au chapitre xx : « Il est certain, dit-il, que Pélage, et après lui ses disciples, ont abusé de plusieurs passages qui font les hommes entièrement les maîtres de leurs actions [1]. » Remarquez cet *entièrement*, en quoi consistoit une partie très-essentielle de l'erreur des pélagiens. Ils ajoutoient au pouvoir que l'Ecriture donne aux hommes sur leurs actions cet *entièrement* qui n'y est pas, et qui y donne un très-mauvais sens pour ne rien dire de plus : au contraire elle disoit « que le cœur du roi, » et par conséquent de tout homme, « est entre les mains de Dieu; et qu'il l'incline où il veut [2]; » ce qui est conforme à cette parole de David : « Dieu dirige les pas de l'homme et il voudra sa voie [3]; » sans doute, lorsque Dieu y dirigera ses pas, comme le démontre saint Augustin [4] et comme il paroît assez par la chose même. Jérémie a dit aussi dans le même esprit : « Je sais, Seigneur, que la voie de l'homme n'est pas en son pouvoir, et qu'il ne lui appartient pas de marcher et de diriger ses pas à son gré [5]. » Car pour être *entièrement maître de ses actions*, comme le veut M. Simon, il faudroit pouvoir aimer et haïr, se plaire et se dégoûter de ce que l'on veut ; ce qui n'est pas, comme saint Augustin le dit souvent et que l'expérience le fait assez voir; et c'est aussi à cet égard que saint Ambroise disoit que l'homme

---

[1] P. 290. — [2] *Prov.*, XXI, 1. — [3] *Psal.* XXXVI, 23. — [4] *Epist. ad Vit.*, CCXVII, al. CVII. — [5] *Jerem.*, X, 23.

« n'a pas son cœur en sa puissance : » *Non est in nostrâ potestate cor nostrum*[1]; ce que tout homme de bien et rempli, dit saint Augustin, d'une humble et sincère piété, éprouve très-véritable : car on a des inclinations dont on n'est pas le maître, en sorte, dit saint Ambroise, que l'homme ne se tourne pas comme il veut. Pendant, dit ce saint docteur, qu'il veut aller d'un côté, des pensées l'entraînent de l'autre : il ne peut disposer de ses propres dispositions, ni mettre dans son cœur ce qui lui plaît. Ses sentimens, poursuit-il, le dominent, sans que souvent il s'en puisse dépouiller ; c'est aussi par là qu'on le prend pour le mener où l'on veut par sa propre pente ; et si les hommes le savent faire en tant de rencontres, Dieu ne pourra-t-il pas le faire autant qu'il voudra, lui qui connoît tous ses penchans, et sait outre cela toucher l'homme par des endroits encore plus intimes et plus délicats; car il connoît les plus secrets ressorts par où une ame peut être ébranlée : lui seul les sait manier avec une dextérité et une puissance inconcevable ; ce qui fait conclure au même saint Ambroise[2], à l'occasion de saint Pierre, que tous ceux que Jésus regarde pleurent leurs péchés, qu'il leur inspire une tendresse à laquelle ils ne résistent pas; et en toute occasion « qu'il appelle qui il veut, et qu'il fait religieux qui il lui plaît : » *Quos dignatur vocat, et quem vult religiosum facit*[3]; en un mot qu'il change les hommes comme il veut, du mal au bien, « et fait dévots ceux qui étoient opposés à la dévotion : » *Si voluisset, ex indevotis fecisset devotos*. Ces petits mots échappés, pour ainsi parler, naturellement à saint Ambroise avant toutes les disputes, font sentir l'esprit de l'Eglise. Saint Augustin n'a donc rien dit de particulier, quand il a si bien démontré cette vérité et la puissance de la grace contre les pélagiens, qui ne pouvoient la goûter et qui vouloient faire l'homme *entièrement maître de lui-même ;* en quoi ils sont encore aujourd'hui flattés par M. Simon, qui croit trouver cette expression et ce sentiment dans plusieurs endroits de l'Ecriture[4].

---

[1] Apud August., *De dono persev.*, cap. VIII, n. 20. — [2] Ambr., *in Luc.* — [3] S. August., *De dono pers.*, cap. XIX, n. 49. — [4] P. 290.

CHAPITRE V.

Que M. Simon fait un crime à saint Augustin de l'efficace de la grace : ce que c'est selon ce critique que d'être maître du libre arbitre ENTIÈREMENT, *et que son idée est pélagienne.*

Il est vrai qu'à son ordinaire, toujours ambigu et enveloppé, il dit que ces hérétiques abusoient de ces passages, et que par là il paroît avoir dessein de condamner leur erreur; mais ce n'est, selon sa coutume, que pour les justifier aussitôt après par ces paroles : « Toute l'antiquité, ajoute-t-il, qui s'étoit opposée fortement aux gnostiques et aux manichéens, qui ruinoient la liberté de l'homme, sembloit parler en leur faveur [1]. » En quoi parler *en leur faveur ?* En ce qu'ils soutenoient le libre arbitre contre ces hérétiques. Il n'auroit donc pas fallu dire que l'antiquité *sembloit parler*, mais qu'elle parloit effectivement *en leur faveur*, n'y ayant jamais eu aucun doute sur le libre arbitre dans l'antiquité, c'est-à-dire, non-seulement dans le temps qui a précédé celui des pélagiens, mais encore dans ce temps-là même. Ainsi quand notre auteur insinue que l'antiquité favorisoit les pélagiens, ce n'étoit pas par rapport au libre arbitre dans le fond; mais dans l'abus qu'ils en faisoient, c'est-à-dire dans la confiance téméraire qu'ils avoient dans leur liberté « en se croyant entièrement maîtres de leurs actions ; » et parce que saint Augustin combattoit cette orgueilleuse puissance et faisoit voir que sans détruire le libre arbitre, Dieu savoit le faire fléchir où il vouloit, en quoi consistoit un des principaux secrets de la doctrine de la grace, le même auteur insinue encore que ce Père changea alors l'état de la tradition et opposa aux pélagiens ses sentimens outrés, ce qu'il exprime en ajoutant « qu'il poussa trop loin ses principes [2]. »

Mais afin qu'on ne doute pas en quoi il estime qu'il les poussa trop loin, il s'en explique en un autre endroit, lorsqu'il blâme saint Augustin d'avoir voulu obliger Pélage à reconnoître une grace par laquelle « Dieu ne nous donne pas seulement le pouvoir d'agir et son secours, mais par laquelle il opère aussi le vouloir et l'action même [3]. » Pour lui il ne permet pas qu'on pousse la chose

[1] P. 290. — [2] *Ibid.* — [3] P. 297.

plus loin que de dire que, « pour ce qui est du bien, nous ne voulons rien et nous ne faisons rien sans le secours de Dieu. » C'est tout ce qu'il peut souffrir à saint Augustin. « Et, dit-il, s'il pousse quelquefois sa pensée jusqu'à établir une grace qui nous fasse agir efficacement, il étend trop loin ses principes [1]. »

Ce *quelquefois* est tout à fait de mauvaise foi, ou d'une extrême ignorance. Car de dire que saint Augustin n'ait établi que *quelquefois* une grace *qui nous fasse agir efficacement*, on en sera démenti à toutes les pages qu'on voudra ouvrir de ses divins écrits. Ou il n'a jamais établi cette sorte de grace, ou il l'a établie un million de fois et partout. Car partout cette efficace revient, et le *quelquefois* n'a point de lieu. C'est aussi d'où je conclus que cette partie de la doctrine de saint Augustin ne peut avoir été ignorée de personne; d'où il s'ensuit que les papes qui ont approuvé la doctrine de ce Père, non-seulement sur la grace, mais encore sur le libre arbitre, *de gratiâ et libero arbitrio* [2], ne peuvent l'avoir approuvée que dans la présupposition « d'une grace qui nous fasse agir efficacement; » et que si c'est en cela que saint Augustin, comme l'enseigne M. Simon, « étend trop loin ses principes, » l'Eglise qui a réprimé ceux qui l'accusoient d'avoir excédé est complice de ses excès.

CHAPITRE VI.

Que M. Simon continue à faire un crime à saint Augustin de l'efficace de la grace : trois mauvais effets de la doctrine de ce critique.

Cette erreur de M. Simon règne dans tout son ouvrage. Cette grace, qui tourne les cœurs comme il lui plaît, qu'on appelle par cette raison « la grace efficace, parce qu'elle agit efficacement en nous et qu'elle nous fait effectivement croire en Jésus-Christ, » est partout l'objet de son aversion [3]; partout il trouve mauvais que saint Augustin ait enseigné « que ceux à qui Dieu accorde cette grace ne la rejettent jamais, parce qu'elle ne leur est donnée que pour ôter entièrement la dureté de leurs cœurs [4]. » Il loue

---

[1] P. 297. — [2] *Epist.* Hormisd. *ad Poss.* — [3] P. 294, 295 et suiv. — [4] S. Aug., *De prædest. SS.*, cap. VIII.

saint Chrysostome de n'avoir point eu recours à cette grace [1], qu'il appelle par dérision « la grace efficace de saint Augustin [2], » comme si ce Père en étoit l'auteur ; au lieu que certainement on la trouve dans tous les saints et même dans saint Chrysostome, et qu'elle est aussi ancienne que les prières de l'Eglise, où elle se fait remarquer à toutes les pages. C'est pour exclure cette grace qu'il aime à dire et à faire dire aux anciens auteurs, sans correctif, « que l'homme est le maître de sa perte et de son salut : que son salut et sa perte dépendent absolument de lui : qu'il est entièrement maître de ses actions [3] ; » ce qui au sens naturel emporte l'exclusion de ces voies secrètes de changer les cœurs, qu'on trouve dans tous les Pères, et non-seulement dans toutes les prières de l'Eglise, mais encore dans toutes les pages des Livres divins.

Aussi est-ce un fait si constant, que personne ne le nie. On dispute bien dans l'Ecole de la manière dont Dieu touche l'homme de telle sorte qu'il lui persuade ce qu'il veut, et des moyens de concilier la grace avec le libre arbitre ; et c'est sur quoi saint Augustin même n'a peut-être voulu rien déterminer, du moins fixement, content au reste de tous les moyens par lesquels on établiroit le suprême empire de Dieu sur tous les cœurs. Pour le fond, qui consiste à dire que Dieu meut efficacement les volontés comme il lui plaît, tous les docteurs sont d'accord qu'on ne peut nier cette vérité, sans nier la toute-puissance de Dieu et lui ôter le gouvernement absolu des choses humaines ; mais encore que cette doctrine de l'efficace de la grace, prise dans son fond, soit reçue sans contestation dans toute l'Ecole, M. Simon ne craint pas de la confondre avec la doctrine des hérétiques ; ce qui fait trois mauvais effets : le premier, de mettre saint Augustin qui constamment, selon lui, reconnoît cette efficace de la grace, au nombre des hérétiques ; le second, de mettre par ce moyen la cause des hérétiques à couvert, en leur donnant un défenseur que personne ne condamne ; et le troisième, de condamner un dogme sans lequel il n'est pas possible de prier, comme nous verrons bientôt que toutes les prières de l'Eglise nous le font sentir.

[1] P. 154. — [2] P. 296. — [3] P. 124, 290.

CHAPITRE VII.

Le critique rend irrépréhensibles les hérétiques, qui font Dieu auteur du péché en leur donnant saint Augustin pour défenseur.

L'excuse que M. Simon prépare à nos hérétiques s'étend encore plus loin, puisqu'elle va même à les rendre irrépréhensibles en ce qu'ils font Dieu auteur du mal. Nous avons vu [1] pour une autre fin, quelques endroits où il attribue constamment cette doctrine impie à saint Augustin; et le premier, lorsqu'en parlant de Pélage : « Il s'accorde, dit-il, avec les anciens commentateurs, dans l'interprétation de ces paroles : » *Tradidit illos Deus*, etc. « Dieu les a livrés à leurs désirs, » bien qu'il soit éloigné de saint Augustin [2]. » Mais en quoi s'éloigne-t-il de saint Augustin ? les paroles suivantes le montrent : « Cette expression, poursuit-il, ne marque pas, dit Pélage, que Dieu ait livré lui-même les pécheurs aux désirs de leur cœur, comme s'il étoit la cause de leurs désordres. » S'il s'éloigne de saint Augustin en ce qu'il ne fait pas Dieu auteur des désordres, saint Augustin l'en fait donc l'auteur. Voilà par un même coup ce Père au rang des impies qui font Dieu auteur du mal, et les hérétiques hors d'atteinte, puisqu'on ne pourra plus les condamner qu'avec un docteur si approuvé.

Nous avons aussi remarqué encore pour une autre fin, l'endroit où blâmant Bucer d'autoriser, par les anciens Pères, sa doctrine sur la cause de l'endurcissement des pécheurs, il lui répond « qu'à la réserve de saint Augustin, toute l'antiquité lui est contraire [3]. » Il demeure pourtant d'accord « que Bucer, Luther et Calvin établissent également la souveraine puissance de Dieu sans avoir aucun égard au libre arbitre de l'homme [4] : » ce qui emporte que Dieu est auteur du mal comme du bien; et malgré l'impiété de cette doctrine, quelques louanges qu'il fasse semblant de vouloir donner à saint Augustin, il abandonne ce Père à ces hérésiarques, comme un docteur de néant.

On voit par là le mauvais esprit dont il est emporté. Lorsqu'il

---

[1] Ci-dessus, liv. V, chap. VII. — [2] P. 240. — [3] Ci-dessus, liv. VII, chap. IV. — [4] P. 747.

blâme les erreurs d'un côté, il les autorise de l'autre. Il est vrai qu'il paroît contraire à la doctrine qui fait Dieu auteur du péché; mais en même temps il la met au rang des doctrines irrépréhensibles, en lui donnant un partisan tel que saint Augustin; de sorte que plus il improuve une doctrine dont il rend la condamnation impossible, plus il plaide la cause de la tolérance.

Pour donner encore plus d'autorité à ce sentiment impie qui fait Dieu auteur du péché, il implique saint Thomas avec saint Augustin dans cette cause [1], et ose faire des leçons au dernier [2] sur la doctrine qu'il a établie dans les *Livres contre Julien* et dans celui *de la Grace et du Libre arbitre*, comme s'il étoit l'arbitre des théologiens, au lieu que bien constamment l'ignorance qu'il fait paroître dans tous les endroits où il traite cette matière, fait voir qu'il ne sait pas les premiers principes.

CHAPITRE VIII.

On commence à proposer l'argument des prières de l'Eglise. Quatre conséquences de ces prières remarquées par saint Prosper, dont la dernière est que l'efficace de la grace est de la foi.

Pour le montrer avec une évidence qui ne puisse laisser aucun doute, réduisons d'abord à deux chefs les erreurs qu'il attribue à saint Augustin sur le libre arbitre : le premier chef regarde la manière dont ce Père fait agir Dieu dans les bonnes œuvres; le second regarde celle dont il le fait agir dans les mauvaises.

Dans les bonnes œuvres, ce que M. Simon, le censeur des Pères et l'arbitre de la doctrine a trouvé mauvais, c'est que saint Augustin ait établi une grace qui nous fasse croire effectivement et à laquelle nul ne résiste, à cause qu'elle est donnée pour ôter l'endurcissement et la résistance. Mais c'est précisément une telle grace que toute l'Eglise demande; et c'est par où il faut montrer à M. Simon qu'il ne peut ici s'opposer à saint Augustin sans renverser le fondement de la piété avec celui de la prière.

Donnons donc un peu de temps à rappeler dans la mémoire des lecteurs les Prières ecclésiastiques, telles qu'elles se font par toute

[1] P. 475. — [2] P. 299.

la terre, et en Orient comme en Occident, dès l'origine du christianisme, puisque c'est là ce qui établit, non-seulement l'efficace de la grace chrétienne, mais encore d'article en article et de conclusion en conclusion, avec tout le corps de la doctrine de saint Augustin sur la prédestination et sur la grace, toute la consolation des vrais fidèles.

C'est aussi le principal argument dont saint Augustin appuie toute sa doctrine; et on le trouve proposé très-nettement dans les Capitules attachés à la lettre de saint Célestin, où saint Prosper, qu'on en croit l'auteur, expose quatre vérités : la première, « que les pasteurs du peuple fidèle, en s'acquittant de la légation qui leur est commise envers Dieu, intercèdent pour le genre humain et demandent, avec le concours de toute l'Eglise, que la foi soit donnée aux infidèles, que les idolâtres soient délivrés de leur impiété, que le voile soit ôté de dessus le cœur des Juifs et que la vérité leur paroisse ; que les hérétiques et les schismatiques reviennent à l'unité de l'Eglise, que la pénitence soit donnée à ceux qui sont tombés dans le péché, et que les catéchumènes soient amenés au baptême[1]. » Dans toutes ces prières de l'Eglise, il est clair que c'est l'effet qu'on demande. On demande donc une grace qui fasse croire effectivement, qui convertisse effectivement le cœur, qui est celle que M. Simon a osé nier.

La seconde vérité qu'expose saint Prosper ou l'auteur des *Capitules*, quel qu'il soit, c'est que ces choses, c'est-à-dire la foi actuelle, la conversion actuelle des errans ou « des pécheurs, ne sont pas demandées en vain et par manière d'acquit, » *perfunctoriè neque inaniter*, puisque l'effet s'ensuit, *rerum monstratur effectibus* ; « et que Dieu daigne attirer à lui toutes sortes d'errans, qu'il retire de la puissance des ténèbres, et qu'il fait des vases de miséricorde de vases de colère qu'ils étoient ; » ce qui prouve que le propre effet de cette grace tant demandée par toute l'Eglise, étoit de faire croire effectivement et de changer les cœurs.

La troisième vérité de saint Prosper est « que l'Eglise est si convaincue de cet effet de la grace, qu'elle en fait à Dieu ses remercîmens comme d'un ouvrage de sa main, » reconnoissant de cette

[1] Cap. II.

manière que le propre ouvrage de Dieu est de changer actuellement les cœurs, « et que tout ce bon effet vient de sa grace : *« quod adeò totum divini muneris esse sentitur, ut hæc efficienti Deo gratiarum semper actio referatur.*

Et enfin la quatrième vérité que nous montre ce saint docteur, c'est que ce sentiment par lequel on reconnoît une grace qui fait croire, qui fait agir, c'est-à-dire qui convertit effectivement le cœur de l'homme, n'est pas une opinion particulière, mais la foi de toute l'Eglise, « puisque ces prières venues de la tradition des apôtres, sont célébrées uniformément par toute l'Eglise catholique; d'où ce grand homme conclut que sans aller chercher loin la loi de la foi, on la trouve dans la loi *de la prière : ut legem credendi lex statuat supplicandi.*

Le principe dont il appuie cette vérité ne pouvoit pas être plus sûr, puisqu'il est certain que la foi est la source de la prière ; et qu'ainsi ce qui anime la prière, ce qui en fait le motif, ce qui en dirige l'intention et le mouvement, est le principe même de la foi, dont par conséquent la vérité se déclare manifestement dans la prière.

CHAPITRE IX.

Que les prières marquées par saint Prosper se trouvent encore aujourd'hui réunies dans les oraisons du Vendredi saint; et que saint Augustin, d'où saint Prosper a pris cet argument, les a bien connues.

Cette preuve de la grace qui fléchit les cœurs subsiste toujours dans l'Eglise, comme on le peut voir dans les prières qu'elle adresse continuellement à Dieu ; et sans avoir besoin de les recueillir de plusieurs endroits, nous trouvons celles dont parle saint Prosper ramassées dans l'office du Vendredi saint, où l'on demande à Dieu la conversion actuelle et effective des infidèles, des hérétiques, des pécheurs, non-seulement dans le fond, mais encore dans le même ordre, du même style et avec les mêmes expressions que ce saint homme a remarquées ; et saint Augustin, dont il a pris cet argument, y ajoute une circonstance : c'est qu'afin de mieux marquer l'effet de la grace et y rendre le peuple plus attentif, la prière étoit précédée d'une « exhortation que le prêtre faisoit à l'autel à tout le peuple, afin qu'il priât : pour les incrédules, que Dieu les convertît à la foi; pour les catéchumènes, qu'il leur inspirât le désir de recevoir le baptême; et pour les fidèles, qu'ils persévérassent par sa grace dans le bien qu'ils avoient commencé[1]; » qui sont les exhortations qu'on fait encore aujourd'hui au Vendredi saint, où le prêtre commence ainsi la prière qu'il va faire au nom du peuple : *Oremus pro catechumenis,* etc.; *Oremus et pro hæreticis,* etc.; « Prions, mes bien-aimés, pour les catéchumènes, que Dieu ouvre les oreilles de leur cœur, afin qu'ils viennent au baptême : Prions pour les hérétiques, qu'il les retire de leur erreur : Prions pour les idolâtres, que Dieu leur ôte leur iniquité, et les convertisse à lui, » etc. Ces exhortations suivies des prières que nous faisons aujourd'hui tout de suite à un certain jour, qui est le Vendredi saint, étoient alors ordinaires dans l'Eglise, comme elles le sont encore dans l'Eglise grecque, avec cette différence qu'elles se font par le diacre, au lieu que saint Augustin remarque qu'elles se faisoient « par le prêtre même à l'autel, » ainsi qu'on le voit encore dans l'office du Vendredi saint. Quoi qu'il en soit, ce Père s'en sert pour prouver qu'il faut avouer une grace qui ne donne pas seulement de pouvoir croire mais de croire, ni de pouvoir agir mais d'agir actuellement : autrement il ne faudroit pas demander à Dieu, comme nous faisons sans cesse, qu'il donnât la foi, la persévérance et l'effet même; d'où ce Père conclut très-bien que nier une telle grace, « c'est s'opposer aux prières de l'Eglise, *nostris orationibus contradicis*[2]. Car l'Eglise ayant choisi les paroles qui marquent le plus la conversion actuelle et l'effet certain de la grace pour en remplir toutes ses demandes, « jusqu'à demander à Dieu qu'il force nos volontés même rebelles à se rendre à lui; » *et ad te nostras etiam rebelles compelle propitius voluntates,* c'est accuser l'Eglise d'erreur de nier qu'un des effets de la grace soit d'amollir un cœur endurci, et de lui ôter sa dureté. On sait au reste que le terme dont se sert l'Eglise quand elle dit : *Compelle,* «Forcez, contraignez, » ne marque pas une violence qui nous fasse faire le bien malgré nous, mais comme parle saint Augustin, « une toute-

---

[1] *Epist. ad Vital.,* CCXVII, al. CVII. — [2] *Ibid.*

puissante facilité de faire que de non-voulans nous soyons faits voulans, » *volentes de nolentibus;* et c'est pourquoi en relevant cette expression, qui étoit dès lors familière à l'Eglise, il parle ainsi à Vital : « Quand vous entendez le prêtre de Dieu qui lui demande à l'autel qu'il force les nations incrédules à embrasser la foi, ne répondez-vous pas *Amen?* Disputerez-vous contre cette foi? Direz-vous que c'est errer que de faire cette oraison, et exercerez-vous votre éloquence contre ces prières de l'Eglise ? » Faisons la même demande à M. Simon. S'il méprise l'autorité de saint Augustin, qu'il réponde à la preuve que toute l'Eglise lui met en main dans ses prières et qu'il les accorde, s'il peut, avec l'audace qui lui fait nier la grace qui fait croire en Dieu et qui empêche qu'on ne lui résiste, en ôtant du cœur l'endurcissement par lequel on lui résistoit.

CHAPITRE X.

Saint Augustin a eu intention de démontrer, et a démontré en effet que la grace qu'on demandoit par ces prières emportoit certainement l'action.

Car ici il faut observer que saint Augustin se sert de cet argument pour combattre Vital, qui disoit que « Dieu agit tellement en nous, que nous consentons si nous voulons; et si nous ne voulons pas, nous faisons que l'opération de Dieu ne peut rien sur nous, et ne nous profite point [1]. » Ce qui est vrai en un sens; mais il y falloit ajouter ce que ce prêtre de Carthage croyoit contraire au libre arbitre, que Dieu sait empêcher, quand il lui plaît, qu'on ne lui résiste : autrement toutes les prières par lesquelles l'Eglise lui demande ce bon effet seroient vaines, or elles ne le sont pas. L'Eglise qui demande à Dieu qu'il change la volonté des hommes, ne demande rien contre sa foi, ni contre le libre arbitre; mais elle avoue seulement qu'il est sous la main de Dieu, pour être tourné où il lui plaît.

Et il faut ici remarquer, avec le même saint Augustin, que si dans les prières qu'on vient de réciter, l'Eglise demande l'effet de la conversion, et non pas seulement le pouvoir de se convertir,

[1] *Epist. ad Vital.*, CCXVII, al. CVII.

elle ne fait en cela qu'imiter l'exemple de saint Paul, qui a fait cette prière pour ceux de Corinthe : « Nous prions Dieu pour que vous ne fassiez aucun mal, mais que vous fassiez ce qui est bien [1]. » Sur quoi saint Augustin fait cette remarque : « Il ne dit pas : Nous prions Dieu que vous puissiez ne faire aucun mal, mais que vous n'en fassiez point ni : Nous prions Dieu que vous puissiez faire le bien, mais que vous le fassiez [2]; » ce qui montre que l'intention de cette prière étant d'obtenir l'effet, on reconnoît que Dieu le donne et qu'il sait, non-seulement empêcher qu'on fasse le mal, mais encore faire qu'on fasse le bien.

On voit par là que ces grands savans, qui reprennent saint Augustin d'avoir établi la toute-puissance, comme il l'appelle, et pour me servir du mot consacré dans l'Ecole, l'efficace ou l'effet certain de la grace, et qui croient que reconnoître une telle grace, c'est nier ou affoiblir le libre arbitre, enflés de leur vain savoir et de leur sèche critique, ne songent point à la prière. Ils méprisent les argumens qu'on tire de là, qu'ils appellent des pensées pieuses et une espèce de sermon : ils ne répondent après cela qu'en souriant avec dédain, et dans leur cœur se moquent de ceux qui ne leur allèguent pour preuve que leur bréviaire ou leur missel.

CHAPITRE XI.

Prières des liturgies grecques.

Peut-être que cet argument si simple et si fort leur paroîtra un peu plus savant, quand on leur dira que l'Eglise grecque prie de même que la latine, et demande dans sa liturgie en cent endroits, non pas un simple pouvoir, mais le vouloir et le faire actuel et effectif.

C'est ce qu'on voit dans la liturgie de l'église de Jérusalem sous le nom de saint Jacques frère de Notre-Seigneur, lorsqu'on dit à Dieu : « Accomplissez en chacun de nous ce qui nous est utile : amenez-nous à la perfection, rendez-nous dignes de vos mystères : tournez à vous toutes nos pensées : que nous vivions sans péché :

[1] II *Cor.*, XIII, 7. — [2] *De gratiâ Christi*, cap. XXV.

que nous persévérions dans la foi : prions Dieu que nous soyons vigilans, actifs et prompts à faire le bien [1], etc. » Dans la liturgie de l'eglise d'Alexandrie sous le nom de l'évangéliste saint Marc, ou en tout cas bien certainement de quelque église d'Egypte, puisqu'on y parle du Nil et de ses inondations, on trouve les mêmes demandes à toutes les pages [2]. Dans celle de saint Basile, qui est en usage dans toute la Grèce, dans la Syrie, et dans tout l'Orient, je remarquerai en particulier cette prière : « Rendez-nous dignes de votre ministère. Car c'est vous qui opérez tout en tous : conservez les bons dans le bien : faites que les méchans deviennent bons par votre bonté : ramenez les errans, unissez-les à votre Eglise : faites cesser les schismes et les hérésies par la vertu de votre Saint-Esprit, et accordez-nous la grace de louer d'une même bouche et d'un même cœur votre saint et glorieux nom [3].

La même messe de saint Basile nous fournit encore cette admirable prière, qui est rapportée il y a onze ou douze cents ans par Pierre diacre en ces termes : « Saint Basile de Césarée, dans l'oraison du saint autel, qui est celle de presque tout l'Orient, dit entre autres choses : « Seigneur Dieu des vertus, accordez-nous votre protection; faites bons ceux qui sont mauvais, *malos bonos facito ;* conservez ceux qui sont bons dans leur bonté, *bonos in bonitate conserva :* car vous pouvez tout, et il n'y a personne qui vous contredise : vous sauvez quand il vous plaît, et nul ne résiste à votre volonté, *omnia enim potes, et non est qui contradicat tibi : cùm enim volueris salvas, et nullus resistit voluntati tuæ* [4]. » En ce peu de mots est comprise toute l'efficace et toute l'économie de la grace. Saint Augustin en réduit tout l'effet à ces deux choses si expressément marquées dans cette prière : « Faites que les mauvais deviennent bons, ce qui comprend la grace de la conversion : conservez les bons dans leur bonté, ce qui enferme la persévérance. » Saint Augustin n'expose pas mieux la certitude infaillible de ces deux effets, qu'elle n'est exposée dans ces paroles : « Car vous pouvez tout : nul ne vous résiste, ni ne s'oppose à vos

---

[1] P. 2, 3, 12, 9. — [2] P. 32, etc. — [3] P. 46, 54, 55. — [4] *De incarn. et grat., ad Fulgent.,* cap. VIII.

volontés : quand il vous plaît, vous sauvez. » Ces derniers mots nous expliquent les momens de Dieu, qui sauve qui il lui plaît, toutes les fois qu'il lui plaît; ce qui tient tous les temps comme toutes les personnes en sa puissance. C'est la même chose que disoit saint Ambroise : « Dieu appelle qui il lui plaît : il fait religieux qui il veut : il inspire la dévotion à ceux qui en étoient les plus éloignés. » L'Orient et l'Occident parlent le même langage, et toute l'Eglise attribue à une grace toute-puissante le commencement avec toute la suite de la piété.

CHAPITRE XII.

Prières de la liturgie attribuée à saint Chrysostome : ce qu'il rapporte lui-même de la liturgie de son temps, et les réflexions qu'il fait dessus.

Dans la liturgie attribuée à saint Chrysostome, mais plus ancienne que lui dans son fond, du moins en beaucoup d'endroits, comme il paroît par lui-même, on fait les mêmes prières, et par la bouche du diacre les mêmes exhortations que nous avons vues; ce qui se pratique aussi unanimement dans les autres liturgies. On demande donc en celle-ci « que Dieu nous donne une vie pure de péché, que nous passions le reste de notre vie dans la pénitence [1]; » et sur les catéchumènes en particulier : « Fidèles, dit le diacre, prions pour eux que Dieu leur révèle son Evangile, qu'il les amène à l'Eglise [2]. » Ce n'est pas pour dire qu'ils n'y viendront pas par leur libre arbitre; mais on prie Dieu de s'en rendre maître, « de les conserver, de les défendre, de les garder par sa grace. » Encore en un autre endroit : « Prions que Dieu les affermisse et les confirme dans le bien [3]. » Quel bien ne demande-t-on pas pour eux? « Eclairez-les par la foi, fortifiez-les par l'espérance, perfectionnez-les par la charité. » C'est toujours l'effet qu'on demande, quoiqu'on sache que cet effet dépend du libre arbitre, parce qu'on sait que Dieu le fléchit. On dit dans le même esprit pour les fidèles : « Purifiez nos lèvres qui vous louent; retenez nos mains; faites qu'elles s'abstiennent des mauvaises œuvres, et qu'elles fassent les bonnes [4]. » On ne veut pas que Dieu

---

[1] P. 62, etc., 76, 86 et 87. — [2] P. 71. — [3] *Lit. Præf.*, p. 95. — [4] P. 97.

prenne nos mains par force ; mais qu'il règne sur le libre arbitre, au pouvoir de qui il les a mises. Nous en trouverons davantage sur le sujet des catéchumènes dans saint Chrysostome, et on sera bien aise d'entendre ce qu'il nous rapporte des prières de l'Eglise dans la seconde homélie sur la seconde *Epître aux Corinthiens,* avec les réflexions qu'il fait dessus.

On y trouvera d'abord les mêmes demandes que nous avons déjà vues dans la messe attribuée à ce Père, mais on les y trouvera bien plus étendues et plus inculquées dans cette longue prière que saint Chrysostome récite. Les Grecs, comme les Latins dans la suite des temps, et quand le zèle s'est ralenti, ont accourci leur office ; mais ils n'ont pas pour cela changé leur doctrine, ni le fond de leurs prières.

Le diacre disoit donc ainsi : « Prions pour les catéchumènes. » C'étoit là cette exhortation dont saint Augustin nous a parlé, qui précédoit la prière ; c'est ce célèbre *oremus :* « prions, » qui se répète encore si souvent parmi nous. Que cette exhortation se fasse ou par les prêtres, ou par les diacres, il n'importe ; et l'intention de la prière qui demande à Dieu, non pas un simple pouvoir, mais avec le pouvoir l'effet et l'actuelle conversion, y est toujours également marquée. Car voici une des demandes : « Prions que Dieu sème sa crainte dans leurs cœurs » (dans le cœur des catéchumènes); et voici la réflexion de saint Chrysostome : « Ce ne seroit pas assez que Dieu semât seulement, si cette semence étoit de celles qu'on jette sur le chemin ou sur des rochers où elle ne prît pas : ce n'est pas aussi cela que nous demandons pour les catéchumènes, mais qu'il se fasse en eux des sillons par lesquels cette semence céleste entre bien avant; en sorte que renouvelés dans le fond de l'ame, non-seulement ils la reçoivent, mais encore qu'ils la retiennent avec soin ; voilà, dit-il, ce que nous demandons [1]. » Or cela n'est autre chose que demander le consentement intime et profond, qu'on demande comme l'effet de la grace, selon la remarque de saint Chrysostome : « Ce qui aussi, poursuit-il, se confirme par la demande suivante : « Prions Dieu qu'il affermisse la foi dans leurs cœurs; » c'est-à-dire, dit saint Chrysostome,

---

[1] Hom. II *in II ad Cor.*, p. 517.

qu'elle n'y demeure pas seulement, mais qu'elle y jette de profondes racines ; » ce qu'on ne fait qu'en y consentant et en la recevant de tout son cœur. C'est donc, encore un coup, cela qu'on demande ; et c'est pourquoi il continue : « Que Dieu leur révèle l'Evangile ; » sur quoi saint Chrysostome fait cette observation : « C'est qu'on voit dans cette prière comme deux voiles sur l'Evangile, pour l'empêcher de se découvrir à nous : l'un, si nous fermons les yeux ; l'autre, si on ne nous le montre pas. Car, poursuit-il, quand nous serions disposés à le recevoir, il nous sera inutile, si Dieu ne nous le découvre ; et quand Dieu nous le découvriroit, il ne nous apporteroit aucun fruit, si nous le rejetions ; nous demandons donc l'un et l'autre, » c'est-à-dire qu'il nous montre l'Evangile et qu'il nous empêche de le rejeter ; ou comme l'explique ce Père : « Et que Dieu y ouvre les cœurs, et qu'il découvre l'Evangile ; » qui est de demander, non-seulement ce qui vient du côté de Dieu, mais encore ce qui vient du nôtre, c'est-à-dire notre libre consentement. « Il est pourtant vrai, dit ce Père, qu'on n'ouvre pas les yeux, si on ne veut auparavant les ouvrir ; » mais il vient de trouver dans la prière qu'il faut demander à Dieu qu'on le veuille, et qu'on le veuille si bien que l'Evangile ne soit pas seulement proposé, mais encore reçu.

Les autres demandes sont que Dieu donne aux catéchumènes « un esprit possédé de lui et tout divin, de chastes pensées, une sainte vie : qu'il leur soit donné de penser continuellement à lui, de s'en occuper et de méditer sa loi nuit et jour [1] ; » toutes choses qui ne se font que par l'exercice du libre arbitre, exercice par conséquent qu'on demande à Dieu, quand on lui demande ces choses. Qu'y a-t-il qu'on fasse plus par son libre arbitre que de s'abstenir du péché ? Mais c'est encore cela même qu'on demande à Dieu avec plus d'attention que tout le reste. « Prions Dieu, dit-on, avec encore plus d'attention, que Dieu les délivre de tout mal, de tout péché, de toute la malice de l'ennemi. » Qui est celui qui, en faisant cette prière, veut seulement demander le pouvoir de ne pécher pas qu'il a déjà, s'il est justifié ? Et qui ne sent au contraire que ce que demandent les plus justes et ce qu'il faut demander,

---

[1] *Lit., Præf.*, p. 518.

est qu'en effet on ne pèche point et que Dieu, qui tient en sa main notre libre arbitre, le conduise de telle sorte, qu'il ne s'égare jamais de la droite voie, et que la tentation ne prévale pas?

C'est aussi ce que Jésus-Christ nous a lui-même appris à demander, comme nous verrons bientôt; mais ce n'est pas ce que nous avons à considérer : nous en sommes à remarquer un fait constant dans les prières de l'Eglise, que ce qu'elle demande pour ses enfans est l'effet et le bon usage actuel de leur libre arbitre, c'est-à-dire ce qu'il y a de plus libre en nous, ou plutôt précisément ce qui nous fait libres.

Pendant qu'on faisoit ces prières, les catéchumènes étoient prosternés : tous les fidèles répondoient *Amen* [1]. C'étoit donc la foi commune de tous les fidèles qu'on y venoit d'énoncer : or on y venoit d'énoncer le tout-puissant effet de la grace. C'étoit donc la foi de l'Eglise autant en Orient qu'en Occident; et saint Prosper a raison de dire avec saint Augustin, que la loi de prier établissoit ce qu'il falloit croire.

M. Simon reprend ce saint homme de ce qu'il établit la grace efficace par cette manière secrète dont on entend au dedans le Père céleste, et dont on y apprend sa vérité. Mais saint Chrysostome l'explique de même, en montrant que ceux-là apprennent et sont véritablement enseignés « de Dieu, à qui il a mis dans le cœur, selon l'expression du Prophète, une oreille qui écoute, puisqu'alors ce n'est point des hommes, ni du maître qui est sur la terre qu'on apprend, mais on est enseigné de Dieu, et l'instruction vient d'en haut; » ce qu'il prouve par ce qu'on ajoute dans la prière : « Et que Dieu répande au dedans la parole de vérité : au dedans, dit-il, parce qu'on n'a point véritablement appris jusqu'à ce qu'on ait appris de cette sorte [2]; » qui est aussi précisément ce qu'enseigne saint Augustin, et ce qu'il prouve par les mêmes passages, tant des prophètes que de l'Evangile, le confirmant par ce bel endroit de saint Paul : « Je n'ai pas besoin de vous instruire sur la charité fraternelle, puisque vous avez déjà appris de Dieu à vous aimer les uns les autres, car vous le faites [3]; » ce qui montre, dit saint Augustin, que le propre effet de cette grace spéciale par laquelle

[1] *Lit., Præf.*, p. 521. — [2] *Ibid.* p. 527. — [3] 1 *Thessal.*, IV, 9, 10.

Dieu nous enseigne, est qu'on en vienne à l'effet ; et c'est aussi ce que la prière apprenoit à saint Chrysostome.

Et tant s'en faut que ce saint docteur soupçonnât que cette prière et la vertu de la grace qu'on y demandoit, affoiblissent le libre arbitre, qu'il s'en sert au contraire pour l'établir, puisqu'il trouve tout ensemble dans la prière, et l'instruction de ce qu'on doit faire librement pour plaire à Dieu, et le secours qu'on doit demander pour l'exécuter. On verra dans tout le discours de saint Chrysostome, qu'il fait toujours marcher ensemble ces deux choses ; et saint Augustin n'a pas un autre esprit, lorsqu'il enseigne que le commandement et la prière sont unis ensemble, puisque nous ne devons demander à Dieu que ce qu'il commande, comme il ne commande rien que ce dont il nous ordonne de lui demander l'actuel accomplissement : en sorte, dit-il, que le précepte n'est qu'une invitation à prier, comme la prière est le moyen sûr d'obtenir l'accomplissement du précepte.

CHAPITRE XIII.

Abrégé du contenu dans les prières, où se trouve de mot à mot toute la doctrine de saint Augustin : la discussion des Pères peu nécessaire : erreur de M. Simon, qui loue saint Chrysostome de n'avoir point parlé de grace efficace.

Il n'y a donc plus qu'à recueillir, en peu de paroles, les prières de l'Eglise pour y voir ce qu'elle a cru de l'efficace de la grace. On demande à Dieu la foi et la bonne vie, la conversion, qui comprend le premier désir et le commencement de bien faire ; la continuation, la persévérance, la délivrance actuelle du péché ; par d'autres façons de parler, toujours de même sens et de même force, on lui demande qu'il donne de croire, qu'il donne d'aimer, qu'il donne de persévérer jusqu'à la fin dans son amour : on lui demande qu'il fasse qu'on croie, qu'il fasse qu'on aime, qu'il fasse qu'on persévère. L'effet qu'on attend de cette prière n'est pas seulement qu'on puisse aimer, qu'on puisse croire ; mais que Dieu agisse de sorte qu'on aime, qu'on croie. Or c'est un principe certain de saint Augustin, mais évident de soi-même, qu'on ne demande à Dieu que ce qu'on croit qu'il fait ; autrement, dit le même

Père, « la prière seroit illusoire, *irrisoria;* faite vainement et par manière d'acquit, *perfunctoriè, inaniter.* » On croit donc sérieusement et de bonne foi que fait Dieu véritablement tout cela, et ces demandes sont fondées sur la foi. On les fait en Occident comme en Orient, et dès l'origine du christianisme ; c'est donc la foi de tous les temps, comme celle de tous les lieux : *quod ubique, quod semper,* et en un mot la foi catholique.

On voit maintenant la raison qui a fait dire à saint Augustin qu'il n'étoit pas nécessaire d'examiner les écrits des Pères sur la matière de la grace, sur laquelle ils ne s'étoient expliqués que brièvement et en passant, *transeunter et breviter*[1]. Mais ils n'avoient pas besoin de s'expliquer davantage, non plus que nous d'entrer plus profondément dans cette discussion, puisque sans tout cet examen les prières de l'Eglise montroient simplement ce que pouvoit la grace de Dieu ; *Orationibus autem Ecclesiæ simpliciter apparebat Dei gratia quid valeret*[2]. Remarquez ces mots : *Quid valeret,* ce que la grace pouvoit ; c'est-à-dire que ces prières nous en découvroient, non-seulement la nécessité, mais encore la vertu et l'efficace ; et ces qualités de la grace, dit saint Augustin, paroissent fort nettement et fort simplement dans la prière, *simpliciter.* Ce n'est pas qu'elles ne paroissent dans les écrits des saints Pères, où le même saint Augustin les a si souvent trouvées ; mais c'est que cette doctrine du puissant effet de la grace ne paroissoit si pleinement, si nettement, si simplement nulle part que dans les prières de l'Eglise. Quand on prie, on sent clairement et dans une grande simplicité, non-seulement la nécessité, mais encore la force de la prière et de la grace qu'on y demande pour fléchir les cœurs. Dans la plupart des discours des Pères, comme ils disputent contre quelqu'un qui n'est attentif qu'à prendre ses avantages, ils craignent de dire ou trop ou trop peu ; mais dans la prière, ou publique ou particulière, chacun est entre Dieu et soi : on épanche son cœur devant lui ; et sans craindre que quelque hérétique abuse de son discours, on dit simplement à Dieu ce que son esprit fait sentir.

Ç'a donc été à M. Simon une erreur grossière et une pernicieuse

[1] *De prædest.* SS., cap. XIV, n. 27. — [2] *Ibid.*

ignorance d'avoir loué saint Chrysostome de ne parler point de grace efficace. Quand il n'en auroit point parlé dans ses discours, ce qui n'est pas, il en a parlé dans ses prières. Il a très-bien entendu, comme on vient de voir, qu'il en parloit; et il en parloit *simplement*, puisqu'il en parloit à Dieu dans l'effusion de son cœur. Ce n'est pas ici une matière où l'Eglise ait besoin de laborieuses disputes ; et comme dit saint Augustin, elle n'a, sans disputer, qu'à être attentive aux prières qu'elle fait tous les jours : *Prorsùs in hâc re non operosas disputationes expectet Ecclesia, sed attendat quotidianas orationes suas*[1].

CHAPITRE XIV.

Erreur de s'imaginer que Dieu ôte le libre arbitre en le tournant où il lui plaît : modèle des prières de l'Eglise dans celles d'Esther, de David, de Jérémie, et encore de Daniel.

Notre auteur croit bien raffiner lorsqu'il dit que ces expressions que Dieu donne et que Dieu fait, n'empêchent pas l'exercice du libre arbitre. C'est précisément ce qu'on prétend, et ce que saint Augustin a prétendu démontrer par ces prières. Ce qu'il prétend, encore un coup, c'est de démontrer que Dieu donne, et que Dieu opère cet exercice du libre arbitre en la manière qu'il sait, et qu'il n'a garde de détruire en l'homme ce qu'il y a fait et ce qu'il lui donne. Car pour ici laisser à part les prières de l'Eglise et remonter à la source de l'Ecriture, lorsque dans l'extrême péril de la reine Esther, qui s'exposoit à la mort en se présentant au roi son mari hors de son rang sans être appelée, elle se mit en prière et y mit tous les Juifs, et que l'effet de cette prière fut « que Dieu tourna en douceur l'esprit du roi : » *convertit Deus spiritum regis in mansuetudinem*[2]*;* en sorte qu'Assuérus, « qui avoit d'abord regardé la reine avec des yeux terribles, comme un taureau furieux[3], » ainsi que saint Augustin a lu[4] après les Septante, donna le signe de grace, « en étendant son sceptre d'or vers cette princesse[5], » et lui promit de faire ce qu'elle voudroit : Dieu lui ôta-t-il son libre ar-

---

[1] *De dono persev.*, cap. VII, n. 15. — [2] *Esther*, XV, 11. — [3] *Esther*, XV, 10. — [4] Lib. I *ad Bonif.*, cap. XX. — [5] *Esther*, V, 2.

bitre, ou l'Eglise prioit-elle Dieu de l'en priver? N'est-ce pas par son libre arbitre que ce roi sauva les Juifs et punit Aman? Et tout cela néanmoins fut l'effet de la prière « et de la secrète et très-efficace puissance, par laquelle, dit saint Augustin, Dieu changea le cœur du roi, de la colère où il étoit à la douceur, et de la volonté de nuire à la volonté de faire grace[1]. »

Et lorsque David ayant appris qu'Achitophel, dont les conseils étoient écoutés comme des oracles, étoit entré dans le parti rebelle, il fit à Dieu cette prière : « Renversez, Seigneur, le conseil d'Achitophel[2]. » Cette prière ne fut-elle pas accomplie par le libre arbitre des hommes? Ce fut sans doute par son libre arbitre que David renvoya Chusaï à Absalom[3] : ce fut par son libre arbitre que Chusaï proposa un mauvais conseil : ce fut par son libre arbitre qu'Absalom le préféra à celui d'Achitophel qui étoit meilleur[4] : ce fut néanmoins par tout cela que le conseil d'Achitophel fut renversé, et que la prière de David fut exaucée; et lorsque l'Ecriture dit que le conseil « d'Achitophel, qui étoit utile, fut dissipé par la volonté de Dieu, *Domini nutu*[5], » que nous dit-elle autre chose, sinon qu'il tourne où il veut le libre arbitre?

C'est sur les exemples de ces prières publiques et particulières que l'Eglise a formé les siennes; et si l'on nous dit que ce sont là des coups extraordinaires et comme miraculeux de la main de Dieu, et qu'il ne faut pas croire pour cela qu'il se mêle de la même sorte dans les autres affaires des hommes, et en particulier dans celle du salut, c'est le comble de l'aveuglement; car au contraire, c'est du salut éternel des hommes que Dieu se mêle principalement. Ce n'étoit pas un secours extraordinaire et miraculeux que demandoit le Prophète, en disant : *Convertissez-moi*[6]; c'étoit néanmoins un secours très-efficace et tout-puissant, puisqu'il l'exprime en ces termes : « Convertissez-moi, et je serai converti, parce que vous êtes le Seigneur mon Dieu (qui pouvez tout sur ma volonté); car après que vous m'avez montré vos voies (de cette manière secrète et particulière que vous savez) j'ai frappé mes genoux » en signe de douleur. On ne pouvoit pas exprimer plus

---

[1] Lib. I *ad Bonif.* cap. xx. — [2] II *Reg.*, xv, 31. — [3] *Ibid.*, 34. — [4] II *Reg.*, xvii, 7, etc. — [5] *Ibid.*, 14. — [6] *Jerem.*, xxxi, 18, 19.

clairement cette grace toujours suivie de l'effet, quoique David l'exprime encore en moins de mots et avec autant d'énergie, lorsqu'il dit : « Aidez-moi, et je serai sauvé[1], » nous faisant sentir en deux si courtes paroles cet infaillible secours avec lequel nul ne périt. Cent passages de cette sorte établissent, dans l'Ancien Testament, cette grace qui donne l'effet. Ils sont encore plus fréquens dans le Nouveau ; mais nous n'avons ici besoin que de l'Oraison Dominicale.

CHAPITRE XV.

Preuve de l'efficace de la grace par l'Oraison Dominicale.

L'esprit de cette divine prière n'est pas, par exemple, dans cette demande : « Que votre nom soit sanctifié, » de faire dire au chrétien : Seigneur, faites seulement que je puisse vous sanctifier et laissez-moi faire ensuite. Ce seroit présumer de soi-même, douter de la puissance que Dieu a sur nous et désirer trop foiblement un si grand bien. Jésus-Christ nous apprend donc à demander l'actuelle sanctification du nom de Dieu, l'actuel établissement de son règne en nous, en sorte que dans l'effet rien ne lui résiste : la parfaite conformité de notre volonté avec la sienne, ce qui sans doute ne se sauroit faire que par notre volonté ; mais en la demandant à Dieu, on montre qu'il en est le maître.

Et quand on dit : « Donnez-nous aujourd'hui notre pain de chaque jour, » pour ne point encore parler du sens spirituel de cette demande, on demande sans difficulté que nous l'ayons actuellement et tous les jours, ce pain nécessaire à notre vie ; ce qui n'empêchera pas qu'il ne nous soit donné par notre travail volontaire, et souvent par la bonne volonté et les aumônes de nos frères ; auquel cas ce n'est pas moins Dieu qui nous le donne, parce que c'est lui qui tient en sa main la volonté de tous les hommes, et qui leur inspire effectivement tout ce qu'il lui plaît.

Mais de toutes les demandes de l'Oraison Dominicale, celles qui marquent le plus l'effet certain de la grace, sont les deux dernières : « Ne nous induisez point en tentation, mais délivrez-nous du mal. » Car, comme dit excellemment saint Augustin, « celui

[1] *Psal.* CXVIII, 117.

qui est exaucé dans une telle prière, ne tombe point dans les tentations qui lui feroient perdre la persévérance [1]. » Il aura donc ce présent divin par lequel très-certainement il est sauvé, et l'effet de cette prière est que Dieu nous mène actuellement au salut.

« Mais, poursuit saint Augustin, c'est par sa propre volonté qu'on abandonne Dieu et qu'on mérite d'être abandonné. Qui ne le sait pas ? Aussi c'est pour cela qu'on demande qu'on ne soit point induit en tentation, afin que cela n'arrive point ; » c'est-à-dire, afin qu'il n'arrive point, ni que nous quittions Dieu, ni qu'il nous quitte; « et si l'on est exaucé dans cette prière, et que ce mal n'arrive point, c'est que Dieu ne l'aura pas permis, étant impossible qu'il arrive rien que ce qu'il veut ou qu'il permet. Il peut donc et tourner au bien les volontés, et les relever du mal, et les diriger à ce qui lui est agréable, puisque ce n'est pas en vain qu'on lui dit : « Seigneur, vous nous donnerez la vie en nous convertissant [2]; » et encore : « Ne laissez point vaciller mes pieds [3]; » et encore : « Ne me livrez point au pécheur par mon désir [4]; » et enfin : « Ne nous laissez point tomber en tentation [5]. » Car celui qui ne tombe point dans la tentation, sans doute ne tombe point dans la tentation de la mauvaise volonté. Quand donc on demande à Dieu qu'il ne nous induise point en tentation, c'est-à-dire qu'il ne permette, qu'il ne souffre pas que nous y soyons induits, on reconnoît qu'il empêche notre mauvaise volonté. » Par où il est manifeste que c'est par la grace que nous sommes parfaitement *délivrés du mal*, c'est-à-dire principalement du mal du péché qui est le plus grand de tous, et à vrai dire le seul ; ce qui ne seroit pas vrai, puisque nous n'évitons ce mal qu'avec notre libre arbitre, s'il n'étoit certain en même temps que Dieu empêche dans nos volontés tout le mal qu'il veut, et y met tout le bien qu'il lui plaît.

Quand j'allègue ici saint Augustin, ce n'est pas tant pour faire valoir une autorité aussi vénérable que la sienne, que pour faire sentir à M. Simon, et à tous ceux qui comme lui se bouchent les yeux pour ne point entrer dans sa doctrine, combien les preuves en sont invincibles. Au reste il est évident que l'Eglise n'a pas en-

---

[1] *De dono persev.*, cap. VI, n. 11, 12. — [2] *Psal.* LXXXIV, 7. — [3] *Psal.* LXV, 9. — [4] *Psal.* CXXXIX, 9. — [5] *Matth.* VI, 13.

tendu autrement que lui l'Oraison Dominicale ; car dans cette belle prière qui précède la communion, lorsqu'elle parle en ces termes : « Faites que nous soyons toujours attachés à vos commandemens, et ne permettez pas que nous soyons séparés de vous, » que veut-elle dire autre chose, si ce n'est plus expressément et d'une manière plus étendue, ce que Jésus-Christ renferme dans ce peu de mots : « Ne nous induisez pas en tentation ? » L'intention de Jésus-Christ n'est pas de nous faire demander que nous vivions sur la terre exempts de tentations, dans une vie où toutes les créatures nous sont une tentation et un piége. Ce qu'il veut que nous demandions, c'est qu'il ne nous arrive pas de tentation où notre vertu succombe ; et cela, qu'est-ce autre chose que de demander en d'autres termes, « qu'il nous tienne toujours attachés à ses commandemens, et qu'il ne permette pas que nous soyons séparés de lui? » *Fac nos tuis semper inhærere mandatis, et à te nunquàm separari permittas.* Il y a une force particulière dans ces mots : *Ne permettez pas.* Si nous sommes assez malheureux pour nous séparer de Dieu, il est sans doute que nous l'aurons voulu. L'Eglise demande donc que Dieu ne permette pas qu'un si grand mal nous arrive, et qu'il tienne notre volonté tellement unie à la sienne, qu'elle ne s'en sépare jamais.

Par ce moyen nous serons parfaitement *délivrés du mal ;* et il faut encore remarquer comment l'Eglise entend cette demande : *Libera nos à malo.* Après l'avoir prononcée, elle ajoute incontinent : « Délivrez-nous de tout mal passé, présent et à venir. » Ce mal passé dont nous demandons d'être délivrés, ne peut être que le péché qui passe dans son action et qui demeure dans sa coulpe. Nous demandons donc d'être délivrés des péchés déjà commis, et de ceux que nous commettons de jour en jour, et en même temps préservés de tous ceux que nous pourrions commettre, par la grace qui nous prévient pour nous les faire éviter. Par ce moyen, nous obtiendrons la parfaite liberté des enfans de Dieu, qui consiste à n'être jamais assujettis au péché ; et c'est pourquoi la prière se termine en demandant que nous soyons établis dans une paix qui nous fasse vivre « toujours affranchis du péché, et assurés contre tout ce qui nous pourroit troubler. »

Cela même n'est autre chose que demander la persévérance par une grace dont l'effet est double : l'un de nous faire toujours bien agir, et l'autre de nous empêcher toujours de mal faire. L'Eglise explique le premier, en priant Dieu que nous soyons toujours attachés au bien : *Tuis semper inhærere mandatis ;* et le second, en le priant qu'il ne permette jamais que, « nous tombions dans le mal, » *et à te nunquàm separari permittas.*

CHAPITRE XVI.

Saint Augustin a pris des anciens Pères la manière dont il explique l'Oraison Dominicale : saint Cyprien, Tertullien : tout donner à Dieu : saint Grégoire de Nysse.

Ceux qui trouveront que je m'arrête plus lontemps qu'il ne faudroit aux prières de l'Eglise, ne conçoivent pas de quelle importance il est de les bien entendre. Si saint Augustin a démontré, comme je fais après lui, qu'elles sont toutes fondées sur l'Oraison Dominicale, il n'a fait que suivre les pas des Pères qui ont écrit avant lui. On peut voir dans son *Livre du Don de la Persévérance* les beaux passages qu'il rapporte de saint Cyprien, principalement celui-ci sur ces paroles de l'Oraison Dominicale : « Que votre nom soit sanctifié ; c'est-à-dire, qu'il le soit en nous, dit ce saint ; » et ensuite : « Après que Dieu nous a sanctifiés, il nous reste encore à demander, que cette sanctification demeure en nous; et parce que Notre-Seigneur avertit celui qu'il a guéri de ne pécher plus, de peur qu'il ne lui arrive un plus grand mal, nous demandons nuit et jour que la sanctification qui nous est venue de la grace, nous soit conservée par sa protection [1]. »

Le même saint Cyprien reconnoît que dans ces paroles : « Votre volonté soit faite dans la terre comme au ciel, » nous demandons, non-seulement que nous la fassions, mais encore que ceux qui ne sont pas convertis « et qui sont encore terre, deviennent célestes; » ce qui enferme la reconnoissance de la grace, qui change les cœurs de l'infidélité à la foi.

Ces sentimens venoient de plus haut, et on les trouve dans Ter-

[1] Cypr., *De Orat. Dominic.;* August., *De dono persev.*, cap. II.

tullien au *Livre de l'Oraison,* que saint Cyprien a imité dans celui qu'il a composé du même titre, sur ces paroles : « Donnez-nous aujourd'hui notre pain de tous les jours. » Saint Cyprien, en interprétant ces paroles de l'Eucharistie, avoit dit : « Nous demandons que ce pain nous soit donné tous les jours, de peur que, tombant dans quelque péché mortel et ce pain céleste nous étant interdit par cette chute, nous ne soyons séparés du corps de Notre-Seigneur [1]; » ce que Tertullien avoit expliqué par ces mots : « Nous demandons dans cette prière notre demeure perpétuelle en Notre-Seigneur, et notre inséparable union avec le corps de Jésus-Christ. » Tout tend à demander l'action, l'effet, l'actuel accomplissement, c'est-à-dire, sans difficulté, une grace qui donne tout cela par les moyens que Dieu sait.

Mais il n'y a rien de plus clair que ces paroles de saint Cyprien : « Quand nous demandons que Dieu ne permette pas que nous tombions en tentation, nous demandons que nous ne présumions point de nos propres forces, que nous ne nous élevions pas dans notre cœur, que nous ne nous attribuions pas le don de Dieu, lorsque nous confessons la foi, ou que nous souffrons pour lui. » Nous demandons donc précisément ce qui dépend le plus du libre arbitre ; et la source d'où naissent ces demandes, « c'est afin, dit le même saint, que notre prière étant précédée par une humble reconnoissance de notre foiblesse, il arrive qu'*en donnant tout à Dieu,* nous recevions de sa bonté ce que nous lui demandons d'un humble cœur. »

Il faut donc *tout donner à Dieu,* tout, dis-je, jusqu'au plus formel exercice de notre libre arbitre, parce qu'encore qu'il soit de nature à ne pouvoir être contraint et à ne devoir pas être nécessité, il peut être fléchi, ébranlé, persuadé par celui qui l'ayant créé, le tient toujours sous sa main ; ce qui fait dire à l'Eglise, dans une de ses Collectes : *Deus virtutum, cujus est totum quod est optimum :* « Dieu des vertus, à qui appartient tout entier ce qu'il y a de plus excellent ; » par conséquent les vertus, qui sont sans difficulté ce qu'il y a de meilleur parmi les hommes. Prière admirable, dont saint Jacques avoit établi le fondement par ces

[1] Apud August., *De dono persev.*, cap. IV.

paroles : « Tout présent très-bon et tout don parfait vient du Père des lumières [1]. »

Les Grecs expliquent l'Oraison Dominicale dans le même esprit que les Latins; et saint Grégoire de Nysse, dans ses homélies sur cette prière, s'accorde à reconnoître avec eux qu'on y demande tout ce qui appartient le plus au libre arbitre, comme d'être juste, pieux et éloigné du péché; de mener une vie sainte et irréprochable, et le reste de cette nature : par conséquent *un secours* qui donne non-seulement le pouvoir de toutes ces choses, mais en induise l'effet.

CHAPITRE XVII.

La prière vient autant de Dieu que les autres bonnes actions.

Et pour achever de donner à Dieu la gloire de tout le bien, il faut ajouter que la prière, qui nous fait voir que tout vient de Dieu par cette grace qui fléchit les cœurs, nous fait voir en même temps qu'elle-même est un des fruits de cette grace. Saint Augustin l'a prouvé par des preuves incontestables; et saint Ambroise disoit, avant lui, « que prier étoit encore un effet de la grace spirituelle qui, selon lui, fait pieux qui elle veut [2]. » L'Ecriture y est expresse. Il est écrit dans le Prophète : « En ces jours je répandrai dans la maison de David, et sur les habitans de Jérusalem, l'esprit de grace et de prière [3]. » Et quel sera l'effet de cet esprit? « Qu'ils me regarderont, moi qu'ils ont percé, et se frapperont la poitrine et s'affligeront comme on fait pour la mort d'un fils unique. Toute la terre sera en pleurs, famille à famille : la famille de David d'un côté, la famille de Nathan de l'autre, la famille de Lévi et les autres ; » tant est tendre, tant est efficace cet esprit de gémissement, de prière et de componction que Dieu répandit sur son peuple, ou celui qu'il y répandra un jour, lorsque les Juifs tourneront les yeux vers ce Dieu qu'ils ont percé.

L'efficace de cet esprit paroît encore bien clairement dans ces paroles de saint Paul : « L'esprit prie pour nous avec des gémis-

---

[1] Jacob., I, 17. — [2] Ambros., apud August., *De dono persev.*, cap. XXII. — [3] Zachar., XII, 10, 13.

semens inexplicables[1]. » Qu'on l'entende comme on voudra, ou avec saint Augustin et les autres Pères, du Saint-Esprit, dont l'Apôtre venoit de dire : « L'Esprit aide notre foiblesse[2] ; » ou d'une certaine disposition que le Saint-Esprit met dans les cœurs, à quoi saint Chrysostome semble pencher, la preuve est égale, puisque c'est toujours, ou le Saint-Esprit qui forme la prière dans ceux qui la font, ou le même Saint-Esprit qui met dans les cœurs la disposition d'où elle suit. La première interprétation est la meilleure, puisque c'est du Saint-Esprit dont parle l'Apôtre dans tous les versets précédens, et en particulier dans celui où il est dit « que nous avons reçu l'esprit d'adoption en qui nous crions : *Abba*, Père[3]; » ce que le même saint Paul explique ailleurs, en disant : « Parce que vous êtes enfans de Dieu, Dieu a envoyé dans vos cœurs l'Esprit de son Fils, qui crie *Abba*, Père[4]. » L'esprit du Fils est le Saint-Esprit *qui crie en nous*, Abba, *Père*, c'est-à-dire qui nous fait pousser ce cri salutaire; ce qui montre l'efficace de son impulsion. Car de même que lorsqu'il est dit : « Ce n'est pas vous qui parlez, mais l'Esprit de votre Père qui parle en vous[5], » cette expression signifie l'efficace du Saint-Esprit, qui nous fait parler ; ou, comme Jésus-Christ l'explique dans le même endroit, qui « dans l'heure même et sans que nous ayons besoin d'y penser, nous donne ce qu'il nous faut dire; » de même lorsqu'il est dit que « l'Esprit crie, qu'il prie, qu'il gémit en nous, » la force de cette expression dénote le divin instinct qui nous inspire ces cris et ces pieux gémissemens; et comme raisonne très-bien saint Augustin : « Qu'est-ce à dire que l'Esprit crie, si ce n'est qu'il nous fait crier? Ce que l'Apôtre explique en un autre endroit lorsqu'il dit : « Nous avons reçu l'Esprit d'adoption en qui nous crions et par lequel nous crions : » là il dit que l'Esprit crie; ici que nous crions par lui, déclarant par là que lorsqu'il a dit qu'il crie, il veut dire qu'il fait crier ; d'où nous concluons que cela même est un don de Dieu de crier à lui et de l'invoquer d'un cœur véritable : par où sont condamnés ceux qui prétendent que c'est de nous-mêmes que nous demandons, que nous cherchons, que nous frappons afin qu'il nous ouvre, et ne veulent pas en-

[1] *Rom.*, VIII, 26.— [2] *Ibid.*— [3] *Rom.*, VIII, 15.— [4] *Galat.*, IV, 6.— [5] *Matth.*, X, 20.

tendre que cela même est un don de Dieu de prier, de chercher, de frapper, puisque c'est l'effet de l'esprit par qui nous crions à Dieu, et par qui nous le réclamons comme notre Père [1]. »

On nous dira que quelques Pères grecs, comme saint Chrysosome et Théodoret, entendent cet esprit, non d'une grace ordinaire, mais d'un don extraordinaire de prier, qui étoit infus à certaines personnes à qui il étoit donné, par un instinct particulier, de faire dans les assemblées ecclésiastiques certaines prières, que le Saint-Esprit leur dictoit pour l'instruction de toute l'Eglise; grace que Théodoret assure qui duroit de son temps. Mais tout cela ne diminue rien de notre preuve, puisqu'il sera toujours vrai que le Saint-Esprit n'ôtoit point le libre arbitre à ceux à qui il dictoit intérieurement ces prières : il ne l'ôte donc pas non plus à ceux à qui il inspire la volonté d'y consentir. Le même saint Chrysostome nous enseigne que les diacres succèdent à ceux qui faisoient ces prières, et qu'ils en font la fonction, lorsqu'ils exhortent les fidèles à prier pour telles et telles choses : de sorte que ce don extraordinaire, quand on voudroit présupposer que c'est d'un tel don que parle saint Paul, auroit tourné en grace ordinaire; en sorte qu'il demeureroit également véritable que le Saint-Esprit dicte les prières de l'Eglise, et dicte en particulier l'exhortation du diacre qui est, comme on a vu, un commencement de la prière ecclésiastique. Enfin cette autre parole de saint Paul : « Parce que nous sommes enfans de Dieu, Dieu a envoyé en nous l'Esprit de son Fils qui crie : Notre Père, » n'est pas un don extraordinaire et une de ces graces gratuites qui tiennent quelque chose du miracle, mais comme on voit, une suite naturelle de l'Esprit d'adoption, qui est la grace commune à tous les fidèles; en sorte que tous ceux qui prient ont, en qualité d'enfans de Dieu, un don efficace de prier, par lequel don, comme parle saint Augustin, « Dieu leur imprime dans le cœur avec la foi et la crainte, non-seulement l'affection, mais encore l'effet de prier; » c'est-à-dire, sans difficulté, « l'acte même de la prière, » *impertito orationis affectu et effectu* [2].

---

[1] *De dono persev.*, cap. XXIII, n. 64; *Epist.* CXCIV, al. CV, *ad Sixt.* — [2] *Epist. ad Sixt.*, mox cit.

CHAPITRE XVIII.

On prouve par la prière que la prière vient de Dieu.

Ces témoignages de l'Ecriture sont démonstratifs; mais la prière elle-même nous fournit un argument plus abrégé pour établir la puissance de la grace qui nous fait prier. C'est qu'on demande l'esprit de prière, l'esprit de componction par lequel on prie. Comme on dit à Dieu : Faites-nous croire, faites-nous aimer, faites-nous mener une vie sainte, on lui dit aussi : Faites-nous prier, « faites-nous demander ce qu'il vous plaît; » *fac eos quæ tibi sunt placita postulare.* L'Eglise grecque le demande comme la latine : « Faites-nous la grace, ô Seigneur, d'oser vous dire avec confiance et sans crainte d'être condamnés : Notre Père qui êtes dans les cieux [1]. » Dans la messe de saint Basile et dans celle de saint Chrysostome : « Faites-nous dignes de vous invoquer par la vertu du Saint-Esprit et avec une pure conscience, » et encore : « Accordez-nous cette grace que nous vous invoquions avec confiance, et vous disions : Notre Père, » etc.

La même chose paroît presque en mêmes termes, dans la messe de saint Jacques et dans celle de saint Marc [2] : on voit partout ce terme mystique, qui de tout temps en Occident comme en Orient, précède l'Oraison Dominicale : *Audemus dicere*, « Nous osons dire; » mais l'Orient a marqué plus expressément que cette pieuse audace d'appeler Dieu *notre Père*, nous vient de la grace du Saint-Esprit, dont saint Paul disoit tout à l'heure que c'est lui qui crie en nous, c'est-à-dire qui nous fait crier que Dieu est notre Père.

On trouve aussi dans la messe de saint Chrysostome : « Vous qui nous donnez ces prières communes et unanimes, daignez aussi les exaucer [4] : » par où paroît encore cette excellente doctrine, que ce qui fonde l'espérance que nous ressentons en nos cœurs d'être exaucés, c'est que nous n'offrons à Dieu que les prières qu'il nous fait faire; ce qui est précisément la même chose que demande l'Eglise, en disant : « Seigneur, ouvrez les oreilles à nos prières; et afin que nous obtenions ce que vous nous promettez,

---

[1] Basil., *Miss.*, p. 57. — [2] P. 72. — [3] P. 18, 38. — [4] P. 67.

faites-nous demander ce qui vous plaît : » *Pateant aures*, etc.

C'est donc la foi de l'Eglise catholique, qu'il faut demander à Dieu tous les actes de notre liberté, jusqu'à la prière, par où l'on obtient tous les autres; et par conséquent qu'il les forme tous, et qu'il forme en particulier et par une grace spéciale l'acte de prier dans ceux qui le font. C'est pourquoi on lui en rend graces conformément à cette parole de saint Paul : « Je rends graces à Dieu de ce que nuit et jour je me souviens continuellement de vous [1]. » Qui rend graces à Dieu de ce qu'il prie nuit et jour, lui rend graces du premier moment comme de la suite, puisque sans doute ce premier moment est le commencement de ces jours et de ces nuits si heureusement passés dans la prière.

CHAPITRE XIX.

L'argument de la prière fortifié par l'action de graces.

Et en effet cette preuve de l'efficace du secours divin paroît encore plus forte, si l'on joint l'action de graces, qui est une des principales parties de la prière, avec les demandes qu'on y fait. Voici comment saint Augustin a formé en divers endroits cet argument. On ne demande pas à Dieu un simple pouvoir de bien faire, mais l'effet et l'acte même; et on est si persuadé qu'il ne se fait rien de bien sans ce secours, qu'on se croit obligé, quand le bien s'est fait, d'en rendre graces à Dieu. Je le prouve par ce passage de saint Paul aux Ephésiens : « Entendant parler de votre foi et de l'amour que vous avez pour tous les saints, je ne cesse de rendre graces pour vous, me souvenant de vous dans mes prières [2]; » et à ceux de Thessalonique : « Nous ne cessons de rendre graces à Dieu de ce qu'ayant reçu de nous sa parole, vous l'avez reçue, non comme la parole des hommes, mais comme celle de Dieu, ainsi qu'elle est en effet. » S'il ne s'est rien fait de particulier dans ceux qui ont cru, pourquoi en offrir à Dieu des actions de graces particulières? « Ce seroit là, dit saint Augustin, une flatterie ou une dérision plutôt qu'une action de graces : » *adulatio vel irrisio potiùs quàm gratiarum actio* [3]. « Il n'y a rien de plus vain, pour-

---
[1] II *Timoth.*, I, 3. — [2] *Ephes.*, I, 15. — [3] *De prædest. SS.*, cap. XIX, n. 39.

suit ce Père, que de rendre graces à Dieu de ce qu'il n'a point fait. Mais parce que ce n'est pas sans raison que saint Paul a rendu graces à Dieu de ce que ceux de Thessalonique avoient reçu l'Evangile comme la parole, non des hommes, mais de Dieu, il est sans doute que Dieu a fait cet ouvrage. C'est lui donc qui a empêché que les Thessaloniciens n'aient reçu l'Evangile comme une parole humaine, et qui leur a inspiré (par cette grace qui fléchit les cœurs) la volonté de le recevoir comme la parole de Dieu. »

CHAPITRE XX.

La même action de graces dans les Grecs que dans saint Augustin : passages de saint Chrysostome.

L'Eglise grecque, comme la latine, a rendu à Dieu ces pieuses actions de graces pour tout le bien que faisoient les hommes. « Rendons graces à Dieu, dit saint Chrysostome, non-seulement pour notre vertu, mais encore pour la vertu des autres : rendons-lui graces pour la confiance que les autres ont en lui ; et ne dites pas : Pourquoi le remercier de cette bonne action qui n'est pas mienne ? Vous lui devez rendre graces de ces bons sentimens d'un de vos membres [1]. » C'est donc une œuvre de Dieu que nos frères fassent bien ; nous devons lui en rendre graces comme d'un bienfait qui vient de lui, et compter parmi ses ouvrages ce que nous faisons, puisque c'est lui qui le fait en nous. Le même saint Chrysostome parle ainsi en un autre endroit : « Je sais, dit-il, un saint homme qui prioit de cette sorte : « Seigneur, nous vous rendons graces pour les biens que nous avons reçus de vous, sans que nous l'ayons mérité, depuis le commencement de notre vie jusqu'à présent : oui, Seigneur, pour ceux que nous savons et pour ceux que nous ne savons pas ; pour tous ceux qu'on nous a faits par œuvres ou par paroles, volontairement et involontairement ; pour les afflictions, pour les rafraîchissemens qui nous sont venus ; pour l'enfer (a), pour le royaume des cieux. » Remarquez comment

---

[1] Hom. II *in* II *ad Cor.*, n. 5.

(a) Le mot grec que l'illustre auteur rend par celui d'*enfer*, n'est pas susceptible, comme le mot latin *infernus*, de différentes interprétations, et signifie pré-

il rend graces de tout le bien que les hommes lui ont fait, *ou par œuvres, ou par paroles, volontairement ou involontairement,* en comptant cette bonne volonté des autres, quoique sortie bien certainement de leur libre arbitre, comme un don de Dieu qui les meut. Il montre donc que Dieu fait en nous-mêmes le libre mouvement de nos cœurs; et finit ainsi sa prière : « Nous vous prions, Seigneur, de nous conserver une ame sainte, une bonne conscience et une fin digne de votre bonté : vous qui nous avez tant aimés que vous nous avez donné votre Fils, rendez-nous dignes de votre amour, ô Jésus-Christ, Fils unique de Dieu; faites-nous trouver la sagesse dans votre parole et dans votre crainte, etc. » C'est ainsi qu'on demande à Dieu ce qu'on fait soi-même, et qu'aussi on lui en rend graces comme d'une chose qui vient de lui. Il y a un instinct dans l'Eglise pour demander à Dieu, chacun pour soi et tous pour tous, non pas le simple pouvoir, mais le faire : il y a encore un instinct pour lui rendre une action de graces particulière du bien que font ceux qui font bien. On ressent donc qu'ils ont reçu un don particulier de bien faire. On ne croit pas pour cela que leur libre arbitre soit affoibli, à Dieu ne plaise! ni que la prière lui nuise. Cet instinct vient de l'esprit de la foi, puisqu'il est dans toute l'Eglise. C'est donc un dogme constant et un article de foi que sans blesser le libre arbitre, Dieu le tourne comme il lui plaît, par les voies qui lui sont connues.

CHAPITRE XXI.

Ni les semi-pélagiens, ni Pélage même ne nioient pas que Dieu ne pût tourner où il vouloit le libre arbitre : si c'étoit le libre arbitre même qui donnoit à Dieu ce pouvoir, comme le disoit Pélage: excellente réfutation de saint Augustin.

La doctrine qui reconnoît Dieu pour infaillible moteur du cœur humain est si constante dans l'Eglise, que les semi-pélagiens, tout

---

[1] Hom. x *ad Coloss.*, n. 3.

cisément le lieu où souffrent les damnés. Ainsi l'on doit dire que le saint homme, qui rendoit *graces à Dieu pour l'enfer et pour le royaume des cieux,* se proposoit uniquement de glorifier la justice et la miséricorde de Dieu. On ne pourroit concevoir sans cette explication ce que signifient ces *actions de graces* rendues pour l'enfer. (*Note de la* 1ʳᵉ *édition.*)

attachés qu'ils étoient à élever le libre arbitre au préjudice de la grace, ne l'ont pas nié; au contraire ils l'outrent plutôt lorsqu'ils disent qu'il y en a « que Dieu force malgré qu'ils en aient à faire le bien, qu'il attire, soit qu'ils le sachent ou non, malgré toute leur résistance, et soit qu'ils le veuillent, ou qu'ils ne le veuillent pas [1]. » Je ne crois pas qu'en parlant ainsi, Cassien, le père des semi-pélagiens, ait voulu dire qu'en émouvant l'homme, Dieu lui ôtât absolument son libre arbitre, pour lequel il combat tant dans les endroits mêmes d'où ces paroles sont tirées; mais, quoi qu'il en soit, il parle de sorte qu'il donne lieu à saint Prosper de le reprendre [2] de partager mal à propos le genre humain, et de nier dans les uns le libre arbitre, et la grace dans les autres [3]. Il n'y a nul inconvénient que des esprits, à qui la justesse et la profondeur manquent et qui se laissent dominer à leur prévention, agissant par des mouvemens irréguliers, outrent d'un côté ce qu'ils relâchent de l'autre. Ce qui est certain, c'est qu'ils avouent que Dieu change les volontés comme il lui plaît, ainsi que saint Prosper le reconnoît; et qu'à regarder la consommation des bonnes œuvres et l'exclusion parfaite du péché, ils parlent à peu près comme les autres docteurs, se réservant de laisser, quand ils vouloient, au libre arbitre le commencement de la piété, encore que quand ils vouloient ils le donnassent aussi à la grace.

Le fond de cette doctrine venoit de Pélage, dont saint Augustin rapporte un mémorable passage, où il reconnoît « que Dieu tourne où il lui plaît le cœur de l'homme, » *ut cor nostrum quò voluerit Deus ipse declinet* [4]. « Voilà, dit saint Augustin, un grand secours de la grace de tourner le cœur où il lui plaît ; mais, poursuit ce Père, Pélage veut qu'on mérite ce secours par le pur exercice de son libre arbitre; lorsque nous souhaitons que Dieu nous gouverne; lorsque nous mortifions notre volonté, que nous l'attachons à la sienne; et que devenant avec lui un même esprit, nous mettons notre cœur en sa main, en sorte qu'il en fait après tout ce qu'il veut [5]. Pélage n'a donc pu nier que Dieu peut tout

---

[1] Cass., *Collat.*, XIII, cap. XVII, XVIII. — [2] *Contr. Collat.*, n. 21 — [3] *Collat.*, III, cap. XV; *Collat.*, IX, cap. XXIII; *Collat.*, XII, cap. IV, VI; *Collat.*, XIII, cap. IX, XI, XII, XIV et seq. — [4] *De gratiâ Christ.*, lib. I, cap. XXIII. — [5] *Ibid.*, cap. XXIV.

sur le libre arbitre de l'homme. Cette vérité étoit établie par trop de témoignages de l'Ecriture et trop constante dans l'Eglise pour être niée; et tout ce que put inventer cet hérésiarque en faveur du libre arbitre, c'est que si Dieu avoit un pouvoir si absolu sur nos volontés, c'étoit nous-mêmes qui le lui donnions; mais saint Augustin le force dans ce dernier retranchement, par ces paroles : « Je voudrois bien qu'il nous dît si Assuérus, ce roi d'Assyrie, dont Esther détestoit la couche, pendant qu'il étoit assis sur son trône, chargé d'or et de pierreries, et regardoit cette sainte femme avec un œil terrible comme un taureau furieux, s'étoit déjà tourné du côté de Dieu par son libre arbitre, souhaitant qu'il gouvernât son esprit et qu'il mît son cœur en sa main? Ce seroit être insensé de le croire ainsi, et néanmoins Dieu le tourna où il vouloit et changea sa colère en douceur, ce qui est bien plus admirable que s'il l'avoit seulement fléchi à la clémence, sans l'avoir trouvé possédé d'un sentiment contraire [1]. » Afin donc d'avoir tout pouvoir sur le cœur de l'homme, Dieu n'attend pas que l'homme le lui donne. « Qu'ils disent donc, poursuit ce Père, et qu'ils entendent que par une puissance cachée et aussi absolue qu'elle est ineffable, » sans l'emprunter de personne, « Dieu opère dans le cœur de l'homme toutes les bonnes volontés qu'il lui plaît. »

CHAPITRE XXII.

La prière de Jésus-Christ pour saint Pierre : J'ai prié pour toi, en saint Luc, XXII, 32 : application aux prières de l'Eglise.

Jésus-Christ a déclaré très-manifestement cette puissance dans cette prière qu'il fait pour saint Pierre : « J'ai prié pour toi, afin que ta foi ne défaille point. » Personne ne doute que saint Pierre ne dût croire par sa volonté, et par conséquent que ce ne fût le libre exercice de la volonté que Jésus-Christ demandoit pour lui. On ne doute pas non plus que le Fils de Dieu n'ait été exaucé dans cette demande, puisqu'il dit lui-même à son Père : Je sais que vous m'exaucez toujours [2], » ni par conséquent que ce libre arbitre si foible, par lequel dans quelques heures cet apôtre devoit

---

[1] *De gratiâ Christi*, lib. I, cap. XIV. — [2] *Joan.*, XI, 14.

renier son maître, après la prière de Jésus-Christ ne dût être fortifié en son temps, jusqu'à devenir invincible. Par conséquent on ne doute pas que Dieu ne puisse tout sur nos volontés. C'est en cette foi que l'Eglise demande à Dieu qu'il convertisse les pécheurs, et qu'il donne aux justes l'actuelle persévérance. Elle prie au nom de Jésus-Christ, ou plutôt c'est Jésus-Christ qui prie en elle ; il y est donc aussi exaucé. Il n'est pas permis de douter que tous ceux à qui il applique de la manière qu'il sait les prières de son Eglise, ne reçoivent secrètement en leur temps cette grace qui convertit, et qui fait persévérer jusqu'à la fin dans le bien. C'est donc une vérité qui ne peut être révoquée en doute, que Dieu a des moyens certains de faire tout le bien qu'il veut dans nos volontés ; et ces moyens, quels qu'ils soient, c'est ce que l'Ecole appelle la grace efficace. Voilà le fond de la doctrine de saint Augustin. Si M. Simon la méprise et ne connoît point cette grace, qu'il ne trouve point dans Grotius et dans ses autres théologiens, la vérité de Dieu n'en est pas moins ferme et les prières ecclésiastiques n'en sont ni moins véritables, ni moins efficaces.

CHAPITRE XXIII.

Prière du concile de Selgenstad avec des remarques de Lessius.

Pour montrer que l'Eglise catholique n'a jamais dégénéré de cette doctrine, après avoir rapporté les anciennes prières, où elle se trouve si clairement établie, il ne sera pas hors de propos d'en réciter quelques-unes de celles qu'elle a produites dans les siècles postérieurs. En voici une du concile de Selgenstad, dans la province de Mayence, de l'an 1022, sous le pape Benoît VIII, composée pour être faite à l'ouverture des conciles et devenue en effet une prière publique de ces saintes assemblées : « Soyez présent au milieu de nous, Seigneur; Saint-Esprit, venez à nous, entrez dans nos cœurs, enseignez-nous ce que nous avons à faire; montrez-nous où nous devons marcher, soyez l'instigateur et l'auteur de nos jugemens ; unissez-nous efficacement à vous par le don et par l'effet de votre seule grace, afin que nous soyons un en vous, et que nous ne nous écartions en rien de la vérité. »

Il ne faut point de commentaire à cette prière. On y voit clairement, comme le remarque Lessius qui la rapporte, qu'on « y demande au Saint-Esprit que les Pères du concile soient rendus véritablement et avec effet, *reverà et cum effectu,* unanimes dans leurs sentimens [1]. » C'est ce qu'il trouve principalement dans ces paroles : « Unissez-nous efficacement à vous ; » ce qu'il explique par ces autres termes : « Tirez-nous à vous de telle sorte que l'effet s'ensuive véritablement, en sorte que nous soyons unis en vous par une véritable charité ; » à quoi le même auteur ajoute encore « que le Saint-Esprit nous unit et nous tire à lui efficacement, lorsqu'il emploie cette manière de nous tirer par laquelle il sait que nous viendrons très-certainement, de notre plein gré toutefois ; » ce qui montre tout à la fois, et la liberté de l'action et la certitude de l'effet.

On voit par là que les auteurs qui sont le moins soupçonnés d'outrer l'efficace de la grace, la reconnoissent dans le fond : leurs sentimens sont unanimes sur cela ; et ils concourent, comme nous verrons, à les trouver dans saint Augustin. Ce Père en effet n'en a jamais demandé davantage ; c'est-à-dire, comme on a vu, qu'il n'a jamais demandé que ce que l'Eglise demande elle-même dans tous les temps et dans tous les lieux ; et ainsi la manière toute-puissante dont Dieu agit dans le bien selon la doctrine de ce Père, quoi qu'en ait pu dire M. Simon, est reçue de toute l'Eglise catholique. Mais nous avons encore à démontrer que cet auteur n'est pas moins aveugle, lorsqu'il blâme la manière dont ce saint docteur fait agir Dieu dans le mal.

[1] *Disput. apolog., de gratiâ,* etc., cap. XVIII, n. 6.

LIVRE XI.

COMMENT DIEU PERMET LE PÉCHÉ SELON LES PÈRES GRECS ET LATINS : CONFIRMATION PAR LES UNS COMME PAR LES AUTRES, DE L'EFFICACE DE LA GRACE.

CHAPITRE PREMIER.

Sur quel fondement M. Simon accuse saint Augustin de favoriser ceux qui font Dieu auteur du péché : passage de ce Père contre Julien.

Pour accuser saint Augustin de faire Dieu auteur du péché, notre critique se fonde principalement sur un passage de ce saint au *Livre V contre Julien,* chap. III; et voici comment il en parle : « Il paroît je ne sais quoi de dur dans l'explication qu'il apporte de ces paroles de saint Paul : *Tradidit illos Deus,* etc., « Dieu les a livrés à leurs désirs, » etc., et de plusieurs autres expressions semblables, tant du Vieux que du Nouveau Testament : il semble insister trop sur le mot de *Tradidit,* comme si Dieu étoit en quelque manière la cause de leur abandonnement et de l'aveuglement de leur cœur [1]. » Sur ce fondement notre auteur commence à faire des leçons à saint Augustin sur ce qu'il devoit accorder ou nier aux pélagiens : « Il pouvoit, dit-il, recevoir l'adoucissement que les pélagiens donnoient à cette façon de parler, qui est assurément ordinaire dans l'Ecriture. Lorsqu'ils sont livrés, disoit Julien, à leurs désirs, il faut entendre qu'ils y sont laissés par la patience de Dieu, et non poussés au péché par sa puissance : *Relicti per divinam patientiam intelligendi sunt, et non per potentiam in peccatum compulsi.* Il parloit en cela le langage des anciens Pères, comme on l'a pu voir dans leurs interprétations qu'on a rapportées ci-dessus. Saint Augustin, au contraire, leur a opposé plusieurs passages dont les gnostiques et les manichéens se sont servis contre les catholiques; mais il n'en tire pas les mêmes conséquences. Peut-être eût-il été mieux de suivre en cela les explications reçues, que d'en inventer de nouvelles. » Avec toutes les dissimulations et les tours ambigus dont il tâche de couvrir

[1] P. 299.

sa malignité, il résulte deux choses de son discours : l'une, que la doctrine de Julien reprise par saint Augustin étoit celle des anciens Pères; et l'autre, que ce saint docteur *a inventé de nouvelles explications,* par lesquelles sont favorisés ceux qui font Dieu auteur du péché, et « cause de l'aveuglement et de l'abandonnement des hommes [1]. » Il porte encore les choses plus loin en d'autres endroits, et il n'oublie rien pour faire d'un si grand docteur, aussi bien que de saint Thomas, un fauteur du luthéranisme.

Il ne s'agit pas ici de déplorer la malignité ou l'aveuglement d'un homme qui, sous prétexte d'insinuer de meilleurs moyens de soutenir la cause de l'Eglise que ceux dont se sont servis ses plus illustres défenseurs, ose donner un patron de l'importance de saint Augustin à ceux qui blasphèment contre Dieu. Laissant à part ces justes plaintes, il faut montrer à M. Simon que saint Augustin n'a rien dit que de vrai, que de nécessaire, rien qui lui soit particulier, et que les autres saints docteurs n'aient été obligés de dire, et avant et après lui.

CHAPITRE II.

Dix vérités incontestables par lesquelles est éclaircie et démontrée la doctrine de saint Augustin en cette matière : première et seconde vérité : que ce Père avec tous les autres ne reconnoît point d'autre cause du péché que le libre arbitre de la créature, ni d'autre moyen à Dieu pour y agir que de le permettre.

Premièrement donc il est certain que saint Augustin convient avec tous les Pères qu'on ne peut dire sans impiété que Dieu soit la cause du mal. Personne n'a mieux démontré que la cause du péché, si le péché en peut avoir, ne peut être que le libre arbitre, et c'est le sujet de tous ses livres contre les manichéens : ce qui est si certain, que ce seroit perdre le temps que d'en entreprendre la preuve.

Secondement saint Augustin a conclu de là avec tous les Pères, que Dieu permet seulement le péché. Aucun docteur n'a mieux démontré ni plus inculqué cette vérité, même dans ses livres

[1] P. 475.

contre les pélagiens. C'est contre les pélagiens qu'est écrite la lettre à Hilaire, où il parle ainsi : « Ne nous induisez pas en tentation, c'est-à-dire ne permettez pas que nous soyons induits en nous abandonnant, » *ne nos induci deserendo permittas* [1] ; ce qu'il prouve par ce passage de saint Paul : « Dieu est fidèle, et il ne permettra pas que vous soyez tentés au-dessus de vos forces [2]. » C'est contre les pélagiens qu'est écrit le livre *du Don de la Persévérance*, où il rapporte et approuve cette interprétation de saint Cyprien : « Ne nous induisez pas en tentation; c'est-à-dire ne souffrez pas que nous soyons induits, » *ne patiaris nos induci;* ce qu'il confirme en ajoutant lui-même : « Que voulons-nous dire en disant : « Ne nous induisez pas en tentation, » *Ne nos inferas*, si ce n'est : Ne permettez pas que nous y soyons induits, » *Ne nos inferri sinas* [3]?

CHAPITRE III.

Troisième vérité, où l'on commence à expliquer les permissions divines : différence de Dieu et de l'homme : que Dieu permet le péché, pouvant l'empêcher.

Pour expliquer plus à fond cette doctrine des permissions divines, il faut observer en troisième lieu qu'il n'en est pas de Dieu comme des hommes, qui sont souvent contraints de permettre des péchés parce qu'ils ne peuvent les empêcher; mais ce n'est pas ainsi que Dieu les permet. Qui peut croire, dit saint Augustin, qu'il n'étoit pas au pouvoir de Dieu d'empêcher la chute des hommes et des anges? Sans doute il le pouvoit faire, et peut encore empêcher tous les péchés que font les hommes, et même sans blesser leur libre arbitre, puisque nous avons vu qu'il en est le maître. Saint Chrysostome en convient avec saint Augustin, et l'Orient avec l'Occident, puisqu'ainsi que nous avons remarqué, tout l'Orient lui demande « qu'il fasse bons les mauvais, qu'il fasse demeurer les bons dans leur bonté, et qu'il nous fasse tous vivre sans péché. » Il pourroit donc empêcher tous les péchés et convertir tous les pécheurs, en sorte qu'il n'y eût plus de péché; et s'il ne le fait pas, ce n'est pas qu'il ne le puisse avec une facilité

---

[1] *Epist.* CLVII, al. LXXXIX, n. 5. — [2] I *Cor.*, X, 13. — [3] *De dono persev.*, cap. VI.

toute-puissante; mais c'est que, pour des raisons qui lui sont connues, il ne le veut point.

CHAPITRE IV.

Quatrième vérité et seconde différence de Dieu et de l'homme : que l'homme pèche en n'empêchant pas le péché lorsqu'il le peut, et Dieu, non : raison profonde de saint Augustin.

De là suit une quatrième vérité qui n'est pas moins incontestable, ni moins importante; qu'il y a encore cette différence entre Dieu et l'homme, que l'homme n'est pas innocent, s'il laisse commettre le péché qu'il peut empêcher, et que Dieu, qui le pouvant empêcher sans qu'il lui en coutât rien que de le vouloir, le laisse multiplier jusqu'à l'excès que nous voyons, est cependant juste et saint, « quoiqu'il fasse, dit saint Augustin, ce que, si l'homme le faisoit, il seroit injuste [1]. » Pourquoi, dit le même Père, si ce n'est que les règles de la justice de Dieu et celles de la justice de l'homme sont bien différentes [2]? Dieu, poursuit-il, doit agir en Dieu, et l'homme en homme. Dieu agit en Dieu, lorsqu'il agit comme une cause première, toute-puissante et universelle, qui fait servir au bien commun ce que les causes particulières veulent et opèrent de bien ou de mal; mais l'homme, dont la foiblesse ne peut faire dominer le bien, doit empêcher tout le mal qu'il peut. .

Telle est donc la raison profonde par laquelle Dieu n'est pas obligé d'empêcher le mal du péché : c'est qu'il peut en tirer un bien, et même un bien infini; par exemple, du crime des Juifs, le sacrifice de son Fils, dont le mérite et la perfection sont infinis. Comme donc il ne peut s'ôter à lui-même ni le pouvoir d'empêcher le mal, ni celui d'en tirer le bien qu'il veut, il use de l'un et de l'autre par des règles qui ne doivent pas nous être connues; et il nous suffit de savoir, comme dit encore saint Augustin, « que plus sa justice est haute, plus les règles dont elle se sert sont impénétrables [3]. »

---

[1] *Oper. imper.*, lib. III, cap. XXIII, XXIV, XXVII. — [2] *Ibid.*, cap. XXVII. — [3] *Ibid.*, cap. XXIV.

CHAPITRE V.

Cinquième vérité : une des raisons de permettre le péché est que sans cela la justice de Dieu n'éclateroit pas autant qu'il veut, et que c'est pour cette raison qu'il endurcit certains pécheurs.

Les hommes veulent bien entendre les permissions du péché qui tournent à leur avantage, par exemple du péché des Juifs pour leur donner un Sauveur ; du péché de saint Pierre pour le rendre plus humble ; de tous les péchés, quels qu'ils soient, pour faire davantage éclater la grace. Mais quand on vient à leur dire que Dieu permet leurs péchés pour faire éclater sa justice ; comme cette permission tend à les faire souffrir, leur amour-propre s'y oppose. Il n'en faut pas moins reconnoître cette cinquième vérité, que Dieu permet le péché, parce que sans cette permission il n'y auroit point de justice vengeresse, et qu'on ne connoîtroit pas la sévérité de Dieu, qui est aussi adorable et aussi sainte que sa miséricorde. C'est donc pour faire éclater cette justice qu'il endurcit le pécheur, et qu'il a dit à celui qui est un si grand exemple de cet endurcissement : « Je vous ai suscité, pour faire éclater en vous ma toute-puissance (celle que j'exerce dans la punition des crimes), et pour que mon nom soit renommé par toute la terre [1]. » C'est Moïse qui a rapporté le premier cette parole que Dieu adressoit à Pharaon, et l'on sait avec quelle force elle a été répétée par l'Apôtre [2].

CHAPITRE VI.

Sixième vérité établie par saint Augustin comme par tous les autres Pères, qu'endurcir, du côté de Dieu, n'est que soustraire sa grace. Calomnie de M. Simon contre ce Père.

Il est vrai que saint Augustin a été plus obligé que les autres Pères à combattre pour cette justice qui endurcit et qui punit les pécheurs ; mais c'est à M. Simon une calomnie de lui imputer pour cela de faire Dieu comme la cause de cet endurcissement et de l'abandonnement des pécheurs, puisqu'au contraire il enseigne

[1] *Exod.*, IX, 16. — [2] *Rom.*, IX, 17.

« que la mauvaise volonté de l'homme ne peut avoir d'autre auteur que l'homme en qui elle se trouve [1]; » et pour expliquer l'endurcissement, il avance dans la lettre à Sixte une sixième vérité, qui sert de principe et de dénouement à toute l'Ecole dans cette matière : « Il endurcit, non en donnant la malice, mais en ne donnant pas la miséricorde : » *Obdurat non impertiendo malitiam, sed non impertiendo misericordiam* [2]. Saint Augustin non content de répéter en cinq cents endroits cette vérité, a fait des discours entiers pour l'établir, et l'on voudroit cependant nous faire accroire qu'il enseigne une autre doctrine que celle des Pères.

CHAPITRE VII.

Septième vérité également établie par saint Augustin, que l'endurcissement des pécheurs du côté de Dieu est une peine et présuppose un péché précédent : différence du péché auquel on se livre soi-même d'avec ceux auxquels on est livré.

Ce ne seroit pas une moindre erreur de présupposer que le même Père n'ait pas reconnu comme les autres, cette septième vérité, qui est une suite de la sixième, que si Dieu aveugle, s'il endurcit, s'il abandonne les hommes, c'est en punition de leurs péchés précédens; car c'est ce qu'il ne cesse de répéter. Le savant P. Deschamps prouve par cent passages, que Dieu n'abandonne jamais que ceux qui l'abandonnent les premiers. Cet axiome, qui sert de règle à toute l'Ecole et qui en a servi aux Pères de Trente, *Non deserit nisi deseratur*, est tiré de saint Augustin en cent endroits; et pour se convaincre du sentiment de ce Père sur ce sujet, il ne faut que lire le chapitre troisième du *Livre cinquième contre Julien,* qui est celui dont M. Simon prend occasion de blâmer ce saint, puisqu'il y répète cent fois, que l'aveuglement, l'endurcissement, l'abandonnement ne peut jamais être que la peine de quelque péché, *pœna peccati, pœnæ præcedentium peccatorum :* peine à laquelle on est livré par un jugement caché de Dieu, mais toujours très-juste, parce qu'on y est livré pour les péchés précédens. C'est ce qui est très-clairement expliqué par ce passage de

---

[1] *Oper. imper.*, lib. V, cap. XLII. — [2] *Epist.* CXCIV, al. CV, *ad Sixt.*

saint Paul : « Dieu les a livrés aux désirs de leurs cœurs, aux vices de l'impureté et à un sens réprouvé; en sorte qu'ils ont fait des actions déshonnêtes et indignes [1]; » d'où saint Augustin conclut « qu'il y a eu un désir qu'ils n'ont pas voulu vaincre, auquel ils n'ont pas été livrés par le jugement de Dieu, mais par lequel ils ont été jugés dignes d'être livrés aux autres mauvais désirs [2]. » Les mauvais désirs de cette dernière sorte sont, comme on voit, ces actions déshonnêtes, auxquelles saint Paul dit qu'ils ont été abandonnés. A cette occasion saint Augustin fait une distinction que M. Simon n'a pas aperçue, et cette inattention est la cause de son erreur : c'est que parmi les mauvais désirs des pécheurs, c'est-à-dire, comme on a vu, parmi leurs péchés, il y en a où ils sont tombés avec une pleine volonté parce qu'ils n'ont pas voulu les vaincre, *vincere noluerunt;* et pour ceux-là, poursuit-il, ils n'y ont pas été livrés par le jugement de Dieu; mais ils commencent eux-mêmes à s'y livrer par leur volonté dépravée. Outre ces péchés auxquels on se livre soi-même, il y en a d'autres auxquels on est livré en punition de ces premiers; c'est-à-dire que lorsqu'on est livré à certains péchés, tels que sont dans cet endroit de saint Paul, les monstres d'impureté où il représente les idolâtres, il y a un premier péché auquel on n'a pas été livré, mais auquel on s'est livré soi-même en ne voulant pas le vaincre, tel qu'a été dans ceux dont parle saint Paul, le péché de n'avoir pas voulu reconnoître Dieu : *Non probaverunt Deum habere in notitiâ* [3] ; et d'avoir adoré la créature au préjudice du Créateur dont ils connoissoient si bien la divinité par les œuvres, qu'ils étoient inexcusables de ne le pas servir.

Ainsi par tous les péchés auxquels les hommes sont livrés, il faut remonter à celui auquel ils se sont livrés eux-mêmes : non qu'il ne soit vrai qu'ils se livrent encore eux-mêmes aux excès auxquels ils sont livrés, mais à cause qu'il y en a un premier auquel ils se sont livrés avec une franche volonté, avec un consentement et une détermination plus volontaire. Saint Augustin enseigne au fond la même doctrine; et dans l'ouvrage parfait et dans l'ouvrage imparfait *contre Julien,* et en beaucoup d'autres

[1] *Rom.,* I, 24, 28. — [2] *In Psal.* XXXV. — [3] *Rom.,* I, 28.

endroits. Or il n'en faut pas davantage pour confondre M. Simon, parce que ce premier péché, qui est ici regardé comme le premier, a néanmoins été permis de Dieu, mais par une simple permission qui n'est point proposée ici comme pénale; au lieu que la permission par laquelle on est livré à certains péchés en punition d'autres péchés précédens étant pénale, elle sort pour ainsi parler de la notion de la simple permission, puisqu'elle est la suite de la volonté de punir.

CHAPITRE VIII.

Huitième vérité : l'endurcissement du côté de Dieu n'est pas une simple permission, et pourquoi.

Par là donc est établie, en huitième lieu, la doctrine de la permission du péché. Il y a la simple permission où le péché n'est pas regardé comme une peine ordonnée de Dieu en un certain sens, mais comme le simple effet du choix de l'homme; et il y a la permission causée par un péché précédent, qui est la pénale, qui par conséquent n'est plus une simple permission, mais une permission avec un dessein exprès de punir celui qui s'étant livré de lui-même avec une détermination plus particulière à un certain mauvais désir, mérite par là d'être livré à tous les autres.

C'est de quoi nous avons un funeste exemple dans la chute des justes. Le premier péché où ils tombent n'est pas un effet ou, pour parler plus correctement, n'est pas une suite de la justice de Dieu qui punit le crime, puisqu'on suppose que celui-ci est le premier; mais quand après ce premier crime, l'homme que Dieu pouvoit justement livrer au feu éternel, par une espèce de vengeance encore plus déplorable est livré, en attendant, à des crimes encore plus énormes; et que d'erreur en erreur et de faute en faute, il tombe enfin dans la profondeur et dans l'abîme du mal où il est abandonné à lui-même, à l'ardeur de ses mauvais désirs, à la tyrannie de l'habitude, en un mot où il est « vendu au péché, » selon l'expression de saint Paul, et qu'il est entièrement « son esclave, » selon celle de Jésus-Christ même; alors, dit saint Augustin, « il est subjugué, il est pris, il est entraîné, il est possédé par le péché. » *Vincitur, capitur, trahitur, possidetur* [1]. La permission du péché, qui s'appelle dans cet état *endurcissement de cœur et aveuglement d'esprit*, n'est plus alors une simple permission, mais une permission causée par la volonté de punir; et il arrive à celui qui a mérité d'être puni de cette sorte, en tombant d'abîme en abîme, de se plonger dans des péchés qui sont tout ensemble, comme dit le même Père, « et de justes supplices des péchés passés et mérites des supplices futurs : » *Et peccatorum supplicia præteritorum et suppliciorum merita futurorum.*

CHAPITRE IX.

Comment le péché peut être peine et qu'alors la permission de Dieu qui le laisse faire, n'est pas une simple permission.

Il ne s'agit pas ici d'examiner comment les péchés, qui sont toujours volontaires, peuvent en même temps être une peine, n'y ayant rien de plus opposé qu'un état pénal et un état volontaire. Grégoire de Valence répond qu'il y a toujours dans le péché quelque chose qu'on ne veut pas, comme le déréglement et la dépravation de la volonté et les autres choses de cette nature, à raison desquelles, dit-il, le péché peut tenir lieu de peine; à quoi on peut ajouter avec saint Augustin qu'en péchant volontairement on demeure nécessairement et inévitablement coupable; que l'habitude devient une espèce de nécessité, une sorte de contrainte; et enfin que l'aveuglement qui empêche le criminel de voir son malheur est une peine d'autant plus grande, qu'elle paroît plus volontaire : en un mot que tout ce qui est péché est en même temps malheur, et le plus grand malheur de tous, par conséquent de nature à devenir pénal en ce sens. Quoi qu'il en soit, le fait est constant. Il est constant par le témoignage de l'Apôtre et par cent autres passages de même force, que le péché est la peine du péché; et que Dieu alors ne le permet pas par une simple permission, comme il a permis le péché des anges et du premier homme, mais par un jugement aussi juste qu'il est caché.

[1] *Contr. Jul.*, lib. V, cap. III.

CHAPITRE X.

Neuvième vérité, que Dieu agit par sa puissance dans la permission du péché. Pourquoi saint Augustin ne permet pas à Julien de dire que Dieu le permet par une simple patience, qui est le passage que M. Simon a mal repris.

Il est certain, en neuvième lieu, qu'en Dieu permettre le péché n'est pas seulement le laisser faire : autrement les pécheurs feroient en péchant tout ce qu'ils veulent, ce qui est si faux que, non-seulement ils ne peuvent éviter leur damnation, ni s'empêcher de servir malgré eux à faire éclater la gloire et la justice de Dieu; mais encore dans tout ce qu'ils font par leur volonté dépravée la volonté de Dieu leur fait la loi, et sa puissance les tient tellement en bride, qu'ils ne peuvent ni avancer, ni reculer qu'autant que Dieu veut lâcher ou serrer la main. Il n'y a point de volonté plus puissante dans le mal et en même temps plus livrée à le commettre, que celle de Satan; mais l'exemple de Job fait voir que, dans toutes ses entreprises, il a des bornes qu'il ne peut outre-passer. « Frappe sur ses biens, mais ne touche pas à sa personne : frappe sa personne, mais ne touche pas à sa vie [1]. » C'est ce que lui dit la loi souveraine à laquelle il est assujetti; et loin que ce malin esprit puisse attenter comme il lui plaît, sur les hommes, on voit dans l'Evangile que toute une légion de démons ne peut rien sur des pourceaux qu'avec une permission expresse [2]. C'est donc une vérité constante, que la puissance de Dieu agit et se mêle dans la permission du péché; et si saint Augustin reprend Julien d'attribuer la permission du péché, « non à la puissance, mais à la patience de Dieu, » *per divinam patientiam*, c'est à cause que cet hérétique, ennemi de la puissance que Dieu exerce sur la volonté bonne ou mauvaise de la créature, ne vouloit ici reconnoître qu'une simple patience, une simple permission, qui est aussi l'erreur de notre critique.

[1] *Job*, I, 12; II, 6. — [2] *Matth.*, VIII, 32; *Marc.*, V, 12, 13.

CHAPITRE XI.

Preuves de saint Augustin sur la vérité précédente : témoignage exprès de l'Ecriture.

Qu'ainsi ne soit : écoutons parler saint Augustin même dans l'endroit que cet auteur a repris, et voyons comment il combat ce terme de patience dans l'écrit de Julien. C'est en montrant que si les faux prophètes se trompent, l'Ecriture dit que Dieu les séduit; c'est-à-dire que par un juste jugement il les livre à l'esprit d'erreur, pour ensuite étendre sa main sur eux et les perdre sans miséricorde; d'où il conclut que ce n'est donc point une simple patience, mais un acte d'une cause toute-puissante qui veut exercer sa justice [1]. Il demande dans le même esprit si c'est par puissance ou par patience que Dieu prononce ces paroles : « Qui séduira Achab, roi d'Israël, afin qu'il marche à Ramoth et qu'il y périsse. » Et il parut un esprit qui dit : « Je le tromperai, et je serai un esprit menteur dans la bouche de tous ses prophètes. Et le Seigneur dit : Tu le tromperas et tu prévaudras : va et fais comme tu dis. » Terrible passage [2], qui nous fait voir que Dieu ne laisse pas seulement agir les mauvais esprits, mais qu'il les envoie et les dirige par sa puissance, afin de punir par leur ministère ceux à qui sont dus de semblables châtimens. Cent passages de cette sorte montrent qu'il emploie sa puissance pour faire servir à sa juste vengeance ces esprits exécuteurs de ses jugemens. Ainsi périt ce qui doit périr : ainsi est trompé ce qui le doit être ; et il ne nous reste qu'à nous écrier avec David : « Vos jugemens sont un grand abîme [3]. »

CHAPITRE XII.

Dixième et dernière vérité : les pécheurs endurcis ne font ni au dehors ni au dedans tout le mal qu'ils voudroient, et en quel sens saint Augustin dit que Dieu incline à un mal plutôt qu'à un autre.

Par la profondeur de ces conseils, il arrive, en dixième lieu, que les esprits ou des hommes ou des anges qui sont déjà livrés

[1] *Contr. Jul.*, lib. V, cap. 13. — [2] III *Reg.*, XXII, 20-22. — [3] *Psal.* XXXV, 7.

par eux-mêmes à la malice, et dans la suite sont endurcis dans cette funeste disposition, non-seulement n'opèrent pas au dehors le mal qu'ils prétendent, mais ne font pas même au dedans actuellement tous les péchés qu'ils voudroient. Dieu tient leur volonté en sa main, en sorte qu'elle n'échappe que par où il le permet : d'où il résulte qu'il fait ce qu'il veut, même des volontés dépravées; ce qui fait dire à saint Augustin « qu'il incline la volonté d'un pécheur déjà mauvaise par son propre vice à ce péché plutôt qu'à un autre, par un juste et secret jugement ; » et dans le chapitre suivant « qu'il agit dans le cœur des hommes pour incliner, pour tourner leur volonté où il lui plaît, soit au bien selon sa miséricorde, soit au mal selon leur mérite, par un jugement quelquefois connu, quelquefois caché, mais toujours juste [1]. »

Ceux qui trouvent cette expression de saint Augustin un peu dure peuvent s'en prendre à l'Ecriture, où il s'en trouve si souvent de semblables ou de plus fortes, qu'on est induit quelquefois à les imiter, et surtout lorsqu'il s'agit d'atterrer par quelque chose de fort l'orgueil humain, et d'établir une vérité à laquelle il ne veut pas s'assujettir. Grégoire de Valence, en expliquant le passage dont il s'agit et comment Dieu incline les cœurs, non-seulement au bien, mais encore au mal, remarque qu'il est auteur dans les méchans de tout ce qui précède le péché; où il faut comprendre, non-seulement la force mouvante, c'est-à-dire le libre arbitre, par lequel il se détermine d'un côté plutôt que d'un autre, mais encore la disposition et présentation des divers objets d'où naissent tous les motifs par lesquels la volonté est ébranlée. Suarez ajoute qu'il n'y a aucun inconvénient à reconnoître qu'une volonté déjà mauvaise par son propre déréglement et dans une pente ou plutôt dans une détermination actuelle au mal, ne devenant pas plus mauvaise lorsqu'elle se porte à un objet plutôt qu'à un autre, puisse aussi y être appliquée par une secrète opération de Dieu, qui n'ayant par ce moyen aucune part ni au fond ni au degré du mal, est libre à diversifier ces mouvemens selon les desseins de sa justice et de sa sagesse éternelle ; d'où saint Thomas a pris occasion de dire que Dieu « pousse au mal [2] » en

---

[1] *De gratiâ et lib. arb.*, cap. XX, XXI. — [2] S. Thom., *in Rom.*, cap. IX.

quelque façon les volontés déjà mauvaises (car il le faut toujours supposer ainsi), en les tournant d'un côté plutôt que d'un autre ; ce qu'il faut néanmoins entendre, non d'une impulsion positive qui cause un mouvement déréglé, mais au sens qu'on incline l'eau à précipiter sa chute en levant la digue, et qu'on détermine son cours d'un côté plutôt que d'un autre par l'ouverture qu'on lui laisse libre, en tenant le reste fermé. On dit même communément qu'on fait tomber une pierre en coupant la corde qui la tenoit suspendue ; et ce n'est pas seulement un langage populaire, mais encore un langage philosophique de dire que l'on opère en quelque sorte un mouvement, lorsqu'on en lève l'obstacle. Dieu donc, sans pousser les hommes ni au mal en général ni au mal en particulier, tourne la volonté déjà mauvaise et déterminée au mal ; à un mal plutôt qu'à un autre, non en lui donnant sa mauvaise pente ni en la déterminant positivement à aucun mal, mais en lui lâchant ou lui tenant la bride : ce qui n'est point, à le bien entendre, la pousser au mal ; mais au contraire, en la retenant d'un certain côté, la laisser tomber de l'autre de son propre poids.

CHAPITRE XIII.

Dieu fait ce qu'il veut des volontés mauvaises.

Ainsi, dit saint Augustin, et par plusieurs « autres manières explicables ou inexplicables, Dieu agit ou par lui-même, ou par les anges bons ou mauvais, » dans les cœurs rebelles [1]; et ne permettant de péchés que ceux qui mènent à ses fins cachées, il a des moyens admirables et ineffables d'en faire ce qu'il veut : *Miris et ineffabilibus modis*. Par là donc les volontés dépravées ne sont pas seulement souffertes par sa patience, mais encore mises sous le joug de sa puissance souveraine et inévitable. C'est là bien certainement une vérité catholique ; et néanmoins nous la voyons si profondément oubliée ou ignorée par M. Simon, qu'il auroit même conseillé à saint Augustin de la supprimer en faveur des pélagiens : mais si elle devoit être supprimée, elle n'auroit pas été si expressément et si souvent révélée dans l'Ecriture. Il la faut ex-

---

[1] *Contr. Jul.*, lib. V, cap. 3 ; *De gratiâ et lib. arb.*, cap. XXI.

pliquer aux hommes pour les faire entrer dans les jugemens de Dieu, qu'il faut connoître pour les craindre. Rien n'inspire tant d'horreur du péché, que de faire voir qu'il est tout ensemble un désordre et une peine, et quelque chose de pire que l'enfer, puisque c'est ce qui le mérite, ce qui en allume les flammes, et qui en cause la rage et le désespoir plus brûlant que tous les feux. On découvre encore par là ce secret de la justice divine que pour punir les pécheurs, Dieu n'a besoin que d'eux-mêmes. Leur crime est de se chercher eux-mêmes : leur peine est de se trouver et d'être livrés à leurs désirs. Ces saintes et terribles vérités doivent d'autant moins être supprimées, qu'elles font partie de la divine Providence et un moyen pour exécuter ses desseins profonds. L'exemple de la passion de Jésus-Christ en est une preuve. Sans la trahison de Judas, sans la jalousie des pontifes, sans la malice des Juifs, sans la facilité et l'injustice de Pilate, ni l'oblation de Jésus-Christ n'auroit été accomplie au fond, ni elle n'auroit été revêtue des circonstances qui devoient servir à relever la patience et l'humilité du Sauveur. « Mais Dieu qui avoit résolu devant tous les siècles que son Christ souffrît, l'a accompli de cette sorte [1]. » Il a de même accompli par les violences des persécuteurs la gloire qu'il vouloit donner à son Eglise et à ses saints; et tout cela et les autres choses de cette sorte sont des ressorts incompréhensibles de sa Providence : nul que lui ne pouvant savoir jusqu'où tombent les pécheurs, lorsqu'il leur ôte ce qu'il ne leur doit pas, ni jusqu'où il est capable de pousser le bien qu'il veut tirer de leurs désordres.

CHAPITRE XIV.

Calomnie de M. Simon et différence infinie de la doctrine de Wiclef, Luther, Calvin et Bèze, d'avec celle de saint Augustin : abrégé de ce qu'on a dit de la doctrine de ce Père.

Saint Augustin n'en a jamais dit ni voulu dire davantage. M. Simon nous veut faire accroire qu'en enseignant cette doctrine, il favorise les protestans. Il ne sait pas, ou ne veut pas faire semblant de savoir que Luther, Calvin, Bèze et Wiclef avant eux, en

---
[1] *Act.* III, 18.

niant absolument le libre arbitre, ont introduit, même dans les anges rebelles et dans le premier homme, une fatale et inévitable nécessité de pécher, qui ne peut avoir que Dieu pour auteur. Mais au contraire saint Augustin a établi partout, comme on a vu, et même dans les endroits d'où l'on tire occasion de le reprendre, que Dieu n'a pas fait ni n'a pas pu faire les volontés mauvaises : qu'avant que d'être livré à ses mauvais désirs, le pécheur a premièrement un mauvais désir auquel il n'est pas livré par le jugement de Dieu, mais auquel il se livre lui-même par son libre arbitre; et si ensuite il est aveuglé, s'il est endurci, ce n'est pas que Dieu soit cause en aucune sorte de son endurcissement ou de son aveuglement, comme notre auteur l'impute à ce docte Père [1], puisqu'au contraire, selon sa doctrine et celle de toute l'Eglise, le péché étant de nature que l'homme qui le commet n'en peut revenir de lui-même, l'endurcissement et l'aveuglement en sont la suite inévitable, si Dieu n'envoie une grace qui empêche ce mauvais effet. Personne donc ne fait l'endurcissement, si ce n'est le pécheur lui-même, qui sans la grace de Dieu y demeureroit toujours.

CHAPITRE XV.

Belle explication de la doctrine précédente par une comparaison de saint Augustin : l'opération divisante de Dieu : ce que c'est selon ce Père.

Et pour entendre une fois toute la doctrine de saint Augustin sur la manière dont Dieu se mêle dans les actions mauvaises, il ne faut que se souvenir d'un exemple qu'on trouve cent fois dans ses écrits, qui est celui de la lumière et des ténèbres. Dieu n'a pas fait les ténèbres, dit ce Père, il a dit : *Que la lumière soit faite,* mais on ne lit pas qu'il ait dit que les ténèbres soient faites. Quoiqu'il n'ait pas fait les ténèbres, il a fait deux choses en elles : il les a premièrement « divisées d'avec la lumière, » *divisit lucem à tenebris;* et ce qui étoit l'effet de cette séparation, « il les a mises en leur rang, *divisit tenebras, et ordinavit eas* [2], dit saint Augustin. Ainsi, poursuit ce saint homme, il n'a pas fait la mauvaise volonté; mais en la divisant d'avec la bonne, il l'assujettit à

[1] P. 299. — [2] *In Psal.* VII sub fine; et *De dono persev.*

l'ordre, et la fait servir à la beauté de l'univers et de l'Eglise. Il faut donc entendre dans Dieu, lorsqu'il agit dans les pécheurs, cette opération divisante, s'il est permis de l'appeler ainsi. C'est que Dieu divise toujours ce qui est bon de ce qui est mauvais; et ne faisant dans le pécheur que ce qui est bon, ce qui convient, ce qui est juste, il arrange seulement le reste, et le fait servir à ses desseins; « en sorte, dit saint Augustin, qu'il est bien au pouvoir de l'homme de faire un péché; mais qu'il arrive par sa malice un tel ou un tel effet, cela n'est pas au pouvoir de l'homme, mais en celui de Dieu, qui a divisé les ténèbres et qui sait les mettre en leur rang : » *Non est in hominis potestate, sed Dei dividentis tenebras et ordinantis eas* [1]. Voilà tout ce que Dieu fait dans le péché; et en le faisant, dit ce Père, il demeure toujours bon et toujours juste.

CHAPITRE XVI.

La calomnie de l'auteur évidemment démontrée par deux conséquences de la doctrine précédente.

Je tire de là contre notre auteur deux conséquences, qui ne peuvent être ni plus claires ni plus importantes pour le convaincre : la première, que c'est en vain qu'il attribue à saint Augustin une doctrine particulière, puisque sa doctrine, qui n'est autre que celle qu'on vient d'entendre, ne disant rien qu'il ne faille dire nécessairement et que tout le monde en effet n'ait dit dans le fond, il s'ensuit que ce docte Père n'a pu sans témérité et sans ignorance être accusé de singularité en cette matière. Voilà ma première conséquence, qui ne peut pas être plus certaine; et la seconde est que d'imaginer dans la doctrine de ce Père quelque chose qui favorise les protestans, ce n'est pas seulement, comme je l'ai déjà dit, les autoriser en leur donnant saint Augustin pour protecteur, mais encore visiblement leur faire absolument gagner leur cause, puisque ce Père qu'on veut qui les favorise ne dit rien qu'il ne faille dire, et que tout le monde n'ait dit comme lui; en sorte qu'en se déclarant son ennemi, comme fait ouvertement M. Simon, on l'est de toute l'Eglise.

[1] *De prædest. SS.*, cap. XVI, n. 33.

CHAPITRE XVII.

Deux démonstrations de l'efficace de la grace par la doctrine précédente : première démonstration, qui est de saint Augustin.

A deux conséquences si importantes, j'en ajouterai une troisième qui ne l'est pas moins ; c'est que, sans aller plus loin, l'efficace de la grace, tant rejetée par notre auteur, demeure prouvée par deux raisons démonstratives. La première est de saint Augustin dans ces paroles : « Si Dieu, dit-il, est assez puissant pour opérer, soit par les anges bons ou mauvais, ou par quelque autre moyen que ce soit, dans le cœur des méchans dont il n'a pas fait la malice, mais qu'ils ont ou tirée d'Adam ou accrue par leur propre volonté, peut-on s'étonner s'il opère par son esprit dans le cœur de ses élus tout le bien qu'il veut, lui qui a auparavant opéré que leurs cœurs de mauvais devinssent bons[1] ? » C'est-à-dire (pour recueillir tout ce qu'il a dit dans le discours précédent, dont ces dernières paroles sont le corollaire) quelle merveille, que celui qui fait ce qu'il veut des volontés déréglées qu'il n'a pas faites, fasse ce qu'il veut de la bonne volonté dont il est l'auteur ! S'il est tout-puissant sur les méchans dont il ne meut les cœurs qu'indirectement et pour ainsi dire qu'à demi ; quelle merveille, qu'il puisse tout sur les cœurs où sa grace développe toute sa vertu et agit avec une pleine liberté !

CHAPITRE XVIII.

Seconde démonstration de l'efficace de la grace par les principes de l'auteur.

Cette démonstration est confirmée par une autre que nous tirerons des principes mêmes de M. Simon. Selon lui la véritable interprétation de ces paroles : « Dieu les a livrés aux désirs de leurs cœurs » et à des péchés infâmes, est que Dieu a permis qu'ils y soient tombés ; mais cette permission étant sans contestation une peine, puisque saint Paul la remarque comme une punition de l'idolâtrie, ceux qui ont persévéré dans l'idolâtrie ne l'auront pas

[1] *De gratiâ et lib. arb.*, cap. XXI.

évitée et ne seront pas au-dessus de Dieu, qui les veut punir de cette sorte. Ils tomberont donc dans ces péchés affreux, et leur chute sera une suite de cette permission pénale. Quel en a donc été l'effet? Est-ce de pousser les hommes au mal? A Dieu ne plaise! c'est contre la supposition. Est-ce seulement de les laisser faire ou bien ou mal? Ce n'est pas l'intention de l'Apôtre, qui assure qu'après un premier péché, leur peine doit être une autre chute. Que si Dieu ne fait rien en eux pour les y pousser, cette peine consiste donc à leur soustraire quelque chose dont la privation les laisse entièrement à eux-mêmes, et ce quelque chose c'est la grace. Il y a ici deux partis à prendre : les uns disent que cette permission qui livre les hommes au mal en punition de leurs péchés précédens, emporte la totale soustraction de la grace, sans laquelle on ne peut rien. Ce n'est pas là ce que doit dire M. Simon, puisqu'il faut selon ses principes, qu'en cela je crois très-probables, que Dieu veuille toujours sauver et guérir. D'autres disent donc que les graces que Dieu retire sont certaines graces, qui préparées et données d'une certaine façon, attirent un consentement infaillible et que faute de les avoir dans le degré que Dieu sait, on tombe dans ces péchés qui sont la peine des autres. Ces graces sont les efficaces, celles qui fléchissent le cœur. Si l'on ne tâche de les obtenir, si l'on ne veut pas même les connoître, on périt, et de péché en péché on tombe enfin dans l'enfer.

CHAPITRE XIX.

Suite de la même démonstration de l'efficace de la grace, par la permission des péchés où Dieu laisse tomber les justes pour les humilier. Passage de saint Jean de Damas.

C'est ce qui se confirme encore par une doctrine de tous les Pères et de tous les Spirituels anciens et nouveaux, que je ne puis mieux exprimer que par ces paroles de saint Jean de Damas, dans le chapitre de la Providence : « Dieu, dit-il, permet quelquefois qu'on tombe dans quelque action déshonnête pour guérir un vice plus dangereux; comme celui qui s'enorgueillit de ses vertus ou de ses bonnes œuvres, tombera dans quelque foiblesse, afin que reconnoissant son infirmité, il s'humilie devant Dieu et confesse ses péchés. » Un peu après : « Il y a un délaissement de permission et de ménagement, où Dieu permet une chute pour l'utilité de celui qui tombe, » ou « pour celle des autres, » ou « pour sa gloire particulière; » et « il y a un délaissement final et de désespoir, quand on se rend incorrigible par sa propre faute, » et « qu'on est livré, comme Judas, à la dernière et entière perte [1]. » Laissant maintenant à part ce dernier genre de délaissement, dont il faudra peut-être parler ailleurs, considérons ce délaissement miséricordieux où Dieu permet un péché, non pour perdre, mais pour sauver celui qui le commet. On peut dire de tels péchés que de même que l'Eglise chante du péché d'Adam qu'*il a été vraiment nécessaire* pour accomplir les desseins que Dieu avoit sur le genre humain, ainsi ce péché permis est nécessaire à ces ames pour parvenir au degré d'humilité et de grace que Dieu leur prépare par leur chute. C'est donc ici qu'il faut admirer les profonds conseils de Dieu dans la sanctification des ames. Car si c'est une merveille de sa sagesse d'avoir envoyé à saint Paul un ange de Satan pour empêcher qu'il ne s'élevât de ses grandes révélations [2], et de faire ainsi servir un esprit superbe à établir l'humilité dans cet Apôtre, combien plus est-il étonnant de faire servir à la destruction du péché, non pas le tentateur ni la tentation, mais le péché même? Pour entendre de quelle sorte s'accomplit ce dessein de Dieu, je demanderai seulement ce qui seroit arrivé à cette ame dont nous avons vu que Dieu permet le péché, s'il n'avoit pas voulu le permettre? Sans doute il en auroit empêché la chute par une grace particulière. Il y a donc encore une fois de ces graces particulières qui sont faites pour empêcher les hommes de tomber effectivement. Ceux qui les ont ne tombent pas, ceux à qui Dieu les retire tombent; et par un conseil de miséricorde, il fait servir cette soustraction de sa grace à une grace plus abondante.

[1] *De fid. orthod.*, lib. II, cap. 29. — [2] II *Cor.*, XII, 7.

CHAPITRE XX.

Permission du péché de saint Pierre, et conséquences qu'en ont tirées les anciens docteurs de l'Eglise grecque : premièrement Origène : deux vérités enseignées par ce grand auteur, la première que la permission de Dieu en cette occasion n'est pas une simple permission.

Nous avons un grand exemple de cette sorte de délaissement en la personne de saint Pierre, et il est bon de considérer ce qu'en disent les Pères grecs, à qui M. Simon nous renvoie toujours. Origène, qu'on accuse ordinairement de n'être pas favorable à la grace, enseigne à cette occasion deux vérités où toute la doctrine de la grace est renfermée : la première, que le délaissement de cet apôtre ou la permission de le laisser tomber, n'est pas une simple permission ou un simple délaissement, mais une permission et un délaissement fait avec dessein, premièrement de le punir, et ensuite de le guérir de son orgueil. « Il a, dit-il, été délaissé à cause de son audacieuse promesse, et parce que sans songer à la fragilité humaine, il a proféré non-seulement avec témérité, mais presque avec impiété ce grand mot : « Je ne serai point scandalisé, quand tous les autres le seroient. » Il n'est pas délaissé médiocrement, ni pour une petite faute, *ad modicum,* en sorte qu'il reniât une seule fois seulement ; mais il est encore davantage délaissé, *abundantiùs derelinquitur,* en sorte qu'il reniât jusqu'à trois fois, pour être convaincu de la témérité de sa promesse [1]. »

Ce n'est pas en vain qu'on marque tant ce triple reniement de saint Pierre. Car si l'on y prend garde de près, cet apôtre s'opposa trois fois à la parole de son Maître : la première, devant le souper sacré, ou en tout cas avant que Notre-Seigneur fût sorti de la maison où il le fit, lorsqu'ayant répondu à saint Pierre qui lui demandoit où il alloit, « qu'il ne pouvoit l'y suivre encore, » cet apôtre lui soutint « qu'il le pouvoit, » et apprit dès lors de son Maître, qu'il le renieroit trois fois [2].

Après que sorti de la maison avec ses disciples, il s'acheminoit

[1] Tract. XXXV *in Matth.,* p. 114. — [2] Jean., XIII, 36, 37.

avec eux vers la montagne des Olives, il leur déclara que « tous (sans exception) seroient scandalisés en lui[1], » saint Pierre lui résista une seconde fois, en lui répondant : « Quand tous les autres seroient scandalisés, que pour lui il ne le seroit jamais[2]. »

Ce fut donc là la seconde faute plus grande que la première, puisque dans cette première faute s'étant contenté de présumer de lui-même, ici il s'élève encore au-dessus des autres, comme le plus courageux, lui qui par l'événement devoit paroître le plus foible. Alors donc pour l'humilier, Jésus-Christ lui dit : Vous vous élevez au-dessus des autres, « et moi je vous dis à vous : » *Ego dico tibi*, en y ajoutant cet *Amen*, qui étoit dans tous ses discours le caractère de l'affirmation la plus positive : « Je vous dis à vous » personnellement « et en vérité, que dans cette nuit, » sans plus tarder, « avant que le coq ait achevé de chanter, vous me renierez trois fois. » Ce fut sa troisième et dernière faute, qui mit le comble à sa présomption, « d'insister toujours davantage, » comme le remarque saint Marc : *At ille ampliùs loquebatur*[3]; en sorte que plus le Maître lui annonçoit expressément sa chute future avec des circonstances si particulières, plus le téméraire disciple s'échauffoit à lui vanter son courage.

Il étoit donc du conseil de Dieu qu'ayant fait monter sa présomption jusqu'au comble, comme par trois différens degrés, quoi qu'il en soit, à plusieurs reprises, Dieu lui laissât éprouver sa foiblesse par trois reniemens; et afin qu'on remarquât mieux dans la diversité de ses reniemens un ordre particulier de la justice divine, Origène nous fait observer que « le premier fut tout simplement » par une simple négation, et en disant seulement : « Je ne sais ce que vous voulez dire[4] : le second avec serment[5], » et le troisième, non-seulement « avec serment, » mais encore avec imprécation « et détestation, » avec exécration « et anathème[6]. » Qu'on dispute maintenant contre Dieu, et qu'on lui soutienne qu'il a eu part au péché dont le progrès permis de lui dans ces circonstances, marque une si expresse dispensation de sa justice et de sa sagesse; malgré tous ces vains raisonnemens, il demeu-

---

[1] *Matth.*, XXVI, 31; *Marc*, XIV, 27. — [2] *Ibid.* 29, 33. — [3] *Marc.*, *ibid.*, 31. — [4] *Matth.*, XXVI, 70. — [5] *Ibid.*, 72. — [6] *Ibid.*, 74; *Marc.*, XIV, 70, 71.

rera pour certain qu'il y a une proportion entre la présomption et la chute de saint Pierre, entre les premiers péchés de cet apôtre et ceux qui en ont dû faire la peine, puisqu'il est tombé aussi bas qu'il avoit voulu s'élever, et qu'il a été autant enfoncé dans le renoncement qu'il s'est laissé emporter à la présomption.

Jésus-Christ pouvoit le laisser périr dans sa chute ; et quand il laisse périr tant d'autres pécheurs qu'il livre premièrement à leurs mauvais désirs, et ensuite par le funeste accomplissement de ces désirs à la damnation éternelle, il n'y a qu'à adorer sa justice. Mais outre cette rigoureuse justice, il en a une toute pleine de miséricorde, qu'il fait servir à la correction des pécheurs et à l'instruction de son Eglise. C'est celle dont il a usé, parce qu'il lui a plu, envers l'apôtre saint Pierre, « nous apprenant, poursuit Origène, à ne jamais rien promettre sur nos dispositions comme si nous pouvions de nous-mêmes confesser le nom de Jésus-Christ, ou accomplir quelqu'autre de ses préceptes, mais à profiter au contraire de cet avertissement de saint Paul : « Ne présumez pas, mais craignez [1]. » »

CHAPITRE XXI.

Seconde vérité enseignée par Origène, que saint Pierre tomba par la soustraction d'un secours efficace.

De là suit dans le discours de ce grand auteur une seconde vérité, qui est que dans le dessein que Dieu avoit de punir saint Pierre par sa chute, pour en même temps le corriger par cette punition, cet apôtre *fut délaissé* [2], c'est-à-dire destitué d'un certain secours. Il ne faut donc pas, encore un coup, regarder sa chute comme la suite d'une permission qui ne fut qu'un simple délaissement, où il n'intervint rien de la part de Dieu. Il y intervint au contraire une soustraction d'un certain secours, avec lequel il étoit certain que saint Pierre ne tomberoit pas, mais dont il fut justement privé en punition de sa présomption. Ce secours nous est exprimé dans ces paroles d'Origène : « Après qu'il eut ouï dire à Notre-Seigneur *que tous seroient scandalisés*, au lieu

[1] *Rom.*, XI, 20. — [2] *Tract.* XXXV, *in Matth.* p. 114.

de répondre comme il fit, que *quand tous les autres le seroient il ne le seroit pas*, il devoit prier et dire : Quand tous les autres seroient scandalisés, soyez en moi afin que je ne me scandalise pas, et donnez-moi singulièrement cette grace, que dans le temps que tous vos disciples tomberont dans le scandale, non-seulement je ne tombe point dans le reniement, mais encore que dès le commencement je ne sois pas scandalisé. » On voit ici quel secours saint Pierre devoit demander, et que c'étoit un secours qui le rendît si fidèle à Jésus-Christ, qu'en effet il ne tombât point; par conséquent un secours de ceux qu'on nomme efficaces, parce qu'ils ne manquent jamais d'avoir leur effet. « Car s'il l'avoit demandé, poursuit Origène (s'il avoit demandé de ne tomber pas), peut-être qu'en éloignant les servantes et les serviteurs, qui donnèrent lieu à son reniement, il n'auroit pas renié; » c'est-à-dire que Dieu étoit assez puissant pour lui ôter toute occasion de mal faire, et même pour affermir tellement sa volonté dans le bien, que dès le commencement il ne tombât en aucune sorte dans le scandale.

On voit donc par la soustraction de quel secours saint Pierre est tombé dans le scandale et dans le reniement, c'est par la soustraction d'un secours qui l'auroit effectivement empêché de renier : car Origène ne lui en fait point demander d'autre. Il y a donc selon cet auteur un secours, quel qu'il soit, qui est infailliblement suivi de son effet, et dont la soustraction est aussi infailliblement suivie de la chute : autrement ces desseins particuliers d'un Dieu qui veut permettre la chute des siens pour les corriger et qui en effet a déterminé de les corriger par cette voie, ne tiendroient rien de cette immobilité qui doit accompagner ses conseils. Origène le reconnoît, et saint Augustin n'en a jamais demandé davantage.

CHAPITRE XXII.

La même vérité enseignée par Origène en la personne de David.

Ce n'est pas une fois seulement, ni par le seul exemple de saint Pierre, qu'Origène a établi cette vérité. Ecoutons comment il parle de David dans ses Homélies sur Ezéchiel, que nous avons de la traduction de saint Jérôme; ce que j'observe, afin qu'on ne doute pas de la vérité de ce passage : « Devant Urie, il ne se trouve en David aucun péché. C'étoit un homme heureux et sans reproche devant Dieu; mais parce que dans le témoignage que sa conscience lui rendoit de son innocence, il avoit dit ce qu'il ne devoit pas : « Exaucez, Seigneur, ma justice, etc.; vous m'avez éprouvé par le feu, et il ne s'est point trouvé de péché en moi, » etc., il a été tenté et privé de secours, afin qu'il connût ce que peut l'infirmité humaine. Car aussitôt que le secours de Dieu se fut retiré, cet homme si chaste, cet homme si admirable dans sa pudeur, qui avoit ouï de la bouche du grand prêtre : « Si ceux qui sont avec vous ont gardé la continence » (vous pouvez manger de ces pains dans lesquels étoit la figure de l'Eucharistie), cet homme donc qui avoit été jugé digne par sa pureté de manger l'Eucharistie, n'a pu persévérer, mais est tombé dans le crime opposé à la vertu de continence, dans laquelle il s'applaudissoit. Si quelqu'un donc qui se sentira continent et pur, se glorifie en lui-même sans se souvenir de cette parole de l'Apôtre : « Qu'avez-vous que vous n'ayez reçu, et si vous l'avez reçu, pourquoi vous glorifiez-vous comme si vous ne l'aviez pas reçu ? » Il est délaissé; et dans ce délaissement il apprend par expérience que dans le bien que sa conscience lui faisoit trouver en lui-même, ce n'étoit pas tant lui qui étoit cause de lui-même (et du bien qu'il faisoit) que Dieu qui est la source de toute vertu [1]. » Qu'on me montre de quel secours David a été privé. Si c'est généralement de tout secours, on tombe dans l'inconvénient de laisser David dans une tentation pressante, et tout ensemble dans l'impuissance absolue de garder le commandement de la continence. Il faut donc reconnoître que le secours dont il a été privé est ce secours spécial qui empêche qu'on ne tombe actuellement; et puisque dans le dessein d'humilier David, il falloit en quelque sorte qu'il tombât, on ne peut s'empêcher d'avouer que sa chute devoit suivre effectivement de la soustraction de ce secours; ce qui en démontre si clairement le besoin et l'efficace, qu'on n'en trouvera rien de plus clair dans saint Augustin.

[1] Hom. IX *in Ezech*.

CHAPITRE XXIII.

Les mêmes vérités enseignées par saint Chrysostome : passage sur saint Matthieu.

On ne peut douter que saint Chrysostome n'ait parlé dans le même sens de la chute de saint Pierre. On sait que ce Père prend beaucoup de choses d'Origène, sans le nommer. Il ne fait presque dans le fond que le copier sur l'évangile de saint Matthieu et sur celui de saint Jean, lorsqu'il dit : « Au lieu qu'il devoit prier (saint Pierre) et dire à Notre-Seigneur : Aidez-nous pour n'être point séparés de vous; il s'attribue tout avec arrogance; et un peu après il dit (absolument) : Je ne vous renierai pas, au lieu de dire : Je ne le ferai pas, si je suis soutenu par votre secours [1]. » Ce qui montre que le secours dont il parle est, comme dans Origène, un secours qui l'eût soutenu effectivement, en sorte qu'il ne tombât point. C'est donc là selon saint Chrysostome, comme selon Origène, la grande faute de saint Pierre d'avoir présumé au lieu de prier; « et c'est pourquoi, dit ce Père, Dieu a permis qu'il tombât, afin qu'il apprît à croire une autre fois à ce que diroit Jésus-Christ, et afin aussi que les autres apprissent, par cet exemple, à reconnoître la foiblesse humaine et la vérité de Dieu. » Et pour expliquer plus à fond en quoi consistoit cette permission de tomber : « C'est, dit-il, que Dieu l'a fort dénué de son secours; et il l'en a fort dénué, parce qu'il étoit fort arrogant et fort opiniâtre. » Et un peu après : « Nous apprenons de là une grande vérité, qui est que la volonté de l'homme ne suffit pas sans le secours divin; et qu'aussi nous ne gagnons rien par ce secours, si la volonté répugne. Pierre est l'exemple de l'un et Judas de l'autre; car ce dernier ayant reçu un grand secours, il n'en a tiré aucun profit, parce qu'il n'a pas voulu et n'a pas concouru autant qu'il étoit en lui avec la grace; et le premier, c'est-à-dire Pierre, malgré sa ferveur est tombé, parce qu'il n'a eu aucun secours, » μηδημιᾶς συν‑ θείας ἀπηλαυσε. Je voudrois bien demander à M. Simon, lorsqu'il entend dire à saint Chrysostome que saint Pierre n'a eu aucun se-

---

[1] Hom. XXXVIII *in Matth.; in Joan.*, LXXII.

cours, s'il se veut ranger du parti de ceux qui enseignent qu'en effet il n'en eut aucun absolument, ou si c'est seulement qu'il n'en eut aucun de ceux qui par la manière dont ils sont donnés sont toujours suivis de l'effet. Le premier ne se peut penser d'un juste tel qu'étoit saint Pierre, que Jésus-Christ avoit rangé au nombre de ceux dont il avoit dit : « Vous êtes purs [1]. » Car ainsi on verroit un juste destitué de tout le secours de la grace contre toute la tradition, et contre le décret d'Innocent X. Il faut donc prendre le parti de dire que saint Pierre peut bien avoir eu de ces secours qui n'ont pas même été déniés à Judas; mais qu'il fut destitué de toute cette sorte de secours qui opère certainement son effet, et que c'est dans la soustraction d'un secours de cette sorte que consiste la permission de tomber dont il s'agit, ou plutôt que c'en est l'effet juste et terrible.

CHAPITRE XXIV.

Si la présomption de saint Pierre lui fit perdre la justice : il tomba par la soustraction d'une grace efficace.

Que si l'on dit que saint Pierre avoit cessé d'être juste, dès qu'il avoit osé contredire une si expresse prédiction de son Maître, c'est ce qu'on ne peut accorder avec la parole que Jésus-Christ prononça après les présomptueuses réponses de cet apôtre. Car il dit encore depuis à ses apôtres, et à saint Pierre comme aux autres : « Vous êtes déjà purs, » *Jam vos mundi estis* [2]. Et dans la suite il leur parle à tous, non comme à des gens qui devoient recouvrer la grace perdue, mais comme à ceux qui n'avoient qu'à y demeurer : « Demeurez, dit-il, en moi. Si vous demeurez en moi, demeurez dans mon amour [3]. » Ils y étoient donc, et saint Pierre comme les autres ; ce qui nous doit faire croire qu'il y avoit plus d'ignorance et de téméraire ferveur que de malice dans la réponse de cet apôtre ; et, quoi qu'il en soit, ce n'est pas l'esprit de saint Chrysostome, non plus que celui d'Origène qu'il a imité, de représenter saint Pierre comme destitué de tout secours, puisqu'ils inculquent, comme on a vu, avec tant de force qu'il devoit et pou-

[1] *Joan.*, XIII, 10. — [2] *Joan.*, XV, 3. — [3] *Ibid.*, 4.

voit prier; et c'est en ceci que paroît l'effet terrible de la permission divine, puisque pouvant prier, il ne l'a pas fait. Sans doute s'il avoit eu ce puissant instinct qui fait qu'on prie actuellement; s'il avoit eu « cet esprit de componction et de prière [1], » dont il est parlé dans le Prophète, qui fait dire à saint Paul que « l'Esprit prie pour nous avec des gémissemens inexplicables [2], » c'est-à-dire qu'il nous fait prier de cette sorte; et encore : « Qu'il crie en nos cœurs, *Abba*, *Pater* [3]; » c'est-à-dire qu'il nous fait crier à notre Père céleste, et le prier avec instance : si, dis-je, il avoit eu alors cet esprit et cet instinct d'oraison, il auroit prié, il auroit demandé à Dieu ce puissant secours qu'Origène et saint Chrysostome vouloient, comme on a vu, qu'il demandât, et avec lequel on ne tombe pas ; mais s'il l'avoit demandé comme il falloit, il l'auroit obtenu et ne seroit pas tombé. Il n'auroit donc pas reçu par sa chute la punition et l'instruction que Dieu lui avoit préparée par cette voie. Mais Dieu ne voulant pas qu'il la perdît, a voulu permettre sa chute ; c'est-à-dire qu'il a voulu le destituer par un juste jugement de tout ce secours, par lequel il auroit effectivement demandé et obtenu ce qu'il falloit qu'il demandât et qu'il obtînt pour ne pas tomber. Destitué de ce secours, la permission de pécher a eu la suite que Dieu savoit et le bon effet qu'il en vouloit tirer.

CHAPITRE XXV.

Passage de saint Chrysostome sur saint Jean, et qu'on en tire les mêmes vérités que du précédent sur saint Matthieu.

C'est ce qu'on peut recueillir des réflexions de saint Chrysostome sur saint Matthieu. Celles de ce savant Père sur saint Jean ne sont pas moins fortes. On y apprend que saint Pierre, pour avoir osé soutenir qu'il pouvoit ce que son Maître l'assuroit qu'il ne pouvoit pas, mérita « qu'il permît sa chute. Car il voulut lui faire connoître par expérience, que son amour ne lui servoit de rien sans la grace [4]; » c'est-à-dire qu'il marquoit en vain tant d'amour, si la grace ne continuoit à lui inspirer cette affection et ne joignoit la fermeté à la ferveur. « Il permit donc qu'il tombât,

[1] *Zachar.*, XII, 10. — [2] *Rom.*, VIII, 26. — [3] *Galat.*, IV, 6. — [4] Hom. LXXII.

mais pour son utilité ; non en le poussant, ni en le jetant dans le reniement, mais en le laissant dénué, afin qu'il apprît sa foiblesse. »

C'est ici que ce grand évêque, pour nous donner toute l'instruction qu'on peut tirer de cette chute, en pèse les circonstances en cette manière. « Voyez-en, dit-il, la grandeur. Car cet apôtre n'est pas tombé une fois ni deux, mais il s'est tellement oublié lui-même, qu'il a répété jusqu'à trois fois, presque en un instant, la parole de reniement, afin qu'étant destiné à gouverner toute la terre, il apprît avant toutes choses à se connoître lui-même. » On lui a donc laissé expérimenter sa foiblesse, continue ce Père ; « et ce malheur, ajoute-t-il, lui est arrivé, non à cause de sa froideur, mais pour avoir été destitué du secours d'en haut : » sans doute de ce secours qui auroit prévenu sa chute, et qui auroit entièrement affermi ses pas.

Cette vérité est confirmée par cette autre parole de Notre-Seigneur : « Simon, j'ai prié pour vous, afin que votre foi ne défaillît pas [1]. » Aussi saint Chrysostome la rapporte-t-il en cette occasion ; et il remarque doctement à son ordinaire que ce mot *ne défaillît pas*, ne veut pas dire que la foi de Pierre ne dût souffrir aucune défaillance, puisqu'elle en souffrit une si grande dans son reniement ; mais que Jésus-Christ, en disant : « J'ai prié que ta foi ne défaillît pas, » vouloit faire entendre qu'elle « ne défaudroit pas finalement, » comme saint Chrysostome l'explique sur saint Jean, εἰς τέλος, ou qu'elle ne périroit pas tout à fait, τέλεον, comme il le tourne sur saint Matthieu. En effet, dit ce docte Père, c'est par les soins de Jésus-Christ qu'il est arrivé que la foi de Pierre n'a pas péri. C'est ce qu'il dit sur saint Matthieu et sur saint Jean : « J'ai prié, dit-il, que votre foi ne défaillît pas ; c'est-à-dire qu'elle ne pérît pas finalement et sans ressource ; ce qu'il disoit, continue ce Père, pour lui apprendre l'humilité, et convaincre la nature humaine qu'elle n'étoit rien par elle-même [2]. »

Cet excellent interprète ne pouvoit apporter aucun passage qui fît plus à son sujet que celui-ci. Car si Jésus-Christ eût voulu prier que la foi de Pierre ne fût jamais vacillante, pas même un seul moment, comme il a voulu prier qu'elle ne défaillît pas à

---

[1] *Luc.*, XXII, 32. — [2] Hom. LXXXIII.

perpétuité, de même qu'il a trouvé des moyens de la rendre invincible après son retour, qui doute qu'il n'en eût trouvé avec autant de facilité pour ne la laisser jamais s'affoiblir, pour peu que ce fût? Il pouvoit même prévenir les téméraires sentimens de cet apôtre, et lui en inspirer de plus modestes; car il peut tout sur les cœurs; et puisqu'il ne l'a pas fait, qui ne voit qu'il a jugé par sa profonde sagesse qu'il tireroit plus de gloire, et en même temps plus d'utilité pour saint Pierre et pour l'Eglise, de la chute passagère de cet apôtre que de sa perpétuelle et inaltérable persévérance?

Cent passages de saint Augustin sur la permission de la chute de saint Pierre, font voir qu'il l'a regardée des mêmes yeux qu'Origène et saint Chrysostome; et pour entrer plus profondément et plus généralement tout ensemble dans ces merveilleuses permissions de Dieu, de même qu'il a remarqué que c'est une conduite ordinaire de sa sagesse de punir le péché par le péché même, il a encore enseigné que c'en est une, qui n'est pas moins admirable, de guérir aussi le péché par le péché; ce qu'il explique à l'occasion de ce passage du Psaume : « J'ai dit, dans mon abondance : Je ne serai jamais ébranlé [1] : » j'ai présumé de mes forces; « mais vous avez détourné votre face, » en m'abandonnant à moi-même, « et je suis tombé dans le trouble; » ma foiblesse m'a précipité dans le péché, et par là vous avez guéri ma présomption. « Dieu vous délaisse pour quelque temps, continue ce Père, dans vos superbes pensées, afin que vous sachiez que le bien qui étoit en vous, n'est pas de vous, mais de Dieu, et que vous cessiez de vous enorgueillir [2]. »

CHAPITRE XXVI.

Passage de saint Grégoire sur la chute de saint Pierre : conclusion de la doctrine précédente.

A ces raisons alléguées par Origène et par saint Chrysostome pour la permission du péché de saint Pierre, qui sont partout celles de saint Augustin, nous en pouvons ajouter une de saint Grégoire le Grand. « Il nous faut ici considérer, dit-il, pourquoi

[1] *Psal.* XXIX, 7, 8. — [2] *De natura et grat.*, cap. XXVII, XXVIII.

Dieu, qui est tout-puissant (et qui pouvoit empêcher saint Pierre de pécher), a permis que cet apôtre, qu'il avoit résolu de préposer au gouvernement de toute l'Eglise, ait tremblé à la vue d'une servante et qu'il ait renié son Maître ; mais nous savons que cela s'est fait par une merveilleuse dispensation de la bonté divine, afin que celui qui devoit être le pasteur de l'Eglise, apprît par sa propre faute combien il falloit avoir de compassion de celles des autres [1] ; » ce qui suppose deux choses : l'une, que Dieu pouvoit empêcher la chute de saint Pierre ; et l'autre, qui est une suite de celle-là, que ce n'est pas par une simple patience qu'il ne l'a pas fait, mais par une expresse disposition de sa providence.

Il se faut donc bien garder, comme nous l'avons déjà dit, de prendre ces permissions pour de simples délaissemens où la puissance de Dieu n'intervienne pas. Au contraire, puisqu'elles sont une suite des conseils de sa sagesse, de sa justice et de sa bonté, dont sa puissance est l'exécutrice, il est constant que Dieu y agit par permission, à la vérité, mais en même temps par puissance. Le malheur de saint Pierre en est une preuve. Comme Dieu le tenoit secrètement par la main et le modéroit dans sa chute, dont même il vouloit tirer son salut, il tomba autant de fois et aussi bas qu'il fallut pour l'humilier. Jésus-Christ ne le laissa pas dans l'abîme ; lorsqu'il fut au point où il l'attendoit, dès aussitôt il lança le regard qui le fit fondre en larmes. Pierre fuit ; et par un effet de la sagesse et de la puissance qui se sont mêlées dans son crime sans y avoir part, il apprit à se connoître lui-même.

[1] Hom. XXI *in Evang.*

LIVRE XII.

LA TRADITION CONSTANTE DE LA DOCTRINE DE SAINT AUGUSTIN SUR LA PRÉDESTINATION.

CHAPITRE PREMIER.

Dessein de ce livre : douze propositions pour expliquer la matière de la prédestination et de la grace.

Je crois avoir démontré, comme je l'avois entrepris, que saint Augustin n'avoit rien dit sur l'efficace de la grace et sur la permission du péché, qui ne fût constant, ou par les prières de l'Eglise, ou par d'autres preuves également incontestables et reçues des Grecs comme des Latins avec une même foi, quoique peut-être expliqué plus nettement par les derniers, depuis que ce grand oracle de l'Eglise latine a développé une si profonde matière. Mais comme j'ai promis de faire voir que toute la doctrine de ce Père sur la prédestination et sur la grace, étoit aussi comprise dans ces prières et dans la doctrine qu'elles contenoient, il faut encore m'acquitter de cette promesse, en déduisant par ordre douze propositions, dont les unes restent démontrées par le discours précédent, et les autres en sont une suite qu'on ne peut s'empêcher de reconnoître.

CHAPITRE II.

Première et seconde proposition.

La première, que lorsque Dieu veut inspirer le bien et empêcher le mal, soit en convertissant les pécheurs, ou en affermissant les justes dans la piété, nul cœur humain ne lui résiste. La raison en est qu'on demande à Dieu ce bon effet, comme on a vu dans toutes les prières de l'Eglise : on lui demande, dis-je, l'actuelle conversion, l'actuelle sanctification, l'actuelle persévérance : or il faut que les prières de l'Eglise se trouvent véritables; autrement cet esprit par qui elle prie et qui prie en elle, l'auroit trompée : la tradition constante de l'Orient et de l'Occident, dès l'origine du christianisme, se trouveroit fausse : l'Oraison Dominicale, qui est le modèle de toutes les prières, et que toutes les autres ne font qu'expliquer et étendre, seroit fausse elle-même : on demanderoit à Dieu ce qu'on ne croiroit pas qu'il donnât, ce qui seroit une illusion : en un mot, il faudroit changer toutes les prières de l'Eglise.

De là suit encore très-certainement la seconde proposition, qui est que cette grace qu'on demande à Dieu, afin qu'il opère actuellement la conversion, toutes sortes de bonnes œuvres, et en particulier la persévérance, n'est pas une grace extraordinaire, insolite, ni qui soit particulière parmi les saints et les élus à quelques personnes distinguées, telle que pouvoit être la sainte Vierge, ou saint Jean-Baptiste, ou saint Paul en particulier, ou tous les apôtres, ou tels autres saints qu'on voudroit ; mais au contraire c'est une grace ordinaire dans l'Eglise, commune à tous les états et à tous les saints, tant qu'ils le sont, à tous ceux qui se convertissent, à tous ceux qui commencent le bien, qui le continuent, qui persévèrent jusqu'à la fin ; en un mot, une grace que tous les fidèles ont besoin de demander pour chaque moment et pour chaque bonne action. La raison en est que l'Eglise la demande actuellement, et apprend à tous les fidèles à la demander de cette sorte, comme il est constant par toutes les oraisons qu'on a rapportées et par tout le corps des prières ecclésiastiques.

CHAPITRE III.

Troisième proposition : distinction qui doit être présupposée avant la quatrième proposition.

La troisième proposition : Nul chrétien ne doit croire qu'il fasse aucun bien par rapport à son salut sans cette grace, car c'est pour cela que l'Eglise la demande avec tant d'instances, et n'en demande aucune autre ou presque aucune autre. Ce n'est pas en vain que Jésus-Christ même dans l'Oraison Dominicale ne nous apprend point d'autre manière de prier, que celle où l'on demande l'effet. Par là il veut que nous entendions que nous avons un si grand besoin à chaque action de la grace qui nous fait faire le bien, que sans elle nous ne le ferions pas comme il faut. C'est pourquoi, après avoir demandé la conversion du pécheur, si elle arrive, nous croyons si bien que ce pécheur a reçu cette grace convertissante que nous demandions pour lui, que nous sommes sollicités intérieurement à rendre à Dieu de continuelles actions de graces pour un si grand bienfait, et à reconnoître que c'est lui qui a fait l'ouvrage par cette grace qui persuade les cœurs les plus durs.

Avant que de venir à la quatrième proposition, il faut faire une distinction et présupposer que parmi les graces qu'on demande à Dieu, il y en a deux qui portent plus particulièrement le caractère de grace, dont l'une regarde le commencement qui est la grace de la conversion, et l'autre regarde la fin qui est le don de persévérance. Ce sont ces deux graces que saint Augustin établit dans les deux livres *de la Prédestination des Saints* et *du Don de la persévérance,* et nous les avons remarquées dans cette prière de la messe de saint Basile : « Faites bons ceux qui sont mauvais, conservez les bons dans leur bonté ; car vous pouvez tout, et nul ne résiste à vos volontés ; » ce qui montre ensemble, et la demande de ces deux graces, et leur efficace.

CHAPITRE IV.

Quatrième proposition.

La quatrième proposition : La grace qui donne le commencement, et qui opère la conversion, est purement gratuite, puisque si l'on pouvoit de soi-même mériter le commencement, la grace seroit donnée selon les mérites et selon des mérites humains, c'est-à-dire qu'elle ne seroit plus grace.

Mais pour nous réduire uniquement à l'argument de la prière, on prie Dieu de donner la foi par où commence la conversion; en quoi on ne fait que suivre l'Apôtre qui a fait lui-même ce pieux souhait, qui est une véritable prière : « La paix soit donnée aux frères, et la charité avec la foi par Dieu le Père et par Jésus-Christ

Notre-Seigneur ¹ ; » et il ne faut point ici distinguer, comme faisoient les semi-pélagiens, le commencement de la foi d'avec sa perfection. Tout vient de la même grace, et la prière le prouve. Pour introduire la foi dans le cœur, la première opération est d'ouvrir la porte; or est-il que saint Paul ordonne « qu'on demande à Dieu qu'il ouvre la porte ², » c'est-à-dire qu'il ouvre le cœur à l'Evangile, comme il l'ouvrit à Lydie, afin qu'elle fût attentive à la prédication de cet Apôtre ³.

CHAPITRE V.

Cinquième proposition qui regarde le don de prier : remarque sur cette proposition et sur la précédente.

La cinquième proposition : La prière qui nous obtient la grace de la conversion, est elle-même donnée par cette grace qui persuade et fléchit le cœur. Car nous avons vu qu'on n'en demande point d'autre, quand on demande le don de prier, puisqu'avec la même foi qui nous fait dire : Faites qu'on croie, faites qu'on espère, faites qu'on aime, nous disons encore : Faites qu'on prie, faites qu'on demande; ce qui a fait dire à saint Augustin, comme on a vu, que Dieu donne, non-seulement le désir et l'affection, « mais encore l'effet de prier, » *impertito orationis affectu et effectu* ⁴ ; d'autant plus que la prière étant un effet de la foi, conformément à cette parole, « Comment invoqueront-ils s'ils ne croient ⁵ ? » celui qui forme dans les cœurs le premier commencement de la foi, est le même qui forme aussi le premier commencement de la prière : en sorte que cette cinquième proposition qui a sa preuve particulière dans les prières de l'Eglise, comme on vient de voir, n'est d'ailleurs qu'une conséquence manifeste de la précédente.

Il ne faut donc pas s'imaginer que nous puissions, par aucun endroit, commencer notre salut, ou nous en attribuer à nous-mêmes la moindre partie ⁶. Les semi-pélagiens se persuadoient que ce n'étoit rien donner à un malade que de lui donner la volonté de guérir, et celle d'appeler du moins ou de désirer le mé-

---

¹ *Ephes.*, VI, 23. — ² *Coloss.*, IV, 3. — ³ *Act.*, XVI, 14. — ⁴ *Epist. ad Sixt.*, CXCIV, al. CV. — ⁵ *Rom.*, X, 14. — ⁶ *Epist.* Hilar. *ad August.*

decin. Ils ne songeoient pas que la maladie dont nous mourons est du genre de celles que l'on ne sent pas, et même de celles où l'on se plaît. Si le propre de notre mal est de se faire aimer, le commencement de la guérison est de concevoir une sainte horreur, un saint dégoût de nous-mêmes. Mais quand cela est, la guérison est à demi faite. Par qui faite, sinon par celui à qui nous disons avec Jérémie : « Guérissez-moi, et je serai guéri[1] ? » Quand vous aurez commencé à m'appliquer vos remèdes, alors je commencerai à me porter bien. Pour appeler ce médecin, pour désirer ces remèdes, il faut y croire et croire du moins qu'on a besoin. Mais on a vu que la foi, jusqu'à son premier commencement, est un effet de la grace que l'Eglise nous fait demander, et qui nous fait actuellement commencer le bien.

Par les deux dernières propositions, la première grace qui nous fait actuellement commencer à mettre la main à l'œuvre de notre salut, est une grace efficace et absolument gratuite, puisque rien ne peut précéder la grace qu'on présuppose la première. Pour maintenant venir à la fin et au don de persévérance, je pose celle qui suit.

CHAPITRE VI.

Sixième proposition : l'on commence à parler du don de persévérance.

La sixième proposition : Ce grand don de persévérance, comme l'appelle le concile de Trente[2], dont il est écrit que « celui qui persévérera jusqu'à la fin sera sauvé[3], » est le plus efficace de tous. Il ne faut pas craindre qu'on le perde ni, comme dit saint Augustin, que celui qui a reçu la persévérance jusqu'à la fin, cesse de persévérer[4]. On peut déchoir du don de chasteté, de force, de tempérance; mais on ne déchoit pas d'un don qui emporte de ne pas déchoir. Il en est de même de cette demande du *Pater :* « Ne permettez pas que nous succombions à la tentation, mais délivrez-nous du mal[5]. » Celui qui est exaucé dans cette demande sera très-certainement délivré de tout mal, et par conséquent de celui de ne pas persévérer dans la piété. Il succomberoit si Dieu le per-

---

[1] *Jerem.,* XVII, 14. — [2] Sess. VI, cap. XIII et can. 16. — [3] *Matth.* X, 22. — [4] *De don. persev.,* cap. I et VI, etc. — [5] *Ibid.*

mettoit, mais l'effet de cette prière est qu'il ne le permette pas, ce qui emporte infailliblement la persévérance. A quoi il faut ajouter que Dieu veuille nous prendre en bon état, conformément à cette parole : « Il a été promptement ôté du monde, afin que la malice ne le changeât point [1]. » Cette grace n'a point de retour ni de défaillance, et le fidèle qui mourra en état de grace, ne ressuscitera pas pour en déchoir. Ainsi en toutes manières, le don de persévérance est de tous les dons celui dont l'effet est le plus certain.

CHAPITRE VII.

Septième proposition qui regarde encore le don de persévérance : comment il peut être mérité et n'en est pas moins gratuit.

Septième proposition : Quoique le don de persévérance finale puisse être en quelque façon mérité par les ames justes, il n'en est pas moins gratuit. Cette proposition a deux parties : la première, qu'on peut mériter en quelque manière le don de persévérance, est clairement de saint Augustin, qui accorde sans difficulté aux semi-pélagiens que « ce don peut être mérité par d'humbles prières : » *Suppliciter emereri potest* [2]; mais la seconde partie, qu'il n'en est pas moins gratuit, est aussi certaine, puisque pour mériter par la prière le don de persévérer dans les bonnes œuvres, il faut auparavant avoir reçu gratuitement le don de persévérer dans la prière même : et ainsi ce grand don de persévérance qu'on peut mériter en priant, selon saint Augustin, selon le même saint Augustin est gratuit dans sa source, qui est la prière.

Pour l'entendre, il ne faut que se souvenir de la cinquième proposition, où l'on a vu que tous ceux qui prient ont reçu efficacement le don de prier. Ce don n'est pas mérité, puisque c'est par la vertu de ce don que l'on mérite tout ce qu'on mérite. Ce don enferme la foi, la confiance, l'humilité, qui sont les sources de la prière : toutes choses qu'on a reçues gratuitement par cette grace qui fléchit les cœurs. Qu'on ne pense donc pas pouvoir mériter par ses prières tout l'effet de ce grand don de persévérance, puisqu'un des effets de ce don est d'avoir le goût, le sentiment, la volonté et,

[1] *Sapient.*, IV, 11. — [2] *De don. persev.*, cap. VI.

comme on a dit, l'acte même de prier, qu'on ne reçoit que par grace, *impertito orationis affectu et effectu*[1].

CHAPITRE VIII.

Huitième proposition, où l'on établit une préférence gratuite dans la distribution des dons de la grace.

Huitième proposition : Les prières ecclésiastiques induisent du côté de Dieu, en faveur de ceux qui font le bien tendant au salut et surtout de ceux qui le font persévéramment jusqu'à la fin, une préférence gratuite dans la distribution de ses graces, dont il ne faut point demander de raison. C'est une suite évidente, ou plutôt une explication plus expresse et pour mieux dire une réduction des propositions précédentes. Car pour peser en détail chaque parole, s'il y a une grace d'où il s'ensuive qu'on fera bien actuellement, comme il est certain qu'il y en a une puisque toute l'Eglise la demande, il est également certain que ceux qui ne font pas le bien ne l'ont pas, et qu'il y a déjà de ce côté-là une préférence en faveur des autres. Si d'ailleurs il est certain, comme on a vu, que tous ceux qui font bien, ou durant un temps, ou toujours et jusqu'à la fin, ont eu une telle grace et doivent remercier Dieu de l'avoir reçue, il est clair que la préférence qui fait que Dieu la donne plutôt aux uns qu'aux autres s'étend sur tous ceux, ou qui commencent, ou qui continuent et persévèrent à bien faire pour leur salut éternel. Voilà donc la préférence établie; mais j'ai ajouté qu'elle étoit gratuite. Car encore que la fidélité qu'on aura eue à quelques mouvemens de cette grace, puisse mériter qu'on ait d'autres mouvemens, on ne peut jamais mériter la grace qui nous donne la fidélité au tout depuis le commencement jusqu'à la fin. De cette sorte le mérite même dans toute la suite est fondé, pour ainsi parler, sur le non-mérite; d'où il s'ensuit que la préférence dans la grace qui nous a donné actuellement les mérites est purement gratuite, ne pouvant être donnée ni en vertu des mérites précédens, puisqu'on voit qu'elle en est la source; ni en vue des mérites futurs, puisque le propre effet de cette grace étant que

[1] *Epist. ad Sixt.*, jam cit.

tous ceux qui l'ont fassent bien actuellement, si la prévoyance du bien qu'on feroit par elle, lorsqu'elle seroit donnée, étoit le motif de la donner, il la faudroit donner à tout le monde. Ainsi la préférence qui la fait donner à ceux qui l'ont, c'est-à-dire, comme on a vu, à tous ceux qui opèrent le bien du salut, en quelque manière que ce soit, est de pure grace : d'où passant plus outre, j'ai dit qu'il n'y a point de raison à en demander, non plus que de tout le reste qui est de pure grace, la nature de la pure grace étant qu'on ne la puisse devoir qu'à une pure bonté. C'est donc ici qu'il faut dire avec l'Apôtre : « O homme, qui êtes-vous pour répondre à Dieu[1] ? » c'est-à-dire sans difficulté, qui êtes-vous pour l'interroger et lui demander raison de ce qu'il fait ? et comme porte l'original, pour disputer avec lui, ἀνταποκρινόμενος ? Et encore : « Qui lui a donné quelque chose le premier pour en avoir la récompense ? Puisque tout est de lui, tout est par lui, tout est en lui, et qu'il n'y a qu'à lui rendre gloire dans tous les siècles de tout le bien qu'il fait en nous : » *Ipsi gloria in sæcula*[2].

CHAPITRE IX.

Suite de la même matière, et examen particulier de cette demande :
Ne permettez pas que nous succombions, etc.

Et si l'on veut trouver cette vérité bien clairement dans les prières de l'Eglise, et dans l'Oraison Dominicale qui en est la source, il n'y a qu'à considérer cette demande de toute l'Eglise : « Ne permettez pas que nous soyons séparés de vous, » qui est la même que celle-ci du *Pater :* « Ne souffrez pas que nous succombions à la tentation ; mais délivrez-nous du mal[3]. » Supposé que nous soyons exaucés dans cette prière de ne succomber jamais, et d'être par conséquent durant tout le cours de notre vie et dans toute l'éternité actuellement délivrés du mal, à qui devons-nous une telle grace ? A nos bonnes œuvres précédentes ? Mais afin que nous les fassions, il faut qu'auparavant il ait plu à Dieu de ne pas permettre que nous succombions à la tentation de ne les pas faire, et qu'il nous délivre du mal de les négliger. Mais à qui devons-

[1] Rom., IX, 20. — [2] Rom., XI, 35, 36. — [3] *De dono persev.*, cap. VII.

nous ce bon vouloir de Dieu, de ne permettre pas tout ceci ? A la prière que nous lui faisons de l'avoir pour nous, je l'avoue ; mais ne faut-il pas auparavant que Dieu veuille ne pas permettre que nous succombions à la tentation de ne pas prier, et qu'il nous délivre du mal de perdre le goût et la volonté de prier ? Et y a-t-il aucun endroit de notre vie où nous éprouvions plus sensiblement le besoin de cette grace qui prend le cœur, que nous l'éprouvons dans la prière ? Où est-ce qu'on ressent plus l'effet du délaissement, ou de cette secrète inspiration qui donne la volonté de prier persévéramment, malgré même les sécheresses et tant de tentations de laisser tout là ? Ainsi la plus grande et la plus efficace, et en même temps la plus gratuite de toutes les graces, est la grace de persévérer dans la prière sans se relâcher jamais; et c'est principalement de cette grace dont il est écrit : « Qui a donné à Dieu le premier ? » Ainsi cette préférence dont nous parlons, qui doit être si gratuite du côté de Dieu, éclate principalement dans l'inspiration de la prière ; et l'on doit dire de tous ceux à qui il veut inspirer pour récompense de leurs prières la persévérance à bien faire, qu'il leur inspire premièrement par une pure miséricorde la persévérance à prier.

CHAPITRE X.

Si l'on satisfait à toute la doctrine de la grace, en reconnoissant seulement une grace générale donnée ou offerte à tous : erreur de M. Simon.

M. Simon s'imagine avoir satisfait à tout ce qu'on doit à la gratuité de la grace, si l'on me permet ce mot, en reconnoissant une grace généralement offerte ou donnée à tous les hommes par une pure et gratuite libéralité ; mais c'est en quoi il a montré son ignorance. Je ne nie pas cette grace, comme on verra dans la suite, ni les graces dont on abuse et que les hommes rendent si souvent inutiles par leur malice ; mais s'il n'en falloit pas reconnoître d'autre, il ne faudroit point reconnoître un certain genre de grace dont on n'abuse pas, à cause qu'elle est préparée pour empêcher qu'on n'en abuse. On demande pourtant cette grace ; et toutes les fois qu'on la demande, on a reçu auparavant une grace qu'on n'a pas demandée, qui est la grace qui nous la fait demander : autrement il faudroit aller jusqu'à l'infini, ce qui ne peut être. Car, comme dit excellemment saint Augustin, Dieu nous pouvoit accorder la grace de faire de bonnes œuvres sans nous obliger à les demander[1]; et s'il veut que nous les demandions, c'est à cause que la demande qu'il nous en fait faire, nous avertit que c'est lui seul qui est la source du bien que nous demandons. Mais en même temps, afin que nous entendions qu'il n'a pas besoin de nos demandes pour être bon et libéral envers nous, il nous accorde beaucoup de biens que nous n'avons jamais songé à lui demander ; et entre autres biens qu'il nous accorde sans que nous l'en ayons prié, il faut mettre dans le premier rang celui de prier, lequel bien certainement n'est pas accordé à la prière. Car encore qu'en commençant de bien prier on puisse obtenir la grace de prier mieux, on ne doit le commencement de bien prier qu'à une touche particulière, qui dès ce premier commencement nous fait prier comme il faut : de sorte que la gratuité qu'il faut reconnoître dans la grace ne consiste pas seulement dans une généralité de grace offerte ou donnée à tout le monde, mais dans une grace de distinction et de préférence qui nous donne actuellement ce premier bon commencement, dans lequel Dieu nous donne tout, parce que tout est en vertu dans cette semence. De cette sorte l'homme recevant de Dieu, selon la distinction de saint Augustin[2], deux sortes de biens, dont les uns lui sont donnés sans qu'il les demande, comme la prière et dans la prière le commencement de la foi, les autres ne sont donnés qu'à ceux qui les demandent, comme la persévérance : les uns et les autres sont également gratuits, parce que le second qui est accordé à la prière, se réduit enfin au premier qui ne présuppose point la prière, puisque c'est la prière même.

CHAPITRE XI.

Explication par ces principes de cette parole de saint Paul : Si c'est par grace, ce n'est donc point par les œuvres.

C'est donc ainsi qu'il faut entendre ce que dit saint Paul, « que

---

[1] *De don. persev.*, cap. VII. — [2] *Ibid.*, cap. XVI.

la grace n'est point donnée par les œuvres, autrement la grace ne seroit plus grace[1]; » ce qui est la même chose, en d'autres termes, que ce qui a été défini et répété tant de fois contre les pélagiens et les semi-pélagiens, que la grace n'est point donnée selon les mérites[2]. Car les mérites sont les œuvres; et si la grace étoit donnée selon les œuvres, elle seroit donnée selon les mérites. Il ne faut pas entendre pour cela qu'une certaine suite de la grace, comme celle qui nous obtient, non-seulement la gloire future, mais encore dans cette vie l'accroissement de la grace même, ne puisse pas être un fruit de nos bonnes œuvres, c'est-à-dire de nos bons mérites; et quand la grace nous est donnée, non pas selon nos œuvres, mais selon la foi, comme il arrive dans la justification, saint Augustin demeure d'accord qu'elle est donnée selon les mérites, puisque la foi, dit ce Père, n'est pas sans mérite, *neque enim nullum est meritum fidei*. Comment donc a-t-on défini si certainement que la grace n'est pas donnée selon les mérites, si ce n'est à cause que de grace en grace, de mérite en mérite, il en faut venir au moment où la grace de bien commencer actuellement nous est donnée sans mérite, pour être continuée avec la même miséricorde par celui qui a fait en nous le commencement, conformément à cette parole de saint Paul : « Celui qui a commencé en vous la bonne œuvre (de votre salut) la perfectionnera jusqu'au jour (qu'il faudra paroître devant le tribunal) de Jésus-Christ[3]; » c'est-à-dire vous donnera la persévérance.

On ne peut donc pas s'empêcher de reconnoître, avec saint Augustin, un enchaînement de graces si bien préparées, que tous ceux qui les ont font bien : donc tous ceux qui ne font pas bien ne les ont pas; et les autres, c'est-à-dire ceux qui font bien, leur sont préférés par une prédilection dont ils lui doivent de continuelles actions de graces.

CHAPITRE XII.

Neuvième proposition, où l'on commence à démontrer que la doctrine de saint Augustin, sur la prédestination gratuite, est très-claire.

Toute la doctrine de saint Augustin sur la prédestination gra-

[1] *Rom.*, XI, 6. — [2] *Conc. Valent.* — [3] *Philip.*, I, 6.

tuite, est enfermée dans la doctrine précédente. C'est une neuvième proposition qui ne souffre aucune difficulté. Pour l'établir, il ne faut que ce seul principe rapporté à cette occasion par saint Augustin, que tout ce que Dieu donne, il a résolu de toute éternité de le donner : tout ce qu'il exécute dans la dispensation temporelle de sa grace, il l'a prévu et prédestiné avant tous les temps. Dans cette dispensation et distribution temporelle de la grace, les prières de l'Eglise nous ont fait voir une préférence gratuite pour tous les saints; c'est-à-dire pour tous ceux qui vivent et qui agissent saintement, ou pour un temps, ou pour toujours. Cette préférence est donc prévue, voulue, ordonnée de toute éternité ; et cela même, dit saint Augustin, c'est la prédestination.

Nous avons donc eu raison de dire que la doctrine de la prédestination est entièrement renfermée dans celle de la gratuite dispensation de la grace; puisque, comme dit saint Augustin, « toute la différence qu'il y a entre la grace et la prédestination, c'est que la prédestination est la préparation de la grace, et la grace le don même que Dieu nous en fait : » *Inter gratiam et prædestinationem hoc tantùm interest* (pesez ces mots, *hoc tantùm*), *quod prædestinatio est gratiæ præparatio, gratia verò jam ipsa donatio* [1]; d'où ce saint docteur conclut que ces deux choses, la prédestination et la donation actuelle de la grace, ne diffèrent que comme la cause et l'effet, puisque, dit-il, la prédestination est, comme on a vu, « la préparation de la grace, et la grace donnée dans le temps est l'effet de la prédestination. »

Ce Père montre cette vérité par cet autre excellent principe, que Dieu prédestine, non pas les œuvres d'autrui, mais les siennes propres, *facta non aliena sed sua*[2]; car il prévoit beaucoup de choses qu'il ne fait pas, comme les péchés ; mais il ne prédestine rien qu'il ne fasse, puisqu'il ne prédestine et ne préordonne que les bonnes œuvres qu'il fait par cette grace que nous avons vu qu'on ne cesse de lui demander. Lors donc qu'il fait en nous ces bonnes œuvres, il dispense cette grace, et lorsqu'il la prépare, il prévoit « et il prédestine ce qu'il devoit faire : » *Prædestinatione præscivit quæ fuerat ipse facturus* [3].

---

[1] Lib. *De prædest. SS.*, cap. X. — [2] *Ibid.* — [3] *Ibid.*

C'est là, en termes formels, le raisonnement du prophète Amos et de l'apôtre saint Jacques dans le concile de Jérusalem. Ce prophète prédit et promet la conversion des gentils, et il ajoute : « Voilà ce que dit le Seigneur qui fait ces choses [1] : » c'est Dieu qui convertira les gentils par ce secours qui change les cœurs : il ne lui est pas plus malaisé de prédire que de promettre ce qu'il doit faire; et c'est pourquoi saint Jacques conclut : « L'ouvrage de Dieu est connu de lui de toute éternité. » Saint Augustin ne fait pas un autre raisonnement, et ne suppose pas un autre principe. Accordez-lui que c'est Dieu qui tourne les cœurs où il lui plaît (c'est ce que vous ne sauriez lui nier après les prières de l'Eglise) : accordez-lui encore qu'il a connu et qu'il a voulu son propre ouvrage, ce Père n'en veut pas davantage sur la prédestination.

Il n'y a rien de si clair, et saint Augustin présuppose aussi partout que ce qu'il enseigne de la prédestination, est la chose du monde la plus évidente. « Dieu donne, dit-il, la persévérance jusqu'à la fin; il a prévu que cela seroit, » c'est-à-dire qu'il donneroit la persévérance; « voilà donc, poursuit-il, ce que c'est que la prédestination [2]; » ce qu'il explique dans la suite en d'autres termes qui ne sont pas moins évidens, lorsqu'il dit : « C'est une erreur manifeste de penser qu'il ne donne pas la persévérance; or il a prévu qu'il donneroit toutes les graces qu'il avoit à faire, afin qu'on persévérât, et il les a préparées dans sa prescience : la prédestination n'est rien autre chose. » Un peu après il réduit cette doctrine à cet argument démonstratif : « Lorsque Dieu nous donne tant de choses, dira-t-on qu'il ne les a pas prédestinées? De là il s'ensuivroit de deux choses l'une, ou qu'il ne les auroit pas données, ou qu'il n'auroit pas su qu'il les donneroit : que s'il est certain qu'il les donne et qu'il ne soit pas moins certain qu'il a prévu qu'il les donneroit, bien certainement il les a prédestinées. » Il conclut par ces paroles : « Si la prédestination que nous défendons n'est pas véritable, Dieu n'a pas prévu les dons qu'il feroit aux hommes : or est-il qu'il les a prévus, donc la prédestination que nous défendons est certaine [3]. »

---

[1] *Act.*, xv, 15, 17, 18; *Amos*, ix, 12. — [2] Lib. II *De don. persev.*, cap. vii. — [3] *Ibid.*, cap. xvii.

CHAPITRE XIII.

Suite de la même démonstration : quelle prescience est nécessaire dans la prédestination.

On voit par là quelle prescience il faut reconnoître dans la prédestination. « C'est, comme dit saint Augustin, une prescience par laquelle Dieu prévoit ce qu'il devoit faire, » *Prædestinasse est hoc præscisse quod fuerat ipse facturus*[1]. Ce n'est donc pas une prescience de ce que l'homme doit faire, mais de ce que Dieu doit faire dans l'homme : non que Dieu ne prévoie aussi ce que l'homme doit faire ; mais c'est que ce qu'il doit faire est une suite de ce que Dieu fait en lui, et qu'il voit le consentement futur de l'homme dans la puissance de la grace qu'il lui prépare.

C'est enfin pour cette raison que saint Augustin définit la prédestination « la prescience et la préparation de tous les bienfaits de Dieu, par lesquels sont certainement délivrés tous ceux qui le sont. La prédestination des saints n'est, dit-il, autre chose que cela : » *Hæc prædestinatio sanctorum nihil aliud est quàm præscientia et præparatio beneficiorum Dei quibus certissimè liberantur quicumque liberantur*[2]. Toute l'Ecole reçoit cette définition de saint Augustin comme constante. Il est donc constant que Dieu a des moyens certains de délivrer l'homme, c'est-à-dire de le sauver. S'il les donnoit à tous, tous seroient sauvés ; il ne les donne donc pas à tous, ces moyens certains : car c'est de ceux-là dont il s'agit. Et à qui les donne-t-il ? A quelques-uns de ceux qui sont sauvés ? Non ; c'est à tous ceux qui le sont : *Quibus certissimè liberantur quicumque liberantur*. Tous donc ont reçu ces bienfaits dont l'effet devoit être si certain ; et d'où les ont-ils reçus, sinon d'une bonté aussi spéciale que ces bienfaits sont particuliers ? Cette bonté est par conséquent aussi gratuite que le sont ces bienfaits mêmes, étant impossible et manifestement absurde que Dieu ne prépare gratuitement et de toute éternité ce qu'il accorde gratuitement dans le temps.

[1] Lib. II *De don. persev.*, cap. XVII et XVIII. — [2] *Ibid.*, cap. XIV.

CHAPITRE XIV.

Dixième proposition, où l'on démontre que la prédestination, comme on vient de l'expliquer par saint Augustin, est de la foi : passage du cardinal Bellarmin.

La dixième proposition est que cette doctrine de saint Augustin sur la prédestination est de foi. D'abord saint Augustin l'enseigne ainsi très-expressément par les prières de l'Eglise, lorsqu'après les avoir remarquées et après avoir aussi remarqué que prier est un don de Dieu, il poursuit ainsi : « Ces choses donc que l'Eglise demande à Dieu, et qu'elle n'a jamais cessé de lui demander depuis qu'elle est établie, sont prévues de Dieu comme des choses qu'il devoit donner et qu'il avoit même déjà données dans la prédestination, comme l'Apôtre le déclare; » d'où il tire cette conséquence : « Celui-là donc pourra croire que la vérité de cette prédestination et de cette grace n'a pas toujours fait partie de la foi de l'Eglise, qui osera dire que l'Eglise n'a pas toujours prié ou n'a pas toujours prié avec vérité, soit afin que les infidèles crussent, soit afin que les fidèles persévérassent; mais si elle a toujours demandé ces biens comme étant des dons de Dieu, elle n'a jamais pu croire que Dieu les ait pu donner sans les connoître; et par là l'Eglise n'a jamais cessé d'avoir la foi de cette prédestination, qu'il faut maintenant défendre avec une application particulière contre les nouveaux hérétiques [1]. »

Il est donc clair comme le soleil que la prédestination que saint Augustin défendoit dans les livres d'où sont tirés tous ces passages, c'est-à-dire dans ceux *de la Prédestination des Saints* et *du Don de la persévérance,* appartient à la foi selon ce Père, et que c'étoit cette foi qu'il falloit défendre contre les hérétiques; et la raison en est premièrement, qu'on ne peut nier sans erreur que les prières où l'Eglise demande les dons qu'on vient d'entendre, ne soient dictées par la foi, en laquelle seule elle prie; et secondement, qu'il n'est pas moins contre la foi de dire « que Dieu n'ait pas prévu et les dons qu'il devoit accorder, et ceux à qui il en devoit faire la distribution [2]; » ce qui fait dire à saint Augustin aussi affirmati-

---

[1] Lib. II *De don. persev.,* cap. XXIII. — [2] *Ibid.,* cap. XXIV.

vement qu'on le peut faire : « Ce que je sais, c'est que personne n'a pu sans errer disputer contre la prédestination que nous avons entrepris de défendre[1]. »

Le cardinal Bellarmin, après avoir rapporté ces passages de saint Augustin et en même temps remarqué les définitions du Saint-Siége, qui ont déclaré entre autres choses que saint Augustin n'a excédé en rien, conclut que la doctrine de ce saint sur la prédestination n'est pas une doctrine particulière, mais la foi de toute l'Eglise : autrement saint Augustin, et après lui les papes qui le soutiennent, seroient coupables de l'excès le plus outré, puisque ce Père avoit donné son sentiment pour un dogme certain de la foi.

CHAPITRE XV.

Différence de la question dont on dispute dans les Ecoles d'avec celle qu'on vient de traiter : douze sentences de saint Augustin.

Par là il faut remarquer la différence entre la question de la prédestination, comme elle s'agite dans les Ecoles parmi les docteurs orthodoxes, et comme elle est établie par saint Augustin contre les ennemis de la grace. Car ce qu'on dispute dans l'Ecole, c'est à savoir si le décret de donner la gloire à un élu précède ou suit d'un instant, qu'on appelle de nature ou de raison, la connoissance de leurs bonnes œuvres futures et des graces qui les leur font opérer ; ce qui n'est qu'une précision peu nécessaire à la piété ; au lieu que saint Augustin sans s'arrêter à ces abstractions dans le fond assez inutiles, entreprend seulement de démontrer qu'étant de la foi par les prières de toute l'Eglise qu'il y a une distribution des bienfaits de Dieu, par où sont menés infailliblement au salut ceux qui les reçoivent, cette distribution ne peut être aussi purement gratuite qu'elle l'est dans l'exécution, qu'elle ne le soit autant et aussi certainement dans la prescience et la prédestination divine : de sorte que l'un et l'autre est également de la foi.

C'est encore ce qui résulte de *l'Epître à Vital* [2], une des plus doctes et des plus précises de saint Augustin, selon le P. Garnier, puisque ce saint évêque y ayant posé douze sentences, comme il

---

[1] Lib. II *De don. persev.*, cap. XVIII. — [2] *Epist.* CCXVII, al. CVII.

les appelle, qui renferment tout le fondement de la prédestination gratuite, déclare en même temps jusqu'à trois fois « qu'elles appartiennent à la foi catholique, et que tout ce qu'il y a de catholiques les reçoivent [1]; en quoi tout le monde sait qu'il est suivi par saint Prosper et par les autres saints défenseurs de la grace chrétienne, et soutenu par les papes, qui ont décidé avec l'applaudissement de toute l'Eglise que la doctrine de ce saint étoit irrépréhensible, encore qu'il n'y eût rien qui le fût moins que de donner comme de foi ce qui n'en est pas.

CHAPITRE XVI.

Onzième proposition, où l'on commence à fermer la bouche à ceux qui murmurent contre cette doctrine de saint Augustin.

Onzième proposition : Ceux à qui Dieu ne donne pas ces graces singulières, qui mènent infailliblement ou à la foi, ou même au salut et à la persévérance finale, n'ont point à se plaindre. La raison en est, dit saint Augustin [2], que le Père de famille qui ne les doit à personne, seroit en droit selon l'Evangile de répondre à ceux qui se plaindroient : « Mon ami, je ne vous fais point de tort : ne m'est-il pas permis de faire de mon bien ce que je veux? et faut-il que votre regard soit mauvais (injuste, jaloux), parce que je suis bon [3]? » Et si ces murmurateurs répondent encore que dans cette parabole il s'agit du plus et du moins, et non pas d'être à la fin privé de tout, comme le sont les réprouvés, le père de famille n'en dira pas moins : *Je ne vous fais point de tort,* puisque si je vous laisse dans la masse justement damnée de votre origine, vous n'avez point à vous plaindre de la justice que je vous fais; et si je vous en ai tiré par ma pure grace, et que vous vous soyez replongé vous-même dans cette masse corrompue en suivant la concupiscence, qui en est venue, je vous fais d'autant moins de tort que je ne vous ai pas refusé les graces absolument nécessaires pour conserver la justice que je vous avois donnée; ainsi vous n'avez qu'à vous imputer votre perte. Et si ces murmurateurs

---

[1] *Epist.* CCVII, al. CVII, n. 17, 25. — [2] Lib. *De don. persev.,* cap. VIII. — [3] *Matth.,* XX, 15.

nous disent encore que cela est difficile à concilier avec la préférence gratuite que nous venons d'établir avec tant de certitude, il faudra enfin leur fermer la bouche avec cette parole de saint Augustin : « Faut-il nier ce qui est certain, à cause qu'on ne peut comprendre ce qui est caché? Ou faudra-t-il dire que ce qu'on voit clairement ne soit pas, à cause qu'on ne trouve pas la raison pourquoi il est [1]? » Et enfin si l'autorité et la raison de saint Augustin ne leur suffisent pas, que répondront-ils à l'Apôtre, lorsqu'il leur dira : « Qui connoît les desseins du Seigneur, ou qui est entré dans ses conseils? O homme, qui êtes-vous pour disputer contre Dieu? Ne savez-vous pas que ses conseils sont impénétrables, et ses voies incompréhensibles [2]. »

CHAPITRE XVII.

Douzième proposition, où l'on démontre que bien loin que cette doctrine mette les fidèles au désespoir, il n'y en a point pour eux de plus consolante.

Douzième et dernière proposition : Loin de désespérer les fidèles ou même de troubler et de ralentir les mouvemens de la piété, la doctrine de saint Augustin, qu'on vient d'exposer, est le soutien de la foi et la plus solide consolation des ames pieuses. Que désire un homme de bien, que d'assurer son salut autant qu'il est possible en cette vie? C'est pour l'assurer que les ennemis de la prédestination gratuite veulent qu'on le remette entre leurs mains et que chacun soit maître absolu de son sort, parce qu'autrement nous ne serions assurés de rien, la disposition que Dieu fait de nous étant incertaine. C'est précisément ce qu'on objectoit à saint Augustin [3]; mais il n'y a rien de plus fort et de plus consolant que sa réponse : « Je m'étonne, dit ce saint docteur, que les hommes aiment mieux se fier à leur propre foiblesse qu'à la fermeté de la promesse de Dieu. Je ne sais pas, dites-vous, ce que Dieu veut faire de moi. Quoi donc! savez-vous mieux ce que vous voulez faire de vous-même, et ne craignez-vous pas cette parole de saint Paul : « Que celui qui croit être ferme, prenne garde à ne pas tom-

[1] *De don. persev.*, cap. xiv. — [2] *Rom.*, ix, 20 ; xi, 33, 34. — [3] *Epist.* Hilar. *ad August.*

ber[1]? » Puis donc que l'une et l'autre volonté, celle de Dieu et la nôtre, nous sont incertaines, pourquoi l'homme n'aimera-t-il pas mieux abandonner sa foi, son espérance et sa charité à la plus forte qui est celle de Dieu, qu'à la plus foible qui est la sienne propre[2]? »

L'homme, qui est la foiblesse même, qui sent que sa volonté lui échappe à chaque pas, toujours prêt à s'abattre au premier souffle, ne doit rien tant désirer que de la remettre entre des mains sûres, qui daignent la recevoir pour la tenir ferme parmi tant de tentations. C'est ce qu'on fait en la remettant uniquement à la grace de Dieu. Vous vous contentez, dites-vous, d'une grace qui soit laissée si absolument en votre puissance, qu'elle ait en bien ou en mal tout l'effet que vous voudrez sans que Dieu s'en mêle plus à fond. Mais l'Eglise ne vous apprend pas à vous contenter d'un tel secours, puisqu'elle vous en fait demander un autre qui assure entièrement votre salut. Vous voudriez du moins pouvoir vous flatter de la pensée que vous ferez quelquefois le bien sans une grace ainsi préparée; mais l'Eglise ne vous le permet pas, puisqu'après vous avoir appris à la demander, elle vous apprend, si l'effet s'ensuit, à rendre grâces à Dieu de l'avoir reçue; et par là que prétend-elle, sinon que vous mettiez l'espérance de votre salut, à l'exemple de saint Cyprien, en la seule grace? Car c'est là, dit ce saint martyr, ce qui fait exaucer nos prières, « lorsqu'elles sont précédées d'une humble reconnoissance de notre foiblesse; et que donnant tout à Dieu, nous obtenons de sa bonté tout ce que nous demandons dans sa crainte[3]. »

Il dit, et saint Augustin le dit après lui, qu'il faut tout donner à Dieu, non pour éteindre la libre coopération du franc arbitre, mais pour nous montrer qu'elle est comprise dans la préparation de la grace dont nous parlons. « Nous voulons, dit saint Augustin, mais Dieu fait en nous le vouloir : nous agissons, mais Dieu fait en nous notre action selon son bon plaisir[4]. » Ainsi, encore une fois, elle est comprise dans celle de Dieu. « Il nous est bon, il nous est utile de le croire et de le dire, cela est vrai, cela est pieux,

---

[1] I *Cor.*, x, 12. — [2] Lib. *De prædest. SS.*, cap. XI, n. 21. — [3] *De Orat. Domin.* apud August., *De don. persev.*, cap. VI, n. 12. — [4] *Ibid.*

et rien ne nous convient mieux que de faire devant Dieu cette humble confession et de lui donner tout.

Si quelque chose est capable de mettre dans le cœur du chrétien une douce espérance de son salut, ce sont de tels sentimens. Car comme c'est la confiance qui nous obtient un si grand bien, quelle plus grande confiance l'ame peut-elle témoigner à son Dieu, que celle d'abandonner entre ses mains un aussi grand intérêt que celui de son salut? Celui-là donc qui a le courage de lui remettre une affaire de cette importance, et la seule à dire vrai qu'on ait sur la terre, dès lors a reçu de lui une des marques des plus assurées de sa prédestination, puisque l'objet que Dieu se propose dans le choix de ses élus étant de se les attacher uniquement, et de leur faire établir en lui tout leur repos, le premier sentiment qu'il leur inspire doit être sans doute celui-là. Ce premier gage de son amour les remplit de joie; et leur prière devenant d'autant plus fervente que leur confiance est plus pure et leur abandon plus parfait, ils conçoivent plus d'espérance qu'elle sera exaucée, et ainsi que l'humble demande qu'ils font à Dieu de leur salut éternel aura son effet : ce qu'ils attendent d'autant plus de sa bonté, que c'est encore elle qui leur inspire la confiance de prier ainsi et de se remettre entre ses bras.

Si quelque chose peut attirer le regard de Dieu, c'est la foi et la soumission de ceux qui savent lui faire un tel sacrifice. Dire que cette doctrine, qui est le fruit de la foi de la prédestination, met les hommes au désespoir, « c'est dire, dit saint Augustin [1], que l'homme désespère de son salut quand il en met l'espérance, non point en lui-même, mais en Dieu, quoique le Prophète crie : « Maudit l'homme qui se fie en l'homme [2] ! » Ceux donc que cette doctrine jette dans le relâchement ou dans la révolte sont, ou des esprits lâches qui veulent donner ce prétexte à leur nonchalance, ou des superbes qui ne savent pas ce que c'est que Dieu, ni avec quelle dépendance il faut paroître devant lui. Mais ceux qui le craignent et qui savent que l'humilité est le seul moyen de fléchir une si haute majesté, travaillent à leur salut avec d'autant plus de soin et d'application, que par l'humble état où ils se mettent de-

---

[1] *De don. persev.*, cap. XVII. — [2] *Jerem.*, XVII, 5.

vant Dieu dans la prière ils doivent plus espérer d'être secourus. Il ne faut donc plus chercher d'autre repos. « Nous vivons, dit saint Augustin, avec plus de sûreté devant Dieu, *tutiores vivimus*, lorsque nous lui donnons tout que si nous cherchions à nous appuyer tout à fait sur nous-mêmes, ou même en partie sur lui et en partie sur nous [1], » parce qu'il arrive par ce moyen, selon le désir de l'Apôtre, « que l'homme est humilié, et que Dieu est exalté seul, » *ut humilietur homo et exaltetur Deus solus* [2].

C'est donc là de toutes les consolations que les enfans de Dieu peuvent recevoir la plus solide et la plus touchante, de n'avoir à glorifier que Dieu seul dans l'ouvrage de leur salut; et il ne faut pas appréhender que la prédication de cette doctrine mette les hommes au désespoir : « Quoi! faut-il craindre, dit saint Augustin, que l'homme désespère de lui-même et de son salut, quand on lui montre à mettre en Dieu son espérance, et qu'il cesse d'en désespérer quand on lui dira, superbe et malheureux qu'il est, qu'il n'a qu'à espérer en lui-même [3]? » Ce seroit le comble de l'aveuglement et de l'orgueil. Mais si l'on ne peut entendre cette vérité dans la dispute, « si les esprits pesans et foibles ne sont pas encore capables de pénétrer les expositions de l'Ecriture [4], » ils auront, continue saint Augustin, un moyen plus aisé d'entendre une vérité si importante à leur salut. Qu'ils laissent là toutes les disputes, et que seulement ils se rendent attentifs aux prières qu'ils font tous les jours : *Sic audirent vel non audirent in hâc quæstione disputationes nostras, ut magis intuerentur orationes suas.* C'est là que le Saint-Esprit qui leur dicte leurs prières, leur décidera que c'est de Dieu uniquement qu'il faut tout attendre, puisqu'il faut attendre de lui, autant ce que nous faisons nous-mêmes que ce qu'il fait en nous; et c'est à ce qu'ils apprendront dans les prières que « l'Eglise a toujours faites et fera toujours depuis son commencement jusqu'à ce que ce siècle finisse : » *quas semper habuit et habebit Ecclesia ab exordiis suis donec finiatur hoc sæculum.*

[1] *De don. persev.,* cap. VI, n. 12. — [2] *De prædest. SS.,* cap. V, n. 9. — [3] *De don. persev.,* cap. XXII. — [4] *Ibid.,* cap. XXIII, n. 63.

CHAPITRE XVIII.

Suite des consolations de la doctrine précédente : prédestination de Jésus-Christ.

Les fidèles, à qui Dieu propose une si solide consolation, n'en doivent point chercher d'autres, ni souhaiter de devoir leur salut à une autre cause qu'à la bonté et à l'éternelle prédilection de celui dont il est écrit que « ce n'est pas nous qui l'avons aimé, mais que c'est lui qui nous a aimés le premier [1] ; » ce qui les doit d'autant plus toucher, que cette grace qui se trouve dans tous les élus a précédé dans leur chef. Je ne m'étonne donc pas que M. Simon, qui est l'ennemi de la prédestination, se déclare premièrement avec tout l'acharnement que nous avons vu contre celle de Jésus-Christ : mais nous lui dirons malgré qu'il en ait, avec saint Augustin, que « le modèle le plus éclatant de la prédestination et de la grace est le Sauveur même. Par quel mérite ou des œuvres ou de la foi, la nature humaine qui est en lui, a-t-elle obtenu d'être ce qu'elle est, c'est-à-dire d'être unie au Verbe en unité de personne [2] ? » Saint Augustin conclut de ce principe que nous sommes faits les membres de Jésus-Christ par la même grace qui l'a fait être notre chef : « que celui-là nous fait croire en Jésus-Christ qui nous a fait Jésus-Christ, en qui nous croyons ; » par conséquent que la même grace qui l'a fait Christ nous a faits chrétiens, et que ce qui a mis en lui la source des graces l'a dérivée sur nous, à chacun selon sa mesure : d'où il s'ensuit que notre prédestination est aussi gratuite que la sienne. C'est notre consolation d'être aimés, d'être choisis, d'être prévenus à notre manière, comme l'a été Jésus-Christ. Il a été promis, et les élus ont été promis : Dieu a promis de faire naître son Fils unique d'Abraham [3] ; et lorsqu'il a promis au même Abraham de le faire le père de tous les croyans, il lui a promis en même temps tous les enfans de la foi et de la promesse [4]. Il est écrit que « ce qu'il a promis, il est

---

[1] I *Joan.*, IV, 10. — [2] *De prædest. SS.*, cap. XV ; *De don. persev.*, cap. XXIV ; *Oper. imper.*, lib. I, n. 138, 140, 141. — [3] *Rom.*, IV, 16. — [4] *De prædest. SS.*, cap. X.

puissant pour le faire [1]. » Saint Paul ne dit pas : Ce qu'il a promis, il est puissant pour le prévoir; mais il dit : « Ce qu'il a promis, il est puissant pour le faire. » Il fait donc la foi dans les enfans de la promesse : il en fait jusqu'au premier commencement, puisque c'est cela même qu'il a promis, lorsqu'il a promis aux enfans de la foi de leur donner la naissance, c'est-à-dire de leur donner leur être depuis leur conception en Jésus-Christ. Il a promis la persévérance de ces mêmes enfans de la foi, lorsqu'il a dit : « Je mettrai ma crainte dans leur cœur, afin qu'ils ne me quittent pas [2]; » et cela qu'est-ce autre chose, dit saint Augustin, sinon en d'autres paroles, que « sa crainte qu'il leur donnera sera si grande, qu'ils lui seront attachés persévéramment [3]? » Ce qu'il a promis, il l'a fait : il a fait la persévérance comme il a fait le commencement. « Comme il a fait, dit saint Augustin, qu'on vînt à lui, il a fait qu'on ne s'en retirât jamais [4]. » L'un et l'autre est l'effet de la même grace, et cette grace est l'effet de la prédestination; c'est-à-dire de ce regard de prédilection qui fait la consolation des chrétiens et dont ils reçoivent un gage, lorsque Dieu leur inspire avec la prière la volonté de remettre entre ses mains tout l'ouvrage de leur salut, de la manière qui a été dite.

CHAPITRE XIX.

Prières des particuliers, conformes et de même esprit que les prières communes de l'Eglise : exemples tirés de l'Eglise orientale : premier exemple : prière des quarante martyrs.

Pour confirmer ce qu'on vient de voir touchant l'esprit d'oraison qui paroît dans les prières de l'Eglise, il sera bon d'ajouter ici quelques prières des particuliers, par où l'on verra que chaque fidèle prie dans le même esprit que tout le corps; c'est-à-dire qu'il croit devoir demander à Dieu, non un simple pouvoir, mais l'effet même.

Et afin de nous attacher principalement aux saints de l'Eglise orientale, qui sont ceux qu'on voudroit pouvoir nous opposer,

---

[1] *Rom.* IV, 21; *De prædest. SS.,* cap. XXI. — [2] *Jerem.,* XXXII, 40. — [3] *De don. persev.,* cap. II. — [4] *Ibid.,* cap. VII.

nous produirons avant toutes choses la prière des saints quarante martyrs de Sébaste, en Arménie, qui est ainsi rapportée par saint Basile : « Ils faisoient, dit ce saint docteur, d'une même voix cette prière : Nous sommes entrés quarante dans ce combat : qu'il y en ait quarante qui soient couronnés; qu'il n'en manque pas un seul à ce nombre [1] » (que vous avez consacré par tant de mystères). On sait la suite de l'histoire, et qu'un des quarante ne pouvant souffrir la rigueur du froid, alla expirer dans un bain d'eau chaude que l'on avoit préparé pour ceux qui renonceroient à la foi ; mais « les vœux de ces saints, dit saint Basile, ne furent pas inutiles pour cela, » puisque la place de ce malheureux fut incontinent remplie par un ministre de la justice, préposé à garder ces saints, qui touché d'une céleste vision, s'écria : « Je suis chrétien ! » remplit le nombre désiré et consola les martyrs de la triste défection d'un des compagnons de leur martyre.

On voit ici trois vérités : la première, que c'est de Dieu que ces saints attendent leur persévérance actuelle, et qu'ils lui en demandent l'effet.

La seconde est, dans la défection de ce malheureux, quoiqu'arrivée bien certainement par sa faute, un secret jugement de Dieu, qu'il n'est pas permis d'approfondir, mais seulement de considérer que Dieu avoit des moyens pour le faire persévérer comme les autres : c'est ce qu'on ne peut s'empêcher de reconnoître. Pourquoi il ne les a pas employés, c'est sur quoi personne n'a rien à lui demander.

La troisième vérité est que Dieu qui donne la persévérance par une grace toute-puissante, donne par une grace semblable le premier commencement de la conversion. C'est ce qui paroît dans cet officier, qui fut tout à coup converti par un effet manifeste de la prière des saints martyrs. Dieu ne la pouvoit exaucer sans exciter le cœur de cet infidèle par une grace choisie et préparée, pour lui mettre en un instant la foi dans le cœur. Ainsi par la même grace qui rend les uns persévérans, l'autre est rendu chrétien : ces graces sont préparées, c'est-à-dire prédestinées de toute éternité : elles ne le sont point par les mérites, puisque ce con-

[1] Tom. I, hom. xx *De* xl *Mart.*

verti n'en avoit aucun. C'est pourquoi saint Basile dit qu'il est converti « comme un saint Paul, devenu comme lui prédicateur de l'Evangile, dont il étoit un moment auparavant le persécuteur : appelé d'en haut comme lui, non par les hommes, ni par leur moyen et leur entremise. » Dieu qui lui a donné sans aucun mérite la grace de se convertir, auroit pu donner sans mérite à celui qui perdit la foi la grace de ne la pas perdre; car il sut bien la donner au jeune Méliton qui par la vigueur de son âge ayant survécu aux autres martyrs, fut laissé, pendant qu'on enlevoit les corps, sur le lieu de leur martyre avec un reste de vie, qui faisoit espérer aux tyrans que la tentation de la conserver le porteroit à se rendre. Mais Dieu qui, pour accomplir les désirs de ses serviteurs, lui avoit destiné la grace de persévérer, suscita l'esprit de sa mère pour l'encourager jusqu'à la mort; en sorte qu'ayant reçu avec son dernier soupir les derniers témoignages de sa foi, elle le jeta sur le chariot où étoient entassés les autres corps des saints. Tous ces actes du libre arbitre, et de la mère et du fils, furent inspirés par la grace que les martyrs avoient demandée; et Dieu montra par cet exemple qu'encore que le malheur de ceux qui tombent ne doive être imputé qu'à leur faute, il n'en faut pas moins attribuer à la grace tout le bien des persévérans, aussi bien que des commençans, parce qu'encore que ce bien soit un effet de leur libre arbitre, c'est une grace particulière qui leur en inspire le bon usage.

CHAPITRE XX.

Prière de plusieurs autres martyrs.

C'est ce qui paroît partout dans les *Actes* des martyrs. Sans cesse au milieu de leurs tourmens, on leur entend dire : « O Jésus-Christ, aidez-nous : c'est vous qui nous donnerez la patience : ne nous abandonnez pas [1]. » Ils sentoient que leurs forces auroient défailli parmi tant d'insupportables douleurs, pour peu que Dieu les eût laissés à eux-mêmes. C'est pourquoi ils lui demandent l'effet et l'actuelle persévérance; et pour montrer, s'ils persévéroient, qu'ils croyoient l'avoir reçu par la grace qu'ils deman-

[1] *Act. Mart.*, edit. D. Ruin.; *Act. Tarach.*, p. 423.

doient, ils en rendoient continuellement de particulières actions de graces. En entrant dans la prison, ils offroient à Dieu leur louange avec actions de graces « de ce qu'ils avoient persévéré jusqu'alors dans la foi et la religion catholique [1]. » Un autre disoit : « Je vous rends graces, mon Seigneur Jésus, de ce que vous m'avez donné cette patience. » C'est de l'effet et de la patience actuelle qu'ils rendent graces. Un autre disoit : « J'ai Jésus-Christ en moi, je te méprise [2]. »—« Reconnois, disoit un autre, que Jésus-Christ m'aide, et que c'est par là que je te méprise comme un vil esclave [3]. » Taraque disoit et répétoit : « Je résiste aux inventions de ta cruauté : je te surmonte par Jésus-Christ qui me rend fort ; » et encore : « Je ne respire que la mort ; mais dans cette patience, ma gloire est en Dieu [4]. » Ainsi ils reconnoissoient en deux manières la grace qui les faisoit vaincre : l'une en la demandant, et l'autre en rendant graces de l'avoir reçue. Euplius joignoit l'un et l'autre : « Je vous rends graces, Seigneur, conservez-moi, puisque c'est pour vous que je souffre : aidez-nous, Seigneur, jusqu'à la fin et ne délaissez pas vos serviteurs, afin qu'ils vous glorifient aux siècles des siècles [5]. » Voilà d'où ils attendoient la persévérance, parce qu'ils savoient que c'étoit de là qu'ils avoient reçu le commencement. Lorsque, pour tirer de leur bouche le nom de leurs docteurs, qu'ils ne vouloient pas découvrir pour ne leur point attirer de semblables peines, on leur demandoit qui les avoit induits à cette doctrine, ils répondoient : « Celui-là nous l'a donnée qui l'a aussi donnée à saint Paul, lorsque de persécuteur des Eglises, par sa grace il en est devenu le docteur [6]. » Par quelle grace, sinon par celle dont l'effet étoit infaillible ? Ainsi la grace efficace, que M. Simon ne peut souffrir dans saint Augustin, étoit celle que demandoient les martyrs et dans laquelle ils mettoient leur confiance.

---

[1] *Act. Pionii*, p. 140. — [2] *Act. Tarach.*, jam cit. — [3] *Act. Theod.*, p. 397. — [4] *Act. Tarach.*, jam cit. — [5] *Act. Eupl.*, p. 488. — [6] *Act. Lucin.*, p. 165.

CHAPITRE XXI.

Prière de saint Ephrem.

Après les prières des martyrs, on n'en trouve point de plus saintes parmi les Orientaux que celles de saint Ephrem le Syrien, dont les Pères du quatrième siècle ont célébré les louanges. Ce qui fait le plus à notre sujet, c'est que demandant à Dieu en cent manières différentes, « qu'il mette des bornes dans son cœur à ses désirs, afin que sans jamais se détourner ni à droite, ni à gauche [1], » il marche persévéramment dans ses voies; il reconnoît encore que cette prière lui est donnée comme tout le reste par la grace : « Votre grace, Seigneur, m'a donné la confiance de vous parler [2]. » Voilà un aveu bien clair que la prière est un don de Dieu : « Donnez-moi la componction et les larmes, afin que je pleure nuit et jour mes péchés avec humilité et charité, et pureté de cœur. » Donner la componction, c'est donner l'esprit de prière et ouvrir la source des larmes. Il ne faut donc pas s'étonner s'il dit ailleurs « que Dieu donne la grace gratuitement, encore qu'il l'accorde aux larmes; » c'est, comme on voit, qu'il donne les larmes mêmes, et qu'il croit donner gratuitement ce qu'on achète avec ses dons. Un peu après : « Que ma prière, ô Seigneur, approche de vous; faites fructifier en moi votre céleste semence, qui me fasse offrir à votre bonté des gerbes pleines de confession et de componction; faites que je crie avec actions de graces : Gloire soit donnée à celui qui m'a donné de quoi lui offrir. » Par où l'on voit que Dieu a donné la prière même et l'action de graces; et c'est pourquoi il dit encore : « Je ne cesserai, mon Seigneur, de célébrer les louanges de votre grace : je ne cesserai de vous chanter des cantiques spirituels : je suis attiré à vous, mon Sauveur, par le désir de vous posséder : votre grace pousse mon esprit à vous suivre par une secrète et merveilleuse douceur : que mon cœur soit une terre fertile, qui recevant votre bonne semence et arrosée de votre grace, comme d'une céleste rosée, moissonne comme un très-bon fruit la componction, l'adoration, la sanctification (de votre saint

---

[1] *Conf.* Ephr., tom. 1, p. 266, 267. — [2] *Ibid.*, p. 63, col. 2.

nom), dons qui vous sont toujours agréables[1]. » La componction, la prière, l'adoration, les saints cantiques viennent à l'ame par l'infusion de la grace et de la douceur admirable dont elle prévient les cœurs. C'est ce qui lui fait ajouter : « Quand votre grace a voulu, elle a dissipé mes ténèbres pour faire retentir mon ame de douces louanges[2]. » Il ne faut donc pas s'étonner s'il demande avec tant de foi les bonnes œuvres comme un don particulier de la grace, puisqu'il reconnoît qu'il tient de Dieu la grace de la prière, qui les lui fait demander : il attribue à Dieu jusqu'au premier commencement de la conversion, lorsqu'il dit : « Convertissez-moi, Seigneur, avec la brebis perdue et trouvée; et comme vous l'avez portée sur vos épaules, tirez mon ame avec votre main, et offrez-la à votre Père[3]. » L'ame n'a donc rien d'elle-même que son égarement et sa perte. « Qui pourroit, Seigneur, supporter les conseils et les efforts de notre ennemi, qui ne cesse d'affliger mon ame de pensées et d'actes pour la faire succomber, si elle étoit destituée de votre secours? » Mais pour montrer quel est le secours qu'il se croit obligé de demander, il ajoute : « Et parce que le temps de ma vie s'est passé en vanités et en mauvaises pensées, donnez-moi un remède efficace par lequel je sois pleinement guéri de mes plaies cachées; et fortifiez-moi, afin que du moins à la dernière heure où ma vie très-inutile est parvenue sans rien faire, je travaille soigneusement dans votre vigne[4]. » — « Car, ô mon Sauveur, dit-il ailleurs, si vous ne donnez durant cette vie à ce misérable pécheur un esprit saint et des larmes, pour effacer ses péchés par les lumières que vous ferez luire dans son cœur, il ne pourra soutenir votre présence[5]. »

Dans toutes ces graces qu'il demandoit, il se fondoit toujours sur la toute-puissance de Dieu : « Prions, disoit-il, parce que Dieu peut ce qui est impossible à l'homme[6]. » Ainsi il reconnoissoit que tout ce qu'il demandoit à Dieu pour le faire marcher dans ses voies, étoit l'effet de la toute-puissance de Dieu et d'une grace à qui rien ne résiste.

Il ne laissoit pas avec tout cela de dire souvent que Dieu grati-

---

[1] *Beatitud.*, tom. I, p. 187. — [2] *De comp.*, Serm. I, p. 142. — [3] *Beatitud.*, p. 187. — [4] *Ibid.* — [5] *De comp.*, Serm. I, p. 142. — [6] *Medit.*, p. 255.

fioit ceux qui en sont dignes; et il ne croyoit pas, en parlant ainsi, déroger à la pureté de la grace, parce qu'il savoit « qu'on ne pouvoit plaire à la grace que par la puissance de la grace [1]. » Loin de croire qu'un autre que Dieu nous pût faire dignes de lui, il disoit : « Si vous désirez quelque chose, demandez-le à Dieu; et lorsque vous trouverez quelque bien en vous, rendez-lui-en graces, parce que c'est lui qui vous l'a donné [2]. »

Voilà dans un homme, dont la sainteté a été l'admiration du quatrième siècle, une image de la piété de l'Eglise orientale, tant d'années avant que saint Augustin eût écrit sur cette matière. Qui sera le présomptueux qui, considérant cette suite de bienfaits divins que les serviteurs de Jésus-Christ se croient obligés de lui demander pour être conduits efficacement à leur salut, pourra croire qu'on peut mériter cet enchaînement de graces, pendant qu'on voit au contraire parmi ces graces la première conversion du cœur et l'instinct des saintes prières par lesquelles on peut mériter quelque chose? Saint Ephrem connoissoit donc cette grace qui fait la séparation gratuite des élus d'avec les réprouvés. Sans doute il n'ignoroit pas qu'elle n'eût été prévue et préordonnée : il ne pouvoit donc pas ne pas reconnoître la prédestination gratuite que saint Augustin a prêchée, et c'est en ce sens qu'il reconnoît devant Dieu « qu'il est introduit dans son royaume par sa seule grace et par sa seule miséricorde [3], » parce que c'est aussi à elle seule qu'il doit la préparation de tous les secours par lesquels il devoit être conduit heureusement et infailliblement à cette fin.

Ce n'est pas que ce saint ne reconnoisse, comme fait aussi saint Augustin, qu'on rejette souvent la grace; et c'est aussi ce qui lui fait demander une grace qui empêche de la rejeter : « Seigneur, dit-il, si j'ai quelquefois rejeté et si je rejette encore votre grace comme un homme terrestre, vous toutefois qui avez rempli de votre bénédiction les cruches (de Cana), assouvissez la soif que j'ai de votre grace : faites, malgré mon indignité et mes résistances, que j'en sois effectivement rempli [4]. »

[1] *Medit.*, p. 131. — [2] Tom. II, *Parœn.*, cap. xv, p. 280. — [3] *De comp.*, *Serm.* II, p. 143. — [4] *Conf.* Ephr., p. 266.

CHAPITRE XXII.

Prière de Barlaam et de Josaphat dans saint Jean de Damas.

Cette doctrine dans laquelle consistoit le fond de la piété, passoit d'âge en âge. Au septième siècle, saint Jean de Damas faisoit prier ainsi son Barlaam, lorsqu'il donna la communion à son Josaphat : « Regardez cette brebis raisonnable qui approche de vos saints autels par mon ministère : convertissez cette vigne plantée par votre Esprit-Saint, et faites-la fructifier en fruits de justice : fortifiez ce jeune homme, arrachez-le au démon par votre bon esprit : apprenez-lui à faire votre volonté, et ne lui retirez pas votre secours. » Ce jeune homme disoit aussi : « Je suis foible et incapable de faire le bien, mais vous pouvez me sauver : vous, qui tenez tout en votre puissance, ne permettez pas que je marche dans les voies de la chair, mais apprenez-moi à faire votre volonté [1]. » Quand le solitaire dit : *Apprenez-moi*, et que Josaphat le répète, ils ne parlent pas de l'instruction extérieure qui avoit déjà été faite; mais de la doctrine du dedans, par laquelle actuellement on est véritablement enseigné de Dieu, selon la parole de Jésus-Christ : *Erunt omnes docibiles Dei*, selon le grec : *Docti à Deo*, ou *docti Dei*, διδακτοί τοῦ Θεοῦ [2], les disciples de Dieu au dedans par l'actuel accomplissement de sa volonté. C'est pourquoi ces deux saints disoient : « Apprenez-nous à faire votre volonté [3]. » C'est toujours l'effet qu'on demande, et on demande par conséquent une grace qui le donne efficacement; ce qu'on explique par les mots suivans : « Quand vous inspirez des forces, les foibles deviennent forts, puisque c'est vous seul qui donnez un secours invincible. Fortifiez-moi, afin que je demeure dans la foi jusqu'à la fin de ma vie, » etc. Tout cela faisoit voir d'où l'on attendoit la persévérance, et par quelle grace.

Dans une tentation qui sembloit pousser à bout la vertu : « O Dieu, disoit Josaphat, espérance des désespérés et refuge unique de ceux qui sont destitués de secours, ne permettez pas que l'ini-

---

[1] Joan. Damasc., *Hist.*, p. 613. — [2] *Joan.*, VI, 45. — [3] Joan. Damasc., *Hist.*, p. 620.

quité me corrompe, ni que je souille ce corps que j'ai promis de vous garder pur [1]. » Après qu'il eut dit *Amen* et qu'il eut fini sa prière, « il sentit, dit l'historien, une consolation céleste, et les mauvaises pensées furent dissipées en un moment. » L'action de graces suivoit aussi forte que la demande. « O Dieu, disoit ce jeune prince, en apprenant la conversion inespérée de son père, qui racontera votre miséricorde et votre puissance ? Vous êtes celui qui changez les pierres en étangs et les rochers en ruisseaux. Cette roche, c'est-à-dire le cœur de mon père, est devenue une cire molle quand il vous a plu; et qui en doute, puisque vous pouvez faire naître de ces pierres des enfans d'Abraham ? Etendez donc sur votre serviteur cette main ouvrière et invisible qui fait tout : achevez de le délivrer, et faites-lui sentir très-efficacement que vous êtes le seul Dieu et le seul roi [2]. » Lorsqu'il ajoute : « Je vous rends graces, » d'un si soudain changement, « ô Dieu amateur des hommes [3] ; » et encore : « Je vous rends graces de ce que vous n'avez pas méprisé mes prières ni rejeté mes larmes, et de ce qu'il vous a plu de retirer mon père, votre serviteur, de ses péchés, et de le tirer à vous, qui êtes le Sauveur de tous [4]. » Il montre quel secours il avoit besoin de demander pour obtenir un si grand effet, et en un mot qu'il ne le falloit ni moins grand ni moins efficace.

CHAPITRE XXIII.

Prières dans les hymnes : hymne de Synésius, évêque de Cyrène.

Parmi les prières des saints, il faut mettre dans les premiers rangs les hymnes qu'ils ont composées à la louange de Dieu. L'Eglise d'Occident a adopté celles de saint Ambroise, de Prudence et de beaucoup d'autres, où nous voyons à chaque vers qu'on demande à Dieu, non le pouvoir, mais l'effet et le secours qui l'attire, comme on voit dans l'hymne de Tierce, où l'on invoque le Saint-Esprit, afin « que la bouche, tous les sens, toute la force de l'ame retentissent d'actions de graces, que la charité

---

[1] Joan. Damasc., *Hist.*, p. 633. — [2] *Ibid.*, p. 642. — [3] *Ibid.*, p. 643. — [4] *Ibid.*, p. 645.

s'allume en nous, et que l'ardeur s'en répande sur le prochain; » ce qu'on termine en disant : « O Père, accordez-le-nous, » etc. On n'a qu'à ouvrir le *Bréviaire* pour trouver dans toutes les hymnes ces prières, où l'on demande l'effet actuel; mais les saints d'Orient ne sont pas moins attachés à ces demandes que ceux d'Occident. Synèse, évêque de Cyrène, a composé au quatrième siècle des hymnes sacrées, dans lesquelles on trouve, avec le tendre d'Anacréon, la sublimité d'Alcée et de Pindare. Mais sans nous arrêter là, il s'agit d'entendre dire à ce poëte céleste : « Découvrez-moi la lumière de la sagesse : donnez-moi la grace d'une vie tranquille : ôtez de mes membres les maladies et l'emportement désordonné de mes passions : chassez ces chiens dévorans de mon ame, de mes prières, de mes actions : donnez à votre suppliant une vie innocente, une vie intellectuelle; gardez mon corps sain et mon esprit pur : donnez-moi les fruits des bonnes œuvres : donnez-moi des paroles véritables et tout ce qui nourrit l'espérance : accordez, Père céleste, à mon ame d'être unie à la lumière primitive, et qu'y étant une fois unie, elle ne se replonge jamais dans ces ordures terrestres [1]; » c'est-à-dire, en d'autres termes : Donnez-moi le commencement, donnez-moi la fin : « Afin, dit-il, que je sois uni à la source de l'ame, donnez, mon Dieu, une telle vie, une vie irrépréhensible à votre poëte [2]. »

Mais de peur qu'on ne nous réponde qu'en demandant le commencement il avoit déjà commencé, puisqu'il prioit, il reconnoît la prière même comme un don de Dieu : « Accordez, dit-il, à mon ame que soigneusement gardée (comme sous la clef) par votre main paternelle, elle vous offre saintement des hymnes intellectuelles avec la sainte assemblée qui règne avec nous [3]. » Et encore : « Donnez-moi pour compagnie un de vos saints anges, benin dispensateur des prières conçues dans mon ame par une lumière divine [4]. » C'est le secret de la grace de savoir connoître que lorsque Dieu veut nous exaucer, il inspire premièrement les prières qu'il veut entendre; et ensuite, quand on lui demande, comme fait ce philosophe chrétien, qu'il nous délivre des vices

---

[1] *Hymn.* II, 318; *Hymn.* III, 320, 329. — [2] *Hymn.* V, 342. — [3] *Hymn.* III, 334. — [4] *Hymn.*, IV 340.

et qu'il nous inspire la vertu, on impute tout à sa grace jusqu'au premier commencement.

CHAPITRE XXIV.

Hymne de saint Clément d'Alexandrie, et sa doctrine conforme en tout à celle de saint Augustin.

Saint Clément d'Alexandrie est celui qui a donné à Synèse, au commencement du troisième siècle, le modèle des hymnes sacrées, dans celle qu'il a composée pour Jésus-Christ à la fin de son *Pédagogue*. Il la commence par cette prière qui conclut ce livre : « Prions, dit-il, le Verbe en cette manière : Regardez vos enfans d'un œil propice, divin Pédagogue (conducteur des ames simples et enfantines). Fils et Père, qui n'êtes qu'un Seigneur, donnez à ceux qui vous obéissent d'être remplis de la ressemblance de votre image, et de vous trouver selon leur pouvoir un Dieu benin et un juge favorable : faites que tous tant que nous sommes, qui vivons dans votre paix, étant transférés à votre Cité immortelle, après avoir traversé les flots que met le péché entre elle et nous (en attendant), nous nous assemblions en tranquillité par votre Esprit-Saint, pour vous louer et vous rendre graces nuit et jour jusqu'à la fin de notre vie ; » après quoi il parle ainsi : « Et parce que c'est le Verbe notre Conducteur qui nous a menés à son Eglise, et nous a unis à lui (comme ses membres, ainsi qu'il venoit de dire), nous ferons bien, pendant que nous sommes ici assemblés dans un même lieu, de lui en rendre graces, et de lui offrir des louanges convenables à ses instructions et à sa conduite [1]. » Son hymne suit ces paroles, et il l'entonne en cette sorte : « Frein des ames dociles, aile des oiseaux qui n'errent point, vrai gouvernail des enfans remplis de simplicité, assemblez-les pour louer d'une bouche sainte et sincère Jésus-Christ, le Conducteur des ames simples et enfantines. » On voit trois vérités dans tout ce discours de saint Clément d'Alexandrie : la première, que comme les autres, il demande à Dieu l'effet; la seconde, qu'il rend graces de l'avoir reçu; la troisième, que cet effet

[1] *Pædag.*, lib. III, p. 195.

qu'il demande et dont il rend graces est premièrement la bonne vie qui nous rend semblables à Dieu, et secondement les saintes prières, les louanges, les actions de graces, puisqu'il veut que Dieu et son Saint-Esprit mettent dans le cœur des fidèles la volonté de s'assembler pour les faire. Car c'est ainsi qu'il les assemble ; et par ce mouvement qu'il leur imprime, il commence à former en eux la prière, puisque chacun prie déjà en particulier aussitôt qu'il se sent ébranlé pour aller prier en commun.

Et puisque nous sommes tombés sur cette belle prière, pour en mieux prendre l'esprit, nous rapporterons un passage de son auteur sur la prière et la grace. C'est dans son livre VII des *Tapisseries,* où il dit que *l'homme spirituel,* dont il y fait la peinture, γνωστικῶς (c'est toujours ainsi qu'il appelle le parfait chrétien), demande à Dieu les vrais biens, c'est-à-dire les biens de l'ame [1]. Voilà ce qu'il dit en général et qui comprend tout, et autant le commencement comme la fin. Pour s'expliquer plus en particulier, il ajoute que « l'action de graces et la demande qu'on fait à Dieu de la conversion du prochain, est le propre exercice du spirituel [2]. » On demande donc la conversion du prochain, c'est-à-dire, comme le démontre saint Augustin, l'actuel commencement de la bonne vie comme un don venu de Dieu. « On demande, dit encore saint Clément d'Alexandrie, que ceux qui nous haïssent soient amenés à la pénitence [3]. » C'est par où saint Augustin prouvoit encore que Dieu prévenoit les hommes dans le péché, pour leur inspirer le désir d'en sortir [4]. C'est par où la pénitence commence. Nous verrons bientôt comment on demande la suite ; mais pour montrer l'efficace de la grace de la conversion, saint Clément ajoute « que comme Dieu peut tout, le spirituel obtient tout ce qu'il veut. » Par conséquent la conversion est regardée en ce lieu comme l'ouvrage d'une grace toute-puissante : le fidèle qui la demande pour un pécheur croit l'avoir reçue pour lui-même, et ne croit pas être converti par une autre grace que par celle qu'il demande pour les autres. Pour venir à la persévérance, saint Clément ajoute « que l'homme spirituel demande la stabilité

---

[1] *Strom.,* lib. VII, p. 518. — [2] *Ibid.,* p. 519. — [3] *Ibid.,* p. 534. — [4] *Enchirid.,* cap. XXXII ; *De don. persev.,* cap. XIX.

des biens qu'il possède avec une bonne disposition pour obtenir ce qui lui manque, et la perpétuité de ce qu'il a encore à recevoir [1]. A quoi il ajoute ces paroles qui comprennent tout : « Il demande que les vrais biens, qui sont ceux de l'ame, soient en lui et y demeurent [2], » ce qui enferme le commencement et la fin ; et un peu après : « Celui qui se convertit de la gentilité (par la grace qu'on vient de voir), demande la foi : celui qui s'élève, qui s'avance à la spiritualité, demande la perfection de la charité ; et celui qui est parvenu au degré suprême, demande l'accroissement et la persévérance dans la contemplation, comme les hommes vulgaires demandent la perpétuité de la santé. » Que demande cet homme vulgaire, sinon qu'en effet il se porte toujours bien ? Le spirituel demande de même l'effet d'une perpétuelle santé, ce que ce Père exprime par ces paroles : « Il demande (le vrai chrétien) de ne jamais déchoir de la vertu [3] ; » et il ajoute que « les deux extrêmes (le commencement et la fin) la foi et la charité ne s'enseignent pas : » non qu'en effet on ne les enseigne, puisqu'il les enseigne lui-même dans tout cet endroit; mais parce que selon sa doctrine précédente, il les faut plutôt encore demander à Dieu que les enseigner aux hommes, à qui elles sont inspirées d'en haut, comme il a dit.

Voici encore sur ce sujet en un autre endroit quelque chose de bien distinct : « Le spirituel demande premièrement la rémission de ses péchés, ensuite de ne pécher plus, et enfin de pouvoir bien faire [4] ; » c'est-à-dire de le vouloir avec tant de force, qu'il en vienne enfin à l'effet de ne pécher pas et de persévérer dans la vertu, comme il l'explique dans toute la suite des passages qu'on vient d'entendre.

Il est certain que saint Augustin ne prétend rien davantage. Qui donne tout à la prière avec saint Clément Alexandrin, c'est-à-dire qui lui donne le commencement, le progrès, l'accomplissement actuel, selon saint Augustin, donne tout à la grace ; mais qui donne tout à la grace, donne tout à la prédestination, puisque pour l'admettre, comme ce saint la vouloit, il ne faut ajouter à la prédication de la grace, qui donne tous ces bons

[1] *Strom.*, lib. VII, p. 520. — [2] *Ib.*, p. 521. — [3] *Ib.*, p. 523. — [4] *Ib.*, lib. VI, p. 529.

effets, que la prescience d'un si grand don et la volonté éternelle de le préparer, ce que personne ne nioit.

CHAPITRE XXV.

Prières d'Origène : conformité de sa doctrine avec celle de saint Augustin.

Je rapporterai maintenant quelques prières d'Origène, où il ne fait pas moins voir l'efficace de la grace que son maître Clément Alexandrin.

Et d'abord on peut se souvenir de la prière qu'il auroit voulu que saint Pierre eût faite pour prévenir sa chute : « Seigneur, donnez-moi la grace de ne tomber pas[1], » et le reste que nous avons rapporté ailleurs, dont nous avons conclu la nécessité de reconnoître un secours qui auroit effectivement empêché la chute de cet apôtre[2]. Mais voyons d'autres prières d'Origène.

Il y en a une dans la première *Homélie* sur Ezéchiel, qu'il adresse à l'ange qui présidoit au baptême en lui disant : « Venez, ange saint, recevez cet homme que la parole a converti de son ancienne erreur; et le prenant en votre garde, comme un bon médecin, traitez-le bien comme un malade et instruisez-le : c'est dans l'Eglise un petit enfant qui veut rajeunir dans sa vieillesse; recevez-le en lui donnant le baptême de la régénération, et amenez avec vous les autres anges, compagnons de votre ministère, afin que tous ensemble vous instruisiez dans la foi ceux que l'erreur a déçus[3]. » Comment veut-on que cet ange donne le baptême, dont il n'est pas le ministre, si ce n'est en imprimant sous l'ordre de Dieu les pensées qui préparent l'homme, et lui obtenant tout ensemble la grace qui l'amènera actuellement au baptême?

Voici quelque chose de plus fort dans une prière qu'Origène met à la bouche du chrétien : « Quelque parfait qu'on soit dans la foi, si votre puissance manque, la foi sera réputée pour rien; quand on seroit parfait en pudicité, si l'on n'a pas la pudicité qui vient de vous, ce n'est rien; si quelqu'un est parfait dans la justice et dans toutes les autres vertus, et qu'il n'ait pas la justice et

---

[1] Tract. xxxv *in Joan.* — [2] Ci-dessus, liv. XI, chap. xx et suiv. — [3] Hom. I *in Ezech.*, p. 391.

toutes les autres vertus qui viennent de vous, tout cela est réputé pour néant. Ainsi que le sage ne se glorifie pas dans sa sagesse, ni le fort dans sa force; car ce qui peut donner de la gloire n'est pas nôtre, mais est un don de Dieu : c'est de lui que vient la sagesse, c'est de lui que vient la force et tout le reste [1]. » Et il avoit dit auparavant « que ce qui étoit écrit de la sagesse (qu'elle venoit de Dieu, comme il est porté en cent endroits, et entre autres très-expressément dans l'*Epître* de saint Jacques) devoit être appliqué à la foi [2]. » Qui donc ne sent pas dans cette prière d'Origène qu'on demande à Dieu la foi, la chasteté, la justice et toutes les vertus, et cela, non-seulement dans le pouvoir, mais encore réellement dans l'effet, ne sent rien. Mais il faut encore aller à de plus évidentes démonstrations dans les livres *contre Celse*.

CHAPITRE XXVI.

Autres prières d'Origène, et sa doctrine sur l'efficace de la grace dans le livre contre Celse.

Quoique je n'y trouve pas des prières aussi expresses pour demander tous les effets de la grace que celles qu'on vient d'entendre, j'y en trouve qui nous découvrent le même fond, surtout en y ajoutant le reste de la doctrine de ce grand ouvrage, par exemple lorsqu'il y dit, après avoir achevé le quatrième livre : « Je prie Dieu qu'il nous donne par son Fils, qui est sa parole, sa sagesse, sa vérité et sa justice, que le cinquième (livre) ait un bon commencement et une bonne fin pour l'utilité du lecteur, par la descente de son Verbe dans son ame [3]. » Et dans le commencement du huitième livre : « Je prie Dieu et son Verbe de venir à mon secours dans le dessein que je me propose de réfuter puissamment les mensonges de Celse : je le prie donc, encore un coup, de me donner un puissant et véritable discours, et son Verbe puissant et fort dans la guerre contre la malice. » C'est ainsi que devoit prier un homme qui écrivoit pour la défense de la religion persécutée. Jésus-Christ a promis à ceux qui parleroient pour elle, une bouche

---

[1] *In Matth.*, cap. XIII. — [2] *Jacob*, 1, 5. — [3] *Contr. Cels.*, lib. IV, in fin., p. 230. — [4] *Ibid.*, p. 380.

et une sagesse à laquelle leurs ennemis ne résisteront pas. C'est cette force que demandoit Origène. C'est Dieu qui envoie du ciel les bonnes pensées dont on compose un bon livre; mais elles viennent inutilement si l'on n'en fait un bon choix, et si l'on ne choisit encore des expressions convenables. Qu'y a-t-il qu'on fasse plus par son libre arbitre, que ce choix des sentimens et des expressions? Et toutefois c'est ce qu'Origène demandoit à Dieu, lorsqu'il demandoit la grace de faire un bon livre, un livre utile et puissant pour convaincre l'erreur. Il demandoit l'application et l'attention nécessaires pour cet ouvrage, quoiqu'il n'y ait rien qui dépende plus du libre arbitre que cela; et dans de semblables ouvrages qu'il se proposoit encore, il se promettoit de ne rien dire que « ce que lui suggéreroit le Père de la vérité [1]. »

Il ne faut pas toujours répéter que c'est l'effet qu'on demande, en demandant de telles graces. Les paroles d'Origène le montrent assez; et c'est pourquoi en général il prouve la grace qui donne l'effet par la conversion actuelle du monde, si soudainement changé par la prédication de l'Evangile, encore qu'elle ne fût soutenue ni par l'art de la rhétorique, ni par la dialectique, ni par aucun artifice de la Grèce [2]. Il infère d'un si grand effet qu'il y avoit dans la parole de Jésus-Christ et des apôtres, « une puissance cachée, une divinité, une vertu, » qui opéroit dans les cœurs un si merveilleux et si soudain « assujettissement » à la vérité : ce qui, dit-il, est l'effet de cette promesse de Jésus-Christ : « Je vous ferai des pêcheurs d'hommes [3], » et il n'a pu l'accomplir que « par une puissance divine, » à laquelle il rapporte aussi cet oracle de David : « Dieu donnera la parole à ceux qui évangélisent avec beaucoup de vertu [4]. »

Et pour montrer l'efficace invincible de la parole et de la grace qui l'accompagnoit, il dit qu'elle est de « nature à n'être pas empêchée, » et c'est pourquoi, continue-t-il, « elle a tout vaincu malgré la résistance universelle des puissances, dans les villes et dans les bourgs, parce qu'elle est plus forte que tous ses adversaires. »

---

[1] *Contr. Cels.*, lib. VIII in fine. — [2] Lib. II, p. 48, 49. — [3] *Matth.*, IV, 19. — [4] *Psal.* LXVII, 12.

Pour prouver la même efficace, il enseigne que Dieu a ouvert dans les hommes, « non les oreilles sensibles; mais, dit-il, ces excellentes oreilles, τὰ κρείττονα ὦτα, que le Sage appelle des *oreilles écoutantes,* » que Dieu donne à qui il lui plaît : *Aurem audientem Dominus fecit* [1] ; « ces oreilles, dit Origène, où est reçue cette voix qui n'est ouïe que de ceux que Dieu veut qui l'entendent. »

Cette voix, continue-t-il, est si efficace, que par elle Jésus-Christ « a surmonté tous les obstacles qu'on opposoit » à sa doctrine; « ce qu'il faisoit pendant sa vie, et ce qu'il fait encore à présent, parce qu'il est la puissance et la sagesse de Dieu [2]. » Et pour montrer qu'il ne faut attribuer qu'à une grace toute-puissante ces effets de la prédication, il compare à Jésus-Christ un Simon et un Dosithée, « qui sont demeurés sans suite et à qui dans toute la terre il n'est resté aucun disciple, encore qu'on ne fût pas obligé de soutenir la mort pour maintenir leur doctrine [3]; » au lieu que les disciples de Jésus-Christ exposés pour soutenir son Evangile aux dernières extrémités, sont demeurés fermes, et sa grace a surmonté tous les obstacles.

Il faut toujours se souvenir que ces obstacles à la doctrine de Jésus-Christ étoient dans le libre arbitre de l'homme, dont il falloit par conséquent qu'il se rendît maître par la puissance de sa grace, et aussi à cause qu'il a voulu que la loi cessât et que l'Evangile fût établi : « La loi a été ôtée entièrement : les chrétiens, malgré tous les obstacles, se sont accrus jusqu'à une si prodigieuse multitude : il leur a donné la confiance de parler sans crainte, παῤῥησίαν : et parce qu'il plaisoit à Dieu que les Gentils profitassent de la prédication, tous les desseins des hommes qui lui résistoient sont demeurés inutiles; et plus les rois se sont efforcés à opprimer les fidèles, plus le nombre s'en est augmenté de jour en jour [4]. »

[1] *Prov.,* xx, 12; *Contr. Cels.,* lib. II, p. 105. — [2] *Contr. Cels.,* lib. II, p. 110. — [3] *Ibid.,* lib. IV, p. 282. — [4] *Ibid.*

CHAPITRE XXVII.

Dieu fait ce qu'il veut dans les bons et dans les mauvais : beau passage d'Origène, pour montrer que Dieu tenoit en bride les persécuteurs.

La puissance de Dieu à régir et à conduire où il veut le libre arbitre de l'homme s'est montrée si grande dans la prédication de l'Evangile, qu'elle agissoit non-seulement sur les chrétiens, mais encore sur les infidèles : « Dieu, dit-il, tient en bride dans les temps qu'il faut les persécuteurs du nom chrétien : *quand il veut,* ils ne font mourir qu'un petit nombre de chrétiens, Dieu ne leur permettant pas d'exterminer entièrement la race fidèle. Car il falloit qu'elle subsistât et qu'elle remplît tout l'univers; et pour donner aux fidèles plus infirmes le temps de respirer, il a dissipé tous les conseils de leurs ennemis : en sorte que ni les rois, ni les gouverneurs des provinces, ni les peuples n'ont pu s'emporter contre eux au delà de ce que Dieu leur permettoit [1]. » C'est pourquoi, ajoute Origène, toutes les fois que le tentateur reçoit par la permission de Dieu la puissance de nous persécuter, nous sommes persécutés, et toutes les fois que Dieu ne veut pas que nous souffrions de tels maux, par une merveille surprenante nous vivons en paix au milieu du monde ennemi, et nous mettons notre confiance en celui qui dit : « Ayez courage, j'ai vaincu le monde [2]. » La suite de ce passage n'est pas moins belle; mais on ne peut pas tout rapporter, et ceci suffit pour démontrer, par un auteur qu'on accuse de trop donner au libre arbitre, que Dieu peut tout pour le contenir et qu'il opère ce qu'il lui plaît, non-seulement dans ses fidèles pour leur faire faire le bien, mais encore dans ses ennemis pour les empêcher de faire le mal qu'ils voudroient.

CHAPITRE XXVIII.

Grande puissance de la doctrine et de la grace de Jésus-Christ, comment démontrée et expliquée par Origène.

Ce docte auteur nous fait voir encore la grande puissance de la

[1] *Contr. Cels.,* lib. III, p. 116. — [2] *Ibid.,* lib. VIII, p. 424; *Joan.* xvi, 33.

doctrine et de la grace de Jésus-Christ, lorsqu'il enseigne que « la prédication prévaudra un jour sur toute la nature raisonnable, et changera l'ame en sa propre perfection; » dont il rend cette raison : « Qu'il n'y a point dans les ames de maladies incurables, ni aucun vice que le Verbe ne puisse guérir; car il n'y a point de malignité ni de mauvaise disposition si puissante en l'homme, que le Verbe ne soit encore plus puissant, en appliquant, à chacun selon qu'il plaît à Dieu, le remède dont l'effet et le succès est d'ôter les vices [1]. »

Ce qu'il y a de plus remarquable dans ce passage, c'est qu'il y fait mention expresse du libre arbitre de l'homme; ce qui ne sert qu'à montrer que lorsqu'il est prévenu de cette manière que Dieu sait, il n'empêche point l'effet de la grace; et comme dit saint Augustin, que lorsque Dieu veut guérir, nul libre arbitre ne lui résiste. Origène n'en a pas dit moins ; et le principe d'où il infère cette conséquence est qu'il y a dans le Verbe une vertu médicinale infinie, « par laquelle il a guéri, dès qu'il a été dans le monde, non-seulement la lèpre vulgaire par un attouchement sensible, mais encore une autre lèpre, » c'est-à-dire celle des vices, « par un attouchement vraiment divin [2], » sans doute aussi efficace et d'un secours aussi infaillible, que celui dont il guérissoit la lèpre du corps.

Il a appliqué aux hommes ce divin remède par la prédication de ses apôtres, dans laquelle il y avoit une « démonstration de la vérité qui leur étoit divinement donnée, et qui les rendoit dignes de croyance par l'esprit et par la puissance qui accompagnoient leur parole. C'est pourquoi elle couroit vite et rapidement, ou plutôt le Verbe de Dieu changeoit par eux plusieurs hommes, qui étoient nés dans le péché et pleins de mauvaises habitudes, que les hommes n'auroient pas changées par quelque supplice que ce fût; mais le Verbe de Dieu les a changées, les formant et les refaisant, ou les refondant selon son bon plaisir [3]. » Voilà encore une fois ce qu'enseigne sur l'efficace de la grace un homme que M. Simon oppose à saint Augustin, comme le défenseur du libre arbitre. Que ce soit lui qui parle ainsi selon son propre sentiment

[1] Orig., lib. VIII, p. 425. — [2] *Ibid.*, lib. I, p. 37. — [3] *Ibid.*, lib. III, p. 152.

ou, comme quelques-uns l'aiment mieux, que ce soit l'esprit de l'Eglise et de la tradition qui l'entraînent pour ainsi parler à dire des choses au-dessus de son propre esprit, la preuve de la vérité n'en est pas moins constante, et peut-être est-elle encore plus forte dans cette dernière présupposition.

CHAPITRE XXIX.

Que cette grace reconnue par Origène est prévenante, et quel rapport elle a avec la prière.

Il ne reste plus qu'à démontrer que cette grace qu'on voit déjà si efficace est encore prévenante; mais c'est de quoi Origène ne nous permet pas de douter, lorsqu'il dit « que la nature humaine n'est pas suffisante à chercher Dieu en quelque façon que ce soit, et à le nommer même, si elle n'est aidée de celui-là même qu'elle cherche ¹. » Nous cherchons donc, mais inutilement, si celui que nous cherchons ne nous aide, c'est-à-dire ne nous cherche le premier; ce qui fait dire au même Origène, dans son livre *de la Prière*, que la grace nous prévient, lorsqu'en étant venu à l'explication de cette demande de l'Oraison Dominicale : « Votre volonté soit faite, en la terre comme au ciel, » il parle ainsi : « Si nous sommes encore terre à cause de nos péchés, nous prions que l'efficace de la divine volonté s'étende jusqu'à nous pour nous corriger, de même qu'elle a prévenu ceux qui avant nous ont été faits et sont ciel (par leur attachement aux choses célestes); que si nous avons déjà (en quelque sorte) cessé d'être terre, et que Dieu nous répute ciel, nous prions que, dans ce qui reste encore de plus mauvais, la volonté de Dieu soit accomplie dans la terre comme dans le ciel, afin que tout ce qu'il y a de terrestre devienne ciel : en sorte que la terre ne soit plus, mais que tout soit ciel en nous ². » On voit donc, non-seulement que la grace fait tout en nous par son efficace, mais encore en particulier qu'elle a prévenu ceux dont les désirs sont déjà attachés au ciel, et qu'elle ne cesse d'opérer qu'ils s'y attachent encore davantage.

Cette force de la grace prévenante paroît encore dans ce bel

---

¹ Orig., lib. VII, p. 360.— ² *Explicat. Orat. Domin.*, n. 15, p. 85.

endroit sur *saint Luc :* « Qui de nous n'a pas été insensé? Et maintenant par la divine miséricorde nous avons l'intelligence et désirons Dieu avec ardeur. Qui de nous n'a pas été incrédule? Et maintenant par Jésus-Christ nous avons et suivons la justice. Qui de nous n'a pas été errant et vagabond? Et maintenant par l'avénement de notre Sauveur nous sommes imperturbables et ne souffrons plus d'agitations, mais nous marchons dans la bonne voie par celui qui dit : «Je suis la voie [1]. » Nous sommes donc prévenus, puisqu'on nous prend dans l'erreur et dans le péché, pour nous transférer à la grace.

Il confirme ce qu'il avance par l'exemple des catéchumènes : « Qui, dit-il, ô catéchumènes, vous a assemblés dans l'Eglise? Qui vous a fait quitter vos maisons pour cette sainte assemblée? Nous n'avons point été vous chercher de porte en porte; mais le Père tout-puissant par sa vertu invisible a excité cette ardeur dans ceux qu'il en a crus dignes, et vous a entraînés ici comme par force, malgré les doutes qui s'élevoient dans vos esprits [2]. »

Il ne faut point s'étonner de ce mot de *dignes;* car nous verrons, et bientôt, et par Origène même, que ceux qui sont *dignes,* c'est Dieu qui les *a faits dignes* auparavant [3], et dès ici, nous voyons que ceux qu'il suppose *dignes* ne l'étoient pas au commencement, puisqu'ils étoient dans l'égarement et dans l'incrédulité.

S'il y a quelque chose en nous par où nous puissions nous rendre dignes de Dieu, c'est sans doute la prière : « Mais, dit Origène, elle n'est point en nous comme de nous-mêmes; c'est le Saint-Esprit qui, voyant que nous ne savons ce que nous devons demander, commence en nous la prière que notre esprit suit : semblable à un maître qui, voulant instruire un enfant, prononce la première lettre qu'il faut répéter après lui. » Ainsi agit ce Maître céleste dans la prière : « il commence et nous suivons : il nous présente les gémissemens par où nous apprenons nous-mêmes à gémir, » et il ne dédaigne pas « d'être notre guide dans le voyage [4]; » c'est-à-dire, bien assurément, que c'est lui qui

[1] Hom. VII, tom. II, p. 138. — [2] *Ibid.* — [3] *Contr. Cels.*, lib. III. — [4] *Ad Rom.*, cap. VIII, lib. VII, p. 370, 371.

marche devant et qui nous conduit, ce qui est aussi ce qu'Origène avoit entrepris de prouver.

Il donne tant à la prière, dans l'endroit où nous avons vu que l'Evangile prévaudra un jour par toute la terre, qu'en invitant les Romains à s'y soumettre, il les assure qu'en le faisant « ils seront victorieux par la prière, et que protégés par la puissance de Dieu, ils n'auront plus de guerre [1] : » ce qui ne se peut, sans que Dieu tourne les cœurs à la paix ; d'où il prend occasion de leur adresser ces paroles : « Vous ne devez pas mépriser la milice des chrétiens qui gardant à Dieu leurs mains pures, combattent par leurs prières contre ceux qui s'opposent aux justes desseins de l'empereur et de ses soldats, afin que Dieu les détruise ; c'est pourquoi, poursuit-il, renversant par nos prières les démons qui émeuvent les guerres et excitent les violateurs des sermens et les perturbateurs de la paix, nous rendons un plus grand service à l'empereur que ceux qui portent les armes sous ses ordres [2]. » Par où il montre toujours que tout cède à la puissance de Dieu qu'on invoque par la prière, puisqu'elle tient en bride les démons, et empêche leurs instigations de prévaloir sur la volonté des hommes.

CHAPITRE XXX.

Prière de saint Grégoire de Nazianze, rapportée par saint Augustin : et celle de Guillaume, abbé de Saint-Arnoul de Metz.

La prière de saint Grégoire de Nazianze, dont je vais parler après saint Augustin, n'est pas une prière directe ; mais elle n'en fait pas voir pour cela moins clairement l'efficace de la prière et de la grace. Ce grand homme parle en cette sorte aux ennemis de la Divinité du Saint-Esprit : « Confessez que la Trinité est d'une seule nature, et nous prierons le Saint-Esprit qu'il vous donne de l'appeler *Dieu*. Il vous le donnera, j'en suis certain ; celui qui vous a donné le premier, vous donnera le second [3]. » S'il vous donne de le croire Dieu, il vous donnera de l'appeler tel ou, comme l'inter-

---

[1] Lib. VIII, p. 424. — [2] *Ibid.*, p. 427. — [3] August., lib. *De don. persev.*, n. 49 ; Greg. Naz., *Orat.* XLIV, p. 710.

prête saint Augustin, « s'il vous donne de le croire, il vous donnera de le confesser [1]. »

Il paroît par ce passage qu'on demande à Dieu la conversion actuelle des hérétiques, et non-seulement le commencement, mais encore la perfection; d'où saint Augustin conclut que ce Père, comme les autres et comme saint Cyprien, a tout donné à la grace.

Pour montrer l'uniformité et la continuité de la doctrine, joignons à ces prières des anciens docteurs de l'Eglise orientale cette prière d'un saint abbé latin du xie siècle : c'est le vénérable Guillaume, abbé de Saint-Arnoul de Metz, dont l'humble et savant P. Mabillon nous a rapporté dans le premier tome de ses *Analectes* cette oraison qu'il faisoit le jour de Saint-Augustin avant la messe : « Je vous prie, Seigneur, de me donner, par les intercessions et les mérites de ce saint, ce que je ne pourrois obtenir par les miens, qui est que sur la divinité et l'humanité de Jésus-Christ, je pense ce qu'il a pensé, je sache ce qu'il a su, j'entende ce qu'il a entendu, je croie ce qu'il a cru, j'aime ce qu'il a aimé, je prêche ce qu'il a prêché. » Et un peu après : « Je vous prie, ne permettez pas que je sois saisi de frayeur au jour de ma mort, mais faites plutôt que je vive de sorte qu'il me soit utile et profitable de désirer d'être dégagé de ce corps mortel, et d'être avec Jésus-Christ. » Et enfin : « Tout est, Seigneur, en votre puissance et personne ne peut résister à votre volonté : si vous vous résolvez de nous sauver, aussitôt nous serons délivrés [2]. » Toutes ces paroles portent et sont prononcées pour expliquer que le fruit que ce saint abbé tiroit de sa dévotion pour saint Augustin, étoit principalement celui de mettre, selon sa doctrine et à son exemple, toute l'espérance de son salut en cette grace qui peut tout et donne tout. Il faudroit transcrire tous les écrits des saints, si l'on vouloit rapporter toutes les prières semblables.

[1] August., lib. *De don.* persev. n. 49. — [2] Mab., *Anal.*, tom. I, p. 281.

CHAPITRE XXXI.

Que saint Augustin prouve par la doctrine précédente que les anciens docteurs ont reconnu la prédestination : ce qu'il répond aux passages où ils l'attribuoient à la prescience.

Saint Augustin, qui a vu dans les anciens docteurs de l'Eglise cette doctrine sur la prévention efficace et toute-puissante de la grace [1] dans chaque action de piété, depuis le commencement jusqu'à la fin de la vie, en a conclu que ces saints, par exemple saint Cyprien, saint Grégoire de Nazianze, saint Ambroise avoient enseigné la même doctrine que lui sur la prédestination : car encore qu'ils ne la nommassent pas dans les passages qu'il en rapportoit, c'étoit assez dans le fond qu'ils reconnussent cette grace qui donnoit l'effet, et non-seulement le commencement, mais encore la persévérance, pour conclure qu'ils donnoient tout à la prédestination dès qu'ils donnoient tout à la grace.

Sur ce fondement il ne s'étonna jamais de ce qu'on lui objectoit des anciens. On lui disoit qu'ils mettoient une prédestination fondée sur la prescience; mais il répondoit que cela étoit très-véritable [2]. Lui-même, dans cette célèbre définition de la prédestination qui n'est ignorée de personne, faisoit marcher la prescience la première : « La prédestination est, disoit-il, la prescience et la préparation des bienfaits de Dieu, par lesquels sont certainement délivrés tous ceux qui le sont [3]. » C'est donc premièrement une prescience, et c'est dans la suite la préparation d'une grace actuellement et certainement délivrante à l'égard de tous les élus. Selon cette définition il n'excluoit pas de la prédestination la prescience de nos bonnes œuvres, pourvu qu'on vît que nos bonnes œuvres étoient aussi celles de Dieu par l'effet certain de la grace qu'il préparoit pour les faire; et c'est pourquoi, en un autre endroit, il enseigne que « prédestiner, » en Dieu, « n'est autre chose que de prévoir ce qu'il veut faire » dans les hommes : ce qui emporte la prescience de leurs bonnes œuvres, mais comme enfermées dans la préparation de sa grace, et en cette qualité œuvres de Dieu de

---

[1] August., *De don. persev.*, cap. XIX, XX. — [2] *Ibid.*, cap. XVIII. — [3] *Ibid.*

la façon particulière qu'on vient d'expliquer. C'est ce qu'il explique encore ailleurs plus clairement par ces mots : « En Dieu prédestiner, dit-il, n'est autre chose que d'avoir disposé ses œuvres futures dans sa prescience, qui ne peut ni se tromper, ni être changée [1]. » Quand il dispose ses œuvres futures, il dispose en même temps les nôtres qui y sont comprises; et ainsi la prescience de nos œuvres, comme opérées de Dieu même par des moyens infaillibles, fait la première partie de la prédestination.

Il prouve même par un passage de saint Paul, que la prédestination est appelée prescience [2] : « Dieu, dit l'Apôtre, n'a pas rejeté son peuple qu'il a connu dans sa prescience [3]. » Saint Augustin démontre par toute la suite que ce peuple prévu de Dieu, est le peuple prédestiné qu'il a prévu qu'il formeroit par l'effet certain de sa grace; et ce Père conclut de là « que si quelques interprètes de l'Ecriture, en parlant de la vocation des élus, l'ont appelée une *prescience*, ils ont entendu par là la prédestination elle-même, et ont mieux aimé se servir du terme de *prescience* parce qu'il étoit plus intelligible, et que d'ailleurs il ne répugnoit pas, mais plutôt qu'il convenoit parfaitement à la doctrine de la prédestination de la grace [4]. »

Voilà donc un beau dénouement de saint Augustin sur la doctrine des anciens. Un grand nombre d'eux, et Clément Alexandrin autant et plus que les autres, ont dit que « la prédestination étoit fondée sur la prescience [5], » et encore sur la prescience de nos bonnes œuvres futures. Si c'est une prescience de nos bonnes œuvres que nous devions faire, sans que Dieu nous y inclinât par des moyens infaillibles, ils sont contraires à saint Augustin; mais si c'est une prescience de nos bonnes œuvres comme faites par des moyens infaillibles préparés de Dieu, c'est précisément et rien plus ce que demande ce Père. Or est-il que visiblement ils entendent que nos bonnes œuvres sont prévues de Dieu comme devant être faites par des moyens infaillibles préparés de Dieu, comme il a été démontré par leurs prières et par celles de l'Eglise; par conséquent la prescience qu'ils ont établie, loin de répugner à saint

---

[1] *De don. persev.*, cap. XVII. — [2] *Ibid.*, cap. XVIII. — [3] *Rom.*, XI, 2. — [4] *De don. persev.*, cap. XVII. — [5] Lib. V *Stromat.*, p. 470.

Augustin et à la prédestination qu'il a établie, y est parfaitement conforme.

CHAPITRE XXXII.

Que la coopération du libre arbitre avec la grace, que demandent les anciens docteurs, n'empêche pas la parfaite conformité de leur doctrine avec celle de saint Augustin.

On objecte qu'ils ont dit souvent, et saint Clément d'Alexandrie entre les autres [1], qu'il falloit coopérer par le libre arbitre avec cette grace, et que comme libres nous devions être sauvés de nous-mêmes. Il est vrai, il l'a dit ainsi dans les endroits mêmes que j'ai cités, et il l'a dû dire; et saint Augustin l'a dit aussi, lorsqu'il répète cent fois que dans les touches les plus efficaces de la grace, c'est à notre propre volonté à consentir ou à ne consentir pas. Mais il a dit en même temps que c'est en cela que paroît la toute-puissance de la grace, qu'elle incline le libre arbitre où il lui plaît en le laissant libre arbitre; ce qu'il prouve principalement par la prière, puisqu'on y demande à Dieu l'effet même du libre arbitre et son exercice comme une chose qu'il doit opérer par des moyens infaillibles. Or est-il que les autres docteurs disent précisément la même chose, et font des prières où ces moyens infaillibles de fléchir les cœurs, que saint Augustin enseignoit, sont expressément contenus, puisqu'ils y sont demandés, comme on l'a vu par tous les exemples des prières tant publiques que particulières, et en dernier lieu par celles de saint Clément d'Alexandrie. Par conséquent ils sont tous d'accord avec saint Augustin, et ce Père a raison de dire que la prière les concilie tous dans une seule et même doctrine.

CHAPITRE XXXIII.

En quel sens on dit que la grace est donnée à ceux qui en sont dignes, et qu'en cela les anciens ne disent rien autre chose que ce qu'a dit saint Augustin.

On objecte enfin que les anciens disent, et saint Clément d'Alexandrie comme les autres, encore dans les endroits que j'ai allé-

[1] Lib. VI, p. 477; lib. VII, p. 519.

gués, que dans la distribution de la grace Dieu la donne à ceux
« qu'il en trouve dignes » ou, ce qui est la même chose, à ceux
« qu'il y trouve propres et disposés à la recevoir [1]; » ce qui semble
dire qu'elle est prévenue par les mérites des hommes, contre la
doctrine expresse de saint Augustin. Mais ce Père a encore dé-
noué cette difficulté. L'inconvénient, dit-il, n'est pas d'assurer
que Dieu donne la grace à ceux qui en sont dignes et qui y sont
propres, mais à ne savoir pas par où ils le sont [2]. Dieu donne la
vie éternelle à ceux qui en sont dignes : cela est certain et de la
foi, car il ne la donne qu'au mérite; mais il reste à examiner qui
les en fait dignes. Si vous dites que c'est une grace si divinement
préparée qu'elle les convertit actuellement, et les rend actuellement féconds en bonnes œuvres, saint Augustin est content et
n'en veut pas davantage. Or est-il, encore une fois, que tous les
docteurs ont reconnu cette grace et l'ont demandée, et chacun en
particulier et tous avec toute l'Eglise, comme on a vu; et saint
Clément d'Alexandrie, qui vient de nous dire que Dieu accorde la
grace à ceux « qu'il y trouve propres et disposés à la recevoir [3], »
nous a dit que cette bonne disposition est une des choses qu'on
demande à Dieu. Origène, son disciple, a enseigné la même doctrine, lorsqu'il dit que Dieu se donne à la vérité à ceux qui « sont
dignes de lui, mais en même temps aussi qu'il les en rend dignes [4]. »
Saint Ephrem dit souvent que Dieu aime ceux qui en sont dignes.
Nous avons vu qu'il dit aussi que c'est la grace qui les en fait
dignes. Ils ne sont pas contraires à saint Augustin, et il a dit avec
eux sans difficulté que Dieu distribue sa grace à ceux qu'il en juge
dignes. « Mais il reste, dit-il, à examiner comment ils en ont été
faits dignes : les uns disent que c'est par leur propre volonté, et
nous disons que c'est par la grace et la prédestination divine [5]. »

C'est ce qu'il dit ailleurs en d'autres termes : « La vie éternelle
est une grace [6], » cela est certain, puisque ce sont là les propres
paroles de saint Paul; mais il ne laisse pas d'être véritable que
Dieu ne la donne qu'à ceux qui la méritent, c'est-à-dire en d'au-

---

[1] Clem. Alexand., *Stromat.*, lib. VII, p. 519, 526.— [2] *De prædest. SS.*, cap. IX, p. 622.— [3] Clem. Alexand., *ibid.*, p. 520.— [4] Lib. III *Contr. Cels.*, p. 141.— [5] *De prædest. SS.*, cap. X.— [6] *Epist. ad Sixt.*, jam cit.

tres paroles à ceux qui en sont dignes. Mais si elle est donnée au mérite, comment donc est-elle une grace, « sinon à cause que les mérites auxquels elle est donnée nous sont eux-mêmes donnés? » Voilà donc comment on est digne ; voilà comment on mérite d'une dignité et d'un mérite qui sont eux-mêmes donnés par celui qui donne tout.

Conformément à cette doctrine l'Eglise dans ses prières, où nous avons vu que sa foi nous est déclarée, n'hésite pas à reconnoître que nous sommes dignes de la grace de Dieu, mais c'est en disant que lui-même nous en rend dignes : « Nous vous prions, Seigneur, que cette hostie salutaire nous fasse dignes de votre protection : » *tuâ nos protectione dignos efficiat*. Ailleurs : « Faites-nous dignes de votre grace, des dons célestes, de la participation de vos saints mystères, etc. Rendez-nous propres à en recevoir l'effet; » etc. Voilà ce qu'on trouve en cent endroits dans les prières de l'Eglise latine. L'Eglise grecque répond à ce sentiment: « Faites-nous dignes, dit-elle, de chanter l'hymne des séraphins, d'approcher de votre autel : faites-nous-y propres [1]. » Et dans la messe de Saint-Jacques : « Faites-nous dignes du sacerdoce, faites-nous dignes de dire : « Notre Père, qui êtes dans les cieux [2], » etc. Dans celle de Saint-Marc, dans celle de Saint-Basile [3], la même chose de mot à mot; et encore : « Rendez-nous propres au sacerdoce : rendez-moi propre à me présenter à votre autel. » Dans celle de Saint-Chrysostome [4], les mêmes paroles; et encore : « Faites-nous dignes de vous offrir ce sacrifice : faites-nous propres à vous invoquer en tout temps et en tout lieu ; » par où l'on demande en termes formels la grace de prier; et enfin : « Nous vous rendons graces de nous avoir faits dignes d'approcher de votre autel [5]. » Nous sommes donc dignes ; mais c'est Dieu qui nous le fait. Je dis plus : « Nous nous faisons dignes, » mais c'est Dieu qui nous accorde la grace de nous faire dignes ; ce que la messe de Saint-Basile explique en cette sorte : « O Dieu qui nous avez remplis des délices (de votre table), accordez-nous que nous nous en rendions dignes [6]. » Il ne faut donc plus opposer l'Eglise grecque à la latine, les Pères grecs à saint Augustin et

[1] P. 3, 11. — [2] P. 31, 38. — [3] P. 56, 46, 47. — [4] P. 72. — [5] P. 78. — [6] P. 58.

aux Latins : les deux églises sont comme deux chœurs parfaitement accordans où, en différent langage, mais avec un même esprit, on célèbre également la prévention et l'efficace de la grace.

CHAPITRE XXXIV.

En quel sens saint Augustin a condamné la proposition de Pélage :
La grace est donnée aux dignes.

Il est vrai que saint Augustin blâme dans la bouche de Pélage cette façon de parler : « La grace est donnée à ceux qui en sont dignes, » comme contraire à la prévention gratuite de la grace ; mais cet hérésiarque avançoit indistinctement la proposition « de toutes les graces : *donare Deum ei qui fuerit dignus omnes gratias :* Dieu donne toutes les graces à celui qui en est digne [1]. » Ce n'étoit pas ainsi qu'il falloit parler. « Le mérite de la volonté précède, dit saint Augustin, quelques dons de Dieu, mais non pas tous [2]. » Ainsi il falloit user de distinction, et non pas insinuer, comme Pélage, *qu'on pouvoit se rendre digne de toutes les graces.* Quand saint Paul dit : « J'ai bien combattu, etc. ; et la couronne de justice m'est réservée, que Dieu, ce juste Juge, me rendra. » — « Sans doute, dit saint Augustin, cette couronne est donnée à un homme qui en étoit digne, et ne pouvoit être donnée (par ce juste Juge) à quelqu'un qui ne le fût pas [3]. » Et encore après : « La récompense étoit due à un apôtre qui en étoit digne [4] : » ce qu'il répète cent fois ; mais pour cela il ne s'ensuit pas que, comme disoit Pélage, *toutes les graces,* ou que la grace indéfiniment et absolument ne fût donnée qu'à ceux qui en étoient dignes, puisque, « s'il y en avoit qui fussent données à ceux qui en étoient dignes, comme la couronne de justice à saint Paul, la grace lui avoit été donnée auparavant, encore qu'il en fût indigne, » lui ayant été donnée pendant qu'il étoit encore persécuteur.

[1] *De gestis Pelag.*, cap. XIV, n. 33. — [2] *Enchirid.*, n. 32. — [3] *Ibid.*, n. 35. — [4] *Ibid.*, n. 36.

CHAPITRE XXXV.

En quel sens on prévient Dieu, et on en est prévenu.

Selon cette règle, il est constant qu'on prévient Dieu par rapport à certaines graces; et ce n'est pas là une question, puisque même le Psalmiste a dit : « Prévenons sa face par une humble confession [1] » de nos péchés ou de ses louanges. Quand on demande, quand on frappe, quand on cherche, selon la parole de Jésus-Christ [2], afin qu'il nous soit donné, qu'il nous soit ouvert, que nous trouvions, il est sans doute qu'on prévient Dieu; mais il n'en est pas moins assuré qu'on en est aussi prévenu. Car premièrement, il ne faut pas croire que Dieu ne donne ses graces qu'à ceux qui l'en prient. Il est libéral par lui-même, dit saint Clément d'Alexandrie [3], et « il prévient les prières. » Or le cas où il les prévient le plus clairement, c'est sans doute lorsqu'il les inspire. La prière est un bien de l'ame, c'est-à-dire « un de ces vrais biens » dont Dieu est l'auteur, selon ce Père, comme on a vu. « La foi même est celle qui prie, » dit-il encore; or c'est Dieu qui donne la foi, et c'est à lui qu'il nous a dit que « nous devions la demander. » Saint Augustin ne parle pas autrement. C'est Dieu, dit encore saint Clément [4], « qui envoie du ciel l'intelligence, que David aussi lui demande, en lui disant : « Je suis votre serviteur, faites que j'entende; » d'où ce Père conclut aussi, que « l'intelligence vient de Dieu [5]. » La foi en vient donc, puisque c'est de la foi que vient toute l'intelligence du chrétien. Enfin nous avons vu dans le même Père qu'on demande à Dieu la justice; or nul ne la demande ni ne la désire que celui qui en a déjà un commencement; mais ce commencement ne lui peut venir que de celui à qui il demande le reste. Ainsi la prière est une preuve que Dieu est auteur de tout bien, et de la prière même dont aussi nous avons vu qu'on attribue à la grace l'effet actuel.

Ainsi à divers égards nous prévenons Dieu, et nous en sommes prévenus. Selon ce que nous sentons, c'est nous qui prévenons

---

[1] *Psal.* xciv, 2. — [2] *Matth.*, vii, 7. — [3] Lib. VI, p. 520, 521. — [4] *Ibid.*, p. 465. — [5] *Ibid.*, p. 499.

Dieu : selon ce que nous enseigne la foi, Dieu nous prévient par ces occultes dispositions qu'il met dans les cœurs. C'est pourquoi les anciens, qui ont précédé saint Augustin, ont raison de dire, tantôt que Dieu nous prévient et tantôt que nous le prévenons; et tout cela n'est autre chose que ce que le même saint Augustin a développé plus distinctement par ces paroles : « Il faut tout donner à Dieu, parce que c'est lui qui prépare la volonté pour lui donner son secours, et qui continue à l'aider encore après l'avoir préparée : *et præparat adjuvandam, et adjuvat præparatam;* car la bonne volonté de l'homme précède plusieurs dons de Dieu, mais non pas tous : et il la faut mettre elle-même parmi les dons qu'elle ne précède pas; car nous lisons l'un et l'autre : *Sa miséricorde nous prévient* [1], et *sa miséricorde me suit* [2]. Il prévient celui qui ne veut pas encore le bien, afin qu'il le veuille, et quand il le veut, Dieu le suit, afin qu'il ne le veuille pas inutilement. Car pourquoi est-ce qu'on nous avertit de prier pour nos ennemis, qui sans doute n'ont pas encore la bonne volonté (puisqu'ils nous haïssent), si ce n'est afin que Dieu commence à l'opérer en eux? Et pourquoi nous avertit-on de demander afin de recevoir, si ce n'est afin qu'en effet Dieu nous donne ce que nous voulons, après nous avoir donné un bon vouloir? Nous prions donc pour nos ennemis, afin que la miséricorde de Dieu les prévienne, comme elle nous a prévenus, et nous prions pour nous-mêmes, qui avons déjà été prévenus, que la miséricorde de Dieu nous suive sans nous abandonner jamais [3]. »

CHAPITRE XXXVI.

Que par les solutions qu'on vient de voir, saint Augustin démontre la parfaite conformité de la doctrine des anciens avec la sienne, qui étoit celle de l'Eglise.

Par ces solides dénouemens de saint Augustin aux passages qu'on lui objectoit des anciens Pères, il concilioit leurs sentimens avec les siens, qui étoient ceux de l'Eglise, et il faisoit voir qu'ils enseignoient la prédestination comme lui [4]. Saint Cyprien l'en-

---

[1] *Psal.* LVIII, 11. — [2] *Psal.* XXII, 6. — [3] *Enchirid.*, cap. XXXII. — [4] *De dono persev.*, cap. XIX.

seignoit, lorsqu'il disoit que « Dieu donnoit le commencement de la foi, qu'il donnoit la persévérance, qu'il lui falloit tout donner et ne nous glorifier de rien du tout, parce que nous n'avions rien à nous¹, » à cause que tout le bien, et celui même que nous faisons, nous venoit de Dieu. Saint Ambroise l'enseignoit, lorsqu'il disoit, « que nous n'avions pas notre cœur ni nos pensées en notre puissance² : que s'il vouloit il feroit dévots les indévots, parce qu'il appelle qui il veut, et qu'il fait religieux qui il lui plaît³. » Le même saint Ambroise n'enseignoit pas moins clairement cette vérité sur ces paroles de saint Luc : *Il m'a semblé bon* (d'écrire l'Evangile), lorsqu'il disoit : « Ce n'étoit point par la volonté humaine qu'il parloit ainsi, mais comme il plaisoit à Jésus-Christ, qui parloit en lui, et qui opère en nous que ce qui est bon en soi nous paroisse tel. Car il appelle ceux pour qui il est touché de compassion. Ainsi celui qui suit Jésus-Christ, lorsqu'on lui demande pourquoi il a voulu être chrétien, peut répondre (comme saint Luc) : Il m'a semblé bon ; et lorsqu'il parle en cette sorte, il ne nie pas qu'il n'ait aussi semblé bon à Dieu, parce que c'est Dieu qui prépare la volonté des hommes, et que c'est une grace de Dieu que Dieu soit honoré par un saint⁴. »

Parmi les Orientaux, saint Grégoire de Nazianze enseignoit encore, dit saint Augustin⁵, cette même vérité de la prédestination et de la grace, lorsqu'il demandoit, ainsi que nous avons vu, pour les ennemis de la Divinité du Saint-Esprit, « qu'ils crussent et qu'ils confessassent la vérité. »

Saint Augustin démontre que ces saints docteurs enseignoient tout ce qu'il faut croire sur la prédestination, et la même chose que lui. C'est ce qu'il prouve en résumant les passages qu'on vient de voir, et en faisant le précis de cette sorte : « Tous ces grands docteurs donnant tout à Dieu, » et disant toutes les choses qu'on vient d'entendre, à savoir « que notre cœur n'est pas en notre puissance, que Dieu fait dévots et religieux qui il lui plaît, » que c'est un effet de sa grace que nous voulions ce qu'il veut, que

---

¹ *De don. persev.*, cap. XIX. — ² Ambr., *De fug. sæc.*, cap. I. — ³ *Id., in Luc*, cap. VII, n. 27. — ⁴ *In Procem.*, August., *ibid.* — ⁵ *Ibid.*, Greg. Naz., Orat. XLIV, *in Pent.*, ci-dessus, cap. XXX.

nous l'honorions, que nous recevions Jésus-Christ, que nous croyions à la Trinité, et que nous confessions notre croyance; tous ces docteurs, dit-il, ont sans doute confessé la grace que je défends; « mais en la confessant, poursuit-il, dira-t-on qu'ils ont nié la prescience que les plus ignorans reconnoissent? Mais s'ils connoissoient que Dieu donne la grace et s'ils ne pouvoient pas ignorer qu'il ne l'eût prévue, et ceux à qui il l'avoit destinée, sans doute ils reconnoissoient la prédestination qui a été prêchée par les apôtres, et que nous défendons avec une attention particulière contre les nouveaux hérétiques. »

Il n'y a rien de plus clair ni de plus démonstratif que cette preuve de saint Augustin; et c'est pourquoi il conclut[1] « que c'est être trop contentieux » que de douter le moins du monde de la prédestination qu'il enseignoit, c'est-à-dire d'une prédestination entièrement gratuite, selon la définition que ce Père en avoit donnée. Car cette prédestination, comme on a vu, n'étant autre chose que « la prescience et la préparation des bienfaits de Dieu, par lesquels sont délivrés très-assurément tous ceux qui le doivent être, » puisque déjà il est certain par la foi que cette suite des bienfaits de Dieu ne peut pas tomber sous le mérite, et qu'il ne reste autre chose que d'en reconnoître la prescience et la préparation dans l'éternité, sur laquelle il n'y a aucune dispute, il s'ensuit que la querelle qu'on peut faire à saint Augustin n'est que chicane; et que sur le seul fondement des prières ecclésiastiques, sans encore entamer les autres preuves, la doctrine de ce saint, qu'on vient d'exposer sur l'efficace de la grace et la prédestination gratuite, non-seulement est incontestable en elle-même, mais encore évidemment et inévitablement établie du commun accord de l'Orient et de l'Occident, qui est ce qu'il falloit démontrer.

[1] *De don. persev.*, cap. XXI, n. 56.

LIVRE XIII.

OU EST TRAITÉ CE PRINCIPE DE SAINT AUGUSTIN, QUE LA GRACE N'EST PAS DONNÉE SELON LES MÉRITES.

CHAPITRE PREMIER.

Remarques préliminaires : le principe enseigné par saint Augustin de la grâce de prédilection et de préférence gratuite, est un peu obscurci par la doctrine de la grâce de congruité ou de convenance.

Pour entendre à fond la doctrine de saint Augustin, qui est en ce point celle de toute l'Eglise, il en faut venir au principe fondamental d'où dérive et où aboutit toute la théologie de ce Père, qui est que « la grâce n'est pas donnée selon les mérites, *gratiam Dei non secundùm merita nostra dari.* »

Quoique la doctrine précédente soit un des fondemens de la foi et qu'elle ait toujours été très-clairement soutenue par les docteurs les plus éminens de l'Ecole, il faut néanmoins avouer qu'elle y avoit été un peu obscurcie dans les deux ou trois derniers siècles, et jusqu'au concile de Trente. La source de l'erreur venoit de ce principe qu'on avoit introduit : « *Facienti quod in se est Deus non denegat gratiam :* Dieu ne dénie point la grâce à celui qui fait ce qu'il peut. » Car on l'entendoit assez communément non pas de celui qui fait ce qu'il peut par la grâce, ce qui, comme on a vu, est très-véritable, mais de celui qui fait ce qu'il peut, même par la nature; et on s'étoit imaginé une certaine proportion de *congruité* ou de *convenance* entre l'une et l'autre, qui faisoit juger convenable, *congruum*, que Dieu accordât sa grâce à celui qui faisoit tout ce qu'il pouvoit par les forces de la nature. C'est à peu près en ces termes que s'en explique Durand de Saint-Portien, élève de l'Ordre des frères prêcheurs à l'évêché de Meaux; homme d'esprit sans difficulté, mais qui, de l'aveu commun de tous les docteurs, donnoit trop au raisonnement et à la nature, comme il paroît par l'opinion sur le concours rejetée de toute l'Ecole, et qui se faisoit un plaisir de contredire saint Thomas, quoiqu'il fût le docteur de son Ordre; ce qui a beaucoup affoibli son autorité non-seulement dans sa Compagnie, mais encore dans toute l'Eglise.

Il faut pourtant avouer qu'en ce point il étoit d'accord avec une grande partie des scolastiques jusqu'au concile de Trente, et que même depuis ce concile il y a eu encore un foible parti qui a soutenu la maxime. Voici donc comme Molina, qui semble dans ces derniers temps en être le chef, explique la chose dans son livre de la *Concorde:* « Il faut, dit-il, ajouter aux deux disputes précédentes que, toutes les fois que le libre arbitre tâche par ses forces naturelles, ou qu'il est prêt à faire tout ce qu'il peut de lui-même, tant pour apprendre et embrasser ce qui regarde la foi, que pour la douleur de ses péchés et sa justification, Dieu lui confère la grâce prévenante et les secours pour faire ces choses ainsi qu'il le faut pour son salut [1]. Non qu'il soit rendu digne par un tel effort de recevoir de tels secours, ou qu'il les mérite en aucune sorte, mais parce que Jésus-Christ nous a obtenu cela par ses mérites; et parce que, parmi les lois que lui et le Père éternel ont établies sur la distribution gratuite des secours et des dons que le même Jésus-Christ nous a mérités, celle-ci en a été une des plus convenables à la raison, que toutes les fois que par nos forces naturelles nous tâcherions de faire ce qui est en nous, les secours de la grâce par lesquels nous ferions ces choses comme il faut pour le salut, nous seroient présens, *præsto nobis essent*, afin que par ce moyen notre salut fût toujours en notre main et qu'il ne tînt qu'à nous de nous convertir à Dieu. » Ce qu'il tâche ensuite de prouver par ces paroles de saint Ambroise sur ce passage de l'Epître à Timothée: « *Dieu veut que tous les hommes soient sauvés*, mais, dit-il, à condition qu'ils s'approcheront de lui, » etc.; et par celles d'Œcuménius sur le même endroit. Il allègue aussi saint Thomas, dans sa *Somme aux gentils*, que « Dieu, autant qu'il est en lui, est prêt à donner sa grâce à tous les hommes [2]; » ce qu'il conclut en disant que, « comme Dieu prévoit ce que tous ceux qui écoutent l'Evangile tâcheront de faire ou de ne faire pas par leurs propres forces na-

[1] *Concord. lib. arb.*, quæst. XIV, art. XIII, disp. 11. — [2] Cap. CLIX, disp. 2, p. 52.

turelles, c'est assez pour rendre inexcusables ceux qui n'ont pas prêté leur consentement surnaturel à la foi, que Dieu soit prêt, *præsto*, à les prévenir au même instant qu'il prévoit qu'ils feroient effort de croire par leurs propres forces naturelles. »

Telle est la doctrine de Molina, qui en cela est abandonné par la plupart des docteurs de sa Compagnie, comme dans ce qu'il enseigne que « le libre arbitre peut, avec le concours général de Dieu, produire un consentement à la foi selon la seule substance de l'acte et purement naturel [1]. »

Il ajoute « qu'après ce qu'il a dit de la production de l'acte de foi selon la substance de l'acte, il n'y a point de difficulté sur l'espérance [2]. » Et conclut de même, quoiqu'avec un peu plus d'ambiguïté et par un plus long circuit, que « avec ce seul concours général, on peut produire par son libre arbitre l'attrition et la contrition selon la substance de l'acte [3]. » Ce qu'il finit en répondant, autant qu'il peut, à toutes les objections qu'on oppose à cette doctrine ; en quoi il est réfuté par Vasquez, par Suarez et par les autres savans auteurs de sa Compagnie.

En tout cela, il prétend suivre le commun sentiment des scolastiques ; et encore que Suarez et Vasquez prennent soin d'en excuser la plupart, il faut avouer de bonne foi qu'il y en a quelques-uns qu'il est malaisé de défendre.

---

[1] Cap. CLIX, disp. 7, p. 29, 30. — [2] *Ibid.*, disp. 13, p. 62. — [3] *Ibid.*, disp. 14, p. 62 et seq.

CHAPITRE II.

La grâce de prédilection et de préférence, qu'on explique son efficacité soit par la prémotion physique, soit par la prémotion morale, soit par la science moyenne, n'est pas incompatible, comme le prétend M. Simon, avec la volonté générale en Dieu et en Jésus-Christ de sauver et de racheter tous les hommes.

M. Simon s'est imaginé qu'il détruiroit cette grâce de prédilection et de préférence, que l'Ecole nomme *efficace*, et que saint Augustin a défendue contre les pélagiens et les semi-pélagiens tant pour commencer que pour mener à sa fin l'œuvre du salut, par la volonté générale en Dieu et en Jésus-Christ de sauver tout le genre humain, qu'il trouve dans les autres Pères. Où il suppose deux choses : la première, que cette grâce de prédilection est incompatible avec cette volonté générale; la seconde, que c'est aussi pour cette raison que saint Augustin, qui soutient l'une, s'est distingué de tous les Pères, ses prédécesseurs, en excluant l'autre. Mais j'oppose à cette doctrine téméraire deux faits constans : l'un que l'Ecole, loin d'opposer l'efficace de la grâce et la prédilection gratuite avec laquelle elle est donnée, à la volonté générale de sauver tous les hommes, les concilie ensemble; l'autre, qu'elle concilie pareillement saint Augustin avec tous les autres Pères ; en sorte qu'il n'y a rien de plus contraire à l'esprit de toute l'Ecole, non plus qu'à celui de toute l'Eglise, que d'entreprendre de les commettre.

Quant au premier point où M. Simon fait marcher l'une contre l'autre, comme deux ennemies irréconciliables, la grâce efficace qui est une grâce de prédilection, et la volonté générale de sauver les hommes, il en est démenti par toute l'Ecole. Et d'abord il en peut apprendre le sentiment par ce seul passage du cardinal Duperron: « Le don de continence dont parle saint Paul, n'est pas la possibilité de se contenir, laquelle appartient à la grâce générale que les scolastiques appellent *suffisante*, et est commune à tous les hommes ; autrement les actes d'incontinence ne seroient point si inexcusables et ne seroient point péchés, étant commis par des personnes qui n'eussent point pouvoir de ne les commettre pas. Mais il entend par le don de continence, l'acte de se contenir, qui appartient à la grâce efficace, laquelle non-seulement fait pouvoir faire, mais aussi fait faire [1]. » Où il faut faire cinq observations décisives en cette matière.

La première, que la distinction de ce savant Cardinal entre la grâce suffisante et efficace ne dépend pas seulement de l'événement, en sorte que la même grâce qui est suffisante devienne efficace par le seul consentement du libre arbitre; mais que ces grâces sont distinguées chacune par son caractère, le propre de l'une étant qu'elle donne la simple *possibilité* et fasse seulement *pouvoir faire;* au lieu que le propre de l'autre est que non-seulement elle *fasse pouvoir faire,* mais aussi qu'elle *fasse faire,* qui est aussi, en passant, le vrai caractère que saint Augustin donne à la grâce efficace.

La seconde observation sur les paroles de ce Cardinal, est que cette dernière espèce de grâce, c'est-à-dire la grâce efficace et qui *fait faire* à ceux qui font constamment, n'est pas donnée à tous les hommes, puisque tous les hommes ne font pas. C'est donc une grâce de distinction, autrement une grâce de prédilection et de préférence, laquelle aussi dans le discours du cardinal Duperron est opposée à la suffisante, en ce que la suffisante est appelée *grâce générale et commune à tous les hommes:* ce qu'il ne dit pas, et visiblement qu'il ne peut pas dire de l'autre.

La troisième, que cette grâce qui fait faire à ceux qui font, faisant aussi persévérer ceux qui persévèrent, sauve aussi finalement ceux qui sont sauvés. D'où s'ensuit

La quatrième observation, qu'il y a donc une grâce de distinction, qui est une suite de la volonté particulière de sanctifier et de sauver efficacement quelques hommes, très-compatible avec la grace commune, qui vient de la volonté générale de les sauver tous.

Et la cinquième, qui est ici la plus importante, que cette distinction est attribuée en général aux scolastiques, c'est-à-dire qu'elle est reconnue pour être de toute l'Ecole, ce Cardinal ayant

---

[1] *Répl.,* liv. II, 3ᵉ observ., chap. XII, p. 688.

pris en habile controversiste ce qui est commun à toute l'Ecole, qui est d'enseigner une grâce qui donne le pouvoir et une autre qui donne l'effet actuellement, sans entrer dans les moyens dont cela se fait, parce que l'Ecole se divisant en cet endroit-là, un homme qui disputoit contre les ennemis de l'Eglise ne devoit leur opposer que ce dont on est d'accord parmi nos docteurs. D'où il s'ensuit qu'il reconnoît la doctrine qui concilie la volonté générale de sauver les hommes, avec la grâce de distinction et de préférence, comme la doctrine commune de l'Ecole ; à quoi il faut ajouter qu'il reconnoît en particulier ce qui regarde la grâce efficace comme venant de saint Paul.

Il resteroit à M. Simon de dire que ce Cardinal n'a pas su les sentimens de l'Ecole, dont il se pare en cet endroit; mais il ne pouvoit pas montrer plus clairement son ignorance. En effet il y a trois sentimens sur l'efficace de la grâce : le premier de ceux des thomistes qui la constituent dans la prémotion ou prédétermination physique; le second de ceux qui la mettent dans une espèce de prémotion ou détermination morale, sans y ajouter autre chose; et le troisième de ceux qui, sans rejeter ces déterminations morales, prétendent premièrement qu'elles ne sont pas nécessaires pour l'efficace de la grâce, et secondement qu'il n'est pas possible de l'établir solidement sur une autre présupposition que celle de la science conditionnelle.

Voilà les trois explications que l'Ecole apporte de l'efficace de la grâce. Or est-il que dans toutes les trois, la grâce de distinction et de préférence est également reconnue et conciliée avec la volonté générale de sauver les hommes; la preuve en sera aisée en les parcourant.

Celle qui semble le plus opposée à la volonté générale, est celle des prédéterminans ou des thomistes, défenseurs de la prémotion ou prédétermination physique. Mais pour voir qu'elle concilie la grâce de distinction, qui selon eux est la grâce prédéterminante, avec la volonté générale de sauver les hommes et une grâce suffisante et commune à tous, il ne faut qu'entendre Alvarez, le plus zélé défenseur de cette grâce. Et sur cela voici d'abord deux conclusions de ce docteur ; *Première conclusion :* « Si l'on parle des secours extérieurs, comme sont la rédemption de Jésus-Christ, ses sacremens, ses miracles, etc., Dieu donne à tous des secours suffisans pour le salut; il les propose et les offre à tous autant qu'il est en lui, quoiqu'en effet quelques-uns ne les reçoivent pas[1]. » *Deuxième conclusion :* « Dieu donne en temps et lieu un secours surnaturel intérieur et suffisant pour accomplir les préceptes de la loi naturelle, lesquels, supposé le péché originel, on ne peut accomplir par les seules forces de la nature. » Dans *la troisième conclusion*, où il s'agit « du secours suffisant surnaturel et intérieur pour produire les actes surnaturels, » il ajoute que « tous ceux qui viennent à l'âge de raison reçoivent médiatement ou immédiatement, en temps et lieu, un secours suffisant de cette sorte[2]. » Ce qu'il prouve par deux passages de saint Thomas, d'où il conclut dans la suite que « toutes les fois qu'on est privé du secours de Dieu, c'est toujours en punition d'un péché précédent, du moins de l'originel[3]. » Ces passages qu'il allègue de saint Thomas sont premièrement celui où ce saint docteur parle en ces termes : « Parce qu'il est au pouvoir du libre arbitre d'empêcher ou n'empêcher pas la réception de la grâce, on a raison d'imputer à faute l'empêchement qu'on y met : car, poursuit ce saint docteur, Dieu, autant qu'il est en lui, est disposé à donner la grâce à tous les hommes, car il veut que tous les hommes soient sauvés, comme il est dit I *Tim.* I, 1. Mais ceux-là seuls sont privés de la grâce, qui y mettent en eux-mêmes un empêchement : de même que lorsque le soleil illumine le monde, on impute à la faute de celui qui ferme les yeux le mal qui lui en arrive[4]. » L'autre passage de saint Thomas allégué par Alvarez, est celui de son commentaire sur ces paroles de saint Paul : « Dieu veut que tous les hommes soient sauvés; » où ce saint docteur établit encore la volonté générale. Alvarez infère de là une grâce suffisante préparée à tous; et dans la réponse au premier argument il répète encore que « Dieu, autant qu'il est en lui, donne à tous un secours suffisant et même efficace pour le salut et pour toute opération de piété, parce qu'il ne tient pas à lui que les hommes ne le reçoivent[5]. »

[1] Lib. XI *De Auxil.*, disp. CXI, n. 5. — [2] *Ibid.*, n. 7. — [3] *Ibid.*, disp. CXIII, n. 8. — [4] Lib. III *Contra Gentes*, cap CLIX. — [5] *Ibid.*, n. 10.

Dans la personne de ce seul thomiste on entend tous les autres, qu'il rapporte aussi pour son sentiment avec saint Thomas, leur commun maître; et on voit que, même dans la présupposition de la grâce prédéterminante, on conserve la nécessité d'admettre en Dieu et en Jésus-Christ une volonté générale de sauver les hommes, dont l'effet, selon ce docteur, est de donner à tous les adultes une grâce suffisante pour le salut.

Pour la seconde explication de l'efficace de la grâce, je nommerai M. Isambert, professeur fameux de nos jours dans la Sorbonne; et en voici la doctrine, qui n'est pas suspecte aux plus zélés défenseurs de la grâce générale [1], puisque non-seulement il n'oublie rien pour l'établir, mais encore qu'il en pousse la conséquence jusqu'à enseigner la prédestination à la gloire dépendamment de la prévision des mérites : « Dieu, dit-il, par sa science de simple intelligence, pénètre toutes les volontés des créatures possibles, ensemble tous les moyens possibles pour parvenir à quelque fin que ce soit, leur vertu et le degré de leur efficace. Tous ces moyens sont soumis à sa volonté toute-puissante; en cette sorte il pourra prédéfinir quelque bonne action de la volonté, non en prédéterminant physiquement la volonté; mais il suffit que, parmi toutes les grâces actuelles, il donne celle qu'il sait être la plus puissante et la plus convenable à vaincre notre volonté obstinée, et que par la douceur et la suavité de cette grâce, il l'attire de telle sorte à donner son consentement, qu'encore qu'absolument parlant elle puisse le refuser, toutefois et en effet, étant attirée de cette sorte, son consentement soit inévitable, *consentiat indeclinabiliter* [2]. »

Pour assurer la certitude infaillible de cet effet, il joint à la douceur intérieure de cette grâce une protection intérieure et extérieure, « pour fortifier la volonté dans les tentations et pour détourner les occasions du péché; » d'où il arrive qu'encore que la volonté « puisse empêcher l'effet de la grâce, » dans le fait « elle ne l'empêche jamais. » Ce qu'il explique encore plus précisément par ces paroles : « La singulière efficace de la grâce prévenante consiste précisément et formellement dans une convenance et con-

---

[1] Iª IIæ, *Quæst.* CXII, disp. III, art. 3, 4, 5; disp. IV, art. 3, 5, 8. — [2] *Ibid.*, quæst. III, disp. VII, art. 10 et seq.

températion particulière, *in speciali aptatione et contemperatione*, avec la volonté de celui qui est appelé et avec les circonstances de sa vocation et le soin particulier d'éloigner les empêchemens par la grâce de la protection extérieure de Dieu. Par laquelle convenance et contempération, *quâ aptatione et contemperatione*, la grâce de la vocation a la puissance de conduire invinciblement et inévitablement la volonté à donner à Dieu, qui l'appelle ainsi, le consentement qu'il lui demande [1]. » Il ajoute que cette efficace consiste dans des inductions, délectations, terreurs et autres affections, *suasionibus, delectationibus, terroribus vel aliis ejusmodi affectionibus;* et confirme toute sa doctrine par des passages célèbres de saint Augustin, tirés des livres *à Simplicien*, que nous rapporterons ailleurs [2].

Par ce moyen il conclut que, pour établir la vertu toute-puissante de la grâce, on n'a besoin ni de la prédétermination physique, ni de la science moyenne ou conditionnelle, mais seulement de cette science par laquelle Dieu connoît « par une parfaite compréhension de la vertu de sa grâce, de sa propre toute-puissance, de l'efficace souveraine de sa volonté et du domaine suprême qu'il a sur toutes les volontés créées pour les tirer où il lui plaît, sans blesser leur libre arbitre, par la suavité de l'objet et par une délectation victorieuse de tous les obstacles [3]. » Ce qui emporte précisément la grâce de distinction et de préférence dont il s'agit.

Un savant théologien de la Compagnie de Jésus (c'est Henriquez) avait déjà enseigné la même chose en disant que, dans un premier moment après la punition du péché d'Adam, Dieu veut sauver tous les hommes et leur prépare des moyens suffisans [4]; que, dans un second moment, il laisse beaucoup d'hommes avec les secours communs de sa providence et prévoit qu'ainsi délaissés, ils se damneront ; que, dans un troisième moment, sans qu'il soit besoin de la science conditionnelle de Molina, que les Pères et les anciens théologiens ne connoissoient pas, il en prédestine quelques-uns qui périroient avec des secours communs : « Car il sait, dit-il, préparer la volonté et la munir de tant et de si puissans secours,

---

[1] *Ibid.*, disp. VIII, art. 1.— [2] Lib. I *ad Simp.*, quæst. II, n. 13.— [3] *Ibid.*, disp. VIII, art. 4; disp. IX, art. 1, 2. — [4] Lib. *De Fine hom.*, cap. IV, V, VI, XIII, XIV.

avec un si grand concours des causes et conditions nécessaires, qu'il est infaillible à sa science que l'effet prédéfini et le libre consentement de notre volonté s'en ensuivra infailliblement[1]. » Ce qu'il confirme par tous les passages de saint Augustin dans le livre *à Simplicien*, où il attribue l'effet certain de sa vocation « à la convenance du secours accommodé aux dispositions de la volonté. » D'où il infère que, même en présupposant que « le secours soit égal en soi, celui qui y aura coopéré aura eu moralement un secours plus grand par le concours des autres causes ou par la représentation plus énergique de l'objet à la volonté déjà préparée, ou enfin en éloignant les obstacles : en sorte que le défaut d'une cause soit suppléé par les autres, étant infaillible que toutes ne manqueront pas, selon cette parole d'Isaïe : Le Seigneur attend pour avoir pitié de nous[2]. C'est-à-dire qu'il prend le temps et l'occasion convenable où il sait que l'homme excité obéira à la vocation, parce qu'il connoît le penchant de nos volontés et toutes les inclinations de cet homme, et le nombre comme la force des instigations par lesquelles il sera efficacement excité et infailliblement ému : « Car, ajoute-t-il, il n'emporte pas la volonté par un seul coup, encore qu'il le puisse ; mais il revient une fois, deux fois, sept fois en sorte que toutes ces impulsions, selon l'intention de Dieu, ne fassent moralement qu'un seul et même secours efficace qui emporte à la fin l'effet désiré[3]. » D'où il conclut qu'il « n'est pas si difficile qu'il semble de concevoir cet effet, » Dieu tempérant tellement la force de son concours, que l'homme agira aussi infailliblement que librement, à cause, comme il l'a dit et qu'il le répète encore, « qu'une cause suppléera au défaut de l'autre[4]. » On voit donc, en toutes manières, la volonté générale et les secours suffisans conciliés avec la grâce de distinction, et l'extrême témérité de M. Simon, qui débite comme certaine l'incompatibilité de ces deux choses.

Que s'il met sa confiance dans les défenseurs de la science moyenne, qui fait dépendre en un certain sens l'efficace du secours divin du consentement futur de la volonté, il montrera qu'il ne les

---

[1] Lib. *De Fine hom.*, cap. IV. — [2] *Isa.*, XXX, 18. — [3] *De Fine hom.*, cap. XIX. — [4] *Ibid.*, cap. VI.

entend pas, et leur sentiment sera celui qui achèvera de confondre sa témérité. Car le cardinal Bellarmin, qui raisonne par mêmes principes que ces auteurs, puisqu'après avoir rejeté expressément la prédétermination physique [1], il suppose partout avec eux la doctrine qui fonde l'efficace de la grâce sur la prescience conditionnelle de Dieu [2], ne laisse pas d'établir sur ce fondement les propositions suivantes, où la grâce générale est conciliée avec la grâce de distinction et de préférence.

Cinquième proposition (car nous omettons les quatre autres qui ne font rien à notre sujet) : « Dieu donne à tous en temps et lieu un secours suffisant pour le salut. » A cette proposition qui, comme on voit, lui est commune avec Alvarez, il en ajoute deux autres qui étendent encore plus loin la volonté générale. *Sixième proposition :* « Quoique le secours suffisant et nécessaire pour se relever du péché ne manque à personne en temps et lieu, il n'est pas toutefois présent à chaque moment [3]. » *Septième proposition :* « Il est donné à tous et en tout temps par la divine bonté un secours suffisant, médiat ou immédiat, pour éviter le péché. » Quoique ce savant Cardinal établisse de cette sorte et la volonté générale, et le secours suffisant donné à tous de la manière la plus étendue, loin de croire que cette doctrine soit un obstacle à la préférence gratuite envers les élus, il établit comme de foi sa *huitième proposition* en ces termes : « Quoique la grâce suffisante soit donnée à tous, toutefois on ne peut apporter de notre côté aucune raison de la prédestination [4]. » Ce qu'il explique en présupposant la définition de la prédestination de saint Augustin que nous avons souvent rapportée, que « la prédestination est la prescience et la préparation des bienfaits de Dieu, par lesquels sont certainement délivrés tous ceux qui le sont. » A quoi il ajoute une autre définition « plus ample et plus pleine, » dit-il, qu'il tire de la doctrine du même saint : « La prédestination est la providence de Dieu, par laquelle certains hommes miséricordieusement tirés de la masse de perdition, sont conduits par des moyens infaillibles à la vie éternelle. » Ces *certains hommes* ainsi tirés de la masse de

---

[1] Lib. I *De Gratiâ et liber. arb.*, cap. III. — [2] *Ibid.*, lib. IV, cap. XV, XVI. — [3] *Ibid.*, cap. VI. — [4] *Ibid.*, cap. IX.

corruption et conduits par des moyens infaillibles à la vie éternelle, ne sont autres que tous les élus, tant parmi les anges que parmi les hommes [1]; et il établit cette doctrine par les Ecritures et par la tradition constante de toute l'Eglise [2]. D'où il conclut, comme on a vu plusieurs fois, que « ce n'est pas une opinion seulement de quelques docteurs, mais la foi de l'Eglise catholique; » ce qu'il promet de « démontrer encore plus évidemment » dans les chapitres suivans, où il en donne plusieurs raisons déduites des Ecritures ; et pousse la chose jusqu'à assurer que non-seulement l'élection à la grâce efficace, mais encore l'élection à la gloire est *purement gratuite* [3] et indépendante de toute prévision des mérites [4], sur ce fondement des thomistes que « les moyens ne pouvant être désirés que pour la fin, Dieu n'a pu vouloir donner aux hommes des moyens infaillibles pour leur salut sans avoir voulu auparavant leur donner le salut même [5]. » Raison qu'il étend aussi à la prédestination gratuite des saints anges, comme on le peut voir très-clairement expliqué dans un chapitre exprès [6].

Sur la présupposition des mêmes principes, mais plus amplement déduits, Suarez, qui ne reconnoît aucun décret ni aucune action de Dieu sur le libre arbitre que dépendamment du consentement futur prévu sous condition par la science moyenne ou conditionnelle, quoique, selon cette doctrine, on pourroit penser que le discernement des élus d'avec les autres viendroit de là, il établit sur cette science ses prédéfinitions absolues, c'est-à-dire, ainsi qu'il les définit, « des décrets antécédens à la prescience des actes futurs par lesquels, avant que Dieu ait prévu que Pierre aura un acte de contrition, il décerne absolument qu'il l'aura, et pour cela il ordonne les moyens par où il arrive qu'il le fasse [7]. »

Il entreprend donc de prouver qu'il seroit indigne de Dieu et contraire à l'Ecriture et à saint Augustin, de rejeter de telles prédéfinitions [8], et qu'elles s'accordent parfaitement avec le libre arbitre ; et en dernier lieu que le décret de donner la gloire éternelle, qui est la fin que Dieu se propose lorsqu'il donne les grâces

---

[1] *De Gratiâ et liber. arb.*, cap. XVII. — [2] *Ibid.*, cap. XI. — [3] *Ibid.*, cap. XV. — [4] *Ibid.*, cap. XVII. — [5] *Ibid.*, cap. XV. — [6] *Ibid.*, cap. XVII. — [7] Opusc. lib. I *De Conc. et effic.*, cap. XVI, n. 2, p. 50. — [8] *Ibid.*, n. 5 et seq.

efficaces, est antécédent au décret de les donner et à toute prévision de nos mérites[1]. Ce qu'il prouve, dans cet opuscule, par tous les moyens par lesquels on peut prouver une proposition théologique, ainsi qu'il a fait encore plus amplement dans la première partie et en traitant des attributs.

Tout cela donc a sa source, selon lui, dans « un amour particulier, dans un décret spécial de Dieu [2], dans une bienveillance particulière, selon son éternelle et spéciale volonté [3], » qui est selon lui la volonté de donner la gloire, dans laquelle sont renfermés tous les moyens par où l'on arrive infailliblement à cette fin. D'où il s'ensuit qu'il n'y auroit point d'illusion pareille à celle de faire détruire aux défenseurs de la science moyenne la grâce de distinction et de préférence, puisqu'on la voit poussée dans leurs écrits jusqu'aux conséquences où elle paroît davantage.

Et il est aisé de l'entendre, puisque, bien loin d'employer leur science conditionnelle contre la prédestination et l'efficace de la grâce, ils ne la produisent au contraire que dans le dessein de les affermir par des principes plus sûrs que ne font les autres docteurs : ce qu'ils prouvent en particulier, en attaquant ceux qui attribuent l'efficace de la grâce à ces déterminations morales qu'on vient de voir dans Henriquez et dans Isambert. Car, encore que les défenseurs de la science moyenne rejettent ces sortes de persuasions et déterminations morales, comme on le peut voir dans Suarez [4], ils prétendent néanmoins qu'en demeurant là, elles ne peuvent donner à la grâce toute l'infaillibilité et toute la certitude qu'elle doit avoir, puisqu'elles ne peuvent lui donner qu'une infaillibilité et une certitude morale. Or est-il, dit Suarez, qu'une certitude de cette nature ne suffit pas pour Dieu, dont les décrets doivent être fondés sur une certitude exacte, absolue, et, comme il parle, *métaphysique* [5] *:* « en sorte, dit-il, que son jugement soit non-seulement véritable, mais encore tel qu'il implique contradiction qu'il ne le soit pas. » Et c'est, poursuit-il, ce qui ne se peut que par la science conditionnelle : car vous avez beau donner à la grâce et à

---

[1] Opusc. lib. III *De Conc. et effic.*, cap. xvi, n. 13 et seq. — [2] *Ibid.*, cap. xv, n. 17. — [3] *Ibid.*, cap. xvi, n 17. — [4] Eod. opusc., lib. III, cap. x. — [5] *Ibid.*, n. 5 et seq.

ses douces persuasions tout l'attrait possible, quelque puissante et quelque victorieuse que vous la fassiez, « le libre arbitre, dit Suarez, le libre arbitre la pourra toujours rejeter, et la grâce par conséquent ne pourra jamais parvenir à une entière infaillibilité, ni à la certitude qu'il lui faut. » Mais si vous présupposez que par la hauteur de sa profonde « sagesse » et, comme parle Molina, par la « pleine compréhension [1] » de ce qui résulteroit de bien ou de mal du libre arbitre de l'homme, dans quelqu'ordre de choses où Dieu le mettroit, et quelles que fussent les circonstances où il lui pourroit donner sa grâce, il connoît parfaitement le succès bon ou mauvais de tous les moyens qu'il peut mettre en usage pour le convertir; il n'aura qu'à faire le choix de ceux que sa prescience, qui ne se trompe jamais, lui montrera devoir être très-certainement suivis du libre consentement, et par là il parviendra infailliblement et avec une certitude absolue et métaphysique à s'assurer tout le bon effet qu'il lui plaira d'en tirer. Or est-il qu'il ne peut savoir ce bon ou mauvais succès de la grâce, dans quelque ordre de cause où il mette l'homme et quelles que soient les circonstances où il daignera l'appeler à lui, que par la science moyenne et conditionnelle, puisque c'est là sa définition et son effet. C'est donc par cette science, et non autrement, qu'il pourra enfin parvenir à la certitude absolue et métaphysique, sur laquelle seule il peut fonder l'immobilité de ses conseils sur la préférence qu'il veut donner à ses élus.

Tous ceux qui ont lu les savans auteurs jésuites qui ont écrit sur cette matière, savent que c'est là bien constamment leur doctrine; et c'est en cela qu'ils mettent la *convenance*, la *proportion*, la *congruité* et la *contempération* de la grâce qui, selon saint Augustin en tant d'endroits, en fait l'efficace; en sorte que, qui a la grâce avec cette contempération, fait toujours le bien; et qui ne l'a pas, ce qui dépend absolument et uniquement de Dieu, ne le fait jamais.

Je n'ai pas besoin d'examiner le fort ou le foible de cette doctrine, ni en quoi elle est conforme ou contraire à saint Augus-

---

[1] Pag. 329, 331, 455, etc.

tin ; et ici il me suffit d'avoir démontré qu'elle est posée pour établir invinciblement la grâce de distinction et de préférence. Ce que Molina confirme en disant qu'il « n'y a point et n'y peut avoir aucune raison du côté de l'homme pourquoi Dieu choisisse cet ordre des choses et ces secours, par où il connoît qu'un sera sauvé plutôt que les autres [1] ; » et que la « seule raison que l'on en peut rendre est la liberté de Dieu, par laquelle il distribue ses dons de cette façon plutôt que d'une autre, ainsi qu'il lui plaît [2]. » D'où il résulte que, finalement, c'est à elle que se réduit le salut de l'homme et la préférence des élus.

Selon le même principe, Vasquez décide qu'il n'est pas au pouvoir de l'homme de « faire la grâce congrue ou non congrue [3], » c'est-à-dire proportionnée ou non proportionnée, convenable ou non convenable ; ni d'avoir « cette vocation qui doit avoir son effet, » c'est-à-dire une vocation, parce que visiblement, selon ces principes, cela dépend d'une plus haute disposition de la volonté de Dieu.

On voit par là combien inutile est la matière que nous traitons, la question de la prédestination à la gloire avant ou après la prévision des mérites. On peut prendre sur ce sujet le parti qu'on voudra dans la présupposition de la science moyenne, comme dans les autres opinions de l'Ecole. En effet, en la supposant, Bellarmin et Suarez ont pris le parti de mettre cette prédestination (j'entends toujours celle qui est à la gloire) avant la prévision des mérites ; Molina [4] et Vasquez, avec beaucoup d'autres, ont pris celui de la mettre après ; et Grégoire de Valence [5], qui ne cède en rien à aucun de sa Compagnie, l'a mise devant et après à divers égards. Ils ont tous leurs raisons : les premiers, en regardant la gloire éternelle comme la fin, ont cru qu'elle devoit être ordonnée avant les mérites, qui sont le moyen pour y parvenir ; les seconds, en considérant la gloire comme récompense, ont jugé qu'elle devoit présupposer les mérites comme le sujet naturel sur lequel elle agit ; et Grégoire de Valence, en reconnoissant dans la gloire ces

---

[1] Pag. 490. — [2] Pag. 484, 334, 465, 460. — [3] I^a PARS, *disp.* XCVIII, cap. VIII, p. 482. — [4] Mol., *De Conc.*, quæst. XXIII, art. 4 et 5, disp. I, memb. 9 ; *Conc.* 9, p. 475 et alibi. — [5] Greg. Val., *Disp.* I, qu. XXIII de præd., punc. 4, p. 395.

deux qualités d'être la fin que Dieu se propose et la récompense qu'il veut donner à ses élus, a jugé qu'elle pouvoit à divers égards être ordonnée devant ou après, devant comme fin et après comme récompense[1]. Mais de quelque sorte que cela se prenne, la grâce de préférence est en sûreté, et l'ouvrage du salut en revient toujours à une gratuite prédilection, qui est tout le but de saint Augustin.

CHAPITRE III.

La prédestination ne détruit pas la grâce de prédilection et de préférence gratuite, parce qu'elle ne suppose aucune cause du côté de l'homme.

En effet, en toute présupposition, et dans celle de la science moyenne comme dans les autres, on pose également pour fondement la définition de la prédestination donnée par ce saint docteur, qui est « d'être la prescience et la préparation des bienfaits de Dieu, par lesquels sont certainement délivrés tous ceux qui le sont. » Car, encore que pour un plus grand éclaircissement, les uns y ajoutent un mot, les autres un autre, le fond subsiste toujours. Molina[2], Vasquez, Suarez, Grégoire de Valence et tous les autres agissent sur ce principe, et supposent pour les élus une certaine préparation de bienfaits qui ne sont pas pour les autres.

Il est vrai qu'en même temps ils présupposent des grâces offertes ou données à tous, et quelquefois même aux réprouvés, aussi grandes ou plus grandes qu'aux élus; mais on les entendroit mal, si pour cela on leur imputoit l'erreur de nier la préférence. Car ils présupposent toujours que si la grâce, « dans sa nature, dans sa qualité, » comme ils parlent, ou « dans son entité, » peut être plus grande dans les réprouvés, en qualité de don ou de bienfait elle est toujours plus grande et plus abondante dans les élus.

Il ne leur est pas malaisé d'expliquer cette distinction par ce principe : La grandeur du bienfait se mesure par les circonstances. « Un morceau de pain, c'est la comparaison de Vasquez, donné à un affamé est une plus grande grâce, une plus grande miséri-

[1] Loc. cit., p. 395. — [2] Mol., p. 387.

corde, un plus grand don, un plus grand bienfait que de l'or en abondance dans un autre état ¹. » A plus forte raison, disent-ils, la grâce donnée dans des circonstances où Dieu sait qu'on y prêtera son consentement, est un plus grand bienfait et un plus grand don que la même grâce ou une plus grande, où l'on ne voit pas le même succès.

Cette distinction de la grâce regardée dans sa qualité, dans son entité physique et en elle-même, ou regardée en qualité de don, de « bienfait » et selon « son être moral, à raison des occasions, des commodités et des autres circonstances où elle est donnée, » est commune à tous les auteurs dont nous parlons, qui aussi concluent tous avec Suarez que nul n'est converti, nul ne persévère, nul n'est sauvé que par un bienfait spécial ², parce qu'encore que « le secours ne soit pas plus grand en soi, » ils présupposent du côté de Dieu « un plus grand bienfait et une plus grande bienveillance : à cause, dit-il ailleurs, qu'il vaut mieux à l'homme d'être appelé foiblement lorsqu'il doit répondre à la vocation, que d'être appelé fortement lorsqu'il n'y doit pas consentir ³. »

Et afin de voir une fois certainement et à fond, selon ces docteurs, jusqu'à quel point le discernement des élus d'avec les autres se réduit à leur libre arbitre, voici en peu de paroles toute leur doctrine : que Dieu voit que le libre arbitre doit consentir à la grâce dans cet ordre de choses, dans ce temps, dans ces circonstances plutôt que dans d'autres, et ainsi du reste. Si Dieu choisit ce temps, cette occasion, cet ordre et ces circonstances plutôt que les autres, cela se voit dans la prescience conditionnée par rapport au libre consentement futur sous telle ou telle condition. Mais que Dieu choisisse actuellement ce temps, cette occasion, cette circonstance favorable plutôt qu'une autre, Molina nous a déjà dit qu'on n'en peut rendre d'autre raison que la souveraine et parfaite liberté de Dieu, parce que c'est à elle seule et « non à aucune cause du prédestiné, qu'on doit rattacher l'effet entier de la prédestination, dans lequel il faut comprendre non-seulement tous les effets surnaturels de l'ordre de la grâce, à commencer par la première

---

¹ Vasq., Iª PARS, *disp.* XCVIII, cap. VI, p. 479. — ² Opusc. lib. III *De Amor. div. er.*, cap. XXI, p. 181, 184. — ³ *Ibid.*, cap. XIV, n. 9, p. 43.

vocation intérieure à la foi jusqu'à ce qu'on arrive au ciel; mais encore tous les autres moyens, de quelque nature qu'ils soient, comme d'être né en tel et tel temps, de tels parens plutôt que d'autres, avec telle complexion, et ainsi du reste. En un mot, d'être placé dans tel ordre de choses et de circonstances dans lequel Dieu prévoyoit qu'on se sauveroit librement, plutôt que dans une infinité d'autres que Dieu pouvoit créer et où il auroit prévu un succès contraire : « Tout cela, dit-il, n'a point de cause du côté du prédestiné [1], » et par conséquent, comme il nous l'a déjà dit, la cause en est dans la seule volonté de Dieu.

Par cette même raison, Vasquez nous a dit aussi que « celui qui répond à l'inspiration de Dieu, ayant toujours une vocation convenable et proportionnée, *congruam vocationem*, parce qu'elle lui est offerte dans le temps et à la manière que Dieu sait qu'elle aura son effet, il s'ensuit que quiconque répond à la vocation a été prévenu d'une plus grande grâce, d'une plus grande miséricorde, d'un plus grand don, d'un plus grand bienfait qu'un autre qui n'y répond pas, ou que lui-même lorsqu'il refuse son consentement [2]. »

Et c'est pourquoi la dispute entre cet auteur et les autres ne consiste en aucune sorte sur la préférence gratuite, dont tout le monde est si bien d'accord que Grégoire de Valence, entrant dans la question de la prédestination et voulant d'abord, par une excellente méthode, démêler ce qui est certain d'avec ce qui ne l'est pas, réduit ce qui est certain et « sans aucune contestation » parmi les théologiens sur les actes que Dieu exerce envers le prédestiné à ces trois actes : « Le premier est la prescience des moyens surnaturels, par lesquels il voit que Pierre obtiendra la béatitude éternelle : par lequel acte de prescience, en tant qu'il est non spéculatif, mais pratique, le prédestiné est dirigé et ordonné à cette fin par de tels moyens. Le second acte est celui de dilection et d'amour, par lequel il veut absolument au prédestiné ce bien de la béatitude et les moyens pour y parvenir; et de là il l'aime, selon ce que dit saint Paul, que par sa grande charité Dieu nous a aimés, etc. Le

---

[1] Pag. 458. — [2] I^a PARS, *disp.* XCVIII, cap. VI, p. 479.

troisième est celui d'élection ou de choix, en tant qu'il veut etllement tous ces biens (à savoir la béatitude et les moyens pour y parvenir), qu'il ne les veut pas à certains autres [1], » c'est-à-dire bien constamment aux réprouvés. Toutes choses qui présupposent dans tous les élus une grâce de distinction et de préférence, et en Dieu de toute éternité une bonté et une bienveillance particulière envers eux.

De là est née l'opposition de ce docteur à la doctrine de Catharin, ce dominicain qui se rendit si fameux au siècle passé par la singularité de son opinion. « Son sentiment, dit Molina, est celui-ci : Après avoir présupposé que Dieu veut sauver tous les hommes et leur donner les moyens nécessaires pour cette fin, en sorte que c'est leur faute s'ils n'y arrivent pas, il ajoute que, selon les saintes Ecritures, les prédestinés sont seulement ceux que Dieu choisit en très-petit nombre (comme seroit par exemple la Sainte Vierge, saint Jean-Baptiste, un saint Paul, et quelques autres de cette sorte), pour les sauver par des moyens assurés, et que c'est le premier ordre de ceux qui sont sauvés; mais qu'il y en joint un autre qu'il appelle l'ordre des *non prédestinés*, à qui Dieu accorde non point ces moyens assurés, mais les moyens nécessaires pour être sauvés, parmi lesquels il comprend le reste des hommes, soit qu'ils se sauvent, soit qu'ils se damnent. D'où il conclut que le nombre des saints, quoique certain dans la prescience de Dieu, ne l'est point dans sa providence, qui ne leur a rien préparé de particulier pour les conduire au salut [2]. »

Cette doctrine de Catharin, si clairement exposée par Molina, lui déplaît extrêmement et au dernier point, *vehementissimè*, par plusieurs raisons, et entre autres par celle-ci : « Que Dieu a prévu de toute éternité que, s'il vouloit conférer à quelque homme que ce fût les moyens par lesquels il doit enfin être heureux, bien certainement il le seroit; d'où il s'ensuit que la volonté de conférer de tels moyens à tous ceux qui sont sauvés étant éternelle en Dieu, et la prédestination n'étant autre chose que la volonté de conférer ces moyens, comme il paroit par la définition de la prédestination,

---

[1] I^a PARS, *disp.* I, qu. XXIII de præd., punc. 2, p. 388.— [2] Mol., *Quæst.* XXIII, disp. I, art. 4, 5, memb. 3, p. 406.

tous ceux qui obtiennent la vie éternelle y sont prédestinés de toute éternité [1]. »

De là il infère que le nombre de ceux qui sont sauvés est certain, non-seulement dans la *prescience*, mais encore dans la *providence* de Dieu et dans ses desseins éternels, parce qu'il n'y en a aucuns « qui n'aient reçu par la divine prédestination les moyens certains, » comme on vient de voir, « par lesquels ils devoient parvenir à être conformes à Jésus-Christ [2]. »

M. Simon, qui paroît surpris que le cardinal Bellarmin ait pris le parti de Scot contre Catharin, ne savoit pas que les autres savans jésuites n'ont pas moins improuvé que lui ce nouveau dogme, de mettre parmi les hommes plus que ces deux ordres si clairement établis dans l'Ecriture, celui des prédestinés et celui des réprouvés, et Grégoire de Valence le qualifie d'erroné ou de nouveau dogme, *novum dogma* [3].

Il décide en même temps que la raison pour laquelle on est dans l'un de ces ordres plutôt que dans l'autre, se réduit finalement à la volonté de Dieu, et qu'il n'en faut point chercher d'autre : ce qu'il établit par saint Paul qui, dit-il, « a démontré dans l'*Epître aux Romains*, qu'on ne peut donner de raison pourquoi les moyens efficaces sont préparés à un homme plutôt qu'à un autre [4]. » Et il s'appuie de saint Augustin, qui parle ainsi : « Pourquoi Dieu tire l'un et non pas l'autre? N'entreprenez pas d'en juger, si vous ne voulez pas tomber dans l'erreur [5]. » C'est aussi précisément dans ce point de la préférence qu'il met le mystère de la prédestination : « Il y a, dit-il, une raison pourquoi un tel est puni; mais pourquoi la grâce par laquelle on vient à l'effet est donnée à l'un plutôt qu'à l'autre, il n'y en a point. » Et il faut soigneusement remarquer que ce docteur et les autres qu'on vient de nommer, s'étudient partout à prouver ce dogme de la préférence gratuite principalement par saint Augustin, qui, en effet, est celui de tous les docteurs qui l'a le mieux établi.

Ce qui pourroit donner lieu à quelque doute sur ce dernier point, c'est l'endroit de Molina où il présuppose que « son moyen pour

[1] Mol., *ibid.*, p. 409. — [2] *Ibid.*, p. 546. — [3] *Quæst.* XXIII, punc. 6, p. 454. — [4] Punc. 5 p. 446. — [5] Trac. XXVI *in Joan.*

concilier la liberté avec la prédestination et tous les Pères entre eux, » n'a été proposé par personne, que je sache, avant lui, et ne doute pas que s'il avoit été connu par saint Augustin et les autres Pères, ils ne l'eussent unanimement embrassé [1]. Il ose même présumer que « peut-être il n'y auroit eu ni pélagiens, ni luthériens : » ce qui sembleroit présupposer qu'il ne s'est guère appuyé sur saint Augustin, qui, selon lui, n'a point connu cette méthode. Suarez ne parle pas si hardiment; et toutefois il avoue que la cause « pour laquelle la vocation tire l'homme infailliblement, n'a jamais été assez expliquée par saint Augustin, parce que c'est une chose très-haute et très-éloignée des sens [2]. » Mais c'est autre chose de dire qu'il ne faille point reconnoître, après saint Augustin, cette grâce qui emporte la prédilection et la préférence, autre chose de dire que ce Père n'ait pas trouvé à propos d'entrer dans l'explication du comment, à cause de la hauteur d'une discussion si difficile. C'est visiblement sur ce dernier point que Suarez a voulu dire que saint Augustin ne s'étoit jamais expliqué à fond. Car encore que cet auteur ait rapporté à son sentiment tous les passages de ce Père sur la congruité de la grâce, il a bien senti qu'ils n'avoient pas tout le rapport qu'on auroit pu souhaiter avec la science moyenne, sur laquelle seule et Molina et Suarez croyoient pouvoir établir la grâce de préférence : de sorte que la question où ils présupposent que saint Augustin n'est pas entré, est celle de la méthode, et non pas celle du fond que celle de la méthode présuppose comme décidée par saint Augustin, étant inutile de chercher comment une chose est, s'il ne passe pour tout résolu qu'elle est.

Je laisse là les réflexions de ceux qui trouvent étrange que ces docteurs aient voulu pénétrer plus avant que saint Augustin n'a cru qu'on le pût ni qu'on le dût faire, et je m'attache précisément à la preuve que j'ai entreprise de la certitude absolue de la grâce de distinction et de préférence, dans le sentiment de ceux qui n'y laissent rien de douteux qu'une méthode pour la mieux entendre. Et, quoi qu'il en soit, il est certain, non-seulement par tous les pas-

---

[1] Punc. 489, 491, 492. — [2] lib. III *De Div. mot.*, cap. III, n. 6, p. 142.

sages ou nous avons vu que les théologiens dont nous parlons, ont préféré en cette matière la doctrine et l'autorité de saint Augustin à celle des autres Pères, mais encore par cinq cents autres sans exagérer, où ils présupposent dans le fond sa doctrine comme incontestable, que les disputes ne roulent pas sur la préférence gratuite que saint Augustin a établie pour les élus, mais sur des précisions (peut-être peu nécessaires) qui ne touchent point au fond.

CHAPITRE IV.

Continuation du précédent : les Jésuites enseignent le principe de saint Augustin, que la prédestination ne se fonde pas sur les mérites de l'homme.

Et afin qu'on ne pense pas que le sentiment de ces savans jésuites soit particulier, j'ajouterai un décret de toute leur Compagnie dans l'ordonnance du général Aquaviva, *du Choix des opinions,* couché en ces termes : « Il a aussi été défini qu'il n'y avait aucune raison ni aucune condition de la prédestination de notre part [1]. » Il n'est pas permis de dire qu'elle puisse être précédée du côté de l'homme, il ne dit pas seulement d'aucune raison, mais d'aucune condition par laquelle nous ayons été prédestinés; tout le discernement vient donc de Dieu, de sa souveraine liberté et de sa bonté gratuite. Et il faut soigneusement remarquer qu'on ne se contente pas de reconnoître comme de foi qu'il n'y a de notre côté aucune raison de la prédestination : car, pour éluder la doctrine de saint Augustin, qui n'en souffroit point par une fausse subtilité, quelques docteurs avoient changé les raisons en conditions, et croyoient avoir satisfait aux décisions de l'Eglise par un vain changement de termes. Mais cet habile et savant général, avec les plus savans hommes de la Compagnie, pour prévenir cette chicane, a exclu les conditions aussi bien que les raisons qu'on pourroit chercher à la prédestination, parce que ces conditions, dans le fond, n'étoient autre chose que des raisons palliées pour s'attri-

[1] *De Delect. opin.,* p. 37.

buer à soi-même son salut et faire enfin retomber, contre l'intention de l'Eglise, sur le libre arbitre de l'homme la suite des causes et l'ordre des moyens infaillibles par lesquels, selon la doctrine inviolable de saint Augustin, sont délivrés tous ceux qui le sont.

Et comme il y en avoit qui n'entendoient pas ou faisoient semblant de ne pas entendre combien cette doctrine de saint Augustin qui, comme on a vu, est le fondement de l'humilité, de la confiance et de la prière, est nécessaire à la piété, le P. Aquaviva leur ferme la bouche par l'autorité de saint Augustin et des papes, en disant dans son décret : « On dira peut-être que cette doctrine (de la prédestination, sans qu'il y en ait aucune raison ni condition de la part de l'homme) n'appartient pas beaucoup à la piété ; mais la doctrine de saint Augustin n'est pas seulement reçue communément dans l'Ecole, mais encore par les Pères de l'Eglise (par saint Prosper, par saint Fulgence, par les Pères du concile de Sardaigne, par les autres) qui prennent soin de la prouver par les Ecritures et par les décrets des papes, à savoir Zozime, Sixte, Célestin, Léon, Gélase, qui ont toujours improuvé les marseillais, Cassien, Fauste et les autres adversaires de cette prédestination[1]. » Si cette doctrine n'appartenoit pas à la piété, ni saint Augustin ne l'auroit avancée avec tant de force, ni ces papes ne l'auroient soutenue avec tant d'autorité, ni ils n'en auroient improuvé les adversaires avec tant de zèle ; de sorte qu'on la doit tenir pour inviolable, et non-seulement dans l'Ecole, mais encore dans toute l'Eglise.

Ce décret du P. Aquaviva est de l'an 1584 : il est appuyé de tous ceux où les congrégations générales ont choisi saint Thomas comme le propre et particulier docteur de la Compagnie. La doctrine de saint Thomas a été louée et recommandée par les papes à cause, entre autres choses, que ce saint docteur s'est attaché plus que tous les autres à suivre saint Augustin : nous en avons vu les passages, et tous les savans demeurent d'accord que saint Thomas, dans le fond, n'est autre chose que saint Augustin réduit à la méthode scolastique ; de sorte que le choisir pour docteur, c'est choisir saint Augustin pour guide. Or, c'est ce qui est inculqué

---

[1] *Ubi supra.*

partout aux professeurs en théologie, dans le livre intitulé : *Ratio atque institutio studiorum societatis Jesu* [1] *:* « Que le Provincial se souvienne qu'il ne faut élever aux chaires de théologie que ceux qui sont affectionnés à saint Thomas; et ceux qui sont éloignés de ce saint docteur, *qui ab eo alieni,* ou qui sont peu attachés à l'étudier, *ejus parùm studiosi,* doivent être privés de leur chaire, *à docendi munere repellantur* [2]. Un peu après : « Que le préfet des études se rende familier ce livre, *de Ratione studiorum*, et qu'il en fasse soigneusement observer les règles par les professeurs et les écoliers, principalement celles qui leur sont prescrites touchant la doctrine de saint Thomas [3], » qui sont celles qu'on vient d'entendre. Un peu après, dans la règle des professeurs en théologie : « Qu'ils suivent en toutes manières la doctrine de saint Thomas dans la théologie scolastique; qu'ils le regardent comme leur propre docteur, *ut proprium doctorem;* et qu'ils n'oublient rien pour faire que leurs écoliers soient très-affectionnés à ce saint docteur, *ponantque in eo omnem operam ut auditores erga illum quàm optimè afficiantur.* »

Il est vrai qu'ils y apportent une restriction : « Il ne faut pas qu'ils soient tellement astreints à saint Thomas, qu'il ne leur soit jamais permis de s'en éloigner en quoi que ce soit, puisque les thomistes mêmes s'en éloignent quelquefois [4]. » Mais de peur qu'on n'abusât de cette restriction, on spécifie incontinent après les cas où il est permis de ne le pas suivre. « Ainsi, poursuit ce décret, sur la Conception de la Sainte Vierge et sur la solennité des vœux on pourra suivre l'opinion qui est la plus commune en ce temps parmi les théologiens; et aussi dans les questions de pure philosophie ou dans celles qui regardent les Ecritures et les canons, on pourra suivre ceux qui auront traité plus expressément ces matières: de même, si la doctrine de saint Thomas n'est pas bien claire, ou s'il y a des questions qu'il n'ait pas touchées ou qu'il n'ait pas traitées expressément. » Voilà les cas où il est permis de ne pas suivre saint Thomas, c'est-à-dire dans les endroits qui ne regardent pas le corps et la suite des principes théologiques : ce qui n'empêchoit

---

[1] Antuerp, 1635, p. 8. — [2] P — [3] P. 48. — [4] *Ibid.*

nullement que dans les grands articles de la doctrine sacrée, parmi lesquels bien constamment il faut mettre dans les premiers rangs la doctrine de saint Augustin sur la prédestination et la grâce, on ne se fît une règle de la doctrine de saint Thomas. C'est pourquoi il est encore réglé qu'il « est permis dans les actes de théologie de s'écarter du sentiment de son professeur et de suivre les siens propres, pourvu qu'ils ne soient contraires en aucune sorte à la doctrine de saint Thomas, conformément au décret de la cinquième congrégation [1]. »

Il faut donc encore rapporter ici le décret de cette congrégation, et le voici dans l'article XLI : « La congrégation a statué d'un consentement unanime, premièrement que la doctrine de saint Thomas sera suivie par nos professeurs comme la plus solide, la plus sûre, la plus approuvée et la plus conforme à nos constitutions [2]. » Dans la suite, en donnant des règles pour les opinions, la première est : « Que dans la théologie scolastique, nos docteurs suivent la doctrine de saint Thomas, et qu'on ne reçoive personne aux chaires de théologie qui n'y soit bien affectionné ; mais que ceux qui sont peu affectionnés à ce saint auteur ou qui en sont éloignés, soient privés de leurs chaires. On pourra pourtant suivre, sur la Conception et sur la solennité des vœux, l'opinion la plus commune en ce temps et la plus reçue parmi les théologiens. »

Quoique ce décret soit en substance le même qui a déjà été rapporté dans la *Raison des études,* j'ai bien voulu le transcrire encore, afin qu'on voie quel est l'esprit des exceptions que l'on apporte à la règle qui oblige à suivre saint Thomas, les exemples qu'on en allègue faisant voir deux choses : la première, le petit nombre des endroits où il est permis de s'éloigner de saint Thomas, qu'on réduit toujours à un ou deux chefs; la seconde, que ces endroits regardent des opinions qui n'ont aucun trait avec les grandes maximes qui font corps dans la matière théologique, c'est-à-dire qui sont liées aux grands principes des Pères.

Dans la deuxième et cinquième règle, on ne laisse de liberté de soutenir ce qu'on veut que dans les matières que saint Thomas

---

[1] P. 155. — [2] *Decr. congr.*, p. 299.

n'a pas traitées, et dans celles où ses sentimens ne sont pas bien clairs.

On voit par là dans quelle magnanimité cette savante société a été élevée dès son commencement, puisqu'elle tend toujours dans la doctrine à ce qu'il y a de plus solide, de plus sûr, de plus approuvé, de plus noble et de plus saint, qui est la théologie de saint Thomas. Et la cinquième congrégation avoit ce décret tellement à cœur, qu'elle le répète encore dans la préface du livre *du Choix des opinions*, où, en renvoyant au livre de la *Raison des études*, après avoir posé pour fondement que la doctrine de la Compagnie doit être uniforme, sûre et solide, on statue en cette sorte : « 1° Que les nôtres en toute manière regardent saint Thomas comme leur propre docteur, et qu'ils soient tenus de le suivre dans la théologie scolastique, parce que les constitutions nous le recommandent, et que le pape Clément VIII nous a témoigné qu'il le souhaitoit, et qu'aussi les constitutions nous avertissant de choisir la doctrine d'un seul docteur, on n'en peut trouver en ce temps aucune qui soit plus solide ou plus assurée que celle de saint Thomas, qui a mérité d'être regardé de tout le monde comme le prince des théologiens. 2° Qu'on ne doit pourtant pas se tenir tellement astreint à saint Thomas, qu'il ne soit jamais permis de s'en éloigner en quelque chose que ce soit, puisque ceux qui font le plus profession d'être thomistes s'en éloignent quelquefois, et qu'il n'est pas juste que les nôtres soient plus attachés à saint Thomas que les thomistes mêmes [1] : (on a vu, dans les décrets précédens, en quel petit nombre et de quelle nature sont les points où l'on permet de s'éloigner de saint Thomas). 3° Que dans les questions de pure philosophie, ou même dans celles qui regardent l'Ecriture et les canons, on pourra encore suivre ceux qui auront traité plus expressément ces matières. » Cette restriction fait voir encore l'esprit de cette docte Compagnie, que, dans les chefs qui regardent non point la théologie, mais la critique dans l'Ecriture et dans les canons, matières peu traitées du temps de saint Thomas, on puisse encore consulter les autres auteurs, où l'on a même la précaution de ne

---

[1] *De Delect. opin.*, art. 500, p. 321

pas exclure saint Thomas, tant on craint de s'en éloigner. Et quoique des restrictions dans des matières si peu essentielles au corps de la théologie aillent plutôt à confirmer qu'à affoiblir l'autorité de saint Thomas, on a tant de peur d'en éloigner les esprits pour peu que ce soit, qu'on y ajoute aussitôt après ce quatrième et dernier article : « 4° Au reste, de peur que quelqu'un ne prenne occasion de ces restrictions d'abandonner la doctrine de saint Thomas, il nous a semblé bon de prescrire que nul ne soit employé à enseigner la théologie, qui ne soit vraiment affectionné à la doctrine de saint Thomas, et que ceux qui s'en éloignent soient rejetés en toute manière : car s'ils sont attachés à saint Thomas sincèrement et de tout leur cœur, *ex animo*, il demeurera pour certain qu'ils ne le quitteront que très-difficilement et rarement. »

Pour appliquer ces décrets à la matière dont il s'agit et à l'ordonnance du savant général Aquaviva sur la doctrine de la prédestination gratuite de saint Augustin, je ne veux pas dire que cette doctrine ne soit suivie que de saint Thomas, puisque toutes les autres écoles, et en particulier celle de Scot n'y paroît pas moins affectionnée. J'oserai même dire que Scot est peut-être plus déclaré que saint Thomas même pour la prédestination à la gloire indépendamment des mérites ; et nous avons vu que son école se pique, pour ainsi parler, d'être autant ou plus affectionnée à la doctrine de saint Augustin qu'à celle de saint Thomas. Mais néanmoins on ne peut nier que, dans la matière de la prédestination et de la grâce, saint Thomas ne tienne dans l'Ecole le premier rang parmi les disciples de saint Augustin : M. Simon en convient et le répète souvent. De sorte qu'il n'y avoit rien de plus convenable à la Compagnie de Jésus, après avoir choisi saint Thomas pour son docteur particulier, que de s'attacher encore d'une façon particulière à la doctrine de saint Augustin sur la prédestination gratuite, d'autant plus que les règlemens obligeoient partout les théologiens à suivre les sentimens les plus propres à entretenir la piété, *corroborandæ fidei alendæque pietatis* [1]; parmi lesquels on a vu, dans le décret d'Aquaviva, que les Pères et les

---

[1] *Decret. congr.*, p. 300, etc

papes avoient rangé cet endroit de la doctrine de ce docte Père.

Il faut toujours ici se souvenir que cette doctrine de la prédestination gratuite, que nous posons comme un fondement de la piété, n'est pas précisément celle qui regarde précisément la prédestination à la gloire comme distincte de la prédestination de tous les moyens par lesquels on y est infailliblement : conduit car je ne vois pas que saint Augustin ait jamais fait consister la piété dans ces sortes d'abstractions. Ce qu'il prétend, ce qu'il pose comme le soutien de l'humilité, de la confiance, de la prière et par conséquent de la piété, c'est que Dieu prépare aux élus les moyens certains par lesquels ils sont délivrés par une bonté qui n'est prévenue d'aucun mérite, d'aucune raison, d'aucune disposition, d'aucune cause de notre part, puisque la prédestination est la source universelle de tous ces bienfaits, et qu'elle n'est autre chose qu'un amour qui nous prévient pour nous les donner. Ce qui en effet a paru au P. Aquaviva si essentiel à la piété, qu'il n'a point de plus puissant motif pour exciter les siens à l'amour de Dieu, que de leur dire dans une de ses lettres admirables, qu'il « n'y a rien qui nous doive plus humilier que la profonde méditation de cette vérité qu'un Dieu, c'est-à-dire une majesté qui n'a rien trouvé en nous digne d'amour, mais qui l'y produit en nous aimant, nous ayant prévenus par son amour d'une manière si admirable, nous y répondions si peu par le nôtre [1]. » Paroles qui n'ont de force qu'en remontant à cet amour prévenant de Dieu, où il nous prépare par sa pure et gratuite bonté tous les bienfaits par lesquels il nous amène efficacement à lui. C'est aussi ce que vouloit dire saint Ignace dans la lettre qu'il a écrite à sa Compagnie, de la perfection religieuse, qu'il finit en cette manière : « Je n'ai plus rien à vous dire, mais seulement à obtenir par mes ardentes prières de notre Dieu et Sauveur, que vous ayant favorisés d'une telle grâce et ayant daigné vous communiquer une volonté si efficace de vous consacrer à lui, il comble tellement ses dons par d'autres dons et ses grâces par d'autres grâces, que vous croissiez toujours en vertu et que vous persévériez de plus en plus en son service pour la gloire

---

[1] *Epist. præp. gener.*, p. 33.

et l'utilité de toute l'Eglise [1]. » Voilà donc le vrai esprit de piété, de se reconnoître prévenus en tout et d'attendre la persévérance de celui de qui nous tenons la volonté efficace de nous donner à lui ; ce qui, enfermant tous les dons par lesquels nous sommes sauvés, les rapporte tous finalement avec saint Augustin à la prédestination qui nous les prépare.

On peut maintenant conclure quelle illusion M. Simon fait à son lecteur, lorsqu'il tâche de lui faire accroire que la volonté générale de sauver les hommes est contraire à la prédestination gratuite et efficace des élus, puisqu'il voit que ces deux choses s'accordent si bien qu'on travaille également à les concilier autant dans le système de la grâce déterminante, soit physiquement, soit moralement, que dans celui de la science moyenne, c'est-à-dire dans toute l'Ecole. Il ne faut pas supposer que deux sentimens soient opposés, lorsqu'on les reçoit également en toute opinion. D'où l'on doit encore inférer que si saint Thomas, qui de l'aveu de M. Simon est un disciple si fidèle de saint Augustin pour avoir si clairement établi la prédilection gratuite des élus, ne laisse pas d'admettre, comme on a vu, la volonté générale, c'est une erreur trop grossière de présupposer que ces deux choses soient incompatibles.

CHAPITRE V.

M. Simon nie faussement que saint Augustin ait admis en Dieu et en Jésus-Christ la volonté générale de sauver et de racheter tous les hommes: les Pères qui ont précédé ce grand évêque reconnoissent cette volonté.

Il faut maintenant venir à la seconde supposition de M. Simon, qui distingue saint Augustin des autres Pères, comme s'il avoit nié la grâce générale : « Si Pélage, dit cet auteur, avoit reconnu avec les Pères grecs la même grâce générale que Dieu donne à tous les hommes, il n'y auroit rien eu à redire à ses sentimens, bien qu'il fût éloigné de ceux de saint Augustin [2]. »

Il suppose partout la même chose : il n'y a rien de plus incon-

---

[1] *Loc. cit.*, p. 43. — [2] P. 292.

sidéré ou de plus mal intentionné que cet auteur. Le docte P. Deschamps, dans son livre *de l'Hérésie jansénienne*, attaque Jansénius qui rejette la volonté générale et la grâce donnée à tous ; mais bien éloigné des sentimens de notre critique qui abandonne saint Augustin à cet auteur, et qui, en lui donnant un tel protecteur, le met au-dessus de tout reproche, il lui oppose au contraire [1] cent passages de saint Augustin et de ses disciples, où ils n'établissent pas moins la volonté générale et la grâce donnée à tous, que les autres saints. Ainsi quand M. Simon insinue en tant d'endroits le contraire, il fortifie le parti de Jansénius qu'il fait semblant de vouloir détruire, et il attaque ses adversaires qu'il fait semblant de vouloir favoriser.

Mais pour entrer dans le fond de cette dispute, il reste deux questions à examiner : la première, s'il est véritable que les Pères qui ont précédé saint Augustin ont reconnu en Dieu et en Jésus-Christ la volonté générale de sauver les hommes ; la seconde, si saint Augustin et ses disciples se sont éloignés de cette tradition, en changeant les expressions et les sentimens des siècles précédens.

Pour la première de ces questions, elle ne reçoit aucune difficulté. Elle a deux parties : l'une, si Dieu a voulu véritablement et sincèrement sauver tous les hommes ; l'autre, si Jésus-Christ a voulu véritablement et sincèrement en être le rédempteur. Pour la première, il n'y a rien de plus précis que ces paroles de saint Chrysostôme sur celles-ci de saint Paul : « Qui nous a prédestinés à l'adoption des enfans selon le bon plaisir de sa volonté : — C'est-à-dire, dit saint Chrysostôme, parce qu'il le veut fortement. » Et un peu après : « Le bon plaisir est sa volonté première ; mais il y en a encore une autre. Sa première volonté est que les pécheurs ne périssent pas ; sa seconde volonté est que ceux qui sont devenus mauvais périssent. » Et un peu après : « Il veut beaucoup, il désire beaucoup notre salut ; et d'où vient qu'il nous aime tant ? c'est par sa seule bonté [2]. » On voit qu'avant de vouloir punir ceux qui le méritent, il a voulu premièrement qu'ils ne périssent pas : c'est là son fond, c'est *sa première volonté*. Et que cette

---

[1] *Disp.* VII. — [2] Hom. I *in Epist. ad Ephes.*, cap. I 5.

volonté s'étende généralement à tous les hommes, saint Chrysostôme[1] le prouve par cette parole de saint Paul : « Il veut que tous les hommes soient sauvés : — Comment donc tous ne le sont-ils pas, s'il veut que tous les hommes le soient ? Parce qu'il y a des volontés qui ne suivent pas la sienne et qu'il ne contraint personne[2]. » Et ailleurs : « Encore qu'il sût que toutes ces choses (que Jésus-Christ faisoit en faveur des Juifs) ne leur serviroient de rien, il n'a cessé de faire ce qui étoit en lui[3]. » Et ailleurs : « S'il éclaire tout homme qui vient au monde, d'où vient qu'il y a tant d'hommes qui demeurent sans lumière ? Il les éclaire autant qu'il est en lui : s'il y en a qui, par la foiblesse de leur vue, n'aient pas voulu se tourner vers cette lumière, leur obscurcissement ne vient pas de la nature de la lumière, mais de leur propre malice, par laquelle ils s'en sont privés volontairement. Car la grâce se répand sur tous et ne méprise ni juif, ni grec, ni barbare, ni scythe, ni homme, ni femme, ni jeune, ni vieux ; mais elle reçoit tout le monde également et les appelle avec un honneur pareil. Ceux qui ne veulent pas jouir d'un don si gratuit, ne doivent imputer leur aveuglement qu'à eux-mêmes ; puisque l'entrée étant ouverte à tous et n'y ayant personne qui empêche d'approcher, ceux qui demeurent dehors, parce qu'ils veulent le mal, ne périssent que par leur propre malice[4]. » On ne finiroit jamais, si on vouloit rapporter tous les passages de ce Père. En voici un qu'on ne peut omettre, parce qu'il est tout ensemble et le plus célèbre de tous dès le ixe siècle, et qu'il renferme en moins de mots toute la doctrine des autres. C'est sur ces paroles de l'*Epître aux Hébreux* selon le grec : « La grâce de Dieu a goûté la mort pour tous, » où saint Chrysostôme tranche ainsi : « Ce n'est pas seulement pour les fidèles, mais pour tout le monde : car il est mort pour tous. Qu'importe si tous n'ont pas cru ? Pour lui, il a fait ce qui étoit en lui[5]. »

En la seule personne de saint Chrysostôme, on peut tenir pour certain qu'on entend les grecs qui sont venus après lui, puisque

---

[1] Hom. XLIV *de Long. præm.* — [2] Hom. LXXV *in Matth.* — [3] Hom. VII *in Joan.* — [4] Ap. Lup. Servat., *de Man. tribus quæst.*, tom. I *Manusc.* p. 36. — [5] Hom. IV *in Epist. ad Hebr.*

tous le suivent. Ceux qui précèdent n'ont pas parlé moins clairement : on en trouvera les passages chez tous les auteurs ; je rapporterai seulement celui-ci de saint Athanase, où il dit que le Fils de Dieu, « voyant que tous étoient morts (en Adam), s'est offert pour tous à la mort ; » et cela, comme il le dit dans la suite, « pour affranchir tous les hommes de l'ancienne prévarication [1]. » C'est aussi ce qui faisoit dire aux autres grecs, à saint Clément d'Alexandrie [2], à Origène *contra Celse* [3], à saint Méthodius, évêque et martyr [4], à saint Cyrille de Jérusalem [5], à saint Basile [6], à tous les autres grecs, qu'autant qu'il étoit en lui, Jésus-Christ est venu sauver tous les hommes, en sorte qu'ils ne pouvoient imputer leur perte qu'à eux-mêmes ; ce qui montre non-seulement la suffisance du prix, mais encore la sincérité de la volonté.

Ces passages de saint Chrysostôme et des autres grecs sont si clairs, que Jansénius n'y a trouvé que cette réponse : « Que sert aux nouveaux auteurs de dire que saint Chrysostôme, Œcuménius, Théophylacte et les autres grecs ont suivi ce sens (qui attribue à Dieu, selon saint Paul, la volonté de sauver sans exception tous les hommes), puisque saint Chrysostôme a écrit avant que les difficultés de la grâce se fussent élevées, et que personne ne parle plus imparfaitement de la grâce, que les grecs [7] ? » Mais que lui sert à lui-même d'abandonner si facilement tout l'Orient et la moitié de l'Eglise, puisque les latins n'ont pas tenu un autre langage que les grecs ? Saint Hilaire, sur le psaume CXVIII : « Le Verbe frappe à la porte, et il veut toujours entrer ; mais c'est nous qui l'en empêchons [8] ; » et un peu après : « Il est toujours prêt à éclairer ; mais la maison où il veut entrer ferme la porte à sa lumière. Il s'approche d'un chacun pour entrer en lui, et il ne cesse de répandre sa lumière par toutes les ouvertures. » Saint Ambroise : « Vous voulez, Seigneur, que tous soient guéris ; mais tous ne veulent pas l'être [9] ; et sur le psaume CXVIII : « Celui qui frappe à la porte veut toujours entrer ; s'il n'entre pas, c'est nous qui l'empêchons,

---

[1] *De Justit.* — [2] Clem. Alex., *Hom.* VII. — [3] Orig. lib. IV *Contra Cels.* — [4] Meth., apud Œcum., *in Rom.* cap. IX. — [5] Cyril. hierosol., *Catech.* XVIII. — [6] Basil., *in psal.* VII. — [7] Lib. I *De Grat. Christi*, cap. XIX. — [8] Hilar. *in psal.* CXVIII, n. 89. — [9] Lib. I *De Pœnit.*, cap. III, VI, etc.

cette véritable lumière luit pour tous; celui qui lui ferme la fenêtre, se privera de l'éternelle lumière. »

Cent passages de cette sorte grossiroient ce discours, si l'on vouloit; et en ce point saint Ambroise ne cède rien aux grecs. Saint Jérôme n'est pas moins fécond sur cette matière *sur Isaïe :* « Si le sage lecteur demande à lui-même : Pourquoi y en a-t-il tant qui ne se sauvent pas, s'il les a sauvés et aimés, s'il a si souvent pardonné à ses enfans et les a rachetés de son sang? La cause en est évidente : c'est qu'ils n'ont pas cru et qu'ils l'ont irrité [1]. » De même *sur Osée :* « Dieu veut même que les hérétiques soient sauvés, et tous les pécheurs qui sont dans l'Eglise, et que tous les hommes soient appelés de son nom [2]. » *Sur Amos :* « Je n'ai pas voulu punir les pécheurs, afin que se repentant ils fussent guéris; mais parce qu'ils ont persisté trois et quatre fois à faire la même chose, j'ai été contraint de changer d'avis et d'en venir au châtiment [3]. » Et pour ce qui est de la rédemption : « Saint Jean-Baptiste sera un menteur, si, après qu'il l'a montré en disant : Voici celui qui ôte les péchés du monde, il s'en trouve dans le siècle à qui il n'ait pas ôté les péchés [4]. » Et *sur l'Epître aux Ephésiens :* « Si nous lisons dans les histoires que Codrus et Curtius et les Décius aient délivré des villes par leur mort de la peste et de la famine, combien plus se pourra-t-il faire que le Fils de Dieu ait purgé non une ville, mais tout l'univers par son sang [5] ? » Où il faut toujours sous-entendre : Autant qu'il étoit en lui et en nous laissant notre libre arbitre, selon ce qu'il dit ailleurs : « Dieu veut tout ce qui est plein de raison et de sagesse. Il veut que tous les hommes soient sauvés et viennent à la connoissance de la vérité, parce que nous sommes créés avec notre libre arbitre, et ainsi nul n'est sauvé sans sa propre volonté; il veut que nous voulions le bien, afin que lorsque nous l'aurons voulu, il accomplisse aussi en nous ses desseins [6]. »

S'il faut remonter à une plus grande antiquité et comme à l'origine du christianisme, tout le monde sait ce beau passage de saint

---

[1] Lib. XVII *in Isa.*, cap. LXIII. — [2] Lib. III *in Ose.*, cap. II. — [3] Lib. I *in Amos*, cap. XVI— [4] Epist. LXXXIII *ad Ocean.*, tom. II. — [5] Lib. I *in Ephes.* cap. I, n. 3. — [6] *Ibid.*

Cyprien, où il dit que « comme le jour paroît également et que le soleil répand également sa lumière sur tous les hommes, ainsi Jésus-Christ, le vrai soleil, étend également à tous la lumière de la vie éternelle ; que la grâce est donnée à tous sans exception de personne, et que, semblable à une semence également répandue, elle se diversifie selon les dispositions de la terre [1]. » Selon ce Père, la rédemption n'est pas moins universelle. Tout le monde cite ce passage où il fait parler le démon à Jésus-Christ au dernier jugement, en cette sorte : « Je n'ai reçu pour ceux que vous voyez dans mon partage, ni des soufflets ni des coups de fouets ; je n'ai point porté la croix ; je n'ai point répandu mon sang pour eux ; je ne leur ai point promis le royaume du ciel, et je ne les rappelle pas au paradis en leur rendant l'immortalité [2]. » C'étoit donc à cette fin que se rapportoit la rédemption de ces malheureux, et Jésus-Christ ne leur avoit rien mérité de moins que le ciel même.

Il est vrai que saint Cyprien, dans ces deux endroits, parle de l'Eglise ; mais c'en est assez pour faire voir que le ciel étoit ouvert par la volonté de Dieu et par le sang de Jésus-Christ à ceux qui en étoient exclus par leur faute ; et d'ailleurs l'esprit de ce saint martyr, dans ces endroits, est de comprendre tout le genre humain dans l'universalité de ce don : c'est à quoi tendent ces comparaisons du soleil et de la lumière ; et c'est aussi l'esprit de l'Ecriture, lorsqu'elle dit : « Vous pardonnez à tout le monde ; vous aimez tout ce qui est [3]. » Cette volonté de Dieu n'est pas éteinte par le péché des hommes : « Parce que vous êtes le Seigneur de tous, vous vous portez à pardonner à tout le monde [4]. » Dieu conserve sa miséricorde même en punissant ; il peut perdre d'un seul coup ses ennemis, « mais il châtie peu à peu pour donner lieu à la pénitence [5]. — Moi, comme je vis, dit le Seigneur, je ne veux point la mort de l'impie, mais qu'il se convertisse et qu'il vive [6]. » Dans le Nouveau Testament : « Dieu veut que tous les hommes soient sauvés et qu'ils viennent à la connoissance de la vérité [7]. » Et parce que sa miséricorde ne se répand que par Jésus-Christ, « il y a un seul Dieu et un seul médiateur qui s'est donné en rédemption pour

---

[1] Epist. LXXVI ad Magn. — [2] De Opere et eleem., fin. — [3] Sap., XI, 24, 25. — [4] Ibid., vers. 27. — [5] Ibid., vers. 10. — [6] Ezech., XXXIII, 11. — [7] I Tim., II, 3.

tous ¹. » Ce qui montre tout ensemble, et en Dieu dans sa propre nature, et dans Jésus-Christ selon la nôtre, un amour de bienveillance et de complaisance envers tous les hommes, sans en excepter les pécheurs, et encore pour ces derniers un support, une tolérance, une attente de leur repentir : en sorte qu'il ne les voit périr qu'à regret.

Ceux qui ne veulent pas croire que cet amour de Dieu et cette effusion générale de sa bonté sur tous les hommes, et même sur les pécheurs, doive être prise à la lettre, disent que le Saint-Esprit a dicté toutes ces paroles pour nous faire entendre que nous devons entrer dans ces sentimens de bonté envers tous les hommes ; que Dieu aussi veut sauver en quelque façon, lorsqu'il inspire à ses serviteurs le désir de leur salut. C'est là, dit-on, le vrai esprit de ces passages, et non pas que Dieu veuille actuellement sauver tous les hommes, même ceux qui en effet n'ont pas de part au salut, puisque ce seroit faire vouloir au Tout-Puissant ce qui ne s'accomplira jamais, contre cette parole du Psalmiste : « Il a fait tout ce qu'il a voulu dans le ciel et dans la terre ². »

Sans entrer à fond dans cet examen, il suffit ici de remarquer que l'esprit des Pères de l'Eglise manifestement porte plus loin. S'il y avoit de l'inconvénient à dire que Dieu veut sauver même ceux qui périssent, il faudroit dire qu'il n'a pas voulu sauver tous les anges et a laissé sans secours tous ceux qui se sont perdus, ce que personne ne dit ; ou qu'il ne veut pas encore sauver tous les justes, ce qui est expressément condamné par l'Eglise. On est forcé par ces exemples à chercher une certaine manière d'expliquer l'efficace toute-puissante de la volonté de Dieu, qui ne se trouve point contraire à sa bonté générale, si digne d'un être parfait et universellement bienfaisant. Quant à l'explication qui fait consister cette bonté générale dans l'inspiration du désir que Dieu donne à ses serviteurs de demander et de procurer le salut de tout le monde, on ne peut manquer de la recevoir, mais dans le sens de ces paroles de saint Jérôme (a).....

Ce grand homme, loin de penser que Dieu ne veuille le salut

---

¹ I *Tim.*, II, 5, 6. — ² *Psal.*CXXXIV, 6.
(a) Bossuet n'a cité ni indiqué ce passage.

de tous les hommes qu'en tant qu'il nous inspire la volonté de le procurer, conclut au contraire qu'il faut bien que Dieu ait lui-même cette volonté, puisqu'il nous l'inspire afin que nous soyons ses imitateurs. Cette belle explication de saint Jérôme rend parfaitement l'esprit de l'Ecriture, dont les expressions générale par rapport à la volonté du salut de tous les hommes en ont produit de semblables, comme on en a vu de semblables dans tous les Pères.

CHAPITRE VI.

Les Pères qui ont suivi saint Augustin reconnoissent en Dieu et en Jésus-Christ la volonté générale de sauver et de racheter tous les hommes. D'abord l'auteur inconnu de l'ouvrage intitulé : De la Vocation des gentils.

Ainsi M. Simon a raison de dire que ce ne sont pas les seuls Pères grecs, mais tous les Pères en général qui ont expliqué ces paroles de l'Ecriture sans y apporter de restriction, et que c'est la voix commune de toute l'Eglise. Mais quand il dit que saint Augustin et ses disciples ont changé cette tradition et les met sur ce fondement avec leur maître au rang des novateurs, il est important de faire voir qu'il impose à ces saints docteurs, et qu'il affoiblit la saine doctrine en la faisant démentir par la postérité. Un passage de saint Léon fait voir le contraire. Ce grand pape ayant enseigné que « Dieu ne refuse sa miséricorde à personne, et que pouvant justement soumettre les pécheurs à la peine, il aime mieux les inviter par ses bienfaits [1], » il ajoute que « comme il n'a trouvé personne exempt de péché, il est aussi venu pour sauver tous les hommes ; qu'il a pris en main la cause de tous les hommes [2], » celle de Judas comme des autres, celle de ceux qui l'ont crucifié, « celle de toute la nature qu'il a prise [3] ; » en sorte qu'il est véritablement « l'agneau qui ôte le péché du monde. »

Si la doctrine de saint Augustin avoit changé les anciennes idées de la rédemption et de la grâce universelle, saint Léon, l'un des plus zélés défenseurs de la doctrine de ce Père, n'auroit point

---

[1] Serm. v *de Epiph.* — [2] Serm. I *in Nativ. Dom.* — [3] Serm. I *de Pass.;* serm. II, III, IV, V, VI ; et *Epist.* LXXII.

parlé de cette sorte. En ce lieu il pourroit sembler qu'il n'y auroit rien de plus décisif que de produire d'abord les passages de saint Augustin. Mais, comme Dieu a suscité un de ses disciples qui a fait un traité exprès sur cette question, il ne sera pas inutile de considérer premièrement comme il la propose, et ensuite comme il la résout.

Le livre *de la Vocation des gentils,* qu'on trouve parmi les œuvres de saint Ambroise [1], est sans contestation un des plus beaux que l'antiquité ait produits contre les pélagiens et les semi-pélagiens sur la matière de la grâce; aussi se trouve-t-il attribué aux plus grands auteurs. On l'a publié d'abord sous le nom de saint Ambroise; maintenant il est donné par quelques-uns à saint Prosper d'Aquitaine, sous le nom duquel il est imprimé; par d'autres, à saint Léon; par d'autres, à d'autres auteurs aussi importans, sans qu'on puisse discerner au vrai par le style de qui il est, parce que les locutions et les tours qu'on y observe marquent plutôt le style du siècle où il est écrit, que celui d'aucun écrivain particulier que nous connoissions. Quoi qu'il en soit, voici d'abord comme il pose l'état de la question : « Il y a une ancienne dispute entre les défenseurs du libre arbitre (entre ceux qui lui attribuent en tout l'ouvrage ou du moins le commencement du salut) et les prédicateurs de la grâce. On demande si Dieu veut sauver tous les hommes; et parce qu'on ne peut nier qu'il ne le veuille (puisque cette proposition est expressément de saint Paul), la question se réduit à savoir pourquoi la volonté du Tout-Puissant n'est pas accomplie; et parce qu'il paroît que cela se fait selon la volonté des hommes, par là il semble qu'on exclut la grâce, qui n'est plus un don, mais une dette, si elle est rendue aux mérites. D'où naît une seconde question : Pourquoi ce don, sans lequel nul n'est sauvé, n'est pas donné à tous les hommes par celui qui veut les sauver tous [2]? »

On ne peut pas mieux poser l'état de la question, ni donner en même temps plus d'espérance de la voir solidement résolue; et afin de le mieux entendre, il faut proposer d'abord l'économie de ce docte ouvrage. Il se partage en deux livres. Le premier, après

---

[1] Tom. IV Antuerp. edit. — [2] Lib. I *De Vocat. gent.*, cap. I.

qu'il a proposé l'état de la question comme on vient de voir, est employé à réfuter ceux qui ne vouloient pas reconnoître en Dieu une volonté et une grâce spéciale pour les saints : il montre donc dans ce premier livre qu'il y a pour eux une préférence, une grâce particulière, un don spécial [1]. Mais ce n'étoit que la moitié de ce qu'il avoit promis : car il s'agissoit d'accorder cette volonté spéciale de sauver certains hommes avec la volonté générale de les sauver tous, et c'est ce qu'il réservoit pour le second livre [2]. Voici donc, dès le commencement de ce livre, ce qu'il a dessein de prouver : « Il est évident, dit-il, qu'il y a trois choses auxquelles il faut s'arrêter dans la question qui doit faire le sujet de ce second volume : la première, qu'il faut confesser que Dieu veut que tous les hommes soient sauvés et qu'ils viennent à la connoissance de la vérité ; la seconde, qu'il ne faut douter en aucune sorte qu'on parvient à cette connoissance, non par ses mérites, mais par le secours et l'opération de la grâce ; la troisième, qu'il faut avouer que la hauteur des jugemens de Dieu est impénétrable, et que ce n'est point à nous à examiner pourquoi Dieu, qui veut sauver tous les hommes, ne les sauve pas tous [3]. »

Voilà, par une excellente méthode, ce qu'il se propose de prouver ; et c'est pourquoi, après avoir achevé sa preuve, il montre à la fin à quoi s'est terminée sa décision : « C'est, dit-il, que lorsqu'on dispute de la profondeur et de la hauteur, il faut s'en tenir à ces trois définitions très-salutaires et très-véritables : l'une qui professe que c'est une disposition éternelle et propre à la divine bonté, de vouloir que tous les hommes soient sauvés et qu'ils viennent à la connoissance de la vérité. La seconde définition est qu'il faut en même temps enseigner que tout homme qui est sauvé et qui parvient à la connoissance de la vérité est aidé, gouverné, gardé par le secours de Dieu, afin qu'il persévère dans la foi, qui opère par la charité. Par la troisième définition, on professe en toute humilité et retenue qu'il n'est pas possible à l'homme de comprendre toutes les raisons de la volonté de Dieu, ni toutes les causes de ses ouvrages [4]. » Par où il démontre qu'en établissant comme constantes

---

[1] Lib. I *De Vocat. gent.*, cap. I. — [2] *Ibid.*, cap. IX, in fin. — [3] Lib. II, cap. I. — [4] *Ibid.*, cap. X et ultra.

ces deux vérités, l'une qu'il y a en Dieu une volonté générale de sauver tous les hommes et de les conduire à la connoissance de la vérité, et l'autre qu'il y a aussi une volonté de secourir en particulier ceux qui y parviennent et y persévèrent, les moyens d'exercer ces deux volontés demeurent incompréhensibles.

Mais encore que ces moyens, et en particulier ceux que Dieu emploie à amener tous les hommes à la connoissance de la vérité, dans le fond soient impénétrables selon cet auteur, il ne laisse pas de rechercher ce qui nous en est révélé par les Ecritures. Il y trouve donc que la grâce que Dieu a destinée au genre humain, quoique diversifiée en mille manières, en un certain sens est *également et indifféremment* dispensée dans tous les temps et dans tous les lieux [1] : dans tous les temps, puisqu'elle « n'a jamais manqué au monde [2], » et qu'avant que de se répandre universellement par l'Evangile, elle s'étoit communiquée à un certain peuple par la loi; dans tous les lieux, « parce qu'encore qu'il soit constant que le peuple d'Israël ait été élu avec un soin et une bonté particulière, et que Dieu ait laissé marcher tous les autres peuples dans leurs voies, c'est-à-dire qu'il les ait laissés vivre comme ils vouloient, toutefois son éternelle bonté ne s'est pas tellement éloignée d'eux qu'elle ait négligé de les avertir, par la déclaration de sa volonté, de le connoître et de le craindre [3]. » La raison principale pour laquelle le ciel, la terre, la mer, toute la nature a été disposée comme elle l'est, c'est « afin, continue-t-il, que l'homme fût amené par tant de merveilles, par tant de biens, par tant de largesses, à l'amour et au culte de son auteur. L'Esprit de Dieu, en qui nous vivons, nous nous mouvons et nous sommes [4], remplit tout; de sorte qu'encore qu'il soit véritable, selon le Psalmiste, que le salut est loin des pécheurs [5], la présence et la vertu du salut ne manque en aucun endroit. » Il faut ici remarquer cette distinction du salut d'avec la présence et la vertu qui le donne, parce qu'encore que le salut même manque à quelques-uns qui ne veulent pas le recevoir, « la présence et la vertu du salut » ne manque à personne : « Et, poursuit-il, encore que la

---

[1] Lib. II *De Vocat. gent.*, cap. vi-viii. — [2] *Ibid.*, cap. i. — [3] *Ibid.* — [4] *Act.* xvii, 28. — [5] *Psal.* cxviii, 155.

providence de Dieu présidât avec un soin particulier au gouvernement de la race des patriarches, il ne faut pas conclure de là que cette conduite de la miséricorde divine ait manqué aux autres hommes, dont on peut dire à la vérité qu'ils sont rejetés, si on les compare avec les élus, mais cependant (en eux-mêmes) ils n'ont jamais été privés des bienfaits publics et cachés. » Ces bienfaits cachés de Dieu envers tous les hommes nous indiquent, outre l'avertissement général qui étoit renfermé pour eux dans cette belle disposition de l'univers, la secrète insinuation d'une grâce particulière à chacun d'eux : et c'est pourquoi notre auteur, après avoir dit que, dans toutes les nations et dans tous les temps, tous ceux qui ont plu à Dieu ont aussi « été discernés par l'esprit de la grâce de Dieu, *spiritu gratiæ Dei fuisse discretos*[1], » ajoute, qu'encore « que dans certains temps cette grâce de l'esprit de Dieu ait été moins abondante et plus cachée, *parcior et occultior,* elle n'a jamais manqué à aucun âge, agissant toujours par une même vertu, quoiqu'elle se communiquât avec une différente quantité; ce qui est l'effet tout ensemble et d'un conseil immuable et d'une opération diversifiée en plusieurs manières. » Ce n'est donc pas seulement l'avertissement extérieur, c'est encore la grâce intérieure et l'inspiration du Saint-Esprit qui s'étend à tous les hommes : son opération occulte qui leur fait sentir à tous une seule et même vertu au dedans et au dehors. Le même auteur dit dans la suite que « ce secours de la grâce est appliqué à tous les hommes par mille manières cachées ou manifestes[2] : » paroles qui sont choisies pour marquer en tous l'opération intérieure et invisible de la grâce.

Voilà une doctrine complète sur l'universalité de la grâce. Il a fallu lui trouver un moyen extérieur universel : c'est ce qu'a fait cet auteur. Il a fallu faire voir que ce moyen est accompagné d'inspirations plus cachées qui se diversifient en mille manières dans les cœurs : l'auteur ne l'a pas oublié, et c'est par là qu'il conclut que, « selon les autorités de l'Ecriture et les continuelles expériences de tous les siècles, la miséricorde et la justice de Dieu

---

[1] Lib. II *De Vocat. gent.*, cap. II. — [2] *Ibid.*, cap. IX.

n'ont jamais manqué à enseigner et à aider les esprits des hommes, non plus qu'à nourrir leur corps[1]. » Il prouve même que le Saint-Esprit n'a point été refusé à ceux qui ont précédé le déluge : d'où il conclut que même le peuple charnel « a été spirituel auparavant à sa manière, à cause de cette volonté générale, que le Saint-Esprit dirigeoit en gouvernant tellement les esprits qu'il ne leur ôtoit pas le pouvoir de pécher, duquel si ce peuple n'avoit point usé, il n'auroit pas quitté Dieu et Dieu ne l'auroit pas quitté ; et il seroit celui dont il est écrit : Bienheureux celui qui a pu transgresser et ne l'a pas fait[2]. » Ainsi, pour ce saint docteur, « le premier peuple de Dieu étoit gouverné par le Saint-Esprit et par la doctrine du Saint-Esprit ; il s'abstenoit de la société et des mœurs du peuple maudit, en conservant le discernement qui le séparoit du mélange des hommes charnels[3]. » Ce qui n'auroit aucun rapport avec son dessein de montrer en Dieu une volonté générale d'amener les hommes à la vérité, si la grâce du Saint-Esprit, par laquelle seule on y pourroit arriver, ne marchoit avec l'extérieure.

De là il infère dans la suite que les nations, qui n'ont pas connu Dieu, ne peuvent pas « s'excuser de leur erreur, sous prétexte que cette abondance de grâce, dont tout l'univers est maintenant arrosé, ne couloit pas autrefois avec une pareille largesse, parce qu'on a toujours employé envers tous les hommes une certaine mesure de la doctrine céleste; laquelle, bien qu'elle fût d'une grâce moins abondante et plus cachée, Dieu néanmoins la jugeoit suffisante à quelques-uns pour leur servir de remède, et à tous pour leur servir de témoignage[4] : » en sorte que les premiers étoient guéris, et que tous les autres demeuroient inexcusables. Cette grâce « que Dieu jugeoit suffisante à la guérison de quelques-uns, » ne pouvoit être qu'intérieure ; et ainsi il faut reconnoître qu'il y en avoit de cette sorte que Dieu donnoit à tous les hommes et qui les laissoient par conséquent inexcusables à ses yeux.

Si ce n'étoit pas l'intention de cet auteur d'étendre le *tous* de saint Paul à tous les hommes sans exception, il n'auroit pas eu à se mettre en peine d'établir en termes si clairs cette grâce uni-

---

[1] Lib. II *De Vocat. gent.*, cap. III. — [2] *Eccli.*, XXXI, 10. — [3] Lib. II, cap. IV. — [4] *Ibid.*, cap. V.

verselle et extérieure et intérieure, où tout son livre nous porte ; il n'y auroit rien eu aussi de si merveilleux ni de si incompréhensible dans la conciliation de la volonté générale de sauver les hommes et la volonté spéciale de sauver les élus. Puis donc que cet auteur a voulu que ce fût là un mystère impénétrable, il est clair qu'il a entendu ce passage de saint Paul : « Il a voulu que tous les hommes fussent sauvés » d'une volonté dont nul homme ne fût excepté.

Et ce qu'il a reconnu en Dieu par ces paroles de saint Paul touchant la volonté générale de sauver les hommes, sur la foi du même apôtre il l'a aussi reconnu en Jésus-Christ comme également certain. Car en produisant ces paroles de la deuxième aux Corinthiens : « Si un est mort pour tous, tous aussi sont morts [1] : — Il n'y a, dit-il, aucune raison de douter que Jésus-Christ ne soit mort pour les impies et pour les pécheurs : Jésus-Christ n'est-il pas mort pour tous ? Sans doute Jésus-Christ est mort pour tous : avant donc la réconciliation qui a été faite par son sang, il n'y avoit personne qui ne fût pécheur ou impie [2]. » D'où cet auteur infère incontinent que comme tous sont pécheurs, ainsi « la rédemption de Jésus-Christ regardoit tout le monde, *quæ redemptio universo sese intulit mundo;* » et que par la même raison elle avoit aussi été annoncée indifféremment à tout le monde par la prédication de l'Evangile.

Mais parce qu'il y avoit encore beaucoup de nations à qui la lumière de l'Evangile n'avoit pas encore été portée, notre auteur va au-devant de cette objection par ces paroles : « S'il y a encore dans les extrémités du monde quelques nations que la grâce de Jésus-Christ n'ait pas encore éclairées, nous ne doutons pas que le temps de leur vocation, auquel elles écouteront et recevront l'Evangile, ne soit préparé par un jugement caché de Dieu; et, en attendant, cette mesure générale du secours divin qui est donnée d'en haut à tout le monde, ne leur est pas refusée [3]. » Il trouve donc un secours même pour ceux à qui l'Evangile n'a pas encore été prêché. Et ce qu'il y a ici de plus remarquable, c'est qu'il

---

[1] II *Cor.*, v, 14. — [2] Lib. II *De Vocat. gent.*, cap. vi. — [3] *Ibid.*

allègue ce secours pour montrer non-seulement que Dieu veut sauver tous les hommes sans exception, mais encore que Jésus-Christ en est le rédempteur par son sang; ce qui confirme la vérité que nous avons déjà avancée, que ce secours ne consiste pas seulement dans un avertissement extérieur. Car celui qui nous est donné par la beauté et par l'ordre de l'univers constamment, ne dépendant pas de la mort de Jésus-Christ, si l'on n'avoue que Dieu l'accompagne, comme on l'a déjà remarqué, d'une grâce intérieure qui soit le fruit de cette mort, on ne prouve en aucune sorte que la rédemption de Jésus-Christ s'étende à ces peuples; ce qui est pourtant précisément ce que cet auteur s'étoit proposé.

On voit donc combien il est attaché à étendre sur tous les peuples la rédemption de Jésus-Christ, puisqu'il l'étend jusqu'à ceux qui n'ont pas encore ouï son nom. Et il ne s'objecte pas qu'il y en a parmi eux qui n'ont peut-être jamais pensé à Dieu : il lui suffit d'avoir montré que Dieu a des voies incompréhensibles pour se faire sentir à eux, s'ils se rendoient attentifs à sa vérité; en sorte que c'est leur faute de ne l'être pas.

La difficulté lui paroît plus grande et presque invincible « à l'égard des petits enfans » qui meurent sans baptême, « sans qu'on puisse dire qu'ils aient pu sentir les bienfaits de leur Créateur, ni qu'on les puisse justement reprendre d'avoir négligé le secours de la grâce [1]. » Et néanmoins il lui paroît tant de nécessité de comprendre tous les hommes sans exception dans cette sentence de saint Paul : « Dieu veut que tous les hommes soient sauvés, » qu'il veut que ces hommes d'une vie si courte, qui n'arrivent point à l'usage de la raison, « soient compris dans cette partie de la grâce qui a toujours été donnée à toutes les nations, de laquelle si leurs parens avoient bien usé, ces enfans seroient aidés par leur secours [2]. » On voit donc que cet auteur se croit obligé, par la généralité des paroles de saint Paul, à trouver en Dieu, pour ces enfans malheureux, une volonté favorable à leur salut; et le principe où il la trouve est celui-ci : « Tous les commencemens des enfans et cette première partie de leur vie qui n'est point encore capable de la

---

[1] Lib. II *De Vocat. gent.*, cap. VII. — [2] *Ibid.*, cap. VIII.

raison, est soumise à la disposition de la volonté d'autrui : d'où il arrive qu'il les faut ranger dans la société de ceux dont les bonnes ou les mauvaises affections les gouvernent ; et de même que (lorsqu'ils sont baptisés) ils croient par la volonté de leurs parens, ainsi (lorsqu'ils ne le sont pas) c'est par leur infidélité qu'ils sont rangés au nombre des incrédules. »

Il étoit donc si éloigné de chercher des restrictions à la généralité de la sentence de saint Paul, qu'il n'en veut pas même admettre pour les enfans qui meurent sans baptême, quoiqu'ils soient sans contestation ceux pour qui il paroît le plus nécessaire d'apporter quelque exception à la proposition du saint apôtre. Et le principe dont il se sert pour les y comprendre, ne pouvoit pas être plus convenable à l'état de ces enfans, qui, n'ayant point de volonté propre, sont hors d'état de recevoir aucune grâce qu'en la personne de ceux [à qui leur enfance est abandonnée. Il établit donc tout ensemble en leur faveur, comme à la faveur des adultes, et une volonté générale de les sauver tous, et néanmoins en même temps, pour ceux qu'il veut, une préférence particulière. « Et comme il arrive, dit-il, qu'outre cette grâce générale qui frappe d'une manière plus foible et plus cachée les cœurs de tous les hommes, il y a une vocation qui se développe par une opération plus excellente, par un don plus abondant et une vertu plus puissante, de même cette élection est manifestée dans les enfans, puisque ceux qui n'ont point été baptisés l'ont eue dans leurs parens, et que ceux qui l'ont été l'ont même indépendamment de leur secours; en sorte que plusieurs enfans que l'impiété de leurs proches avoit abandonnés, ont été portés par les étrangers au baptême, où leurs parens négligeoient de les présenter [1]. » On voit donc dans cet auteur un dessein perpétuel de trouver, tant pour les enfans que pour les adultes, une élection ou vocation particulière, mais toujours sur le fondement d'une volonté générale, sans exception ni restriction, de les sauver tous.

Il est vrai qu'il n'entre pas en particulier dans la difficulté des enfans morts-nés, mais ses principes s'étendent jusqu'à eux : on

---

[1] Lib. II *De Vocat. gent.*, cap. VIII.

voit qu'il n'a rien voulu excepter, quoiqu'il n'ait pas entrepris de rendre raison de tout, et que peut-être il n'ait pas espéré de le pouvoir faire. C'est assez d'avoir posé, comme on a vu, pour principe, que les moyens dont Dieu se sert pour vérifier la proposition de l'Apôtre sont incompréhensibles. C'est là qu'il trouve la résolution de toutes les difficultés particulières; et ce lui est une raison suffisante pour conclure que, «lorsque dans les temps, dans les nations, dans les familles, dans les enfans, dans ceux qui ne sont pas encore au monde, tout ce qui pourra arriver en toutes manières ou avec des singularités remarquables, nous n'hésitions point à le rapporter aux choses qu'un Dieu toujours juste et toujours bon n'a pas voulu que l'on sût dans cette vie mortelle [1]. »

Ne soyons donc pas trop curieux à rechercher les moyens par lesquels Dieu justifie ce qu'il a inspiré à son apôtre sur la volonté générale de sauver tous les hommes, et même ceux qui ne sont pas encore venus au monde, puisque ce docte et pieux auteur enseigne que ces moyens sont impénétrables. Qui pourroit savoir toutes les fautes ou prochaines ou éloignées que peuvent commettre les pères et les mères, en négligeant les soins qu'on auroit pu prendre pour prévenir les avortemens? Et quand il seroit certain qu'il y auroit des rencontres où ils seroient entièrement sans faute, ce que quelques docteurs ne veulent pas accorder, c'est peut-être assez pour sauver une volonté universelle que Dieu ait pourvu en général au bonheur des accouchemens, en donnant et aux enfans et aux mères tout ce qu'il faudroit pour cet effet, s'il n'étoit point empêché par des accidens particuliers, dont Dieu, comme cause universelle, ne devoit pas troubler le cours. Quoi qu'il en soit, il est certain que Jésus-Christ, en sa qualité de rédempteur de tous les hommes, a préparé dans le baptême un remède universel, en disant : « Allez et baptisez toutes les nations [2]; » que non-seulement ce remède est préparé par le Sauveur à tous ceux qui croient, mais encore que sa bonté a été si grande et si générale, que l'enfant qui ne peut pas croire par lui-même, le peut par la foi des autres; qu'en quelque temps et en quelque lieu que cet enfant

---

[1] Lib. II *De Vocat. gent.*, cap. x. — [2] *Matth.*, XXVIII, 19.

vienne au monde, on le pourroit baptiser; par conséquent, qu'il est compris dans l'alliance que Dieu a faite en Jésus-Christ avec toutes les nations sous certaines conditions; et que si la condition ne s'accomplit pas, ce n'est ni par le défaut du traité ou de l'alliance qui ne contient nulle exception, ni par celui du remède ou du sacrement qui est destiné à tous, ni par les paroles de son instituteur, ni par celui de la providence générale qui pourvoit à tout par des moyens convenables à tout l'ordre de ses desseins, encore qu'en particulier ils n'aient pas toujours tout leur effet.

Comment tout cela s'accorde avec ce passage de David : « Il fait tout ce qu'il lui plaît dans le ciel et dans la terre[1], » ce n'est pas encore ce que nous avons à examiner, mais seulement s'il est vrai que les défenseurs de la grâce de préférence, et en particulier le docte auteur dont nous parlons, aient entendu en Dieu par les paroles de saint Paul une volonté générale de procurer le salut à tous les hommes sans exception. Or, c'est de quoi on ne peut douter après tant de passages par lesquels il a paru, non-seulement qu'il reconnoissoit cette vérité, mais encore qu'il la reconnoissoit pour incontestable.

Nous avons vu deux endroits où ces choses sont posées comme constantes : la volonté générale, la préférence particulière, l'incompréhensibilité des moyens de Dieu pour accomplir ces deux vérités[2]. Ainsi la difficulté de les entendre ne doit point apporter d'obstacle à la nécessité de les croire. « Car, dit notre auteur, ce qui est porté dans les Ecritures sur le salut de tous les hommes, ou plutôt sur l'opération qui tend à le procurer, *quod de salvatione omnium hominum in Scripturarum corpore reperitur*, est cru avec une foi d'autant plus louable, qu'il est plus difficile de le concevoir, *ut quantò difficillimè intellectu capitur, tantò fide laudabilissimè creditur*[3]. » Et il ne faut pas répondre que la foi qu'il exige ici regarde seulement les paroles de saint Paul que tout chrétien doit recevoir, et non pas l'interprétation qui les étend à tous les hommes sans rien excepter : comme il attache l'interpré-

---

[1] *Psal.* CXIII, 3. — [2] Lib. II *De Vocat. gent.*, cap. I-X. — [3] *Ibid.*, cap. II.

tation aux paroles mêmes qu'il prend au pied de la lettre, il demande la créance pour l'un et pour l'autre ; il fait toujours tomber sur l'explication la certitude qu'il donne à la doctrine qu'il enseigne ; et il dit non-seulement qu'il est vrai, mais encore qu'il « est manifeste que Dieu veut sauver tous les hommes et les amener à la connoissance de la vérité par mille moyens divers ; mais que ceux qui y parviennent y sont dirigés par le secours de Dieu, comme ceux qui n'y parviennent pas résistent par leur propre opiniâtreté [1]. »

Pour rédiger maintenant en peu de paroles toute la doctrine de ce livre, il faut dire avant toutes choses que l'intention de son auteur étant de concilier la volonté générale en Dieu et en Jésus-Christ de sauver et de racheter tous les hommes, avec la particulière de sauver spécialement et par des moyens certains les élus de Dieu, il n'a pas pris le parti de chercher des restrictions à ces paroles, ce qu'il eût fait s'il eût cru ces restrictions véritables ; mais il a voulu expliquer les paroles de l'Ecriture selon toute la généralité qu'on leur peut donner.

Cela posé, il a établi une grâce et un secours général pour tous les hommes, sans en excepter ceux qui paroissent y avoir moins de part, puisque même il y a compris non-seulement ceux qui n'ont jamais ouï parler de l'Evangile, mais encore les enfans qui meurent sans baptême.

On demande ce que ce peut être que ce secours et cette grâce généralement préparés à tous les hommes. Si c'est seulement une grâce et un secours extérieurs, l'auteur ne vient pas à son but, qui est d'établir en Dieu et en Jésus-Christ une volonté générale de procurer le salut aux hommes, puisque ce n'est point les vouloir sauver et les amener à la connoissance de la vérité, que de leur avoir préparé les seuls secours extérieurs avec lesquels il est bien certain qu'ils ne peuvent rien. Aussi l'auteur nous témoigne-t-il que son intention a été de proposer un secours qui suffit à quelques-uns pour les guérir et à tous pour les convaincre de leur infidélité, et que c'est par leur faute qu'ils périssent sans qu'il y ait rien du côté de Dieu qui empêche la volonté de leur Sauveur.

[1] Lib. II *De Vocat. gent.*, cap. VI, VII.

Quand on suppose en Dieu une volonté, on ne suppose pas seulement une démonstration extérieure de vouloir ce qu'en effet on ne veut pas, on suppose une volonté sincère, on la suppose véritable; et il vaudroit mieux ne reconnaître ni en Dieu ni en Jésus-Christ aucune volonté de sauver tous les hommes, et chercher des explications et des restrictions aux paroles de l'Ecriture, que d'admettre une volonté qui ne fût pas véritable.

Je sais qu'on reconnoît dans l'Ecole une volonté de Dieu où il ne nous montre pas tout ce qu'il veut que nous voulions ou plutôt ce qu'il nous commande de vouloir; et telle est la volonté qui paroît dans les préceptes. Mais, sans entrer dans le fond de cette explication, elle n'étoit pas suffisante pour développer la question dont il s'agissoit dans ce livre. Personne n'étoit en doute de ce que Dieu nous commande de vouloir : si l'auteur n'avoit eu que cela en vue, il n'auroit fallu nous parler que des commandemens de Dieu, et rien ne l'auroit obligé de rechercher les moyens et les secours par lesquels il nous aide à lui obéir. Il auroit, dis-je, suffi de nous dire que Dieu nous commande de le reconnoître et de le servir, sans nous parler des moyens par lesquels il nous y invite et nous y attire, et par lesquels en même temps il convainc la contumace de ceux qui méprisent ses invitations et ses attraits. Mais c'est de ces moyens et de ces attraits dont il s'agit dans tout cet ouvrage; et ainsi la volonté dont il s'agit n'est pas celle qui donne des préceptes, mais celle qui donne des moyens et des secours.

De là il s'ensuit encore que, lorsque cet auteur répète et inculque à toutes les lignes cette volonté générale de sauver les hommes, son intention n'est pas de nous dire seulement que Dieu veut que nous voulions leur salut, qu'il nous le commande et qu'il inspire cette volonté à ses saints : car cela seul n'obligeroit pas à rechercher des moyens par lesquels Dieu a voulu aider tous les hommes, et en même temps rendre inexcusables tous ceux qui n'en profiteroient pas : ce qui est le but perpétuel de ce docte auteur.

Il faut donc conclure de nécessité qu'il a voulu établir et expliquer une volonté de Dieu vraiment générale, de sauver sans exception tous les hommes. Pour maintenant prouver qu'il a établi cette volonté sans préjudice d'une volonté gratuite particulière, et efficace de conduire les élus au salut, il faudroit transcrire tout son premier livre et plus de la moitié du second; mais ce travail seroit inutile, puisque la chose est constante. Voici néanmoins encore, dans le second livre, deux passages qu'on ne peut omettre : « Soit, dit-il, que nous regardions les derniers siècles, ou les premiers, ou ceux du milieu, on croit raisonnablement et pieusement que Dieu veut et qu'il a toujours voulu que tous les hommes soient sauvés; et on n'a besoin d'autres choses, pour le prouver, que de ces bienfaits et de cette providence que Dieu étend en commun et indifféremment à toutes les générations. Car ces dons ont été si généraux, que les hommes peuvent être aidés par leur témoignage à chercher le vrai Dieu; et néanmoins Dieu a encore ajouté à ces dons, qui font connoître leur auteur par tous les siècles, le don d'une grâce spéciale. Et encore que cette grâce se donne maintenant (sous le Nouveau Testament) plus abondamment que jamais, Dieu renferme dans sa science les causes des différentes distributions de ses dons et les tient cachés dans le secret de sa toute-puissante volonté. Si ces grâces ainsi distribuées étoient répandues sur tout le monde uniformément, elles ne seroient pas cachées; et comme on ne peut douter de la bonté générale, *et quùm nulla est ambiguitas de benignitate generali*, aussi n'y auroit-il rien de merveilleux ou de surprenant dans la miséricorde spéciale, *tam de speciali misericordiâ nihil quod stupendum esset existeret;* et ainsi cette bonté générale seroit une grâce, et cette miséricorde particulière n'en seroit pas une (parce qu'on en sauroit la cause et qu'on ne croiroit pas qu'elle fût donnée par une pure libéralité). Mais il a plu à Dieu de donner cette grâce (d'une particulière miséricorde) à plusieurs hommes, et de ne priver personne de la grâce (d'une bonté générale), afin qu'il paroisse dans toutes les deux que le don qui a été accordé à une partie des hommes, n'a pas été refusé à l'universalité du genre humain, mais que la grâce a prévalu dans les uns, et que la nature a résisté dans les autres [1]. » Voilà donc, outre la grâce générale accordée à tous, une secrète distribution pour quelques-uns d'une

---

[1] Lib. II *De Vocat. gent.*, cap. VIII, fin.

grâce particulière qui donne un grand sujet d'étonnement, parce que la cause en est cachée dans la toute-puissante volonté de Dieu, sans qu'il y en ait aucune du côté de l'homme.

C'est ce que ce saint docteur explique encore plus profondément par ces paroles : « Nous avons prouvé que non-seulement dans ces derniers temps, mais encore dans tous les siècles précédens, la grâce est venue au secours de tous les hommes, *omnibus adfuisse gratiam*, avec une égale providence et une bonté générale, *providentiâ pari et bonitate generali ;* mais en même temps avec une opération différente, *multimodo opere*, et à mesure diverse, *diversâque mensurâ :* parce que par des moyens ou secrets ou manifestes, c'est lui qui « est le Sauveur de tous les hommes, principalement des fidèles [1]. » Par une sentence si courte, si précise et si forte, l'Apôtre a décidé toute cette question ; et si nous la considérons tranquillement, nous verrons qu'en prononçant que Dieu est le Sauveur de tous, il a montré que la bonté de Dieu étoit générale envers tous les hommes ; et qu'en ajoutant *principalement des fidèles*, il a fait voir qu'il y a une partie du genre humain qui, par le mérite d'une foi divinement inspirée, est élevée au salut éternel par des bienfaits particuliers. Ce qui se fait sans qu'on puisse accuser Dieu d'aucune injustice et sans qu'il nous soit permis, dans ces secrètes dispensations de sa grâce, d'examiner son jugement avec arrogance, puisqu'au contraire nous n'avons qu'à le louer avec tremblement, et que nous avons fait voir que Dieu ne donne pas les mêmes ou de sûrs bienfaits aux peuples fidèles (a), et qu'avant toute considération des mérites, la mesure de ses dons est très-différente [2].

Il prouve cette différence par la mesure inégale de la révélation dans l'Ancien et dans le Nouveau Testament, dont il n'y a aucune raison que la seule volonté de Dieu ; il la prouve aussi par l'inégalité des grâces et des vertus : « Encore, dit-il, qu'il soit assuré que personne n'a aucun bien que Dieu n'ait donné, tous n'éclatent pas en mêmes vertus, tous ne sont pas enrichis des mêmes grâces;

---

[1] I *Tim.*, IV, 10. — [2] Lib. II *De Vocat. gent.*, cap. X.

(a) Traduction littérale : « Et que même parmi les peuples fidèles, Dieu ne confère pas les mêmes ni de pareils bienfaits. »

et il ne faut pas attribuer aux mérites ces divers degrés des dons divins, puisque la grâce est la cause principale de tout bon mérite, et que c'est de ses richesses qu'il faut prendre tout ce qui se trouve digne d'approbation dans tous les particuliers. » D'où il conclut, à l'exemple de saint Augustin, que Dieu, ayant prévu et prédestiné toutes les grâces qu'il a résolu de donner aux hommes afin de les faire saints, et la prescience ne pouvant être trompée, « il ne perd rien de la plénitude des membres dont le corps de Jésus-Christ est composé ; le nombre prévu et choisi ou prédestiné avant tous les temps ne souffre aucune diminution, conformément à ces paroles de saint Paul : « Souffrez avec moi pour l'Evangile selon la force de Dieu qui nous a sauvés et nous a appelés par sa vocation sainte ; non selon nos œuvres, mais selon le décret de sa volonté et la grâce qui nous a été donnée en Jésus-Christ avant tous les siècles[1]. » Par ce passage et par beaucoup d'autres paroles de l'Apôtre, et encore par les prières de l'Eglise, il établit l'efficace, la gratuité, la distinction de la prédestination selon la doctrine de saint Augustin : par où il nous donne l'exemple de joindre à la volonté particulière de sauver les élus, la volonté générale de sauver tous les hommes ; et telle est bien constamment la doctrine de l'auteur du livre *de la Vocation des gentils*, attribué à saint Prosper d'Aquitaine.

CHAPITRE VII.

Continuation du précédent : les Pères qui ont suivi saint Augustin reconnoissent en Dieu et en Jésus-Christ la volonté générale de sauver et de racheter tous les hommes.

Et saint Prosper, le véritable Prosper, qui est le chef des défenseurs de saint Augustin, enseigne la même doctrine. D'abord on ne doute pas qu'il n'ait enseigné avec saint Augustin la grâce de prédilection et de prédestination gratuite pour les élus, de la manière dont elle a été expliquée. Il ne reste donc qu'à prouver qu'il a reconnu en même temps la volonté générale de sauver les hommes

---

[1] II *Tim.*, I, 8, 9.

tant en Dieu qu'en Jésus-Christ, et dans la rédemption du genre humain. Le titre même des livres de saint Prosper pour la défense de saint Augustin commence la preuve : *Réponses de Prosper aux articles des calomniateurs gaulois.* Il déclare aussi « qu'il écrit pour empêcher qu'on ne croie que les sentimens de saint Augustin soient conformes à ce qu'en proposent ceux qui calomnient en vain ce saint docteur. » Il parle plus sévèrement dans la préface de la *Réponse aux objections de Vincent :* « Ils produisent, dit-il, contre nous les prodigieux mensonges de leurs impertinens blasphèmes, et ils assurent que nous croyons ce qui est compris dans le dénombrement diabolique qu'ils proposent de nos erreurs. » Pour adoucir ces calomniateurs, il récite seize chapitres [1], dont on accuse saint Augustin et ses disciples; et à la tête de tous ces chapitres, il met celui-ci comme l'un des plus malins, que « Notre-Seigneur Jésus-Christ n'est pas mort pour le salut et la rédemption de tous les hommes [2]. » C'est donc là, selon saint Prosper, une calomnie qu'on faisoit à saint Augustin; c'étoit un de ces blasphèmes dont il vouloit le défendre. On dira qu'en effet c'est un blasphème de nier ce que saint Paul assure en termes formels : « Jésus-Christ, dit cet apôtre, est mort pour tous; » c'est donc imputer à saint Augustin un blasphème contre saint Paul, que de lui faire nier ce qui est enseigné par cet apôtre. Mais à cela on répond que l'intention des calomniateurs de saint Augustin n'étoit pas de lui reprocher qu'il ne croyoit pas à saint Paul ou qu'il en rejetoit l'autorité, mais qu'il entendoit ces paroles en un sens contraire, en disant que ce mot de *tous* ne s'entendoit pas de tous les hommes sans en excepter aucun. C'est donc cette calomnie que saint Prosper entreprend de réfuter; ce qu'il ne fait point, s'il ne montre que saint Augustin ne restreint pas à quelques-uns ce que saint Paul dit de tous les hommes en général.

C'est aussi ce qu'il fait en distinguant l'intention de la mort de Jésus-Christ d'avec son application à chaque fidèle. Quant à l'intention, il soutient que Jésus-Christ est le rédempteur de tous, encore qu'il ne le soit pas par l'application actuelle de sa mort; et

---

[1] *Resp. ad object. Vincent.*, præf. — [2] *Object.* 1.

cette doctrine ne diffère pas de celle qu'on enseigne dans toute l'École et que le concile de Trente a exprimée en ces termes : « Quoique Jésus-Christ soit mort pour tous, tous néanmoins ne reçoivent pas le fruit de sa mort [1]. »

Pour bien entendre saint Prosper, il faut remarquer trois manières dont on peut dire, selon ce Père, que Jésus-Christ soit mort pour tous les hommes : la première, à cause de la grandeur et de la puissance du prix que Jésus-Christ a donné, qui est son sang capable de racheter tout le genre humain, *quod ad magnitudinem et potentiam pretii;* la seconde, à cause qu'il a pris la nature de tous les hommes; la troisième, à cause aussi qu'il a pris en main la cause commune de tous les hommes, en expiant le péché d'Adam dans lequel tous étoient perdus, *propter unam omnium naturam et unam omnium causam* [2].

La première raison, qui est tirée de la valeur infinie du prix qu'il a donné pour nous, n'est pas suffisante, parce que si l'on n'avoit égard qu'à celle-là, Jésus-Christ ne seroit pas plus le sauveur des hommes que des démons, puisque son sang, qui est d'un prix infini, suffisoit pour les racheter et pour racheter mille mondes. Il faut donc venir aux deux autres choses, qui est que la nature qu'il a prise et la cause qu'il a défendue est celle de tous les hommes. Mais encore si cela n'est bien entendu, il ne suffit pas pour faire Jésus-Christ rédempteur commun de tous les hommes. Car il ne serviroit de rien ni que la nature, ni que la cause fût commune à tous les hommes, si avec cela il n'a pas eu la volonté de les racheter tous : un médecin auroit beau avoir apporté un remède capable de guérir tous les pestiférés, et de vouloir donner à quelques-uns le remède du mal qui leur est commun; il ne sera pas pour cela le médecin de tous, s'il n'a dessein d'employer son remède qu'à quelques-uns. Il en est de même de Jésus-Christ. C'est pourquoi saint Prosper ne veut qu'il soit rédempteur de tous les hommes que « à cause qu'il a pris véritablement et la nature et la cause de tous les hommes, *propter unam omnium naturam et unam omnium causam in veritate susceptam.* » On sait ce que

---

[1] Sess. VI, cap. II. — [2] *Resp. ad object. Vincent.*, object. 1.

veut dire en latin *suscipere causam*, prendre en main la cause de quelqu'un : c'est en être l'avocat, la plaider, la soutenir. Ainsi prendre en main la cause de tous, c'est plaider pour tous ceux qui ont intérêt dans cette cause et en être le commun avocat. C'est donc ce que saint Prosper nous enseigne qu'il a fait, lorsqu'il dit que Jésus-Christ a pris en main la cause commune de tous les hommes; et, pour exprimer plus fortement sa pensée, il ajoute qu'il l'a prise en main en vérité, *propter unam omnium naturam et unam omnium causam in veritate susceptam*. Aussi véritablement qu'il a pris la nature de tous les hommes, aussi véritablement il s'est rendu l'avocat et le défenseur de leur cause : la manière dont il a soutenu celle des hommes, c'est non-seulement en se rendant caution pour eux, mais encore en payant à leur décharge. Il a donc eu la volonté de payer pour tous, puisqu'il a voulu en commun défendre leur cause et se rendre leur avocat.

Mais encore, dit saint Prosper, « qu'on eût raison de dire en ce sens que tous sont rachetés, *recte omnes dicantur redempti*, » à cause que Jésus-Christ, en prenant la nature de tous, s'est aussi chargé de leur cause et qu'il a plaidé généralement pour tous ceux qu'elle regardoit, *propter unam omnium naturam et unam omnium causam in veritate susceptam;* toutefois, « comme tous ne sont pas actuellement délivrés, » quoique l'universalité de la rédemption s'étende à tous les hommes, il n'en est pas de même de la propriété, *redemptionis proprietas*, qui n'est qu'à ceux qui se sont approprié, par l'application, le don commun, parce que, continue saint Prosper, « le breuvage d'immortalité composé de la foiblesse de notre nature et de la puissance de la nature divine, a en soi de profiter à tous; mais si on ne le boit, il ne guérit pas, *habet quidem in se ut omnibus prosit; sed si non bibitur, non medetur.* » Il a en soi de profiter à tous : il n'en a pas seulement la vertu et la puissance; quant à lui, il profite à tous; ce qui ne seroit pas véritable, si non-seulement il n'avoit une force suffisante pour les guérir, mais s'il n'étoit effectivement préparé pour eux. Car, comme nous avons vu, ni le médecin n'est le médecin de tous les malades, ni l'avocat n'est l'avocat de tous ceux que la cause intéresse, s'il n'a en même temps la volonté et de préparer son remède à tous ceux qui sont attaqués de la maladie, et d'employer les défenses et les moyens de la cause pour tous ceux qui se trouveroient condamnés sans ce secours. Ainsi on a grande raison de dire, *rectissimè dicatur,* que Jésus-Christ, comme le remarque saint Prosper, a été en général crucifié pour tous les hommes, à cause qu'il a offert en sacrifice pour eux tout son corps et son sang qui lui étoit commun avec eux; « et on peut dire en un autre sens qu'il a été crucifié seulement pour ceux à qui sa mort profite, *potest tamen dici pro his tantùm crucifixus, quibus mors ipsius profuit*[1] ; » où la seule façon de parler montre que la manière dont on le doit expliquer naturellement en cette matière, est de dire que Jésus-Christ « a été crucifié en général pour tous les hommes : » car c'est cette locution dont il prononce *rectissimè dicatur;* et pour l'autre expression, qui restreint la rédemption à quelques-uns seulement, il se contente d'assurer que « cela se peut dire ainsi, *potest tamen dici.* » Par où il marque qu'en général, pour parler exactement, il faut dire absolument que Jésus-Christ est mort pour tous les hommes, encore qu'on puisse dire, *potest dici,* en se restreignant à l'effet, qu'il n'est mort que pour quelques-uns ; ce qui est aussi, comme nous verrons, la très-expresse doctrine de saint Augustin.

On voit par ces passages que l'esprit des saints, et en particulier celui des saints défenseurs de la grâce et de saint Prosper, a été de conserver à la rédemption du genre humain un caractère d'universalité. La source en est dans la bonté de Dieu, dont Jésus-Christ homme est l'imitateur en toutes choses et qui, voulant, comme dit saint Paul, que tous les hommes soient sauvés, a inspiré le même désir à celui qu'il leur a donné pour sauveur. C'est pourquoi saint Prosper a marqué encore, parmi « les calomnies » qu'on faisoit à saint Augustin celle de lui reprocher que, « selon sa doctrine, Dieu ne vouloit pas sauver tous les hommes, mais un certain nombre de prédestinés[2] ; » à quoi il s'oppose en disant que « Dieu a soin de tous les hommes, *omnium hominum cura est Deo*[3]. » Ce qu'il entend manifestement par rapport à la religion, puisqu'il

---

[1] *Resp. ad object. Gall.*, object. 9. — [2] *Ibid.*, object. 7. — [3] *Ibid.*

prouve ce soin général de la bonté de Dieu envers tous les hommes, parce qu'il « n'y en a aucun que la prédication de l'Evangile, ou le témoignage de la loi, ou la nature même ne sollicite : *Nemo est quem non, aut evangelica prædicatio, aut legis testificatio, aut ipsa etiam natura conveniat* [1]. » Ce terme de *conveniat* a une force particulière, que je ne sais pas rendre en notre langue. Car il marque, pour me servir de cette expression, une insinuation, une signification faite à chacun de la volonté de Dieu, afin que tous s'y conforment ; d'où ce grand homme conclut qu'il faut « rejeter sur eux-mêmes, l'infidélité des hommes qui désobéissent, *sed infidelitatem hominum ipsis adscribamus hominibus.* »

Que si l'on répond qu'il ne parle ici que des invitations extérieures, j'en conviens. Mais il faut aussi que l'on convienne que, pour vérifier la parole de saint Paul : « Dieu veut que tous les hommes soient sauvés, » saint Prosper s'est cru obligé à rendre ces invitations universelles. C'est pourquoi, après avoir dit que tout le monde est invité et sollicité « par la loi et par l'Evangile, » c'est-à-dire par des moyens qui ne sont pas absolument universels, pour ne laisser aucun doute de l'universalité de l'invitation, il y ajoute « la nature même, » dont la voix, dans l'ordre du monde et dans les mouvemens de la conscience, se fait entendre à tous les hommes. On voit donc que l'intention de saint Prosper, pour répondre à celle de saint Paul, est de donner à la volonté un moyen universel de solliciter tous les hommes sans exception à lui obéir. Mais comme il est bien certain qu'un moyen extérieur ne suffit pas pour faire que Dieu veuille véritablement sauver tous les hommes, ni pour faire que tous les hommes se puissent soumettre à ses volontés et n'imputer plus leur infidélité qu'à eux-mêmes, il faut joindre à ce moyen extérieur si universel un moyen intérieur de même étendue ; autrement on n'explique point la volonté générale, et on ne satisfait pas à l'intention de l'Apôtre.

Au reste il n'est pas besoin que saint Prosper entre dans l'explication de ces moyens intérieurs, que les semi-pélagiens qu'il avoit

---

[1] *Resp. ad obj. Gall.*, ibid.

à combattre ne rejetoient pas : il suffisoit de montrer les moyens extérieurs auxquels ils étoient attachés. Quand saint Augustin enseigne « qu'il y a des hommes qui sont doués naturellement d'un don d'intelligence si divin qu'ils seroient facilement portés à croire, s'ils voyoient ou s'ils entendoient des miracles ou des discours convenables à leur génie [1], » la grâce est présupposée dans ce passage, encore qu'elle n'y soit pas exprimée. Je dirai à peu près de même que, quand saint Prosper propose les moyens extérieurs de connoître Dieu, qui rendent inexcusables ceux qui refusent de le faire, il présuppose et sous-entend les secours intérieurs qui les accompagnent : autrement il n'auroit pas tant fait valoir ce soin que Dieu a de tous les hommes par rapport à la religion, comme on a vu ; et encore moins auroit-il pu dire que, « sans préjudice du discernement contenu dans la science divine que Dieu fait entre les hommes selon les secrets profonds de sa justice, il faut croire et confesser très-sincèrement que Dieu veut qu'ils soient tous sauvés [2]. »

Il est vrai que la volonté générale étoit prise en un mauvais sens par les semi-pélagiens qui, comme le rapporte saint Prosper lui-même dans sa lettre à saint Augustin, en inféroient que, sans repousser personne de la vie, « la bonté de Dieu vouloit *indifféremment* que tous les hommes fussent sauvés et vinssent à la connoissance de la vérité : en sorte que, comme on dit que ceux qui ne viennent pas n'obéissent point parce qu'ils ne l'ont pas voulu, il soit aussi véritable que le fidèle qui obéit, le fait parce qu'il le veut, chacun ayant autant de pouvoir au bien qu'au mal et la volonté se mouvant avec un poids égal à l'un ou à l'autre [3]. »

C'étoit là un des caractères du semi-pélagianisme si bien marqué dans leur doctrine, qu'il est même observé par les grecs et par Photius : « Ils veulent, dit-il, que Dieu gratifie indifféremment tous les hommes [4]. » Ce mot *indifféremment* a un double sens. Il signifie, en premier lieu, que la bienveillance de « Dieu, qui veut sauver tous les hommes, n'excepte personne ; » et nous avons vu ce sens dans plusieurs passages des Pères, et entre autres dans

---

[1] *De Don. pers.* — [2] *Resp. ad object. Vincent.* — [3] Prosp., *Epist. ad August.*, n. 4. — [4] Cod. 54.

ceux de l'auteur du livre *de la Vocation des gentils* et dans ceux de saint Prosper même. Il peut vouloir dire, en second lieu, que l'indifférence est si grande qu'il n'y a du côté de Dieu ni choix, ni discernement, ni grâces particulières pour les élus. En sorte, comme on a vu, que leur pouvoir et leur inclination, comme celle de tous les hommes, soit égale pour le bien comme pour le mal, sans que Dieu incline efficacement leur volonté au bien, qui est le sens des semi-pélagiens et celui auquel saint Prosper rejette la volonté générale; c'est-à-dire, comme il l'explique, « une volonté tellement indifférente que, dans tous les siècles et en quelque manière que ce soit, elle n'omette personne : *Ita indifferens per omnia sæcula voluntas Dei, ut usquequaque neminem hominum prætermisisse videatur :* ce qui ne peut être, dit le saint, sans qu'on attaque l'impénétrable hauteur des jugements de Dieu [1]. »

Pourvu donc qu'on n'attaque pas cette impénétrable hauteur, et qu'on reconnoisse du côté de Dieu avec saint Augustin, avec saint Prosper, avec l'auteur du livre *de la Vocation des gentils,* un discernement du côté de Dieu, un choix, une élection, une prédestination et prédilection gratuite dont il n'y ait point d'autre cause qu'une bonté particulière de Dieu envers ses élus, non-seulement saint Prosper admettra une volonté générale de sauver et de racheter tous les hommes ; mais encore il comptera, comme on a vu, parmi les calomnies qu'on fait à saint Augustin et parmi les erreurs qu'on lui impute, celle de lui faire nier cette volonté générale.

Et si l'on demande quel est, selon saint Prosper, l'effet de cette volonté générale, l'effet en est de donner aux hommes qu'il veut sauver le secours absolument nécessaire pour parvenir au salut et un secours, en un mot, de la nature de celui qui bien constamment est donné, selon ce saint Père et selon saint Augustin, comme on va voir, aux justes qui tombent. Car saint Prosper compte encore, parmi les erreurs qu'on impute à saint Augustin et à ses disciples, celle de leur faire assurer que Dieu « retire secrètement les bonnes volontés » aux justes qui ne persévèrent pas dans la vertu [2]; c'est-à-dire qu'il leur retire sa grâce et, comme il parle

---

[1] *Resp. ad obj. Gall.,* object. 8. — [2] *Resp. ad object. Vincent.,* object. 13.

en un autre endroit, « qu'il ne veut pas que tous persévèrent, *nolit Deus ut omnes catholici in fide catholicâ perseverent*[1] ; » et au contraire, il suppose comme incontestable que « c'est la volonté de Dieu qu'on demeure dans la bonne volonté, *Dei ergò voluntas est ut in bonâ voluntate maneatur*[2]. » Et il ne faut pas répondre que, lorsqu'il dit que Dieu veut qu'on persévère, ce soit dire simplement qu'il le commande : car s'il ne s'agissoit que de vérifier que Dieu commande aux justes la persévérance, saint Prosper n'auroit eu besoin que d'alléguer les préceptes, et il n'auroit pas été nécessaire qu'il alléguât les secours. Or, est-il que, sans alléguer les préceptes, il n'allègue que les secours, en parlant ainsi : « C'est la volonté de Dieu qu'on demeure et qu'on persévère, puisqu'il ne délaisse personne qui ne l'ait auparavant délaissé, et qu'il convertit beaucoup de ceux qui le délaissoient : *Qui et priusquàm deseratur, neminem deserit, et multos deserentes sœpè convertit*[3]. » Il répète le même principe, en un autre endroit par ces paroles : « Comme il faut rapporter le bien à Dieu qui l'inspire, il faut rapporter le mal à ceux qui pèchent : dont il rend cette raison, qu'ils n'ont pas été abandonnés de Dieu, afin qu'ils l'abandonnassent ; mais qu'ils l'ont abandonné et ils ont été abandonnés, et ils ont été changés de bien en mal par leur propre volonté : *Reliquerunt et relicti sunt, et ex bono in malum propriâ voluntate relicti sunt*[4]. » Enfin il inculque encore cette vérité, lorsqu'après avoir enseigné que « Dieu n'est pas cause de la défection de ceux qui s'éloignent de lui, » il le prouve en cette manière : « Qu'encore qu'il ait pu donner à ceux qui tombent, la force de ne tomber pas, il est pourtant véritable que sa grâce ne les a pas quittés avant qu'ils le quittassent[5]. »

Nous allons voir, dans un moment, qu'il a pris ce beau principe de saint Augustin, ou plutôt de la tradition universelle de l'Eglise, d'où le concile de Trente l'a tiré pour en faire un point de foi. Mais nous n'en sommes pas encore à qualifier la proposition qui rejetteroit ce principe ; nous en sommes à démontrer que c'est, selon saint Prosper, une vérité qui ne reçoit aucun doute, que les

---

[1] *Resp. ad object. Vincent.*, object. 8. — [2] *Ibid.* — [3] *Ibid.*, object. 7. — [4] *Resp. ad object. Gall.*, object. 3. — [5] *Ibid.*, object. 15, art. 7.

justes mêmes, lorsqu'ils tombent, n'étoient pas destitués de secours. Car quel que soit ce secours et en quelque sorte qu'on l'explique, si ce n'étoit ce secours absolument nécessaire et absolument suffisant pour conserver la justice, le juste, contre saint Prosper, seroit délaissé avant sa chute, et Dieu de lui-même lui auroit ôté son secours absolument nécessaire. Poussons plus avant et disons : Ce secours n'a pas son effet entier dans les justes, puisqu'ils tombent ; il a pourtant un certain effet, puisqu'il les soutient jusqu'à leur donner le pouvoir de ne tomber pas, et cet effet est la suite de la volonté que Dieu a qu'ils persévèrent. Comme donc, parce qu'il a une volonté que les justes ne tombent point, il leur donne le secours absolument nécessaire pour prévenir cette chute, de même s'il y a en Dieu et en Jésus-Christ une volonté générale de sauver tous les hommes et que ce soit une calomnie de faire nier cette vérité à saint Augustin et à ses disciples, l'effet de cette volonté sera que Dieu prépare à tous, en temps convenable, en degré suffisant, quoiqu'avec des différences infinies et par les voies qui lui sont connues, des moyens de parvenir au salut, de la nature de ceux qu'il donne aux justes qui tombent, quoique Dieu veuille qu'ils demeurent.

Il ne s'agit pas maintenant de concilier ces deux volontés, c'est-à-dire la générale de sauver tous les hommes avec la prédilection et préélection particulière des saints. Le livre *de la Vocation des gentils* a mis cette importante conciliation au rang des vérités qu'il faut croire, encore qu'elles soient incompréhensibles; et quelque difficulté qu'il y ait à concilier ces deux volontés, saint Prosper qui, comme on a vu, a rangé la particulière qui regardoit les élus parmi les fondemens de la foi, n'a pas laissé de repousser comme des calomniateurs ceux qui imputoient à saint Augustin de nier la générale et universelle qui regardoit tous les hommes.

CHAPITRE VIII.

Saint Augustin reconnoît en Dieu et en Jésus-Christ la volonté générale de sauver et de racheter tous les hommes.

Que ce soit, en effet, une calomnie d'attribuer cette erreur à saint Augustin, le P. Deschamps le prouve par cent passages de ce Père, où il paroît clairement qu'il n'a point parlé autrement que les autres saints de l'universalité de la rédemption [1]. Car on y trouve que si Jésus-Christ a acquis le droit de «juger tout le monde, c'est parce qu'il a acheté, non une partie mais le tout : il doit donc juger le tout, puisque c'est le tout qu'il a acheté : *Judicabit orbem terrarum, non partem, quia non partem emit; totum judicare debet, quia pro toto pretium dedit* [2]. » Pour parler conséquemment, il dit toujours que « le sang de Jésus-Christ est le prix de toute la terre [3]. » Rien n'étoit proportionné au prix qu'il donnoit que l'univers tout entier : « Voulez-vous savoir ce qu'il a acheté? Voyez ce qu'il a donné : le prix, c'est le sang de Jésus-Christ. Combien vaut-il? tout le monde [4]. » Voulez-vous donc savoir ce qu'il a acheté par ce prix, vous n'avez qu'à considérer ce que ce prix valoit. Qu'on me montre aucun passage des autres Pères où l'universalité de la rédemption soit plus clairement expliquée.

Pour l'intention de sauver généralement tous les hommes, aucun de ceux qui ont précédé saint Augustin ne l'a non plus énoncé plus clairement qu'il a fait sur ces paroles de Jésus-Christ : « Dieu a envoyé son Fils non point pour juger le monde, mais pour le sauver [5]. » D'où saint Augustin conclut : « Autant qu'il dépend du médecin, *quantùm in medico est*, il est venu sauver le malade. Celui-là se donne la mort, qui ne veut pas observer le précepte du médecin. » Il ne veut donc pas qu'aucun des malades périsse que le médecin n'ait l'intention de le guérir, de le sauver; et s'il n'est pas sauvé, il veut qu'il ne l'impute qu'à sa propre volonté,

---

[1] *De Hær. jans.*, disp. 7, cap. II et seq. — [2] *In Prosp.*, xcv sub. fin. — [3] *Ibid.*, XXI, med. — [4] *In Prosp.*, xcv, med. — [5] *Joan.*, III, 17.

qui lui a fait refuser le remède qui lui étoit présenté : *Ille se interimit, qui præcepta medici observare non vult.* »

Le même saint, dans un livre où il entreprend d'instruire et de former ceux qui venoient au christianisme et qu'il intitule pour cette raison : *De Catechizandis rudibus :* de la manière dont il faut instruire ou catéchiser les ignorants, donne cette instruction au nouveau disciple : « Qu'il ne doit désespérer de la correction d'aucun de ceux à qui Dieu prolonge la vie par sa patience, parceque, comme dit l'Apôtre, il ne le fait point pour autre dessein que pour les amener à la pénitence : *Ut de nullius correctione desperet quem patientia Dei videt vivere, non ob aliud, sicut Apostolus ait, nisi ut adducatur ad pœnitentiam.* » Et il ajoute dans le même esprit : « Dieu a envoyé son Fils pour sauver les hommes des peines éternelles, s'ils ne sont point ennemis d'eux-mêmes et qu'ils ne résistent point à la miséricorde de leur Créateur : *Si sibi ipsis non sint inimici, et non resistant misericordiæ Creatoris sui*[1]. » Ainsi la volonté de Dieu par elle-même est universelle, et rien n'en empêche l'effet que la volonté de l'homme, qui s'oppose lui-même à son bonheur.

Ces passages sont tirés des livres que saint Augustin a composés ou des sermons qu'il a prononcés durant son pontificat, c'est-à-dire, durant le temps où il reconnoît lui-même que sa doctrine a été pure sur la matière de la grâce chrétienne. Il y en a, comme celui du livre *de Catechizandis rudibus*, qui font partie des ouvrages qu'il a rétractés, et où il s'est bien gardé de reprendre les endroits où il met en Dieu cette volonté et, pour user de ce mot, cette propension générale à sauver les hommes, encore qu'il s'y agit d'instruire un diacre que l'Eglise de Carthage avoit chargé du catéchisme, et à qui il ne falloit point permettre, dans une instruction si importante, d'enseigner comme constant ce qui ne le seroit pas[2]. C'étoit donc, au contraire, l'esprit de l'Eglise, qu'on inculquât cette vérité aux catéchumènes dès les premiers pas qu'ils faisoient pour entrer dans le christianisme, et il ne faut pas croire que saint Augustin ait jamais pu s'éloigner de ces sentimens.

---

[1] *De Catech. rud.*, n. 50. — [2] *Ibid.*, cap. I.

Mais si l'on veut voir ce qu'il a dit en disputant contre les pélagiens, il ne faut que l'écouter dans le livre *de l'Esprit et de la lettre*, auquel il donne lui-même cet éloge dans ses *Rétractations*, « qu'autant qu'il a plu à Dieu de lui aider, il y a fortement ou vivement disputé, *acriter*, contre les ennemis de la grâce de Dieu par laquelle l'impie est justifié [1]. » Dans ce livre donc, qu'il recommande si fort à ses lecteurs, la suite de la dispute l'ayant mené naturellement à cette question, qui est sans doute la principale en cette matière : D'où nous venoit la foi par laquelle nous impétrions les autres dons et d'où nous étoit inspirée la volonté de croire, il y propose ce doute : « Si elle nous vient par la nature, pourquoi n'est-elle pas donnée à tous, puisque Dieu est le créateur de tous les hommes? et si elle nous vient par un don de Dieu, pourquoi encore n'est-il pas commun à tous les hommes, puisqu'il veut que tous les hommes soient sauvés et qu'ils viennent à la connoissance de la vérité [2] ? » Il étoit donc engagé à résoudre cette question ; et comme pour y marcher lui-même et faire marcher son lecteur plus sûrement, il y alloit pas à pas, voici comme il commence : « Examinons, dit-il, premièrement si, pour résoudre cette question, il suffit de dire que le libre arbitre, qui nous est naturellement accordé par notre Créateur, est cette puissance mitoyenne qui peut ou s'élever à la foi ou décliner vers l'infidélité ; et pour cela il ne faut pas dire que l'homme puisse avoir de soi la volonté de croire sans l'avoir reçue, puisqu'elle s'élève par la vocation de Dieu du libre arbitre que chacun reçoit dans sa création. Or, Dieu veut que tous les hommes soient sauvés et qu'ils viennent à la connoissance de la vérité ; non toutefois de telle sorte qu'il leur ôte le libre arbitre, dont ils peuvent bien et mal user et par là être jugés justement. Et quand il arrive aux infidèles de mal user de leur libre arbitre, ils agissent à la vérité contre la volonté de Dieu en ne croyant pas à l'Évangile ; mais ils ne la surmontent pas et ne font que se priver eux-mêmes du plus grand de tous les biens, et s'impliquent dans des peines rigoureuses qui leur font expérimenter dans leur supplice la puissance de celui dont ils ont mé-

---

[1] Lib. II *Retract.*, cap. XXXIII. — [2] *Ibid.*, n. 57.

prisé la miséricorde dans ses dons, *experturi in suppliciis potestatem cujus in bonis misericordiam contempserunt* [1]. »

Voilà donc par où il commence la résolution de la question qu'il a proposée, en établissant quatre principes : le premier, que nous avons reçu de Dieu le libre arbitre, par lequel nous produisons un acte de foi; le second, que nous ne le produisons pas sans la grâce de Dieu, puisqu'il ne s'élève en nous que par sa vocation, par où nous verrons bientôt qu'il entend une grâce intérieure; le troisième, qu'il veut que tous les hommes soient sauvés, et qu'ils méprisent ses dons quand ils n'ouvrent pas les yeux à la vérité; le quatrième, que de là il ne s'ensuit pas que la volonté de Dieu soit vaincue, parce que ceux qui n'ont pas voulu profiter de ses dons ne peuvent éviter ses jugements. Ce qui lui fait ajouter ces mots : « Ainsi la volonté de Dieu est toujours invincible : il est vrai qu'elle seroit vaincue, si, après qu'on l'a méprisée, il ne savoit que faire des rebelles ou qu'ils puissent éviter le juste supplice qu'il a établi pour eux. » Ce qu'il prouve par l'exemple d'un domestique « qui, dit-il, auroit triomphé de la volonté de son maître, si, après lui avoir désobéi, il pouvoit éviter la peine de sa désobéissance. Mais cela, continue-t-il, ne peut arriver sous un Dieu tout-puissant, dont il est écrit qu'il a parlé une fois, c'est-à-dire immuablement, *semel locutus est Deus :* — Où j'ai, ajoute David, entendu deux choses, *duo hæc audivi :* qu'à lui appartient la puissance et à lui la miséricorde; et, Seigneur, que vous rendez à chacun selon ses œuvres, sans que personne puisse éviter vos jugements. » D'où saint Augustin conclut enfin que « celui-là sera damné par sa puissance qui aura méprisé de croire à sa miséricorde; au lieu que celui qui y aura cru et qui se sera mis entre ses mains pour être absous de tous ses péchés, guéri de tous ses vices, échauffé par sa chaleur et éclairé par ses lumières, il aura par sa grâce les bonnes œuvres dont les biens éternels seront la récompense. »

On voit maintenant, par la suite des principes de ce Père, que la manière dont il entend que Dieu veut sauver tous les hommes, c'est premièrement que tous ceux qu'il punit ont auparavant mé-

---

[1] Lib. II *Retract.*, cap. XXXIII, n. 58.

prisé ses dons : les dons dont ont profité ceux qui se sont mis entre ses mains pour être échauffés dans leur volonté par son ardeur et éclairés dans l'entendement par ses lumières : par conséquent des dons non-seulement extérieurs, mais encore intérieurs ; et non-seulement pour l'entendement, mais encore pour la volonté. A quoi il ajoute que la seule chose qui empêche qu'ils ne triomphent, en périssant, de celui qui avoit voulu les sauver, c'est que, s'ils méprisent par leur résistance la volonté qui étoit prête à les délivrer, ils ne peuvent éviter celle qui dans la suite est résolue à les punir : d'où il s'ensuit qu'il y a pour eux, avant leur révolte, une volonté aussi véritable de les sauver tous qu'il y en a une depuis de les perdre sans miséricorde.

Et ici non-seulement on peut dire, comme on a déjà fait, qu'aucun des Pères n'a parlé plus clairement en cette matière ; mais encore qu'il n'y en a point qui soit entré si à fond dans la matière de la volonté générale, ni qui ait approché de l'évidence avec laquelle saint Augustin l'a poussée jusqu'au premier principe. Cette doctrine lui plaît si fort qu'il emploie encore des pages entières, non plus à la trouver, car la chose étoit faite à fond ; mais à la méditer dans l'effusion de son cœur, comme une de ces vérités qui dilatent le cœur humain par l'impression qu'elle y fait de la souveraine libéralité d'un Dieu infiniment bon.

Après avoir dit ces choses et avoir posé les fondemens pour résoudre la difficulté, il ajoute ces paroles : « Si l'on trouve que ce discours suffit à vider cette question, je le veux bien, *hæc disputatio, si quæstioni illi solvendæ sufficit, sufficiat*[1]. » Mais il n'en demeure pas là ; et sentant qu'on lui pouvoit objecter que si, pour attribuer la foi à Dieu, c'étoit assez d'avoir dit qu'elle sortoit du libre arbitre que nous avons reçu dans notre création, il y auroit à craindre qu'il ne fallût aussi attribuer à Dieu le péché qui vient de la même liberté qu'il nous a donnée, il répond que le libre arbitre reçu de notre Créateur n'est pas la seule raison qui nous fasse dire que la foi est un don de Dieu ; mais qu'il y faut ajouter que « Dieu fait que nous voulons et que nous croyons par

---

[1] Lib. II *Retract.*, cap. xxxiv, n. 60.

les inductions des choses qu'il nous fait voir, *visorum suasionibus*, soit extérieurement par la prédication de l'Evangile, soit dans l'intérieur où personne n'a en sa puissance ce qui lui vient dans l'esprit, mais c'est à la propre volonté d'y donner ou d'y refuser son consentement. »

Ceux qui sont versés dans le style de ce Père savent ce qu'il entend par le mot *visa*, « les vues que Dieu donne, » et par ce mot *vocatio*, *vocatus*, dont on a vu qu'il s'est servi au commencement. Par ces mots il entend les grâces tant extérieures qu'intérieures, par où l'homme est induit à croire. Dans la quarantième des *Quatre-vingt-trois questions*, il dit que les diverses inclinations des ames naissent des diverses vues des objets divers qui leur sont présentés, *ex diversis visis diversus appetitus animarum est*. Selon cette locution il parle ainsi, dans le livre premier *des Diverses questions à Simplicien* : « Il nous est commandé de croire, afin qu'après avoir reçu le don du Saint-Esprit (par la foi), nous puissions faire de bonnes œuvres par la charité. Mais qui peut croire, s'il n'est touché par quelque vocation, c'est-à-dire par quelque témoignage de la vérité, et qui a en sa puissance, que son esprit soit touché d'une telle vue que sa volonté en soit émue à croire? Et qui est celui qui embrasse dans son esprit ce qui ne le délecte pas, et qui a en son pouvoir qu'il se présente à son esprit quelque chose qui le délecte ou qu'il en soit délecté après qu'il lui a été présenté ? » C'est donc par là qu'il explique la grâce intérieure et le besoin qu'on a au dedans du cœur de ses secrètes insinuations. Conformément à cette doctrine, il dit encore dans le livre *des Quatre-vingt-trois questions :* « Personne ne peut vouloir, s'il n'est averti ou appelé, soit au dedans où nul homme ne peut pénétrer, soit au dehors ou par la parole qui résonne à ses oreilles ou par quelques signes visibles; et c'est pourquoi on conclut que Dieu opère en nous le vouloir même [1]. » Ainsi sous le nom de *vocation* aussi bien que sous celui de *vues*, *visa*, il comprend tout ce qui induit à la foi et au dedans et au dehors, c'est-à-dire non-seulement la vocation extérieure, mais encore l'intérieure qui est celle de la grâce

---

[1] Quæst. LXVIII, pag. 54.

qui touche les cœurs. Et selon ces expressions qu'il continue dans le livre *de l'Esprit et de la lettre*, il y conclut, comme on a vu, que ce n'est pas seulement à cause que Dieu a donné le libre arbitre qu'on lui attribue de donner la foi, mais à cause qu'il induit l'homme à croire par ces vues tant au dehors qu'au dedans, où l'on ne voit pas ce qu'on veut, mais où l'on voit ce que Dieu révèle, pour y donner ou y refuser son consentement.

Il inculque cette vérité par ces paroles : « Quand donc, par tous ces moyens, Dieu agit de telle manière avec l'ame raisonnable qu'elle croit en lui (car elle ne peut point croire tout ce qu'il lui plaît par son libre arbitre, s'il n'y a point d'induction, *suasio*, ou de vocation extérieure et intérieure à qui l'on croie), on voit que Dieu opère en l'homme le vouloir même et que sa miséricorde nous prévient en tout. Mais, comme je viens de dire, il appartient à la propre volonté de donner ou de refuser son consentement[1]. »

CHAPITRE IX.

Si Dieu a la volonté générale de sauver tous les hommes, pourquoi donne-t-il aux uns la grâce efficace qui les mène au salut, aux autres non ? Réponse de saint Augustin.

Cette doctrine, ainsi rapportée pour expliquer comment Dieu veut sauver tous les hommes et les amener à la connaissance de la vérité, fait voir qu'il n'y en a point à qui ces moyens tant intérieurs qu'extérieurs ne soient présentés à leur manière ; et que s'ils consentent ou non, c'est l'effet de leur volonté. Par cette réponse de saint Augustin, la question de la volonté générale est résolue ; mais ce Père étoit trop profond pour ne voir pas qu'il restoit encore une plus grande difficulté, qui étoit celle du discernement particulier des élus. Car encore qu'il fût véritable que Dieu vouloit amener tous les hommes à la vérité, et que pour cette raison il ne cessoit de les appeler en cent manières et au dedans et au dehors, il étoit également certain que ceux qui croyoient

[1] Quæst. LXVIII, p. 54.

étoient appelés d'une manière singulière qui les induisoit infailliblement à croire. Il ne dissimule pas une si grande difficulté; mais pour montrer que la résolution en étoit au-dessus de l'esprit humain, il la décide en cette sorte : « Maintenant (après avoir vu que Dieu induit tous les hommes et au dedans et au dehors à la vérité à laquelle il veut qu'ils arrivent) si l'on me presse davantage et que l'on me pousse à cette profonde question : Pourquoi l'un est induit (à la vérité et à la foi) de telle sorte qu'il en soit (effectivement) persuadé, et l'autre, non : *An illi ita suadeatur ut persuadeatur, ille autem non ita?* je n'ai maintenant sur cela que ces deux choses à répondre : O profondeur des richesses[1]!... Y a-t-il en Dieu quelque iniquité[2]? Celui à qui déplaira cette réponse, qu'il cherche de plus grands docteurs; mais qu'il craigne de trouver des présomptueux. »

Par cet endroit sont réfutés ceux qui ont prétendu, de nos jours, que l'endroit où il est parlé de la volonté générale est une objection. Et premièrement il est certain qu'on l'a pris naturellement, dès le temps de Bède, non point pour une objection, mais pour un dogme positif de saint Augustin[3] : car ni les locutions de saint Augustin, ni le fond de la doctrine qu'il propose ne souffrent cette réponse. Les locutions ne sont pas d'un homme qui s'objecte ce qu'il ne croit pas, et ensuite le détruit, mais d'un homme qui propose par ordre ce qu'il croit et s'avance par degrés à la résolution de la difficulté. C'est pourquoi il commence ainsi : « Voyons, dit-il, si ceci résoudra la difficulté. » Et il ajoute dans la suite : « Si cela suffit, qu'il suffise. » Et conclut enfin, que si on le pousse plus avant, il ne lui reste que deux réponses, qui sont les deux passages de saint Paul que nous savons qu'il produit. Voilà pour ce qui regarde les locutions : elles sont visiblement, non d'un homme qui objecte et puis qui détruit une objection, mais d'un homme qui, s'enfonçant pas à pas dans la difficulté, en résout successivement toutes les parties, ce que le fond démontre encore plus évidemment. La difficulté consistoit à savoir comment la volonté de croire, soit qu'elle vînt de la nature ou de la grâce, n'étoit

---

[1] *Rom.*, XI, 33. — [2] *Ibid.* cap. IX, 14. — [3] Bed., *de Locis*.

pas donnée à tous, puisque Dieu veut que tous les hommes soient sauvés et amenés à la connoissance de la vérité. Mais comme cette difficulté en enfermoit deux autres principales, dont la première est comment on peut dire que Dieu veuille ce qui n'arrive pas, c'est-à-dire qu'il veuille sauver ceux qui se perdent, et la seconde comment il donne ce qui vient du libre arbitre, saint Augustin résout la première en disant que Dieu veut bien à la vérité, sauver tous les hommes; mais que, comme c'est sans leur ôter leur liberté naturelle, c'est aussi par là qu'ils périssent.

Il suppose donc que si tous les hommes ne sont pas sauvés, l'obstacle en vient, non point du côté de la volonté de Dieu qui est générale, mais du côté de la volonté de l'homme qui s'oppose par son libre arbitre à celle de Dieu.

Mais d'autant qu'il s'élève là une autre difficulté : Comment il se peut faire que la volonté de l'homme l'emporte sur celle de Dieu ? saint Augustin fait voir que ce n'est pas l'emporter sur Dieu, lorsqu'en méprisant sa miséricorde, on n'évite point sa justice. Il cherche donc toujours à sauver la volonté générale ; et ce qu'il dit pour l'établir n'est pas une objection qu'il se fait, mais un dogme qu'il éclaircit.

Voilà pour ce qui regarde la difficulté de la volonté générale. Mais il s'agissoit encore de donner la résolution de cette autre difficulté : comment la volonté de croire qui vient du libre arbitre de l'homme peut être en même temps un don de Dieu ; et saint Augustin y procède en déclarant qu'elle venoit à la vérité du libre arbitre, mais du libre arbitre aidé des grâces extérieures et intérieures, que ce même libre arbitre peut recevoir ou rejeter comme il lui plaît.

Toute la difficulté seroit résolue par des réponses si précises, si de là il ne naissoit pas une autre difficulté encore plus grande : D'où vient que les uns croient et les autres non, et pourquoi Dieu, qui peut tout sur le libre arbitre, se contente d'attirer les uns à la vérité par des inductions qu'ils rejettent, pendant qu'il pousse les autres jusqu'à une entière et effective persuasion ? Sur cette difficulté saint Augustin fait trois choses : la première, c'est qu'il la propose en des termes clairs : *Cùm illi ita suadeatur ut persuadea-*

tur, alteri verò non ita : « Pourquoi l'un est simplement induit à croire (par ces grâces extérieures et intérieures qu'il a établies), et l'autre actuellement persuadé ? » La seconde est qu'il avoue le fait, où il présuppose les grâces accordées par la volonté générale à ceux qui périssent. La troisième est que cette difficulté étant celle que saint Augustin a toujours crue impénétrable avec saint Paul, il n'y répond aussi qu'en disant avec le même saint Paul, qu'il ne faut pas sonder cet abîme. De sorte qu'en établissant invinciblement la volonté générale et les grâces qui s'en ensuivent même dans ceux dont Dieu permet la chute, il établit en même temps celles qui sont particulières à ceux qu'il sauve : qui sont les deux vérités que nous avions à concilier selon ses principes.

Il y a pour la volonté générale un autre passage de saint Augustin, dans le troisième livre *du Libre arbitre* [1], qui a une force particulière, à cause que ce grand homme, non-seulement n'y trouve rien à reprendre dans ses *Rétractations*, où il repasse soigneusement tout ce livre et même les endroits voisins de celui-ci, mais encore à cause qu'il rapporte et approuve expressément celui-ci même [2], depuis la querelle des pélagiens, dans le livre *de la Nature et de la grâce* [3], qui est écrit contre ces hérétiques. Dans ce passage important, saint Augustin fait deux choses : premièrement, il rapporte une objection qu'on faisoit en cette manière : « Si Adam et Eve ont péché, qu'avons-nous fait, malheureux que nous sommes, et falloit-il que nous naquissions dans l'aveuglement et dans la foiblesse où nous sommes [4]. » Voilà donc la difficulté bien clairement proposée sur l'état où nous naissons après le péché, et voici ensuite la réponse : « On leur répond, dit saint Augustin, qu'ils cessent de murmurer contre Dieu : car ils auroient peut-être quelque raison de se plaindre, si aucun homme n'étoit vainqueur de l'erreur et de la cupidité. Mais puisque celui-là est toujours présent, qui, par toutes les créatures qui lui sont soumises et avec tant de manières différentes, appelle ceux qui s'éloignent, enseigne ceux qui croient, console ceux qui espèrent, excite ceux qui aiment, aide ceux qui s'efforcent, exauce ceux qui

---

[1] Lib. III *De Lib. arbitr.*, cap. XIX, n. 53. — [2] Llib. II *Retract.* cap. IX, n. 50. — [3] *De Nat. et grat.*, cap. LXVII, n. 84. — [4] Lib. III *De Lib. arbitr.*, cap. XIX, n. 53.

le prient, on ne vous impute pas à péché ce que vous ignorez malgré vous, mais on vous impute que vous négligiez de chercher ce que vous ne savez pas : on ne vous impute non plus de ne pas ramasser les forces de vos membres blessés, mais de mépriser celui qui vous veut guérir [1]. » D'où il tire cette conséquence : « Tels sont vos propres péchés, ô vous qui vous plaignez de votre ignorance et de la difficulté que vous trouvez à bien faire. » Comme s'il disoit : Ne songez pas tant au péché d'Adam et à ses suites dont vous murmurez, que vous ne songiez à ceux que vous commettez par vous, en méprisant la grâce qui vous est offerte pour vous guérir des maux dont vous vous plaignez. Et pour montrer que ces grâces sont universelles, il conclut ainsi : « Ce sont donc là, dit-il, vos propres péchés : car on n'a ôté à personne, continue-t-il, de savoir qu'on peut chercher utilement ce qu'il n'est pas utile d'ignorer, et qu'il faut humblement confesser sa foiblesse pour obtenir le secours de celui qui ne se trompe pas en nous aidant et à qui il ne coûte rien de nous secourir. »

Voilà donc manifestement, dans saint Augustin, un Dieu qui veut guérir ceux qui se perdent, *volentem sanare contemnis;* un Dieu que pour cet effet ce Père appelle toujours présent, *ubique præsens;* un Dieu qui se sert en mille manières de ses créatures, non-seulement pour aider, pour consoler, pour guérir ceux qui s'efforcent, mais encore pour appeler ceux qui sont le plus éloignés, *aversum vocet;* à qui par là on songe à donner non-seulement des moyens particuliers, tel que seroit l'Evangile qui n'est ni de tous les temps ni de tous les lieux, mais encore, pour contenter une volonté générale de sauver les hommes, un moyen universel de les appeller, c'est-à-dire les créatures qui ne cessent de se présenter à leurs yeux pour cet effet.

A cela on ajoute encore un autre moyen, qui est la reconnoissance de sa foiblesse pour en obtenir le remède ; moyen si universel qu'il n'est ôté à personne, *nulli homini ablatum est ;* moyen de grâce pourtant, puisqu'il est représenté comme venu de Dieu qui nous aide, selon la doctrine constante de saint Augustin, qui at-

---

[1] Lib. III *De Lib. arbit.,* cap. XIX, n. 53.

tribue toujours à la grâce cette humble reconnoissance de notre foiblesse, *humiliter confitendam esse imbecillitatem.*

Et tout cela est montré en Dieu, non pas durant l'innocence, mais après le péché du premier homme, depuis que l'ignorance et la cupidité se sont emparées de notre nature. Tout cela, par conséquent, est montré à l'homme perdu, par conséquent comme un effet de la grâce du Rédempteur, qui en ce sens est universelle.

Et après avoir rapporté ce beau passage du livre *du Libre arbitre* dans celui *de la Nature et de la grâce*, saint Augustin en conclut, non-seulement « qu'il a exhorté autant qu'il a pu les hommes à la vertu, mais encore qu'il a pris soin de ne pas anéantir la grâce de Dieu [1]. » Concluons donc que sa doctrine sur la grâce s'accorde parfaitement avec la volonté générale de sauver ceux qui périssent, *volentem sanare;* concluons que les secours distingués qu'il établit en particulier pour les élus, ne l'empêchent pas de reconnoître que Dieu est présent à tous pour les aider ; concluons enfin que saint Prosper qui, à son exemple et par les mêmes moyens, a établi cette volonté qui veut sauver tous les hommes et même ceux qui se perdent, n'a fait que suivre les pas d'un si excellent maître, et a eu raison de traiter de calomniateurs tous ceux qui lui imputoient une autre doctrine.

Il est vrai que saint Augustin, dans le même livre *de la Nature et de la grâce*, a dit dès l'entrée que si l'on admet que « les hommes, en croyant en Dieu qui a fait le ciel et la terre et dont on sent naturellement qu'on est l'ouvrage, peuvent accomplir sa volonté et bien vivre sans la foi de la passion et de la résurrection de Jésus-Christ, il s'ensuit que Jésus-Christ est mort en vain [2]. » Mais cette doctrine n'est pas contraire à celle de la volonté générale : ceux qui la reçoivent et qui disent que Dieu attire à lui tous les hommes qui voient l'ordre de la nature, ne prétendent pas qu'ils soient sauvés sans connoître Jésus-Christ ; mais seulement que s'ils sont fidèles à la grâce qui les appelle à la connoissance de Dieu, ils seront conduits dans leur temps comme Cornélius le centurion à la foi de Jésus-Christ par les moyens que Dieu sait ;

---

[1] *De Nat. et grat.,* cap. LXVII. — [2] *Ibid.,* cap. I.

paraissant certain, par l'exemple de cet officier romain, qu'une grâce qui ne nous conduit immédiatement qu'à la connoissance de Dieu, nous conduit médiatement, pour me servir de ce mot, à la connoissance de Jésus-Christ, comme l'enseignent saint Augustin et toute la théologie après un si grand maître.

CHAPITRE X.

Saint Augustin interprète cette parole de saint Paul : Dieu veut que tous les hommes soient sauvés.

Après que saint Augustin a si clairement reconnu la volonté générale en Dieu et en Jésus-Christ de sauver et de racheter tous les hommes, on s'étonnera peut-être de trouver dans le même Père tant d'explications où il restreint cette volonté. Car il est vrai qu'il en rapporte jusqu'à trois, dont nous en trouvons deux dans le livre *de la Correction et de la grâce*[1], où il dit que « *tous*, dans le passage de saint Paul, veut dire *tous les prédestinés*, parce que toute sorte d'hommes se trouvent dans ce nombre : au même sens que Jésus-Christ dit aux pharisiens : Vous payez la dîme de tous les légumes [2], c'est-à-dire de tous ceux qu'ils avoient, où tout genre de légumes étoit compris, et non point en général des légumes qui sont dans toute la terre. »

L'autre explication de saint Augustin dans le même livre, est que Dieu veut sauver tous les hommes, parce qu'il nous le fait vouloir [3]; et que non-seulement il nous commande de demander et de procurer leur salut, mais encore qu'il nous en inspire le désir.

Ces deux explications se trouvent souvent répétées dans les livres de saint Augustin, et entre autres dans son *Manuel à Laurent*[4], où il en ajoute une troisième, c'est qu'on dit de Dieu qu'il veut sauver tous les hommes, « parce qu'il n'y a que ceux qu'il veut de sauvés. » Ce qu'il explique ailleurs par l'exemple d'un maître d'école dont on dit très-bien qu'il enseigne tous les enfans d'une ville, encore qu'il y en ait qui ne viennent point à l'école,

---

[1] *De Corr. et grat.,* cap. XIV, n. 44. — [2] *Luc.,* XI, 42. — [3] *De Corr. et grat.,* cap. XV, n. 47. — [4] *Enchir.,* cap. CIII, n. 27.

parce que personne ne la tient que lui, et que tous ceux qui sont enseignés le sont par son ministère.

Je récite sommairement ces trois explications de saint Augustin qui sont connues; mais si l'on en prétendoit conclure que ce Père n'en reçoit point d'autres, on le combattroit lui-même, puisque, dans le même lieu du *Manuel* où il les rapporte toutes trois, il y ajoute cette clause : « Et en quelque autre manière qu'on le puisse entendre, *et quocumque alio modo intelligi potest,* pourvu, ajoute ce Père, qu'on ne nous oblige point à croire que le Tout-Puissant ait voulu quelque chose qui n'arrive point, lui dont il est écrit si expressément qu'il fait tout ce qu'il lui plaît dans le ciel et dans la terre [1]. D'où il s'ensuit qu'il n'a pas voulu tout ce qu'il n'a pas fait. »

Ces paroles nous font entendre trois choses : la première, qu'après avoir rapporté les interprétations restrictives de la volonté générale, il déclare qu'il ne prétend point exclure les autres; d'où il s'ensuit, en second lieu, qu'il veut encore moins exclure celles qu'il a lui-même proposées en d'autres endroits, et surtout d'une manière si exacte et si authentique dans le livre *de l'Esprit et de la lettre;* et de là, en troisième lieu, il faut encore conclure qu'il range parmi les volontés de Dieu, qui ne peuvent être empêchées, celle par laquelle il veut sauver tous les hommes et les amener à la vérité, parce que ne le voulant qu'avec cette loi que s'ils refusent par leur libre arbitre de se conformer à ce qu'il veut d'eux, ils soient inévitablement punis (ce qui fait tout l'acte complexe de cette volonté de Dieu) il s'ensuit qu'elle ne peut jamais être éludée, parce qu'en résistant à la volonté que Dieu avoit de les gratifier, ils retombent dans celle qu'il a, supposé leur défection, de les punir, comme ce Père nous l'a si précisément expliqué dans le livre *de l'Esprit et de la lettre.*

Il faut donc, selon ce Père, ou plutôt selon tous les Pères et selon l'Ecriture même, distinguer en Dieu deux sortes de volontés : l'absolue, par laquelle il veut déterminément et distinctement telle et telle chose, par exemple sauver les élus; et la condi-

[1] *Psal.* CXIII, 3.

tionnelle, par laquelle il veut telle chose, supposé que telle autre soit, par exemple sauver tous les hommes, pourvu qu'ils se conforment à sa volonté. Ces deux volontés ont leur effet : la volonté absolue l'a bien clairement, puisque les élus bien certainement sont sauvés, parce que Dieu, par sa bonté, leur a préparé des moyens certains pour parvenir au salut. La volonté conditionnelle l'est aussi, quoique d'une autre manière, par deux moyens : le premier, parce qu'en effet tous ceux qui accomplissent la condition et qui veulent ce que Dieu veut, sont sauvés ; le second, parce que Dieu voulant sauver ceux qui le voudront et en même temps par le même acte perdre ceux qui ne le voudront pas, ils seront inévitablement perdus, sans que personne les puisse arracher à la justice de Dieu ni à ses mains vengeresses, qui, selon saint Augustin dans le livre *de l'Esprit et de la lettre*, est un des moyens par lesquels la volonté de Dieu est invincible, c'est-à-dire inévitable et toujours assurée de son effet.

De ces deux sortes de volontés sont nées les deux manières générales d'expliquer cette parole de saint Paul : « Dieu veut sauver tous les hommes [1], » et les autres de cette nature. Si, par ces mots *Dieu veut*, nous entendons la volonté conditionnelle par laquelle il veut sauver si l'on se conforme à ses désirs, et perdre si l'on y résiste, il ne faut pas de restriction dans ce mot de *tous*, et c'est la sorte d'interprétation que saint Augustin a proposée dans le livre *de l'Esprit et de la lettre*. Que si, au contraire, par ces mots *Dieu veut*, vous aimez mieux entendre la volonté absolue, alors nécessairement il faudra restreindre le mot de *tous* aux élus et montrer en quel sens ils sont tous les hommes, et quelle sorte de totalité leur convient ; et c'est à cette sorte d'interprétation que se terminent les trois manières de restreindre le mot de *tous*, que le même Père propose dans les endroits qu'on a vus et dans beaucoup d'autres.

Que si l'on demande pourquoi il propose deux sortes d'interprétation qui semblent si opposées, l'ordre de la dispute le va faire voir. Premièrement donc les pélagiens, en expliquant cette

[1] I *Tim.*, cap. II, 4.

parole : « Dieu veut que tous les hommes soient sauvés [1], » poussoient le mot de *tous* jusqu'à nier que Dieu voulût sauver en particulier, par des moyens distingués et infaillibles, un certain nombre d'élus ; et ils disoient, au contraire, qu'il vouloit sauver tous les hommes indifféremment, indistinctement et par des moyens égaux. C'est ce qui paroît en ces endroits, et en particulier, comme on a vu, dans la lettre de saint Prosper à saint Augustin. Ce Père, pour s'opposer à ce mauvais sens dans le livre *de l'Esprit et de la lettre*, c'est-à-dire dès le commencement de la dispute contre les pélagiens, en avouant à la lettre une volonté vraiment générale qui s'étend à tous les hommes sans exception, et selon cette volonté des secours préparés de Dieu que la malice des hommes rendoit inutiles, ne laisse pas, comme on a vu, de conduire la dispute jusqu'aux grâces de distinction, jusqu'aux mouvemens particuliers, dont les uns sont persuadés effectivement, pendant que les autres demeurent dans leur incrédulité, qui est tout le but de ce docte livre. Il demeurera véritable qu'ou Dieu veut sauver *tous les hommes*, c'est-à-dire un certain nombre d'élus que selon de certaines vues on appelle *tous* ; ou il veut sauver tous les hommes, et il les appelle à la vérité par des moyens généraux : et alors même c'est sans préjudice de la volonté particulière par laquelle il en sépare quelques-uns qu'il sauve par des moyens particuliers et certains. De sorte qu'en quelque manière qu'on prenne le mot de *tous*, la doctrine de la prédestination et de la grâce subsiste dans toute sa force. Que les pélagiens prissent le *tous* tantôt pour *tous* indifféremment, tantôt pour *plusieurs*, le premier paroît par saint Prosper qui le raconte à saint Augustin, et c'est de quoi personne ne doute ; et le second se trouve dans Pélage même sur ces paroles de saint Paul.

Voilà de quelle manière, dans le commencement de la dispute, saint Augustin combattoit la volonté indifférente en convenant naturellement et selon les termes précis de la lettre, d'une volonté vraiment générale. Depuis, pour déraciner encore davantage cette indifférence qui ôtoit la prédilection et la préférence des élus,

---

[1] 1 *Tim.*, II, 4.

saint Augustin ajouta à cette première interprétation sans restriction, celles qui sont restrictives aux seuls prédestinés, que nous avons vues. Les pélagiens donnèrent lieu à cette manière d'interprétation. Pélage, dans son commentaire sur saint Paul, pour éviter de reconnoître le péché originel dans ces paroles : « En qui tous ont péché [1], » par *tous* entendoit *plusieurs ;* ce qu'il prétendoit prouver par cet autre endroit où le même apôtre disoit que « par la justice d'un seul (Jésus-Christ), tous (c'est-à-dire plusieurs, non pas tous généralement) venoient à la justification de la vie (étoient actuellement justifiés) [2]. » Saint Augustin a marqué cette interprétation de Pélage dans le livre *de la Nature et de la grâce* [3].

Julien le pélagien a suivi cette interprétation de son maître ; ce qui paroît clairement par saint Augustin dans le livre quatrième de l'*Ouvrage parfait* de ce Père contre cet hérétique [4], et encore dans le livre second de son *Ouvrage imparfait,* où il rapporte les endroits textuels de son adversaire, où il dit expressément que dans ces paroles : « Tous ont péché, » le mot de *tous* est mis pour *plusieurs, omnes pro multis.* Comme donc cet hérétique vouloit qu'on restreignît le terme de *tous* en le réduisant à *plusieurs,* et qu'il pressoit cependant l'universalité du terme de *tous* dans le passage : « Dieu veut que tous soient sauvés, » pour en induire l'indifférence qui vient de lui, saint Augustin se sert de lui-même contre lui-même dans son *Ouvrage parfait,* en cette sorte : « Si vous croyez que ce passage : Tous viennent à la justification de la vie, doive être entendu de telle sorte qu'on ait mis *tous* pour *plusieurs* qui sont justifiés en Jésus-Christ, on vous répondra de même que dans ce passage : Dieu veut que tous les hommes soient sauvés, etc., on a mis *tous* pour *plusieurs* que Dieu veut qui arrivent à cette grâce [5]. » Et, selon cette explication, il répond que Dieu veut que tous soient sauvés, parce que nul ne l'est que parce qu'il le veut.

Voilà le premier endroit où saint Augustin a recours à l'interprétation restrictive, et c'est, comme on le voit, dans le livre *contre*

[1] *Rom.*, v, 12. — [2] *Ibid.*, 18. — [3] Cap. XLI, 48. — [4] Lib. IV cap. VIII, n. 44. — [5] *Ibid.*

Julien qu'il commence à s'en servir; il continue à la suivre dans le *Manuel à Laurent,* qui, dans les *Rétractations* de saint Augustin, tient le premier lieu après le livre *contre Julien :* ce livre remplit le LXIIe chapitre, le *Manuel* le LXIIIe du second livre des *Rétractations*[1].

Il en use de même ordinairement dans la suite de la dispute, parce que ces restrictions, d'un côté, lui semblent plus propres au dessein d'abattre la volonté générale et indifférente de sauver également tous les hommes et d'établir la prédilection ; et que de l'autre, c'étoit Julien qui y avoit donné lieu et qui fournissoit des armes contre lui-même.

Mais encore que pour le combattre par ses propres principes, et comme on parle, *ad hominem,* il ait depuis apporté ordinairement les explications restrictives, il faut remarquer que c'est toujours sans déroger à l'autre manière plus universelle d'entendre le *tous*. C'est pourquoi dans le *Manuel à Laurent* qui suivoit, comme on vient de dire, immédiatement le livre *contre Julien,* après avoir rapporté toutes les interprétations restrictives qu'on peut apporter et qu'il a jamais apportées lui-même, on a vu qu'il a marqué expressément que c'étoit sans exclusion de quelqu'autre qu'il n'exprime pas en ce lieu, *quocumque alio modo.* Or, je demande quelle autre interprétation il peut entendre par ce mot, si ce n'est celle du livre *de l'Esprit et de la lettre.* On ne trouve dans ce Père que quatre interprétations du passage dont il s'agit : je ne craindrai pas d'assurer qu'on n'en peut trouver aucune qui ne s'y rapporte. Mais sans entrer dans cette discussion où saint Augustin n'entre pas, il est du moins bien certain que ces quatre sont les seules qu'il a jugées dignes d'être rapportées. De ces quatre il en venoit de rapporter trois, et n'avoit oublié que celle du livre *de l'Esprit et de la lettre :* c'est donc précisément sur celle-là que tombe l'approbation qu'il donne aux autres manières d'interpréter saint Paul.

Mais la chose paroît encore plus clairement dans le livre *de la Correction et de la grâce,* où il dit que « cette parole de l'Apôtre

[1] Lib. II *Retract.*, cap. LXII, LXIII.

peut être entendue en diverses manières, dont quelques-unes sont rapportées dans ses autres ouvrages [1]. » Il faut donc dire de deux choses l'une : ou qu'il ne compte pas parmi ses ouvrages celui *de l'Esprit et de la lettre*, à qui il donne l'éloge qu'il y a fortement disputé contre les pélagiens ; ou qu'il compte parmi ses interprétations celle qu'on trouve dans ce livre.

Au reste, c'est une erreur de s'imaginer que ces expositions des paroles de saint Paul soient opposées. Car il n'y a rien qui répugne que Dieu veuille sauver tous les hommes, c'est-à-dire leur ouvrir à tous, sous certaines conditions, l'entrée du salut par une vocation universelle ; et que néanmoins il veuille en même temps, par une élection spéciale, en choisir quelques-uns à qui il veuille absolument procurer les grâces par lesquelles ils accompliront infailliblement la condition qu'il leur impose, qui est celle de se conformer à la volonté de Dieu. Il n'y a donc nul inconvénient que saint Augustin allègue ces deux interprétations, et qu'à la fin il semble plutôt se tenir à celle dont les pélagiens pouvoient le moins abuser, eux tous la trouvant conforme à leurs principes.

Et de peur qu'on ne nous oppose qu'il n'a pas également approuvé dans ses autres livres la doctrine de la volonté générale qu'il établit dans celui *de l'Esprit et de la lettre*, quoique celui-ci dût suffire et que ce nous soit assez pour lui attribuer absolument la doctrine qu'il y soutient, qu'il ne l'ait jamais révoquée ailleurs, il ajoute encore qu'elle se trouve dans ses autres livres et même dans le *Manuel*, même dans le livre *contre Julien*, même dans le livre *de la Correction et de la grâce*, où l'on pourroit croire plutôt qu'il l'auroit exclue.

Pour le *Manuel*, il ne faut que lire le chapitre cIII° où, après le chapitre xiv, dans lequel il rapporte les trois interprétations restrictives, sans exclure celles où, en quelque manière que ce soit, la toute-puissante volonté de Dieu seroit toujours accomplie, il continue en cette sorte : « Ainsi (parce que la volonté de Dieu s'accomplit toujours) Dieu auroit voulu garder l'homme dans le salut où il l'avoit mis.... s'il avoit prévu qu'il dût avoir une volonté per-

---

[1] *De Corr. et grat.*, cap. xiv, n. 44.

pétuelle de demeurer dans l'état où Dieu l'avoit mis, c'est-à-dire sans péché ; mais parce qu'il avoit prévu qu'il pécheroit, il a plutôt préparé sa volonté (il l'a tournée pour ainsi dire) à tirer du bien de celui qui fait mal ; en sorte que la bonne volonté du Tout-Puissant ne fût point (éludée ni) anéantie, mais plutôt toujours accomplie par la volonté de l'homme[1]. »

De ce principe qui est le même qu'il a expliqué dans le livre *de l'Esprit et de la lettre*, il conclut aussi comme dans ce livre, que de quelque sorte que se tourne la volonté et « quelque chose qu'il choisisse, soit le bien, soit le mal, la volonté de Dieu s'accomplit toujours ou par lui (s'il veut le bien), ou sur lui (s'il veut le mal), parce qu'il sera puni de l'avoir voulu, *aut etiam ab illo, aut certè de illo*. En sorte, continue-t-il, que, parce qu'il a mieux aimé faire sa propre volonté que celle de Dieu, Dieu fait de lui ce qu'il veut, et sa volonté demeure invincible. »

Voilà donc comme, dans le livre *de l'Esprit et de la lettre*, la volonté de Dieu est éludée d'un côté et en apparence par la volonté du pécheur qui n'accomplit pas ce que Dieu veut ; mais, en vérité et absolument la volonté de Dieu a toujours son effet bon gré mal gré qu'en ait l'homme, parce que, par les lois inviolables de la justice divine, ou il fait, ou il souffre ce que veut son Souverain.

Et il ne faut pas dire qu'en disant que l'homme agit contre la volonté de Dieu, saint Augustin parle de la volonté qui se déclare dans les commandemens, et non pas de celle qui est en Dieu même : car il s'agit de faire voir que la volonté de Dieu s'accomplit toujours, ce qui ne convient pas à la volonté qu'on appelle *de précepte ;* et ce Père visiblement rapporte ceci à l'occasion de cette parole de saint Paul : « Dieu veut que tous les hommes soient sauvés, » où il s'agit de la volonté de Dieu telle qu'elle est en lui-même, et non pas seulement de la manière dont elle se déclare par ses préceptes ; si ce n'est qu'on veuille dire, ce qui est très-vrai, que la volonté extérieure du commandement présuppose en Dieu, et pour ainsi dire dans son intérieur, une volonté par laquelle il veut le bien,

---

[1] *Enchir.*, cap. CIII, n. 27.

aussi véritable qu'il est véritable qu'il ne veut pas ni ne peut vouloir l'iniquité, *non Deus volens iniquitatem tu es.*

J'ai donc prouvé ce que j'avois dit, que saint Augustin enseigne partout la même doctrine que nous avons vue dans le livre *de l'Esprit et de la lettre*, ce qui lui fait dire encore dans le livre *de la Correction et de la grâce :* « Quand Dieu veut sauver, le libre arbitre de l'homme ne lui résiste en aucune sorte : car le vouloir ou le ne vouloir pas, sont tellement mis en la puissance de l'homme qui veut ou ne veut pas, qu'ils n'empêchent pas la volonté de Dieu ni ne surmontent sa puissance, parce que Dieu fait ce qu'il veut de ceux qui ne font pas ce que Dieu veut [1]. » Voilà donc encore une fois la volonté de Dieu qui en un sens n'est pas accomplie, et demeure néanmoins toute-puissante par l'inévitable supplice de tous ceux qui pensoient en empêcher l'accomplissement. D'où il conclut : « Il ne faut donc nullement douter que Dieu ne fasse tellement tout ce qu'il veut dans le ciel et dans la terre, que nulle volonté de l'homme ne soit capable de lui résister ni de l'empêcher de faire ce qu'il veut, puisqu'il fait quand il veut ce qu'il veut même des volontés de l'homme [2], » bonnes ou mauvaises, ou en les tournant comme il veut, ou en les punissant de ce qu'elles ne se portent pas à ce qu'il veut. Ainsi c'est une doctrine perpétuelle de saint Augustin, que la volonté de Dieu le sauve toujours, et lorsqu'elle est conditionnelle, et lorsqu'elle est absolue ; et qu'un des moyens que donne ce Père de montrer qu'elle s'accomplit infailliblement, c'est que, lorsqu'on l'empêche d'un côté, de l'autre on retombe toujours et inévitablement dans son empire : ce qui étoit le but du passage qu'on a cité du livre *de l'Esprit et de la lettre.*

[1] *De Corr. et grat.*, cap. XIV. — [2] *Ibid.*, n. 45.

CHAPITRE XI.

Saint Augustin enseigne que Jésus-Christ est mort pour tous les hommes.

Maintenant que l'intention de saint Augustin, en alléguant les interprétations restrictives de cette parole : « Dieu veut que tous les hommes soient sauvés, » soit de le faire sans exclusion de l'intelligence et du sens universel qu'il lui donne ailleurs, outre les raisons que nous en avons apportées, en voici une tirée du propre livre *contre Julien*, où nous avons vu que commence l'interprétation restrictive. Car après l'avoir rapportée au livre IV [1], il ne laisse pas, pour prouver que les enfans sont morts de la mort de l'âme [2], de parler ainsi au livre VI : « Nous devons entendre que tous ceux pour qui Jésus-Christ est mort sont morts eux-mêmes, de la manière qu'il est dit ailleurs : Il vous a donné la vie à vous-mêmes, pendant que vous étiez morts (par votre péché [3]). Et de cette sorte, dit-il (saint Paul), un seul est mort pour tous, donc tous sont morts : montrant qu'il n'a pu mourir que pour des morts, puisqu'il a prouvé que tous étoient morts parce qu'un seul étoit mort pour tous [4]. » Où il paroît clairement que son intention est de montrer que, selon l'intention, le *tous* de cette parole : « Il est mort pour tous, » est aussi universel que le *tous* de cette parole : « Tous sont morts, » puisque l'un s'infère de l'autre. Or est-il que le *tous* de cette parole : « Tous sont morts, » est universel et sans restriction : donc le *tous* de cette parole : « Il est mort pour tous, » l'est aussi. Et pour pousser à bout cette preuve qu'il tire de saint Paul, saint Augustin continue ainsi : « Mal gré que vous en ayez, je ne cesserai de vous inculquer cette preuve de l'Apôtre : Un seul est mort pour tous, donc tous sont morts. Voyez qu'il a voulu établir que si un étoit mort pour tous, c'étoit une conséquence que tous étoient morts. Or, comme il ne s'agissoit pas de la mort du corps, (puisqu'il étoit évident que ceux pour qui Jésus-Christ est mort, étoient encore en vie), il ne reste autre chose

---

[1] Lib. IV *Contra Julian.*, cap. v, n. 8. — [2] *Coloss.*, II, 13. — [3] II *Cor.*, v, 14. — [4] Lib. IV *Cont. Julian.*, cap v, n. 8.

à dire à un homme qui veut être chrétien, sinon que tous ceux-là sont morts pour qui Jésus-Christ est mort. » Que si tous ceux-là sont morts pour qui Jésus-Christ a donné sa vie, démonstrativement, par la règle des connexions dialectiques, Jésus-Christ a donné sa vie pour tous ceux qui étoient morts, c'est-à-dire sans exception pour tous les hommes.

Je sais que, pour éluder la force de cette preuve, on fait faire ce tour oblique à saint Augustin : Tous sont morts, si les enfans qu'on baptise sont morts : or est-il que les enfans qu'on baptise sont morts; donc tous sont morts. Mais ce n'est pas là le raisonnement de saint Augustin ni de saint Paul : saint Paul met *tous* d'un côté, et *tous* de l'autre; il compare ensemble ce qui répond immédiatement et directement à chaque *tous*; c'est donc également *tous* et avec la même étendue dans l'un et dans l'autre. Et il ne faut pas changer la preuve directe de saint Paul, et après lui de saint Augustin, en une preuve indirecte qui seroit moins vive et moins pressante : car saint Augustin a montré lui-même combien la preuve de saint Paul étoit directe en la pressant de cette sorte : « Un seul est mort pour tous : donc tous sont morts. Avec quel cœur, avec quelle bouche, avec quel front osez-vous nier que les petits enfans soient morts, puisque Jésus-Christ est mort pour eux? s'il n'est pas mort pour eux, pourquoi les baptise-t-on, puisque nul n'est baptisé qu'en sa mort; et si celui qui est mort pour tous est mort même pour eux, donc ils sont morts avec tous les autres [1]. » Entendez-vous ces paroles : *Il est mort même pour eux ?* N'est-ce pas dire qu'il est mort aussi pour tous les autres, et ainsi qu'il est mort pour tous les hommes baptisés ou non baptisés; et qu'il faut bien que les baptisés soient parmi les morts, puisqu'ils sont compris dans le *tous* pour qui Jésus-Christ est mort, et n'y sont pas compris seuls, mais avec les autres. Que s'il étoit vrai que les enfans baptisés fussent les seuls pour qui Jésus-Christ étoit mort, il ne falloit pas dire qu'il fût mort même pour eux, *etiam pro eis*, mais qu'il étoit mort seulement pour eux. Puis donc que saint Augustin les regarde, non comme le *tous*,

---

[1] Lib. IV *Contra Julian.*, cap. v, n 14.

mais seulement comme une partie des enfans pour qui Jésus-Christ est mort, il s'ensuit qu'il est mort aussi pour tous les autres qui n'ont pas reçu le baptême. Ainsi, dans le même livre où saint Augustin a commencé à produire les explications restrictives de ce mot *tous*, il presse plus que jamais l'explication sans restriction, et nous montre que c'est une erreur de les regarder comme incompatibles, mais qu'il les faut plutôt regarder comme s'aidant l'une l'autre, ainsi que nous l'avons vu.

On objecte dans plusieurs endroits de saint Augustin, et entre autres dans le livre vi° que nous venons de citer, que tous ceux pour qui Jésus-Christ est mort reçoivent la vie ; mais ce passage porte avec soi sa solution et celle de tous les autres semblables : « Ceux-là vivent, pour la vie desquels est mort celui qui vivoit : ce qu'on peut dire plus clairement en cette sorte : Ceux-là sont délivrés du lien de la mort, pour qui est mort celui qui est libre, comme dit le Psalmiste, entre les morts [1], et que la mort n'a pu détenir dans ses liens ; » ou beaucoup plus clairement en cette sorte : « Ceux-là sont délivrés du péché, pour qui est mort celui qui n'a jamais été dans le péché ; et bien qu'il ne soit mort qu'une seule fois, toutefois il meurt pour chaque particulier, lorsqu'il est baptisé en sa mort à quelque âge que ce soit ; c'est-à-dire que la mort de celui qui est sans péché commence à profiter aux particuliers, lorsqu'ils sont baptisés en la mort de Jésus-Christ : le péché qui leur avoit donné la mort meurt en eux [2]. »

La force de ce passage consiste en ces mots : « Encore qu'il ne soit mort qu'une fois, il meurt en particulier pour chacun de ceux qu'on baptise, lorsqu'il reçoit le baptême : » c'est-à-dire que sa mort commence alors à leur être appliquée, ou, comme parle saint Augustin, « à leur profiter : » qui est précisément la même chose que saint Prosper, son disciple, explique en disant « qu'à cause que Jésus-Christ, comme on a vu, a pris en main, en vérité, la cause de tous les hommes, comme il en a pris la nature, la rédemption en soi et dans l'intention est universelle ; et on a raison de dire que tous sont rachetés, *rectè omnes dicuntur redempti ;* mais que

---

[1] *Psal.* LXXXVII, 6. — [2] Lib. IV *Contra Julian.*, cap. XV, n. 48.

la propriété, c'est-à-dire l'application sans difficulté est à ceux qui sont faits membres de Jésus-Christ, dont la mort, continue-t-il, n'est pas tellement offerte pour tout le genre humain, que tous et même ceux qui ne doivent pas être régénérés appartiennent à la rédemption (à la considérer dans l'application); mais en telle sorte que ce qui s'est fait pour tous par un seul, l'exemple unique (de la mort de Jésus-Christ) se célébrât par le baptême dans chacun de ceux qui reçoivent ce sacrement, parce que ce breuvage d'immortalité, qui est composé de notre foiblesse et de la vertu divine, a de soi qu'il profite à tous[1], » c'est-à-dire, comme on a vu, qu'il est fait pour leur profiter. Mais si on ne le boit pas, il ne guérit pas. En ce sens donc on peut dire que la mort de Jésus-Christ est universelle dans l'intention de l'offrir pour tous, particulière dans le dessein de l'appliquer à certains plutôt qu'à d'autres : Jésus-Christ est mort pour tous dans le premier sens, dans le second il n'est mort que pour ceux à qui sa mort est appliquée. Cette mort qui est à tous dans l'universalité de l'intention, par la propriété de l'application, n'est qu'à ceux qui sont baptisés : qui est la doctrine commune de l'Ecole, et comme on a vu, celle que le concile de Trente a expliquée par ces paroles : « Quoique Jésus-Christ soit mort pour tous, tous ne reçoivent pas le fruit de sa mort. »

Par la conséquence de ce principe et de cette distinction, saint Augustin qui a établi si distinctement une volonté particulière efficace et déterminée d'amener certains enfans au baptême, selon laquelle il n'a pas voulu que d'autres y vinssent ou qu'ils mourussent avant que d'en avoir reçu la grâce, ne laisse pas d'établir que Jésus-Christ est mort pour tous : qu'il « juge tout le monde parce qu'il a acheté tout le monde[2]; que celui qu'il avoit délivré par un si grand prix s'est depuis livré au démon; qu'en crucifiant leur Sauveur, les Juifs en ont fait leur juge[3]; qu'il a acheté ceux qu'il perdoit et jusqu'à Judas qui l'a vendu, qui néanmoins ne l'a perdu que parce qu'il n'a pas voulu qu'il le possédât, *à quo noluit possideri*[4]. »

---

[1] *Resp. ad object. Vincent.*, resp. I, p. 208. — [2] *In Psal.* xcv. — [3] *In Galat.*, cap. III. — [4] Lib. II *De Symb.*, instruct. 108.

A cela se rapportent encore tous les passages où il paroît que chacun doit croire de soi et qu'on doit croire de chacun, que Jésus-Christ est mort pour lui; tels que sont ceux-ci : « Si vous voulez, son sang est donné pour vous ; si vous ne voulez pas, il n'est pas donné pour vous[1]. » Et ailleurs : « Vous ne croyez pas : croyez, croyez. Et quoi? qu'il est mort pour vous, *mortuus est pro te*[2]. Et que vous a-t-il promis? Que vous vivriez avec lui, et qu'étant mortel, vous y vivriez à cause que celui qui est éternel est mort pour vous[3]. » Et encore : « Il a offert sa mort pour vous ; comme s'il disoit : Je vous invite à ma vie (à la vie éternelle, à la vie heureuse). Vous ne le voulez pas croire ? Ma mort (offerte pour tous) vous en est un gage[4]. Il s'est fait mortel pour tous, afin que vous devinssiez éternel. Je t'ai racheté de mon sang, je t'ai racheté par ma mort : lis ce testament, lis la promesse de ton Seigneur : tu y trouveras pour toi et la mort de ton Sauveur et le prix que ton Rédempteur a donné pour toi. En quelque endroit que tu ailles, Jésus te voit, lui qui t'a racheté, toi qui étois perdu ; et qui est mort pour toi quand tu étois mort[5]. » Saint Augustin a dit ces choses et une infinité d'autres de même force, et tout cela fondé sur ce passage de saint Paul : « Ne perdez pas votre frère pour qui Jésus-Christ est mort, » que le même saint Augustin a entendu comme saint Paul, de ceux qui périssoient effectivement[6]. Il n'est point écrit en particulier de tel et tel particulier, que Jésus-Christ est mort pour lui. Saint Paul n'a donc pu assurer qu'il étoit mort pour un tel fidèle, sinon parce qu'il est écrit qu'il est mort pour tous les fidèles. Mais il n'est pas écrit simplement qu'il est mort pour tous les fidèles, mais qu'il est mort généralement pour tous les hommes. C'est pourquoi c'est un langage universel dans l'Eglise, et c'est celui de saint Augustin, comme de tous les autres docteurs, en parlant à tous ceux qu'on veut convertir, ou parmi les chrétiens ou parmi les infidèles, de leur dire que la voie du salut leur est ouverte, parce que Jésus-Christ est mort pour eux et qu'il les a

---

[1] Serm. XXXI, ibid., *in* II *Epist. ad Cor.*, cap. v. — [2] *In Psal.* xv, 3, paulò ante med. — [3] Serm. CXLI *de Tempore*, nunc 231, cap. v. — [4] Tract. *in* II *Epist. Joan.* — [5] Serm. XIII *de Tempore*, nunc 161, cap. II. — [6] *Epist.* CXXXVII, nunc 78, n. 7.

rachetés de son sang ; ce qui ne peut avoir que ce fondement : qu'il est écrit qu'il est mort et qu'il a donné son sang pour tous. On en demeure d'accord, mais on répond que cela s'entend ou de la suffisance du prix qui est infini, ou, à l'égard des fidèles, de la grâce qu'ils ont reçue pour un temps, sans que pour cela il soit véritable que Jésus-Christ soit mort pour leur salut éternel. Vaines réponses s'il en fût jamais : vaines, premièrement, même à l'égard des infidèles, et à plus forte raison des fidèles, parce qu'en leur disant : Jésus-Christ est mort pour vous, si on y entend qu'il est mort à cause que le prix qu'il a donné est suffisant pour les sauver, on en pourroit dire autant du diable. Ce n'est donc pas à raison de l'infinité et suffisance du prix, mais à raison de l'intention et de la déclaration générale de Jésus-Christ pour tous les hommes, fidèles et infidèles, qu'on dit qu'il est mort pour eux. Ce qui s'étend, en second lieu, à leur salut éternel, puisque c'est au salut éternel qu'on les invite sur cet unique fondement, que Jésus-Christ a voulu le leur procurer en se rendant leur victime par sa mort. C'est aussi pour cette raison que, dans ces passages de saint Augustin où nous avons vu que Jésus-Christ est mort pour tous, le salut éternel y est énoncé ou en propres termes, ou en termes équivalents, comme on le pourra voir en les repassant. Et en vérité c'est renverser toutes les idées du christianisme, que de dire que Jésus-Christ soit mort pour autre chose que pour le salut, ni que parmi les chrétiens on entende par le salut un autre salut que celui qui est éternel, ni par conséquent qu'on puisse dire que Jésus-Christ est mort pour tous les hommes, sans qu'il soit mort pour les sauver éternellement.

C'est si fort le sentiment de saint Augustin, qu'il a été constamment suivi par ses plus zélés disciples : nous avons vu les passages de saint Prosper et de l'auteur du livre *de la Vocation des gentils*, qui ont vécu de son temps. Après ce temps nous trouvons saint Césaire, archevêque d'Arles, qui introduit Jésus-Christ dans son dernier jugement, parlant ainsi aux réprouvés : « O homme, je t'ai créé à mon image, et je t'ai mis dans le paradis. Lorsque chassé de ce lieu de délices, tu étois dans les liens de la mort, je me suis fait homme et me suis rendu semblable à toi pour te communiquer ma ressemblance ; j'ai expiré parmi les tourmens pour t'arracher de là ; j'ai pris tes douleurs pour te donner la gloire ; j'ai pris ta mort, afin que tu vécusses éternellement. Pourquoi as-tu perdu ce que j'avois souffert pour toi ? Rends-moi ta vie pour laquelle j'ai donné la mienne[1]. »

Qui peut dire qu'il ne s'agit pas en ce lieu ou du salut éternel, ou également de tous ceux qui périssent ; ou que Jésus-Christ ne leur reproche que la valeur suffisante du prix de son sang, qu'il pourroit reprocher au diable, et non pas sa volonté de les sauver, dont le mépris mettoit le comble à leur misère aussi bien qu'à leur ingratitude ?

Voilà ce que dit au VIe siècle un des plus zélés disciples de saint Augustin, un des plus grands défenseurs de la doctrine de la grâce. Pour venir aux derniers temps et à un autre de ses disciples, qui est saint Thomas, nous avons déjà rapporté deux passages de ce saint docteur, dont le premier porte « qu'autant qu'il est en Dieu, il donne la grâce, comme le soleil sa lumière, à tous les hommes, car il veut que tous soient sauvés[2]. » Et le reste, qu'on peut revoir en un autre lieu.

L'autre passage de saint Thomas est tiré de son commentaire sur ces paroles de saint Paul : « Dieu veut que tous les hommes soient sauvés[3], » ou si l'on veut de sa *Somme,* où il répète la même chose presque en mêmes termes. Ce saint docteur, dans ces deux endroits, joint aux explications restrictives de saint Augustin la doctrine de la volonté générale et antécédente, dont nous avons à parler ailleurs. Nous remarquerons seulement ici que le docteur angélique y attache de grands effets, qu'il explique en cette sorte : « L'effet de la volonté antécédente est que la nature ordonnée au salut comme à sa fin, et que les secours qui l'avancent à cette fin, tant naturels que de grâce, *tàm naturalia quàm gratuita,* lui sont proposés en commun[4], » c'est-à-dire généralement donnés, préparés, destinés, présentés à tous les hommes.

Sur ces paroles de Notre-Seigneur : « Je ne prie pas pour le monde, » le même saint Thomas a dit ces mots : « Jésus-Christ,

[1] Inter serm. Aug. *de Temp.,* LXVII, art. 249, n. 4. — [2] *Suprà.,* — [3] *In* II *Tim.,* cap. II, lect. 1. — [4] *Ibid.*

autant qu'il est en lui, a prié pour tous les hommes, parce que sa prière est en elle-même assez puissante pour profiter à tous ; cependant elle n'obtient pas son effet dans tous les hommes, mais seulement dans les saints et les élus de Dieu, et cela à cause de l'empêchement qu'y mettent les mondains [1]. » Le même saint dit encore que par ces paroles : *J'ai soif*, Jésus-Christ a montré un désir ardent du salut de tout le genre humain [2] ; ce qu'il confirme par ce passage : « Dieu veut que tous les hommes soient sauvés. » Ailleurs, en interprétant ces paroles du même apôtre : « Notre frère infirme périra, pour qui Jésus-Christ est mort, » il explique « pour qui, » *ad quem salvandum Christus mortuus est*, que Jésus-Christ est mort pour le sauver [3]. Et enfin, en expliquant ces autres paroles du même saint Paul : « Ne perdez point celui pour qui Jésus-Christ est mort, » il interprète *pour qui*, pour le salut duquel, *pro salute cujus* [4]. Ce qui montre que ce saint docteur a entendu que, selon saint Paul, Jésus-Christ est mort pour le salut même de ceux qui périssent ; et c'est pourquoi sur ce texte du même apôtre : « Il a goûté la mort pour tous [5], » après l'avoir expliqué de la suffisance, il détermine ce qu'il entend par ce passage de saint Chrysostôme : « Il est mort généralement pour tous les hommes, parce que ce prix leur suffit. Et si tous ne croient pas, il a fait ce qu'il falloit de sa part. » Ce qui montre non-seulement la valeur du prix, mais encore la volonté de le donner.

On peut rapporter ici, à l'occasion de saint Thomas, le sentiment de Scot, son antagoniste ; mais qui est pourtant d'accord avec lui sur ce point, comme il paroît par ces paroles : « Quoique cette parole de l'Apôtre : Dieu veut que tous les hommes soient sauvés, se puisse entendre par une distribution accommodée à tous ceux qui sont sauvés (qui est une des explications restrictives de saint Augustin), on la pourroit bien mieux entendre de la volonté antécédente, en cette sorte : Il veut que tous les hommes soient sauvés de son côté et autant qu'il est en lui, en tant qu'il a donné à tous des dons naturels et des lois justes, et des secours communs

---

[1] *In Joan.*, cap. XVIII, lect. 2, — [2] *Ibid.*, cap. XIX, lect. 5. — [3] *In I Cor.*, cap. VIII, — [4] *In Rom.*, cap. XIV. — [5] *Hebr.*, II, 9.

suffisans pour le salut[1] ; » qui sont presque les mêmes paroles dont nous avons vu que saint Thomas s'est servi sur les *Sentences*. Après le consentement de ces deux docteurs, on peut tenir pour certain que tous les autres parlent de même, encore qu'ils fassent tous une égale profession de suivre saint Augustin.

On voit par là que la pente de toute l'Eglise, après Pélage comme devant, et de saint Augustin comme des autres, est d'entendre généralement de tous les hommes, ces paroles de saint Paul : *Pour tous,* tant à l'égard de Dieu considéré en lui-même, qu'à l'égard de Jésus-Christ selon sa volonté humaine, sans préjudice de la volonté de prédilection qui regarde en particulier uniquement les élus ; et que, selon ces deux volontés, on a formé deux sortes d'interprétations, qui bien loin d'être opposées l'une à l'autre, sont conciliées par les saints docteurs selon les principes et les sentimens de saint Augustin : de sorte qu'il n'y a rien de plus faux ni de plus injuste, que d'attribuer à saint Augustin d'avoir introduit du changement dans la doctrine de la volonté universelle, qui est ce que nous avions à prouver contre M. Simon.

CHAPITRE XII.

Dieu n'abandonne pas ceux qu'une fois il a justifiés, s'il n'en est le premier abandonné : principe de saint Augustin sanctionné par le concile de Trente.

Saint Augustin a reconnu en Dieu et en Jésus-Christ de ces volontés générales et conditionnelles, qui manquent d'avoir leur effet par le défaut de notre libre arbitre. La suite de ce principe l'oblige pareillement à reconnoître des grâces qui soient inutiles par notre faute ; aussi les trouve-t-on dans ce Père autant ou plus qu'en aucun autre. Ce qu'il y a de plus démonstratif pour établir de telles grâces, c'est cette maxime canonisée par le concile de Trente : « Dieu n'abandonne pas ceux qu'il a une fois justifiés par sa grâce, s'il n'en est le premier abandonné[2]. » Car ce beau principe, si digne

[1] In I, dist. XLVI, qu. LXXI, art. 1 — [2] *Sess.* VI, cap. II.

de la bonté et de la fidélité de Dieu, fait voir qu'il donne toujours les moyens absolument nécessaires pour conserver la grâce une fois reçue ; en sorte que nul des justes ne périt que par sa faute et pour s'être volontairement retiré de l'observance des commandemens, qu'il pourroit garder s'il vouloit. Aussi est-ce là précisément le dogme que le saint concile veut établir par ce principe, lorsqu'il dit : « Que personne n'ose avancer cette proposition téméraire et défendue par les Pères sous peine d'anathème, que les commandemens de Dieu sont impossibles à l'homme justifié : car Dieu ne commande pas des choses impossibles, mais il avertit en commandant de faire ce que l'on peut et de demander ce que l'on ne peut pas, et il aide afin qu'on le puisse [1]. » Ce qui présuppose des secours actuels qui nous donnent un vrai pouvoir suffisant, non-seulement de conserver la justice, mais encore d'y profiter, comme parle ce saint concile, *quò proficere possint*. Et il prouve enfin cette vérité par le principe qu'on vient de voir : « Dieu ne quitte les justifiés que lorsqu'ils le quittent eux-mêmes les premiers, *nisi ab ipsis priùs deseratur*. » Or il est certain non-seulement que c'est de saint Augustin et de ses disciples que le saint concile a pris de mot à mot ce principe, mais encore qu'ils s'en sont servis dans le même sens et pour le même dessein. C'est ce qui paroît dans ces paroles du livre *de la Nature et de la grâce* : « Le céleste médecin, dit-il, ne guérit pas seulement nos maux afin qu'ils ne soient plus, mais afin que dans la suite nous puissions marcher droit, ce que nous ne pouvons faire, même dans la santé, que par son secours [2]. » Par là donc il est manifeste qu'il parle du secours actuel, puisqu'il parle non de celui par lequel nous avons la santé, c'est-à-dire la grâce habituelle et sanctifiante, mais de celui par lequel nous pouvons dans la suite marcher droit dans la voie des commandemens. Ce qui est confirmé par les paroles suivantes : en poussant la comparaison du médecin, il parle ainsi : « Les médecins mortels, après avoir guéri leur malade, lui laissent recouvrer ses forces par les alimens corporels et le remettent entre les mains de Dieu qui les leur fournit, comme il a fourni

---

[1] *Sess.* VI, cap. II. — [2] Lib. *De Nat. et grat.*, cap. XXVI, n. 29.

les remèdes dont on s'est servi pour le guérir; mais Dieu, lorsqu'il a guéri un malade ou ressuscité un mort, c'est-à-dire lorsqu'il a justifié un impie par Jésus-Christ médiateur, et qu'il l'a conduit à la parfaite santé, c'est-à-dire à la parfaite justice, il ne quitte pas l'homme que l'homme ne le quitte, afin qu'il continue à vivre dans la piété et dans la justice. Parce que, poursuit ce saint docteur, comme l'œil le plus sain ne peut voir, s'il n'est aidé par la lumière, ainsi l'homme le plus parfaitement justifié, s'il n'est aidé divinement de la lumière éternelle de la justice, ne peut pas bien vivre[1]. » Il paroît donc clairement que ce secours dont il parle est le secours actuel, sans lequel on ne peut continuer à bien vivre, et qui fait dire dans la suite au même saint que, « Dieu ne commande point des choses impossibles, mais qu'en commandant il avertit et de faire ce qu'on peut et de demander ce qu'on ne peut pas[2] : » qui sont encore, comme on a vu, les propres paroles répétées par le concile de Trente. D'où saint Augustin passant outre, il demande par où l'on peut et par où l'on ne peut pas accomplir les commandemens de Dieu; et conclut qu'on peut par la « médecine (par le secours médicinal de Jésus-Christ) ce que notre vice nous rendoit impossible. » Ce qui montre qu'il s'agit toujours du secours actuel de Dieu, et que, par conséquent, c'est celui qu'il faut comprendre que Dieu ne retire qu'à ceux qui auparavant se sont retirés de lui : qui est précisément la même intention du concile de Trente.

Saint Augustin avoit dit auparavant dans le même esprit, que « le prévaricateur de la loi étoit justement privé de la lumière de la vérité[3]. » Ce qui montroit que la lumière ne se retiroit que de ceux qui ont mérité cette soustraction, par laquelle ils tombent ensuite dans les péchés qui ont fait dire à saint Paul que « Dieu les a livrés à leurs mauvais désirs; » où il se fait cette objection : « On me répondra peut-être que Dieu ne contraint personne à de tels crimes, mais qu'il n'abandonne que ceux qui en sont dignes? Celui qui parle ainsi dit la vérité[4]. » D'où il résulte que Dieu ne peut jamais abandonner ceux qu'il a justifiés de leurs péchés, si

---

[1] Lib. De *Nat. et grat.*, cap. XXVI, n. 29. — [2] *Ibid.*, cap. XLIII, n. 50. — [3] *Ibid.*, cap. XXII, n. 24. — [4] *Ibid.*, cap. XXII, n. 25.

par de nouveaux péchés ils ne se rendent dignes de cet abandon. Et il faut ici se souvenir que saint Augustin a établi en une infinité d'endroits, que la rémission des péchés ne va pas seulement, comme les pélagiens lui reprochoient de le dire, à les raser superficiellement à la manière des cheveux, en sorte que la racine en demeure dans la chair : « Qui, dit-il, enseigne ceci, si ce n'est un infidèle? Car nous disons que Dieu donne la rémission des péchés ; qu'il ne rase pas les péchés, mais qu'il les ôte, et que c'est une calomnie de nous imputer le contraire [1] : » c'est la doctrine constante de ce Père en cent endroits. Quand donc il dit que Dieu n'abandonne que ceux qui sont dignes de cet abandon, les péchés qui les en rendent dignes ne pouvant pas être ceux qui leur ont été remis, il faut dire nécessairement que c'en sont d'autres qu'ils auront commis depuis.

Conformément au même principe, le même saint Augustin, dans le livre *de la Correction et de la grâce,* en parlant de ceux dont saint Jean écrit que « s'ils eussent été des nôtres, ils seroient demeurés parmi nous [2], » prononce ainsi : « Bien certainement il vouloit qu'ils demeurassent dans le bien, *in bono illos volebat procul dubio permanere* [3]. Comment est-ce qu'il le vouloit, sinon parce qu'il vouloit ne les abandonner pas, et que ce sont eux qui l'ont abandonné les premiers?» qui est le même sens que nous avons vu dans ces paroles de saint Prosper : « C'est la volonté de Dieu qu'on demeure dans la bonne volonté, puisqu'il ne quitte personne qui ne l'ait quitté auparavant, *Dei ergò voluntas est ut in bonâ voluntate maneatur, qui priusquàm deseratur neminem deserit* [4]. » Ce qu'il confirme ailleurs en cette sorte : « Ils n'ont pas été délaissés de Dieu, afin qu'ils le délaissassent ; mais ils l'ont laissé, et ils ont été laissés, et ils ont été changés de bien en mal par leur propre volonté [5]. » Vérité si incontestable et si nécessaire, qu'il l'inculque encore par ces paroles : « Il ne quitte point celui qui doit se retirer, s'il n'en est quitté auparavant, *recessurum non deserit antequàm deserat* [6]. » Par où il demeure démontré que saint

---

[1] Lib. 1 *Ad Bon.*, cap. xiii, n. 26. — [2] I *Joan.*, ii, 19. — [3] *De Corr. et grat.*, cap. ix, n. 2. — [4] *Resp. ad object. Vincent.*, object. 7. — [5] *Resp. ad object. Gall.*, object. 3. — [6] *Resp. ad object. Vincent.*, object. 14.

Augustin et ses disciples ont pris un soin particulier de laisser pour établi que Dieu, qui n'a pas quitté de lui-même les justes lorsqu'ils tomboient, vouloit qu'ils demeurassent avec lui, s'ils n'avoient voulu auparavant le quitter. Que si l'on dit qu'il le vouloit à cause seulement qu'il le commande, et non par une véritable volonté, on peut voir cette réponse réfutée assez clairement ci-dessus; et d'ailleurs il est évident que Dieu de lui-même ne voulant quitter personne le premier, comme il paroît, il ne se peut qu'il ne veuille que ceux qui le quittent demeurent.

C'est là la doctrine perpétuelle de saint Augustin jusqu'à la fin de sa vie : « Il ne vous ôtera pas les biens spirituels qu'il vous a donnés, si vous ne les quittez, » dit-il sur le Psaume XXVI [1]. Et cette vérité étoit si constante entre saint Augustin et ses adversaires, que ceux-ci lui objectent comme incontestable cette maxime : « Ceux qui quittent Dieu le font par leur volonté, et par là (et non autrement) ils méritent que Dieu les quitte [2]. » Ce qui est dire en d'autres paroles qu'il ne quitte que ceux qui le quittent les premiers. Cette maxime parut si indubitable à saint Augustin, qu'il n'a rien à répondre autre chose que ceci : « Qui pourroit le nier ? *quis hoc negaverit ?* » Qu'y a-t-il de plus hors de doute que cette maxime ? Dans le livre *de la Correction et de la grâce*, il dit, en parlant du premier homme, que « s'il n'avoit pas abandonné le secours de Dieu, il seroit toujours demeuré bon. Mais il a quitté, continue-t-il, et il a été quitté, *deseruit, et desertus est* [3] : » son délaissement commence, et il est suivi de celui de Dieu. Où, sans aucun doute, il faut entendre que le premier homme a manqué au secours actuel de Dieu qui ne cessoit de le lui donner ; mais pour montrer qu'il agit de même envers ceux qu'il justifie dans l'état où nous sommes, le même saint Augustin, en parlant de ceux d'entre eux qui ne persévèrent pas : « Ils ne sont, dit-il, que pour un temps, *temporales sunt,* selon l'expression de l'Evangile. Ils quittent et ils sont quittés, *deserunt et deseruntur.* » Comme Adam, ils commencent par délaisser Dieu, et ensuite ils en sont délaissés, « et ils sont abandonnés à leur libre arbitre par

---

[1] *In Psal.* XXVI, et *Enchir.*, cap. II. — [2] *De Dono persev.*, cap. VI, 12. — [3] *De Corr. et grat.*, cap. XI, n. 31.

un jugement juste, mais caché, *dimissi sunt enim libero arbitrio judicio Dei justo, sed occulto.* » Ce qui, dans le style de ce Père, présuppose toujours quelque péché ; et par conséquent il est certain, selon lui, tant pour cet état que pour l'état d'innocence, que c'est une loi de Dieu inviolable, qu'il ne délaisse jamais ceux qui ne le délaissent pas auparavant.

Cette loi de la justice de Dieu, qu'il s'est lui-même imposée conformément à sa vérité et à sa fidélité immuable, fait distinguer à saint Augustin deux sortes de secours divins dans la guérison de nos maladies, l'un qu'il appelle de miséricorde, *misericors auxilium ;* l'autre qu'il appelle de justice, *justum auxilium :* « Le premier est celui dont il se sert pour guérir la maladie, le second est celui qu'il donne pour conserver la santé [1] : le premier est appelé secours de miséricorde, « parce que le pécheur qui désire d'être justifié n'a aucun mérite ; le second qui est donné à un homme juste est un secours de justice, *justum auxilium est quod jam justo tribuitur.* » Il y a donc une sorte de justice de ne pas refuser au juste le secours qui lui doit donner le moyen de conserver la justice ; et c'est sur cette règle invariable de Dieu fidèle à lui-même et à ses propres bontés, qu'est fondé cet axiome des saints, adopté par le concile de Trente : « Dieu ne quitte point les justes, s'ils ne le quittent les premiers. »

C'est aussi en conséquence de ce beau principe, que, pour confondre le juste qui ne persévère pas, il lui propose deux vérités : l'une, qu'il ne peut pas dire : « Je n'ai pas reçu, puisqu'il a reçu la grâce qu'il a perdue par le mauvais usage de son libre arbitre[2] ; » l'autre, qu'on lui peut bien dire : « O homme, vous pouviez persévérer dans ce que vous aviez ouï et appris ; » au lieu qu'on ne lui peut dire en aucune sorte : « Vous croiriez, si vous vouliez, ce que vous n'aviez jamais ouï [3]. »

C'est ainsi qu'il parle à celui qui n'a pas reçu la persévérance ; et il lui montre qu'il n'a point d'excuse qu'il puisse opposer à sa juste damnation, parce qu'encore qu'il n'ait pas reçu la persévérance actuelle, il a néanmoins reçu une grâce par laquelle on lui

---

[1] *In Psal.* VII, 2 : *Justum adjutorium meum à Domino.* — [2] *De Corr. et grat.*, cap. VI, 9. — [3] *Ibid.*

pouvoit dire : « Véritablement vous persévéreriez, si vous vouliez : » qui est l'expression la plus naturelle pour signifier un pouvoir si véritable de persévérer, qu'il ne tienne qu'à nous de le faire, et ensuite que nous ne tombions que par notre faute.

C'est ce que dit saint Augustin dans le livre *de la Correction et de la grâce*, qui est celui où, selon lui-même, il a le mieux exprimé la manière toute-puissante dont Dieu donne la persévérance : et néanmoins il y exprime en même temps une grâce donnée aux justes qui tombent, pour persévérer s'ils vouloient, c'est-à-dire pour leur apporter un véritable pouvoir de persévérer [1].

Nous n'ignorons pas la réponse de quelques auteurs qui disent que par ces mots : *S'ils vouloient*, il ne faut pas entendre qu'ils puissent vouloir, mais seulement que s'ils vouloient, ils demeureroient dans la grâce, à cause qu'y demeurer n'est en effet autre chose que le vouloir bien : de sorte qu'il est véritable qu'ils demeureroient, s'ils vouloient, quoiqu'il reste indécis s'ils pourront vouloir. Mais cette subtilité est tout à fait éloignée du style et de l'esprit de saint Augustin : c'est ce qu'on pourroit montrer par cent passages de ce Père : « Nous péchons, dit-il, si nous voulons [2]. » c'est-à-dire sans difficulté nous pouvons pécher : il ne tient qu'à nous de le vouloir. On pourroit remplir des pages entières de semblables expressions, mais il est mieux de ne pas sortir du livre dont il s'agit, *de la Correction et de la grâce :* c'est donc dans ce même livre que saint Augustin a dit d'Adam « qu'il avoit reçu une grâce dans laquelle il demeureroit s'il vouloit, *permaneret si vellet* [3] (c'est-à-dire sans difficulté, qu'il ne tenoit qu'à lui de le vouloir); et sans laquelle il n'auroit pu, continue-t-il, demeurer quand même il l'auroit voulu, *sine quo non posset permanere si vellet* [4]; » c'est ce qu'il répète cent fois, et ne trouve rien de plus propre pour exprimer une grâce sans laquelle on ne pouvoit persévérer, et avec laquelle on le pouvoit. Quand donc il tient le même langage de l'état où nous sommes, et qu'il dit des justes qui tombent que leur chute n'a point d'excuse, parce qu'ils ont reçu une grâce dans laquelle ils demeureroient, s'ils vouloient, il entend manifestement

---

[1] *De Corr. et grat.*, cap. XXI, n. 55. — [2] *De Nat. et grat.*, cap. XLIX, 57. — [3] *De Corr. et grat.*, cap. XI, n. 31, 32. — [4] *Ibid.*, n. 32.

qu'ils y pouvoient demeurer et qu'il ne tenoit qu'à eux de le vouloir.

Il n'est pas besoin d'entrer ici dans la différence de la grâce des deux états : il suffit d'établir par saint Augustin le sens naturel des locutions de saint Augustin lui-même, et d'avouer que, puisqu'il dit des deux états « qu'on pouvoit persévérer, si l'on vouloit, » il veut mettre dans l'un et dans l'autre une grâce qui donne ce pouvoir, quoiqu'elle ne soit pas suivie de l'effet.

Et pour en être convaincu, il n'y aura qu'à relire le passage qu'on vient d'alléguer, en se souvenant que le dessein de ce saint est de montrer que les justes qui tombent sont encore plus inexcusables que les infidèles qui n'ont jamais ouï parler de l'Evangile, « à cause, continue-t-il, qu'on peut bien dire aux uns : Vous persévéreriez, si vous vouliez, dans le bien que vous avez ouï et reçu ; mais on ne peut pas dire aux autres : Vous croiriez, si vous vouliez, ce que vous n'avez jamais ouï ; » où ces mots : *Si vous vouliez,* dénotent manifestement qu'on pourroit vouloir ; autrement on pourroit aussi bien dire à celui qui n'a pas ouï l'Evangile : Vous y croiriez, si vous vouliez, qu'on peut dire à celui qui l'a reçu : Vous y persévéreriez si vous vouliez : car, à la rigueur et en général, il est vrai même de celui qui n'a pas ouï qu'il croiroit, s'il vouloit croire, puisque croire et bien vouloir croire, c'est la même chose. Mais parce qu'il est impossible de vouloir croire une vérité dont on n'a jamais ouï parler, on dit véritablement à celui qui ne l'a pas ouïe qu'il n'y croiroit pas, quand il le voudroit, c'est-à-dire qu'il ne peut pas le vouloir. Donc au contraire, quand on dit à celui qui a reçu l'Evangile et qui a été justifié par cette foi : Vous y persévéreriez si vous vouliez, on entend qu'il le peut vouloir, et que c'est par sa faute qu'il ne le veut pas.

C'est donc un fait incontestable que saint Augustin, même dans le livre *de la Correction et de la grâce,* où il a établi plus que jamais une grâce de distinction en faveur de ceux qui persévèrent, ne laisse pas d'établir, pour ceux qui tombent, une grâce plus générale, qui leur donne un véritable pouvoir de ne tomber pas : pouvoir qui n'est autre chose que la grâce que l'Ecole nomme *suffisante.*

CHAPITRE XIII.

Dieu n'ôte pas aux justes qui tombent, la force de marcher dans la voie droite.

En conséquence de cette doctrine, quand on objecte à saint Augustin que Dieu, selon ses principes, « ôte la force d'obéir à ceux qui cessent de le faire, » il rejette bien loin de lui cette conséquence. C'est à la fin de sa vie et dans le livre *du Don de la persévérance*, qu'il récite que les Marseillois, ses adversaires, lui faisoient cette objection en ces termes : « C'est ôter toute la force à la correction que de dire dans l'assemblée de l'Eglise et en présence de l'assemblée de la multitude [1] : La sentence déterminée de la volonté de Dieu par la prédestination, est qu'il y en ait parmi nous qui, en recevant de Dieu la volonté d'obéir, viennent à la foi ou qui y demeurent en recevant la persévérance. Pour vous qui êtes encore arrêtés dans les plaisirs du péché, si vous n'en êtes point encore sortis, c'est à cause que le secours de la grâce médicinale ne vous a pas relevés. Mais si vous êtes du nombre des élus, quoique non encore appelés, vous recevrez bientôt la grâce qui vous fera vouloir être élus et l'être en effet; et si vous êtes du nombre des réprouvés, quoique vous obéissiez encore, les forces d'obéir vous seront ôtées, afin que vous cessiez d'obéir. »

Je rapporte tout au long cette objection, où saint Augustin a ramassé tout le venin de ses adversaires, c'est-à-dire toutes les mauvaises conséquences qu'ils tiroient de sa doctrine, afin qu'en reconnoissant ce qu'il approuve ou ce qu'il improuve, on en voie le véritable plan.

Il improuve donc premièrement qu'on dise à tout un grand peuple en la seconde personne : « Si vous êtes réprouvés, les forces d'obéir vous seront ôtées, afin que vous cessiez de le faire [2], » parce que c'est en quelque façon leur jeter au front des vérités dures, et plutôt des imprécations qu'une exhortation salutaire.

---

[1] *De Dono pers.*, cap. XV, n. 38; cap. XXII, n. 57, 61. — [2] *Ibid.*, cap. XX, n. 61.

Mais cela regarde la manière de s'expliquer et non pas le fond, et c'est le fond maintenant dont il s'agit. Mais pour entendre ce fond, il n'y a qu'à remarquer soigneusement ce que saint Augustin a retranché de la proposition qu'on prétend tirée de sa doctrine.

Cette proposition est « qu'on ôtera aux réprouvés les forces d'obéir, afin qu'ils cessent de le faire; » mais saint Augustin n'approuve ni cet *afin,* ni cette *soustraction des forces,* puisqu'il tourne la proposition en cette sorte : « S'il y en a qui obéissent et qui ne soient pas prédestinés, ils ne sont dans l'obéissance que pour un temps, et ils n'y demeureront pas jusqu'à la fin [1], » ce qui en effet est incontestable. Il a donc manifestement retranché la *soustraction des forces.* Pourquoi? si ce n'est que par une suite de ce principe : « Dieu ne délaisse personne le premier. » D'où il a encore conclu que même les justes qui tombent pouvoient persévérer, s'ils vouloient, c'est-à-dire, comme on a vu, que le pouvoir de persévérer leur demeure; qui est aussi en d'autres paroles ce qu'il met ici, que les forces d'obéir leur demeurent et ne leur sont pas ôtées même quand ils tombent.

Il continue à tourner ainsi la proposition, que « ceux qui ne sont pas prédestinés ne sont que pour un temps dans l'obéissance, et n'y persévéreront pas jusqu'à la fin [2]; » qui sont précisément les mêmes termes qu'il avoit déjà employés; il les répète par deux fois, afin qu'on en sente l'importance; et pour une troisième fois il dit encore que tout ce qu'on peut conclure de sa doctrine, c'est ceci : « Si vous êtes réprouvés, vous cesserez d'obéir [3]. » Ainsi il ôte partout, avec une précaution manifeste, la soustraction des forces. Par ce moyen il rejette l'endroit de l'objection où il est porté qu'elles *sont ôtées* aux justes qui tombent; et tout ce qu'il en avoue, c'est qu'en effet ils cesseront à la fin de persévérer, sans qu'il soit vrai néanmoins que les forces d'obéir à Dieu et de garder ses commandemens leur soient soustraites.

Et ce qui montre que c'est là sans difficulté le sens et l'intention de saint Augustin, c'est la réflexion de saint Prosper sur les

---

[1] *De Dono pers.,* cap. XX, n. 57. — [2] *Ibid.,* n. 61. — [3] *Ibid.*

paroles de ce Père : car il remarque expressément que c'étoit une calomnie de lui imputer que Dieu ôtoit aux justes qui tombent les *forces de lui obéir :* « Cette imputation, dit-il, que l'on fait au défenseur de la grâce est calomnieuse : c'est le discours de ses ennemis et non sa doctrine. » Il montre lui-même qu'il n'a jamais dit de telles choses ; et il déclare combien lui déplaît cette manière de prêcher, qu'il rend plus tolérable aux auditeurs en la corrigeant, en l'émondant, en la réformant, en tempérant ce qu'elle a de vrai et en retranchant ce qu'elle a de faux[1]. Il y avoit donc du faux aussi bien que du rigoureux et du dur dans ces expressions des adversaires de saint Augustin ; et ce faux manifestement n'est autre chose que ce que nous avons vu, que saint Augustin y a lui-même effectivement retranché, comme le remarque saint Prosper.

Et en effet, si saint Augustin n'avoit cru que la prédication que ses adversaires lui imputoient étoit non-seulement dure et peu convenable, mais encore certainement fausse, il n'auroit que changé la phrase et n'auroit rien ôté du fond ; or est-il que visiblement il a affecté de changer le fond en retranchant deux ou trois fois ces *forces ôtées.* Après quoi il conclut ainsi : « Ne pouvoit-on pas dire la même chose plus véritablement et plus convenablement tout ensemble[2], » en disant que les forces d'obéir ne sont pas ôtées aux justes qui tombent, mais qu'en effet à la fin ils cesseront d'obéir ? On voit donc que saint Augustin trouve la proposition qu'on lui impute, non-seulement peu convenable quant à sa manière, mais encore fausse dans son fond ; et que ce n'est pas sans raison que saint Prosper a conclu de ses paroles, non-seulement qu'il avoit tempéré ce qui étoit dur dans l'objection des Marseillois, mais encore corrigé et retranché ce qu'elles avoient de faux et d'insoutenable.

Par là donc il demeurera pour certain que, selon saint Augustin et saint Prosper, les forces d'obéir ne sont pas ôtées au juste qui tombe, par conséquent qu'elles lui restent : ce qui fait qu'on leur peut dire véritablement, selon les mêmes docteurs, qu'ils peuvent

---

[1] *Resp. ad Gen.,* except. 9. — [2] *Ibid.,* 61.

persévérer s'ils le veulent, qu'il ne tient qu'à eux de persévérer; et comme dit le même saint Augustin, que par cette saine doctrine rien ne *dépérit* à la prédestination ou à la grâce de persévérer, [1] si évidemment enseignée dans tous ces endroits : qui est pour la troisième, quatrième et cinquième fois ce qu'il s'agissoit de prouver.

La même vérité parut encore dans le second concile d'Orange. On ne doute point que ce concile n'ait établi clairement en plusieurs chapitres tirés de saint Augustin, la grâce qui donne l'effet; et ceux qui en douteroient en seront bientôt convaincus : mais il n'est pas moins constant qu'il a établi aussi clairement que le concile de Trente a fait depuis, une grâce pour accomplir les commandemens de Dieu, donnée à tous les fidèles. Ce qui paroît par ces paroles du chapitre XXV : « Nous croyons aussi, selon la foi catholique, qu'après avoir reçu la grâce du baptême, tous les baptisés, s'ils veulent fidèlement travailler, peuvent et doivent, avec le secours et la coopération de Jésus-Christ, accomplir les commandemens de Dieu. » Et un peu après : « Nous croyons encore que dans chaque bonne œuvre, ce n'est pas nous qui commençons pour ensuite être aidés par la miséricorde divine; mais c'est lui qui sans y être excité par aucuns mérites précédens, nous inspire premièrement et la foi et son saint amour, afin que nous recherchions fidèlement le sacrement de baptême, et qu'après l'avoir reçu nous puissions avec son secours accomplir ce qui lui est agréable [2]. » Et tout cela qu'est-ce autre chose que de dire avec saint Augustin que Dieu n'abandonne jamais les fidèles le premier, qu'ils peuvent demeurer s'ils veulent, et que les forces d'obéir leur sont conservées ? Il y en a pourtant parmi ceux-là qui ne demeurent pas dans la justice, quoiqu'ils eussent reçu de Dieu le pouvoir d'y demeurer; et cela s'accorde parfaitement avec la grâce de préférence, si clairement reconnue dans le concile d'Orange, selon les principes et dans les propres termes de saint Augustin, comme on a dit. Par conséquent, il est prouvé encore une fois, et par une nouvelle démonstration, que ces deux sentimens conviennent ensemble.

Il ne reste qu'une objection contre cette doctrine, mais bien

---

[1] *Resp. ad Gen.*, except., 61. — [2] *Concil. Araus.*, cap. XXV.

foible et qui consiste dans une équivoque qu'il sera aisé de démêler. On nous dit donc que c'est en vain que nous prétendons établir par saint Augustin une grâce qui donne à l'homme un véritable et suffisant pouvoir d'obéir, séparé de l'action même, puisque ce Père a dit cent fois que le pouvoir, par exemple le pouvoir de croire et d'aimer, est du fond de la nature : *Posse habere fidem sicut posse habere charitatem naturæ est hominum* [1]*;* et qu'il n'y a que l'acte qui soit de la grâce : *Habere autem fidem quemadmodùm habere charitatem gratiæ est fidelium* [2]. Mais tout cela, comme on vient de dire, roule sur une équivoque, étant constant qu'outre ce pouvoir que Pélage et saint Augustin après lui mettent dans la nature, il y a un pouvoir de grâce dont Jésus-Christ dit : « Vous ne pouvez rien sans moi [3]. » Ce qui est ainsi expliqué dans le concile de Carthage : « Si quelqu'un dit que la grâce de la justification nous est donnée afin que nous puissions plus facilement accomplir par la grâce ce qu'il nous est ordonné d'accomplir par le libre arbitre, comme si nous pouvions, quoique difficilement, accomplir sans grâce les commandemens de Dieu, qu'il soit anathème [4]. » Ce qu'il prouve par cette parole de Notre-Seigneur, que nous venons d'alléguer : « Vous ne pouvez rien sans moi ; » et encore : « Personne ne peut venir à moi, qu'il ne lui soit donné d'en haut [5]. » Ce pouvoir est reconnu par saint Augustin, lorsqu'il dit que pour être vraiment chrétien, « il faut sans hésiter reconnoître une grâce sans laquelle on ne puisse en façon quelconque faire aucun bien qui appartienne à la piété : » *Ut omninò nihil boni sine illâ quod ad pietatem pertinet, veramque justitiam fieri posse non dubitet.* C'est en ce sens qu'il reprend Pélage, qui disoit que « nous avions le pouvoir, » ou, comme il parloit, « la possibilité de ne pécher pas, soit que nous le voulions, soit que nous ne le voulions pas, et cette possibilité est de la nature [6]. » Saint Augustin ne peut souffrir ce discours « dans une nature blessée et perdue comme la nôtre : » *Quid tantùm de naturæ possibilitate præsumitur ? Vulnerata, sauciata, afflicta, perdita est* [7]. Il dit même de la nature

---

[1] *De Nat. et grat.*, cap. VII, n, 8. — [2] Lib. I *De Grat. Christ.*, cap. III, et passim. — [3] *Joan.*, XV, 5. — [4] *Concil. Carth.*, cap. V. — [5] *Joan.* XIX, 11. — [6] *De Nat. et grat.*, cap. XLIX, n. 59.— [7] *Ibid. et seq.*, cap. L, LI, LII, LIII, n. 62.

entière et saine en Adam, qu'elle ne peut pas persévérer sans la grâce ; et il ne cesse de répéter qu'il a été donné au premier homme « un secours sans lequel il ne pouvoit persévérer quand il le voudroit [1]. » C'est donc une vérité incontestable qu'outre le pouvoir improprement dit radical et très-éloigné de faire le bien, que saint Augustin a reconnu dans le fond de la nature, et qui n'est autre chose en elle qu'une capacité purement passive d'être aidée et élevée par la grâce, il y a le pouvoir actif et véritable qui est de la grâce même.

Mais ici il s'élève encore une nouvelle difficulté, en ce qu'il semble que dans l'état où nous sommes, saint Augustin ne distingue pas la grâce qui donne à l'homme le pouvoir de faire le bien d'avec celle qui lui donne l'acte : « En sorte, dit ce saint docteur, que la puissance vient aux saints avec l'effet, lorsque la nature est aidée et guérie ; ce qui nous arrive quand la charité est répandue dans nos cœurs [2]. » Ce qu'il explique plus amplement en ces termes, dans le livre *de la Correction et de la grâce* : « Comme les fidèles ne peuvent rien s'ils ne le peuvent et ne le veulent, le pouvoir et la volonté de persévérer leur est donnée par la grâce [3], » et même, comme on verra, par la même grâce. C'est encore ici une nouvelle équivoque ; et afin de la démêler, il ne faut que se souvenir qu'il est familier à saint Augustin de reconnoître un certain pouvoir de faire le bien, qui ne consiste en autre chose que dans le vouloir ardent que nous en avons. Car, au milieu des difficultés et des tentations où nous vivons, assurément nous ne pouvons faire le bien, si nous ne le voulons que foiblement.

En ce sens, lorsque Dieu nous donne une forte volonté ou, pour nous faire mieux entendre, un fort et ardent vouloir, il nous donne en même temps et le pouvoir et le vouloir et le faire, puisque le pouvoir comme le faire se trouve dans le vouloir même, quand il est fort et ardent. Car, comme dit saint Augustin dans la suite du même passage qu'on vient de citer, du livre *de la Correction et de la grâce*, « la volonté des justes est tellement enflammée par le Saint-Esprit, qu'ils peuvent faire le bien, parce

---

[1] *De Corr. et grat.*, cap. XI, n. 32 ; cap. XII. — [2] *De Nat. et grat.*, cap. XLII, n. 49. — [3] *De Corr. et grat.*, cap. XII, n. 38.

qu'ils le veulent avec cette force; et ils le veulent avec cette force, parce que Dieu opère en eux un tel vouloir [1]. » Un vouloir ardent et si efficace qu'il est suivi de l'exécution, c'est le cas où l'on peut tout ce que l'on veut, pourvu qu'on le veuille bien; et dans les choses dont l'exécution est le vouloir même, lorsque le vouloir est fort, l'exécution est infaillible. Je m'explique par un exemple : « On ne va pas à Dieu par des pas, mais par des désirs, dit saint Augustin; et y aller, c'est le vouloir, mais le vouloir fortement, et non pas tourner et agiter deçà et delà une volonté languissante : » *Et hoc erat ire quod velle, sed velle fortiter, non semisauciam hàc et illàc jactare voluntatem.* On reçoit donc en ce sens le pouvoir d'aller à Dieu, quand on reçoit une volonté si forte, si fervente : avec cette volonté on reçoit aussi l'action, parce que agir en cette occasion, c'est vouloir, pourvu qu'on veuille de toute sa force; et cela même n'est autre chose que l'actuel accomplissement des commandemens, puisque les accomplir n'est autre chose que d'être fortement et entièrement déterminé à le faire. En ce sens et par ce moyen, selon les principes de saint Augustin qu'on vient d'entendre, tous ceux qui accomplissent les commandemens reçoivent ensemble et le pouvoir et la volonté de les accomplir [2], parce qu'étant très-certain, comme on a vu, qu'on ne fait que ce qu'on peut et ce qu'on veut, il est vrai en un certain sens que Dieu leur donne l'un et l'autre par la même grâce, c'est-à-dire, comme on vient de dire, par la forte volonté et l'ardente charité qu'il leur inspire : *Ut quoniam non perseverabunt nisi et possint et velint, perseverandi eis et possibilitas et voluntas divinæ gratiæ largitate donetur* [3].

C'est là cette grâce de préférence tant prêchée par saint Augustin, et réservée par ce Père à ceux-là seuls qui persévèrent dans le bien jusqu'à la fin. Ceux-là seuls ont reçu de Dieu jusqu'au dernier moment la volonté qui peut tout, parce qu'elle est forte, et sans laquelle en un certain sens on ne peut rien, parce qu'on ne veut rien qu'imparfaitement et qu'on n'a que de foibles volontés.

---

[1] *De Corr. et grat.*, cap. XII, n. 38. — [2] *Ibid.*, — [3] *De Nat. et grat.*, cap. XLII; *De Corr. et grat.*, cap. XII.

Mais si les justes qui n'ont que de ces foibles volontés pour persévérer, ne pouvoient faire le bien en un autre sens par un pouvoir très-réel et très-véritable, en sorte qu'il ne tient qu'à eux et qu'ils tombent uniquement par leur faute, saint Augustin n'auroit pas dit, comme on a vu, qu'ils persévéreroient s'ils vouloient, et que les forces pour obéir ne leur ont pas été soustraites, parce que Dieu qui les a sanctifiés ne les quitte pas le premier et ne les quitteroit jamais, s'ils ne l'abandonnoient auparavant.

Ainsi, selon la doctrine de ce Père, ils peuvent en un sens persévérer, et ils ne le peuvent pas en un autre : ils le peuvent, puisqu'il leur reste des forces véritablement suffisantes pour cela ; et ils ne le peuvent, parce que, par leur négligence volontaire et libre, ils n'ont jamais une volonté assez forte pour surmonter les obstacles qui s'opposent à leur salut.

Ces propositions qui semblent contradictoires, qu'on peut et qu'on ne peut pas persévérer toutes les fois qu'actuellement on ne persévère pas, sont conciliées par saint Augustin en cette sorte : « Si, parmi les infirmités où il étoit convenable de nous laisser en cette vie pour nous rendre humbles, Dieu laissoit en la main des hommes leur volonté, en sorte qu'ils demeurassent s'ils vouloient [1], » c'est-à-dire, comme on a vu, qu'ils pussent demeurer « dans un secours sans lequel ils ne pourroient pas persévérer, sans que Dieu opérât en eux qu'ils le voulussent ; la volonté succomberoit par sa foiblesse, et ainsi ils ne pourroient point persévérer, parce que, par leur foiblesse et par leur langueur, ou ils ne le voudroient point du tout, ou ils ne le voudroient pas assez fortement pour le pouvoir. »

On voit dans ces hommes foibles que, selon saint Augustin, ils pourroient persévérer, et ils le pourroient véritablement ; en sorte qu'il ne tiendroit qu'à eux de le faire, puisque ce Père les suppose dans un état où, s'ils vouloient, ils persisteroient à faire le bien. Cela est clair et précis, et néanmoins il ajoute qu'ils ne pourroient pas : et l'abrégé de son discours est que, s'ils n'avoient qu'un simple pouvoir, ils ne pourroient pas ; ce qui en soi est contradic-

---

[1] *De Corr. et grat.*, cap. XII, n. 38.

toire, si l'on n'entend qu'avec ce simple pouvoir, quoique réel et très-véritable, ils ne pourroient pas de ce pouvoir qui induit infailliblement de l'action, parce qu'il n'est autre chose qu'un ferme vouloir qui sans doute manque toujours à ceux qui ne font pas effectivement le bien qui leur est commandé. Ils peuvent donc et ne peuvent pas : ils ont un pouvoir qui leur devient inutile par leur faute ; et en ce sens ils ne peuvent pas ce qu'ils ne veulent jamais assez puissamment, quoique toujours soutenus de Dieu qui ne les délaisse jamais le premier absolument et dans la rigueur, ils puissent vouloir le bien avec ce secours.

CHAPITRE XIV.

Pourquoi Dieu donne-t-il des grâces inutiles? Réponse de saint Augustin.

Que si l'on demande à quoi sert de leur donner ce pouvoir qui leur demeure, quoique par leur faute entièrement inutile, je demanderai à mon tour à quoi sert de donner aux justes le pouvoir de ne pécher pas, puisqu'il est déterminé par la foi qu'avec les secours ordinaires il n'y en a point qui ne pèchent. C'est la doctrine constante de saint Augustin dans le livre *des Mérites et de la rémission des péchés,* « qu'il est commandé à tous les hommes et par conséquent à tous les justes de ne pécher pas : On ne peut nier, dit-il, que Dieu ne nous commande d'être si parfaits dans la justice, que nous ne péchions point du tout [1]. » D'où ce Père conclut très-bien « que l'homme aidé de Dieu peut, s'il veut, être sans péché [2]. » C'est donc de Dieu qu'il a ce pouvoir de ne pécher pas. Et néanmoins Dieu qui le commande, qui en a donné le pouvoir avec le précepte, sait, « dit le même saint Augustin, que personne ne l'accomplira. » De cette sorte, si tous les hommes et même les justes pèchent, ce n'est pas manque d'une grâce qui leur donne le pouvoir de ne point pécher : mais c'est, dit saint Augustin, que Dieu qui sait tout, « sait qu'il n'y aura aucun homme qui déploie toutes les forces de sa volonté [3] » pour surmonter son ignorance et sa foiblesse. Et

---

[1] Lib. II *De Peccat. merit. et remiss.,* cap. XVI, n. 23. — [2] *Ibid.,* cap. VI, n. 7 — [3] Lib. I, *De Peccat. merit. et remiss.,* cap. XXXIX.

dans la suite : « Les pélagiens nous objectent comme une chose bien rare et qui nous est inconnue, que nous ne péchons pas si nous voulons, et que Dieu ne nous commanderoit pas ce qui seroit impossible à la volonté humaine [1]. » Il avoue donc à ces hérétiques que nous pourrions tous ne pas pécher, si nous voulions, et que cela ne nous est pas impossible ; « mais ils ne voient pas, continue-t-il, que pour surmonter certains obstacles, on a besoin de toutes les forces de sa volonté, *magnis et totis viribus voluntatis ;* et que Dieu ayant vu dans sa prescience que nous ne les emploierions pas parfaitement, a prononcé par son prophète que nul homme aussi ne seroit jamais (parfaitement) justifié » (et exempt de tout péché devant lui).

Demandez donc à saint Augustin pourquoi Dieu a donné aux justes ces forces qui ne devoient jamais être déployées et ce pouvoir que personne ne devoit jamais mettre en usage : en résolvant cette question, je résoudrai celle que vous me proposez ; et si l'une est indissoluble, je ne rougirai pas d'avouer qu'il en est de même de l'autre. Acquiesçons donc tous ensemble à la vérité de la foi, encore que nous ne puissions en pénétrer le fond.

Il n'y a rien de plus précis sur ce sujet-là que ce passage de saint Augustin dans le même livre : si l'on demande « pourquoi l'homme qui peut par sa volonté, avec le secours de la grâce, être sans péché en cette vie, n'y est pas, je pourrai répondre très-facilement et très-véritablement, c'est qu'il ne veut pas. Et si l'on demande encore pourquoi il ne le veut pas, cela nous engageroit dans un long discours [2]. » Sans y entrer plus avant, il conclut que « l'homme a deux vices qui empêchent sa volonté, l'ignorance et la foiblesse, » dont le remède, dit-il, « appartient à la grâce qui aide la volonté des hommes, *gratiæ Dei est quæ hominum adjuvat voluntates.* » Tout cela est vrai ; mais on a vu qu'ils ont reçu par cette grâce (car elle seule les pouvoit donner) des forces qu'ils n'emploient pas. J'en dis de même des justes qui ne persévèrent pas dans la justice : Dieu ne les abandonne pas, ils peuvent demeurer s'ils veulent, les forces pour obéir leur restent entières et

---

[1] Lib. II *De Peccat. merit. et remiss.*, cap. III. — [2] *Ibid.*, cap. XVII.

ne leur sont pas soustraites ; mais ils ne les emploient pas, et c'est pour cela qu'ils périssent et périssent par leur faute.

On voit encore dans le livre *de l'Esprit et de la lettre*, la même question résolue par le même principe ; il y répète comme certain ce qu'il a dit dans le livre qu'on vient de citer, que l'homme peut vivre « sans péché, si, aidé du secours divin, sa volonté n'y manque pas [1]. »

Et parce qu'on lui objecte qu'il « étoit absurde de reconnoître comme possible ce dont on ne voyoit aucun exemple [2], » il raconte une infinité de choses possibles qui n'ont jamais été accomplies, comme le passage du chameau dans l'ouverture d'une aiguille, l'envoi de douze mille légions d'anges que Dieu pouvoit envoyer, s'il eût voulu, à son Fils pour le tirer des mains de ses ennemis, et cent autres choses semblables que Jésus-Christ dit qui se peuvent faire sans pourtant que jamais elles se soient faites. Ainsi, dit-il, il ne laisse pas d'être véritable qu'on peut être sans péché, quoiqu'il n'y ait point d'exemple qu'on y ait été en effet.

A cela on lui répondoit que les exemples qu'il alléguoit de choses qui se pouvoient faire sans s'être faites en effet, regardoient les œuvres de Dieu, et non pas celles des hommes, « au lieu que ne pécher point est une œuvre de l'homme même, par lequel il seroit parfaitement juste ; et ainsi qu'il ne faut pas croire, s'il est au pouvoir de l'homme de l'accomplir, que personne ne l'accomplisse [3]. » A quoi ce Père répondoit à son tour, en dernier lieu, « que ne pécher pas, quoique ce soit une œuvre de l'homme, c'est aussi en même temps un présent de Dieu et un ouvrage de sa puissance [4].

Tout cela conclut que ce pouvoir de ne pécher pas que Dieu met en l'homme, selon saint Augustin, est un don de Dieu, encore que ce pouvoir n'ait son accomplissement dans aucun homme mortel ; et ainsi on ne peut nier qu'il n'y ait des secours divins qui n'ont jamais leur effet.

Saint Augustin rapporte à cette occasion cette parole du Sauveur : « Si vous avez la foi en vous-même, vous direz à cette montagne : Otez-vous et vous jetez dans la mer, elle vous obéira [5], »

[1] *De Spir. et litt.*, cap. I, n. 1. — [2] *Ibid.* — [3] *Ibid.*, n. 2. — [4] *Ibid.* — [5] *Matth.*, XVII, 19.

PARTIE II, LIVRE XIII, CHAPITRE XIV.

et rien ne vous sera impossible¹. » Où il remarque avec attention, à son ordinaire, que Jésus-Christ ne dit pas : Rien ne sera impossible ni à mon Père ni à moi; « mais rien ne vous sera impossible². » C'est donc une chose que Dieu a mise en la puissance de l'homme et qu'il feroit, s'il avoit la foi, quoiqu'il n'y en ait point d'exemple et qu'il ne soit pas nécessaire qu'il s'en trouve aucun. « Ainsi, dit-il, il est sans exemple, qu'il se trouve parmi les hommes une justice parfaite, et toutefois elle ne leur est pas impossible. Car elle s'accompliroit, s'ils y employoient autant de volonté qu'il en faut pour accomplir une telle chose : *Fieret enim, si tanta adhiberetur voluntas, quanta sufficit tantæ rei*³. » Où il persiste toujours, selon les principes qu'on a vus, à attribuer ce défaut de la justice des hommes à celui de leur volonté, qui ne déploie pas toutes ses forces, c'est-à-dire qui ne fait pas tout ce qu'elle peut pour accomplir tout ce que Dieu lui a commandé.

Et pourquoi Dieu a-t-il donné à l'homme un pouvoir si inutile ? Que ceux-là le cherchent qui croient pouvoir pénétrer le fond de ses conseils. Le même saint Augustin, dans le même livre *de l'Esprit et de la lettre*, nous a déjà dit « que Dieu pousse l'ame raisonnable à croire en lui par des inductions et des vues, et par la prédication de l'Evangile, au dehors et au dedans, où personne n'a en son pouvoir ce qui lui viendra dans l'esprit; mais c'est à la propre volonté de donner ou de refuser son consentement⁴. »

Nous avons déjà rapporté ce passage pour une autre fin. Il s'y agit de la grâce chrétienne et intérieure à laquelle on peut consentir et par ce moyen croire en Dieu. Saint Augustin conclut de là « que Dieu opère en nous le vouloir; que sa grâce nous prévient en tout, encore que ce soit à nous d'y consentir ou de n'y consentir pas; que nous recevons tout de lui, et que nous n'avons ses dons qu'en y consentant⁵. » Voilà donc de vrais dons de Dieu et la vraie grâce chrétienne; mais a-t-elle toujours son effet? Ecoutons ce que nous dira saint Augustin sur une si grande question. Voici ce qu'on trouve après les paroles précédentes : « Si après cela on nous jette dans cette profonde question, pourquoi Dieu induit telle-

---

¹ *De Spir. et litt.*, cap. XXXV, n. 63. — ² *Ibid.* — ³ *Ibid.*, cap. XXXIV, n. 60. — ⁴ *Ibid.* — ⁵ *Ibid.*

ment les uns à donner ce consentement qu'il leur persuade en effet de le donner, et qu'il ne le donne pas de la même sorte aux autres, je n'ai qu'à répondre : « O profondeur des conseils de Dieu ! » Et encore : « Y a-t-il en Dieu de l'iniquité ? » Celui qui en veut savoir davantage, qu'il cherche de plus grands docteurs, mais qu'il craigne de rencontrer des présomptueux [1]. »

Il y a ici deux profondeurs : l'une, pourquoi Dieu donne aux uns cette effective persuasion qu'il ne donne pas aux autres; l'autre, pourquoi ceux à qui il ne donne pas cette dernière et infaillible persuasion, ne laissent pas de recevoir ces inductions intérieures de la grâce auxquelles il ne tient qu'à eux de consentir, puisqu'on voit manifestement qu'avec ces inductions que nous avons vues être une vraie grâce chrétienne, Dieu sait qu'ils ne consentiront jamais, et que cette grâce, quoique suffisante pour induire le consentement, par leur faute leur sera toujours inutile. Voilà sans doute deux questions très-importantes, dont la seule résolution est de s'abîmer par la foi dans la profondeur des conseils de Dieu, et d'imposer un éternel silence au raisonnement humain.

Qu'on cesse donc de chercher avec une si subtile curiosité d'où vient qu'il y a des grâces qui ne manquent jamais leur effet, et d'autres qui le manquent toujours, bien que ce soit par notre faute ! C'est un abîme impénétrable, qu'on peut bien regarder avec tremblement et sonder peut-être en quelque façon avec modération et avec réserve, mais qu'on ne peut espérer sans présomption d'enfoncer tout à fait.

Saint Augustin dans le livre premier *à Simplicien*, question II, qui est l'endroit de ses ouvrages où il avoue qu'il a commencé à connoître parfaitement la saine doctrine sur la grâce et la prédestination, en expliquant ce passage de saint Paul : *Non est volentis*, etc., « il ne dépend pas de celui qui court, mais de Dieu qui fait miséricorde [2]; » et le conciliant avec celui-ci de Notre-Seigneur : « Il y a plusieurs appelés et peu d'élus [3], » de ces deux sortes d'inductions ou persuasions même intérieures, par lesquelles Dieu nous appelle et nous attire à la foi, l'une avec effet et l'autre

---

[1] *De Spir. et litt.*, cap. XXXIV, n. 60. — [2] *Rom.*, IX, 16. — [3] *Matth.*, XX, 16.

sans effet : l'une de la manière, dit saint Augustin, qui produit efficacement la bonne volonté, et l'autre de la manière qui ne la produit pas de même : et la raison qu'il apporte d'une si grande différence, c'est que « ceux qui, appelés d'une certaine façon, ne consentent pas, s'ils étoient appelés d'une autre, *alio modo vocati*, pourroient appliquer (soumettre) leur volonté à la foi, *possent accommodare fidei voluntatem*. En sorte, continue-t-il, que plusieurs étant appelés d'une façon (selon la parole de Notre-Seigneur), parce qu'ils ne sont pas tous disposés de même, ceux-là seuls suivent la vocation qui se trouvent propres à la recevoir. Par ce moyen il demeure toujours véritable (selon la parole de saint Paul) qu'il ne dépend point de celui qui veut, mais de Dieu qui fait miséricorde, parce que c'est lui qui appelle de la manière convenable et propre celui qui suit : d'où il s'ensuit qu'il consentira plutôt qu'un autre [1]. »

On voit que saint Augustin, ici comme ailleurs, ainsi que nous avons vu, appelle du nom de vocation les grâces, tant extérieures qu'intérieures, par lesquelles les hommes sont induits à croire; et que la raison primitive de ce que l'un suit plutôt que l'autre, c'est que Dieu à qui sont connus tous les moyens d'appeler les hommes, a choisi pour ceux qui devoient croire les moyens proportionnés à leurs dispositions et propres à les convertir ; en sorte que leur vocation a été de celles « qui produisent efficacement la bonne volonté, » *vocatio efficax bonæ voluntatis*, comme nous a dit le même saint. Ce qu'il explique encore plus clairement par ces paroles : « Ceux dont Dieu a pitié (selon saint Paul) sont appelés de la manière qui étoit propre à se faire suivre. » Et un peu après : « Celui dont il a pitié, il l'appelle de la manière qu'il sait être propre à faire qu'il ne rejette point un Dieu qui l'appelle, » et au dehors par sa parole, et au dedans par sa grâce. Et encore plus clairement : « Etant certain que la même chose souvent dite d'une façon touche l'un et dite d'une autre façon touche l'autre, qui osera dire que Dieu manquât de moyens pour attirer à la foi » tous les incrédules, « et Esaü même, » qui en est une figure éclatante ? Il

---

[1] *De Prædest. sanctor.*, cap. IV, n. 8; *De Dono persever.*, cap. XXI, n. 55.

se faut ici bien garder de croire que ces manières différentes de dire les choses, dont les effets sont si divers, soient des manières purement extérieures. Si ces vocations extérieures si diversement exprimées n'étoient accompagnées des intérieures que Dieu sait diversifier encore en plus de manières, la vocation n'auroit aucun effet ; et Dieu qui veut qu'elle en ait dans ceux dont il a pitié de cette façon particulière qui ne convient qu'à ceux qui croient effectivement, il les appelle de la vocation dont il connaît l'efficace. Mais ceux qu'il n'appelle point avec cette force ni par des moyens si touchans et toujours suivis de l'effet, sont-ils destitués par là de vocation et de grâces ? Point du tout. « La vocation, dit saint Augustin, est venue à eux, mais une vocation qui n'étoit pas telle qu'ils pussent en être touchés ; en sorte qu'ils fussent propres (disposés) à la recevoir. Ainsi ils sont appelés, mais non pas élus ; et dans cet événement, l'effet de la miséricorde de Dieu ne dépend pas tellement du pouvoir de l'homme, que Dieu le regarde en vain, s'il ne veut pas consentir à la vocation, parce que si Dieu vouloit en avoir pitié de cette façon particulière qu'on vient de voir, il les pouvoit appeler de sorte qu'ils fussent touchés, qu'ils entendissent, qu'ils crussent : et c'est ainsi que se justifie la parole de Notre-Seigneur : « Plusieurs sont appelés, et peu élus, » parce que les élus sont ceux qui sont appelés convenablement, *congruenter ;* » c'est-à-dire de cette manière si convenable aux dispositions particulières, que l'effet de la conversion s'en ensuit toujours. « Mais ceux dont les cœurs ne convenoient pas avec la vocation divine et n'y étoient accommodés ni ajustés avec elle par la proportion et la correspondance que Dieu sait, *illi autem qui non congruebant neque contemperabantur vocationi Dei,* ceux-là sont appelés, quoiqu'ils ne soient pas élus. » Et tout cela est appuyé sur ce fondement que saint Augustin avoit posé dès le commencement de cette dispute : « Il est clair que nous voulons inutilement nous convertir et que nous tentons vainement un si grand ouvrage, si Dieu n'a pitié de nous ; mais je ne vois pas comment on peut dire que Dieu ait vainement pitié de nous, si nous ne voulons pas le suivre, puisque si Dieu a pitié de nous (toujours de cette manière efficace et singulière), il est certain que nous le voudrons, à cause qu'il appartient à cette même miséricorde de faire que nous le voulions [1], » et que c'en est là l'effet.

Cette parole de saint Augustin est de même force que celle-ci dans le livre *du Don de la persévérance :* « Cette grâce qui est répandue secrètement dans les cœurs n'est rejetée d'aucun cœur, quelque dur qu'il soit, parce que le dessein primitif qui la fait donner, c'est afin qu'elle ôte toute dureté de cœur [2]. »

On voit par la convenance de ces deux passages avec combien de raison saint Augustin a dit que dès lors, quand il écrivoit ce livre *à Simplicien,* quoique ce fût si longtemps avant Pélage, il avoit parlé de la grâce aussi correctement que depuis qu'il fut obligé d'en traiter plus expressément contre cet hérésiarque [3]. C'est encore ce qui lui fait dire que dans ce livre où il disputoit si fortement pour le libre arbitre, la grâce enfin l'a emporté ; et la dispute aboutit à faire voir qu'il n'y a rien de plus clair ni de plus certain que cette parole de l'Apôtre : « Qu'avez-vous que vous n'ayez reçu ? » Dans ce livre donc, où la victoire de la grâce est si manifeste, où il en établit si fortement l'efficace, il ne laisse pas d'établir non-seulement cette grâce singulière et de préférence pour ceux qui croient, mais encore dans ceux qui ne croient pas la grâce plus générale d'une vocation qui ne pouvoit pas ne pas être sincère et véritable, puisqu'elle venoit de Dieu : mais qui toutefois en même temps n'étoit pas propre, ni convenable, ni proportionnée et accommodée aux dispositions de l'homme. Qu'on demande donc maintenant pourquoi ils reçoivent une telle grâce, si véritable et si inutile, et qu'on fasse le procès à Dieu qui la donne, l'Apôtre nous répondra, et saint Augustin après lui : « O homme, qui êtes-vous pour disputer contre Dieu ? » Et encore : « O vous qui disputez contre Dieu, n'êtes-vous pas des hommes ? » Et enfin : « L'homme sensuel et animal ne peut comprendre ce qui est de Dieu : » et cependant, le téméraire ! il entreprend d'en juger ! J'avoue qu'on peut être ému de cette parole où saint Augustin reconnoît que cette vocation, cette grâce des incrédules «n'est pas de celles dont les hommes puissent être émus ; » de

---

[1] *De Dono persever.,* cap. XXI, n. 55. — [2] *De Prædest. sanctor.,* cap. VIII, n. 13. — [3] *Ibid.,* cap. XLVIII; *De Dono persever.,* cap. XXI, n. 55.

manière que par ces douces convenances et proportions, ils soient actuellement persuadés de se rendre. Mais que dirons-nous? Quoi? que Dieu ne vouloit pas qu'ils fussent touchés ni qu'ils pussent l'être? ou qu'il ne leur a donné un tel attrait que pour les rendre plus coupables? A Dieu ne plaise que nous croyions d'un Dieu si bon et si véritable une telle illusion, ou que sa grâce soit un piége ! Il veut donc que cet incrédule se convertisse, et il lui donne pour cela cet attrait caché. Que si l'on dit qu'il ne peut pas en être touché, c'est dans le sens où l'on dit aussi, comme on vient de le voir, qu'on ne peut pas ce qu'on ne veut pas assez fortement : mais au reste, et en vérité, cet incrédule peut croire s'il veut, et c'est à quoi Dieu l'attire.

Il ne s'agit pas d'expliquer ici ces convenances, ces proportions, ou, comme parle l'Ecole, ces congruités de saint Augustin, qui peuvent tant sur les cœurs. Mais pour montrer que ce Père a retenu ces sentimens et ces expressions jusqu'à la fin de ses disputes et de sa vie, il faut entendre ce qu'il dit dans le livre *du Don de la persévérance* sur cette parole de l'Evangile : « Si l'on avoit fait ces miracles à Tyr et à Sidon, ils auroient fait pénitence dans le sac et dans la cendre [1]. » « On voit par là, dit ce saint docteur, qu'il y en a qui ont naturellement dans leur esprit, *naturaliter in ipso ingenio,* un don divin d'intelligence qui les porteroit à la foi, s'ils écoutoient des paroles ou qu'ils vissent des prodiges convenables à leurs pensées, à leurs dispositions, à leur génie, *congrua suis mentibus* [2]. » Il y avoit donc quelque chose de surnaturel et de caché dans l'esprit de ces infidèles, pour les induire à la foi. Car sous prétexte que saint Augustin dit qu'ils avoient ce don céleste naturellement, il ne faut pas croire qu'on pût trouver un pouvoir de croire et une facilité qui ne vînt pas de la grâce, ce seroit une erreur grossière et très-opposée aux principes de saint Augustin. Mais il faut entendre *naturellement* comme l'entend ce même saint dans cet autre endroit de saint Paul : « Les gentils naturellement accomplissent les œuvres de la loi [3], » non pour exclure la grâce, « mais parce que la grâce n'est autre chose que la réparation de

---

Matth., xi,21.— [2] De Dono persever., cap. xiv, n. 35.— [3] Rom., ii, 14.

la nature, l'exclusion de la maladie et du vice qui la corrompt, et le renouvellement de l'image de Dieu naturellement imprimée dans nos ames [1]. » Quoi qu'il en soit, on ne doit pas s'imaginer que les Tyriens et les Sidoniens pussent avoir autrement que par la grâce ces dispositions cachées que saint Augustin y reconnoît : elles leur étoient inutiles : elles ne devoient avoir aucun effet : la condition sans laquelle ce quelque chose de divin leur étoit donné ne devoit jamais arriver : ces miracles et ces paroles dont ils avoient besoin ne leur ont jamais été accordés. Pourquoi? « Parce que, dit saint Augustin, comme il ne leur étoit pas donné de croire, ce par où ils auroient cru leur a été refusé : » *Sed quia ut crederent non erat eis datum, etiam unde crederent est negatum* [2]. Connoissez par là deux vérités : l'une, qu'on trouve dans saint Augustin une grâce de préférence qu'inspire la foi actuelle ; et l'autre, que sans l'avoir on a néanmoins une grâce plus générale et quelque chose de confus, mais de divin qui porte à croire. Ce que c'est que ce quelque chose et pourquoi il est accordé sans aucun fruit, ne le demandez pas, si vous êtes humble ; et si vous êtes sage, ne prétendez pas le trouver.

On demandera sans doute en ce lieu s'il est vrai, comme on vient de voir, que saint Augustin ait reconnu une grâce de cette nature, d'où vient qu'il en est si peu parlé dans ses ouvrages contre les pélagiens, et qu'il semble n'y avoir voulu établir aucune autre grâce que celle qui fléchit les cœurs de cette manière, aussi douce qu'invincible, dont nous avons tant parlé. La réponse à cette question est facile et naturelle.

Saint Augustin n'a presque parlé que de cette grâce, parce que c'est celle-là, comme on a vu, qu'on demande principalement, et on peut dire uniquement dans les prières, dans l'Oraison dominicale, dans toutes les autres prières publiques et particulières que nous avons rapportées. Si l'Eglise dans ses prières ne demande que la grâce qui donne l'effet, si les fidèles à son exemple ne désirent que celle-là par tous leurs vœux, si d'ailleurs il est constant que les prières de l'Eglise sont les instruments les plus clairs et

---

[1] *De Spir. et litt.*, cap. XXVII, n. 47. — [2] *De Dono persever.*, cap. XIV, n. 35.

pour ainsi dire les plus vivans de la tradition sur la doctrine de la grâce, il n'y a point à s'étonner que saint Augustin, qui avec raison fait tant valoir cette preuve et l'emploie à toutes les pages, en ait pris l'esprit et ne se soit étudié, pour ainsi parler, à établir d'autre grâce que celle qu'il y trouvoit perpétuellement expliquée.

C'est aussi cette grâce singulière et de préférence qui convertit les cœurs, qui les fait persévérer dans le bien et qui même forme en eux les bonnes prières, que les pélagiens attaquoient avec le plus d'obstination et d'ingratitude. Car leur principal dessein étoit d'établir que le coup qui inclinoit l'homme à la piété et faisoit le discernement de ceux qui font bien d'avec ceux qui font mal, venoit primitivement du libre arbitre : et c'est pourquoi saint Augustin établit manifestement en ce point l'état de la question entre l'Eglise et ces hérétiques : « Nous voulons, » dit-il, que sans continuer de mettre la grâce dans l'exhortation et dans la doctrine qui se trouvent dans les Ecritures, « ces hérétiques reconnoissent enfin cette grâce par laquelle la grandeur de la gloire future est non-seulement promise (au dehors), mais encore crue et espérée (au dedans), par laquelle non-seulement la sagesse est révélée, mais encore aimée par les fidèles; par laquelle enfin, non-seulement on les porte au bien, mais on leur persuade actuellement de le suivre : *Nec suadetur solùm omne quod bonum est, verùm et persuadetur*[1] : » qui sont les vrais caractères de cette grâce qui fléchit, qui change, qui donne l'effet. Et après l'avoir si bien et si clairement proposée, saint Augustin conclut en ces termes : *Hanc debet Pelagius gratiam confiteri, si vult non solùm vocari, verùm etiam esse christianus :* « C'est la grâce que Pélage doit confesser, s'il veut non-seulement être appelé chrétien, mais encore l'être en effet. »

[1] *De Grat. Christ.*, cap. x.

CHAPITRE XV.

Non-seulement Dieu fait connoître le bien par la grâce extérieure de la révélation, mais il le fait aimer et pratiquer par la grâce intérieure de la charité. Concile de Carthage tenu en 416.

Voilà comme saint Augustin pose l'état de la question, dans un livre qu'il envoie exprès en Orient pour y découvrir les équivoques des pélagiens, et proposer dans les termes les plus simples ce que l'Eglise demandoit à ces hérétiques sur la doctrine de la grâce chrétienne. Pour mieux expliquer le caractère et la différence précise de cette grâce d'avec la grâce pélagienne, il faut remarquer que les pélagiens mettoient la grâce qui nous aide à faire le bien dans la doctrine ou révélation des commandemens de Dieu, dans les exemples de Jésus-Christ et dans toutes les autres choses où nous apprenons ce que nous devons faire et éviter, comme s'il n'y avoit qu'à apprendre et à savoir le bien pour l'accomplir sans aucun besoin d'un autre secours. Mais saint Augustin fait voir dans ce livre combien la science est insuffisante, par ces paroles de saint Paul : « La science enfle et la charité édifie [1] : » que Pélage discerne, dit-il, entre la pensée et l'amour, parce que « la science enfle et la charité édifie, » et la science n'enfle plus quand la charité édifie. L'un et l'autre étant donc un don de Dieu, l'un plus petit qui est celui de la science, l'autre plus grand qui est celui de la charité, qu'il n'élève point le cœur de l'homme au-dessus de Dieu, qui le justifie en attribuant à la grâce la science qui est le moindre de ces dons, et laissant au libre arbitre de l'homme la charité qui est le plus grand [2]. »

Il paroissoit donc clairement que non-seulement la science, comme l'accordoient les pélagiens, mais encore et à plus forte raison, la charité étoit un don de Dieu; et pour montrer quel don et quelle grâce c'étoit, saint Augustin la définissoit dans le même livre en cette sorte : « Cette grâce, dit-il, est celle par laquelle il se fait en nous, non-seulement que nous connoissions ce qu'il faut

---

[1] I *Cor.*, VIII, 1. — [2] *De Grat. Christ.*, cap. XXVI, n. 27.

faire, mais encore que nous fassions ce que nous avons connu ; et non-seulement que nous apprenions par la foi les choses qu'il faut aimer, mais encore que nous les aimions après les avoir crues [1]. »

Telle est donc la grâce dont saint Augustin exigeoit de Pélage la confession : c'étoit une grâce qui non-seulement faisoit croire, mais encore aimer en effet ce qu'on croyoit ; et pour la faire encore mieux entendre, ce Père ajoutoit « que s'il la falloit appeler doctrine, c'étoit à cause que Dieu la répand dans l'intérieur avec une suavité ineffable ; en sorte que, non-seulement il montre la vérité, mais encore il en inspire l'amour : » *Ut non ostendat tantummodò veritatem, sed etiam impertiat charitatem.* « Car c'est, poursuit-il, en cette sorte que Dieu enseigne ceux qu'il a appelés selon son propos (ou son décret éternel), leur donnant tout ensemble et de savoir ce qu'il faut faire, et de faire ce qu'ils savent. » Ce qu'il prouve par ce beau passage de saint Paul dans la première *Epître aux Thessaloniciens :* « Vous n'avez pas besoin qu'on vous écrive sur la charité fraternelle, puisque vous avez appris de Dieu même à vous aimer les uns les autres [2]. » Et pour prouver, continue saint Augustin, qu'ils l'avoient appris de Dieu même, saint Paul ajoute : « Car vous le faites : » par où il montre, poursuit saint Augustin, « que la marque la plus assurée qu'on a appris de Dieu, c'est lorsqu'on fait ce qu'on a appris : et c'est, dit-il, en ce sens que tous ceux qui sont appelés selon le propos et le décret éternel, sont appelés par les prophètes enseignés de Dieu, » selon que l'explique Jésus-Christ. Et, conclut saint Augustin, « celui qui sait ce qu'il faut faire et ne le fait pas, ne l'a pas encore appris de Dieu selon la grâce et selon l'esprit, mais selon la loi et selon la lettre [3]. » C'est aussi par où il explique cette parole de Notre-Seigneur : «Tous ceux qui ont ouï et qui ont appris de mon Père viennent à moi [4]. » D'où il tire cette conséquence : « Si tous ceux qui apprennent viennent, quiconque ne vient pas n'a pas appris. Or qui ne voit qu'on vient ou qu'on ne vient pas, par son libre arbitre ? Mais ce libre arbitre peut être seul s'il ne vient pas ; mais il ne peut ne pas être aidé s'il vient, et encore tellement

---

[1] *De Grat. Christ.*, cap. XII, n. 13. — [2] I *Thess.*, IV, 9. — [3] *De Grat. Christ.*, cap. XIII, n. 14. — [4] *Joan.*, IV, 45.

aidé que non-seulement il sache ce qu'il faut savoir, mais encore qu'il accomplisse ce qu'il sait : de sorte que quand Dieu enseigne non par la lettre de la loi, mais par la grâce du Saint-Esprit, il enseigne de telle manière que quiconque apprend de lui, non-seulement sache ce qu'il faut faire en le connoissant, mais encore le désire par sa volonté et l'accomplisse par son action[1]. »

Il faudroit transcrire tout le livre, si l'on vouloit rapporter tous les passages où saint Augustin explique que la grâce dont il demande la confession aux pélagiens, est celle qui donne tout ensemble par un effet infaillible, et le savoir et le vouloir et le faire. Mais j'ai voulu en alléguer ce qui sert à faire entendre le chap. iv du concile de Carthage, dont voici les paroles : « Quiconque dira que la même grâce de Dieu par Jésus-Christ Notre-Seigneur (dont il s'agit contre les pélagiens) nous aide à ne pécher plus, à cause seulement qu'elle nous révèle et nous découvre l'intelligence des commandemens de Dieu, afin que nous sachions ce que nous devons ou désirer ou éviter; mais qu'il ne nous est point donné par cette grâce d'aimer et de pouvoir accomplir ce que nous aurons connu qu'il faut faire : qu'il soit anathème. Car, comme l'Apôtre dit : « La science enfle et la charité édifie, » il est fort impie de croire que la grâce de Jésus-Christ nous soit donnée pour celle qui enfle, et ne nous soit pas donnée pour celle qui édifie, puisque l'un et l'autre sont un don de Dieu, et de savoir ce qu'il faut faire et encore d'aimer à le faire, afin que, par l'édification de la charité, la science ne puisse enfler; et de même qu'il est écrit de Dieu : « Lui qui donne la science à l'homme [2], » il est écrit de même : « La charité vient de Dieu [3]. »

On voit, par les paroles de ce chapitre, que le concile n'a fait qu'abréger et prendre l'esprit de la doctrine de saint Augustin, que nous venons de rapporter.

Ce grand homme étoit présent dans cette assemblée. Car s'il est vrai, comme les savans en conviennent maintenant, que le concile de Carthage, où furent arrêtés les huit chapitres de la condamnation de Pélage (car je n'ai pas besoin de parler ici du ix),

---

[1] *De Grat. Christ.*, cap. xiv, n. 15. — [2] *Psal.* xciii, 10. — [3] *Conc. Carth.*, cap. iv.

et le concile, dont parle saint Prosper, de deux cents et tant d'évêques, tenu dans cette capitale de l'Afrique en 418, il est certain que saint Augustin y étoit, qu'il en étoit l'ame et le génie, comme Aurèle de Carthage en étoit le chef, selon l'expression de saint Prosper; et que dans la même année il écrivit le *Livre de la grâce de Jésus-Christ*, dont nous avons rapporté tant de passages : de sorte qu'il ne se faut pas étonner si, plein encore de ce saint concile et des chapitres qu'il avoit dictés, il en étale si au long la sainte doctrine dans les mêmes termes que ce concile avoit pris de lui. Car c'est de là que naissoient ces expressions : « que la charité qui édifie doit être encore plus un don de Dieu que la science qui enfle; et que la grâce nous donne, non-seulement de connoître ce qu'il faut faire, mais encore d'aimer à le faire, afin que par l'édification de la charité la science ne puisse enfler : » qui est encore une expression de saint Augustin, lorsqu'il dit dans le *Livre de la grâce et du libre arbitre :* « Qu'y a-t-il de plus absurde ou plutôt de plus insensé et de plus éloigné de la charité, que de dire que la science qui enfle sans la charité vienne de Dieu, et que la charité qui fait que la science ne peut enfler vienne de nous [1]? » Il répète la même chose et les mêmes termes dans l'hérésie LXXXIII, qui est celle des pélagiens, où il pose si nettement l'état de la question contre les pélagiens. Il a continué le même discours jusqu'à la fin de sa vie, et dans l'ouvrage imparfait contre Julien, sur lequel il est mort : « Comment, dit-il, se peut-il faire que la moindre des choses, c'est-à-dire la science, soit un don de Dieu, et que la plus grande, c'est-à-dire la charité, nous vienne de nous-mêmes [2]? » L'on voit dans tous ces passages pourquoi le concile a pris tant de soin d'établir cette convenance entre la science et la charité, d'être l'une et l'autre, principalement la dernière, un don de Dieu. C'est que c'étoit là où il falloit mettre la principale différence de la grâce pélagienne et de la grâce chrétienne; et que saint Augustin l'ayant reconnu partout, il a fait entrer le concile dans cet esprit; et qui voudroit parcourir toutes les locutions de ce concile, non-seulement dans le chapitre IV

---

[1] *De Grat. et lib. arbitr.*, cap. XIX, n. 40. — [2] Lib. I, cap. XCV

qu'on vient de produire, mais encore dans les sept autres, il remarqueroit partout le style et le goût de saint Augustin; en sorte qu'on ne peut nier que ce concile ne soit un précis de saint Augustin, de même que saint Augustin est un long commentaire de ce concile.

Il ne faut donc pas s'imaginer que le dessein du concile, lorsqu'il dit que la charité est un don de Dieu aussi bien que la science, il entende seulement parler de la charité comme de la science habituelle. Car ces paroles du concile, lorsqu'il dit que c'est un don de Dieu, et de savoir ce qu'on doit faire et d'aimer à le faire, ce qui s'entend manifestement des actes; et saint Augustin, que le concile suivoit, disoit sans cesse que la grâce qui rend les fidèles disciples de Dieu, ou, comme parlent les prophètes cités par Jésus-Christ même, enseignés de Dieu; où ce Père explique partout que cet enseignement divin n'est autre chose que l'infusion de la grâce qui, non-seulement nous porte à faire le bien, mais encore, comme on a vu, nous le persuade, nous le fait croire, nous le fait aimer, et l'aimer de telle sorte que nous le fassions[1].

Car il se faut souvenir que nous avons établi selon la doctrine de ce Père qu'en un certain sens qu'il a divinement expliqué, le pouvoir que nous avons de faire le bien nous vient de la volonté de l'accomplir, c'est-à-dire de l'amour même que nous avons pour le suivre; on ne peut jamais ce qu'on ne veut et ce qu'on n'aime que foiblement : et au contraire, dans ce qui regarde la vie chrétienne, on peut et on fait toujours ce qu'on aime et ce qu'on veut parfaitement, parce que cette volonté et cet amour, non-seulement nous font accomplir le bien qui nous est commandé, mais encore en sont eux-mêmes l'accomplissement. C'est pourquoi le chapitre IV dont nous parlons, du concile de Carthage, s'est servi, comme on a vu, de cette expression, que la grâce nous donne, «non-seulement d'entendre ce qu'il faut faire, mais encore de l'aimer et de le pouvoir : » *Ut quod faciendum cognoverimus, etiam facere diligamus atque valeamus;* mettant, comme on voit, l'amour, c'est-à-dire la volonté forte de faire le bien, comme la source du pou-

---

[1] *De Grat. Christ.*, cap. x, 11.

voir même au sens qu'on a vu. Ce qui nous fait voir de plus en plus que, non-seulement le sens et l'esprit de ce concile, mais encore ses expressions, ne ressentent en tout et partout que saint Augustin.

Cela étant, on ne peut douter que le dessein du concile ne fût d'établir contre Pélage cette grâce qui donne l'effet, ou, comme parle ce Père, cette grâce qui donne tout ensemble, et le savoir et le vouloir et le faire, c'est-à-dire tous les actes nécessaires au salut, et dans laquelle on doit trouver selon lui-même, et « l'accroissement du pouvoir et l'affection de la volonté et l'effet même de l'action : » *Ubi jam et possibilitatis, profectus et voluntatis affectus et actionis effectus est* [1].

Avant que de passer outre, si l'on veut savoir les raisons pour lesquelles les savans hommes qui ont travaillé de nos jours à l'histoire des pélagiens, c'est-à-dire le P. Noris, le P. Garnier, et en dernier lieu les doctes Bénédictins, à la tête du tome X de leur édition des *Œuvres de saint Augustin,* ont cru que le concile où les huit anathématismes contre ces hérétiques ont été publiés, est le concile tenu à Carthage même en 418, sous le pape saint Zozime, plutôt que celui de la province de Carthage, tenu en la même ville en 416, sous le pape saint Innocent, ou celui de Milève, de la province de Numidie, dans le même temps, ainsi que Baronius et les autres l'avoient pensé : il n'y a qu'à considérer premièrement que le concile de Carthage, de 416, dans sa lettre ou relation à saint Innocent, ne parle en aucune sorte de ces huit chapitres, ou canons, ou anathématismes, qu'il n'auroit pas manqué de spécifier, si, comme on suppose, il en avoit demandé la confirmation. Au contraire, ce concile de 416, dans sa lettre à ce saint pape et à la fin de la même lettre, réduit sa décision à ces deux points : « Quiconque enseigne que la nature humaine est suffisante à elle-même pour surmonter les péchés, et s'oppose en cette sorte à la grâce qui est déclarée par la prière des saints ; et quiconque nie que les enfants soient délivrés de la perdition et reçoivent le salut éternel par le baptême ; qu'il soit anathème. » Voilà donc les deux seuls

[1] *De Grat. Christ.*, cap. XIV, n. 15.

anathématismes du concile de Carthage, de 416, et les huit dont il s'agit doivent être d'un autre concile.

La même chose paroît du concile de Milevi, où l'on suppose que ces huit chapitres furent faits ou répétés. Car dans la relation de ce concile au même pape Innocent, il n'y est fait, non plus que dans celle de Carthage, aucune mention de ces huit chapitres, mais seulement des deux mêmes points du concile de Carthage, de 416 : « Qu'il ne faut point prier Dieu pour en obtenir le secours, afin d'opérer la justice, et que le baptême n'est pas nécessaire aux petits enfans pour avoir la vie éternelle. »

On voit par là que ces deux conciles d'Afrique, tenus dans le même temps et avec un manifeste concert, ne connoissoient pas les huit anathématismes, mais seulement les deux qu'on vient de voir dans leurs lettres à saint Innocent.

Il ne serviroit de rien de répondre que c'est peut-être que ces Pères réduisoient leurs huit chapitres à ces deux points capitaux qui les renfermoient. Car cela n'auroit pas dû les empêcher de parler de ces huit chapitres, s'ils les avoient faits; et d'ailleurs il est certain qu'outre la matière du péché originel et de la grâce qui est traitée dans les cinq premiers, il y en avoit trois autres, le sixième, le septième et le huitième, où l'on parloit de l'imperfection de la justice en des termes qui ne se rapportent nullement aux deux chapitres des conciles de 416 de Carthage et de Milevi, et dont aussi il n'est fait nulle mention ni directe ni indirecte dans les lettres de ces deux conciles.

Telle est donc la première preuve qui a empêché les savans auteurs que j'ai nommés d'attribuer aux conciles de 416 les huit anathématismes contre les pélagiens; mais, en second lieu, la même chose paroît en ce que le pape Innocent, dans ses réponses à ces deux conciles, ne dit non plus aucun mot de ces huit chapitres ; il ne dit rien sur les trois derniers, qui regardent l'imperfection de la justice en cette vie, se réduisant à confirmer les deux points qu'on vient de voir ; et il ne parle que des relations de ces deux conciles, sans qu'il y ait dans ses lettres aucun vestige des huit chapitres qu'on suppose y avoir été dressés séparément.

En troisième lieu, on a encore sur cette même matière, un peu après ces conciles de 416, une lettre très-ample à saint Innocent de cinq évêques, dont saint Augustin étoit l'un et Aurélius à la tête, sans qu'il y ait aucun vestige de ces huit chapitres, non plus que dans la réponse aussi très-ample que leur fait ce pape. C'en est assez pour démontrer que ces huit chapitres ne peuvent pas être de ces conciles de 416, et par conséquent ne peuvent être que de celui de 418, puisque tout le monde est d'accord qu'ils sont nécessairement de l'un ou de l'autre.

Et en effet tout convient à ce dernier concile. Il n'y en a point de plus célèbre en cette cause. C'est ici le grand concile dont saint Prosper a écrit « que les décrets en furent suivis du consentement de tout l'univers [1]. » Après les conciles de 416, sous Innocent, la cause pélagienne se réveilla plus vivement que jamais sous Zozime, son successeur : il est constant que ce pape en renvoya la connoissance aux Pères d'Afrique, qui condamnèrent de nouveau la doctrine des pélagiens ; et incontinent après saint Zozime en confirma la condamnation, qui fut souscrite de tous les évêques de l'univers, comme tout le monde en convient. Le concile de Carthage de 416 n'étoit que de la province particulière de Carthage, comme il paroît manifestement par la lettre du même concile et par celle du concile de Milève à saint Innocent, et il s'y assembla seulement soixante-sept évêques ; mais le concile de 418 en avoit, selon saint Prosper, deux cent quatorze [2] ; aussi fut-il composé de toutes les provinces d'Afrique, comme le dit le même saint : pour la même raison, il est appelé ordinairement par saint Augustin le concile d'Afrique [3] ; et ainsi en toutes manières il n'y en a point de plus digne d'avoir donné à Pélage le dernier coup, et à la doctrine catholique son dernier éclaircissement.

On pourroit fortifier ce point d'histoire de beaucoup d'autres preuves ; mais cela ne paroît pas nécessaire, puisque de quelque manière qu'on le prenne, tout le monde demeure d'accord que saint Augustin étoit l'âme de toute l'Afrique sur cette matière, et demeure par conséquent du consentement unanime de tous les docteurs le plus sûr interprète de tous les conciles.

[1] *Resp. ad capit. Gall.*, object. VIII. — [2] *Ibid.* — [3] *De Peccat. orig.*, cap. VII, VIII, IX, XXI, n. 8, 9, 24 ; epist. CCXV, n. 2, etc.

Il faut donc, encore un coup, tenir pour certain que les huit chapitres en question soient des conciles de Carthage ou de Milève de 416, ou de celui de 418; que les paroles où il est porté que la grâce nous fait accomplir les commandemens, comme elle nous les fait connoître, s'entendent selon l'esprit de saint Augustin, dont on prend les expressions. Veut-on que les huit chapitres soient du concile de Milève, saint Augustin y étoit en personne. Veut-on qu'ils soient du concile de Carthage du même temps, on convient que ces deux conciles, qui se tenoient presque ensemble dans la même Afrique, et qui renvoient l'un à l'autre en termes exprès, sont d'un manifeste concert et constamment du même esprit [1]. Enfin si ces huit chapitres sont du concile de Carthage de 418, saint Augustin y étoit encore, et en a fait dans la même année, comme on a vu, le commentaire dans le *Livre de la grâce de Jésus-Christ*.

Et si l'on veut savoir la doctrine de ces conciles sur la grâce qui donne l'effet, on en sera pleinement instruit par leurs relations aux papes à qui ils écrivent, et par les réponses des papes mêmes. Ces seules paroles de la lettre du concile de Carthage : « Si nous voulons faire cette prière sur le peuple en le bénissant : « Donnez-leur, Seigneur, d'être fortifiés en vertu par votre Esprit-Saint, » ces hérétiques s'y opposent. » Et celles-ci du pape saint Innocent, dans sa réponse : « Si nous vivons bien, nous prions que nous vivions mieux et plus saintement; et si nous sommes détournés du bien, nous avons encore plus de besoin de son secours pour revenir à la droite voie, » suffisent pour faire voir que la grâce que ce saint pape, ces saints conciles, et toute l'Eglise en eux et par eux vouloient établir, est celle qui sert de fondement aux prières où l'on demande l'effet ou de la conversion ou de la persévérance. C'est pour cela qu'ils rapportent unanimement [2] ces paroles de Jésus-Christ à saint Pierre : « J'ai prié pour toi, afin que ta foi ne défaille pas [3] : » ou en demandant l'effet selon l'esprit de ces saints conciles et de ce saint pape qui les loue et qui les confirme, Jésus-Christ nous apprend aussi comment nous devons

---

[1] Epist. *ad Concil. Milev. ad Innoc.* — [2] Epist. *Conc. Carth. et Milev.*— [3] *Luc.*, XXII, 32.

prier et quelle doit être la forme de notre demande. Ainsi ce qui faisoit principalement le sujet de leur décision, c'est comme parlent les Pères du concile de Carthage : « La grâce qui est déclarée par les prières des saints, » *gratia Dei quæ sanctorum orationibus declaratur;* c'est-à-dire celle qui convertit actuellement, qui fait actuellement persévérer dans la grâce. Car c'est aussi cette grâce qu'il falloit opposer à l'esprit des pélagiens, dont les disputes sacriléges, dit le concile de Carthage, « induisoient cette conséquence, qu'il ne falloit point demander de ne pas entrer en tentation, ou que notre foi ne défaillît pas, encore que Notre-Seigneur ait mis le premier dans l'oraison qu'il nous a apprise, et qu'il ait fait le second pour son apôtre saint Pierre, comme lui-même le déclare. » C'est donc une telle grâce que les conciles et les papes avoient en vue dans leurs décisions, lorsqu'ils parlent tant « de la grâce par laquelle nous sommes chrétiens, » *gratiam quâ christiani sumus,* par laquelle nous le sommes actuellement, par laquelle non-seulement nous avons le pouvoir de l'être, mais encore l'effet : c'est, dis-je, cette grace que ces saints conciles recommandent, puisqu'ils ne cessent de dire que c'est celle-là qu'on demande, et qu'en effet, lorsque nous avons parcouru toutes les prières ecclésiastiques, nous les avons trouvées toutes de cette forme et de cet esprit.

CHAPITRE XVI.

Continuation du précédent : Dieu donne à l'homme, non-seulement la connoissance du bien, mais encore la volonté et la force de le faire et d'y persévérer. Concile de Carthage tenu en 418, celui d'Orange et celui de Trente.

Voilà pour ce qui regarde les conciles de 416. Et pour celui de 418, outre les canons que nous avons vus, il rend un beau témoignage à cette grâce qui donne l'effet, dans ces paroles qui sont rapportées par saint Prosper et dans les Capitules de saint Célestin en cette sorte, « que tous les soins, toutes les œuvres et tous les mérites des saints doivent être rapportés à la gloire et à la louange de Dieu, parce que personne ne lui plaît par d'autres choses que celles qu'il donne lui-même. C'est le sentiment où nous conduit l'autorité canonique du pape Zozime d'heureuse mémoire, *Beatæ recordationis papæ Zozimi*, lorsqu'en écrivant aux évêques de tout l'univers, il parle ainsi : « Nous, par un instinct divin, ou, si l'on veut, par une impulsion de Dieu (car il faut rapporter tout le bien à son auteur d'où il naît), nous avons renvoyé toute cette affaire au jugement de nos frères et de nos co-évêques. » Parole, continue saint Célestin ou saint Prosper de son aveu, toute rayonnante de la lumière d'une très-pure vérité. Laquelle aussi fut reçue par les Pères d'Afrique avec une si grande vénération, qu'ils répondirent à ce pape en ces termes : Ce que vous avez mis dans votre lettre à toutes les provinces : « Nous avons renvoyé l'affaire à nos co-évêques par l'instinct, l'impulsion ou l'inspiration particulière de Dieu, » nous l'avons regardée comme une parole par laquelle, comme par le glaive de la vérité, nous avons tranché en un mot la difficulté que nous font ceux qui élèvent le libre arbitre contre la grace. Car qu'y a-t-il que vous ayez fait davantage par votre liberté que de vous renvoyer cette affaire? Et toutefois vous avez vu sagement et fidèlement, vous avez dit véritablement et avec une pleine confiance, que vous l'aviez fait par l'instinct de Dieu, à cause sans doute que la volonté est préparée par le Seigneur, et qu'afin que ses fidèles fassent quelque chose de bien, lui-même touche les cœurs de ses enfans par ses inspirations paternelles [1], » et le reste de même esprit et de même force ; c'étoit donc l'esprit de ce pape, l'esprit des Pères d'Afrique qui relèvent ses paroles, l'esprit de saint Célestin, un autre pape, et de saint Prosper, un autre grand saint, qui les rapportent, et en un mot l'esprit de toute l'Eglise, que le bien qu'on faisoit le plus par son libre arbitre, étoit l'effet d'un instinct, d'une inspiration particulière de Dieu ; en sorte qu'on reconnoisse que tout vient de lui et qu'on lui en rende grâce, comme avoit fait ce docte pape.

Il ne faut donc pas s'étonner, si ce concile a défini si précisément que la grâce, non-seulement nous fait connoître, mais encore aimer et faire ce qu'il faut ; et tout cela, comme on voit, pour

---

[1] *Conc. Col.*, c. v, n. 14, cap. VIII.

donner lieu à la prière qui nous fait dire : « Seigneur, donnez-moi de faire le bien que vous m'aviez fait connoître; » et à l'action de grâces qui nous fait dire : « O Seigneur, si j'ai fait quelque bien, je vous rends grâces du divin instinct par lequel vous m'avez persuadé de le pratiquer en effet. » C'est ce que marquent évidemment les paroles du concile; c'est le sens où elles sont déterminées par les interprétations de saint Augustin; c'est ce que l'Eglise vouloit imprimer dans le cœur de tous les fidèles, comme la source de la prière chrétienne et comme le fondement de l'humilité et de la reconnoissance des fidèles.

Le même esprit de la grâce et de la prière chrétienne nous a déjà paru amplement dans les Capitules de saint Célestin [1], lorsque nous y avons remarqué que l'Eglise, qui demandoit l'effet, supposoit la grâce qui le donne, et je n'ai pas besoin de répéter ce qui a été exposé dans les livres précédens.

Mais il ne faut pas omettre ces paroles où, après avoir établi « que les mérites des fidèles sont des dons de Dieu, » on en donne cette belle preuve : « Dieu fait en nous que nous voulions et que nous fassions ce qu'il veut, et il ne permet pas que ce qu'il nous a donné pour l'exercer, et non pas pour le négliger, demeure inutile [2]. » Ce qui montre l'opération du Saint-Esprit pour rendre ses dons efficaces, et sert à vérifier ce qui venoit d'être dit, « que la grâce prévient tous nos mérites, puisque c'est par elle qu'il se fait en nous que nous voulions commencer et faire quelque bien. »

Plus cette vérité a été obscurcie par les ennemis de la grâce et de la doctrine de saint Augustin, plus l'Eglise a travaillé à la rendre claire. C'est pourquoi le Saint-Siége, qui avoit eu soin d'en recueillir les témoignages des écrits de ce grand docteur, les envoya à saint Césaire et au concile d'Orange pour réprimer Fauste et les nouveaux semipélagiens : la grâce qui donne l'effet reluit dans tous les chapitres de ce saint et docte concile [3]. Les papes avoient choisi ce qu'il y avoit de plus fort et de plus précis dans les livres de saint Augustin pour les exprimer, par exemple au chapitre XX, ce passage qui est tiré du *Livre à Boniface :* « Dieu fait beaucoup

---

[1] *Capit.* XI, XII. — [2] *Ibid.*, XII. — [3] *Conc. Arausic.*, cap. XX.

de bien dans l'homme que l'homme ne fait pas ; mais l'homme n'en fait aucun que Dieu ne lui fasse faire ; ou, pour traduire de mot à mot, « que Dieu ne fasse que l'homme le fasse [1] ; et comme il est rapporté toujours au même sens dans le concile d'Orange : « que Dieu ne donne que l'homme les fasse : » *Multa Deus facit in homine, quæ non facit homo, quæ non Deus faciat ut faciat homo.*

Le moyen de le faire faire à l'homme est encore marqué dans ce saint concile, et c'est, dit-il, « l'illumination et l'inspiration du Saint-Esprit qui donne à l'homme la suavité à consentir et à croire [2] ; » ce qui est non-seulement de saint Augustin, mais encore l'ame, pour ainsi parler, de tous ses écrits. De là se tirent ces conséquences : « que c'est un don de Dieu d'aimer Dieu ; que c'est lui qui nous donne d'aimer, parce que c'est lui qui, sans être aimé, nous a aimés [3] ; que c'est un don de Dieu, et de bien penser et de nous détourner de l'injustice, parce que toutes les fois que nous faisons bien, Dieu opère en nous et avec nous que nous opérions [4] ; que c'est résister au Saint-Esprit, que de dire que Dieu attend notre volonté, afin que nous voulions être purifiés de nos péchés, mais qu'il faut croire qu'il se fait en nous par l'infusion et l'opération du Saint-Esprit dans nos cœurs, que nous voulions être purs [5] ; » et enfin, ce qui comprend tout ; « que c'est contredire l'Apôtre, que de dire que Dieu fasse miséricorde à ceux qui croient, qui veulent, qui s'efforcent, qui travaillent, qui veillent, qui s'appliquent, qui demandent, qui cherchent, qui frappent : mais qu'il faut croire que, par l'infusion et l'inspiration du Saint-Esprit, il se fait en nous que nous croyions, que nous voulions et que nous puissions comme il faut toutes les choses [6] : » parce qu'ainsi que nous avons vu, nous ne le pouvons que lorsque nous le voulons avec cette force que le Saint-Esprit nous donne par l'infusion d'une ardente charité. Selon cet autre chapitre : « La cupidité fait la force des gentils ; mais pour la force des chrétiens, c'est l'amour de Dieu qui la fait. Et cet amour est répandu dans nos cœurs, non point par notre libre arbitre, mais par le Saint-Esprit qui nous

---

[1] Lib. II *ad Bonif.*, cap. VIII. — [2] *Ibid.*, cap. VII. — [3] *Ibid.*, cap. XXV. — [4] *Ibid.*, cap. IX. — [5] *Ibid.*, cap. IV. — [6] *Ibid.*, cap. VI.

est donné sans qu'aucun mérite le prévienne [1]. — Il ne faut donc pas attacher la grace à l'humilité et à l'obéissance de l'homme, ou la faire suivre de là et s'y soumettre, *subjungere;* mais il faut croire que c'est un don de Dieu que nous soyons humbles et obéissans, parce qu'autrement ce seroit démentir l'Apôtre qui dit : « Qu'avez-vous que vous n'ayez reçu : » et : « Je suis ce que je suis par la grace [2]. »

Toute cette doctrine n'est établie et par saint Augustin et par ce concile qui en a transcrit les propres termes, qu'afin qu'on puisse prier chrétiennement et demander à Dieu tous les bons effets de notre bonne volonté, afin qu'après les avoir reçus de lui, nous puissions aussi lui en rendre grâces : qui est, dit saint Augustin, le parfait et véritable sacrifice du chrétien, qui pour cela est appelé *le sacrifice d'Eucharistie et d'action de grâces,* et qui aussi pour cette raison commence par ces paroles : « Rendons grâces au Seigneur notre Dieu : » *Gratias agamus.* Ce qui se dit, selon la remarque de saint Augustin, après avoir dit : « Le cœur en haut, » *Sursum corda!* et : « Nous l'avons élevé au Seigneur, » *Habemus ad Dominum,* pour faire entendre à tous les fidèles « que d'avoir le cœur en haut et élevé au Seigneur, c'est un don de Dieu [3]. » C'est pourquoi, continue ce Père, les fidèles n'ont pas, incontinent après, plutôt dit ces saintes paroles et exprimé les sentimens de leur cœur, qu'on les avertit d'en rendre grâces à Dieu; à quoi ils répondent d'une même voix qu'il n'y a rien de plus raisonnable ni de plus juste, et ils donnent tous ensemble ce digne commencement à leur sacrifice.

Cet esprit dure encore et durera éternellement dans l'Eglise. Le concile de Trente n'a pas eu précisément à établir l'efficace de la grace, puisque Luther et les autres qu'il condamnoit l'outroient plutôt en niant la coopération du libre arbitre, qu'ils ne la nioient. Et toutefois ce qu'il en a dit, quoiqu'en passant, est conforme à la doctrine de saint Augustin, l'efficace de la grâce paroît principalement en trois effets : dans la conversion à la justice, dans l'accroissement de la justice, et dans la persévérance qui nous y fait

---

[1] Lib. II *ad Bonif.,* cap. XVII. — [2] *Ibid.,* cap. VI. — [3] *De Dono persev.,* XIII.

demeurer jusqu'à la fin. Or le saint concile fait voir que la grâce est efficace dans ces trois états : dans la conversion à la justice : il établit cette grâce dans ces paroles de l'Ecriture : « Convertissez-nous et nous serons convertis [1] ; » ce qui démontre l'effet inséparable de la motion qui nous convertit. « Et c'est par là, dit le concile, que nous confessons que la grâce de Dieu nous prévient, lorsque nous nous donnons à Dieu : » *Cùm respondemus : Converte nos, Domine, ad te et convertemur, Dei nos gratiâ præveniri confitemur* [2]. Dans l'augmentation ou accroissement de la justice : le même concile fait voir que ce bon effet nous est donné par la grâce, puisque nous le demandons : « C'est, dit-il, l'accroissement de cette justice que l'Eglise demande en disant : Donnez-nous, Seigneur, l'augmentation de la foi, de l'espérance et de la charité [3]. » Pour ce qui est de la persévérance jusqu'à la fin qui est le grand don de Dieu, à cause de sa sainte liaison avec la gloire éternelle et la prédestination, le concile de Trente nous apprend que c'est un grand don de Dieu, un don si particulier que personne ne sait s'il l'aura, loin qu'il soit donné à tout le monde [4]; autrement, contre le concile, on seroit certain de sa prédestination. Ce don particulier est efficace sans doute et n'est rejeté de personne, puisque, comme dit saint Augustin, et la chose même le demande, tous ceux qui l'ont persévèrent [5]. Il y a, dit ce grand docteur, une manifeste contradiction à dire qu'on perde ce don. On peut bien avoir eu le don de continence et le perdre, puisqu'on peut cesser d'être continent. « Mais pour la persévérance jusqu'à la fin, nul ne l'a que celui qui persévère jusqu'à la fin [6]. » Et, continue ce saint docteur, « il ne faut pas craindre qu'après que l'homme aura persévéré jusqu'à la fin, il s'élève en lui une mauvaise volonté par où cette persévérance (qu'on suppose qu'il a eue jusqu'à la fin) lui soit ôtée. Ainsi ce don (de persévérer jusqu'à la fin) est de telle nature qu'on peut bien le mériter par ses prières, mais qu'on ne peut pas le perdre par sa mauvaise volonté [7]. » Car si on le perd on ne l'a pas eu; c'est donc le plus efficace de tous les dons. Et l'efficace infaillible et toute-puissante en est établie par le concile, lorsqu'il

---

[1] *Sess.* VI, cap. V. — [2] *Ibid.*, VI. — [3] *Ibid.*, X. — [4] *Ibid.*, cap. XIII, can. 16 — [5] *Ibid.*, cap. XII, can. 16.— [6] *De Dono persev.*, I et VI. — [7] *Ibid.*

dit : « Qu'on ne peut attendre ce don que de Dieu, qui peut affermir celui qui demeure ferme, et rendre de nouveau la fermeté à celui qui est tombé. » Il démontre la puissance de Dieu, non en disant qu'il nous peut donner le pouvoir de demeurer fermes ou de nous relever après nos chutes, mais en disant qu'il a la puissance de nous rendre fermes quand nous demeurons, ou si nous tombons de nous remettre sur nos pieds et nous tenir jusqu'à la fin en cet état : ce qui comprend l'effet même de l'actuelle persévérance, qui par conséquent est marqué comme l'effet propre et particulier de ce don. Ce don est donc efficace; ce don est propre aux élus, puisqu'il est propre à ceux qui persévèrent jusqu'à la fin dans la justice, et ceux qui tombent à la fin ne l'ont pas eu.

Ils n'ont pourtant point d'excuse de leur chute, parce que s'ils n'ont pas reçu la persévérance actuelle, on a vu qu'ils ont reçu le pouvoir de persévérer dans la justice reçue ; et que pour l'actuelle persévérance, ils pouvoient encore l'obtenir, ou, comme parle saint Augustin, même la mériter par leurs prières : mais pour cela il falloit persévérer à prier, ce qu'on n'a, comme on a vu, que par un don spécial. Et ainsi, comme on a vu, pareillement on n'est sauvé que par grâce ; et le salut se réduit enfin à une pure miséricorde, n'y ayant rien de plus gratuit que ce qui est donné à la prière, qui elle-même nous est donnée par une grâce si pure et tellement grâce.

C'est donc pour cette raison que ce don de persévérer jusqu'à la fin est appelé par le concile de Trente, « le grand don de Dieu. Si quelqu'un croit qu'il aura certainement, d'une certitude infaillible et absolue, ce grand don de persévérance jusqu'à la fin, s'il ne l'a appris par une révélation particulière : qu'il soit anathème [1]. » C'est donc ici, en vérité, le grand don de Dieu et le plus grand de tous les dons en cette vie, parce qu'il a toutes les qualités d'un don et d'un grand don : il est le plus grand de tous les dons, parce qu'il est inséparablement uni à la prédestination; encore une fois le plus grand de tous les dons, parce que c'est le plus infaillible et le seul qu'on ne reçoit jamais inutilement; enfin, et en dernier

---

[1] *Sess.* VI, can. 16.

lieu, il est le plus grand de tous les dons, parce qu'il est le plus gratuit et qu'un Dieu le donne de lui-même sans aucun mérite ; ou s'il le donne au mérite de la prière persévérante, il donne premièrement par un don entièrement gratuit la prière persévérante.

Et remarquez que le concile de Trente n'a pas eu à définir expressément ce qui regardoit le don de persévérance ; mais qu'ayant dû en parler par occasion pour condamner la certitude de la prédestination jointe avec la persévérance que les hérétiques enseignoient, il a dit de ce grand don ce qu'on vient de voir comme une chose reconnue pour indubitable dans toute l'Eglise, conformément aux principes de saint Augustin, qui, outre tous les passages où il prouve cette vérité, a fait un livre exprès pour l'établir, et lui a donné pour titre : *Traité du bien* ou *du don de la persévérance,* selon les diverses leçons de ce livre.

Une des preuves que ce Père apporte de ce don singulier de persévérance est celle-ci : « Celui qui tombe, tombe par sa volonté ; et celui qui demeure ferme, demeure ferme par la volonté de Dieu ; » car (comme dit l'apôtre saint Paul) il est puissant pour l'affermir. « Ce n'est donc pas lui qui s'affermit lui-même, mais Dieu : » *Non ergo seipse, sed Deus* [1] : qui est non seulement la conclusion, mais encore la preuve même du concile de Trente.

Et quand je parle tant de l'attachement que les conciles ont eu à la doctrine de ce saint, ce n'est pas pour dire que saint Augustin est la règle de la foi ; mais c'est pour dire qu'ayant puisé sa doctrine dans la foi commune de l'Eglise catholique, et lui ayant été donné de l'exprimer plus précisément que tous les autres docteurs, il est sur cette matière comme l'ame de tous les conciles et le plus fidèle interprète de leurs sentimens.

Voilà ce que nous avons dans les conciles d'Afrique, dans celui d'Orange et enfin dans celui de Trente sur la grâce qui donne l'effet. Je pourrois encore ajouter à tous ces décrets du dernier le canon XXII, où il établit avec anathème « un secours spécial, sans lequel on ne peut persévérer dans la justice reçue et avec lequel on le peut. » Cette grâce, ce secours, ce don spécial du concile,

[1] *De Dono persev.*, lib. VIII, n. 19.

semble insinuer le grand don de persévérance qu'on vient de voir dans ce concile. Mais comme il y a ici diverses interprétations et de grandes disputes entre les docteurs, cette discussion seroit inutile en ce lieu, où je n'ai dessein de proposer que ce qui est certain dans l'Ecole, et nous détourneroit trop de notre sujet.

Au reste, en considérant tant d'expresses définitions de l'Eglise sur la grâce qui donne l'effet, il ne faut pas croire qu'elle y ait été amenée par un dessein de subtilité et de curiosité, puisqu'on a vu au contraire que ce qui lui a inspiré ces définitions, c'est le dessein inspiré de Dieu par toutes ses écritures d'apprendre aux fidèles à prier, à s'humilier, à rendre grâces, en un mot, à reconnoître l'œuvre du salut comme l'œuvre de Dieu : ce qui a fait dire tant de fois à saint Augustin, aux conciles et en dernier lieu à celui de Trente, « que les mérites des fidèles sont des dons de Dieu[1], » parce que c'est lui qui nous donne par un secours assuré, et le désir et l'effet de la conversion et de la persévérance, à laquelle est attachée la couronne de gloire.

Par là il se voit encore pourquoi les conciles n'ont rien défini expressément sur la prédestination gratuite, encore que saint Augustin dans ce sens que nous avons établi la mette comme de foi, parce que, comme on a vu, et comme il a été observé par saint Augustin, c'est suffisamment établir cette prédestination que de reconnoître dans le temps cette grâce de préférence que Dieu, qui prévoit, ordonne et prépare toutes ses œuvres de toute éternité, n'a pu manquer de prévoir, d'ordonner et de préparer, c'est-à-dire de prédestiner avant tous les temps : ce qui est en termes formels et précisément cette divine prédestination que saint Augustin a tant en vue. Et ce Père l'ayant accordée avec la volonté générale et avec la grâce donnée du moins à tous les fidèles, quoique sans son dernier effet pour ceux qui périssent, il s'ensuit que cette grâce convient avec la grâce de préférence, ce qui fait tout le sujet de cette dispute.

[1] *Sess.* VI, can. 16.

CHAPITRE XVII.

La grâce qui donne l'effet est nécessaire pour faire le bien et y persévérer.

Pour ne rien laisser d'incertain dans ce qui regarde la foi en cette matière, il faut encore examiner cette question : Si l'on peut dire que cette grâce qui donne l'effet est nécessaire à persévérer dans le bien ou même à le faire, et qu'on ne peut rien sans elle.

Vasquez a décidé cette question premièrement par saint Innocent, secondement par saint Célestin, troisièmement par saint Augustin[1]. La décision de saint Innocent est tirée de son *Epître décrétale au concile de Carthage*, où il parle ainsi : « Dieu nous donne des remèdes journaliers, dont si nous ne sommes appuyés, si nous n'y mettons notre confiance, nous ne pourrons jamais surmonter les erreurs de la vie humaine. Car, poursuit-il, il est nécessaire que, si nous les surmontons maintenant et lorsqu'il nous aide, nous y succombions dans la suite lorsqu'il ne nous aide pas. » Ou, pour traduire de mot à mot : « Il est nécessaire que, Dieu nous aidant, nous surmontions ; et que, Dieu ne nous aidant pas, nous soyons vaincus : » *Necesse est enim ut quomodo, adjuvante, vincimus, eo iterùm non adjuvante, vincamur*[2]. Ce qu'il faut entendre de la grâce qui donne l'effet pour deux raisons : la première, que ce saint pape parle d'une grâce qui empêche de tomber ceux qui l'ont : « Nous surmontons, dit-il, quand Dieu nous aide : » *Eo adjuvante, vincimus*. Oui, sans doute, quand il nous aide de ce secours qui donne l'effet. Car pour le secours suffisant qui ne donne que le pouvoir de faire, et non pas le faire, c'est avec un tel secours que les justes tombent : ce qui n'est donc pas le secours avec lequel on triomphe infailliblement, lorsqu'on est secouru. Mais la seconde raison est encore plus indubitable, selon les principes de Vasquez. Car saint Innocent parle d'un secours qui peut être entièrement soustrait : « Il est nécessaire, dit-il, et que nous triomphions quand Dieu le donne, et que nous soyons vaincus

---

[1] In I part., disput. XCVIII, cap. 4. — [2] Apud August., Epist. XCI.

quand il cesse de le donner : » *Necesse est, eo non adjuvante, vincamur.* Il parle donc d'un secours dont la soustraction est suivie de notre chute. Or est-il que Vasquez ne suppose pas que le secours suffisant puisse être soustrait ; au contraire il suppose qu'il ne le peut jamais être. C'est pourquoi il parle ainsi : « Ce secours qui vous est soustrait (dans le passage du pape Innocent) est le secours efficace et congru. Car quand il dit : Dieu ne nous aidait pas, *Deo non adjuvante*, c'est de même que s'il disoit : Dieu permettant ; mais lorsqu'on dit que Dieu permet, on n'entend pas qu'il refuse le secours suffisant, mais le secours congru : » c'est-à-dire, comme on a vu selon son style, le secours qui donne l'effet, qui est efficace. « Donc, continue-t-il, par les paroles de saint Innocent, il est nécessaire que nous tombions ou que nous soyons vaincus, si nous sommes destitués et du secours congru et du don spécial de persévérance. » Il ajoute après, que cette nécessité n'est pas une nécessité absolue ou antécédente, mais de cette sorte de nécessité qu'on appelle *conséquente* et qui n'ôte point le libre arbitre. Ce que j'avoue sans difficulté : et c'est assez pour la question que nous traitons, qu'on puisse dire en un très-bon sens avec la décrétale de saint Innocent, que sans la grâce qui donne l'effet, « on ne peut vaincre les erreurs humaines et que cette grâce nous étant ôtée notre chute est nécessaire » et inévitable.

Le même Vasquez trouve encore la même façon de parler dans les *Capitules* de saint Célestin, dans la première *Epître* de ce pape *aux Evêques de la Gaule*, ch. vii [1]. C'est le sixième qu'il a voulu dire ; où nous lisons ces paroles que Vasquez rapporte : « Qu'aucun homme, même celui qui est renouvelé par la grace du baptême, n'est capable de surmonter les tentations du malin esprit et les concupiscences de la chair, si par un secours journalier il n'obtient la persévérance d'une bonne vie, » ce qu'il prouve par les paroles de saint Innocent que nous venons de réciter. Vasquez demeure d'accord que « par ce secours qui donne la persévérance d'une bonne vie, » il faut entendre le secours que personne n'a jamais, selon saint Augustin, que celui qui persévère en effet.

---

[1] In I part., disput. XCVIII, cap. IV.

Et néanmoins, dit le même Vasquez, ce pape enseigne que si l'on n'a ce don de persévérance, on n'est pas capable de surmonter les tentations ; ou, si l'on veut le traduire ainsi, qu'on n'y est pas propre, *neminem idoneum ;* c'est-à-dire, explique Vasquez, qu'on ne le peut [1].

Cet auteur fait une remarque sur saint Augustin, qui est que dans les endroits du *Livre de la correction et de la grâce,* où ce Père parle du don de persévérance, il dit en plusieurs endroits que, dans l'état d'innocence, « Adam avoit un secours sans lequel il ne pouvoit pas persévérer, » parce que c'étoit un secours qui lui en donnoit le pouvoir ; mais qu'ensuite venant à parler du don particulier qui nous donne dans l'état présent la persévérance actuelle, il ne dit pas que sans ce don l'on ne peut pas persévérer, mais que sans ce don on ne le fait pas, on ne le veut pas [2].

La remarque de Vasquez a ses raisons ; mais si on la pousse jusqu'à nier que saint Augustin ait dit souvent que sans la grâce qui donne l'effet on ne peut rien, on sera contraire à la vérité et à Vasquez même. Jésus-Christ a dit dans l'Evangile : « Personne ne peut venir à moi si mon Père ne le tire [3] ; » et Vasquez remarque très-bien, avec saint Augustin, que cette proposition est expliquée par cette autre du même Sauveur : « Personne ne peut venir à moi, s'il ne lui est donné par mon Père [4] ; » ce qui, au rapport du même Vasquez [5], est prouvé par saint Augustin en cette sorte : « Celui-là, dit-il, est tiré à Jésus-Christ, à qui il est donné de croire en lui. » C'est ici manifestement la grâce efficace [6], qui donne le croire même : et c'est ainsi que le prend Vasquez, aussi bien que saint Augustin. C'est donc de cette grâce que Jésus-Christ dit : « Personne ne peut, » *Nemo potest.* On peut donc dire très-bien, non pas seulement selon les hommes, mais encore selon Jésus-Christ, que sans la grâce qui donne l'effet, en un sens très-véritable on ne peut rien, et Vasquez l'entend ainsi après saint Augustin.

Et en effet il ne faut qu'entendre ce Père, lorsqu'il explique amplement cette parole de Notre-Seigneur : « Que veut dire cette

---

[1] Cœlest. *Epist.* I *ad Episc. Gall.,* cap. VI.— [2] *Ibid.*— [3] *Joan.,* VI, 44.— [4] *Ibid.,* 66. — [5] Ead. disput. XCVIII, cap. III. — [6] Lib. I *ad Bonif.,* cap. III.

parole : « Personne ne peut venir à moi ; » ce qu'il faut entendre : *croire en moi*, « s'il ne lui est donné par mon Père. » Cela est-il donné, à cause de ses mérites, à l'homme qui veut déjà croire ; ou si c'est que sa bonne volonté est excitée d'en haut comme celle de saint Paul, quand même comme cet Apôtre il seroit éloigné de la foi jusqu'à persécuter ceux qui croyoient. » Et un peu après : « La conversion de saint Paul a été un miracle manifeste ; mais combien d'ennemis de Jésus-Christ sont soudainement tirés, entraînés à lui par une grâce cachée ? Si j'avois inventé cette parole (que Dieu tire et entraîne l'homme), que ne m'opposeroient pas les pélagiens, eux qui osent résister à Jésus-Christ même qui crie : Personne ne peut venir, si mon Père ne le tire ou ne l'entraîne ? Il ne dit point : Personne ne vient à moi, si mon Père ne l'y amène, ce qui pourroit laisser entendre que la volonté de l'homme précède en quelque façon, mais tire, élève, entraîne celui qui veut déjà venir ? Et toutefois personne ne vient, s'il ne le veut ; l'homme donc est attiré (tiré, entraîné) d'une manière merveilleuse par celui qui sait opérer dans l'intérieur de l'homme : non qu'ils croient en ne voulant pas, ce qui ne se peut ; mais que la volonté de ne croire pas soit changée en celle de croire ; qu'ils soient changés du non-vouloir au vouloir, qu'ils deviennent voulans de non voulans qu'ils étoient : » *ut volentes de nolentibus fierent* [1]. Voilà donc ce que veut dire *tirer ;* ou de quelque sorte qu'on veuille expliquer ce mot, c'est donner de croire, c'est faire qu'on croie, c'est changer le non-vouloir en vouloir : et si l'on n'a pas cette grâce, Jésus-Christ dit qu'on ne peut pas. On ne doit donc pas hésiter sur cette expression qui est de la Vérité même, et il ne faut que la bien entendre.

Mais nous l'avons déjà appris de saint Augustin [2] : outre la puissance de faire le bien improprement dite et très-éloignée qui, comme nous avons dit, n'est autre chose que le fond même de la nature, et en elle la capacité radicale et passive d'être aidée et élevée par la grâce, ce Père nous a fait voir deux sortes de pouvoir actif de faire le bien donné à l'homme par la grâce : l'un est celui

---

[1] Lib. *ad Bonif.*, cap. x. — [2] Ubi suprà, p. 291.

qui nous tire de l'impuissance absolue de faire le bien, qui fait dire à Notre-Seigneur : « Sans moi vous ne pouvez rien, » et ce pouvoir est reconnu par saint Augustin même dans l'état de la nature innocente : ce qui fait dire à ce Père qu'Adam avoit un secours sans lequel il ne pouvoit pas persévérer [1]. A plus forte raison il faut reconnoître et ce pouvoir et cette impuissance dans la nature blessée et perdue, parce que, dit le même Père et après lui le concile d'Orange, « si l'on n'a pas pu par la grâce conserver ce qu'on avoit, combien moins pourra-t-on sans elle réparer et recouvrer ce qu'on a perdu [2] ! »

Voilà donc le premier pouvoir que nous accorde la grâce. Mais saint Augustin nous a enseigné qu'outre celui-là, il y en a encore un autre pareillement donné de Dieu, qui consiste dans la volonté ardente et forte d'accomplir le bien qu'il nous commande. Selon cette espèce de pouvoir, on ne peut pas ce qu'on ne veut pas ou ce qu'on ne veut que foiblement, parce que cette foible volonté ne surmontant jamais les grandes difficultés de faire le bien qui restent en nous, quelque pouvoir que nous en ayons d'ailleurs, elle nous laisse dans une espèce d'impuissance qui jamais ne nous est ôtée que par l'inspiration d'une volonté si ferme et si forte, qu'elle surmonte enfin tous les obstacles de notre concupiscence et des tentations du démon.

Selon ce genre de pouvoir, saint Augustin a raison de dire, comme nous avions déjà vu, « que le pouvoir et la volonté de persévérer nous sont donnés par la grâce [3]; » et nous avons ajouté : en un certain sens par la même grâce, c'est-à-dire par cette grâce qui nous donne l'acte en nous donnant une forte et invincible volonté.

Saint Augustin n'a pas hésité à dire que les fidèles ont besoin de cette grâce : « Ils ont besoin, dit ce Père, d'une grâce non point plus aisée et plus agréable, mais plus puissante que celle qu'Adam a reçue : » *Proindè etsi non interim lætiore, tamen potentiore gratiâ indigent isti* [4]. Cette grâce plus puissante de saint Augustin, c'est celle qui donne l'effet; car dans la suite, en définissant cette grâce

---

[1] Suprà, p. 293.— [2] Epist. cvi, *Concil. Arausic.*, cap. xix.— [3] *De Corr. et Grat.*, cap. xii, n. 38. — [4] *Ibid.*, cap. xi, n. 30.

plus puissante qui est celle qui nous est donnée « par le second Adam qui est Jésus-Christ, il dit que cette seconde grâce n'est pas comme la première, par laquelle on peut accomplir la justice, si l'on veut : mais qu'elle peut davantage, parce qu'elle fait encore qu'on veuille : » *Secunda plus potest, quâ etiam fit ut velit* [1]. Voilà donc comme il définit cette grace qu'il appeloit *plus puissante*, et dont il disoit que « les fidèles de cet état ont besoin, » c'est-à-dire qu'ils ont besoin d'une grâce qui donne l'effet ; en sorte, conclut ce Père, « que ce ne seroit pas assez ; ou de mot à mot, que ce seroit peu, *parùm esset*, qu'ils ne pussent sans cette grâce, ou connoître le bien, ou y demeurer s'ils vouloient, si Dieu ne faisoit qu'ils le voulussent : » *Ut parùm sit non posse sine illâ vel apprehendere bonum, vel permanere in bono si velit, nisi etiam efficiatur ut velit* [2].

Ainsi il est clair, selon saint Augustin, qu'on a besoin de la grâce qui donne l'acte, *indigent*, et que ce n'est pas assez sans celle-là d'avoir celle qui donne le pouvoir : non qu'elle ne soit suffisante pour donner le pouvoir, puisque saint Augustin, comme on a vu, suppose partout et même ici qu'elle le donne, mais parce qu'il faut encore demander une autre grâce pour réduire en acte ce très-véritable mais foible pouvoir.

Quand on nous dit, au reste, que saint Augustin, dans le livre de la *Correction et de la grâce*, en parlant de la grâce de la persévérance que nous avons dans cet état et après la chute d'Adam, ne dit pas qu'elle nous donne le pouvoir, mais seulement qu'elle nous donne l'acte, je ne sais si l'on pense assez à ces paroles : « Le secours pour persévérer qui nous est donné par Jésus-Christ, est d'autant plus grand dans ceux à qui il plaît à Dieu de le donner, que non-seulement sans ce moyen on ne peut persévérer quand on le voudroit, mais encore qu'il est si grand qu'on ne manque point de vouloir [3]. » Et un peu après : « Nous avons par cette grâce, non-seulement de pouvoir ce que nous voulons, mais encore de vouloir ce que nous pouvons. » Et dans la suite : « Il est donné aux prédes-

---

[1] *De Corr. et Grat.*, cap. xi, n. 31. — [2] *Ibid.* — [3] *Ibid.* n. 32.

tinés, non-seulement de ne pouvoir être persévérans sans ce don, mais encore que par ce don ils ne soient jamais autre chose que persévérans : » *Non solùm sine isto dono perseverantes esse non possint, verùm etiam ut cum illo dono nonnisi perseverantes sint* [1]. Ce qu'il répète sans cesse et conclut enfin, comme nous l'avons déjà rapporté deux et trois fois, que « la puissance et la volonté, *possibilitas et voluntas,* nous est donnée » par la grâce ; et que si Dieu ne nous donnoit « que le pouvoir de persévérer, si nous le voulions, sans nous donner le vouloir, nous ne pourrions pas persévérer [2]. » Ce qui paroissant contradictoire, comme nous l'avons déjà remarqué, ne reçoit que ce dénoûment, que nous avons aussi observé dans les paroles suivantes de ce Père, qu'outre le pouvoir simple et absolu qu'on reçoit par une certaine sorte de grâce, il y a un autre pouvoir qui consiste dans le vouloir même, et qui est le fruit de la grace de prédilection et de préférence que nous avons si souvent trouvé, non-seulement dans saint Augustin, mais encore à son exemple et à celui des conciles dans les prières de l'Eglise.

Il n'est donc pas permis de disputer, ni de la grâce qui donne le pouvoir sans l'acte, ni de la grâce qui donne l'acte avec le pouvoir : non de la première qui donne le pouvoir sans l'acte, puisque c'est celle qu'ont tous les justes qui tombent, non de la seconde qui donne l'acte avec le pouvoir, car c'est celle qu'ont tous les justes qui demeurent. Avec celle qui donne le pouvoir on pourroit faire, avec celle qui donne l'acte on pourroit ne faire pas. Il ne faut point chicaner sur ces pouvoirs donnés de Dieu, mais croire fermement que, lorsqu'il veut donner le pouvoir, on l'a sans doute, comme lorsqu'il veut donner l'acte, on l'a aussi. Car on a tout ce qu'il veut donner, comme il veut et au degré qu'il veut. Il n'y a donc, sans tant disputer, qu'à croire en sa toute-puissance, et par là croire aussi qu'il peut faire que celui qui tombe soit tellement secouru qu'il ne tombe que par sa pure faute, et que celui qui ne tombe pas en soit empêché par un secours plus particulier de sa grâce : qui est, par la foi plutôt que par la raison, la parfaite

[1] *De Corr. et Grat.*, cap. XII, n. 34. — [2] *Ibid.*, n. 38.

conciliation que nous cherchons de la grâce donnée à tous, du moins sans aucun doute à tous les fidèles, et de la grâce donnée aux seuls élus qui demeurent jusqu'à la fin dans la justice.

CHAPITRE XVIII.

Récapitulation des trois chapitres précédents. Explication d'un passage où saint Augustin semble enseigner que la grace n'est pas donnée à tous les hommes.

Et pour réduire maintenant en termes précis et scolastiques ce que nous avons appris de saint Augustin et des conciles, il est certain, premièrement, que tous les justes ont, par la grace de Dieu, le pouvoir de demeurer dans la justice s'ils le veulent : ce sont les propres termes que nous avons dans saint Augustin. Et il est certain en second lieu, par le même saint Augustin et par les mêmes conciles, à qui celui de Carthage où étoit ce Père en a montré le chemin, que ceux qui demeurent actuellement dans la justice, et surtout ceux qui y demeurent jusqu'à la fin de leur vie, ont reçu de Dieu une grâce particulière qui les y fait demeurer actuellement. Il est certain, en troisième lieu, selon saint Augustin, que les fidèles ont besoin de cette grâce qui donne l'acte, parce que c'est celle qui sauve seule et qu'il faut que tous les fidèles la demandent.

Il est certain, en quatrième lieu, qu'on peut dire de cette grace en un certain sens très-bon et très-catholique, qu'elle est nécessaire pour ne point tomber, et que sans elle on n'est pas capable de persévérer dans la justice, puisque selon la remarque que nous devons à Vasquez, ce sont les expressions ou plutôt les décisions de deux grands papes, saint Innocent et saint Célestin [1].

En cinquième lieu, il est certain, selon le même Vasquez qui l'a pris de saint Augustin, qu'on peut dire que sans cette grace qui donne l'acte et l'effet, on ne peut croire, puisque c'est celle qui étant décrite par Jésus-Christ, comme on a vu, sous le nom de

---

[1] I Part., disp. XCVIII, cap. III, etc.

grace qui tire et de grâce qui donne de croire, a reçu en même temps ce témoignage de Jésus-Christ même, que sans elle on ne peut venir à lui.

En sixième lieu, on doit dire que si on ne le peut pas, c'est à cause qu'on ne le veut pas ou qu'on ne le veut pas assez fortement, et sans préjudice des grâces par lesquelles on pourroit le vouloir si on employoit toutes les forces que Dieu nous donne, ainsi qu'on l'a établi par tant de passages de saint Augustin et des conciles.

En septième et dernier lieu, on doit accorder à Vasquez et à tous les autres théologiens, que cette grâce qui donne le faire n'est pas nécessaire de la nécessité *antécédente* qui ôte le libre arbitre, mais de cette nécessité qu'on appelle *de conséquent,* telle qu'est celle-ci : Celui qui parle, tant qu'il parle, il ne se peut qu'il ne parle; ce qui seroit aussi véritable si l'on disoit : Celui qui veut librement, tant qu'il veut librement, il ne se peut qu'il ne veuille librement, parce qu'en général il est toujours vrai que ce qui est, tant qu'il est, il ne se peut qu'il ne soit, à cause qu'il est impossible d'être et de n'être pas tout ensemble. Toutes ces nécessités de conséquence, de concomitance, de sens composé, comme on appelle, ne blessent en aucune manière le libre arbitre. On peut dire dans le même sens que celui à qui Dieu donne la grâce efficace, quel que puisse être le moyen qui la rende telle, aura l'effet; et que tant qu'il l'aura, il ne pourra pas ne le point avoir, comme il ne pourra point l'avoir, tant qu'il ne l'aura pas. En ce sens, très-certainement la grâce qui donne l'effet lui est nécessaire.

C'est en ce sens, comme le remarque le même Vasquez [1], que saint Augustin a dit que le don de persévérer jusqu'à la fin ne se peut perdre, parce que si on le perdoit, sans doute on ne l'auroit pas et on ne pourroit pas l'avoir eu. Mais il faut ajouter avec le même saint, que par une prédilection et une préférence gratuite et particulière, Dieu donne à tous ceux qui persévèrent un don, quel qu'il soit et de quelque sorte que cela se fasse, par lequel ils persévèrent infailliblement. Ce que le même non-seulement ne nie

---

[1] I Part., disp. XCVIII, cap. VI, etc.

pas, à Dieu ne plaise! mais encore il l'établit invinciblement avec tous les théologiens, et non-seulement avec ceux de sa Compagnie, mais encore avec tous ceux de toute l'Eglise catholique [1].

On peut maintenant entendre toute l'économie des définitions des conciles sur la matière de la grâce par rapport aux endroits que nous en traitons. Elle a deux propriétés sans lesquelles on ne peut fonder l'humilité et la prière chrétienne : l'une qu'elle est absolument nécessaire, et que sans elle on ne peut rien ; l'autre qu'elle est efficace dans ceux qui font bien, et qu'elle est préparée de Dieu pour opérer cet effet. La première de ces vérités est définie spécialement par ce canon v du concile de Carthage, où nous avons déjà vu que les Pélagiens sont condamnés pour avoir dit : « Que la grace nous est donnée pour faire plus facilement ce qui nous est commandé, comme si sans le secours de la grace nous le pouvions faire en quelque façon, quoique avec plus de difficulté. » Et la seconde l'est aussi dans le canon iv du même concile, où nous avons vu semblablement qu'il nous est donné de Dieu et de pouvoir et de faire, mais encore plus de faire que de pouvoir.

Ces deux vérités se trouvent encore dans les lettres synodiques des conciles de 416 et de 418, dans les réponses des papes, dans le concile d'Orange, et enfin dans celui de Trente. De la première, personne n'en doute ; et pour la seconde, nous l'avons prouvée si amplement, qu'il n'y a plus rien à ajouter.

Nous avons encore prouvé par les définitions des mêmes conciles d'Orange et de Trente, qu'outre la grace qui donne l'effet, il y a celle qui donne du moins à tous les fidèles, même à ceux qui tombent, un véritable pouvoir de conserver le bien qu'ils ont reçu; et il a été démontré que cette doctrine et les maximes sur lesquelles elle est fondée sont prises de saint Augustin, ou plutôt de la tradition dont il a été le plus parfait interprète. C'est cette grâce qui donne ce pouvoir, dont on peut dire qu'elle est donnée à tous les hommes en divers degrés et par des moyens infinis que Dieu connoît, en vertu de la volonté générale de les sauver tous

---

[1] I Part., tom. II disp. CLXXXIX, n. 35, cap. XVI; disp. CXCVII, cap. I, II.

par Jésus-Christ, notre commun Réparateur. Je ne sache point de définition expresse de l'Eglise sur l'universalité de cette grâce : nous avons vu néanmoins qu'elle est reconnue de toute l'Ecole, qui en cela ne fait que se conformer à la doctrine et au langage de tous les Pères sans en excepter saint Augustin et saint Prosper, puisqu'ils ont parlé comme les autres et qu'à leur exemple ils ont exalté cette bonté infinie et infiniment étendue sur le genre humain.

On objecte pourtant un passage de saint Augustin, qui mérite une discussion particulière. C'est dans l'*Epître à Vital,* où il pose ces douze articles célèbres, que « nous savons, dit ce Père, très-certainement qui appartiennent à la foi véritable et catholique. » Or, parmi ces douze articles, il y en a trois, le IV°, le V° et le VI°, où l'on prétend que la grace universelle est détruite, en cette sorte : « Nous savons que la grace de Dieu n'est pas donnée à tout le monde : nous savons qu'elle est donnée à ceux à qui elle l'est par une gratuite miséricorde : nous savons que c'est par un juste jugement de Dieu qu'elle n'est pas donnée à ceux à qui elle ne l'est pas : » *Scimus gratiam Dei non omnibus hominibus dari : scimus eis quibus datur misericordiâ Dei gratuitâ dari : scimus eis quibus non datur justo Dei judicio non dari* [1]. Ce qui semble dire, non-seulement qu'il est faux que la grâce soit universelle, mais encore qu'il est de la foi, et de la foi catholique, qu'elle ne l'est pas.

Cet argument prouve trop. S'il est de la foi catholique que la grâce n'est pas universelle au sens que l'Ecole reconnoît, il s'ensuit de deux choses l'une : ou que toute l'Ecole est dans l'erreur, ce qui est absurde; ou que saint Augustin s'est trompé, en nous donnant comme de foi ce qui n'en est pas. Personne ne l'en a repris. On auroit tort de le regarder dans toute l'Ecole ou plutôt dans toute l'Eglise comme le docteur de la vérité en cette matière, s'il étoit tombé dans un si prodigieux excès. Ceux qui ont dit que sa doctrine étoit excessive, auroient injustement été réprimés et condamnés par l'Eglise; et il seroit un novateur manifeste, si, non content de ne pas suivre les Pères ses prédécesseurs, dont

---

[1] *Epist.* CVII.

la doctrine sur la grâce universelle est incontestable, il les avoit encore condamnés d'erreur. Ceux qui aiment, je ne dirai pas saint Augustin, mais l'Eglise, la tradition, la vérité, doivent avec moi chercher le bon sens qui doit être nécessairement dans ces paroles de saint Augustin.

Mais cela en vérité n'est pas difficile, si l'on considère la doctrine des adversaires que saint Augustin avoit à combattre. Qui ne sait que les pélagiens amusoient le monde, en appellant *grâce* la nature et le libre arbitre que tous reçoivent en naissant. Il étoit donc de l'esprit de cette hérésie de prêcher une grâce donnée à tous, et il étoit de l'esprit du christianisme d'en prêcher une autre. Les pélagiens prêchoient la grâce par laquelle nous sommes hommes, qui étoit un don général; saint Augustin, les Pères d'Afrique, le Saint-Siège, toute l'Eglise prêchoient la grâce par laquelle nous sommes chrétiens, *gratiam quâ christiani sumus*, qui est un don spécial, parce que c'est le don de la foi, conformément à cette parole de saint Paul : « La foi n'est pas de tous [1], » encore, dit saint Augustin, qu'il soit de tous de pouvoir avoir la foi et que cela soit, en un certain sens que nous avons vu, du fond même de la nature. Mais sans examiner en combien de sens le pouvoir peut être de tous, l'avoir constamment n'est pas de tous : et cet avoir, comme dit saint Augustin : « C'est la grâce chrétienne, qui n'est conférée qu'au chrétien, et non pas (comme la grâce de la création) à tous les hommes, même aux infidèles, et non-seulement à tous les hommes, mais encore à tous les animaux jusqu'aux plus petits [2]. » Ce n'est donc pas là ce qu'on appelle « la grâce des chrétiens : » la grâce des chrétiens, c'est une grâce qui leur est particulière; et ils ne seroient pas chrétiens, s'ils ne croyoient et ne connoissoient qu'elle n'est pas de tous, afin de pouvoir en rendre à Dieu par Jésus-Christ de particulières actions de grâces.

Quand nous ne ferions qu'arrêter nos yeux sur les enfans baptisés, le baptême par lequel ils sont chrétiens n'est pas de tous : ils y sont conduits par un soin particulier et purement gratuit de

[1] II *Thess.*, cap. III, 2. — [2] *Op. imp.*, cap. III, 50.

la divine Providence ; et sans ce soin, sans cette grâce particulière, il est de la foi que tous sans exception demeureroient éternellement dans la masse où est perdu tout le genre humain : mais la grâce qui les en tire, et dans son principe qui est la volonté de Dieu qui la donne, et dans son effet qui est l'infusion de la justice chrétienne, n'est pas de tous. C'est une vérité de foi qui seule seroit suffisante pour faire dire à saint Augustin : Nous tous qui, par la grâce de Dieu sommes chrétiens et catholiques, nous savons et nous croyons avec une ferme foi que cette grâce du baptême, par laquelle nous avons été faits chrétiens, n'est pas donnée à tous.

Que le baptême en un certain sens très-véritable soit offert à tous; que tous soient en quelque façon compris dans le pacte du baptême sous certaines conditions, ainsi que nous l'avons expliqué ailleurs, le ferme fondement de Dieu demeure toujours, que ceux à qui Dieu destine le baptême actuellement et par une volonté absolue, le reçoivent par une pure grâce, par nue prédilection, par une préférence gratuite ; et puisqu'aucun chrétien ne nie que cela ne soit ainsi, tous avec saint Augustin croient et confessent comme un article de foi que cette grâce n'est pas de tous et qu'il en faut faire à Dieu de particuliers remercîmens : *Gratiam Dei non omnibus hominibus dari.*

S'il en faut venir aux adultes, quand on aura supposé avec les docteurs que tous, de loin ou de près, médiatement ou immédiatement, sont appelés à la foi et ont reçu pour y parvenir des grâces préparatoires, dont s'ils usoient bien de l'une à l'autre, ils pourroient venir à la foi ; en sorte que c'est par leur faute et par le défaut de leur volonté qu'ils demeurent infidèles et dans le péché : quand cela, dis-je, sera supposé, il restera toutefois par le commun consentement de tous les docteurs et de toute l'Eglise catholique, qu'il y en a à qui l'Evangile, par un juste jugement de Dieu, n'est jamais prêché : que de ceux à qui il est prêché, nul ne croit que celui dont Dieu a particulièrement touché le cœur ; et que parmi ceux qui croient et sont justifiés par la foi, quoique tous avec la grâce de Dieu, en travaillant fidèlement, puissent persévérer dans la justice, tous ceux qui y demeurent actuellement jusqu'à la fin sont menés à cette fin bienheureuse par une grâce et une conduite d'une pure et particulière miséricorde. Tout cela ne suffit-il pas pour faire dire avec saint Augustin à tant que nous sommes de chrétiens : Nous savons que la grâce de Dieu par laquelle nous sommes actuellement chrétiens, actuellement justifiés, actuellement persévérans et finalement sauvés, n'est pas donnée à tous les hommes ?

Concluons donc que la grâce du Dieu créateur qui est donnée, non-seulement à tous les hommes, mais encore aux animaux comme aux hommes mêmes, dont le Psalmiste a chanté : « O Seigneur, vous sauverez les hommes et les animaux[1], » est différente de la grace du Dieu rédempteur, dont il est écrit : « O Dieu, vous sauverez votre peuple, les brebis de votre troupeau[2]. » Dieu les sauve par Jésus-Christ d'une façon et avec des grâces particulières, dont saint Augustin a raison de dire que ceux à qui elles sont données ont ce don par une gratuite miséricorde : qui est le second article des trois que nous avons considérés, et le cinquième des douze que saint Augustin a proposés dans la *Lettre à Vital*.

Ce qu'il dit ici, qu'on reçoit ces grâces par une miséricorde gratuite, est la même chose qu'il venoit de dire dans la première proposition : « Nous savons que la grâce de Dieu n'est donnée ni aux petits, ni aux grands, selon leurs mérites[3]. « Et dans la troisième, « nous savons que ceux à qui la grâce est donnée, non-seulement elle ne leur est pas donnée selon les mérites de leurs œuvres, mais même selon les mérites de leur bonne volonté ; ce qui paroît principalement dans les petits enfans. » C'est là ce grand principe de la doctrine de la grace, dont on a exigé la reconnoissance de la bouche de Pélage dans le concile de Palestine et dès le commencement de cette dispute ; et c'est le même principe que saint Augustin donne partout comme le fondement le plus essentiel de la foi catholique en cette matière, ainsi que nous l'avons expliqué ailleurs si amplement, qu'il n'est plus nécessaire d'y revenir de nouveau.

---

[1] *Psal.* xxxv, 7. — [2] *Psal.* xxvii, 9. — [3] Epist. *ad Vit.*, art. 1.

Mais si c'est un des fondemens de la foi, que la grâce n'est pas donnée selon les mérites, et au contraire qu'elle est donnée par une pure miséricorde, il est clair que Dieu ne la doit à personne ; et que ceux à qui elle n'est pas donnée n'ont pas sujet de se plaindre, « puisque même, dit saint Augustin, s'il ne donnoit à personne ce qu'il ne doit à personne, et qu'ainsi personne ne fût délivré de la perdition commune, il n'y auroit aucune injustice à lui imputer [1]. » C'est aussi ce qui donne lieu à saint Augustin de joindre cet article aux deux précédens : « Nous savons que ceux à qui la grâce n'est pas donnée, c'est par un juste jugement qu'elle ne l'est pas : » qui est le sixième des douze que saint Augustin propose à tous les fidèles comme autant d'articles de foi.

Il y a deux choses à remarquer dans cet article de saint Augustin : l'une que la grâce n'est pas donnée à tous, ainsi qu'il l'avoit déjà dit dans l'art. IV ; la seconde qui est particulière à celui-ci, que lorsque la grâce n'est pas donnée, c'est toujours par un juste jugement ce qui emporte la punition de quelque péché.

Sur cet article, il est bon d'entendre ces paroles de ce Père : « Pourquoi de deux enfans également coupables du péché originel, l'un est pris et l'autre est laissé ; et pourquoi de deux adultes infidèles, l'un est appelé de manière qu'il suit celui qui l'appelle, pendant que l'autre ou n'est point du tout appelé, ou ne l'est point de cette sorte : ce sont d'impénétrables jugemens de Dieu. Mais pourquoi de deux fidèles pieux, l'un reçoit la persévérance jusqu'à la fin, et l'autre ne la reçoit pas : ce sont des jugemens de Dieu encore plus impénétrables [2]. » Il rapporte donc ces différences à des jugemens cachés qui présupposent nécessairement quelque péché ; et il nous fait remarquer que dans ces divers jugemens de Dieu par lesquels il punit les hommes, le plus impénétrable est celui par lequel il ne donne pas la persévérance au fidèle à qui il a donné la justice.

Et la merveille de ce jugement, c'est que lui ayant donné, comme on a vu, « le pouvoir de persévérer s'il avoit voulu, » comme ce saint Père l'a dit expressément [3], il ne lui en a pas

---

[1] *De Dono persev.*, cap. VIII, 16.— [2] *Ibid.*, cap. IX, n. 21.— [3] *De Corr. et grat.*, cap. VII, n. 11.

donné l'acte : pourquoi? « Si on me le demande, dit-il, je réponds que je n'en sais rien : *me ignorare respondeo*. Car j'écoute ce que dit l'Apôtre, que les jugemens de Dieu sont impénétrables. Autant donc qu'il a daigné nous les découvrir, rendons-lui grâces et ne murmurons pas de ce qu'il n'a pas voulu nous en découvrir, mais reconnoissons que cela même nous est très-salutaire[1]. » Croyons donc que c'est par un secret jugement et pour des péchés cachés, principalement pour leur orgueil, que Dieu refuse à plusieurs ce don de sa grâce; sur ce principe de saint Augustin, que « la cause pourquoi les hommes ne sont pas aidés est en eux et non pas en Dieu[2]. » Ce qui bien loin d'affoiblir la volonté générale de les sauver tous, l'établit plutôt en ce que ce n'est pas à Dieu, mais à soi-même qu'on doit imputer si l'on n'a pas la grâce : je dis même celle qui donne l'effet « en découvrant ce qui étoit caché et en rendant agréable ce qui déplaisoit auparavant, » comme le dit saint Augustin dans le même lieu.

Concluons donc qu'il est de la foi que la grâce chrétienne, la grâce du Dieu Rédempteur n'est pas donnée à tous les hommes à la manière de la grâce du Dieu Créateur, qui étoit celle que reconnoissoient les pélagiens : ce qui même seroit certain, quand il seroit vrai que Dieu touche tous les cœurs des hommes, pour les appeler de loin ou de près à sa connoissance, parce qu'il demeureroit toujours pour indubitable que cette grâce n'est pas commune, uniforme, perpétuelle comme la nature, puisqu'on la reçoit, qu'on la perd, qu'on la recouvre, que Dieu la répand à certains momens et la retire dans d'autres par de secrets jugemens. Tout au contraire de la nature, qu'il donne sans choix à tous les hommes et qu'il conserve même à ceux qu'il abandonne, selon quelques-uns, de tous les secours, et, selon d'autres, du moins des grands secours de la grâce, ne cessant de leur inspirer, comme dit saint Paul[3], dans leur plus grand abandonnement le mouvement et la vie, et de faire subsister en eux le fond même de la raison et *du libre arbitre*.

---

[1] *De Corr. et grat.*, cap. VIII, n. 17. — [2] *De Peccat. merit. et remiss.*, lib. II, cap. XVII, n. 26. — [3] *Act.*, XVII, 25.

TABLE

DES MATIÈRES CONTENUES DANS LE QUATRIÈME VOLUME.

DÉFENSE

DE LA TRADITION ET DES SAINTS PÈRES.

REMARQUES HISTORIQUES. . . . . ı
PRÉFACE, où est exposé le dessein et la division de cet ouvrage. . . . . vııı

PREMIÈRE PARTIE,

OU L'ON DÉCOUVRE LES ERREURS EXPRESSES SUR LA TRADITION ET SUR L'ÉGLISE, LE MÉPRIS DES PÈRES, AVEC L'AFFOIBLISSEMENT DE LA FOI DE LA TRINITÉ ET DE L'INCARNATION, ET LA PENTE VERS LES ENNEMIS DE CES MYSTÈRES.

LIVRE PREMIER.

Erreurs sur la tradition et l'infaillibilité de l'Eglise.

CHAPITRE PREMIER. La tradition attaquée ouvertement en la personne de saint Augustin. 1

CHAP. II. Que M. Simon se condamne lui-même, en avouant que saint Augustin, qu'il accuse d'être novateur, a été suivi de tout l'Occident. . . 2

CHAP. III. Histoire de l'approbation de la doctrine de saint Augustin, de siècle en siècle, de l'aveu de M. Simon : en passant, pourquoi cet auteur ne parle point de saint Grégoire. 3

CHAP. IV. Autorité de l'Eglise d'Occident ; s'il est permis à M. Simon d'en appeler à l'Eglise orientale : Julien le pélagien convaincu par saint Augustin dans un semblable procédé. 6

CHAP. V. Idée de M. Simon sur saint Augustin, à qui il fait le procès comme à un novateur dans la foi, par les règles de Vincent de Lérins : tout l'Occident est intéressé dans cette censure. 7

CHAP. VI. Que cette accusation de M. Simon contre saint Augustin retombe sur le Saint-Siége, sur tout l'Occident, sur toute l'Eglise, et détruit l'uniformité de ses sentiments et de sa tradition sur la foi : que ce critique renouvelle les questions précisément décidées par les Pères, avec le consentement de toute l'Eglise catholique : témoignage du cardinal Bellarmin. 10

CHAP. VII. Vaine réponse de M. Simon, que saint Augustin n'est pas la règle de notre foi : malgré cette cavillation, ce critique ne laisse pas d'être convaincu d'avoir condamné les papes et toute l'Eglise qui les a suivis. 13

CHAP. VIII. Autre cavillation de M. Simon dans la déclaration qu'il a faite de ne vouloir pas condamner saint Augustin : que sa doctrine en ce point établit la tolérance et l'indifférence des religions. 14

CHAP. IX. La tradition combattue par M. Simon, sous prétexte de la défendre. 15

CHAP. X. Manière méprisante dont les nouveaux critiques traitent les Pères et méprisent la tradition : premier exemple de leur procédé dans la question de la nécessité de l'Eucharistie : M. Simon avec les hérétiques accuse l'Eglise ancienne d'erreur, et soutient un des arguments par lesquels ils ont attaqué la tradition. 16

CHAP. XI. Artifice de M. Simon pour ruiner une des preuves fondamentales de l'Eglise sur le péché originel, tiré du baptême des enfans. . . 18

CHAP. XII. Passages des Papes et des Pères qui établissent la nécessité de l'Eucharistie en termes aussi forts que saint Augustin : erreur inexcusable de M. Simon qui accuse ce saint de s'être trompé dans un article qui, de son aveu, lui étoit commun avec toute l'Eglise de son temps. . 21

CHAP. XIII. M. Simon, en soutenant que l'Eglise ancienne a cru la nécessité absolue de l'Eucharistie, favorise des hérétiques manifestes, condamnés par deux conciles œcuméniques, premièrement par celui de Bâle et ensuite par celui de Trente. 22

CHAP. XIV. Mauvaise foi de M. Simon, qui, en accusant saint Augustin et toute l'antiquité d'avoir erré sur la nécessité de l'Eucharistie, dissimule le sentiment de saint Fulgence, auteur du même siècle que saint Augustin, et qui faisoit profession d'être son disciple, même dans cette question, où il fonde sa résolution sur la doctrine de ce Père. 24

CHAP. XV. Toute la théologie de saint Augustin tend à établir la solution de saint Fulgence, qui est celle de toute l'Eglise. 26

CHAP. XVI. Vaine réponse des nouveaux critiques. 28

CHAP. XVII. Pourquoi saint Augustin et les anciens ont dit que l'Eucharistie étoit nécessaire, et qu'elle l'est en effet; mais en son rang et à sa manière. 29

CHAP. XVIII. La nécessité de l'Eucharistie est expliquée selon les principes de saint Augustin par la nécessité du baptême. 30

CHAP. XIX. Raison pour laquelle saint Augustin et les anciens n'ont pas été obligés de distinguer toujours si précisément la nécessité de l'Eucharistie d'avec celle du baptême. 31

CHAP. XX. Que M. Simon n'a pas dû dire que les preuves de saint Augustin et de l'ancienne Eglise contre les pélagiens ne sont pas concluantes. 31

CHAP. XXI. Autre exemple, où M. Simon méprise la tradition, en excusant ceux qui, contre tous les saints Pères, n'entendent pas de l'Eucharistie le chap. VI de saint Jean. 33

CHAP. XXII. Si c'est assez, pour excuser un sentiment, de dire qu'il n'est pas hérétique. 35

LIVRE II.

Suite d'erreurs sur la tradition. L'infaillibilité de l'Eglise ouvertement attaquée. Erreurs sur les Ecritures et sur les preuves de la Trinité.

Chap. I. Que l'esprit de M. Simon est de ne louer la tradition que pour affoiblir l'Ecriture : quel soin il prend de montrer que la Trinité n'y est pas établie. 36
Chap. II. Qu'en affoiblissant les preuves de l'Ecriture sur la Trinité, M. Simon affoiblit également celles de la tradition. 39
Chap. III. Soin extrême de l'auteur pour montrer que les catholiques ne peuvent convaincre les ariens par l'Ecriture. 39
Chap. IV. Que les moyens de M. Simon contre l'Ecriture portent également contre la tradition, et qu'il détruit l'autorité des Pères par les contradictions qu'il leur attribue. Passages de saint Athanase. 41
Chap. V. Moyens obliques de l'auteur pour détruire la tradition et affoiblir la foi de la Trinité. 42
Chap. VI. Vraie idée de la tradition, et que faute de l'avoir suivie l'auteur induit son lecteur à l'indifférence des religions. 42
Chap. VII. Que M. Simon s'est efforcé de détruire l'autorité de la tradition, comme celle de l'Ecriture, dans la dispute de saint Augustin contre Pélage : idée de cet auteur sur la critique, et que la sienne n'est selon lui-même que chicane : fausse doctrine qu'il attribue à saint Augustin sur la tradition, et contraire à celle du concile de Trente. 43
Chap. VIII. Que l'auteur attaque également saint Augustin et la tradition, en disant que ce Père ne l'allègue que quelquefois, et par accident, comme un accessoire. 45
Chap. IX. L'auteur affoiblit encore la tradition par saint Hilaire, et dit indifféremment le bien et le mal. 47
Chap. X. Si M. Simon a dû dire que saint Hilaire ne s'appuyoit point sur la tradition. 48
Chap. XI. Que les Pères ont également soutenu les preuves de l'Ecriture et de la tradition. Que M. Simon fait le contraire, et affoiblit les unes par les autres : méthode de saint Basile, de saint Grégoire de Nysse et de saint Grégoire de Nazianze, dans la dispute contre Aëce et contre Eunome son disciple. 48
Chap. XII. Combien de mépris affecte l'auteur pour les écrits et les preuves de saint Basile et de saint Grégoire de Nazianze, principalement pour ceux où ils défendent la Trinité contre Eunome. 51
Chap. XIII. Suite du mépris de l'auteur pour les écrits et les preuves de saint Basile, et en particulier pour ses livres contre Eunome. 52
Chap. XIV. Mépris de M. Simon pour saint Grégoire de Nysse, et pour les écrits où il établit la foi de la Trinité. 54
Chap. XV. Mépris de l'auteur pour les discours et les preuves de saint Grégoire de Nazianze sur la Trinité. 55
Chap. XVI. Que l'auteur, en cela semblable aux sociniens, affecte de faire les Pères plus forts en raisonnemens et en éloquence que dans la science des Ecritures. 56

Chap. XVII. Que la doctrine de M. Simon est contradictoire : qu'en détruisant les preuves de l'Ecriture, il détruit en même temps la tradition, et mène à l'indifférence des religions. 57
Chap. XVIII. Que l'auteur attaque ouvertement l'autorité de l'Eglise sous le nom de saint Chrysostome, et qu'il explique ce Père en protestant déclaré. 60
Chap. XIX. L'auteur fait mépriser à saint Augustin l'autorité des conciles : fausse traduction d'un passage de ce Père, et dessein manifeste de l'auteur, en détruisant la tradition et l'autorité de l'Eglise, de conduire insensiblement les esprits à l'indifférence de religion. 64
Chap. XX. Que la méthode que M. Simon attribue à saint Athanase et aux Pères qui l'ont suivi dans la dispute contre les ariens, n'a rien de certain, et mène à l'indifférence. 67
Chap. XXI. Suite de la mauvaise méthode que l'auteur attribue à saint Athanase et aux Pères qui l'ont suivi. 69
Chap. XXII. Que la méthode de M. Simon ne laisse aucun moyen d'établir la sûreté de la foi, et abandonne tout à l'indifférence. 71

LIVRE III.

M. Simon, partisan et admirateur des sociniens, et en même temps ennemi de toute la théologie et des traditions chrétiennes.

Chap. I. Faux raisonnement de l'auteur sur la prédestination de Jésus-Christ : son affectation à faire trouver de l'appui à la doctrine socinienne dans saint Augustin, dans saint Thomas, dans les interprètes latins, et même dans la Vulgate. 74
Chap. II. Nouvelle chicane de M. Simon pour faire trouver dans saint Augustin de l'appui aux sociniens. 76
Chap. III. Affectation de M. Simon à étaler les blasphèmes des sociniens, et premièrement ceux de Servet. 78
Chap. IV. Trois mauvais prétextes du critique pour pallier cet excès. . . 80
Chap. V. Le soin de M. Simon à faire connoître et à recommander Bernardin Ochin, Fauste Socin et Crellius. 81
Chap. VI. La réfutation de Socin est foible dans M. Simon : exemple sur ces paroles de Jésus-Christ : *Avant qu'Abraham fût fait, je suis.* (Joan. VIII.). 85
Chap. VII. M. Simon vainement émerveillé des progrès de la secte socinienne. 86
Chap. VIII. Vaine excuse de M. Simon, qui dit qu'il n'écrit que pour les savans : quels sont les savans pour qui il écrit. 87
Chap. IX. Recommandation des interprétations du socinien Crellius. . . 88
Chap. X. Le critique se laisse embarrasser des opinions des sociniens, et les justifie par ses réponses. 89
Chap. XI. Foiblesse affectée de M. Simon contre le blasphème du socinien Eniédin : la tradition toujours alléguée pour affoiblir l'Ecriture. . . . 91
Chap. XII. Affectation de rapporter le ridicule que Volzogue, socinien, donne à l'enfer. 92

Chap. XIII. La méthode de notre auteur à rapporter les blasphèmes des hérétiques est contraire à l'Ecriture et à la pratique des saints. . . . 93

Chap. XIV. Tout l'air du livre de M. Simon inspire le libertinage et le mépris de la théologie, qu'il affecte partout d'opposer à la simplicité de l'Ecriture. 94

Chap. XV. Suite du mépris de M. Simon pour la théologie : celle de saint Augustin et des Pères contre les ariens méprisée : M. Simon qui prétend mieux expliquer l'Ecriture qu'ils n'ont fait, renverse les fondemens de la foi, et favorise l'arianisme. 95

Caap. XVI. Que les interprétations à la socinienne sont celles que M. Simon autorise, et que celles qu'il blâme comme théologiques sont celles où l'on trouve la foi de la Trinité. 100

Chap. XVII. Mépris de l'auteur pour saint Thomas, pour la théologie scholastique, et sous ce nom pour celles des Pères. 103

Chap. XVIII. Historiette du docteur d'Espense, relevée malicieusement par l'auteur, pour blâmer Rome et mépriser de nouveau la théologie, comme induisant à l'erreur. 105

Chap. XIX. L'auteur, en parlant d'Erasme, continue de mépriser la théologie, comme ayant contraint l'esprit de la religion. 106

Chap. XX. Audacieuse critique d'Erasme sur saint Augustin, soutenue par M. Simon : suite du mépris de ce critique pour saint Thomas : présomption que lui inspirent, comme à Erasme, les lettres humaines : il ignore profondément ce que c'est que la scholastique, et la blâme sans être capable d'en connaître l'utilité. 109

Chap. XXI. Louanges excessives de Grotius, encore qu'il favorise les ariens, les sociniens et une infinité d'autres erreurs. 111

Chap. XXII. L'auteur entre dans les sentimens impies de Socin, d'Episcopius et de Grotius, pour anéantir la preuve de la religion par les prophéties. 113

Chap. XXIII. On démontre contre Grotius et M. Simon, que Jésus-Christ et les apôtres ont prétendu apporter les prophéties comme des preuves convaincantes auxquelles les Juifs n'avoient rien à répliquer. . . . 116

Chap. XXIV. La même chose se prouve par les Pères : trois sources pour en découvrir la tradition : première source, les apologies de la religion chrétienne. 118

Chap. XXV. Seconde et troisième source de la tradition de la preuve des prophéties dans les professions de foi, et dans la démonstration de l'authenticité des livres de l'ancien Testament. 119

Chap. XXVI. Les marcionites ont été les premiers auteurs de la doctrine d'Episcopius et de Grotius, qui réduisent la conviction de la foi en Jésus-Christ aux seuls miracles, à l'exclusion des prophéties : passage notable de Tertullien. 121

Chap. XXVII. Si la force de la preuve des prophéties dépendoit principalement des explications des rabbins, comme l'insinue M. Simon : passage admirable de saint Justin. 121

Chap. XXVIII. Prodigieuse opposition de la doctrine d'Episcopius, de Grotius et de M. Simon avec celle des chrétiens. 122

Chap. XXIX. Suite de a tradition sur la force des prophéties : conclusion de cette remarque en découvrant sept articles chez M. Simon, où l'autorité de la tradition est renversée de fond en comble. 123

CHAP. XXX. Conclusion de ce livre par un avis de saint Justin aux rabbinisans. 124

LIVRE IV.

M. Simon, ennemi et téméraire censeur des saints Pères.

CHAP. I. M. Simon tâche d'opposer les Pères aux sentimens de l'Eglise : passage trivial de saint Jérôme, qu'il relève curieusement et de mauvaise foi contre l'épiscopat : autres passages aussi vulgaires du diacre Hilaire et de Pélage. 126

CHAP. II. Le critique fait saint Chrysostome nestorien : passage fameux de ce Père dans l'*Homélie* III *sur l'Epître aux Hébreux*, où M. Simon suit une traduction qui a été rétractée comme infidèle par le traducteur de saint Chrysostome, et condamnée par M. l'archevêque de Paris. . . 128

CHAP. III. Raisons générales qui montrent que M. Simon affecte de donner en la personne de saint Chrysostome un défenseur à Nestorius et à Théodore. 130

CHAP. IV. Raisons particulières qui démontrent dans M. Simon un dessein formé de charger saint Chrysostome : quelle erreur c'est à ce critique de ne trouver aucune absurdité de faire parler à ce Père le langage des hérétiques : passages qui montrent combien il en étoit éloigné. 131

CHAP. V. Que le critique en faisant dire à saint Chrysostome, dans l'homélie III *aux Hébreux*, qu'il y a deux personnes en Jésus-Christ, lui fait tenir un langage que ce Père n'a jamais tenu en aucun endroit, mais un langage tout contraire : passage de saint Chrysostome, homélie VI sur l'*Epître aux Philippiens*. 133

CHAP. VI. Qu'au commencement du passage de saint Chrysostome, homélie III *aux Hébreux*, les deux personnes s'entendent clairement du Père et du Fils, et non pas du seul Jésus-Christ. Infidèle traduction de M. Simon. 135

CHAP. VII. De deux leçons du texte de saint Chrysostome également bonnes, M. Simon sans raison a préféré celle qui lui donnoit lieu d'accuser ce saint docteur. 136

CHAP. VIII. Que si saint Chrysostome avoit parlé au sens que lui attribue M. Simon, ce passage auroit été relevé par les ennemis de ce Père ou par les partisans de Nestorius, ce qui n'a jamais été. 137

CHAP. IX. Que Théodore et Nestorius ne parloient pas eux-mêmes le langage qu'on veut que saint Chrysostome ait eu commun avec eux. . . 139

CHAP. X. Passages de saint Athanase sur la signification du mot de *personne* en Jésus-Christ. 141

CHAP. XI. M. Simon emploie contre les Pères, et même contre les plus grands, les manières les plus dédaigneuses et les plus moqueuses. . . 143

CHAP. XII. Pour justifier les saints Pères, on fait voir l'ignorance et le mauvais goût de leur censeur dans sa critique sur Origène et sur saint Athanase. 146

CHAP. XIII. M. Simon avilit saint Chrysostome, et le loue en haine de saint Augustin.................. 150
CHAP. XIV. Hilaire diacre et Pélage l'hérésiarque préférés à tous les anciens commentateurs, et élevés sur les ruines de saint Ambroise et de saint Jérôme................... 151
CHAP. XV. Mépris du critique pour saint Augustin, et affectation de lui préférer Maldonat dans l'application aux Ecritures : amour de saint Augustin pour les saints Livres............... 153
CHAP. XVI. Quatre fruits de l'amour extrême de saint Augustin pour l'Ecriture : manière admirable de ce saint à la manier : juste louange de ce Père, et son amour pour la vérité : combien il est injuste de lui préférer Maldonat.................... 155
CHAP. XVII. Après avoir loué Maldonat pour déprimer saint Augustin, M. Simon frappe Maldonat lui-même d'un de ses traits les plus malins. 160
CHAP. XVIII. Suite du mépris de l'auteur pour saint Augustin : caractère de ce Père peu connu des critiques modernes : exhortation à la lecture des Pères................... 161

SECONDE PARTIE.

ERREURS SUR LA MATIÈRE DU PÉCHÉ ORIGINEL ET DE LA GRACE.

LIVRE V.

M. Simon partisan des ennemis de la grace, et ennemi de saint Augustin : l'autorité de ce Père.

CHAP. I. Dessein et division de cette seconde partie......... 165
CHAP. II. Hérésie formelle du diacre Hilaire sur les enfans morts sans baptême, expressément approuvée par M. Simon contre l'expresse décision de deux conciles œcuméniques, celui de Lyon II et celui de Florence. . 165
CHAP. III. Autre passage du même Hilaire sur le péché originel, également hérétique : vaine défaite de M. Simon.............. 168
CHAP. IV. Hérésie formelle du même auteur sur la grace : qu'il n'en dit pas plus que Pélage sur cette matière, et que M. Simon s'implique dans son erreur en le louant................. 169
CHAP. V. M. Simon fait l'injure à saint Chrysostome de le mettre avec le diacre Hilaire au nombre des précurseurs du pélagianisme : approbation qu'il donne à cette hérésie............... 171
CHAP. VI. Que cet Hilaire, préféré par M. Simon aux plus grands hommes de l'Eglise, outre ses erreurs manifestes, est d'ailleurs un foible auteur dans ses autres notes sur saint Paul............. 172
CHAP. VII. Que notre critique affecte de donner à la doctrine de Pélage un air d'antiquité : qu'il fait dire à saint Augustin que Dieu est cause du péché : qu'il lui préfère Pélage, et que partout il excuse cet hérésiarque. 173
CHAP. VIII. Que s'opposer à saint Augustin sur la matière de la grace, comme fait M. Simon, c'est s'opposer à l'Eglise, et que le P. Garnier démontre bien cette vérité................ 176
CHAP. IX. Que dès le commencement de l'hérésie de Pélage toute l'Eglise

tourna les yeux vers saint Augustin, qui fut chargé de dénoncer aux nouveaux hérétiques dans un sermon à Carthage leur future condamnation, et que loin de rien innover, comme l'en accuse l'auteur, la foi ancienne fut le fondement qu'il posa d'abord. 177

Chap. X. Dix évidentes démonstrations, que saint Augustin, loin de passer de son temps pour novateur, fut regardé par toute l'Eglise comme le défenseur de l'ancienne et véritable doctrine. Les neuf premières démonstrations. 178

Chap. XI. Dixième démonstration, et plusieurs preuves constantes que l'Orient n'avoit pas moins en vénération la doctrine de saint Augustin contre Pélage que l'Occident : actes de l'assemblée des prêtres de Jérusalem : saint Augustin attentif à l'Orient comme à l'Occident : pourquoi il est invité en particulier au concile œcuménique d'Ephèse. 181

Chap. XII. Combien la pénétration de saint Augustin étoit nécessaire dans cette cause. Merveilleuse autorité de ce saint. Témoignage de Prosper, d'Hilaire, et du jeune Arnobe 183

Chap. XIII. On expose trois contestations formées dans l'Eglise sur la matière de la grace, et partout la décision de l'Eglise en faveur de la doctrine de saint Augustin. Première contestation devant le pape saint Célestin, où il est jugé que saint Augustin est le défenseur de l'ancienne doctrine. 185

Chap. XIV. Quatre raisons démonstratives qui appuyoient le jugement de saint Célestin. 187

Chap. XV. Seconde contestation sur la matière de la grace émue par Fauste de Riez, et seconde décision en faveur de saint Augustin par quatre papes. Réflexions sur le décret de saint Hormisdas. 189

Chap. XVI. Des quatre conciles qui ont prononcé en faveur de la doctrine de saint Augustin : on rapporte les trois premiers, et notamment celui d'Orange. 190

Chap. XVII. Huit circonstances de l'histoire du concile d'Orange, qui font voir que saint Augustin étoit regardé par les papes et par toute l'Eglise comme le défenseur de la foi ancienne. Quatrième concile en confirmation de la doctrine de ce Père. 190

Chap. XVIII. Troisième contestation sur la matière de la grace, à l'occasion de la dispute sur Gotescalc, où les deux partis se rapportoient également de toute la question à l'autorité de saint Augustin. 193

Chap. XIX. Quatrième contestation sur la matière de la grace à l'occasion de Luther et de Calvin, qui outroient la doctrine de saint Augustin; le concile de Trente n'en résout pas moins la difficulté par les propres termes de ce Père. 194

Chap. XX. L'autorité de saint Augustin et de saint Prosper, son disciple, entièrement établie : autorité de saint Fulgence combien révérée; ce Père regardé comme un second saint Augustin. 195

Chap. XXI. Tradition constante de tout l'Occident en faveur de l'autorité et de la doctrine de saint Augustin. L'Afrique, l'Espagne, les Gaules, saint Césaire en particulier, l'Eglise de Lyon, les autres docteurs de l'Eglise gallicane, l'Allemagne, Haimon et Rupert, l'Angleterre et le vénérable Bède, l'Italie et Rome. 196

CHAP. XXII. Si après tous ces témoignages il est permis de ranger saint Augustin parmi les novateurs : que c'est presque autant que le ranger au nombre des hérétiques; ce qui faisoit horreur à Facundus et à toute l'Eglise. 198
CHAP. XXIII. Témoignages des ordres religieux, de celui de Saint-Benoît, de celui de Saint-Dominique et de Saint-Thomas, de celui de Saint-François et de Scot. Saint Thomas, recommandé par les papes pour avoir suivi saint Augustin : concours de toute l'Ecole : le Maître des Sentences. 199

LIVRE VI.

Raison de la préférence qu'on a donnée à saint Augustin dans la matière de la grace. Erreur sur ce sujet, à laquelle se sont opposés les plus grands théologiens de l'Eglise et de l'Ecole.

CHAP. I. Doctrine constante de toute la théologie sur la préférence des Pères qui ont écrit depuis les contestations des hérétiques : beau passage de saint Thomas, qui a puisé dans saint Augustin toute sa doctrine : passages de ce Père. 201
CHAP. II. Ce que l'Eglise apprend de nouveau sur la doctrine : passage de Vincent de Lérins. Mauvais artifice de M. Simon et de ceux qui, à son exemple, en appellent aux anciens, au préjudice de ceux qui ont expressément traité les matières contre les hérétiques. 203
CHAP. III. Que la manière dont M. Simon allègue l'antiquité est un piége pour les simples; que c'en est un autre d'opposer les Grecs aux Latins. Preuves, par M. Simon lui-même, que les traités des Pères contre les hérésies sont ce que l'Eglise a de plus exact. Passage du P. Petau. . . 204
CHAP. IV. Paralogisme perpétuel de M. Simon, qui tronque les règles de Vincent de Lérins sur l'antiquité et l'universalité. 206
CHAP. V. Illusion de M. Simon et des critiques modernes, qui veulent que l'on trouve la vérité plus pure dans les écrits qui ont précédé les disputes : exemple de saint Augustin, qui selon eux a mieux parlé de la grace avant qu'il en disputât contre Pélage. 207
CHAP. VI. Aveuglement de M. Simon, qui par la raison qu'on vient de voir, préfère les sentimens que saint Augustin a rétractés à ceux qu'il a établis en y pensant mieux : le critique ouvertement semi-pélagien. . 208
CHAP. VII. M. Simon a puisé ses sentimens manifestement hérétiques d'Arminius et de Grotius. 210
CHAP. VIII. Les témoignages qu'on tire des Pères qui ont écrit devant les disputes ont leur avantage. Saint Augustin recommandable par deux endroits. L'avantage qu'a tiré l'Eglise de ce qu'il a écrit après la dispute contre Pélage. 213
CHAP. IX. Témoignage que saint Augustin a rendu à la vérité avant la dispute. Ignorance de Grotius et de ceux qui accusent ce Père de n'avoir produit ses derniers sentimens que dans la chaleur de la dispute. . . 215
CHAP. X. Quatre états de saint Augustin. Le premier incontinent après sa conversion et avant tout examen de la question de la grace : pureté de ses sentimens dans ce premier état : passage du livre de l'*Ordre*, de celui des *Soliloques*, et avant tout cela du livre *Contre les Académiciens*. . . 216

Chap. XI. Passages du livre des *Confessions*. 219
Chap. XII. Saint Augustin dans ses premières lettres et dans ses premiers écrits a tout donné à la grace. Passages de ce Père dans les trois livres du *Libre arbitre* : passage conforme à ceux-là dans le livre des *Mérites et de la Rémission des péchés*. Reconnoissance que la doctrine des livres du *Libre arbitre* étoit pure, par un passage des *Rétractations*, et un du livre de la *Nature et de la Grace*. 221
Chap. XIII. Réflexions sur ce premier état de saint Augustin : passage au second, qui fut celui où il commença à examiner, mais encore imparfaitement, la question de la grace, erreur de saint Augustin dans cet état, et en quoi elle consistoit. 224
Chap. XIV. Saint Augustin ne tomba dans cette erreur que dans le temps où il commença à étudier cette question, sans l'avoir encore bien approfondie. 226
Chap. XV. Saint Augustin sort bientôt de son erreur par le peu d'attachement qu'il avoit à son propre sens, et par les consultations qui l'obligèrent à rechercher plus exactement la vérité : réponse à Simplicien : progrès naturel de l'esprit de ce Père, et le troisième état de ses connoissances. 226
Chap. XVI. Trois manières dont saint Augustin se reprend lui-même dans ses *Rétractations* : qu'il ne commence à trouver de l'erreur dans ses livres précédens que dans le vingt-troisième chapitre du premier livre des *Rétractations* : qu'il ne s'est trompé que pour n'avoir pas assez approfondi la matière, et qu'il disoit mieux, lorsqu'il s'en expliquoit naturellement, que lorsqu'il la traitoit exprès, mais encore foiblement. . . 228
Chap. XVII. Quatrième et dernier état des connoissances de saint Augustin, lorsque non-seulement il fut parfaitement instruit de la doctrine de la grace, mais capable de la défendre : l'autorité qu'il s'acquit alors. Conclusion contre l'imposture de ceux qui l'accusent de n'avoir changé que dans la chaleur de la dispute. 230
Chap. XVIII. Que les changemens de saint Augustin, loin d'affoiblir son autorité, l'augmentent; et qu'elle seroit préférable à celle des autres docteurs en cette matière, quand ce ne seroit que par l'application qu'il y a donnée. 231
Chap. XIX. Quelques auteurs catholiques commencent à se relâcher sur l'autorité de saint Augustin à l'occasion de l'abus que Luther et les luthériens font de la doctrine de ce saint. Baronius les reprend et montre qu'en s'écartant de saint Augustin, on se met en péril d'erreur. . . . 233
Chap. XX. Suite des témoignages des catholiques en faveur de l'autorité de saint Augustin sur la matière de la grace depuis Luther et Calvin : saint Charles, les cardinaux Bellarmin, Tolet et du Perron, les savans jésuites Henriquez, Sanchez, Vasquez. 234
Chap. XXI. Témoignages des savans jésuites qui ont écrit de nos jours, le P. Petau, le P. Garnier, le P. Deschamps. Argument de Vasquez pour démontrer que les décisions des papes Pie V et Grégoire XIII ne peuvent pas être contraires à saint Augustin. Conclusion, que si ce Père a erré dans la matière de la grace, l'Eglise ne peut être exempte d'erreur. . 236

LIVRE VII.

Saint Augustin condamné par M. Simon : erreurs de ce critique sur le péché original.

Chap. I. M. Simon entreprend directement de faire le procès à saint Augustin sur la matière de la grace : son dessein déclaré dès sa préface. . . 240
Chap. II. Diverses sortes d'accusations contre saint Augustin sur la matière de la grace, et toutes sans preuves. 243
Chap. III. Selon M. Simon c'est un préjugé contre un auteur et un moyen de le déprimer, qu'il ait été attaché à saint Augustin. 245
Chap. IV. M. Simon continue d'attribuer à saint Augustin l'erreur de faire Dieu auteur du péché avec Bucer et les protestans. 247
Chap. V. Ignorance du critique, qui tâche d'affoiblir l'avantage de saint Augustin sur Julien sous prétexte que ce Père ne savoit pas le grec : que saint Augustin a tiré contre ce pélagien tout l'avantage qu'on pouvoit tirer du texte grec, et lui a fermé la bouche. 248
Chap. VI. Suite des avantages que saint Augustin a tirés du texte grec contre Julien. 253
Chap. VII. Vaines et malignes remarques de l'auteur sur cette traduction : *Eramus naturâ filii iræ :* que saint Augustin y a vu tout ce qui s'y peut voir. 254
Chap. VIII. Que saint Augustin a lu quand il falloit les Pères grecs, et qu'il a su profiter, autant qu'il étoit possible, de l'original pour convaincre les pélagiens. 258
Chap. IX. Causes de l'acharnement de M. Simon et de quelques critiques modernes contre saint Augustin. 259
Chap. X. Deux erreurs de M. Simon sur le péché originel : première erreur, que par ce péché il faut entendre la mort et les autres peines : Grotius auteur, et M. Simon défenseur de cette hérésie : ce dernier excuse Théodore de Mopsueste et insinue que saint Augustin expliquoit le péché originel d'une manière particulière. 260
Chap. XI. Que saint Augustin n'a enseigné sur le péché originel que ce qu'en a enseigné toute l'Eglise catholique dans les décrets des conciles de Carthage, d'Orange, de Lyon, de Florence et de Trente : que Théodore de Mopsueste, défendu par l'auteur, sous le nom de saint Augustin, attaquoit toute l'Eglise. 262
Chap. XII. Seconde erreur de M. Simon sur le péché originel. Il détruit les preuves dont toute l'Eglise s'est servie, et en particulier celle qu'elle tire de ce passage de saint Paul : *In quo omnes peccaverunt.* 264
Chap. XIII. Quatre conciles universellement approuvés, et entre autres celui de Trente, ont décidé sous peine d'anathème, que dans le passage de saint Paul, *Rom.*, v, 12, il faut traduire *in quo*, et non pas *quatenùs*. M. Simon méprise ouvertement l'autorité de ces conciles. 266
Chap. XIV. Examen des paroles de M. Simon dans la réponse qu'il fait à l'autorité de ces conciles : qu'elles sont formellement contre la foi, et qu'on ne doit pas les supporter. 267
Chap. XV. Suite de l'examen des paroles de l'auteur sur la traduction *in quo*. Il se sert de l'autorité de ceux de Genève, de Calvin et de Pélage,

contre celle de saint Augustin et de toute l'Eglise catholique, et il avoue
que la traduction *quatenùs* renverse le fort de sa preuve. 268
CHAP. XVI. Suite de l'examen des paroles de l'auteur : il affoiblit l'autorité de saint Augustin et de l'Eglise catholique par celle de Théodoret, de Grotius et d'Erasme : si c'est une bonne réponse en cette occasion, de dire que saint Augustin n'est pas la règle de la foi. 270
CHAP. XVII. Réflexion particulière sur l'allégation de Théodoret : autre réflexion importante sur l'allégation des Grecs dans la matière du péché originel, et de la grace en général. 271
CHAP. XVIII. Minuties de M. Simon et de la plupart des critiques. . . 273
CHAP. XIX. L'interprétation de saint Augustin et de l'Eglise catholique s'établit par la suite des paroles de saint Paul. Démonstration par deux conséquences du texte que saint Augustin a remarquées : première conséquence. 273
CHAP. XX. Seconde conséquence du texte de saint Paul remarquées par saint Augustin : de quelque sorte qu'on traduise, on démontre également l'erreur de ceux qui, à l'exemple des pélagiens, mettent la propagation du péché d'Adam dans l'imitation de ce péché. 274
CHAP. XXI. Intention de saint Paul dans ce passage, qui démontre qu'il est impossible d'expliquer la propagation du péché d'Adam par l'imitation et par l'exemple. 276
CHAP. XXII. Embarras des pélagiens dans leur interprétation : absurdité de la doctrine de M. Simon et des nouveaux critiques, qui insinuent que la mort passe à un enfant sans le péché, et la peine sans la faute : que c'est faire Dieu injuste, et que le concile d'Orange l'a ainsi défini. 277
CHAP. XXIII. Combien vainement l'auteur a tâché d'affoiblir l'interprétation de saint Augustin et de l'Eglise : son erreur, lorsqu'il prétend que ce soit ici une question de critique et de grammaire : Bèze mal repris dans cet endroit, et toujours en haine de saint Augustin. 278
CHAP. XXIV. Dernier retranchement des critiques, et passage à un nouveau livre. 279

LIVRE VIII.

Méthode pour établir l'uniformité dans tous les Pères, et preuve que saint Augustin n'a rien dit de singulier sur le péché originel.

CHAP. I. Par l'état de la question, on voit d'abord qu'il n'est pas possible que les anciens et les modernes, les Grecs et les Latins soient contraires dans la croyance du péché originel : méthode infaillible tirée de saint Augustin pour procéder à cet examen, et à celui de toute la matière de la grace. 280
CHAP. II. Quatre principes infaillibles de saint Augustin pour établir sa méthode : premier principe : que la tradition étant établie par des actes authentiques et universels, la discussion des passages particuliers des saints Pères n'est pas absolument nécessaire. 281
CHAP. III. Second principe de saint Augustin : le témoignage de l'Eglise d'Occident suffit pour établir la saine doctrine. 282

Chap. IV. Troisième principe : un ou deux Pères célèbres de l'Eglise d'Orient suffisent pour en faire voir la tradition. 284

Chap. V. Quatrième et dernier principe : le sentiment unanime de l'Eglise présente sufût pour ne point douter de l'Eglise ancienne ; application de ce principe à la foi du péché originel : réflexion de saint Augustin sur le concile de Diospolis en Palestine. 285

Chap. VI. Cette méthode de saint Augustin est précisément la même que Vincent de Lérins étendit ensuite davantage. 286

Chap. VII. Application de cette méthode à saint Chrysostome et aux Grecs, non-seulement sur la matière du péché originel, mais encore sur toute celle de la grace. 287

Chap. VIII. Que cette méthode de saint Augustin est infaillible, et qu'il n'est pas possible que l'Orient crût autre chose que l'Occident sur le péché originel. 288

Chap. IX. Deux états du pélagianisme en Orient, et que dans tous les deux la doctrine du péché originel étoit constante et selon les mêmes idées de saint Augustin et de l'Occident. 289

Chap. X. Que Nestorius avoit d'abord reconnu le péché originel selon les idées communes de l'Occident et de l'Orient, et qu'il ne varia que par intérêt : que cette tradition venoit de saint Chrysostome : que l'Eglise grecque y a persisté et y persiste encore aujourd'hui. 290

Chap. XI. Conclusion : qu'il est impossible que les Grecs et les Latins ne soient pas d'accord : application à saint Chrysostome : que le sentiment que Grotius et M. Simon lui attribuent sur la mort, induit dans les enfans mêmes un véritable péché, qui ne peut être que l'originel. 293

Chap. XII. Que saint Augustin a raison de supposer comme incontestable que la mort est la peine du péché : principe de ce saint, que la peine ne peut passer à ceux à qui le péché ne passe pas : que le concile d'Orange a présupposé ce principe comme indubitable. 294

Chap. XIII. La seule difficulté contre ce principe, tirée des passages où il est porté que Dieu venge l'iniquité des pères sur les enfans : résolution de cette difficulté. 295

Chap. XIV. Règle de la justice divine révélée dans le livre de la Sagesse, que Dieu ne punit que les coupables : doctrine excellente de saint Augustin : que Jésus-Christ est le seul qui ait été puni étant innocent, et que c'est là sa prérogative incommunicable. 296

Chap. XV. Les pélagiens ont reconnu que la peine ne marche point sans la coulpe : cette vérité qu'ils n'ont pu nier les a jetés dans des embarras inexplicables : absurdités de Pélage et celles de Julien excellemment réfutées par saint Augustin : pourquoi on s'attache à la mort plus qu'à toutes les autres peines, pour démontrer le péché originel. 298

Chap. XVI. Témoignages de la tradition de l'Eglise d'Occident rapportés par saint Augustin, et combien la preuve en est constante. 299

Chap. XVII. Témoignages de l'Orient rapportés par saint Augustin : celui de saint Jérôme et celui de saint Irénée pouvoient valoir pour les deux Eglises, aussi bien que celui de saint Hilaire et de saint Ambroise, à cause de leur célébrité. 302

Chap. XVIII. Parfaite conformité des idées de ces Pères sur le péché originel, avec celles de saint Augustin. 303
Chap. XIX. Les Pères cités par saint Augustin ont la même idée que lui de la concupiscence, et la regardent comme le moyen de la transmission du péché : fausses idées sur ce point de Théodore de Mopsueste excusé par M. Simon. 304
Chap. XX. Saint Justin, martyr, enseigne comme saint Augustin, non-seulement que la peine, mais encore que le péché même d'Adam a passé en nous : la preuve de la circoncision est employée pour cela par le même saint, aussi bien que par saint Augustin. 306
Chap. XXI. Saint Irénée a la même idée. 307
Chap. XXII. Suite de saint Irénée : la comparaison de Marie et d'Eve : combien elle est universelle dans tous les Pères : ce qu'elle induit pour établir un véritable péché. 308
Chap. XXIII. Beau passage de saint Clément d'Alexandrie. 309
Chap. XXIV. Que la concupiscence est mauvaise; que par elle nous sommes faits un avec Adam pécheur ; et qu'admettre la concupiscence, c'est admettre le péché originel : doctrine mémorable du concile de Trente sur la concupiscence. 311
Chap. XXV. Passages d'Origène : vaines critiques sur ces passages, décidées par son livre contre Celse : que cet auteur ne rapporte pas à une vie précédente, mais au seul Adam le péché que nous apportons en naissant : pourquoi saint Augustin n'a cité ni Origène ni Tertullien. 312
Chap. XXVI. Tertullien exprime de mot à mot toute la théologie de saint Augustin. 315
Chap. XXVII. Erreur des nouveaux critiques, qu'on parloit obscurément du péché originel avant saint Cyprien : suite des passages de Tertullien, que ce saint appeloit son maître : beau passage du livre *De pudicitiâ*. . 316
Chap. XXVIII. Réflexions sur ces passages, qui sont des trois premiers siècles : passages de saint Athanase dans le quatrième. 318
Chap. XXIX. Saint Basile et saint Grégoire de Nazianze. 318
Chap. XXX. Saint Grégoire de Nysse. 320

LIVRE IX.

Passages de saint Chrysostome, de Théodoret, de plusieurs autres concernant la tradition du péché originel.

Chap. I. Passage de saint Chrysostome, objecté à saint Augustin par Julien. 322
Chap. II. Réponse de saint Augustin : passage de l'homélie qu'on lui objectoit, par où il en découvre le vrai sens. 323
Chap. III. Evidence de la réponse de saint Augustin ; en quel sens il a dit lui-même que les enfans étoient innocens. 324
Chap. IV. Pourquoi saint Chrysostome n'a point parlé expressément en ce lieu du péché originel, au lieu que Nestorius et saint Isidore de Damiette en ont parlé un peu après avec une entière clarté. 326
Chap. V. Passages de saint Chrysostome dans l'homélie x sur l'*Epître aux Romains*, proposés en partie par saint Augustin, pour le péché originel. 328

Chap. VI. Qu'en parlant très-bien au fond dans l'homélie x sur l'*Epître aux Romains*, saint Chrysostome s'embarrasse un peu dans une question qui n'étoit pas encore bien éclaircie. 329

Chap. VII. Pourquoi en un certain sens, saint Chrysostome ne donnoit le nom de péché qu'au seul péché actuel. 331

Chap. VIII. Preuve par saint Chrysostome, que les peines du péché ne passoient à nous qu'après que le péché y avoit passé : passage sur le Psaume L. 332

Chap. IX. Que saint Chrysostome n'a rien de commun avec les anciens pélagiens, et que saint Augustin l'a bien démontré. 333

Chap. X. Que saint Chrysostome ne dit pas qu'on puisse être puni sans être coupable, et que les nouveaux pélagiens lui attribuent sans preuve cette absurdité. 334

Chap. XI. Que saint Chrysostome a parfaitement connu la concupiscence, et que cela même c'est connoître le fond du péché originel : le formel ou l'essence de ce péché ne consiste pas dans la domination de la convoitise. 335

Chap. XII. En quoi consiste l'essence ou le formel du péché originel et quelle est la cause de la propagation. 336

Chap. XIII. Comment la concupiscence est expliquée par saint Chrysostome : deux raisons pourquoi sa doctrine n'est pas aussi liée et aussi suivie que celle de saint Augustin, quoique la même dans le fond. . . 337

Chap. XIV. Quelques légères difficultés tirées de saint Clément d'Alexandrie, de Tertullien, de saint Grégoire de Nazianze, et de saint Grégoire de Nysse. 338

Chap. XV. Saint Clément d'Alexandrie s'explique lui-même : le passage de Tertullien où il appelle l'enfance un âge innocent : que ce passage est démonstratif pour le péché originel : autre passage de Tertullien dans le livre *du Baptême*. 339

Chap. XVI. Saint Grégoire de Nazianze et saint Grégoire de Nysse. . . 340

Chap. XVII. Réponse aux réflexions de M. Simon sur Théodoret, Photius et les autres Grecs, et premièrement sur Théodoret. 341

Chap. XVIII. Remarques sur Photius. 343

Chap. XIX. Récapitulation de la doctrine des deux derniers livres : prodigieux égaremens de M. Simon. 345

Chap. XX. Brève récapitulation des règles de Vincent de Lérins, qui ont été exposées, et application à la matière de la grace. 346

Chap. XXI. On passe à la doctrine de la grace et de la prédestination, et on démontre que les principales difficultés en sont éclaircies dans la prédestination des petits enfans. 348

LIVRE X.

Semi-pélagianisme de l'auteur. Erreurs imputées à saint Augustin. Efficace de la grace. Foi de l'Eglise par ses prières, tant en Orient qu'en Occident.

Chap. I. Répétition des endroits où l'on a montré ci-dessus que notre auteur est un manifeste semi-pélagien, à l'exemple de Grotius. 357

Chap. II. Autre preuve démonstrative du semi-pélagianisme de M. Simon dans l'approbation de la doctrine du cardinal Sadolet. 359

Chap. III. Répétition des preuves par où l'on a vu que M. Simon accuse saint Augustin de nier le libre arbitre. 362

Chap. IV. M. Simon est jeté dans cet excès par une fausse idée du libre arbitre : si l'on peut dire comme lui que le libre arbitre est maître de lui-même ENTIÈREMENT : passages de saint Ambroise. 363

Chap. V. Que M. Simon fait un crime à saint Augustin de l'efficace de la grace : ce que c'est selon ce critique que d'être maître du libre arbitre ENTIÈREMENT, et que son idée est pélagienne. 365

Chap. VI. Que M. Simon continue à faire un crime à saint Augustin de l'efficace de la grace : trois mauvais effets de la doctrine de ce critique. 366

Chap. VII. Le critique rend irrépréhensibles les hérétiques, qui font Dieu auteur du péché en leur donnant saint Augustin pour défenseur. . . . 368

Chap. VIII. On commence à proposer l'argument des prières de l'Eglise. Quatre conséquences de ces prières, remarquées par saint Prosper, dont la dernière est que l'efficace de la grace est de la foi. 369

Chap. IX. Que les prières marquées par saint Prosper se trouvent encore aujourd'hui réunies dans les oraisons du Vendredi saint; et que saint Augustin, d'où saint Prosper a pris cet argument, les a bien connues. . . 371

Chap. X. Saint Augustin a eu intention de démontrer et a démontré en effet que la grace qu'on demandoit par ces prières emportoit certainement l'action. 373

Chap. XI. Prières des liturgies grecques. 374

Chap. XII. Prières de la liturgie attribuée à saint Chrysostome : ce qu'il rapporte lui-même de la liturgie de son temps, et les réflexions qu'il fait dessus. 376

Chap. XIII. Abrégé du contenu dans les prières, où se trouve de mot à mot toute la doctrine de saint Augustin : la discussion des Pères peu nécessaire : erreur de M. Simon de louer saint Chrysostome de n'avoir point parlé de grace efficace. 380

Chap. XIV. Erreur de s'imaginer que Dieu ôte le libre arbitre en le tournant où il lui plaît : modèle des prières de l'Eglise dans celle d'Esther, de David, de Jérémie, et encore de Daniel. 382

Chap. XV. Preuve de l'efficace de la grace par l'Oraison Dominicale. . . 384

Chap. XVI. Saint Augustin a pris des anciens Pères la manière dont il explique l'Oraison Dominicale : saint Cyprien, Tertullien : tout donner à Dieu : saint Grégoire de Nysse. 387

Chap. XVII. La prière vient autant de Dieu que les autres bonnes actions. 389

Chap. XVIII. On prouve par la prière que la prière vient de Dieu. . . . 392

Chap. XIX. L'argument de la prière fortifié par l'action de graces. . . . 393

Chap. XX. La même action de graces dans les Grecs que dans saint Augustin : passages de saint Chrysostome. 394

Chap. XXI. Ni les semi-pélagiens, ni Pélage même ne nioient pas que Dieu ne pût tourner où il vouloit le libre arbitre : si c'étoit le libre arbitre même qui donnoit à Dieu ce pouvoir, comme le disoit Pélage : excellente réfutation de saint Augustin. 395

Chap. XXII. La prière de Jésus-Christ pour saint Pierre : *J'ai prié*

pour toi : en saint Luc, XXII, 32 : application aux prières de l'Eglise. 397
CHAP. XXIII. Prière du concile de Selgenstad, avec des remarques de Lessius. 398

LIVRE XI.

Comment Dieu permet le péché selon les Pères grecs et latins : confirmation, par les uns comme par les autres, de l'efficace de la grace.

CHAP. I. Sur quel fondement M. Simon accuse saint Augustin de favoriser ceux qui font Dieu auteur du péché : passage de ce Père contre Julien. . 400
CHAP. II. Dix vérités incontestables par lesquelles est éclaircie et démontrée la doctrine de saint Augustin en cette matière : première et seconde vérités : que ce Père avec tous les autres ne reconnoît point d'autre cause du péché que le libre arbitre de la créature, ni d'autre moyen à Dieu pour y agir, que de le permettre. 401
CHAP. III. Troisième vérité, où l'on commence à expliquer les permissions divines : différence de Dieu et de l'homme : que Dieu permet le péché, pouvant l'empêcher. 402
CHAP. IV. Quatrième vérité, et seconde différence de Dieu et de l'homme. Que l'homme pèche en n'empêchant pas le péché lorsqu'il le peut, et Dieu, non : raison profonde de saint Augustin. 403
CHAP. V. Cinquième vérité : une des raisons de permettre le péché est que sans cela la justice de Dieu n'éclateroit pas autant qu'il veut, et que c'est pour cette raison qu'il endurcit certains pécheurs. 404
CHAP. VI. Sixième vérité établie par saint Augustin comme par tous les autres Pères, qu'endurcir du côté de Dieu n'est que soustraire sa grace. Calomnie de M. Simon contre ce Père. 404
CHAP. VII. Septième vérité également établie par saint Augustin, que l'endurcissement des pécheurs du côté de Dieu est une peine et présuppose un péché précédent : différence du péché auquel on se livre soi-même d'avec ceux auxquels on est livré. 405
CHAP. VIII. Huitième vérité : l'endurcissement du côté de Dieu n'est pas une simple permission, et pourquoi. 407
CHAP. IX. Comment le péché peut être peine, et qu'alors la permission de Dieu, qui le laisse faire, n'est pas une simple permission. 408
CHAP. X. Neuvième vérité, que Dieu agit par sa puissance dans la permission du péché. Pourquoi saint Augustin ne permet pas à Julien de dire que Dieu le permet par une simple patience, qui est le passage que M. Simon a mal repris. 409
CHAP. XI. Preuves de saint Augustin sur la vérité précédente : témoignages exprès de l'Ecriture. 410
CHAP. XII. Dixième et dernière vérité : les pécheurs endurcis ne font ni au dehors ni au dedans tout le mal qu'ils voudroient, et en quel sens saint Augustin dit que Dieu incline à un mal plutôt qu'à un autre. . . 410
CHAP. XIII. Dieu fait ce qu'il veut des volontés mauvaises. 412
CHAP. XIV. Calomnie de M. Simon, et différence infinie de la doctrine de Wiclef, Luther, Calvin et Bèze, d'avec celle de saint Augustin : abrégé de ce qu'on a dit de la doctrine de ce Père. 413

Chap. XV. Belle explication de la doctrine précédente par une comparaison de saint Augustin : l'opération divisante de Dieu : ce que c'est selon ce Père. 414
Chap. XVI. La calomnie de l'auteur évidemment démontrée par deux conséquences de la doctrine précédente. 415
Chap. XVII. Deux démonstrations de l'efficace de la grace par la doctrine précédente : première démonstration, qui est de saint Augustin. . . . 416
Chap. XVIII. Seconde démonstration de l'efficace de la grace par les principes de l'auteur. 416
Chap. XIX. Suite de la même démonstration de l'efficace de la grace, par la permission des péchés où Dieu laisse tomber les justes pour les humilier. Passage de saint Jean de Damas. 417
Chap. XX. Permission du péché de saint Pierre, et conséquences qu'en ont tiré les anciens docteurs de l'Eglise grecque : premièrement Origène : deux vérités enseignées par ce grand auteur, la première que la permission de Dieu en cette occasion n'est pas une simple permission. . 419
Chap. XXI. Seconde vérité enseignée par Origène, que saint Pierre tomba par la soustraction d'un secours efficace. 421
Chap. XXII. La même vérité enseignée par Origène en la personne de David. 422
Chap. XXIII. Les mêmes vérités enseignées par saint Chrysostome : passage sur saint Matthieu. 424
Chap. XXIV. Si la présomption de saint Pierre lui fit perdre la justice : il tomba par la soustraction d'une grace efficace. 425
Chap. XXV. Passage de saint Chrysostome sur saint Jean et qu'on en tire les mêmes vérités que du précédent, sur saint Matthieu. 426
Chap. XXVI. Passage de saint Grégoire sur la chute de saint Pierre : conclusion de la doctrine précédente. 428

LIVRE XII.

La tradition constante de la doctrine de saint Augustin sur la prédestination.

Chap. I. Dessein de ce livre : douze propositions pour expliquer la matière de la prédestination et de la grace. 430
Chap. II. Première et seconde propositions. 430
Chap. III. Troisième proposition : distinction qui doit être présupposée avant la quatrième proposition. 431
Chap. IV. Quatrième proposition. 432
Chap. V. Cinquième proposition qui regarde le don de prier : remarque sur cette proposition et sur la précédente. 433
Chap. VI. Sixième proposition : l'on commence à parler du don de persévérance. 434
Chap. VII. Septième proposition, qui regarde encore le don de persévérance : comment il peut être mérité, et n'en est pas moins gratuit. . . 435
Chap. VIII. Huitième proposition, où l'on établit une préférence gratuite dans la distribution des dons de la grace. 436
Chap. IX. Suite de la même matière, et examen particulier de cette demande : *Ne permettez pas que nous succombions,* etc. 437

Chap. X. Si l'on satisfait à toute la doctrine de la grace, en reconnoissant seulement une grace générale donnée ou offerte à tous : erreur de M. Simon. 438
Chap. XI. Explication par ces principes de cette parole de saint Paul : *Si c'est par grace, ce n'est donc point par les œuvres.* 439
Chap. XII. Neuvième proposition, où l'on commence à démontrer que la doctrine de saint Augustin, sur la prédestination gratuite, est très-claire. 440
Chap. XIII. Suite de la même démonstration : quelle prescience est nécessaire dans la prédestination. 443
Chap. XIV. Dixième proposition, où l'on démontre que la prédestination, comme on vient de l'expliquer par saint Augustin, est de la foi : passage du cardinal Bellarmin. 444
Chap. XV. Différence de la question dont on dispute dans les écoles d'avec celle qu'on vient de traiter : douze sentences de saint Augustin. . . . 445
Chap. XVI. Onzième proposition, où l'on commence à fermer la bouche à ceux qui murmurent contre cette doctrine de saint Augustin. 446
Chap. XVII. Douzième proposition, où l'on démontre que bien loin que cette doctrine mette les fidèles au désespoir, il n'y en a point pour eux de plus consolante. 447
Chap. XVIII. Suite des consolations de la doctrine précédente : prédestination de Jésus-Christ. 451
Chap. XIX. Prières des particuliers, conformes et de même esprit que les prières communes de l'Eglise : exemples tirés de l'Eglise orientale : premier exemple, prière des quarante martyrs. 452
Crap. XX. Prière de plusieurs autres martyrs. 454
Chap. XXI. Prières de saint Ephrem. 456
Chap. XXII. Prière de Barlaam et de Josaphat dans saint Jean de Damas. 459
Chap. XXIII. Prières dans les hymnes : hymne de Synésius, évêque de Cyrène. 460
Chap. XXIV. Hymne de saint Clément d'Alexandrie, et sa doctrine conforme en tout à celle de saint Augustin. 462
Chap. XXV. Prières d'Origène : conformité de sa doctrine avec celle de saint Augustin. 465
Chap. XXVI. Autres prières d'Origène, et sa doctrine sur l'efficace de la grace dans le livre *contre Celse*. 466
Chap. XXVII. Dieu fait ce qu'il veut dans les bons et dans les mauvais : beau passage d'Origène, pour montrer que Dieu tenoit en bride les persécuteurs. 469
Chap. XXVIII. Grande puissance de la doctrine et de la grace de Jésus-Christ, comment démontrée et expliquée par Origène. 469
Chap. XXIX. Que cette grace reconnue par Origène est prévenante, et quel rapport elle a avec la prière. 471
Chap. XXX. Prière de saint Grégoire de Nazianze, rapportée par saint Augustin : et celle de Guillaume, abbé de saint Arnoul de Metz. 473
Chap. XXXI. Que saint Augustin prouve, par la doctrine précédente, que les anciens docteurs ont reconnu la prédestination : ce qu'il répond aux passages où ils l'attribuent à la prescience. 475
Chap. XXXII. Que la coopération du libre arbitre avec la grace, que dé-

mandent les anciens docteurs, n'empêche pas la parfaite conformité de leur doctrine avec celle de saint Augustin. 477

Chap. XXXIII. En quel sens on dit que la grace est donnée à ceux qui en sont dignes, et qu'en cela les anciens ne disent rien autre chose que ce qu'a dit saint Augustin. 477

Chap. XXXIV. En quel sens saint Augustin a condamné la proposition de Pélage : *La grace est donnée aux dignes*. 480

Chap. XXXV. En quel sens on prévient Dieu, et on en est prévenu. . . 481

Chap. XXXVI. Que par les solutions qu'on vient de voir, saint Augustin démontre la parfaite conformité de la doctrine des anciens avec la sienne, qui étoit celle de l'Église. 482

LIVRE XIII

Où est traité ce principe de saint Augustin, que la grace n'est pas donnée selon les mérites.

Chap. I. Remarques préliminaires : le principe enseigné par saint Augustin de la grace de prédilection et de préférence gratuite, est un peu obscurci par la doctrine de la grace de congruité ou de convenance. . . 485

Chap. II. La grace de prédilection et de préférence, qu'on explique son efficacité, soit par la prémotion morale, soit par la science moyenne, n'est pas incompatible, comme le prétend M. Simon, avec la volonté générale en Dieu et en Jésus-Christ de sauver et de racheter tous les hommes. . 488

Chap. III. La prédestination ne détruit pas la grace de prédilection et de préférence gratuite, parce qu'elle ne suppose aucune cause du côté de l'homme. 500

Chap. IV. Continuation du précédent : les jésuites enseignent le principe de saint Augustin, que la prédestination ne se fonde pas sur les mérites de l'homme. 506

Chap. V. M. Simon nie faussement que saint Augustin ait admis en Dieu et en Jésus-Christ la volonté générale de sauver et de racheter tous les hommes ; les Pères qui ont précédé ce grand évêque reconnoissent cette volonté. 513

Chap. VI. Les Pères qui ont suivi saint Augustin reconnoissent en Dieu et en Jésus-Christ la volonté générale de sauver et de racheter tous les hommes. D'abord l'auteur inconnu de l'ouvrage intitulé : *De la vocation des Gentils*. 520

Chap. VII. Continuation du précédent : les Pères qui ont suivi saint Augustin reconnoissent en Dieu et en Jésus-Christ la volonté générale de sauver et de racheter tous les hommes. 535

Chap. VIII. Saint Augustin reconnoît en Dieu et en Jésus-Christ la volonté générale de sauver et de racheter tous les hommes. 545

Chap. IX. Si Dieu a la volonté générale de sauver tous les hommes, pourquoi donne-t-il aux uns la grace efficace qui les mène au salut, aux autres non ? Réponse de saint Augustin. 551

Chap. X. Saint Augustin interprète cette parole de saint Paul : *Dieu veut que tous les hommes soient sauvés*. 557

Chap. XI. Saint Augustin enseigne que Jésus-Christ est mort pour tous les hommes. 566

CHAP. XII. Dieu n'abandonne pas ceux qu'une fois il a justifiés, s'il n'en est le premier abandonné : principe de saint Augustin sanctionné par le concile de Trente. 574
CHAP. XIII. Dieu n'ôte pas aux justes qui tombent, la force de marcher dans la voie droite. 582
CHAP. XIV. Pourquoi Dieu donne-t-il des graces inutiles? Réponse de saint Augustin. 590
CHAP. XV. Non-seulement Dieu fait connoître le bien par la grace extérieure de la révélation, mais il le fait aimer et pratiquer par la grace intérieure de la charité. Concile de Carthage tenu en 416. 601
CHAP. XVI. Continuation du précédent : Dieu donne à l'homme, non-seulement la connoissance du bien, mais encore la volonté et la force de le faire et d'y persévérer. Concile de Carthage tenu en 418, celui d'Orange et celui de Trente. 610
CHAP. XVII. La grace qui donne l'effet est nécessaire pour faire le bien et y persévérer. 619
CHAP. XVIII. Récapitulation des trois chapitres précédents. Explication d'un passage où saint Augustin semble enseigner que la grace n'est pas donnée à tous les hommes. 626

FIN DE LA TABLE DU QUATRIÈME VOLUME.

BESANÇON. — IMPRIMERIE D'OUTHENIN CHALANDRE FILS.

www.ingramcontent.com/pod-product-compliance
Lightning Source LLC
Chambersburg PA
CBHW050316240426
43673CB00042B/1429